全国商业职业教育教学指导委员会推荐教材

高等职业教育财经类**名师精品**规划教材

The Practice of Public Relations

公共关系实务

赵轶 编著

人民邮电出版社

北京

图书在版编目（CIP）数据

公共关系实务 / 赵铁编著. -- 北京 : 人民邮电出版社, 2013.9（2016.7重印）
高等职业教育财经类名师精品规划教材
ISBN 978-7-115-31368-3

Ⅰ. ①公… Ⅱ. ①赵… Ⅲ. ①公共关系学－高等职业教育－教材 Ⅳ. ①C912.3

中国版本图书馆CIP数据核字(2013)第159323号

内 容 提 要

本书是全国首批28所高职示范性院校建设项目成果，全书深入贯彻教育部2006年第16号《教育部关于全面提高高等职业教育教学质量的若干意见》和教职成[2012]9号《教育部关于“十二五”职业教育教材建设的若干意见》等文件精神，与实训基地企业共同开发，以公共关系职业工作活动顺序为逻辑主线进行教材内容设计，借鉴德国“学习领域”课程开发思想，搭建起具备“工作过程导向”“理实一体化”特征的教学素材框架。从课程内容设计、教学开展的角度，为经管类专业“工学结合”课程的实施做出了尝试。

全书共设计了8项学习性任务，包括公共关系认知、公共关系调研、公共关系策划、公共关系实施、公共关系评估、公共关系专题、组织形象塑造和公共关系危机管理。

本书比较完整地阐述了公共关系职业工作活动，适合高职高专经济管理类专业及公共课教学使用，也可作为在职人员参加劳动职业资格考试或工作实践的指导用书或中等职业教育相关专业教学用书。

◆ 编　　著　赵　铁
责任编辑　刘　琦
责任印制　沈　蓉　杨林杰

◆ 人民邮电出版社出版发行　　北京市崇文区夕照寺街14号
邮编　100061　　电子邮件　315@ptpress.com.cn
网址　http://www.ptpress.com.cn
三河市潮河印业有限公司印刷

◆ 开本：787×1092　1/16
印张：12.25　　2013年9月第1版
字数：290千字　　2016年7月河北第2次印刷

定价：29.80元

读者服务热线：(010)81055256　印装质量热线：(010)81055316
反盗版热线：(010)81055315
广告经营许可证：京东工商广字第8052号

编委会

序

一个国家经济社会的发展，主要是靠自然资源、物质资源和人力资源，但是我们不能仅依靠对自然资源破坏性的开发和对物质资源的大量消耗、浪费来发展社会经济。由于我国自然资源比较贫乏，物质资源也相对有限，所以我们要实现经济社会的持续发展就要建设人力资源强国。当前，我国处于从一个人力资源大国向人力资源强国转变的关键时期，要实现这样的转变就必须大力发展教育。人力资源理论指出教育对于经济的增长有重要作用，以1926年－1957年的美国为例，其经济增长中有近三分之一是来自人力资源增长的贡献。所以一个国家经济社会要发展，首先就要发展教育，特别是发展职业教育，因为职业教育是为一线生产、服务、管理等部门培养高素质的劳动者和技术技能型应用人才的，这些人才的素质高低直接关系到一个国家经济社会的发展的规模、速度和效益。因此可以说，国家之间的实力竞争，归根结底是人才的竞争，是一线劳动者和技术技能人才综合素质的竞争，所以抓职业教育发展就是抓经济社会发展。

为了更好地促进职业教育商业类专业的发展，教育部和商务部牵头成立了全国商业职业教育教学指导委员会，其主要职能之一就是“研究商业职业教育的人才培养目标，教学基本要求和人才培养质量的评价方法，对专业设置，教学计划制定，课程开发，教材建设提出建议”，推进职业教育课程衔接体系建设，全面推进现代职业教育体系的建设，推动职业教育商业类人才的培养。

进入21世纪以来，随着中国经济实力的飞速提升，中国商业获得了巨大的发展，发生了深刻的变化。与商业相关的多个行业领域也重获新生且飞速发展，不仅各行业内部的繁荣程度得到不断提升，行业对外开放程度，行业的法制建设、人才建设等各方面都取得了显著成就，上升到了新的水平。我国商业及相关经济行业的飞速发展，既为商科职业教育的发展带来了勃勃生机，也同时带来了新的挑战。以往商科高等职业教育更多借鉴原专科教学经验，教学内容和教学形式多为原专科教学的“翻版”，尤其是教材，很多经典教材都由从事本专科教学的教师编写。实践证明，这些教材越来越难以满足高等职业教育应用性强及以就业为导向的教学需要。正是基于这样的考虑，2012年初，人民邮电出版社发起了“职业教育财经类名师精品教材建设项目”，这个“聚名师、建精品、促教学”的有益之举甫一出台就得到全国多家知名高职院校的支持和响应。同年仲夏，该项目在北京召开了项目启动仪式及专家委员会组建大会，之后历时一年，该项目的成果终能付梓，也就是现在呈现给各位读者的“高等职业教育财经类名师精品规划教材”。

作为“职业教育财经类名师精品教材建设项目”专家委员会的主任委员，我参与了这套教材的筹备、审稿等多个关键环节，认为这套教材与以往高职高专财经类教材相比，在三个方面做的比较好。首先，编者名师汇集，内容紧扣教改。这套教材的编写者、审阅者都是国内商科类院校的知名专家、教授，他们将自己多年教学实践所得，按照职业教育最新的“五个深度对接”的教学改革要求撰写成册，实现了课程教材内容与职业标准对接，充分体现了“做中学，做中教”、“理论实践一体化”的要求，科学地将专业知识和专业技能的培养结合起来，教材内容在确保学生达到职业资格要求的同时，还能促进学生综合职业素养的发展。其次，体例论证严密，呈现形式有创新性。组建了专门的专家委员会对教材的体例、内容进行审定。其中主任委员负责教材宏观方向和思路的把握；副主任委员负责具体教材规划的制定，包括课程规划、写作思路、教材体例、整体进度规划等，通过多级专家审定和多次会议讨论、商定，最终选择符合课程特色和教学改革新要求的教材编写体例和内容呈现形式。第三，资源丰富实用，打造立体平台。为了寓教于学，充分调动学生学习的积极性和主动性，出版社聘请专人运用最先进的教学资源建设理念和手段，为每本教材配套建设了丰富的多媒体教学资源，这些教学资源都经过精心的教学设计，能够与教材内容紧密结合，有效地促进学与教，从而为教师课堂教学注入新的活力。

相信这套教材被广大职业院校使用之后，可以有效地实现对学生学习能力、职业能力和社会能力的培养，促进学生综合素质的发展和提高。

这套教材从专家团队组建、教材编写定位、教材结构设计、教材大纲审定到教材编写、审校全过程都倾注了高职商科教学一线众多教育专家和教学工作者的心血，在这里我真诚地对参加编审的教授、专家表示衷心的感谢。

全国商业职业教育教学指导委员会副主任委员 王晋卿

2013年6月26日

前 言

Preface

多年以来，当我们习惯性地将高职课程视为严肃的“学科”进行研究，并积极探寻其理论意义上的规律时，我们已经与高等职业教育课程的本质属性擦肩而过了；当“另一种类型的教育”成为高等职业教育的身份定位时，我们看清了如何从教育的本质去认识职业教育，也就看到了教育精细化、精致化的未来。

高等职业的“类型”特征决定了高等职业教育不是简单“传授书本上的学习内容”的过程，而是提高设计能力和职业行动能力的过程。职业发展的过程既是能力提高的过程，也是职业认同感加深的过程。其课程开发的起点只能是职业分析而非学科，课程观应该具有经验属性，课程内容的设计与编排应该建立起知识与职业任务的有机联系，为“工学结合”的切入提供有形舞台，为学生开辟一条从初学者到熟练从业者的成长之路。

公共关系职业概括性工作任务及抽象活动顺序

任务一：公共关系认知
↓
任务二：公共关系调研
↓
任务三：公共关系策划
↓
任务四：公共关系实施
↓
任务五：公共关系评估
↓
任务六：公共关系专题
↓
任务七：组织形象塑造
↓
任务八：公共关系危机管理

许多同行会说，公共关系实务就是那些内容，然而，怎样进行有效的编排确实有需要深思的地方。我们深知，高等职业教育培养的学生是公共关系行业一线的业务人员或基层管理者，因此公共关系实务课程内容的重心必须下移，强化以能力为重的培养目标。课程开发不能机械照搬本科，也不能将随意性强、缺乏科学界定的所谓“必须、够用”作为课程建设的坐标，而必须从职业实际出发，分析高职毕业生对应的职业工作岗位，有针对性地进行内容选择。我们不可能把公司总经理的公关管理职业内容一股脑塞给高职学生，我们也不能将公共关系实务知识零散地提供给高职学生。如果那样做，就会像一部拙劣的电视剧，剧中的儿童说着成年人的台词。我们既应该清晰地界定高职学生对应职业岗位的应知应会，也应该为学生提供一个课程内容整合的框架，使其能够看到适合自身的“完整意义上的职业工作整体”。这样，学习的难点会降低，而学习的目的会更加明确、积极性会提高。

与传统教材相比，《公共关系实务》教材在定位与设计方面具有以下特点。

典型工作任务为载体。通过职业分析，校准教材内容参照，以公共关系管理职业典型工作任务为载体，组织课程内容，形成以概括性工作任务为中心，以具体工作过程知识为焦点，以学科知识为背景的新型课程内容结构，实现了课程内容由学科结构向工作结构的转变。

职业工作过程为导向。遵循职业教育规律，以公共关系管理职业工作过程为导向设计教材内容，使独立、离散的学科知识内容得到有机串接，同时，建立起知识与职业工作之间的紧密联系，形成了理论教学与实践教学高度一体化的新型课程内容，实现了学科课程向工作过程导向的跨越。

职业活动环节为情境。职业教育课程必须生活化，才能摆脱“教室里开商场”的窘境。为此，教材设计了一系列职业活动情境，将学生置于职场中，由传统意义上的教师讲学生听的被动行为逐步向学生的主动探索行为（完成某项活动）转变。学生伴随着工作任务的完成过程，完成学习过程，在职业氛围中鲜活地实现了职业教育的育人功能。

技能与证书有效衔接。由行业、企业技术专家组成课程开发小组，科学归纳职业典型工作任务，根据职业成长规律，确立学习情境素材并参与教材设计，使学习目标具体、明确、系统，学习内容先进、取舍合理，并且结构清晰、层次分明，信息传递高效简洁。在学生职业技能养成的同时，兼顾了学生获取相应职业资格证书的需要。

与传统教材相比，《公共关系实务》教材在内容策划与编排上有以下特色。

结构定位。以职业活动顺序为线索，根据行业的实际需要，收集并归纳有关公共关系管理不同岗位工作环境及其典型工作任务，通过分析完成这些任务所应具备的社会能力、专业能力和方法能力，以及应该通过哪些实训环节来提高学生的综合能力和职业素养，并以此作为教材结构定位的参照系。

体系构建。坚持学科知识的掌握服务于能力的构建，围绕职业能力的形成组织课程内容，以工作任务为中心整合相应的社会能力、专业能力和方法能力，不追求学科知识的体系完整。课程内容尽可能地反映公共关系职业工作活动的全貌。

实训安排。遵循“理实一体化”思想，按照工作过程顺序为初学者设计学习活动，建立起工作任务与知识、技能的联系。设计任务实训活动，以增强学生的直观体验，诱发其学习的参与性和主动性。同时，在一些关键技能环节，有针对性地设置一些练习，加大技能培训的力度，从而使学生将知识转化为专业性的技能技巧，提高其解决和处理现实问题的综合能力。

体例设计。遵循职业教育教学规律。一方面吸纳了国外教学参考书的优点，另一方面则考虑到我国高职高专学生的文化背景和基础教育养成的吸纳知识的习惯,增强了本书学习的趣味性。在心理结构构建、兴趣动机发展等方面也做了有益的尝试，形成了任务描述、学习目标、情境导入、任务解析、任务实训、公关故事，以及正文、服务于正文的术语、信息、公关实务、小结等完整的教材功能体系。

语言运用。在做到学习情境、职业情境与生活情境紧密结合的同时，注意了行文的活泼与优美，提高了本书的可读性。尽量运用形象化、具体化语言，使学生可以直观、形象、整体、自我地获取经验，并构建应用知识的框架，形成和提高实际职业行动能力。

本书由国家示范性高职院校建设领导组成员闫文谦教授审定，由赵轶编写全书。在编写过程中，本书参阅了国内外专家学者的研究成果及相关文献。同时，多家校外实训基地和管理咨询公司为课程开发提供了实践的便利，还馈赠了一些国内外专业咨询公司的宝贵资料。教育部职业技术教育中心研究所、荷兰南方高等职业技术学院、新加坡南洋理工学院和香港职业训练局的课程研究专家对教材的设计也提出了许多宝贵的建议。在此一并表示衷心的感谢！

高职教育课程建设正如火如荼，作为首批立项建设的国家示范性建设院校，我们有义务做出更多尝试。尽管力求完美，但作为一种探索，我们对公共关系职业活动的认识、理解和分析方面难免存在偏差，敬请读者不吝赐教。

编 者

2013年3月

本书分享

尊敬的老师：

感谢您选用本书！

一本好教材犹如一条阳光路！

一本教材能给学生带来什么，取决于文字之外的空白处流动着什么。相同厚度的教材，有的显得很单薄，让人感到局促和狭隘；有的显得很厚重，让人觉得有无限伸展的可能。是什么决定了教材的多向维度？是教师，尤其是高职院校教师！教师的理念，决定了教材的本源；教师的理想，决定了教材的本真；教师的理性，决定了教材的本色。

在这个复杂问题用简单办法解决往往更容易被人们接受的快餐时代，一名教师倾其所有精力、美德与创造力，能为学生做什么呢？请走出熙熙攘攘的生活，和我们一起踏上一段职业教育的精彩旅程！

▶▶职业教育是一种“类型”的教育。这是对我们传统意识中笼统教育概念的具体化，也是教育的精细化和精致化。

▶▶职业教育的“类型”特征决定其课程属性。职业教育课程的重心应该是职业工作活动中的实践经验（工作过程知识）。

▶▶职业教育课程的属性决定其课程的来源。职业教育课程开发必须建立在职业分析基础之上，而非学科知识的简单重组。

▶▶职业教育的课程来源决定其知识类型。知识有陈述性知识和程序性知识之分，陈述性知识即是我们熟悉的理论知识；程序性知识就是我们常说的工作过程知识。

▶▶职业教育课程的知识类型决定其课程的实施形式。理论知识通过识记和理解即可消化；实践知识有时无法言传，必须领悟和进行实践。因此工作过程系统化课程的实施步骤是：“资讯、计划、决策、实施、检查和评价”。

可见，职业教育的“定位”“课程属性”“课程来源”“知识类型”和“课程实施”是一个连贯、完整的系统。

本书基本框架说明如下。

任务命名：以“任务”命名，按照公共关系管理职业活动顺序划分工作环节。试图先入为主，为学习者建立起“学习就是完成任务”的概念。

任务描述：说明在职业活动中的任务内容是什么，以及在这一任务完成过程中涉及的过程知识线索。

学习目标：说明在任务中，学习与工作应达成的目标，分知识目标和技能目标，为任务完成后的评价与检测提供依据。

情境导入：说明职业任务是在什么环境下进行的，要经历哪些环节，核心是“情节+环境”，为后续的“任务实训”设计提供依据。

公关故事：为职业初学者准备，刚进大学的学生，尚未确立清晰的职业目标，首先要避免“科技的疏远和生硬”，服务于学生人文素质和职业倾向的培养。

任务解析：根据职业教育原理，依照“能力分担原则”，将任务分解为具体“子任务”，实现了“完成分解的任务就完成了整项任务”的目标；也为这项任务提供了较为精准而不致太泛的知识承载与逻辑线索；同时，也真正实现了职业教育课程设计的“理实一体”。

同步实训：根据工作任务要求，依照职业成长规律，对应每一个任务，设计了各项“任务实训”；本书中，出于操作性的考虑，仅对活动内容做了提示性规定，课程实施中，教师可以根据本书附赠的教学资源或结合实际情况自行设计引进具体活动内容。

“实践项目”是校企合作项目。通过与校外实训基地企业合作，引领学生深度介入企业实际项目，使学生既参加了公共关系管理活动实践，又能全面完整地认识职业工作，进而获得经验或策略。

评价标准中列出了评价依据。活动评价中，“活动一”“活动二”和“活动三”建议采用“参与程度”“发言表现”等指标进行评价；“实践项目”则应考虑采用“工作过程六步骤”进行评价。

增值阅读：紧扣任务内容要求设计，主要为学生动手操作进行示范引领，表现为公共关系职业认识、公共关系文案制作等。

教学资源中，实训所需案例、素材另附。

任务中，相关模块的说明如下。

重要术语：说明这项任务中涉及的重要名词术语，体现对理论知识的重组，对应课后“知识与技能检测”中的“重要术语”。

重要信息：说明这项任务中涉及的相关知识或操作的技巧与要领，对应课后自测中的练习题。

公关实务：列举一些公共关系管理业务活动实例，通过分析，使学生从中汲取一些经验和教训，为课后案例分析提供借鉴。

本书使用建议如下。

本书内容以实践操作为线索。使用前，请您一定要理解教材的框架、各要素之间的关系以及所有内容信息的重要作用。主要模式包括任务导向和讲练结合。

教师首先应对任务描述及任务分解做解释；其次，归纳并精讲每一个任务完成的步骤、过程、方法和应用；最后，依据任务要求，结合当地实际，设计具体活动。其中，同步实训1可以是认知性的简单活动，也可以是一个问题的讨论，目的是要使学生充分地动起来；同步实训2和同步实训3可以是依据任务内容设计的单向职业活动，通过引领学生完成活动，使其获得进一步的职业认知；实践项目活动应该是企业的实际项目，这一活动属于公共关系实务的典型工作任务，可组织学生按照“资讯、计划、决策、实施、检查、评价”六个步骤来完成。

本模式中，任务内容的学习是为了完成课后的一系列活动。“教师讲，学生练”的模式为经济管理类专业课程实施的“工学结合”做出了探索。在课堂教学中，教师应该较为精准地提供完成工作任务所需的资源条件。考核评价采取教师和企业评价相结合的方式，任务内容的学习、同步实训1-3的完成要注重结果评价；实践项目要既注重结果评价，也注重过程评价。

本书作为一种探索，希望能够从尊重职业教育规律，尊重课程观的角度进行教材编写；希望能够建立起一种“工学结合”的氛围，在课程实施中，凸显“工作活动”的作用。在课程实施中，教师应积极创设条件，鼓励学生高效地参与学习与工作活动，有效促进学习目标的实现。

辅助资源：为了方便您的教学，本书配备有教学资源，包括电子课件、教案、同步实训及实践项目所需案例素材、教学视频素材等。

编 者

2013年3月

目录

Contents

任务一 公共关系认知

学习目标

1. 知识目标

① **认识公共关系的内涵与职能。**

② **认识公共关系的基本要素。**

③ **认识公共关系人员的要求。**

2. 技能目标

① **能说明公共关系的现实意义。**

② **能认识公共关系工作。**

③ **能对公共关系工作过程有整体认识。**

任务描述

作为开始公共关系学习的第一步，公共关系认知工作是整个公共关系职业学习的基础。

这项任务的核心是：公共关系初学者通过认知公共关系的概念，进而了解公共关系工作以及公共关系职业。认识公共关系活动的基本要素、观念、职能、发展历程，养成公共关系意识，为学习公共关系具体业务和公共关系业务管理打下坚实的基础。

这项任务应该达成公共关系的初步认知目的，接下去是公共关系调研。

情境导入

当今社会，公共关系对国家政治、经济、文化等方面的影响越来越大，对企业等各种组织的活动也起着重要的指导作用。公共关系活动已经成为一些组织（企业）常态化的管理工作。

公共关系认知是公共关系管理学习活动中的第一大具体工作。这项工作中，公共关系初学者通过对公共关系含义的理解，准确了解公共关系活动对于一个国家、一个企业的重大意义。自此基础上，初步认识公共关系工作活动的要素、内容与要求，进而认识公共关系职业，初步养成公共关系意识。

公共关系认知是初学者学习公共关系系统性工作活动的起点，它为后续公共关系活动顺序的认知和公共关系业务活动的管理提供了基本依据，也为公共关系初学者整体认识公共关系提供了基本线索。

任务解析

根据公共关系管理职业工作活动顺序和职业教育学习规律，“公共关系认知”任务可以分解为以下子任务。

任务1. 1　公共关系认知

↓

任务1. 2　公共关系工作的认识

↓

任务1. 3　公共关系职业的认识

同步实训

根据公共关系管理职业成长规律及职业学习原理，“公共关系认知”任务可以安排以下同步实训。

	实训名称	实训目的
任务实训 1.1	公共关系职能讨论	加深学生对公共关系的认识
任务实训 1.2	公共关系工作内容的讨论	加深学生对公共关系工作的认识
任务实训 1.3	公共关系职业的讨论	引领学生认识公共关系职业
实践项目	了解企业公共关系活动	理解现实生活中的公共关系

公关故事

我们的第一个故事要从宋太祖的公关故事讲起。公元 964 年，宋太祖赵匡胤平定了南唐，本打算一鼓作气攻下吴越。谁知吴越国王钱俶亲自拜见赵匡胤，并献上了吴越国的地图，以示臣服之意。赵匡胤见钱俶来访非常高兴，便留他在汴梁游玩谈心。而钱俶却在暗地里贿赂大宋的重臣，希望能为他说话保住吴越国，深受皇帝倚重的宰相赵普更是他的重点公关对象。对此赵匡胤心知肚明，但并不理会。

一天，钱俶送了十个大坛子到赵普的府上，说是吴越国产的海鲜，赵普全部收下。来人走后，赵普想打开坛子看看，没想到皇帝赵匡胤突然驾临。赵普连忙说这是钱俶送给他品尝的海鲜，既然是海鲜，赵匡胤当然要品尝。

于是，赵普揭开了一个坛盖，原来是一坛黄澄澄的金子，其他坛子里也全是金子。赵普脑子都吓木了，赵匡胤却笑着说："好东西啊，可惜钱俶送错人了，他以为国家大事是你说了算呢，早知道送给我多好啊。既然送你了，那你就别客气了。"并反复叮嘱赵普不要想太多。

吴越国王钱俶在汴梁待了几个月也没有什么结果，于是请求赵匡胤放他回去。大臣们纷纷上表要求杀了钱俶或把他扣住，太祖的弟弟赵匡义最为坚持，说钱俶有"满堂花醉三千客，一剑霜寒四十州"的大志，放之无异于放虎归山。赵匡胤却说："我们攻灭南唐，横扫岭南，当然也能够打败吴越。但钱俶是个懂得审时度势的人，我要用诚心来感化他，这样就不必动刀动枪了。吴越国虽小，但民风剽悍，惹急了他们反而会增加我们一统天下的阻力，那就得不偿失了。"

最后，赵匡胤亲自送钱俶到城外，并在临行前送给他一件神秘礼物。

快到吴越国界的时候，钱俶打开了箱子，却见满满一箱子大臣们要求扣住或杀了他的奏章，钱俶看后又是后怕又是感激。半年后他再次来到汴梁，献上了吴越国的军事图，举国投降。赵匡胤未用一兵一卒，就将吴越并入了大宋版图。

说到公共关系，很多人心里就会浮现出"拉关系""走后门"这样一些词语。其实，这都是在概念上一些似是而非的误解。事实上，公关的内在含义包括：塑造自己的形象、建立和谐友好的关系、真情的沟通等。当然需要借助一些手段，用一些技巧，但并不一定就是负面的。赵匡胤以一箱子奏折使钱俶感激而降，塑造了自己的形象，化解了两国的干戈，也得到了大宋和吴越人民的拥戴。钱俶为人贤能，在吴越的威望很高，如果他要与赵匡胤拼死一战，即便不敌也会使大宋损失严重。赵匡胤以诚待人，不是漫无目的地滥施人情，而是在看清对手，把握时势之后的审慎举动，这是一种了不起的公关。

1.1 公共关系认知

> **任务提示** 这是公共关系初学者了解公共关系活动的第一步，认识关系的含义，认识公共关系的含义及其职能，在此基础上，准确把握公共关系含义，初步认识公共关系活动、作用，为后续的课程学习做准备。

公共关系一词源自美国，是英文 Public Relations 的意译，英文缩写为 PR，中文表述是"公共关系"，有时候又称"公众关系"。我国习惯上称为"公共关系"（简称"公关"）。

1.1.1 认识公共关系

在社会生活中，人与人之间会发生各种各样的联系和交往，出现了各种各样的社会组织。为了促进组织发展，这些社会组织都会充分展示自己的良好形象，建立、维护与公众之间的互利互惠关系。

认识公共关系之前，我们首先来认识关系的含义。

1．关系

从小到大，我们在很多时候需要填写表格。其中有一栏，就是“社会关系”。那么，什么是关系呢？关系指事物之间相互作用、相互影响的状态。人与人或事物之间互相联系，即产生关系。人们在共同活动的过程中，彼此间结成的关系成为社会关系。

2．公共关系

在社会交往中，人与人之间存在着千丝万缕的联系，而因这些联系形成的关系至少包括两种关系。其一为个人关系，即狭义的人际关系，如血缘关系、地缘关系；其二为公共关系，指社会组织与相应公众结成的关系。由此可见，公共关系是社会关系中的一部分。

重要术语 1-1　　公共关系

公共关系是社会组织为了实现良好合作与和谐发展，通过关系协调、沟通管理、形象塑造等方式，同利益相关的公众结成的一种社会关系，包括政府与社会各界的关系、企业与消费者及有关客户的关系、领导与员工的关系。

对于公共关系的含义，我们可以从几方面进一步理解，如表 1-1 所示。

表 1-1　　公共关系的理解

基本属性	社会组织与公众之间的一种社会关系
关系人	主体是社会组织，客体是公众
活动目的	塑造组织形象，获得公众支持，为组织生存发展创造和谐环境
活动途径	沟通传播、关系协调
活动实质	组织的管理与经营

1.1.2　认识公共关系职能

公共关系职能是指公共关系在组织中应发挥的作用和应承担的职责，其具体职能可概括为收集信息、咨询建议、沟通协调、塑造形象和教育引导，如图 1-1 所示。

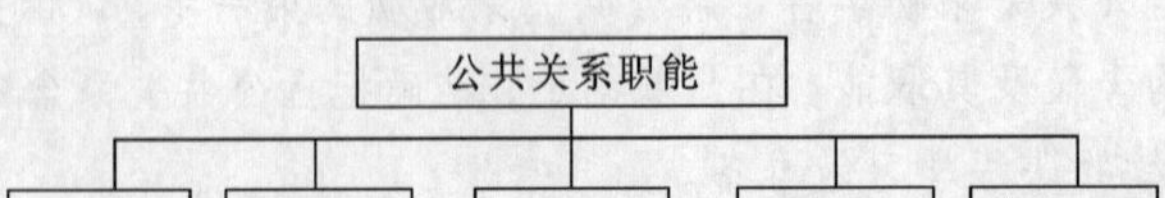

图 1-1　公共关系职能

重要术语 1-2　　公共关系职能

公共关系职能是指以优化公众环境，树立组织形象为任务的一种传播沟通职能。即运用各种传播、沟通的手段去影响公众的观点、态度和行为，争取公众舆论的理解和支持，为组织的生存和发展创造良好的社会环境。简言之，公共关系的职能是公共关系在组织中所应发挥的作用和应承担的职责。

1．收集信息

收集信息是开展公共关系活动的必要前提。公共关系的信息主要是有关组织信誉和形象方面的，包括以下几类：（1）产品形象信息；（2）组织形象信息；（3）组织运行状态与发展信息等。采集到的信息经过加工、整理和分析后，可以推断出影响组织目标实现的公众情况和各种社会环境情况，使组织对环境变化与发展保持清醒的头脑和灵敏的反应，特别是对环境中的潜在问题和危机及时发出预报，从而能够科学地塑造组织形象，实现组织目标。

2．咨询建议

现代社会，组织的经营决策关系到组织的生死存亡。公共关系咨询建议，指公共关系专业人员向组织领导提供有关公众方面的可靠情况说明和意见。公关人员从社会公众和整体环境的角度评价决策的社会影响和社会后果，使决策更加有效，更加科学。在组织的决策过程中，公众部门以提供咨询建议的方式，成为决策者的“智慧机构”，起到参谋的作用。

3．沟通协调

公共关系活动的过程，主要就是组织与公众之间进行传播与沟通的过程。通常社会活动中所讲的“沟通”是指信息的往来传递；协调是在沟通的基础上，经过调整达到“彼”与“此”的和谐平衡与共同发展。公共关系中讲的沟通协调是组织与其公众在信息传递的基础上相互认识，并据此调整其中的不合理因素，对内以提高组织的向心力、凝聚力；对外以争取公众的好感与支持，为组织的生存和发展奠定“人和”的基础。

4．塑造形象

公共关系中的组织形象，是指公众对社会组织的整体印象和评价，是社会组织的表现和特征在公众心目中的反映。良好的组织形象，对于一个社会组织来说，是一笔无形的财富。良好的组织形象可以使社会组织获得更好的发展条件和发展环境；可以为社会组织的各种服务和产品创造出优良的营销环境；可以为社会组织吸引人才、集中人才提供优越的条件；也有助于社会组织寻求可靠的原材料和能源供应客户，增加投资者的信心，求得稳定而优惠的经销渠道。

公关实务 1-1　　中国的“两会公关”

2013 年 3 月，中国“两会”再一次吸引了世界的目光。采访两会的中外记者达 3000 多名。其中外国记者近 1000 名，港澳台记者 400 多名。关注的话题中，有中国经济政策走势、经济刺激政策、欧债危机援助措施等。民生话题包括社会保障、医疗改革、教育制度改革以及住房价格的市场调控等。此外，还有政府机构改革、国家的人事安排等。

这些迹象表明，今天的两会已经不仅仅是为中国人而开，它同时也是一场为世界和谐谋福的政治盛会。两会的召开，对中国的老百姓来说是参政议政的重要日子；对世界舆论来说，则是关注北京、评说中国的时机。因为，中国人要向世界怎样宣示自己的想法并为之努力，不仅是中国人自己的事，也影响着亚太地区，乃至整个世界。

两会的空前透明，是一种自信、一种谋略、一种能力，是有容乃大的包容性、有为乃大的坚定感，更凸显了民主政治气氛的空前活跃，以及一个负责任大国在综合国力增加、国际地位提高后应有的胸襟。从公关的角度看，“两会”塑造了一个自信大国的新形象。

5. 教育引导

公共关系的教育引导职能主要反映在两个方面。一是对组织员工素质的培育和提高。公共关系的一个职能就是传播公关意识，传播公共关系的思想和技巧，进行知识更新。通过公共关系活动，可以培养和提高员工各方面的素质和才能。二是对公众进行教育和引导。人们常说“公众永远是对的”，这是从服务的角度将“正确”让给对方，但客观地讲，公众不可能永远正确，而是需要加以引导的。这种引导主要体现在公共关系活动对社会互动环境和社会心理环境的优化上。

重要信息 1-1　　公共关系的基本原则

（1）真实性原则。该原则是指社会组织的公共关系工作，要以事实为基础，据实、客观、公正、全面地传递信息，反映情况。在调查研究的基础上，客观地反映现实，不以主观想象代替客观事实，对事实采取公众可接受的立场，不袒护、不推诿。

（2）互利性原则。公共关系强调主体与客体的平等权利和义务，尊重双方的共同利益和各自的独立利益，信守组织与公众平等互利、共同发展的坚定信念。

（3）双向沟通原则。组织与公众之间建立良好的公共关系的过程，其实质是组织与公众之间相互适应的过程，亦即信息交流和信息反馈修正的过程。

（4）整体一致原则。一个社会组织要保证自己的长远利益，求得自己的稳定发展，就必须取得社会公众和其他社会组织的支持与合作，顾及社会整体利益。

（5）全员公关原则。组织的全体成员都要树立公关意识，共同关注并参与公共关系工作。每位成员都必须注意自己的形象，从而维护组织形象。

（6）长期坚持原则。公共关系工作是一项长期的、持久的任务，任何组织的良好形象的形成都是建立在长期努力的基础之上的。

任务实训 1.1

公共关系职能讨论

实训目的：

加深学生对公共关系的认识。

实训安排：

1. 学生收集并讲解一些公共关系活动故事或案例；
2. 分析其中公共关系职能所起的作用，讨论公共关系及其职能的重要性。

教师注意事项：

1. 由生活事例、企业经营事例导入对公共关系的认识；
2. 提供一些公共关系的简单案例，供学生讨论；
3. 提供一些企业的相应学习的资源。

资源（时间）:

1课时、参考书籍、案例、网页

评价标准

表　现　要　求	是否适用	已达要求	未达要求
小组活动中的外在表现（参与度、讨论发言积极程度）			
小组活动中，对概念的认识与把握的准确程度			
小组活动中，角色扮演的精准度			
小组活动中，文案制作的完整与适用程度			

1.2 公共关系工作的认识

任务提示 这是公共关系初学者认知公共关系活动的第二步；认识公共关系工作，特别是认识公共关系的工作要素，在此基础上，能够对公共关系工作活动的内容、步骤有一个初步的了解。

公共关系工作的目标是要在公众中树立良好的组织形象。为此，组织必须通过开展一系列传播与沟通活动，来协调其与公众之间的关系。这一系列活动就是公共关系工作。

1.2.1 认识公共关系要素

按照习惯说法，公共关系有三个构成要素，即公共关系工作中，社会组织是主体要素，公众是客体要素，传播是中介要素，三者的关系如图 1–2 所示。从公共关系工作的角度出发，社会组织是公共关系工作活动的策划者、发起者；公众是公共关系的对象和接受者；传播是连接主体与客体的纽带，也是公共关系工作的主要手段。

图 1-2 公共关系要素构成图

1．社会组织

一个组织的生存和发展与很多因素有关，如自身实力、管理水平、发展环境等。公共关系作为一种管理职能，是从如何建立和维护组织与公众之间的互利互惠关系、树立组织良好形象的角度来促进组织发展的。因此，组织是公共关系活动的主体，是公共关系的实施者、承担者。为使公共关系活动的针对性更强，在公共关系学中，我们一般把组织分成四种类型：（1）盈利性组织，如工商企业；（2）服务性组织，如学校、医院等；（3）公共性组织，如政府、军队等；（4）互利性组织，如政党、职业团体（学会、协会、研究会等）。

2．公众

公众是与社会组织相关的有共同利益需求的个人、群体、组织集合而成的整体。社会组织的员工、顾客、读者、观众、社区居民、社会名流等都是重要的公众。公众构成了社会组织生存和发展的社会环境。简单地说，公众就是公共关系的对象、客体。

尽管公众是客体，但这并不意味着公众是完全被动的、随意受摆布的，公众随时都可以表达自己的意志和要求，从而对公关主体形成舆论压力和外部动力。这也是公共关系活动的重要原因和起点。公众具备广泛性、整体性、多样性、共同性、变化性和相关性等特征。

公众对组织的态度一般有三种：赞成、反对、中立。相对应地可把公众分为三类：顺意公众、逆意公众和中间公众。公共关系的重要任务就是将逆意公众和中间公众转变为顺意公众，在这个转变过程中，形象传播发挥着巨大的作用。公众的主要划分如表 1–2 所示。

表 1-2　　公众的划分

根据身处组织内外划分	内部公众、外部公众
根据与组织的关系划分	首要公众、次要公众、边缘公众
根据公众的稳定性划分	临时公众、周期性公众、稳定公众
根据公众发展进程划分	非公众、潜在公众、知晓公众、行动公众
根据对组织的态度划分	顺意公众、逆意公众、中间公众

3. 传播

公共关系中的传播是指组织的传播媒介向公众进行信息或观点的传递和交流。这是一个观念、知识或信息的共享过程，其目的是通过双向的交流和沟通，促进公共关系主体和客体（组织和公众）之间的了解、共识、好感和合作；其手段主要有人际传播、组织传播和大众传播等形式。公共关系传播过程如图 1–3 所示。

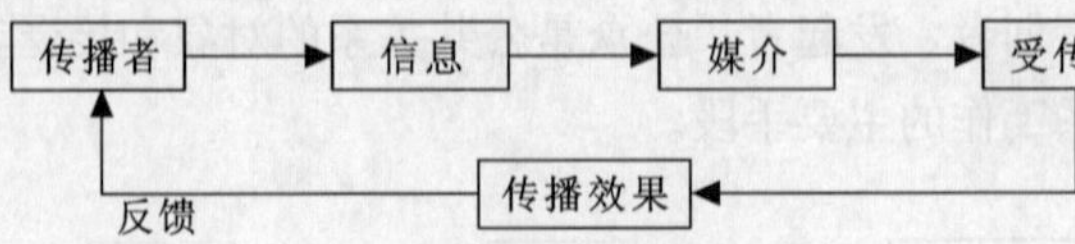

图 1–3　公共关系传播过程

公共关系传播媒体种类繁多，如表 1–3 所示。

表 1-3　　公共关系传播媒体

语言与非语言媒体	语言媒体有记者会、座谈、会议、谈判、演讲等；非语言媒体有动作、表情、服饰等
大众媒体	报纸、杂志、广播、电视、网络等
实物媒体	产品及劳务、公共关系礼品、象征物或模型等
图像标示媒体	照片与图画、标志、标识等
人体媒体	人员形象等
印刷品	小报、刊物、书籍、小册子、宣传单等

公关实务 1-2　　　　　农夫山泉：一分钱布局公益

在今天，一分钱已经买不了什么了，它显得那样渺小。一分钱真的就没有价值了吗？2001 年农夫山泉推出了一项颇有创意的活动，每售出一瓶农夫山泉，就从中提取一分钱支持申奥，“一分钱一个心愿，一分钱一份力量”，代表消费者支持北京申奥。2002 年 3 月 28 日，农夫山泉在北京召开新闻发布会，启动“阳光工程”，继续推出“买一瓶水，捐一分钱”活动，以支持贫困地区的体育教育事业。

通过这些活动，农夫山泉很快成了瓶装水的一线品牌，获得了服务社会、推广产品和提升公司形象的多重效应，这就是公共关系的魅力。

1.2.2 认识公共关系工作

为了使公共关系活动顺利地开展，公共关系工作应该遵循一定的程序有条不紊地进行。其基本程序可分为公共关系调查、公共关系策划、公共关系实施和公共关系评估四个步骤，它们也是公共关系活动的四项基本工作内容，如图 1-4 所示。

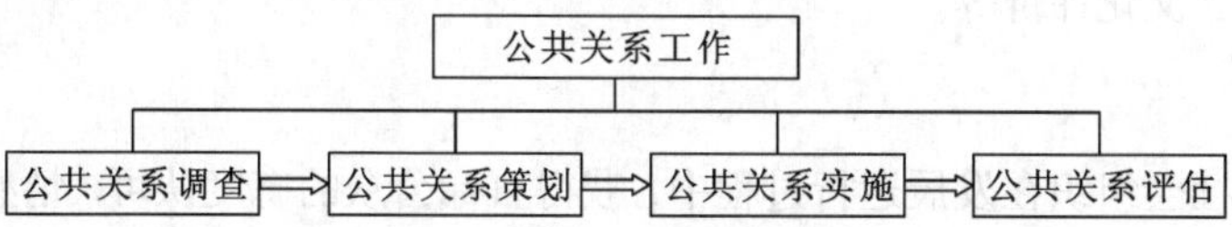

图 1-4　公共关系工作

1．公共关系调查

公共关系调查是运用科学的方法，有计划、有步骤地搜集相关信息，了解组织面临的公共关系方面的实际问题，从而为公共关系活动的策划提供依据。公共关系调查是公共关系工作的基础，它在整个公共关系活动中起着举足轻重的作用。

2．公共关系策划

通过公共关系调查使组织获得公共关系存在的主要问题，依此确定公共关系活动的目标，制定公共关系活动的方案，从而寻求解决问题的方法和途径。因此公共关系调查之后，就需要开展公共关系策划工作。公共关系策划是指公关人员根据组织形象的现状和目标要求，分析现有条件，设计最佳活动方案的过程。

3．公共关系实施

正确地制定具有创意的公共关系策划方案固然重要，但更重要的是将公共关系策划付诸实施，才可能真正产生效用。公共关系实施是在公共关系策划方案确定后，将方案所确定的内容变为现实的过程，它是整个公共关系工作的中心环节。

4．公共关系评估

公共关系的评估是对公关策划实施工作的总结和最终效果的评价。它是公关活动的最后一个程序，也是下一轮公关活动的开始。通过公关评估，可以总结成功的经验，分析失败的教训，从而进一步提高公关活动质量与水平；同时可以发现公共关系活动的缺陷与不足之处，为组织今后公共关系的具体目标政策和行为调整提供依据。

1.2.3 公共关系工作目标

公共关系工作目标是指组织通过一系列工作，所欲达到的树立组织形象、与公众取得和谐的状态。公共关系工作目标有认知度、美誉度、和谐度。

1．认知度

认知度是一个社会组织被社会公众所认识、知晓的程度。它包含被认识的深度和被知晓的广度两个方面。认知度与人们常说的知名度相比内涵更丰富，它不仅指组织的名声在多大范围内被公众所知晓，而且指组织有多少信息被公众所认识。公众对组织的认识越多、越深，对组织的意义或作用就越大。

2．美誉度

美誉度是指一个社会组织获得公众赞美、称誉的程度，是组织形象受公众给予美丑、好坏评价的舆论倾向性指标，是一种对组织的道德价值评判。如企业美誉度内容可分解为产品评价、服务评价、贡献评价、文化评价等。

3．和谐度

和谐度是一个社会组织在发展运行过程中，获得目标公众的态度认可、情感亲和、言语宣传、行为合作的程度。和谐度与美誉度一样，也属于对组织道德价值评判的范畴。和谐度是在认知度、美誉度基础上的必然延伸，是组织最为关心的一个目标。

重要信息 1-2　　公共关系工作的特征

（1）客观性。公共关系是不以人的意志为转移的客观存在，它普遍地存在于社会组织的环境中。任何社会组织的生存与发展，都离不开公共关系的影响和制约，并且也都在有意或无意地进行着公共关系工作，以维护和改善现有的公共关系状态，塑造良好的社会组织形象。

（2）公开性。公共关系主张社会组织与社会公众的双向沟通，即通过提高社会组织的透明度，来增进社会公众对组织的了解、理解、支持与合作。同时，公共关系活动是在法律、法令和政策允许的范围内进行的，以公开的手段、方式和渠道阐明组织的方针、政策和行为，以实现公共关系目标。

（3）艺术性。社会组织面临的社会公众复杂多变，拘泥于一种公共关系模式，无法适应复杂多变的公众需求，即使同一公众在不同的时期，其需求也有区别。因此，有效的公共关系活动必然渗透着创造性的思维，针对性的模式，技巧性的方式方法。简而言之，应该在科学的理论和原则指导下，讲究具体方式方法和策略性、技巧性，以艺术的形式和手段达到最佳的公关效果。

（4）情感性。公共关系从本质上说是社会组织与社会公众之间关系的综合表现，但又在一定程度上表现为人与人之间的关系与交往。由此，情感因素渗透于公共关系的全过程，甚至左右着公共关系活动的进程与效果。公共关系强调以信任他人，关心他人为宗旨，重视情感上的沟通、联结、融洽，以创造良好的组织氛围。就这一点而言，有人把公共关系活动比作感情投资是不无道理的。

（5）战略性。公共关系的基本方针是着眼于长远打算，着手于平时努力。任何一个组织要建立和巩固良好的社会形象，都不是一朝一夕，一蹴而就的事，必须依靠系统、全面、有计划、连贯、坚持不懈的艰苦努力和扎实的公共关系工作。试图一次活动就能立竿见影，是不符合客观实际的。同时，公共关系要求理顺长远利益与眼前利益，整体利益与局部利益，大利益与小利益的关系，依据组织的长远利益、整体利益、大利益制定公共关系活动和公共关系过程，以达到公共关系的目的。

任务实训 1.2

公共关系工作内容的讨论

实训目的：

加深学生对公共关系工作的认识。

实训安排：

1. 学生收集并讲解一些公共关系活动故事或案例；
2. 分析其中公共关系工作的内容，讨论其目标的实现程度。

教师注意事项：

1. 由生活事例、企业经营事例导入对公共关系工作的认识；
2. 提供一些公关的简单案例，学生讨论；
3. 其他相应学习资源。

资源（时间）：

1课时、参考书籍、案例、网页。

评价标准

表 现 要 求	是否适用	已达要求	未达要求
小组活动中的外在表现（参与度、讨论发言积极程度）			
小组活动中，对概念的认识与把握的准确程度			
小组活动中，角色扮演的精准度			
小组活动中，文案制作的完整与适用程度			

1.3 公共关系职业的认识

任务提示

这是公共关系初学者认知公共关系活动的第三课，认识公共关系职业，特别是认识公共关系工作的主要机构、人员要求，在此基础上，能够对公共关系职业发展方向有一个初步的了解。

我国公共关系伴着改革开放而产生，随市场经济发展而发展。从无到有，由小到大，它经过了 30 多年的曲折发展，终于在 20 世纪末成为了一种职业，并逐步形成为一个行业。

1.3.1 认识公共关系职业

现代公共关系作为一种新的经营理念和思想，在 20 世纪 80 年代初进入我国。经历多年的发展，它逐步成为一个职业门类，同时，也有了国家职业资格认证。

1．公共关系职业

1999 年 5 月，国家劳动和社会保障部出版的《中华人民共和国职业分类大典》将“公关员”作为一门新职业列入该大典的第三类职业，这标志着国家正式承认“公共关系”这一职业。由此，公共关系职业正式确立。我国《公共关系人员国家职业标准》将公共关系职业定义为：“公共关系是专门从事组织机构信息传播、关系协调与形象管理事务的调查、咨询、策划和实施的工作”。

我国市场环境越来越开放，国外企业将继续保持在我国市场的高速投资步伐，而我国的本土企业将越来越与国际惯例接轨，一批具有国际眼光的企业家将成为未来中国经济的主导力量，进而带动公共关系需求量的增加。公共关系职业将是最具潜力、发展最快的职业之一。

2．公共关系职业资格认证

在全国各类公共关系人员职业认证和培训项目中，主要有国家公共关系人员职业资格认证。该认证由国家劳动和社会保障部主办，中国国际公共关系协会参与组织。2004 年，国家劳动和社会保障部在原有的初级公关员、中级公关员和高级公关员基础上，增设了“公关师”（国家职业资格二级）和“高级公关师”（国家职业资格一级）。职业资格鉴定内容有公共关系基础知识、接待与礼仪、新闻与信息传播、调研与评估、专题活动策划与组织、危机管理与技巧和公共关系管理与咨询等，其知识和技能考核采取笔试方式。在“公关师”和“高级公关师”的考核办法上作出了新的规定，除技能知识闭卷考试外，还增加了专业技术报告和答辩的专家评审考核。

1.3.2 认识公共关系机构

公共关系机构是组织内部从事公关工作的部门和社会上提供公关服务和代理的组织的总称。就目前的情况看，公共关系机构主要分三类：（1）社会组织内部设立的公共关系部；（2）社会上成立的公共关系公司；（3）公共关系界成立的公共关系协会。

1．公共关系部

公共关系部是社会组织内部自行设立的专门负责处理公共关系事务的部门或机构。从事公共关系工作的部门多称为公共关系部、公共事务部、公共广告部、对外关系部、信息广告部、社区关系部、市场推广部等。

2．公共关系公司

公共关系公司又称公关咨询公司、公关顾问公司，或称公关事务所，是指由公关专家和专业人员组成，以提供公关咨询服务为主要工作内容的知识密集型社会中介专业机构。公共关系公司大致有几种类型：① 综合服务咨询公司；② 专项业务服务公司；③ 特定行业服务公司。

3．公共关系协会

公共关系协会是从事公关理论研究和实务工作的人按照一定的规章制度自发组织起来的民间群众团体。其宗旨是团结公关界同仁，研究公关理论，交流公关信息，开展公关咨询服务和公关培训，促进公关事业发展。公共关系协会主要有：① 综合型协会；② 学术型协会；③ 行业型协会；④ 联谊型协会。

1.3.3 认识公共关系职业工作

不同的公共关系机构，其职业工作也有区别。

1．公共关系部的职业工作

公共关系部的工作主要包括对外关系协调、对内关系协调和专业技术三方面。对外关系协调，主要涉及媒介关系、政府关系、社区关系等。对内关系协调，主要涉及员工关系、部门关系、股东关系、干群关系等。专业技术的具体工作有组织安排庆典活动，组织安排开（闭）幕仪式等。

公关实务 1-3　　一名乘客的航班

20 世纪 80 年代的某一天，英国航空公司所属波音 747 客机 008 号班机，准备从伦敦飞往日本东京时，因故障推迟起飞 20 小时。为了不使在东京候此班机回伦敦的乘客耽误行程，英国航空公司及时帮助这些乘客换乘其他公司的飞机。共 190 名乘客欣然接受了英航公司的妥当安排，分别改乘别的班机飞往伦敦。但其中有一位叫大竹秀子的日本老太太，说什么也不肯换乘其他班机，坚决要乘英航公司的 008 号班机不可。实在无奈，原拟另有飞行安排的 008 号班机只好照旧先到达东京后再飞回伦敦。

于是一个罕见的情景出现在人们面前。东京到伦敦，航程达 13000 千米，而英国航空公司的 008 号班机上只载着一名旅客，这就是大竹秀子。她一人独享该机的 353 个飞机座席以及 6 位机组人员和 15 位服务人员的周到服务。有人猜测说，这次只有 1 名乘客的国际航班使英国航空公司至少损失 10 万美元。

从表面上看，这个航班的确是个不小的损失。可是，从深一层来理解，它却是一个无法估价的收获。正是由于具备强烈的公关意识，英国航空公司一切为顾客服务的行为，在世界各国来去匆匆的乘客心目中树立了一个用金钱也难以买到的良好的公司形象。

2．公共关系公司的职业工作

接受客户委托，提供公关业务咨询。全权负责某项专题公关活动，如市场调查、公众调查，大型活动方案的制定和执行，充当客户的引见人和调解人等。受客户的长期聘请，包揽客户的全部公关工作或指派公关专家做客户的长期公关顾问。

3．公共关系协会的职业工作

公共关系协会是一种特殊的公共关系组织，它既是广大公共关系专家、学者及公共关系爱好者组成的民间团体，同时又是公关界与政府、工商企业及其他组织相互联系的纽带与桥梁，其宗旨是宣传公共关系思想，普及公共关系知识，协调公共关系活动。

重要信息 1-3　　公共关系人员的素质要求

公共关系人员指专门从事组织机构公众信息传播、关系协调与形象管理事务的调查、咨询、策划和实施的人员。从狭义上讲是指以公关为职业的专职人员，从广义上讲是指从事与公关相关工作的专、兼职人员。

1. 公关意识

公共关系意识是组织建立良好公共关系的必要前提，是组织公共关系工作人员必备的基本素质的核心。公关意识包括四个方面。①服务公众意识。公关人员必须有尊重和服务公众的意识，一切公关工作都要从维护公众利益出发，满足公众各方面的需求，投公众所好，为公众提供周到的服务。②塑造形象意识。公关意识中最重要的就是珍惜信誉、重视形象。良好的组织形象，是从事公共关系工作的最终目的，公关人员要懂得知名度、美誉度对组织的价值，努力塑造、维护或矫正组织形象。③协调沟通意识。公关人员应该具备良好的协调意识，要遵循双向对称原则，平等竞争、公平合作，在沟通中寻求理解与支持，增强组织内部的凝聚力和外部的和谐力，在沟通中谋求和谐发展。④立足长远意识。立足长远的意识是塑造组织形象稳定性的要求，也是公关工作艰苦性的表现。一个形象一旦传播出去、树立起来，就具备了相对的稳定性。与公众建立良好的关系，不可能一蹴而就，需要经过努力，不断积累，才能成功。

2. 心理素质

心理素质要求包括三个方面。①自信。公关工作复杂难办，只有充满自信，公关人员才能有强烈的事业心，意志坚强，创造性地开展工作。②开放。公共关系工作是一项开放性的事业，具有开放心理的人才能热情宽容地与各类性格的人相处，并建立良好的关系。③热情。保持广泛的兴趣，用真诚的热情和乐观的精神去与人打交道，去帮助和感染对方，这样才能结交众多的朋友，更好地完成公关工作。

3. 知识要求

公共关系是一项实践性较强的工作，作为公关从业人员，必须掌握多方面的知识，包括公关理论和知识、经营管理知识、传播沟通知识、社会交往知识，同时需具备较强的操作能力。公关工作要求从业人员具有较全面的操作能力，如人际交往能力、组织协调能力、表达写作能力、创新策划能力等。此外随着国际交往的加强，公关人员还应熟练地掌握一门或多门外语。

任务实训 1.3

公共关系职业的讨论

实训目的：

引领学生认识公共关系职业。

实训安排：

1. 学生收集并讲解一些公共关系职业发展变化的故事或案例；
2. 分析其中公共关系职业工作的内容。

教师注意事项：

1. 由生活事例、企业经营事例导入对公共关系职业的认识；
2. 提供一些公关的简单案例，供学生讨论；
3. 提供其他相应学习资源。

资源（时间）：

1 课时、参考书籍、案例、网页。

评价标准

表 现 要 求	是否适用	已达要求	未达要求
小组活动中的外在表现（参与度、讨论发言积极程度）			
小组活动中，对概念的认识与把握的准确程度			
小组活动中，角色扮演的精准度			
小组活动中，文案制作的完整与适用程度			

小 结

公共关系的学习离不开对公共关系的认知，在此基础上，认识公共关系职能、公共关系工作的要素、主要内容、公共关系工作目标，以及公共关系职业。

本章围绕公关调研活动必要的程序，设计了各环节操作的专门知识，设置了<u>重要术语</u>、<u>重要信息</u>等栏目，体现了对一些重要理论知识的重组。

本任务以<u>任务提示</u>开始，以<u>企业实际项目</u>结束，并安排了<u>学生自我工作总结</u>。希望读者能够在获知工作信息的基础上，在教师引领下，按照“资讯、计划、决策、实施、检查和评价”六步骤来完成各项工作活动，直至完成延伸活动，以实现“学习就是工作，工作就是学习”的目的。

本章学习目标：完成本任务后，学生能够<u>认识公关活动</u>，并能够认识简单的、与日常生活相关的公关管理活动，进而能够认识企业实际公关活动管理项目。

重要术语

公共关系　　公共关系职能

知识与技能检测

一、课堂讨论

1. 公共关系就是“拉关系、走后门”。
2. 公共关系与广告的区别。
3. 公共关系与市场营销的关系。
4. 公关活动就是宣传。
5. 公共关系具有科学性和艺术性。

二、课后自测

1．选择题

（1）公共关系的职能是公共关系在组织中应发挥的作用和应承担的职责，其具体职能可概括为（　　）。

A. 收集信息　　B. 咨询建议
C. 沟通协调　　D. 塑造形象
E. 教育引导

（2）公共关系构成要素包括（　　）。

A. 社会组织　　B. 公众
C. 传播　　D. 领导

（3）公共关系工作应该遵循一定的程序有条不紊地进行，其基本程序可分为（　　）。

A. 公共关系调查　　B. 公共关系策划
C. 公共关系实施　　D. 公共关系评估

（4）公共关系的工作目标有（　　）。

A. 认知度　　B. 美誉度
C. 和谐度　　D. 多角度

（5）公共关系机构主要有（　　）。

A. 社会组织内部设立的公共关系部　　B. 社会上成立的公共关系公司
C. 公共关系界成立的公共关系协会　　D. 个人

（6）组织内部公共关系部的工作主要包括（　　）三方面。

A. 对外关系协调　　B. 对内关系协调
C. 专业技术　　D. 收集数据

2．判断题

（1）公共关系主要是营利部门与公众的关系。（　　）
（2）学校不能用美誉度和知名度来做评价。（　　）
（3）公众就是指社会上所有的人。（　　）
（4）传播是公共关系的主要手段，也是主体与客体之间的桥梁。（　　）
（5）公关活动只能采取隐蔽方式。（　　）
（6）良好的组织形象并不能给企业带来财富。（　　）

3. 简答题

（1）什么是公共关系的基本原则？

（2）公共关系工作的特征有哪些？

（3）公共关系人员的素质要求有哪些？

（4）公共关系公司的主要职业工作有哪些内容？

4. 案例分析题

美国IBM公司每年都要举行一次规模隆重的庆功会，对那些在一年中做出过突出贡献的销售人员进行表彰。这种表彰活动被称作"金环庆典"。这种活动常常是在风光旖旎的地方，如百幕大或马霍卡岛等地进行。在庆典中，IBM公司的高层管理人员始终在场，并主持盛大、庄重的颁奖酒宴，放映由公司自己制作的表现那些做出了突出贡献的销售人员工作情况、家庭生活，乃至业务爱好的影片。在被邀请参加庆典的人员中，不仅有股东代表、工人代表、社会名流，还有那些做出了突出贡献的销售人员的家属和亲友。

在庆典活动中，公司主管会同那些常年忙碌，难得一见的销售人员聚在一起，彼此毫无拘束地谈天说地。在这种交流中，加深了彼此心灵的沟通，增强了销售人员对企业的"亲密感"和责任感。

通过分析不难得到结论：IBM公司的"金环庆典"活动属于企业内部的公共关系活动，它对企业公共关系的发展有着极其重要的现实意义。

第一，它可以增强企业内部的凝聚力与向心力。通过"庆典"活动，让对企业有功的人员亲身感受到企业高层主管对他们工作、家庭及个人发展的关心。IBM公司每年一度的"金环庆典"活动，一方面是为了表彰有功人员，另一方面也是同企业职工联络感情，增进感情的一种手段。大家庭的温暖，这是一种企业文化的氛围，是企业发展的基石。它可以使公司内部更多地联络感情，增进友情，协调企业内部的人际关系。

第二，它可以使员工家庭和睦。为企业做出突出贡献的销售人员的家属、亲友也被企业邀请参加庆典活动，这会使这些受表彰者的家属更多地了解自己的亲人在工作中的表现，在以后的工作中更多地支持亲人们的工作，多一份理解与关爱，从而保证这些家庭的和谐气氛。

第三，它可以使企业员工的积极性更高，使企业形象更好。在这样的庆典活动中，接受表扬者会产生继续奋发向上，为企业多做贡献的决心，同时也会鼓励更多的员工努力工作。在这种企业氛围中，员工们会处处为企业着想，在工作中表现出良好的员工形象，进而展示出企业的风格。

第四，它可以使企业的社会效益和经济效益得到同步增长。企业员工热爱自己的企业，以企业为荣，会自觉地为企业树立良好的形象。这样会使企业在社会公众心目中拥有良好的形象，人们会认定IBM公司是一个有文化的公司、关爱社会的公司，这些社会效益的提高会最终转化为企业经济效益的提高。人们认定，拥有良好形象的企业，一定会生产出优质的产品和提供优质的服务，进而愿意购买这些企业的产品。

开展企业内部的公共关系活动，能增强企业职工与领导、职工与职工之间的感情联系，创造出良好的内部氛围，也会在企业外部树立良好的形象。而这一切最终将转化为企业经济效益的提高。

阅读以上材料，回答以下问题：

（1）概括IBM公司内部公共关系活动的具体做法；

（2）这一活动中，主体、客体、传播手段分别是什么；

（3）内部公共关系能否影响到外部公共关系，请说明理由。

实践项目

了解企业公共关系活动

活动目的：

理解现实中的企业公共关系活动。

活动安排：

1. 教师与校外基地接洽，进入企业；
2. 学生分组，分赴公共关系管理岗位，实地了解其工作。

教师注意事项：

1. 讲解工作要点；
2. 检查学生分组是否合理；
3. 负责企业学习资源的调配。

资源：

课后4课时、网页、参考书、基地企业。

评价标准

表 现 要 求	已达要求	未达要求
小组活动中的工作表现（参与度、讨论发言）		
整个职业工作过程的表现（六步骤）		
对整体职业工作的认识与把握		
工作过程中知识与经验的运用		

增值阅读

公共关系的界定

公共关系传入我国已经几十年了，但许多人对它的性质、功能、手段等还是一知半解，因此在使用公共关系这一概念或开展公共关系工作时，往往会出现许多偏差和错误，所以有必要将公共关系与其相关的其他社会现象进行区分，才能使公共关系朝着正确的方向发展。

1. 公共关系与宣传

宣传是社会组织为了取得公众对其实施的政策、行动的理解和支持而采取的一系列活动。公共关系要塑造组织形象，扩大组织影响，引起公众的注意并进而引导公众的行为，也要开展宣传活动，并要利用宣传活动中积累的各种理论、经验、技术和技巧。同样地，宣传活动为了适应现代社会的发展，也要不断吸收公共关系的新内容、新方法，才能把宣传工作建立在更加科学的基础上，才能不断提高宣传效果。两者的区别表现为以下四方面。

（1）形成历史不同。宣传活动是伴随着古代文明社会的产生而出现的一种社会行为；公共关系则是现代社会的产物。

（2）活动内容不同。宣传活动的全部工作都是围绕“说”字下功夫；公共关系的全部工作不仅在“说”字上下功夫，它更重视在“做”字上下功夫。

（3）工作准则不同。宣传活动既可奉行实事求是的准则，也可能奉行唯宣传者主观需要为是的准则；公共关系则只能奉行尊重事实，实事求是的准则。

（4）行为特征不同。宣传活动偏重单方面诱导式的影响、灌输；公共关系则必须注重双向的交流和沟通。

2. 公共关系与广告

广告是通过付费购买或使用传播媒介，对产品、服务及某项行动的意见和想法进行推销宣传的活动。公共关系常常要借助广告的形式去实现其传播信息，树立组织形象的职能。广告也常常借助公共关系去增强它的说服力，但公共关系决不等同于广告。二者的区别表现在以下三方面。

（1）行为导向不同。广告以销售产品、服务，引起公众的购买行动为导向，注重的是产品、服务的介绍和宣传；公共关系以实现组织与公众的双向交流和沟通为导向，注重的是组织形象的介绍和宣传。

（2）使用范围和活动领域不同。广告一般只在工商企业中使用，而且在工商企业中，是属于销售经营的局部性工作；公共关系可以在各类组织中使用，并且是涉及组织各个环节的全局性管理工作。

（3）传播信息的原则和特征不同。广告传播信息的原则是引人注目，形成轰动效应。为此它往往进行不加掩饰的自我宣传，具有明显的倾向性、渲染性和夸张性。公共关系传播信息的原则是客观真实，实事求是。为此它强调要在信息传播中体现真情、真意，以客观公正的态度向公众介绍组织的情况和面貌。

3. 公共关系与市场营销

市场营销是指工商企业为满足消费者需求，把商品和服务从生产领域和流通领域转移到消费者手中的一切经营管理活动。实践中，许多企业将公共关系作为重要的促销手段，借助公共关系与消费者进行感情沟通，使得传统的“硬性推销”向现代的“软性推销”转变；同时，公共关系的许多具体活动形式也与营销的具体活动结合在一起，如组织形象宣传往往与组织生产经营的商品和服务的宣传联系在一起，组织与公众的良好关系往往要通过组织向公众提供的优质商品和服务才能得以实现。但公共关系与市场营销之间有明显的区别。

（1）应用范围不同。公共关系的应用范围比市场营销要广得多。市场营销是企业独有的一种经济活动，而公共关系应用于包括企业在内的一切组织中。在企业中，市场营销只是企业经营管理的一个方面，而公共关系贯穿于企业管理的全方位、全过程；市场营销的对象主要是消费者，而公共关系的公众对象除消费者之外，还有政府公众、社区公众等。

（2）任务不同。市场营销的任务只是销售商品和服务；公共关系的任务则是协调组织与公众的关系。

（3）着眼点不同。市场营销的着眼点主要是组织的经济效益。公共关系的着眼点既有组织的经济效益，又有组织的社会效益。当这两种效益发生暂时冲突时，公共关系从组织的长远发展着眼，往往更注重组织的社会效益。

4. 公共关系与人际关系

人际关系是依赖某种媒介并通过个体交往而形成的人与人之间的关系。公共关系与人际关系联系紧密。因为组织内部的联系，主要是个人与个人之间的联系；组织与组织之间的联系，也往往表现为一个组织中的若干人与另一个组织中的若干人之间的联系。公共关系实务工作除了运用大众传播的手段，也常常通过人际关系的人际沟通来进行。所以，公共关系是以人际关系为基础的，良好的人际关系有助于组织内部环境和外部环境的和谐与发展。但公共关系与人际关系是有明显区别的。

（1）目的不同。公共关系的目的是为组织在社会公众中树立良好形象，建立组织与社会公众之间的良好合作关系；人际关系的目的是为个人结良缘、交朋友，是为了实现个人的心理需要，建立个人与个人之间和谐的人际环境。

（2）结构不同。公共关系的主体是社会组织，在组织与公众的交往中实现的是组织的宗旨，体现的是组织的价值观念、行为规范。其客体对象公众也是一个整体概念，即使是通过人际交往的形式来实现的公共关系，构成关系的主客体仍然是两个集合体。人际关系则是个人与个人之间的关系，关系的主体与客体都是个体，实现的是个人的意愿、个人的目的，体现的是个人的价值观念和行为规范。

（3）沟通方法不同。公共关系尽管也需要人际沟通的手段，但它主要是运用大众传播和群体传播的技术和方法，如报纸、电视、广播，或召开记者招待会、大型集会等。人际关系则以自己的言语举止为媒介，采用个人之间面对面的直接交谈，或借助电话、书信等技术和方法。

公共关系不是人际关系，它比人际关系复杂得多。因此，在开展公关工作时，不能把它当作人际关系来处理；即使是以个人身份出现，也必须增强自己的角色意识，要透过个人之间的关系，将组织与公众联系起来。

学生自我工作总结

通过完成任务一 公共关系认知，我能够作如下总结：

一、完成任务的思路（原理）

完成本任务的思路为：

1.

2.

二、完成任务的准备

完成本任务的准备有：

1.

2.

三、完成过程分析

本任务的完成过程是：

1.

2.

四、工作过程分析

本任务的完成过程：

1. 工作过程要素有：
2. 完成任务的要领有：
3. 选择这种工作方式的原因有：

五、成果检验

本任务的成果：

1. 完成本任务的意义有：
2. 学到的经验有：
3. 自悟的经验有：
4. 形成的策略有：

任务二
公共关系调研

学习目标

1. 知识目标

① **认识公共关系调研的内涵与作用。**

② **认识公共关系调研的内容和程序。**

③ **认识公共关系调研的方法与基本要求。**

2. 技能目标

① **能说明公共关系调研的意义。**

② **能编写公共关系调研方案与报告。**

③ **能对公共关系调研工作过程有整体认识。**

任务描述

作为公共关系学习的第二大任务，公共关系调研工作是整个公共关系管理活动的基础。

这项任务的核心是：公关人员运用科学的方法，有计划地收集资料，综合分析相关因素，准确了解公众对组织的意见、态度和反应，为组织制定切实可行的公共关系策划方案提供客观的依据。

这项任务上承公共关系认知，下接公共关系策划。

情境导入

在公共关系管理职业活动中，完成了“公共关系认知”的学习后，即将面临真正意义上的第一项职业工作任务——公共关系调研。

公共关系调研是公共关系管理学习活动中的第二大具体工作。这项工作中，公关人员运用定性和定量的调查方法，准确了解公众对组织的意见、态度和反映，搜集公众对组织的评价资料，以便发现影响公众舆论的主要因素，并从中分析和确定社会环境状况、组织的公共关系状态及其存在的问题，为下一步制定切实可行的公共关系策划方案提供客观的依据。

公共关系调研是组织公共关系系统性工作活动的起点，它为公共关系目标的确立和公共关系计划的制定提供了基本依据，也为公共关系活动方案的实施提供了根本保证。当今社会，公共关系调研已经成为一些组织常态化的工作。

任务解析

根据公共关系管理职业工作活动顺序和职业教育学习规律，“公共关系调研”任务可以分解为以下子任务。

任务2. 1　确立公共关系调研目标

↓

任务2. 2　制定公共关系调研方案

↓

任务2. 3　组织实施公共关系调研

同步实训

根据公共关系管理职业成长规律及职业学习原理，“公共关系调研”任务可以安排以下同步实训。

	实训名称	实训目的
任务实训 2.1	公共关系调研目标的讨论	加深学生对公共关系调研内容的认识
任务实训 2.2	公共关系调研方案的讨论	加深学生对公共关系调研方案的认识
任务实训 2.3	公共关系调研方法的讨论	引导学生运用简单公共关系调研方法
实践项目	参与企业简单公共关系调研项目	完成较复杂因素下的调研方案、报告的编写

公关故事

本书的第二个故事要从日常生活讲起，故事中的“你”其实也在自觉不自觉地做着调查。

你是一名北京在校大学生，在购买笔记本电脑之前，会先上网浏览相关 IT 网站的一些电子产品信息；也可能向同学、朋友或家人进行咨询；最后到中关村市场，经过现场比较、试用，跟商家谈定了合适的价格，成交。心仪的笔记本电脑终于属于你了！

经济生活中，公共关系调查是企业必做的一项功课。

1957 年，丰田汽车开始出口美国。最初几天的热烈反应掩盖了日本人对美国市场的不适应：这些丰田车在日本狭窄多弯的马路上跑起来，性能表现优越，可是在美国的高速公路上，时速超过 80 公里发动机就开始震动，功率急剧下降；车内设计不符合美国人的生活习惯等。丰田汽车很快出现滞销，品牌形象也因此受损。

时隔不久，一位衣冠楚楚的日本人来到纽约，以学英语为名，住进了一个普通的美国家庭。在每天的生活中，他除了学习以外，都在做笔记，美国人居家生活的种种细节，包括吃什么食物，看什么电视节目，对汽车的抱怨等，全在记录之列。正是通过这样细致的调研工作，丰田公司很快掌握了美国消费者以及汽车市场的情况。5 年后，丰田终于制造出适应美国需求的轿车——卡罗拉。由于动力强劲、坚固耐用、造型新颖，而且价格低廉，所以获得了巨大的成功。当年丰田汽车在美国的销量就达 3000 辆之多。此后 10 年，丰田汽车的品牌形象逐渐确立，市场份额进一步扩大，至 1975 年，丰田成为美国最大的汽车进口商。1980 年，丰田汽车在美国的销售量达到 58000 多辆，占美国进口汽车总额的 25%。

公共关系调研在企业营销管理中的重要性由此可见。无独有偶，日本花王公司花费 15 亿日元开发“顾客回声系统”，每年可倾听 7 万消费者的心声，包括疑问、抱怨、建议等。花王根据这些意见和建议进行产品品质改进；同时，每天处理 250 件消费者咨询，提供最迅速、正确的商品与生活信息给顾客，使顾客得到最大的满意度。EVG 电动车公司总裁艾柯卡说，可以用是否懂得聆听来区分平庸的公司和杰出的公司。

马克·韦纳在其《公关的威力：新传媒时代高回报率营销传播指南》一书指出，从电信业、汽车业、金融服务业到消费品包装业等诸多行业，用于公关的相关投资收益等于甚至高于其他任何一种营销方式。实际上，公关活动在很多方面可以替代付费媒体，颠覆传统的市场营销理念，最大程度地满足广告客户和直接营销人员的迫切追求，提升顾客参与度、信息可信度和品牌价值。借助公共关系调查和数据分析，公关能够提升销售额，给企业带来强有力的投资回报。它可以在降低营销传媒成本的同时，获得可观的销售额，形成可衡量的商业结果。

2.1 确立公共关系调研目标

> **任务提示** 这是公共关系活动人员制定公关调研方案、实施调研的第一步；确定公共关系调研的目标，特别是从企业面临营销问题的角度认识公共关系调研的内容与重点，在此基础上，确定公共关系调研目标。

在业务活动中，公共关系调研的内容范围十分广泛，公共关系工作所需的信息也是五花八门。然而，任何一次公共关系调研都不可能包罗万象、应有尽有。调研人员应根据调研任务确定不同的调研内容，在此基础上，确立公共关系调研目标，调研活动才能有的放矢地展开。

2.1.1 确定公共关系调研内容

一般来讲，公共关系调研的内容不仅包括企业内部情况，社会公众对本企业的意见、评价、心理意向，还包括公共关系活动的效果、企业所处的社会环境，以及可能遇到的问题的前景预测。

重要术语 2-1　　公共关系调研

公共关系调研是指企业（组织）运用科学方法，搜集公众对其的评价资料，进而对其公共关系状态进行客观分析的一种公共关系实务活动。公共关系调研作为公共关系工作程序的基础步骤和首要环节，对企业（组织）的整个公关活动具有重要意义。

本任务以社会典型组织——企业为例，说明公共关系调研的主要内容。从企业的角度看，公共关系调研的内容主要包括企业内部情况调研、企业外部社会公众调研和社会环境调研。从公共关系调研的角度看，企业可以通过内部情况调研，进行自我评价、自我认识；通过社会公众调研，可以了解自己在社会公众心目中“是什么，怎么样？”。

1．企业内部情况调查

无论是社会专业的公共关系人员，还是企业内部的公共关系人员，进行公共关系调研时，首先应对企业内部的情况做到十分了解。企业内部情况主要包括以下内容。

（1）企业的基本情况。企业创建的时间和背景、沿革简历、重大事件、固定资产、流动资产、对社会的主要贡献等；企业理念、企业精神、企业价值观、企业使命、经营宗旨、经营方针、发展目标等；企业机构、队伍状况，如机构设置、在职人数、员工基本结构（如员工的年龄结构、文化程度、专业特长、技术水平）、队伍整体素质评价、基本态度（对本职工作、民主领导、经营思想、决策机制、方针政策、奖惩制度等的看法）。

（2）企业经营状况。主要经营项目、产品种类、产品质量、销售情况、市场占有率、服务范围、生产成本、新产品开发能力；经营特色、目标市场、营销措施、财务状况（资产损益、资产负债、日与月营业额等）；企业形象战略规划、广告传播计划及实施效果。

（3）企业管理水平。管理人员素质、决策层领导素质（工作能力和水平、作风、实绩、形象）；规章制度建设，工作程序、规范设计，实际效果评价。

2．企业外部公众调研

企业是社会经济活动的主体，广大社会公众是其消费者或潜在消费者，社会公众对企业的整体影响和评价直接形成一个企业的社会形象。公众调研有三个方面的内容：第一，特定企业的公众情况；第二，企业在公众心目中的形象；第三，社会公众评价。

（1）特定企业的公众情况调研。各类企业性质不同，其公众的构成是复杂多样的。企业的主体公众就是消费者和与经营活动有关联的人员，这是对企业生产经营活动和决策产生最重要影响的因素。公共关系调查中的公众调查要调查特定公众的地理分布、民族、性别、年龄、职业、文化程度，消费者的消费倾向、消费心理、购买行为、购买动机等。

（2）企业在公众心目中的形象调研。企业在公众心目中的形象可以用知名度和美誉度两个指标来衡量。知名度是指公众是否了解企业的名称、标记以及社会功能，了解的程度如何；美誉度是指企业在公众中的信任程度如何，公众有什么样的评价。

知名度调研的具体内容有：①熟知企业者的百分比（熟知企业者指了解企业的全面情况的人）；

②熟悉企业者的百分比（熟悉企业者指知道企业名称、所在地和大致情况的人）；③知道企业者的百分比（知道企业者指知道企业名称和经营方向的人）；④听说过企业者的百分比（指听说过企业名称，但不了解更多的情况，甚至连经营方向是什么都不了解的人）；⑤不知道企业者的百分比（指那些从来都不知道企业的存在，头脑中根本就没有企业任何印象的人）。

美誉度调研的具体内容如下。①公众对企业的印象是最好的、好的、较好的，还是差的、较差的、很差的？②公众认为企业是一流的，二流的，还是三流的？③如果公司发行股票，公众是一定买，可以买，还是不买？④如果公司招聘员工，公众是一定去，可以去，还是不去？等等。

（3）社会公众评价调研。社会公众评价调研主要包括：公众动机调查，即探明造成公众印象和评价的主观原因的调查；公共关系效果调查，即公众对企业所进行的有关公共关系专门活动有何评价的调查。

重要信息 2-1　　公共关系调研中的组织形象

组织形象是组织内外公众对组织的整体印象和评价，也是组织的表现和特征在公众心目中的反映。因此，公共关系调查的目的就是以了解组织的知名度和美誉度两项指标为依据。

知名度 = 知晓人数/调查人数 × 100%；美誉度 = 赞美人数/知晓人数 × 100%

3．社会环境的调研

对社会环境进行调研，主要是为了分析、把握与企业有关的社会政治、经济、科技、文化等方面的动态。社会环境的公共关系调研主要包括以下一些内容。

（1）政策、法律环境调研。包括国家和地方政府的中长期发展战略规划、宏观政策，与企业有关的政治、经济、科技、文化等发展变化趋势，与企业有关的地方政府机构和法律部门颁行的地方性法律、法规和方针政策，以及国家根据发展需要新出台的行业调整计划、新颁布的法律和法规。

（2）行业发展环境调研。对企业的发展战略而言，关注行业发展趋势是至关重要的。通过行业调研，企业可以及时发现面临的机遇和挑战，明确竞争态势，为自己制定对策，提供参考资料和依据。

（3）社会问题调研。面对纷繁复杂的现实社会，社会热点、重大事件等一切社会调研的内容都在此列。如今天的互联网时代，信息传播对传统公关活动的影响。引人关注的社会问题是否可以成为本企业借势的契机，必须经过充分的调查研究才能决策，没有积蓄和准备容易错过良机，调查研究不到位也可能弄巧成拙。

2.1.2 确定公共关系调研目标

确立公共关系调研目标实质上就是确定公共关系调研方向。对于公共关系人员来讲，在一次调研活动中，限于时间、人力以及调研容量等资源因素的影响，通常只能有针对性地围绕某一方面内容进行调研。这就需要确立较为明确的公共关系调研目标。

1．公共关系调研目标确立的操作

（1）了解企业管理层的意图。公共关系调研人员首先就要了解企业管理层对所遇到的公共关系问题的看法和判断。为此，应安排调研人员与客户企业管理人员进行充分交流，以便能够从决策者角度判断企业公共关系究竟面临着什么样的问题，从中获得有利于调研人员确定调查目标的信息。

（2）访问行业专家。如果说访问企业管理层解决了公共关系调研人员对企业所遇公共关系问题的微观判断，那么，作为专业公关公司的一员，为了确定调研目标，还应该与对企业和产品制造非常熟悉的产业（行业）专家进行沟通和交流，以便发现企业面临的公共关系问题。

（3）分析二手资料。一般情况下，公共关系调研活动的开始往往需要收集大量二手资料，之后，才进行一手资料的实地收集。尽管收集二手资料不可能提供特定调研问题的全部答案，但是，二手资料在确立公共关系调研目标方面是很有用的。

2．确定公共关系调研目标的要求

公共关系调研人员通过与企业管理层沟通、与产业专家交流、分析二手资料，了解了公共关系问题背景之后，就可以顺利地归纳出调研目标。归纳调研目标有以下要求。

（1）调研目标不宜过大。在确定调研目标时，有的调查研究人员生怕漏掉什么，常常将目标定义得太宽，太宽泛的定义无法为公关调研的后续工作提供明确的方向。

（2）调查目标不宜过小。在确定调研目标时，如果调查研究人员将目标定义得太窄，就会使企业决策者根据调查结果做决策时缺乏对市场的全盘把握，甚至导致决策的失败。

任务实训 2.1

公共关系调研目标的讨论

实训目的：

加深学生对公共关系调研内容的认识。

实训安排：

1. 学生收集并讲解一些公共关系调研故事或案例；
2. 分析其对公关管理活动的影响，讨论公共关系调研目标的重要性。

教师注意事项：

1. 由生活事例、企业经营事例导入对公共关系调研的认识；
2. 提供一些公共关系调研的简单案例，供学生讨论；
3. 提供其他相应学习资源。

资源（时间）：

1 课时、参考书籍、案例、网页。

评价标准

表　现　要　求	是否适用	已达要求	未达要求
小组活动中的外在表现（参与度、讨论发言积极程度）			
小组活动中，对概念的认识与把握的准确程度			
小组活动中，角色扮演的精准度			
小组活动中，文案制作的完整与适用程度			

2.2 制定公共关系调研方案

任务提示　这是公共关系活动人员实施公共关系调研的第二步；制定公共关系调研方案，特别是从公共关系调研整体活动安排的角度认识公共关系调研方案的内容与重点，在此基础上，制定公共关系调研方案。

2.2.1 确定公共关系调研方案的内容

公共关系调研方案也被称作公共关系调研计划。不同项目的调研方案有所区别，但一般来讲都应该包括以下几部分：前言部分、调研课题的目的和意义、调研的内容和具体项目、调研的对象、调研的方法、调研工作的时间进度安排、经费预算、调研结果的表达形式等。

重要术语 2-2　　公共关系调研方案

公共关系调研方案是根据调查研究的内容要求，在进行实际调研之前，对调研工作总任务的各个方面和各个阶段进行的总体考虑和安排，提出相应的调研实施方案，制定出合理的工作程序，以指导调研实践的顺利进行。

调研方案中，公共关系调研工作的各个方面是对调研工作的横向设计，指调研所应涉及的各个具体项目组成；全部过程则是对调研工作纵向方面的设计，指调研工作所需经历的各个阶段和环节等。科学、周密的调研方案设计是整个调研工作有秩序、有步骤地顺利进行，减少调研误差，提高调研质量的重要保障。

2.2.2 编写公关调研方案

1．前言的编写

前言是调研方案的开头部分，简明扼要介绍整个调研课题出台的背景。

例 2-1　ABC 公司是我国体育用品市场五巨头之一。2010 年以前 ABC 公司很少做慈善，但 2012 年公司的慈善支出达到 8800 万元，主要投在赈灾、助学、社区服务、环境保护、知识传播、公共福利等方面。为了有针对性地开展 2013 年度的企业形象、产品宣传和推广工作，促进产品品牌形象的传播和产品销售量的进一步提高，以便在激烈竞争的体育用品市场中立于不败之地，公司拟进行一次公关效果调查，以供决策层参考。

2．说明调研课题的目的和意义

这部分内容较前言部分详细，应指出项目的背景、想研究的问题和可能的几种备用决策，指明该项目的调研结果能给企业带来的决策价值、经济效益、社会效益以及在理论上的重大价值。

例 2-2　分析现有的各种公关活动的传播效果，了解企业产品的知晓度和顾客认同度，了解重点销售区域——华南和华东地区市场的消费特征和消费习惯，为 ABC 公司 2013 年度的公关作业计划提供客观的事实依据，并据此提供相应的建设性意见。

简单来讲，调查目的就是说明在调研中要解决哪些问题，通过调研要获得什么样的信息，这些信息有什么用途等。

3．说明调研的内容和具体项目

调查的主要内容和具体项目是依据调研内容和目的所必需的信息来确定的。

例 2-3 “关于××品牌家电美誉度调查”的内容和项目，如表 2–1 所示。

表 2-1 关于 xx 品牌家电美誉度调查表

类　别	内　容
产品 A	售前服务
	售中服务
	售后服务
	总体感受
产品 B	售前服务
	售中服务
	售后服务
	总体感受

4．说明市场调研对象和调研范围

确定调研对象和调研范围，主要是为了解决向谁调研和由谁来具体提供信息的问题。调研对象是根据调研内容、任务确定的调研范围和调研总体。

例 2-4 本项调查拟在华南、华东两个重点市场开展，调查的范围深入到上述地区的中心城市和有代表的市县。调查对象锁定为 30 岁及以上的中老年消费群体。

5．说明调研所采用的方法

调研方法的说明主要是详细说明选择什么方法去收集信息，具体的操作步骤是什么。如采取抽样调查方式，那么必须说明抽样方案的步骤，所取样本的大小和要达到的精度指标。

例 2-5 此次调查工作涉及面广，因此拟采用多级抽样的方法。即在上述两地区按月销量的大小分层，从市场调查的效果考虑，主要在 ABC 羽毛球拍的重点销售地区上海和广东、江苏、浙江的重点城市进行。并拟定每个城市抽取的样本数为 400 人，按年龄和性别分配名额。年龄层分段：30 ~ 40 岁、41 ~ 50 岁、51 ~ 60 岁、61 岁以上；各层比例采用近似的 1∶1，性别比亦采用 1∶1。总样本数为 4400 人。

在调研中如果要采用观察法或问卷询问式调查时，为使数据、情报在收集、分类、统计、储存时更有效，调查前要求设计、制定一些格式化的调查表格，如观察表、调研问卷表等。

6．说明调研信息分析的方法

主要是明确信息分析的方法和分析结果表达的形式等。采用实地调查方法搜集的原始信息大多是零散的、不系统的，只能反映事物的表象，无法深入研究事物的本质和规律，这就要求对大量原始信息进行加工汇总，使之系统化、条理化。目前这种信息处理工作一般已由计算机进行，这在设计中也应予以考虑，包括采用何种操作程序以保证必要的运算速度、计算精度及特殊目的。

7．说明调查的时间进度安排

主要是对调研各个阶段的工作做出详细安排，如需做哪些事项，由何人负责，并提出注意事项，需要制作时间进度表。调研进度表的一般格式如表 2–2 所示。

表 2-2　　公共关系调研计划进度表

工作与活动内容	时间	参与单位和活动小组	主要负责人及成员	备注

拟定调研活动进度表时主要考虑两个方面的问题：其一，客户的时间要求，信息的时效性；其二，调研的难易程度，在调查过程中可能出现的问题。

8．说明经费预算

调研费用项目具体包括：资料收集、复印费；问卷设计、印刷费；实地调查劳务费；数据输入、统计劳务费；计算机数据处理费；报告撰稿费；打印装订费；组织管理费；缴纳的税费；利润。公共关系调研经费预算表格的一般格式如表 2–3 所示。

表 2-3　　公共关系调研经费预算表

调查题目：
调查单位与主要负责人：
调查时间：

经费项目	数量	单价	金额	备注
1. 资料费				
2. 文件费				
3. 差旅费				
4. 统计费				
5. 交际费				
6. 调查费				
7. 劳务费				
8. 杂费				
…				
…				
合计				

9．说明调研结果的表达

主要包括报告书的形式和份数，报告书的基本内容，报告书中图表量的大小，最终报告是书面报告还是口头报告，是否有阶段性报告等。

10．附录部分

列出调研课题负责人及主要参加者的名单，还可简要介绍一下团队成员的专长和分工情况。还包括抽样方案的技术说明和细节说明、调查问卷设计中有关的技术参数、数据处理方法、所采用的软件等。

任务实训 2.2

公共关系调研方案的讨论

实训目的：

加深学生对公共关系调研方案的认识。

实训安排：

1. 学生收集并讲解一些公共关系调研方案；
2. 分析其对公共关系调研活动的影响，讨论公共关系调研方案的重要性。

教师注意事项：

1. 由一般市场调研方案导入对公共关系调研方案的认识；
2. 提供一些公共关系调研方案的简单案例，供学生讨论；
3. 提供其他相应的学习资源。

资源（时间）：

1 课时、参考书籍、案例、网页。

评价标准

表 现 要 求	是否适用	已达要求	未达要求
小组活动中的外在表现（参与度、讨论发言积极程度）			
小组活动中，对概念的认识与把握的准确程度			
小组活动中，角色扮演的精准度			
小组活动中，文案制作的完整与适用程度			

2.3 组织实施公共关系调研

任务提示 这是公共关系活动人员制定公关调研方案的第二步，确定公共关系调研的内容，特别是从企业面临营销问题的角度认识公共关系调研的内容与重点，在此基础上，制定公共关系调研方案。

2.3.1 选择调研方法

企业进行公共关系调研一般会运用到以下几种方法：文献法、访谈法、抽样调查法、问卷调查法、观察法等。

1．文献法

文献法是指公共关系调研人员利用手头可以找到的历年统计资料、档案资料、样本资料乃至报章杂志刊登的工商广告之类的第二手资料进行研究分析的一种方法。这种方法适用于对历史资料和远城区域资料的收集，既可以作为一种独立方法运用，也可以作为其他方法的补充。

2．访谈法

访谈法是指公共关系调研人员直接与公众接触，进行面对面的访问。这种调查方法运用得比较广泛。其优点是：信息回收率高、反馈迅速、灵活性强。其缺点是：与公众虽可预约，但碰面机会较难，且调查范围也受一定限制。因此，这种方法比较适宜于公众相对集中、数量不太多时采用。访谈可分为小组访谈、个别访谈；电话访谈、网络访谈等形式。

3．抽样调查

社会经济调查，通常有两种方法：一种是全面调查，又叫普查；另一种是抽样调查。全面调查就是对全部调查对象进行逐个调查，这种方法所得资料较为全面可靠，但调查花费的人力、物力、财力较多，且调查时间较长，不适合一般企业的要求。全面调查只在产品销售范围很窄或用户很少的情况下可以采用。对品种多、产量大、销售范围广的产品，不适用全面调查，可采用抽样调查。

抽样调查法是指公共关系调研人员从调查对象总体中，抽取若干个个体即样本进行调查，并根据调查的结果推断总体特征的一种调查方法。抽样调查可以把调查对象集中在少数样本上，并获得与全面调查相近的结果。这是一种较经济的调查方法，因而被广泛采用。

4．问卷法

问卷法也称民意测验法，是指公共关系调研人员依据心理学原理，将精心设计的各种问题全部以询问的形式在问卷中罗列出来，许多问题还给出了多种可能的答案，提供给被调查者进行选择。这种方式有助于被调查者及时准确地明白调查的内容，领会调查意图，从而提高调查的系统性和准确性。

该方法是书面提问的方法，直接了解公众的需要，了解他们对企业或产品，或某一个问题的认识和看法，实际上这也是一种舆论研究。

5．观察法

观察法是指公共关系调研人员在现场通过自己的感观或借助影像摄录器材，直接或间接观察和记录正在发生的行为或状况，以获取第一手资料的一种实地调查方法。调查者可以用眼看、耳听，也可以利用摄录设备一起来捕捉一些重要信息。具体表现为对现象的观察和对顾客的观察。

2.3.2 组织实施公共关系调研

组织实施公共关系调研需要一些必备的条件，如组建调研工作组、申领经费、准备调研工具器材等。其中，组建调研工作组是重要的准备工作之一。

1．组建公共关系调研项目小组

公共关系调研活动工作组应包括调研领导组、调研督导和调研员三重结构。不同的调研机构，其组织结构的形式可能不同，但是在接受委托单位的委托，按照委托方的要求，认真组织实施各个阶段的调查工作时，为了保证项目实施的顺利，需要在内部先建立项目领导小组，负责管理项目的实施，并及时向委托方反馈调研进程和调研工作的有关信息。

（1）组建公共关系调研项目领导组。如果调研项目规模较大，涉及多方面的工作，这时，就需要调研公司内部的研究开发部、调查部、统计部、资料室等多个部门指派相关人员，一起组成公关调研项目领导组，以保证调查工作的顺利实施。

（2）选出调查督导人员。督导人员实施的督导工作主要包括现场的实施、数据的编辑和编码、数据的分析等，也是公关调研活动的基础性工作。其工作成效关系到后续调研工作的成效，以及调研结论的科学性与精准度。因而，督导人员应该由对工作认真负责、业务技能精湛的调查机构或部门人员担当。

重要信息 2-2　　公共关系调研人员职责要求

公共关系调研项目领导组的主要职责有以下几个方面。①深入了解调查研究项目的性质、目的以及具体的实施要求。②负责选择合适的实施公司（如果需要的话）并与之进行联络。③负责制订实施计划和培训计划。④负责挑选督导和调查员（如果需要的话）。⑤负责培训督导和调查员。⑥负责实施过程中的管理和质量控制。⑦负责评价督导和调查员的工作。

公共关系调研督导人员的职责包括：①公开或隐蔽地对调查人员实行监督；②现场指导调查人员进行调查；③对实施情况进行检查。

公共关系调研员应具备的主要条件包括以下一些。①责任感。责任感在市场调查中显得尤其重要。缺乏责任感的人，即使工作能力很强，专业水平很高，也很难把事情做好。②普通话。普通话一般人都听得懂，所以在一般情况下，尽量选择普通话标准的人作为公共关系调研人员。③较高的思想品德素质、专业素质和身体素质。

（3）选择公关调研人员。一个公共关系调研机构一般不可能拥有太多的专职访问人员，而兼职的访问员队伍又不太稳定。因此，常常要进行招聘访问员的工作。招聘公共关系调研人员，可以采取书面考试的形式，也可以采取面试的形式。

重要信息 2-3　　如何挑选公共关系调研人员

挑选公共关系调研员应考虑以下因素。①访问对象的人口特征（性别、年龄、文化程度、职业等）和社会经济特征，要尽量选择能与之相匹配的调研员。②调研员完成访问工作的有效性和可靠性。③是否能够按照访问指南的要求进行调研，并有持之以恒的决心。④善于交流。调研员的工作是与被访者进行交流。因此，能干的调研员应该既善于向他人做有效的询问，又能细心地倾听、正确地领会和理解他人的回应。虽然一般都希望调研员是比较合群、善于交际、性格外向、愿意并喜欢与他人接触的，但是调研员不能过于活跃。⑤调研员的信念和个人的道德水平是避免作弊的最重要的因素。所以，希望成为调研员的人应该具有诚实和勤奋的品质。而招聘调研员时，最好获取一些应聘者个人的背景资料，以及其他任何能表现其个人责任感和社会责任感的有关信息。

2．收集公共关系调研信息

收集公共关系调研信息阶段是具体调研阶段，也是整个公共关系调研活动过程中最为重要的阶段。这一阶段的主要工作包括：现场准备、现场监督、评价调研员、进度监督等。

（1）现场准备，主要包括发放调研员手册和督导手册。

调研员手册是主要的工作指南，通常包括以下内容。①一般信息：陈述调研的目的、数据信息的用途，调研机构收集数据的原则。②简介：说明调研员工作的主要内容。③问卷说明：问卷调研中所用的概念和术语的定义。④问卷的审核与整理：调研员在访问期间或访问结束之后应立即对问卷进行现场审核。⑤单个样本的管理：主要内容是对无回答的被调研者的再访、调研员为了得到答案应尝试的次数。⑥作业管理：主要内容是管理的细节。⑦问题与答案：手册的最后一部分列出调研员会遇到的问题和正确的解决办法。⑧一般的调研技能和技术。

督导手册包括以下内容：①招聘和培训调研员；②向调研员分配任务；③质量和执行控制；④后勤服务；⑤特殊情况下替代数据的收集方法；⑥被调查者的安全和隐私保密承诺；⑦说服拒访者。

（2）现场监督。对调研员现场监督管理的目的是要保证调研员能按照培训的方法和技术来实施调研。要搞好对调研员的监督管理，首先要了解调研员在调研过程中由于自身的原因可能出现的问题，其次要掌握监督的各种方法和手段，对调研员的工作过程和质量实施有效的监督和管理。

对调研员的监督和管理，重点在于保证调研的真实性，同时也是衡量调研员的工作业绩、实行奖优罚劣的需要。比如，挑选15%的调研员，由督导采取公开与隐蔽结合的方法，监督调研员每天的工作。如果发现操作问题，及时纠正，必要时对调研员进行进一步的培训。

对问卷质量的监督是由督导每天回收当天完成的问卷，对每份问卷做检查看是否所有该回答的问题都回答了，字迹是否清楚，跳答的问题是否按要求跳答了，等等。对检查中发现的问题，督导应及时对调研员进行正面反馈。

（3）调研员的评价和报酬支付。调研员评价的准则主要有：①费用和时间；②回答率；③访问的质量；④数据的质量。调研员的报酬主要有两种支付方式，即按完成调研问卷份数支付（计件制）和按工作的实际小时数支付（计时制）。在有些情况下，也按月支付工资或根据全部工作量付费。

（4）调研进度的监督管理。调研进度安排是否合适，直接影响到调研的完成情况和调研工作的质量。切记要防止调研员为了赶进度，讲求经济效益，片面追求完成问卷的数量，而忽视调研的质量。为此，有必要对调研员每天完成问卷的份数作出规定。进度的安排要综合考虑所有相关的因素。确定调研进度主要考虑的因素有客户的要求、兼职调研员和督导的数量和比例、调研员每天完成的工作量等。

3．整理分析公共关系调研信息

通过各种途径收集到的公共关系信息，尤其是各种第一手信息，大都处于无序的状态，很难直接运用。即使是二手资料，也往往难以直接运用，必须经过必要的加工处理。公共关系信息的加工处理，是一个去伪存真、由此及彼、由表及里、综合提高的过程，它能大大提高信息的浓缩度、清晰度和准确性，从而大大提高信息的价值。

通过整理后，公共关系调研信息初步实现了综合化、系列化和层次化，为揭示和描述公共关系现象特征、问题和原因提供了基础。为了从这些信息中找出结论，就必须对其进行进一步的分析。公共关系调研信息分析的本质是对已有的数据和资料进行深加工，从数据导向结论，从结论导向对策，使调研者从定量认识过渡到更高的定性认识，从感性认识上升到理性认识，从而有效地回答和解释原来确定的公共关系问题，实现公共关系调研的目的和要求，满足管理决策的信息需求。

4．编写公共关系调研报告

公共关系调研报告是把调研分析的结果用文字表示出来，不管撰写什么类型的公共关系调研报告，其程序大都要经过构思、选取调研资料和数据、拟定撰写提纲、撰写初稿、修改定稿五个步骤。

（1）构思。调研报告的构思过程，主要是经过分析、判断、推理，确立主题思想，在此基础上，确立观点，根据论点和论据来设计报告的层次结构。确立调研报告的主题思想和观点，是对调研主题进一步收缩或放大、分解、修正、提升的过程。报告的观点是在对调研信息综合分析的思维过程中形成的，构思实际上就是报告作者的主观认识与调研信息的客观事实碰撞、结合与统一的思维过程，是形成报告思路，编织材料，描绘篇章框架的阶段。

（2）选取调研的信息和数据。调研所得的信息和数据在撰写报告时，存在着一个取舍问题，并不是要一锅端，将所有的东西都塞到报告里。观点是信息和数据的核心，要以观点决定信息和数据的取舍和怎样使用。在进行收集调研信息时，认识还没形成，没有产生任何固定的看法，收集的信息和计算出的数据并不一定都能切中主题或需要，不是都能成为全面反映公共关系事物本质的典型材料。因此，必须对调研收集的信息和数据进行去伪存真、去芜存菁、由此及彼、由表及里的分析研究，最后选取出那些符合选题需求，并能够反映报告所论事物本质特征的信息和数据。

（3）拟定提纲。拟定提纲实际上是构思过程的一个组织部分，就是搭建报告文本框架的过程，通过提纲来安排报告的层次结构，使撰稿人头脑中初步形成文本的轮廓。拟定提纲有助于理清思路，摆正报告各部分之间的联系。

（4）撰写初稿。提纲经过推敲确定下来之后，就可以根据提纲的要求动手写报告了。有些报告由于内容多、份量重或提交报告时间紧迫，常需多人分工执笔撰写。分工合作撰写的报告，要注意事先统一各部分的体例，规定文字数量，协调所用的数据和图表。

（5）修改定稿。修改定稿阶段的主要任务有以下几个。第一，检查推敲调研报告的结论、观点和意见是否明确或准确，不明确的要明确，表述不准确的要修改准确。第二，检查推敲调研报告是否言之有理、持之有据，论据是否充分、合理，对引用材料详略不当之处，要重新增删。第三，检查推敲调研报告的语言文字是否流畅，是否出现错别字，是否存在错用的标点符号。

重要信息 2-4　　公共关系调研报告的主要内容

构成公共关系调研报告的主要部分有：标题、摘要、目录、报告主体、结尾、附件。

（1）标题。标题是对公共关系调研报告本质内容的高度概括，一个好的调研报告标题不仅能直接反映出报告的核心思想和基本内容，还会因为它揭示的深刻内涵引发读者强烈的阅读欲望，所以，标题要开宗明义，做到直接、确切、精炼。

标题的写法一般有以下几种。①直叙式标题，指反映调研意向或指出调研地点、调研项目的标题，例如《北京市城市雕塑形象的调研》。②表明观点式标题，指直接阐明作者的观点、看法，或对事物作出判断、评价的标题，如《当前我国企业家道德缺陷不容忽视》。③提出问题式标题，指以设问、反问等形式，突出问题的焦点和尖锐性，吸引读者阅读、思考，如《中央企业为什么热衷于房地产投资》。

（2）摘要。报告摘要又称经理览要。这部分内容主要是为没有大量时间充分阅读整个报告的经理级主管人员准备的，它在整个报告中的地位非常重要。另外也有一些阅读者不具备太多专业知识，对复杂论证过程也不太关注，他们只想尽快见到调研报告的主要结论，以及知道应该进行怎样的市场操作。所以，报告摘要的书写也是非常重要的一环。

一般来讲，报告的摘要书写有以下一些要求：从内容来讲，要做到清楚、简洁和高度概括，其目的是让阅读者通过阅读摘要不但能了解本项目调研的全貌，同时对调研结论也有一个概括性的了解；从语言文字来讲，应该通俗、精练，尽量避免用生僻的字句或一些专业性、技术性的术语。

摘要包括的内容主要有为什么要调研，如何开展调研，有什么发现，其意义是什么，应在管理上采取什么措施等。摘要不仅为报告的其余部分规定了方向，同时也使得管理者在评审调研的结果与建议时有了一个大致的参考。

（3）目录或索引。公共关系调研报告如果内容较丰富，装订页码较多，从方便阅读对象的角度出发，应当使用报告目录或索引，将报告文本的主要章、节、目及附录资料的标题列于报告之前。

（4）正文。正文是调研报告陈述情况、列举调研材料、分析论证的主体部分。在正文部分必须真实、客观地阐明全部有关论据，包括从问题的提出到引出的结论，论证的全部过程及其与之相联系的各种分析研究的方法。

此外，还要对报告文本的内容结构进行精心安排。基本要求是结构严谨、条理清楚、重点突出。要做到这一点，就要将调研得到的数据、材料、图表、观点等，进行科学分类和符合逻辑的安排。

（5）结论与建议。这部分是对正文的概括和归纳，是报告主要内容的总结。有的在结束语中强调报告所论及问题的重要性，以提示阅读者关注；有的提出报告中尚未解决的问题，以引起重视；有的则和盘托出解决问题的办法、建议或措施。

（6）附件。附录部分的内容是在报告正文中因行文关系没有出现或正文中提及了但不完整，它们与调研结果有关，是整个调研结果必不可分的组成部分。附录部分的内容一般都对正文报告有补充作用，比如，数据统计的汇总表、指数平滑分析、回归分析等方法的说明，以及重要的背景材料、问卷的设计、样本抽取方案和对企业财务报表的分析报告等。

任务实训 2.3

公共关系调研方法的讨论

实训目的：

加深学生对公共关系调研方法的认识。

实训安排：

1. 学生收集并讲解一些公共关系调研方法运用的例子；
2. 分析其对公共关系调研信息收集的影响，讨论公共关系调研方法的重要性。

教师注意事项：

1. 由一般市场调研方法导入对公共关系调研方法的认识；
2. 提供一些公共关系调研方案的简单案例，供学生讨论；
3. 提供其他相应的学习资源。

资源（时间）：

1 课时、参考书籍、案例、网页。

评价标准

表 现 要 求	是否适用	已达要求	未达要求
小组活动中的外在表现（参与度、讨论发言积极程度）			
小组活动中，对概念的认识与把握的准确程度			
小组活动中，角色扮演的精准度			
小组活动中，文案制作的完整与适用程度			

小 结

公共关系活动的成功开展离不开一个有效的公共关系调研活动。进行公关调研活动，首先要明确调研目标，在此基础上，制定调研方案，经过认真实施调研，收集相关信息资料，编写出公共关系调研报告。

本章围绕公共关系调研活动必要的程序，设计了各环节操作的专门知识，设置了重要术语、重要信息等栏目，体现了对一些重要理论知识的重组。

本章以任务描述开始，以企业实际项目结束，并安排了学生自我工作总结。希望读者能够在获知工作信息的基础上，在教师引领下，按照“资讯、计划、决策、实施、检查和评价”六步骤来完成各项工作活动，直至完成延伸活动，以实现“学习就是工作，工作就是学习”的目标。

本章学习目标：完成本任务后，学生能够组织公共关系调研活动，并能够认识简单的、与日常生活相关的工作分析管理活动，进而能够认识企业实际公共关系活动管理项目。

重要术语

公共关系调研　　公共关系调研方案

知识与技能检测

一、课堂讨论

1. 公共关系调研在整个公共关系活动中的地位。
2. 公共关系调研方法如何与不同公众范围适应。
3. 公共关系调研与一般市场调研的比较。
4. 公共关系调研报告的意义。

二、课后自测

1. 选择题

（1）公共关系调研的内容包括（　　）。

A. 企业内部情况

B. 社会公众对本企业的意见、评价、心理意向

C. 公共关系活动的效果

D. 企业所处的社会环境，以及可能遇到的问题的前景预测

（2）公众调研的内容包括（　　）。

A. 特定企业的公众情况　　B. 企业在公众心目中的形象

C. 社会公众评价　　D. 企业内部评价

（3）社会环境的公共关系调研内容主要包括（　　）。

A. 政策、法律环境调研　　B. 行业发展环境调研

C. 社会问题调研　　D. 企业问题研究

（4）企业进行公共关系调研一般会运用以下哪些方法？（　　）

A. 文献法　　B. 访谈法

C. 抽样调查法　　D. 问卷调查法

E. 观察法

（5）收集公关调研资料阶段是整个公共关系调研活动过程最为重要的阶段，这一阶段的主要工作包括（　　）。

A. 现场准备　　B. 现场监督

C. 评价调研员　　D. 进度监督

E. 编写调研报告

（6）调研员评价的准则主要有（　　）。

A. 费用和时间　　B. 回答率

C. 访问的质量　　D. 数据的质量

2. 判断题

（1）公共关系调研与一般市场调研的原理相同。（　　）

（2）评价一个企业不能用美誉度和知名度。（　　）

（3）文献法只能作为其他方法的补充。（　　）

（4）和一般市场调查不同，公共关系调研不需要抽样。（　　）

（5）公共关系调研督导只能采取隐蔽方式。（ ）

（6）公共关系调研工作是公共关系活动的基础或先导性工作。（ ）

（7）企业自我认识只是自我评价，要找到“形象差距”，还必须了解公众的认识。（ ）

3. 简答题

（1）什么是组织形象？

（2）对于公共关系调研人员有哪些职责要求？

（3）如何挑选公共关系调研人员？

（4）公共关系调研报告有哪些内容？

4. 案例分析题

2012年举行伦敦奥运会时，同处呼和浩特的蒙牛与伊利，不惜一切代价希望跻身奥运供应商阵营，实施以小博大的战略，试图借力奥运进入营销大年。

事实上，伊利的奥运营销从2012年3月就已经开始全面启动。通过“滋养生命活力”的主题，签约刘翔、孙杨、李娜等世界冠军，将伊利品牌与奥运冠军紧密联系在一起，让消费者感受伊利的品质就是奥运品质，伊利的产品值得信赖，达到品牌差异化和品牌提升的目的。此外，伊利也在伦敦本地铺设广告，与国内营销形成内外联动。

相对于伊利“轰轰烈烈”的明星代言策略，同样生长在呼和浩特的蒙牛，其品牌传播策略则显得平实。

2011年，由蒙古国奥林匹克委员会官员、运动员、媒体及蒙牛蒙古国经销商等组成的蒙古国参观团一行来到蒙牛参观访问，并带来了“2012年伦敦奥运会蒙古国运动员指定牛奶”的合作协议书。随着签约仪式的一锤定音，蒙牛继2008年北京奥运会后，再次成为蒙古国运动员官方指定牛奶制品。

无论是蒙牛还是伊利，都试图通过奥运营销战略，获得品牌优势。但这一举动能否有助于他们的品牌重塑工程，则要打个大大的问号。

值得一提的是，本次伦敦奥运会的11家最大赞助商，可谓大众消费品顶级品牌的荟萃。除了GE和斯伦贝谢两家企业外，其他8家都是著名的大众消费品品牌。其中可口可乐从1928年开始赞助奥运会至今，已成为奥运史上的一个传奇。

一些不为大众所知的品牌，同样不惜一切跻身奥运供应商的阵营。当然，与那些赞助商大佬们动辄流金淌银的广告营销相比，它们如何利用供应商这张牌“以小博大”，实现品牌的惊人飞跃，则是一道考人的命题。

雷士照明就是案例之一。根据协议，雷士照明成为中国香港奥委会、中国澳门奥委会、“中华台北”奥委会的合作伙伴。在2012年伦敦奥运会期间，雷士照明将获得港澳台奥委会的名称权及官方标志使用权、集体肖像使用权和活动推广权。这就意味着，这一巨大的观众市场被牢牢抓在了雷士照明的手上。

“企业赞助奥运首先要明白自己究竟是想向公众表明什么？”人民大学教授陈冠对南方日报记者说。

所有的赞助商都将奥运当成自己扩张的好机会，在渠道、产品、技术、终端上发力，却忽略了与奥运精神的契合，没有借助奥运这一载体，更好地与消费者等相关群体互动。这就注定了只能得到一种浅层次的收获——有了知名度，却没有收获美誉度，也没有得到更大的市场回报。

中国品牌研究院发布的《2008奥运营销报告》表明，对于那些奥运营销效果不理想的企业而言，其投入的大量营销费用，很可能会拖累公司业绩。数据显示，1996年亚特兰大奥运会取得赞助权的200多家企业，大约只有25%有所回报，大部分企业只获得了很少的短期回报。这个报告还表明，2008年有超过20家奥运赞助商的营销投入在下降，在奥运营销冲刺阶段，多数国内品牌出现疲态，已经没有力气跑好最后一棒。

阅读以上材料，回答问题：

（1）企业应该如何平衡知名度和美誉度的关系？

（2）结合伊利或蒙牛实际，小组讨论其面临的公共关系问题，试着为其确立一个专项公共关系调研目标，并讨论适宜的调研方法。

实践项目

参与企业简单公共关系调研项目

活动目的：

完成较复杂因素下的调研方案、报告的编写。

活动安排：

1. 教师与校外基地接洽，进入企业；
2. 学生分组，分赴公共关系管理岗位，实地了解其工作并参与调研活动。

教师注意事项：

1. 讲解工作要点；
2. 检查学生分组是否合理；
3. 安排企业学习资源的调配。

资源：

课后4课时、网页、参考书、基地企业。

评价标准

表现要求	是否适用	已达要求	未达要求
小组活动中的外在表现（参与度、讨论发言积极程度）			
小组活动中，对概念的认识与把握的准确程度			
小组活动中，角色扮演的精准度			
小组活动中，文案制作的完整与适用程度			

增值阅读

联想集团公共关系调研问卷

各位朋友：

你们好！为了评价联想集团公共关系的表现情况，我们特组织此次问卷调查，本次调查采用无记名的方式进行，对于您的信息我们保证只作为研究使用，没有其他的目的，请您放心选择与填写，谢谢！

一、认知度调查

1. 你知道联想集团吗？

A. 知道　　B. 不知道

2. 你知道联想集团的总部在什么地方吗？

A. 知道　　B. 不知道

3. 你知道联想集团属于什么行业的企业吗？

A. 知道　　B. 不知道

4. 你知道联想集团的规模档次吗？

A. 知道　　B. 不知道

5. 你知道联想集团的发展历史吗？

A. 知道　　B. 不知道

6. 你知道联想集团最近几年的经济效益和所获得的荣誉吗？

A. 知道　　B. 不知道

7. 你知道联想集团的产品品种、技术含量和服务质量吗？

A. 知道　　B. 不知道

8. 你知道联想集团的一个或一个以上的领导者吗？

A. 知道　　B. 不知道

9. 你知道联想集团的个性化概念（管理经验、服务项目、广告词等）吗？

A. 知道　　B. 不知道

10. 你知道联想集团的组织理念、制度、风气和文化生活吗？

A. 知道　　B. 不知道

二、美誉度调查

1. 你对联想集团的产品评价是（　　）分。

A. –5　　B. –4　　C. –3　　D. –2

E. –1　　F. 0　　G. 1　　H. 2

I. 3.　　J. 4　　K. 5

2. 你对联想集团的服务评价是（　　）分。

A. –5　　B. –4　　C. –3　　D. –2

E. –1　　F. 0　　G. 1　　H. 2

I. 3.　　J. 4　　K. 5

3. 你对联想集团的社会贡献评价是（　　）分。

A. –5　　B. –4　　C. –3　　D. –2

E. –1　　F. 0　　G. 1　　H. 2

I. 3.　　J. 4　　K. 5

4. 你对联想集团的文化评价是（　　）分。

A. –5　　B. –4　　C. –3　　D. –2

E. –1 F. 0 G. 1 H. 2

I. 3. J. 4 K. 5

三、和谐度调查

1. 你对联想集团的态度赞同是（ ）分。

A. –5 B. –4 C. –3 D. –2

E. –1 F. 0 G. 1 H. 2

I. 3. J. 4 K. 5

2. 你对联想集团的情感赞同是（ ）分。

A. –5 B. –4 C. –3 D. –2

E. –1 F. 0 G. 1 H. 2

I. 3. J. 4 K. 5

3. 你对联想集团的语言宣传打（ ）分。

A. –5 B. –4 C. –3 D. –2

E. –1 F. 0 G. 1 H. 2

I. 3. J. 4 K. 5

4. 你对联想集团的行为合作打（ ）分

A. –5 B. –4 C. –3 D. –2

E. –1 F. 0 G. 1 H. 2

I. 3. J. 4 K. 5

再次感谢您的参与！

学生自我工作总结

通过完成任务二 公共关系调研，我能够作如下总结。

一、完成任务的思路（原理）

完成本任务的思路为：

1.

2.

二、完成任务的准备

完成本任务的准备有：

1.

2.

三、完成过程分析

本任务的完成过程是：

1.

2.

四、工作过程分析

1. 工作过程要素有：
2. 完成任务的要领有：
3. 选择这种工作方式的原因有：

五、成果检验

本任务的成果如下：

1. 完成本任务的意义有：
2. 学到的经验有：
3. 自悟的经验有：
4. 形成的策略有：

任务三
公共关系策划

学习目标

1. 知识目标

① 认识公共关系策划的内涵与作用。

② 认识公共关系策划的内容和程序。

③ 认识公共关系策划的方法与基本要求。

2. 技能目标

① 能说明公共关系策划的意义。

② 能编写公共关系策划方案。

③ 能对公共关系策划工作过程有整体认识。

任务描述

作为公共关系学习的第三大任务，公共关系策划是整个公共关系管理活动的重要工作之一。

这项任务的核心是：公共关系人员根据公共关系调研结果以及组织自身形象的现状和目标要求，分析现有条件，对公共关系活动主题、手段、形式与方法等进行构思与设计，为组织制定切实可行的公共关系活动方案。

这项任务上承公共关系调研，下接公共关系活动的实施。

情境导入

在公共关系管理职业活动中，当完成了“公共关系调研”的学习后，即将面临公共关系活动的第二项职业工作任务——公共关系策划。当确定了公共关系的“问题”，清晰界定了公共关系目标后，就应根据这一目标的要求，设计总体的活动方案。

任何正式的公共关系活动都是一项系统工程，参与人员众多。为了在活动过程中统一认识、统一内容、统一方法、统一步调，圆满完成活动任务，公共关系人员在具体开展工作以前，应该根据公共关系活动的目标、公众的性质，事先对公共关系工作进行通盘考虑和安排，制定出合理的工作程序，也就是说我们要制定出相应的公共关系实施方案，指导工作的进行。在制定了活动方案的基础上，制定出相应的活动计划。以便为接下来的公共关系实施提供一个具有较高操作性的行动方案和整体安排。

任务解析

根据公共关系管理职业工作活动的顺序和职业教育的学习规律，“公共关系策划”任务可以分解为以下子任务。

任务3.1　公共关系策划的准备

↓

任务3.2　公共关系策划方案的编写

↓

任务3.3　公共关系策划方案的审定

同步实训

根据公共关系管理职业成长规律及职业学习原理，“公共关系策划”任务可以安排以下同步实训。

	实训名称	实训目的
任务实训 3.1	公共关系策划工作讨论	加深学生对公共关系策划工作的认识
任务实训 3.2	公共关系策划方案讨论	加深学生对公共关系策划方案的认识
任务实训 3.3	公共关系策划方案的审定讨论	加深学生对公共关系策划方案修订的认识
实践项目	参与企业公共关系策划方案的编写	完成较复杂因素下的策划方案、报告的编写

公关故事

本书的第三个故事要从宋代讲起。我国北宋时候，有一个著名的画家，名叫文与可，他是当时画竹子的高手。

文与可为了画好竹子，不管是春夏秋冬，也不管是刮风下雨，都常年不断地在竹林里钻来钻去。三伏天，日头像一团火，烤得地面发烫。可是文与可照样跑到竹林里全神贯注地观察竹子的变化。他一会儿用手指量一量竹子的节有多长，一会儿又记一记竹叶有多密。汗水湿透了他的衣衫，满脸都淌着汗，可是他连用手抹一下也没有，就跟没事儿似的。

有一次，天空刮起了狂风，接着，电闪雷鸣，眼看一场暴雨就要来临。人们纷纷往家跑。可就在这时候，坐在家里的文与可，急急忙忙抓过一顶草帽，往头上一扣，直往山上的竹林奔去。他刚出大门，雨就跟脸盆泼水似地下开了。

文与可一心要看风雨中的竹子，哪里还顾得上雨急路滑！他撩起袍襟，爬上山坡，奔向竹林。他气喘吁吁地跑进竹林，没顾上抹一下脸上的雨水，就两眼一眨不眨地观察起竹子来了。只见竹子在风雨的吹打下，弯腰点头，摇来晃去。文与可细心地把竹子受风雨吹打的姿态记在心头。

文与可长年累月地对竹子作仔细的观察和研究，竹子在春夏秋冬四季的形状有什么变化；在阴晴雨雪天，竹子的颜色、姿势又有什么两样；在强烈的阳光照耀下和在明净的月光映照下，竹子又有什么不同；不同的竹了，有哪些不同的样了，他都摸得一清二楚。所以画起竹子来，根本用不着画草图。

有个名叫晁补之的人，称赞文与可说：文与可画竹，早已胸有成竹了。

昔日的故事已经演化成今天的成语，用来比喻人们在办什么事情以前，早就打好了主意，心里有了准谱儿。

公共关系策划就是要在公共关系活动实施前，做到"胸有成竹"！

公共关系策划是组织公共关系系统性工作活动中难度最大、层次最高、最吸引人的一项工作，它为公共关系的实施提供了基本依据。公关策划的核心是解决以下三个问题：一是如何寻求传播沟通的内容和公众易于接受的方式；二是如何提高传播和沟通的效能；三是如何完善公共关系工作体系。

3.1 公共关系策划的准备

任务提示 这是公共关系初学者学习公共关系策划活动的第一步，认识公共关系策划的含义，把握公共关系策划的准备工作和具体要求，在此基础上，能够进行公共关系策划准备活动。

公共关系策划是公共关系人员根据组织形象的现状和目标要求，分析现有条件，谋划并设计公共关系战略、专题活动和具体公共关系活动最佳行动方案的过程。公共关系策划的核心是解决以下三个问题：一是如何寻求传播沟通的内容和公众易于接受的方式；二是如何提高传播与沟通的效能；三是如何完善公共关系工作体系。

重要术语 3-1　　公共关系策划

公共关系策划指为达成组织目标，公共关系人员在充分进行环境分析和调查的基础上，对总体公共关系战略及具体公关活动所进行的谋略、计划和设计过程。

3.1.1 公共关系策划人员的组成

公共关系策划人员是公共关系策划行为的主体。公共关系人员按参与公共关系工作的不同分工大体分为三种类型：（1）策划工作的指挥者、领导者或决策者；（2）高层次、高水平的公共关系专业人才；（3）具备一定实践经验和某些特殊能力的具体操作人员。

1．组建策划项目领导组

项目策划首先应该在建立项目组的基础上，成立领导小组。领导小组由各具特点，各有专长的公关专家组成。这些专家不仅要有过人的能力、水平和心理素质，而且还要分工得当，配合默契，使策划项目小组的工作卓有成效。

2．公共关系策划人员

一项公共关系策划活动一般由一个团队来完成，团队应由各具特点，各具专长的公关从业人员组成。这些策划人员可以按照专业背景、业务能力分为若干策划小组，以方便工作。

作为活动的策划者，公共关系策划人员要在分析调查结论的基础上，进行创造性的谋划活动。他们的工作主要体现在具体公共关系活动的“提出”和“谋划”上，这种极具创造性的工作，让公共关系活动充满着智慧与活力，从而给组织的发展带来无限的生机。可以说，没有公共关系策划人员的工作，便没有公共关系活动。所以，公共关系策划人员在公关工作中当之无愧地处于“核心”地位。

重要信息 3-1　　公共关系策划者的素质要求

一名优秀的策划者必须具备以下条件。第一，高尚的品德。品德是一定社会道德原则和道德规范在个人思想和行为中的体现，公共关系策划者是代表一个组织与公众打交道的，因此，高尚的品德就显得特别重要。作为一名合格的策划人员应遵守诚实、守信、正直、廉洁、守法的行为准则。第二，公共关系策划者只有具备宽广的知识面和深厚的人文积淀才能在复杂多变的社会面前运筹帷幄、应付自如。宽广的知识面要求策划者掌握广博的知识，这样才能在策划过程中视野开阔、游刃有余。与此同时，策划者还必须具有相当的人文素养，这样做出的公共关系策划才能含义隽永，意味深远。第三，公共关系策划者应具备基本的专业技能，以及组织能力、交际能力、口语能力、写作能力和创新能力。

3.1.2 公共关系策划的构思

公共关系策划的构思过程，是经过分析、判断、推理，确立策划目标与主题，在此基础上，形成策划思路，组织材料，为策划方案的提出做准备的过程。

1．分析公共关系调研结果

以企业为例，如果把公共关系工作看成是连续不断的行为，那么公共关系调查所起的作用则是为后续的公共关系策划提供依据。因而，在进行公共关系策划之前，进一步分析公共关系调研结果尤为必要。

公共关系调研结果是对公共关系活动效果的评价，分析主要从五个方面进行：（1）组织自身情况，即组织自身对进行公共关系活动的促进与限制情况；（2）组织形象，即组织的表现与特征在公众心目中的反映；（3）公众情况，即公众的构成、需求、认知、态度、情绪等；（4）主要竞争对手信息，即主要竞争对手的产品信息、销售信息、广告信息和已有的公共关系策划信息；（5）社会环境，即组织面临的社会环境给公共关系活动带来的影响。

通过分析公共关系调研结果，公共关系人员能够发现组织公共关系中存在的“问题”，以便对症下药，进行有针对性的活动策划。

2．明确公共关系策划目标

根据对公共关系调研结果的分析，结合组织自身具备的条件，策划人员首先确定公共关系策划目标。策划目标是成功策划的必要条件。方向不明，公共关系策划便无法进行，只有确定了具体目标，才能开始策划达到目标的途径、方式、手段等。在具体工作中，目标又呈现出多样性，并分成不同的类别。最具有实践意义的分类是按目标内容分为以下几类。（1）传播信息型，即公关活动的目标是把希望公众知道或公众想知道的信息传递给公众，一旦公众知晓，目标即实现。它是目标体系中最基本的层次，主要是将组织发展的新动态、新成果、新举措告知公众。（2）联络感情型，相对于传播信息型来说这是更深层次的目标，旨在与公众建立感情、联络感情、发展感情。社会组织与公众建立起感情层次的交往，更容易取得公众的谅解、合作与支持。（3）改变态度型，即通过公关活动，把公众对组织的无知、冷漠、偏见乃至敌意，转变为了解、关注、认可、同情、理解、支持，切实营造有利于组织发展的良好环境。（4）引起行为型，即让公众产生组织所期望的行为，以配合组织的工作。这是公关活动目标的最高层次，前几个目标最终也是为引起公众作出有利于组织发展的行为做铺垫。

此外，公共关系策划目标还可以分为：长期目标、近期目标、一般目标和特殊目标。

公关实务 3-1　　海尔的售后服务公关

海尔公司 1994 年的无搬动服务，1995 年的三免服务，1996 年的先设计后安装服务，1997 年的五个一服务，1998 年的星级服务一条龙，其核心内容是从产品的设计、制造到购买，从上门设计到上门安装，从产品使用到回访服务，不断满足用户新的要求，并通过具体措施使开发、制造、售前、售中、售后、回访 6 个环节的服务制度化、规范化。1999 年海尔专业服务网络通过 ISO 9000 国际质量体系认证。2000 年海尔的星级服务进驻社区。2001 年海尔推出空调的无尘安装。2003 年海尔推出了全程管家 365。2012 年，海尔又提出了“售前、售中、售后全程无忧”服务。海尔的每次升级和创新都走在了同行业的前列。

在产品同质化日益严重的今天，售后服务作为销售的一部分已经成为众厂家和商家争夺消费者的重要领地。良好的售后服务是下一次销售前最好的促销，是提升消费者满意度和忠诚度的主要方式，是树立企业口碑和传播企业形象的重要途径，在这方面海尔无疑是做得最出色，也是做得最早的。

3．明确公众对象

公共关系活动不可能面对所有的公众，应该有所选择，这与公共关系的目标紧密相关。每个组织都有自己特定范围的公众，但不是每一次公共关系活动都针对组织的所有公众。一个组织在不同时期会面临不同的公众，因此，进行公共关系策划时首先应对组织此时期所面临的公众加以区分和明确，才能使策划出来的公共关系活动有的放矢地进行。另外，公众的类型很多，必须根据不同公众的特点开展不同的筹划，只有明确具体的受众后才能有针对性地设计活动，从而有效地实现公关活动目标。混淆公众的类型会产生很多不利的后果，如力量和资金不加区分地分散在过多的公众中，不加区分地发表信息忽略其对不同人群的适用性，这些都使公关活动的目标难以实现。明确公众对象的方法有：（1）根据活动目标划定公众范围；（2）根据组织实力划定公众范围；（3）根据组织需要决定公众范围。

4．明确公共关系策划的类型

针对不同的动因，公共关系策划类型也有分别。公共关系策划类型主要有：（1）根据公众与组织的归属关系分，有内部公共关系策划与外部公共关系策划；（2）根据公共关系策划的内容要求分，有战略性公共关系策划、公共关系专题策划和操作性公共关系活动策划；（3）根据公共关系策划目标分，有形象公共关系策划、公益公共关系策划、营销公共关系策划和危机公共关系策划。

3.1.3　公共关系策划的组织

为了制定出富有创意的公共关系策划方案，组织常常要召开公共关系策划会。成功地组织好策划会是公共关系人员的一项重要工作。通过策划会议，制定出公共关系策划方案的草案，经讨论，形成正式的文字。

1．组织公共关系策划分工

尽管公共关系策划是一项团队合作工作，但也要进行必要的分工，以节约人力、物力，提高策划效率。分工之后，首先由公共关系策划小组成员分头收集、整理、研究基本的调查资料；其次，将个人或小组收集、整理、研究的初步成果互相通报，以便信息共享；再次指定专人将策划小组研究成果记录在案，形成初步方案，以供会议讨论或进一步推进策划工作参考之用。

2．组织公共关系策划会议

会议的准备工作是会议成功的关键因素。要确立好会议的目标及议题，尤其是议题必须清晰。作为会议的组织者要印发议程，拟定出席人选，提前发出会议通知。策划会议一般5～7人参加为宜，组织者要为与会者提供必要的参考资料。与会者要认真阅读有关资料，并认真思考，带着意见参会。会场布置以圆桌为好，方桌也可以。场内设置板书工具，恰当选择好会议直观材料，必要时应准备幻灯、投影、录像等设备。准备工作大体上有如下四项：（1）拟定会议主题；（2）拟发会议通知；（3）起草会议文件；（4）布置会场。

重要信息 3-2　　　　公共关系策划的基本原则

（1）实事求是原则。实事求是是公共关系策划的一条基本原则。公共关系策划必须建立在对事实的把握基础上，以诚恳的态度向公众如实传递信息，并根据事实的变化不断调整策划的策略与时机等。

（2）系统原则。指在公共关系策划中，应将公共关系活动作为一个系统工程来认识，按照系统的观点和方法谋划统筹。

（3）创新原则。指公共关系策划必须打破传统、刻意求新、别出心裁，使公共关系活动生动有趣，从而给公众留下深刻而美好的印象。

（4）弹性原则。公共关系活动涉及到的不可控因素很多，任何人都难以把握，留有余地才可进退自如。

（5）伦理道德原则。公共关系活动及其策划对从业人员的道德要求日趋加强。

（6）心理原则。要运用心理学的一般原理及其在公共关系活动中的应用，正确把握公众心理，按公众的心理活动规律，因势利导。

（7）效益原则。要以较少的公共关系费用，取得更佳的公共关系效果，达到企业的公共关系目标。

任务实训 3.1

公共关系策划工作讨论

实训目的：

加深学生对公共关系策划工作的认识。

实训安排：

1. 学生收集并讲解一些公共关系策划活动故事或案例；
2. 分析其中公共关系策划所起的作用，讨论公共关系策划的要素及其重要性。

教师注意事项：

1. 由生活事例、企业经营事例导入对公共关系策划的认识；
2. 提供一些公共关系的简单策划案例，供学生讨论；
3. 提供其他相应的学习资源。

资源（时间）：

1 课时、参考书籍、案例、网页。

评价标准

表 现 要 求	是否适用	已达要求	未达要求
小组活动中的外在表现（参与度、讨论发言积极程度）			
小组活动中，对概念的认识与把握的准确程度			
小组活动中，角色扮演的精准度			
小组活动中，文案策划的完整与适用程度			

3.2 公共关系策划方案的编写

任务提示

这是公共关系初学者学习公共关系策划活动的第二步，认识公共关系策划方案的框架，把握公共关系策划方案的内容和具体要求，在此基础上，能够组织进行公共关系策划方案的制定活动。

3.2.1 公共关系策划方案的认识

策划方案是策划过程的书面体现，也是策划最终的表现形式。一个好的策划方案能够吸引客户和领导。策划方案的灵魂是创意，其书面表达应该尽可能简洁，减少文字叙述而较多采用图表、照片以及音频、视频等媒体形式使其看起来更加直观、生动。公共关系策划方案也称公共关系策划书或公共关系策划文案，在有些公共关系业务书籍中又称为“公共关系专题建议书”。

1．明确公共关系策划方案的构成要素

公共关系策划方案无定式，策划者一般根据实际的需要和自己的文笔风格来撰写。但无论方案的形式、内容有何差别，方案的基本要素都不可或缺。一份完整的策划方案应当具备“5W、2H、1E”。即 What（什么）——策划的目的、内容；Who（谁）——策划组织者、策划者、策划所涉及的公众；Where（何处）——策划实施地点；When（何时）——策划实施时间；Why（为什么）——策划的缘由；How（如何）——策划的实施方法和形式；How much（多少）——策划的预算；Effect（效果）——策划结果的预测。

上述八个要素是一份完整的公共关系策划文案应当具备的基本要素。不同组织的不同内容与形式的公共关系策划方案，都应当围绕这八个要素，根据自己的需要进行丰富完善和组合搭配。公共关系策划方案的创意与个性风格，就存在于对要素的丰富完善和组合搭配的差异之中。

2．策划方案的基本格式

公共关系策划方案的基本格式，大致包括下列五项。

（1）封面。策划方案的封面不必像书籍装帧那样去考虑其设计的精美，但文字书写及排列应大小协调、布局合理，纸张只要略比正文厚些即可。封面内容一般包括以下六方面内容。

① 题目。题目必须具体清楚，让人一目了然。

② 策划者单位或个人名称。方案如系群体或组织完成，可署名“××公共关系公司”“××专家策划团”或“××公司公共关系部”，对其中起主要作用的个人也可在单位名称之后署名，如“总策划×××”“策划总监×××”等。

③ 策划方案完成日期。写明方案完成的年月日。

④ 编号。可根据策划方案顺序编号，根据方案的重要性或保密程度编号或根据方案管理的分类编号等。

⑤ 在需要的情况下，可考虑在封面上简洁地加上说明文字或内容提要。

⑥ 如策划方案尚属草稿或初稿，还应在题目下括号内注明“草案”“送审稿”“讨论稿”“征求意见稿”等字样。如果是“草稿”，决策拍板后的策划方案就应注明“修订稿”“实施稿”“执行稿”等字样。

（2）序文。并非所有策划方案都需加序，除非方案内容较多较复杂，才有必要以简洁的文字作为一个引导或提示。

（3）目录。这也如序文一样，除非方案头绪较多较复杂，才有作目录的必要。目录是标题的细化和明确化，要做到让读者通过看标题和目录，便知整个方案的概貌。

（4）正文。正文是对前述八个要素的表述和演绎。其主要内容包括：①活动背景；②活动主题；③活动宗旨与目标；④基本活动程序；⑤传播与沟通方案；⑥经费预算；⑦效果预测。正文的写作需要详细，但应以纲目式为好，不必过分详尽地去加以描述渲染，不要给人头绪繁多、杂乱或干涩枯燥的感觉。

（5）附件。重要的附件通常包括以下一些。

① 活动筹备工作日程推进表。

② 有关人员职责分配表。

③ 经费开支明细预算表。

④ 活动所需物品一览表。

⑤ 场地使用安排表。

⑥ 相关资料。这主要是供决策者参考的辅助性材料，不一定每份方案都需要。相关资料包括完整的或专项的调查报告、新闻稿范本、演讲词草稿、相关法规文件、平面广告设计草图、电视片脚本、纪念品设计图等。

⑦ 注意事项。即将策划方案实施过程中应当注意的事项做重点集中的提示，比如完成活动需事前促成的其他条件、活动实施指挥者应当拥有的临时特殊权限、需决策者出面对各部门的协调、遇到特殊情况时的应变措施等。

重要信息 3-3　　公共关系策划的基本要素

进行公共关系策划活动，首先要了解构成公共关系策划的基本要素。目前，国内研究者对公共关系策划的要素主要有三种观点：①“三要素论”，即策划者、策划对象和策划方案；②“四要素论”，即策划目标、策划者、策划对象和策划方案；③“五要素论”，即策划者、策划依据、策划方法、策划对象、策划效果测定和评估。总的来说，这三种观点大同小异。分析成功的公共关系案例，可以发现一项优秀的公共关系策划应包括如下六个要素：公关调查、策划者、公共关系策划目标、公共关系策划对象、策划内容和策划效果评估。

3.2.2 公关策划方案的编写

进行公共关系策划方案编写时，应该重点把握以下基本工作。

1．确立目标

公共关系策划人员通过对公共关系调查结果、大量材料进行分析，发现组织的优势与劣势、机会与风险、资源与条件；进而找出组织公共关系问题的所在；再根据问题的轻重缓急，排出解决问题的先后顺序，并提出和界定首要的问题；然后通过对这一首要问题产生原因的探索，找到问题的症结，根据组织的特点和需要，确定组织公共关系策划的目标。在确定组织公共关系活动的目标时，应注意：（1）目标必须是具体的；（2）目标必须是可测量的；（3）目标应该是能够达到的；（4）目标必须要有时间限制。

公关实务 3-2　　小天鹅的服务公关

小天鹅公司精心策划、设计了“1、2、3、4、5”特色公共关系服务活动。即，一双鞋：上门服务时带一双专用鞋。两句话：进门一句话，我是小天鹅服务员 ×××；服务后一句话，您不满意可向公司汇报。三块布：一块垫机布、一块擦机布、一块擦手布。四不准：不准顶撞用户，不准吆喝用户，不准拿用户礼品，不准乱收费。五年保修：整机免费保修五年。这个活动不仅反映了电器生产企业对售后服务的高度重视，也很好地体现了生产性企业围绕产品提供全面、迅速、方便和深度服务进行的创新，这极大地满足了顾客的消费需求和未显现出的微妙心理需求。

2．提炼主题

公共关系活动主题是目标的具体化。公共关系活动需要有一个鲜明的主题，有一个贯穿整个活动的基调，以便统领整个活动。提炼主题，需要创意，应注意以下几点。（1）与目标的一致性。（2）实效性。符合公共关系活动的客观实际，真正打动公众心扉，切中公众心理。（3）稳定性。主题一经确定，就应贯穿公共关系活动始终。（4）单一性。一次公共关系活动不应出现多个主题。（5）客观性。商业化、主观性不要太强，以免招来公众的反感。

3．界定公众

在公共关系策划过程中，必须在公众中，根据目标的需要确定哪些是该项公共关系活动必须关注、交流和影响的目标公众。认定目标公众从公众权利分析入手（以企业为例，见表 3-1）的方法有以下几种。（1）以活动目标划定公众范围。如学校为宣传自己的人才培养成果而组织的交流会，其公众主要是应届毕业生、用工单位、新闻单位、毕业生家长等。（2）以组织实力划定目标公众。即将有关公众按与组织关系的密切程度、影响的大小程度、相关事情的急缓程度等因素进行排队，选出最为重要的部分作为目标公众。（3）以组织需要确定目标公众。如当组织出现形象危机时，目标公众应当首先是新闻媒体，以防危机的扩散和加剧。

重要术语 3-2　　公众权利

公共关系活动中，“公众”特指任何被共同利益或共同关心的问题连接在一起的个人、群体和组织。这些个人、群体和组织与公共关系主体有相关的利益，对公共关系主体有着重要的影响。这种影响力被称为公众权利。

表 3-1　　　　公众权利要求结构表

公众对象	公众对象对公司的期望和要求
员工	就业安全和适当的工作条件；合理的工资和福利；培训和上升的机会；了解公司的内情；社会地位、人格尊重和心理满足；不受上级专横对待；有效的领导；和谐的人事关系；参与和表达的机会，等等
股东	参加利润分配；参与股份表决和董事会的选举；了解公司的经营动态；优先试用新产品；有权转让股票；有权检查公司帐目、增股报价、资产清理；有合同所确定的各种附加权利，等等
顾客	产品质量保证及适当的保用期；公平合理的价格；优良的服务态度；准确解释各种疑难或投诉；提供完善的售后服务；获取必要的产品技术资料，获得增进消费者信任的各项服务；必要的消费教育和指导，等等
竞争者	由社会或本行业确立竞争活动准则；平等的竞争机会和条件；竞争中的相互协作；竞争中的现代企业家风度，等等
协作者	遵守合同；平等互利；提供技术信息和社区援助；为协作提供各种优惠和方便；共同承担风险，等等
社区	向当地提供生产性的、健康的就业机会；保护社区环境和秩序；关心和支持当地政府；支持文化和慈善事业；赞助地方公益活动；正规招聘，公平竞争；以财力、人力、技术扶助地方小企业的发展，等等
政府	保证各种税收；遵守各项法律、政策；承担法律义务；公平竞争；保证安全等
媒介	公平提供消息来源；尊重新闻的职业尊严；有机会参加公司重要庆典等社交活动；保证记者的独家新闻不被泄漏；提供采访的方便条件等

4．项目设计及人员安排

组织要实现公共关系目标，不可能通过一次活动就能一劳永逸，必须围绕公共关系目标设计在不同时期进行的各种形式的活动，这就是项目设计。公共关系目标只有通过一个个公共关系项目的实施去逐步接近，直至达成。因而，一个大型公共关系活动项目下面会包括许多个小型项目，即具体的公共关系实务活动。每个公共关系实务活动应根据人尽其才的原则，安排相应人员，并有专人负责。公共关系活动具体项目的划分及人员安排如表 3-2 所示。

表 3-2　　　　公共关系项目划分表

活动内容	时间	参与单位和活动小组	主要负责人及成员	备注

5．时空选择

公共关系活动讲求合适的“时间”和“空间”才能收到事半功倍的效果。

（1）时机的选择。时机的选择有两层意思：第一是捕捉时机要准确；第二是把握时机要及时。选择时机时，要注意以下几点。①尽量选择那些能够引起目标公众关注，又具有新闻“苗头”的时机。②要善于利用节日。 ③尽量避开国内外重大事件。 ④不要同时开展两项及以上公共关系活动。⑤选择时机时，要考虑公众。⑥选择时机时要考虑媒体。⑦选择时机要考虑民情风俗。

（2）空间的选择。空间选择一方面应考虑如何充分利用环境的有利条件，回避不利条件。另一方面是尽量去选择便于公共关系活动实施的场所。具体包括以下几个方面：①空间大小；②空间位置；③空间环境；④空间条件；⑤备用空间；⑥空间审美等。

6．媒体选择

组织公共关系工作可供选择的媒体很多，但要选择恰当的媒体才能事半功倍，取得良好的传播效果。选择传播媒体的方法有三种。(1) 根据组织公共关系目标选择传播媒体。如组织的目标是提高知名度，则可以选择大众传播媒体。(2) 根据不同的公众选择传播媒体。如要引起儿童的注意和兴趣，那么电视节目和卡通片效果最好。(3) 根据传播媒体特点和传播内容选择传播媒体。如对开张仪式、大型活动的盛况，采用电视转播的方式生动、逼真，能产生非常好的效果。

7．经费预算

公共关系活动经费预算的内容一般分为以下两大类。

(1) 行政开支。主要包括三个方面。①人工报酬。指专业工作者和一般工作人员的薪金或工资，还包括外聘公共关系顾问的报酬。这是公共关系预算项目最大的一项，大约占预算的三分之二。②设施费用，一般包括各种印刷品、纪念品、摄像设备和材料、美术工艺器材、视听器材、展览设施和活动所需的各种实物、用品等。③日常行政费，如房租、水电费、保险费、电话费、办公室文具费、通信费用、交通费、照片洗印费、餐费、交际费(一般不超过百分之二)等。

(2) 项目开支。项目开支包括实施各种公共关系活动所需的费用。①原有项目的开支，即已开始的活动需继续投入的费用；②新项目的开支，即新增项目的费用；③突发事件的开支，即编制预算时，事先设置临时应变费用。

公共关系活动经费预算表格一般如表 3-3 所示。

表 3-3　　公共关系活动经费预算表

项目：
主要负责人：
活动时间：

经费项目	数量	单价	金额	备注
1. 资料费				
2. 文件费				
3. 差旅费				
4. 统计费				
5. 联络费				
6. 保险费				
7. 劳务费				
8. 杂费				
…				
…				
合计				

重要信息 3-4　　公共关系策划中的创造性思维

成功的公共关系策划，离不开创造性思维，策划者有意无意地总在运用各种各样的创造性思维方法。

（1）灵感激发法。灵感，是一种突如其来的创造性思维成果。对公共关系策划者来说，欲产生新颖的策划灵感，就要善于发现与利用各种信息，进行自我激发。1995 年 10 月 28 日，加拿大人杰伊·科克伦在不采取任何安全措施的情况下，在原四川省奉节县夔门两端架设的高度为 375 米、跨度为 628 米的钢丝上横穿三峡。这一下使位于偏远山区的奉节县声名大振。这一策划的创意，来源于国家体委社会体育中心的一位工作人员在电视上看到科克伦走过架设在美国两座摩天大楼之间的钢丝。

（2）因素组合法。在公共关系策划中，由“目标”而有相应的“公众”，有了诸多的“信息”也就开始产生“主题”，继而又产生出计划中的诸多因素和工作步骤，这是从思维展开的角度而言的。1986 年 5 月 8 日，美国可口可乐公司举行了可口可乐问世 100 周年纪念公共关系活动。最妙的是以半个地球之遥的伦敦为终点，把里约热内卢、内罗毕、悉尼、东京联结起来，通过卫星一次推倒 60 万张多米诺骨牌。从亚特兰大开始，多米诺骨牌天衣无缝地一浪一浪倒下去，通过卫星电视的衔接，到伦敦时，一个巨大的可乐罐出现了，但倒下的多米诺骨牌却引爆了这只可乐罐。

（3）逆向思维法。即人们从习惯思路相反的角度，突破常规定势，作反向思维，找到出奇制胜之道。1992 年 3 月 15 日国际消费者日这天，好来西服装服饰公司在《北京晚报》上登了一个广告，称在北京销售的十万件衬衫中有几件是不合格的，给消费者带来了不便和苦恼，特向消费者致歉，而且，还表示为买到不合格衬衫的消费者掉换，并表示要进一步提高质量。这一“自扬家丑”的反常之举，引起了广大消费者的注意与称赞，获得了良好的公共关系效应。

（4）思维碰撞法。即在较短的时间内，开发人的创造力，产生创意的方法，又称为集体思考法。如百事可乐公司趁可口可乐改变配方之机，通过思维碰撞法，展开了广告攻势，策划者们在参加的动脑子小组会上，经过碰撞，“为了新一代”的理念随之产生。这则广告播出后，使百事可乐的市场份额迅速扩大，其当年的销售额远远超过了可口可乐。

任务实训 3.2

公共关系策划方案讨论

实训目的：

加深学生对公共关系策划方案编制的认识。

实训安排：

1. 学生收集并讲解一些公共关系策划方案；
2. 分析其中公共关系策划方案的作用，讨论公共关系策划方案编写的要领。

教师注意事项：

1. 由生活事例、企业经营事例导入对公共关系策划方案的认识；
2. 提供一些简单的公共关系策划方案，供学生讨论；
3. 提供其他相应的学习资源。

资源（时间）：

1课时、参考书籍、案例、网页。

评价标准

表 现 要 求	是否适用	已达要求	未达要求
小组活动中的外在表现（参与度、讨论发言积极程度）			
小组活动中，对概念的认识与把握的准确程度			
小组活动中，角色扮演的精准度			
小组活动中，文案制作的完整与适用程度			

3.3 公共关系策划方案的审定

任务提示 这是公共关系初学者学习公共关系策划活动的第三步，认识公共关系策划方案的草案，把握公共关系策划方案的评价标准与要求，在此基础上，能够组织进行公共关系策划方案的评价与修改。

经过认真分析信息情报，公共关系人员确定了公关目标，制订了公共关系策划方案，但这些方案是否切实可行、尽善尽美，这就有赖于对方案进行分析评估和优化组合。总体上，对公共关系策划方案评价的标准有两条：一是看方案是否切实可行，二是看方案能否保证策划目标的实现。方案实施成功的可能性大，又能保证策划目标的实现，方案便可通过；否则，方案便要加以修改优化。

公共关系策划方案初稿写好以后，项目领导组要对方案进行汇总审定，通过进一步讨论、修改与优化，才能用于指导实际工作。

3.3.1 确定策划方案评价标准

为了保证公共关系策划方案既可行，又能实现策划目标，可以从以下几个方面评价公共关系策划方案的优劣，并在此基础上，予以优化。

1．方案主题是否体现了公共关系的目的和要求

策划方案体现主题，符合公共关系活动的目的和要求，是公关活动方案策划最基本的要求。

例 3-1 1998 年 4 月在中央电视台出现了“农夫山泉有点甜”的广告语。那时，娃哈哈、乐百氏纯净水已经在消费者心目中建立起比较稳固的地位。农夫山泉的公关目标是迅速在强手林立的瓶装水市场中树立自己的形象。于是采取了个性化的名称、“有点甜”的差异化诉求公关主题，结果是短时间内就使其品牌知名度从零一下子达到了几乎童叟皆知的程度，强化和确立了农夫山泉独特的销售主张和形象。

2．策划方案是否科学、完整和适用

策划方案是否科学、完整和适用是指是否在公共关系科学理论指导下，考虑自身条件、资源等主客观条件，科学合理地对公共关系活动作出了安排。

例 3-2　2012 年 9 月，在××品牌专营店形象推介策划方案中，公关人员对其商业氛围、交通条件、银行网点、卫生环境、休闲娱乐等各个方面，设置了许多相互联系、相互制约的指标，形成了一套比较完整的指标体系，其特点是全面、系统，适用性强。

3．策划方案操作性是否强

公共关系策划方案的操作性受多个因素的影响。首先表现在公共关系行为的每一个步骤与环节上；其次它不是脱离客观实际条件的非分之想；再次，它必须与操作者的观念意识、文化水平、工作技能等素质水准相适应；最后，它必须与公众的心理素质和承受能力相适应。

例 3-3　在保健品 ABC 口服液产品形象推广策划方案中，公关人员拟于 2013 年 1 月在一个西北省份的县城举办一个大型活动。活动方案已经做好，广告也已经打出，却突然接到当地政府的通知，近期因输电线路的改造，整个县城，包括活动地点的供电都无法保证，同时，担心发生踩踏事故，政府部门已经严令禁止组织大型活动。显然，公共关系人员在做策划方案时，闭门造车，未能进行实地勘察。这样的方案不具操作性。

3.3.2　论证和审定策划方案

明确了公共关系策划方案的评价标准之后，公关人员就可以开始对方案进行讨论、修改与审定。组织决策者在进行决断时，一要尊重公关人员的意见，但不要受其左右；二要运用科学的思维方法，对策划方案和背景材料进行系统的科学分析；三要依靠自己的直觉，抛弃一切表象的纠缠，这种直觉在应急对策时尤其重要。策划方案一经审定通过，便可组织实施。

公关实务 3-3　　总统推荐的书

一位出版商手头积压了一批书卖不出去，眼看就要大亏本了。情急之下，出版商想了一个点子：给总统送去一本，并频频联系征求意见。忙得不可开交的总统随便回了一句：“这书不错。”出版商一听如获至宝，大做宣传：“现有总统喜爱的书出售。”还把“这书不错”四个字印在封面上。于是他手头的书很快被抢购一空。不久，这位出版商又有一批书，便照方抓药，给总统又送去一本。总统有了上次的教训，想借机奚落一番，就在送来的书上写道：“这书糟透了。”但总统还是上了套儿，书商又大肆做宣传：“现有总统讨厌的书出售。”人们出于好奇而争相抢购，书很快又全部卖掉。第三次，出版商把书送给总统时，总统有了前两次被利用的教训，干脆紧闭金口，不理不睬。然而，出版商还是有话说。这次他的宣传词是：“现有令总统难以下结论的书，欲购从速。”结果，书还是被抢购一空。在这个故事里，书商后两次采用逆向思维的方法，利用总统的评价，成功地把书都卖出去了，取得了策划的成功。

1．项目论证会

由项目小组的组长主持会议，项目小组人员参加会议，同时可邀请组织方代表参加。主持人在该座谈会前针对本次公共关系活动任务的策划方案列一提纲，即座谈会围绕公共关系问题、公共关系目的、主题、公众对象、项目设计、人员安排、时间地点安排、经费预算等展开讨论。评价方案的标准从是否能实现目的，是否科学、完整和适用，是否操作性强三个角度考虑。

可以有公共关系策划人员介绍编写情况，专家提问等形式。参加座谈会的人员，踊跃发表看法，集思广益，相互启迪，相互交流、相互补充，针对某一个问题达成一致的修改意见。

2．经验判断

经验判断法是指通过组织一些公共关系活动策划经验丰富的人士，对设计出来的公共关系活动方案进行初步研究和判断，以确认调查方案的合理性和可行性。

该方法的优点是可节约人力物力资源，并在较短的时间内做出快速的判断。缺点是人的认识是有限的，并且事物的发展变化常常有例外，各种主、客观因素都会对人的判断的准确性产生影响。

3．试点实施

即通过小范围内选择公众，实施策划方案，对方案进行实地检验，及时总结并做出修改。具体操作时应注意以下几个问题。（1）选择适当的公众对象。尽量选择规模小，具有代表性的公众。（2）事先建立一支精干的公共关系人员队伍，这是做好公共关系工作的先决条件。团队成员包括有关活动的负责人，策划方案设计者和骨干，为搞好试点实施工作提供组织保证。（3）试点调查工作结束后，应及时做好总结工作，认真分析试点实施的结果，以便对活动方案进行修订。

试点调查可以理解成实战前的演习，让公关人员在大规模推广应用之前及时了解自己的工作哪些是可行的，哪些是工作的薄弱环节。

4．审定方案

公共关系策划方案经过分析、论证、优化组合，最终形成书面报告，交给组织的领导决策层，以最终审定决断，准备实施。任何公共关系策划方案都必须经过本组织的审核和批准，确保公共关系目标和组织的总目标一致。公共关系活动也需要其他部门的工作配合，公共关系活动应得到决策层和组织全体员工的积极配合支持。

策划报告能否得到决策层的认可，并最终组织实施，取决于三个因素：一是策划方案本身的质量，这是根本；二是策划报告的文字说明水准；三是决策者本身的决断水平。

重要信息 3-5　　企业公共关系策划业务的类型

（1）在推出新产品、新服务或开辟新市场之前，通过公共关系活动，让公众对新的产品、新的服务项目有较多的了解，提高其知名度，以创造一个对本企业有利的良好的消费环境。

（2）企业发起公益活动，赞助公益事业，加强与公众的沟通，增进公众对企业的好感，提高企业的美誉度，为企业创造一个好的外部环境。

（3）企业主动协调与政府和社区的关系，争取得到政府和社区的支持。

（4）开展公共关系活动，让企业内部员工了解企业的重大活动及其意义，了解企业领导层的创造性活动，以提高员工对企业未来发展的信心，增强他们对企业领导人的信任。

（5）当企业在社会上的名誉受到损害或企业内部发生变故，造成人心不稳，影响企业各项工作的正常运营时，通过公共关系活动可以解除危机，重塑企业的良好形象并稳定人心。

任务实训 3.3

公共关系策划方案的审定讨论

实训目的：

加深学生对公共关系策划方案修改的认识。

实训安排：

1. 学生收集并讲解一些公共关系策划方案修改要领；
2. 分析其中公共关系策划方案修改的作用。

教师注意事项：

1. 由生活事例、企业经营事例导入对公共关系策划方案修改的认识；
2. 提供一些公共关系（失误）的简单策划方案，供学生讨论修改内容；
3. 提供其他相应的学习资源。

资源（时间）：

1 课时、参考书籍、案例、网页。

评价标准

表 现 要 求	是否适用	已达要求	未达要求
小组活动中的外在表现（参与度、讨论发言积极程度）			
小组活动中，对概念的认识与把握的准确程度			
小组活动中，角色扮演的精准度			
小组活动中，文案制作的完整与适用程度			

小 结

根据公共关系业务活动顺序，公关活动策划是整个工作的重要环节。公共关系活动的成功开展离不开一个科学的公关活动策划。进行公关活动策划，首先要明确公关目标，在此基础上，确立公关主题、界定公众，具体设计项目、人员安排、经费预算，编写出公关活动策划方案。

本章围绕公共关系策划活动必要的程序，设计了各环节操作的专门知识，设置了重要术语、重要信息等栏目，体现了对一些重要理论知识的重组。

本章以任务描述开始，以企业实际项目结束，并安排了学生自我工作总结。希望读者能够在获知工作信息的基础上，在教师引领下，按照“资讯、计划、决策、实施、检查和评价”六步骤来完成各项工作活动，直至完成延伸活动，以实现“学习就是工作，工作就是学习”的目标。

本章学习目标：能够组织公共关系策划活动，并能够认识简单的、与日常生活相关的工作分析管理活动，进而能够认识企业实际公关活动管理项目。

重要术语

公共关系策划　　公众权利

知识与技能检测

一、课堂讨论

1. 公共关系策划在整个公关活动中的地位。
2. 公共关系策划是一种创意活动。
3. 公共关系策划也分长期、短期策划。
4. 公共关系策划方案的意义。

二、课后自测

1. 选择题

（1）公共关系人员按参与公共关系工作的分工不同大体有（　　）。

A. 策划工作的指挥者、领导者或决策者

B. 高层次、高水平的公共关系专业人才

C. 具备一定实践经验和某些特殊能力的具体操作人员

D. 组织内的部门领导

（2）公共关系策划的目标按照内容分为（　　）。

A. 传播信息型　　B. 联络感情型

C. 改变态度型　　D. 引起行为型

（3）明确公众对象的方法有（　　）。

A. 根据活动目标划定公众范围　　B. 根据组织实力划定公众范围

C. 根据组织需要确定公众范围　　D. 根据领导指示确定公众范围

（4）在确立组织公共关系活动的目标时，应注意以下哪几点？（　　）

A. 目标必须是具体的　　B. 目标必须是可测量的

C. 目标应该是能够达到的　　D. 目标必须要有时间限制

（5）公共关系策划目标可分为（　　）。

A. 长期目标　　B. 近期目标

C. 一般目标　　D. 特殊目标

（6）根据公共关系策划的内容要求分，策划方案有（　　）。

A. 战略性公共关系策划　　B. 公共关系专题策划

C. 操作性公共关系活动策划　　D. 调研策划

2. 判断题

（1）公共关系策划的灵魂在于创新。（　　）

（2）公共关系策划方案应该切实可行，没有可行性的方案，即使有漂亮的创意和文字，也不会有丝毫的意义。（　　）

（3）公共关系目标是公共关系活动的方向，不是公共关系活动成功与否的衡量标准。（　　）

（4）引起行为是为了诱导公众产生组织所希望的行为方式。（　　）

（5）任何一个成功的公共关系活动都是由一系列活动项目组成的系统工程。（　　）

（6）审定方案是公共关系策划的最后一项工作。（　　）

3．简答题

（1）公共关系策划人员的素质要求有哪些？

（2）公共关系策划的基本原则有哪些？

（3）公共关系策划的基本要素有哪些？

（4）公共关系策划中的创造性思维有哪些？

4．案例分析题

2003 年 12 月《汽车之友》杂志刊登了丰田汽车在中国推出的三款新车广告，即：陆地巡洋舰、霸道、特锐的平面广告，丰田意在中国传统节日——春节期间取得销售佳绩。未曾想到，雄心勃勃的广告推广活动最后演变成四处灭火救急的危机公关事件，使《汽车之友》、盛世长城广告公司、丰田颜面无存。

在“霸道”的广告中，一辆霸道汽车从城市中驶过，其右上方正好设置了两尊石狮，一只呈俯首侧目状，而另一只夸张地举起右爪向霸道越野车敬礼，整幅广告的背景采用了没有明显建筑特征的城市建筑，根据外观大概可以猜出是上海、广州或香港这样的繁华都市，其相应的广告语为“霸道，你不得不尊敬。”

在“陆地巡洋舰”的广告中，一辆丰田“陆地巡洋舰”越野车拉着一辆绿色的大卡车，而广告左侧的信息表明那是一辆军用卡车，而广告诉求中透露出来的地点是可可西里，根据综合分析，那辆军用卡车无疑是国产的“东风”汽车。

此两则广告一出，引起了轩然大波，读者的民族情结高涨，甚至提升到政治的高度。网友开始全面反击，制作丰田负面广告，最有代表性的有两则：两尊威风凛凛的石狮把夹在中间的“霸道车”来了个底朝天；一辆东风汽车装载着一辆丰田“陆地巡洋舰”，其广告语为“东风汽车为丰田陆地巡洋舰指定施救车。

丰田汽车广告的问题出在哪里？

这无疑是广告创意简单“直译”惹的祸。汽车品牌的推广包括四个层面的内容：产品品质、产品风格、人文背景以及独特的精神主张。丰田的广告无疑想从这四方面对产品以及品牌作一个强势推广，“霸道”“陆地巡洋舰”仅从产品名称来理解与美国的“悍马”、英国的“陆虎”一样，就极具杀伤力，通过何种方式把这种产品风格恰如其分地表现出来，成为创意的核心思考内容。

盛世长城广告公司无疑采用了“直译”的办法，以强映强，找最有说服力的东西去表达丰田的产品风格，石狮、东风汽车则成为理想的参照物。石狮在中国作为权力、地位、财富的象征，是极具有民族特征的产物，石狮的屈服正体现了“霸道”的风格；东风汽车笨重，小个头“陆地巡洋舰”在斜坡上拉大块头的东风汽车是最好的强悍佐证。同时，石狮、东风汽车在消费者中的认可度较高，它们出现在广告中一方面很“中国”，另一方面形成了良好的视觉冲击力。

然而广告商与广告主忽略了汽车品牌构成中的重要组成部份：人文背景。丰田作为日本的品牌到中国应该是融入而不是征服。诚如众多网友评论：“霸道”广告中的石狮，让我想起卢沟桥的枪声。日本曾给中国造成巨大的民族伤害，日本的汽车业在中国的发展应认真研究中国的人文背景，丰田在广告产品风格诉求以及人文背景的表达上无疑犯了一个最大的错误。

阅读以上材料，回答问题：

（1）从公共关系策划的角度看，该案例中的策划出现了什么问题；

（2）从该案例可以总结出哪些经验教训？

实践项目

参与企业公共关系策划方案的编写

活动目的：

完成较复杂因素下的策划方案、报告的编写。

活动安排：

1. 教师与校外基地接洽，进入企业实际项目；
2. 学生分组，参与公共关系策划方案制定，讨论并写出报告。

教师注意事项：

1. 引导学生参与公共关系活动项目；
2. 学生分组讨论并制定公共关系活动方案；
3. 组织相应的学习资源。

资源（时间）：

1 课时、参考书、相关书籍、基地企业。

评价标准

表 现 要 求	是否适用	已达要求	未达要求
小组活动中的外在表现（参与度、讨论发言积极程度）			
小组活动中，对概念的认识与把握的准确程度			
小组活动中，角色扮演的精准度			
小组活动中，文案制作的完整与适用程度			

增值阅读

一家工厂废水未经处理直接排入附近水域，造成鱼类大量死亡。渔民愤怒之下冲入厂区向企业讨公道。为平息纠纷，工厂公共关系部门制订了一份策划方案。

关于协调社区关系的公共关系策划方案

一、调查公众

1. 调查外部公众——渔民中的“意见领袖”。
2. 调查内部公众——员工中的“意见领袖”。
3. 检验水和死亡的鱼类。

二、策划

（一）确立问题

1. 领导不重视环保，工厂无环保机构。

2. 员工环境意识淡漠，环保知识贫乏。

3. 技术和设备陈旧。

4. 长期忽视工厂与社区的关系。

（二）目标

1. 在全厂普及环保法规。

2. 成立环保机构。

3. 进行环保技术培训。

4. 改造旧设备，使“三废”排放量达到国家标准。

5. 建立工厂与社区环保相互监督机制。

6. 建立新型社区关系。

（三）选择传播方式

1. 人际传播：走访渔民家庭。

2. 设立渔民环保监督员。

3. 组织传播：开办环保知识系列讲座。

4. 组织渔民进厂参观。

5. 举办工厂与社区的文化联谊活动。

6. 大众传播：用闭路电视进行环保教育。

7. 广播站开辟环保专题节目。

8. 厂报开辟环保专栏、专刊。

（四）选择公共关系模式

1. 宣传型公共关系模式：在厂区车间与社区道路旁设立环保标语和板报。

2. 征询型公共关系模式：在厂区和社区设立环保意见箱。

3. 交际型公共关系关模式：工厂与社区进行文体联谊活动。

4. 服务型公共关系模式：义务培训社区民办教师和科技人员，扶持社办企业。

5. 社会型公共关系模式：义务修理乡村干道和乡村学校，为社区孤寡老人服务。

（五）公共关系预算

1. 人员安排：公共关系经理 1 名，公共关系策划 2 名，新闻采编 2 名，环保专家 2 名，摄影摄像 2 名，美工 2 名，其他 3 名，共计 14 名。

2. 财务预算：三次讲座，100 元；一次参观，50 元；录象制作，200 元；联谊活动，100 元；标语板报，50 元；意见箱 2 个，10 元；改造设备，10000 元；捐助小学，1000 元；修路，200 元；共计，11910 元。

（六）时间安排

4 月 1 日—4 月 3 日，走访渔民中的“意见领袖”。

4 月 4 日—4 月 7 日，进行三次环保讲座。

4 月 8 日—4 月 15 日，一周闭路电视环保法教育。

4 月 16 日—4 月 23 日，一周广播环保专题节目。

4 月 24 日—4 月 30 日，制作环保标语、宣传栏和板报，并安置完毕。

5月1日—5月4日，工厂与社区进行文体联谊。

5月5日—5月6日，意见箱安置于厂区和社区。

5月7日—5月8日，组织渔民分批参观厂区。

5月9日—5月11日，整修乡村干道，维修校舍，义务为孤寡老人劳动。

5月12日—5月13日，举办两期渔民科普讲座。

5月14日—5月15日，评估总结。

学生自我工作总结

通过完成任务三 公共关系策划，我能够作如下总结：

一、工作思路（原理）

完成本任务的工作思路为：

1.

2.

二、工作准备

完成本任务的工作准备有：

1.

2.

三、工作实施分析

本任务的工作实施过程是：

1.

2.

四、工作过程分析

本任务的工作过程：

1. 工作过程要素有：
2. 这样做的要领有：
3. 这样做的原因有：

五、成果检验

本任务的工作成果：

1. 完成本任务的意义有：
2. 学到的经验有：
3. 自悟的经验有：
4. 形成的策略有：

任务四 公共关系实施

学习目标

1．知识目标

① 认识公共关系实施的内涵与作用。

② 认识公共关系实施的工作内容和程序。

③ 认识公共关系实施的方法与基本要求。

2．技能目标

① 能说明公共关系实施的意义。

② 能编写公共关系实施计划。

③ 能对公共关系实施工作过程有整体认识。

任务描述

作为公共关系学习的第四大任务，公共关系实施是整个公共关系管理活动的最为关键、最为重要工作之一。

这项任务的核心是：公关人员根据公共关系策划方案，实施公共关系活动。具体包括制订实施方案、与各类公众沟通的计划，制定实施措施和程序，组建并培训活动实施的团队，监督公共关系实施过程，为公共关系评估做好准备。

这项任务上承公共关系策划，下接公共关系评估。

情境导入

在公共关系管理职业活动中，完成了“公共关系策划”的学习后，就面临公共关系活动的第四项学习性工作任务——公共关系实施。

公共关系实施是公共关系方案被采纳确立之后，将设计的工作内容付诸实现的活动过程。从一项公共关系方案的制定到预期目标的完成之间，还存在着一段相当长的距离，中间尚须付出大量艰辛的劳动。公共关系实施是四步工作法中的第三个环节，而且也是最为复杂、最为重要的一个环节。如果在实施过程中，公共关系人员操作失误，即使再巧妙的公关方案也只能“纸上谈兵”。

公共关系的有效实施，表现为实施人员能够选择最有效的实施途径和手段、方法、技巧，执行策划创意，而且能创造性地修改和弥补策划的不足。从这个意义上说，实施这个环节不仅决定了公共关系策划创意能否实现，而且也决定了策划创意实现的效果。

任务解析

根据公共关系管理职业工作活动顺序和职业教育学习规律，“公共关系实施”任务可以分解为以下子任务。

任务4.1　公共关系实施准备

↓

任务4.2　公共关系实施操作

↓

任务4.3　公共关系实施管理

同步实训

根据公共关系管理职业成长规律及职业学习原理，“公共关系实施”任务可以安排以下同步实训。

	实训名称	实训目的
任务实训 4.1	公共关系实施准备工作讨论	加深学生对公共关系实施准备工作的认识
任务实训 4.2	公共关系实施操作讨论	加深学生对公共关系实施方式的认识
任务实训 4.3	公共关系实施管理工作讨论	加深学生对公共关系实施过程管理的认识
实践项目	参与企业实际的公共关系实施工作	完成较复杂因素下的公共关系实施组织

公关故事

本书的第四个故事要从不知名的丛林讲起。一天，有一位师傅带着习武的小徒弟在森林中练武。忽然，小徒弟一声惊叫，指着远方急切地喊到：“师傅，你看，一只狼在追一只仓皇而逃的兔子！”

小徒弟问道：“师傅，要不要救救那只兔子？我看它跑得好可怜。”师傅笑笑说：“不急，我出个题目，你猜这只恶狼能不能追上那只兔子呢？”徒弟想了想，回答道：“应该很快就追上了吧。”师傅正色道：“不对，追不上。”徒弟诧异地问：“为什么？”

师傅慈祥地说：“那是因为这只狼在乎的，只是一顿午餐，追不上兔子，它可以转而追捕其他东西。但是对兔子而言，那就大大不同了，它若是被狼追上，自己也就完蛋了，所以兔子会用尽全部力量逃命，因此我说，狼追不上兔子，你看吧！”

果然，狼与兔子之间的距离越来越远，终于狼放弃了继续再追兔子。小徒弟又问：“师傅，照这么说来狼永远也追不上兔子了？”师傅摸着小徒弟的头说：“只要狼群一起行动，兔子跑得再快，还是脱不出它们的围捕。”

人之所以能够成功，或许正如兔子般全力以赴，故而得以激发潜能。而有人遭遇失败，或许就如狼一般，只是为了糊口，而不愿多用心力，让事情变得更好。如果自认已经全力以赴了，还要面临失败，则不妨学学狼的哲学，寻求帮助，依靠团队同心协力的合作，可能就会有另一番崭新的局面。

公共关系活动是一项团队合作才能完成的工作。一个项目中，从方案制定、组织实施到分析提出结论，需要多个部门、人员的配合。一个完整的团队是顺利完成项目的保障。公关活动实施是将公关策划变为实际行动的过程，对计划的检验和修正的过程。公共关系策划是公共关系工作过程的先导，而公共关系实施乃是整个公共关系活动的中心和关键环节。因为，策划是对未来行动的一种预见和设想，只有经过努力，将它转变为现实，才有实际意义，否则，只是一纸空文。

公共关系人员必须设计切实可行的实施方案，根据开展活动的具体情况分解活动项目、明确实施方法、制定实施流程、分配预算经费、组建实施机构、培训实施人员等。公共关系活动的实施要靠公关人员进行，其人员素质对公共关系活动能否成功会产生较大影响。所以在实施公共关系活动时，需要对参与人员进行培训，主要包括实施工作制度教育、操作方法学习与研讨。让每一个工作人员都明确活动的意义、作用和要求，明确自己负担的工作、承担的责任，同时对特殊规定、容易违反的规定进行重点说明与强调，并通过灌输自身文化理念，提高公共关系实施人员的思想道德水平。

4.1 公共关系实施准备

任务提示 这是公共关系初学者学习公共关系实施活动的第一步，认识公共关系实施的含义，把握公共关系实施的准备工作和具体要求，在此基础上，能够进行公共关系实施准备活动。

只有经过实施，才能验证公共关系策划方案的合理性。从某种意义上说，公共关系方案的实施过程，就是信息传播的过程，是组织运用各种传播手段，把预先制作的公关信息传递给公众，引导或改变他们的态度和行为，创造和改善组织的社会环境和舆论环境的过程。

4.1.1 制定公共关系实施方案

公共关系实施方案，又称公共关系技术文案或称公共关系活动计划。如果说，公共关系策划是一种分析和规划的过程，那么策划的实施则是一种行动的过程。不同的行动，不同的操作方法可以产生不同的效果。因此公共关系活动的实施需要进行精心的设计。

重要术语 4-1　　公共关系实施

公共关系实施是公共关系主体为了实现既定公共关系目标，充分利用实施条件，对公共关系创意策划进行实施策略、手段、方法、流程设计并进行实际操作与管理的过程。

公共关系实施方案的制定应包括以下工作。

1．分解公共关系实施工作

一个公共关系活动策划方案往往由众多的项目工作组成，每个项目工作又可分解为若干个二级项目，每个二级项目又可以分解为若干个三级项目，直到将公共关系实施活动的具体工作任务清晰地罗列出来。如图 4-1 所示，一个大型公关活动就是一个系统工程。

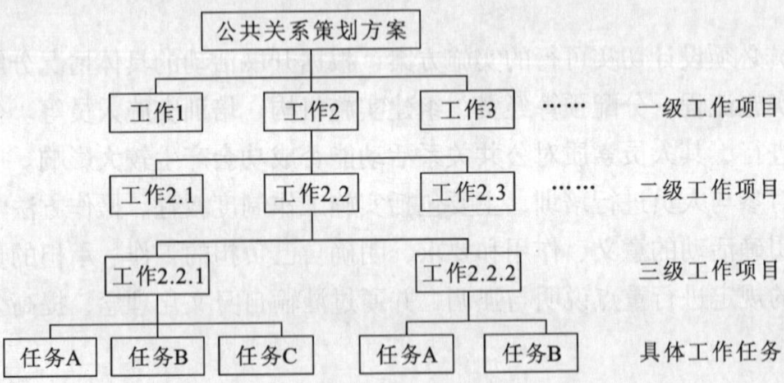

图 4-1　公共关系实施工作的分解

公关实务 4-1　　10 周年庆祝活动的任务分解

克兰罗尔爱美奖学金计划 10 周年庆祝活动共有 6 个一级活动项目：征集赞助委员会成员、奖学金获得者近况调查及评选 10 佳获奖者、500 家事业昌盛的公司调查、工作与家庭问题专题研讨、午餐庆祝会、新闻专访。其中，“午餐庆祝会”可以分解为“会议筹备”和“会议材料准备”两个二级活动项目。对“会议筹备”也可进一步分解为“策划会议议程”“确定主持人、发言人”“邀请嘉宾”“选择会场”“布置会场”“会前宣传”“会议物资采购”等三级活动项目。

2. 制定公共关系实施的工作要求

公共关系实施工作的要求是指各项公共关系实施工作内容的操作目标、原则和注意事项，它对具体工作方法和实际工作过程具有重要指导作用。因此，在公共关系实施工作内容分解设计完成后，就要对每项工作内容提出工作要求，根据这一要求设计具体工作方法。公共关系实施工作有如下要求。

（1）工作方法要具体、仔细，工作量要小、尽量简单，时间要安排到最小的单位，这样，才具有较强的可操作性。

（2）对有风险的操作方法，要有预案，以确保万无一失。

（3）工作方法要符合政策法规、社会风俗习惯、伦理道德，针对目标公众的心理，工作方法要讲究艺术。

（4）工作方法成本要低，效果要好。

（5）工作内容的可靠性要高。

公共关系实施中，完成一项工作任务的具体方法有很多。要深入调查分析各种制约因素，针对目标公众心理，寻找和策划出多种工作方法，反复比较论证，从而找到能够完成工作内容、达到甚至超过工作目标的、相对更佳的工作方法。

3. 明确实施工作的时间与流程

完成公共关系实施工作内容、工作方法的设计后，紧接着要对实施时机、工作进度和各项工作之间的配合进行策划和设计。公共关系实施各项工作要全面纳入计划管理，要全面衡量好时间进度与整个项目进程的协调。

（1）选择公共关系实施时机

一项公共关系策划往往有若干项工作内容，其中与公众发生关系的工作内容实施的开始与结束时间特别重要，必须准确把握，科学决策。

公共关系实施的最佳时机，有时表现为一时一刻，有时表现为一个较长的时间段，如几日、几周甚至几个月等。这些时机，有的是日常性的，有的是固定的，而有的则具有偶然性。公共关系人员应该时时保持敏锐的观察与判断能力，识别好公共关系实施的最佳时机就能取得事半功倍的效果。

（2）确定公共关系实施进度

公共关系实施进度是在确定公共关系实施时机后，对各项公共关系实施工作内容所需要的时间做规定并进行进度安排。必须保证在确定的开始时间启动有关工作，在确定的结束时间完成操作。实施进度安排，要充分估计各种因素的干扰，留有余地。最直观的时间进度安排方式就是拟出时间进度表。

（3）确定公共关系实施流程

公共关系实施的各项工作内容之间存在一种客观的分工和协调关系。只有合理的分工，有机的协调，才能确保各项工作顺利完成。公共关系实施各项工作内容之间的衔接、协调和配合关系及其有机组合的过程称为公共关系实施流程。它反映了各项工作之间的一种内在联系，是公共关系实施作为一项系统工程的体现。

公共关系实施流程中的时间衔接、分工协调和有机组合最好通过流程图来表示，并配以文字说明，对各项工作之间的协作关系、责任关系进行规定，必要时形成一种制度，要预防发生责任不清、相互扯皮等情况，否则将严重影响工作进度。

4．制定实施工作的规章制度

根据公共关系职业准则和组织中有关规章制度以及公共关系实施的具体情况，项目领导组还应制定出各项实施的工作制度。这是对公共关系实施人员行为的约束和管理机制。制定的规章制度包括职业道德、信息保密、经济关系、行政关系、分工协调、奖罚机制、危机处理、礼仪规范、差旅出勤等。

4.1.2　公共关系人员准备

公共关系实施是对策划方案进行具体操作与管理，其主体是广大公共关系人员。因此在公共关系实施前，在人员方面需要做好以下几个方面的准备工作。

1．建立实施工作机构及人员

公共关系实施机构是指专为完成某项公共关系任务、实现公共关系目标而建立的组织。组织的公共关系实施主体有三种，即组织内部公共关系部、公共关系公司和公共关系社团。不管是哪种主体进行实施操作，都必须建立项目公共关系实施机构，配备得力的实施人员。实施人员的素质和能力非常重要，优秀的实施人员不仅能顺利完成工作任务，而且能修改完善实施方案，弥补方案的不足。

按照精简、节约、效能的原则来构建公共关系实施机构。一般以领导为核心，下设智囊机构、执行机构、监督反馈机构。规模较大的公共关系活动实施，其机构具有多层级特点，从低级层次到高级层次，人数依次减少，权力依次增大，形成金字塔式结构。确保将每一项工作内容落实到具体人员。一项工作内容安排两个以上的人员操作时，要确定一个负责人，并进行相对分工。一个人负责多项工作时，要考虑工作之间的内在关系，使其运作起来高效、方便。

重要信息 4-1　　　　公共关系实施机构职责

（1）明确指导思想，确定组建机构的目的和任务。

（2）制定编制方案。根据领导机构的任务和工作量，确定部门、职务和人数，规定每个岗位的职责。

（3）确定领导体系。明确纵向隶属关系和横向协作关系。

（4）报批机构编制方案。

（5）任命领导人和安排工作人员。

2．组织人员培训

公共关系实施之前，对相关工作人员进行培训，不仅可以使他们明确活动的内容、意义、作用、目的和要求，明确自身的工作与责任范围以及相关的工作纪律、考核标准和奖惩办法，还可以让他们掌握活动所需要的知识、方法与技能，在工作能力和心理状态方面都做好准备。要组织相关工作人员认真学习研讨公共关系方案实施工作内容的操作方法，反复体会，彻底弄懂，绝不含糊。很重要的工作方法，可以通过讲解、讨论、答辩、模拟训练来促使其正确掌握；有使用风险的方法要反复模拟演习，切实提高操作的准确度，把失误率降至最低；很重要的内容实施，应做好预案，确保万一某种方法失败时有备用的其他方法。

4.1.3 公共关系财物准备

根据公共关系策划方案要求，项目组负责购置或租赁活动所需的相关物品和材料，一般包括音响器材、摄影摄像器材、交通工具、场地布置物品、宣传材料等。

重要信息 4-2　　公共关系实施的特点

公共关系实施是一个行动过程，具有以下一些特点。

（1）实施效应的联动性。小的方面，公共关系实施常常会使该组织的反对力量变为自己的合作者和支持者；大的方面，公共关系实施有时还会对整个社会的文化、习俗产生深刻影响。

（2）实施过程的动态性。公共关系策划方案无论多么周密、细致，总会与实际情况存在一定差异；另一方面，随着时间的推移、实施的进展、环境的变化，实施过程中会遇到一些新情况和新问题。因此，实施活动不能按一个固定的模式去机械地“执行计划”。

（3）实施活动的创造性。实施人员应该充分发挥自己的积极性、主动性和创造性。从这个意义上说，公共关系实施的过程也是一个对原计划进行艺术地再创造的过程。

任务实训 4.1

公共关系实施准备工作讨论

实训目的：

加深学生对公共关系实施准备工作内容的认识。

实训安排：

1. 学生收集并讲解一些公共关系实施的故事或案例；
2. 分析其对公共关系管理活动的影响，讨论公共关系实施准备工作的重要性。

教师注意事项：

1. 由生活事例、企业经营事例导入对公共关系实施准备的认识；
2. 提供一些公共关系实施的简单案例，供学生讨论；
3. 提供其他相应的学习资源。

资源（时间）：

1 课时、参考书籍、案例、网页。

评价标准

表 现 要 求	是否适用	已达要求	未达要求
小组活动中的外在表现（参与度、讨论发言积极程度）			
小组活动中，对概念的认识与把握的准确程度			
小组活动中，角色扮演的精准度			
小组活动中，文案制作的完整与适用程度			

4.2 公共关系实施的操作

任务提示

这是公共关系初学者学习公共关系实施活动的第二步，认识公共关系实施操作的工作内容，把握公共关系实施方式的具体工作和要求，在此基础上，能够进行公共关系实施的操作。

4.2.1 公共关系媒体联络

选择新闻媒体时，不能单纯考虑某一个方面，而应把多个标准结合起来，使选择的媒体经济、可行，并收到理想的效果。尽管公共关系策划中已对媒体选择做出了规定，但公共关系人员在具体实施时，仍然需要根据公关活动的需要，灵活地选择媒体，并积极联络。

1．选择公共关系媒体

公共关系活动实际上是针对目标公众进行的信息传播活动。要想使这种传播活动取得最大的效果 ，必须使发出的信息全部或大部分为目标公众所接受，这就需要通过公众所惯常使用的传播媒介或渠道来传递信息。公共关系人员根据目标公众的国别、居住地区、职业、教育程度、社会经济地位等特征可以大体上判断出他们喜欢或习惯阅读的报刊、收听的广播和收看的电视节目等，并查明上述报刊、广播电台、电视台的情况及有关编辑、记者的情况，针对这些情况开展广告、宣传活动，使企业的信息能够通过适当的媒介被目标公众所接受。

2．制作公共关系信息

根据公共关系策划方案的要求，公共关系人员应该写出符合目标公众特点的新闻稿件、广告稿、演讲词、展览说明、小册子等，激发他们的兴趣。同时，公共关系人员在制作将要提供给新闻媒介的信息时，还要考虑到新闻媒介的特点，以及针对目标公众或对象公众的那些新闻媒介的具体情况，使发出的新闻稿件尽可能被有关编辑、记者选中作为新闻发表，或作为进一步采访的线索。

3．加强对外媒体联络

项目组还需注重与新闻传播媒介等外部公众的联络，该项工作一般由组织内专门的媒体联络人负责。应该预先确定活动所需邀请的嘉宾人员，及时将活动安排和宣传计划告知新闻媒体，并提前联系相关的采访、报道、刊登和播放事宜；提前到相关政府部门办理活动所需要的公务报批手续。

重要信息 4-3　　公共关系实施的原则

公共关系实施是一个复杂而科学的过程，客观上需要有一套科学的原则做指导。

（1）目标导向原则。公共关系人员在公共关系实施过程中，要保证不偏离既定的公共关系目标，就要不断将实施结果与目标要求进行对照，发现差距及时努力调整。

（2）准备充分原则。必须做好各种实施准备，准备越充分，公共关系实施就越顺利，失误就越小。

（3）控制进度原则。根据整个公共关系策划方案和目标的需要，按照一定的程序，掌握工作的进展速度，使各项工作内容按计划协调、平衡地发展，并确保按时完成。

（4）整体协调原则。在公共关系实施中，要使工作的各个方面达到和谐、互补、配合、协调的状态，这样才能提高工作效率，减少或杜绝人力、物力和财力的浪费。

（5）反馈调整原则。在实施过程中，必须不断把公共关系实施的结果与策划方案的目标相对照，发现偏差，及时对方案、实施行动和目标做出相应的调整。

4.2.2　公共关系实施试验

在大规模公共关系实施方案整体实施之前，有必要将实施方案在一个典型的、较小的公众范围内作一些探索性试验，这样做的目的是验证各项工作内容的操作方法，取得实施经验。

1．组织实施实验

根据公共关系策划方案以及实施计划的安排，公共关系人员应先组织实施试验。试验中需要注意以下问题。（1）选择典型的实施环境和目标公众进行试验。非典型试验毫无意义。（2）始终以完善与调整方案、取得实施经验和验证效果为实施试验的重点。（3）试验的过程也是对实施人员的培训过程，因此要建立试验培训的考核评价机制。（4）如有需要，可以进行“比较试验”，选择 2～3 个典型环境同时进行试验，防止试验的偶然性，增加其客观性。（5）试验后，如果要完全否定实施方案，甚至完全否定公共关系策划方案，必须做出实事求是的分析论证。

2．评价试验结果

公共关系人员描述、记录、汇总公关实施试验结果，并根据试验效果讨论正式实施结果及预期公共关系目标实现的可能性，最终将实验效果与讨论结论提交公共关系项目组领导层。通过试验，发现实施方案的不足，及时修改、调整、完善公共关系实施方案也是公共关系实施方案的实践性论证和修改的过程。

公关实务 4-2　　汉堡包的公共关系实施试验

1971 年，美国的汉堡包通过一项公共关系实施的试验，得以远涉重洋，“登陆”日本。这一成功的公共关系试验，不仅使日本民众两千多年以来吃米、吃鱼的习惯发生了变化，而且使日本民众进餐的方式有了改变。以往日本人习惯于端坐桌旁用筷子吃饭，汉堡包却可以用手抓着吃，可以边谈边吃，也可以边走边吃，忙碌时甚至可以边工作边吃。这一进餐方式的变化适应了日本快节奏的现代生活而为日本民众所接受。由此可见，这项公共关系实施试验所产生的影响和作用，不局限于项目整体实施所针对的目标，它对民众生活方式的变化也起到了推动作用。

4.2.3 公共关系预算分配

在公共关系策划工作中，已经对所选择的传播媒体操作等活动经费做出了总体预算，这是进行公共关系实施工作预算分配的依据。公共关系项目领导组应该将公共关系策划的总体预算经费合理地分配到公共关系实施活动的各项工作中去，以保证公共关系实施工作的顺利进行。

一般来讲，对于大型的公共关系活动，总体预算经费至多做到工作项目预算，也只能较为精确地做到这一级。这是因为，在做策划时，详细的工作内容及其工作方法尚未设计出来，所以，不可能做到具体预算。

公共关系活动实施预算分配的结果可记录在公共关系活动进度表右侧，这样一目了然，便于了解与管理。需要提醒的是，公共关系策划中的经费预算需留有余地，防止意外工作或策划不周而造成经费不足，因此，在分配预算经费时一般需留下 5%～10%的经费备用。

重要信息 4-4　　公共关系模式

公共关系模式是指一定的公共关系目标和任务以及由此决定的若干技巧和方法所构成的具有某种特定公共关系功能的工作方法系统。公共关系模式有以下类型。

（1）建设型公共关系。即社会组织初创时或新产品、新服务首次推出时，为开创新局面进行的公共关系活动模式。其目的在于提高美誉度，形成良好的第一印象。采用的方法包括开业广告、开业庆典、新产品试销、新服务介绍、新产品发布会。

（2）维系型公共关系。即组织在稳定发展期间，用来巩固良好形象的公共关系活动模式。其做法是通过各种渠道和采用各种方式持续不断地向社会公众传递组织的各种信息，使公众在不知不觉中成为组织的顺意公众。

（3）防御型公共关系。即社会组织为防止自身的公共关系失调而采取的一种公共关系活动方式。其目的是在组织与公众之间出现摩擦苗头的时候，及时调整组织的政策和行为，铲除摩擦苗头，始终将与公众的关系控制在期望的轨道上。

（4）矫正型公共关系。即社会组织在遇到问题与危机，公共关系严重失调，组织形象受到损害时，开展的公共关系活动。其目的是对严重受损的组织形象进行及时的纠偏、矫正，挽回不良影响，转危为安，重新树立组织的良好形象。

（5）进攻型公共关系。指社会组织采取主动出击的方式树立和维护良好形象的公共关系活动模式。组织在需要拓展（一般在组织的成长期），或预定目标与所处环境发生冲突时，主动发起公共关系攻势，以减少或消除冲突的因素，并保证预定目标的实现，从而树立和维护良好形象。

（6）宣传型公共关系。指运用大众传播媒介和内部沟通方法开展宣传工作，树立良好组织形象的公共关系活动模式。其目的是广泛发布和传播信息，让公众了解组织，组织由此获得更多的支持。

（7）交际型公共关系。指以人际接触为手段，与公众进行协调沟通，为组织广结良缘的公共关系活动。它的目的是通过人与人的直接接触，进行感情上的联络，为组织广结良缘，建立广泛的社会关系网络，形成有利于组织发展的人际环境。

（8）服务型公共关系。即一种以提供优质服务为主要手段的公共关系活动模式，其目的是以实际行动来获得社会的了解和好评，建立自己良好的形象。

（9）社会型公共关系。指组织通过举办各种社会性、公益性、赞助性的活动，来塑造良好形象的模式。

（10）征询型公共关系。即以采集社会信息为主，掌握社会发展趋势的公共关系活动模式。征询型公共关系的工作方式有产品试销调查、产品销售调查等。

（11）文化型公共关系。指社会组织或受其委托的公共关系机构和部门在公共关系活动中有意识地进行文化定位，进行文化包装，提高文化品位的公共关系活动。

（12）网络型公共关系。指社会组织借助联机网络、计算机通信和数字交互式媒体，在网络环境下实现组织与内外公众双向信息沟通与网上公众协调关系的实践活动。

任务实训 4.2

公共关系实施操作讨论

实训目的：

加深学生对公共关系实施操作的认识。

实训安排：

1. 学生收集并讲解一些公共关系实施故事或案例；
2. 分析其对公共关系管理活动的影响，讨论公共关系实施操作的重要性。

教师注意事项：

1. 由生活事例、企业经营事例导入对公共关系实施操作的认识；
2. 提供一些公共关系实施操作的简单案例，供学生讨论；
3. 提供其他相应的学习资源。

资源（时间）：

1 课时、参考书籍、案例、网页。

评价标准

表 现 要 求	是否适用	已达要求	未达要求
小组活动中的外在表现（参与度、讨论发言积极程度）			
小组活动中，对概念的认识与把握的准确程度			
小组活动中，角色扮演的精准度			
小组活动中，文案制作的完整与适用程度			

4.3 公共关系实施管理

任务提示 这是公共关系初学者学习公共关系实施活动的第三步，认识公共关系实施过程管理的工作内容，把握公共关系实施管理的具体工作和要求，在此基础上，能够进行公共关系实施管理。

公共关系实施管理即对实施中的各要素及其阶段性实施目标进行管理。在一项具体的公共关系实施中，要分析各种实施要素在实施中的重要性，将最重要的要素进行重点管理。公共关系实施管理主要包括人员管理和项目管理。

4.3.1 公共关系活动人员的管理

公共关系实施管理是公共关系实施成功的最后决定因素。不进行科学、有效的实施管理，公共关系创意、实施方案设计、实施准备等工作付出的艰辛劳动就会前功尽弃。公共关系实施中，公共关系人员是重要因素，所以人员管理是重点。

1．实施领导与指挥

公共关系活动项目领导组负责带领公共关系人员具体操作公共关系实施方案，这一过程中，领导组发挥着组织职能和指挥职能，拥有组织、指挥、协调、激励、控制的责任和权力。在公共关系实施方案确定以后，实施成功的关键就在于实施的领导与指挥。公共关系实施领导者的工作职责主要包括十个方面。①明确分工授权。②指导公共关系实施方案的执行和完成。③为每一阶段或每一时期的实施工作确立明确、具体的目标。④保证组织与公众之间双向传播的畅通。⑤以公众利益为准则，协助和影响本组织领导采取受公众欢迎的政策和方针。⑥加强与组织内部各管理部门的合作。⑦确保公共关系实施中必需的人、财、物力支持，使工作得以正常进行。⑧努力增强下属操作人员的向心力，调动其工作积极性。⑨检查监督下属操作人员的工作，及时提出修改意见。⑩定期向主管领导汇报与请示。

2．公共关系人员管理

在公共关系人员管理中，一方面要借助相应的规章制度和激励手段去调动他们的工作热情和积极性，监督他们的工作方法、质量，另一方面要通过明确合理的分工安排及合作竞争并行的机制提高工作效率，努力营造团结、和谐、有效的工作氛围。

公共关系实施是一个不断变化和需要调整的动态过程。实施者要依据整个实施方案中的原则和所处的环境、面临的条件确定实施策略。这个策略包括了公共关系人员的主动性和创造性。再者，任何一份公共关系实施方案都不可能规定公共关系人员在具体实施时该怎么做该怎么说。因此，公共关系人员在实施时要发挥自己的创造性，遇到意外的情况，在不背离既定目标，不影响大局的前提下，应自主解决。

4.3.2 公共关系活动项目的管理

公共关系实施项目管理的重点是控制实施中的重要要素，排除实施中的障碍，实行过程管理。

1. 明确管理重点

公共关系实施项目管理首先要明确管理重点。一般来讲，管理重点对象包括实施中的实施要素及其阶段性实施目标。在一项具体的公共关系实施中，要分析各种实施要素的重要性，将最重要的实施要素确定为关键控制对象并进行重点管理。

重要信息 4-5　　公共关系实施管理的控制对象

公共关系实施管理控制的对象有人力、物力、成本、时机、进度、流程、质量（效果）、工作方法、阶段性目标、突发性危机事件等。

（1）人力控制。控制点：①人数；②责权利关系；③积极性、主动性和创造性；④遵章守纪；⑤人头目标（岗位目标）；⑥用人之长，人尽其才；⑦人员的公共关系素质与能力。

（2）物力控制。公共关系实施中常用的“物力”主要是摄影录像设备、音响设备、通信设备、交通运输设备、计算机等。控制点：①数量；②使用量；③损坏与丢失；④安全使用；⑤使用效果（质量）；⑥使用成本。

（3）成本控制。控制点：①购买与消费过程；②价格；③购买质量、功能与价格比（即价值）；④浪费；⑤节约；⑥贪污；⑦回扣；⑧财务规章制度。

（4）时机控制。控制点：①实施开始的时点；②实施结束的时点；③时机影响因素。

（5）进度控制。控制点：①时间进度与工作进度的关系；②影响进度的因素；③进度与时机的关系。

（6）流程控制。控制点：①分工；②协作；③时间衔接；④矛盾；⑤影响因素。

（7）质量（效果）控制。控制点：①工作质量（各项工作的质量要求）；②公众的实际反应；③负效应；④各种失误；⑤公共关系工作受组织内部其他非公共关系工作的影响；⑥其他因素对实施效果的影响。

（8）工作方法控制。控制点：①工作方法操作的关键技巧；②障碍因素；③工作方法之间的配合；④组织对实施（操作）的供应（特别是物力、财力和信息的供应）；⑤备用方法的启用；⑥保密。

（9）阶段性目标控制。将公共关系实施过程分为若干阶段，定出每一阶段的具体目标要求作为控制点。

（10）突发性危机事件控制。公共关系实施中的突发性危机事件是指在公共关系实施过程中发生的严重阻碍正常实施的突发性事件。

2．实施沟通管理

公共关系实施的过程就是传播与沟通的过程。这一过程中，常常会因为传播沟通工具的运用不当、方式方法不妥和传布渠道不畅而使实施工作发生传播与沟通障碍。

重要术语 4-2　　沟通障碍

所谓沟通障碍，是指信息在传递和交换过程中，由于信息意图受到干扰或误解，而导致沟通失真的现象。在人们沟通信息的过程中，常常会受到各种因素的影响和干扰，使沟通受到阻碍。

现代社会，人们不断受到各种各样信息的冲击和影响。但同时，每个人也以书面的、口头的、动作的形式，向外传递自己的知识、经验、观点等信息，向外界施加影响。这种相互影响交织在一起的信息潮流，一方面促进了沟通，另一方面对沟通又形成干扰，使沟通出现障碍。

沟通障碍主要有政治障碍、经济障碍、语言障碍、文字障碍、文化习俗障碍、年龄障碍等。除此之外，研究表明，社会上很大一部分人，对社会问题和公共事务不感兴趣；公众乐于接受与他们原有认识或态度相一致的信息，而回避或不接受与其认识或态度相矛盾的信息；对于同一信息，人们记忆、理解的内容各不相同；公共关系活动企图通过传递信息，改变公众的思想或行为，但同时会受到公众原有的认识和态度的影响。因此，在公共关系实施中，一定要认真研究目标公众的生活方式、价值标准、使用大众传播媒介的习惯等，尽量避免主客观干扰因素，并及时针对障碍产生的原因进行疏通，努力消除不良影响，使信息完整、客观、清晰地传递给目标公众。

3．实施进程管理

（1）时机与进度管理。主要处理计划进度和实际进度、时间进度和工作任务进度的关系，流程控制、时间衔接、操作时机的掌握问题，还有对影响进度因素的了解与掌握。

（2）资金物品管理。公共关系实施中随时需要经费开支和使用摄影、音响、通信器材、交通工具等各种物品器材，因此涉及成本控制和物品管理工作。这类工作要管理各种所需物品的选购过程、价格、质量等问题，并关注各种物品特别是贵重器材的保管、发放、使用和回收问题。一般来说，应安排专人负责并及时登记在册以便有账可查，既要保证公共关系实施的需要，充分发挥财物的功效，又要避免不必要的损坏、遗失和浪费。

（3）突发危机事件管理。在公共关系工作中可能发生严重阻碍活动实施并影响组织形象的突发事件，公共关系人员应预先准备危机管理方案，密切注意实施过程中是否存在各种矛盾和不协调因素，如实施环境有无障碍因素，新闻传媒有无不利报道，工作方法是否存在较大的风险，竞争对手有无对抗行为等，及时加以化解与调整，以免情况恶化。

（4）公共关系计划的管理。在执行公共关系计划时要严格控制工作进度，保证工作按步进行。同时，要十分重视公共关系活动的开展与企业目标的一致性，统筹全局，不能因过分拘泥于某一个阶段或局部工作，而忽略了整体目标。若发现忽略了整体目标的倾向，要及时调整、修改，按照修改后的公关计划开展公共关系活动，保证每个局部工作都能够紧扣整体目标。

重要信息 4-6　　　　公共关系实施管理的原则

有效的公共关系实施管理必须坚持以下原则。

（1）激励原则。激发实施人员最大的责任心和工作热情，让其深刻理解达到实施目的的重要性，从而积极主动地完成任务。

（2）责任原则。清晰界定公共关系实施各岗位、各人员的责任与权力，防止职责不清。

（3）客观公正原则。尽可能用客观的事实和数据说话，不能凭个人的情感、好恶来评价实施人员。

（4）控制点原则。公共关系实施的控制点是指实施中的关键点，它们是最容易出偏差的部位，或者是出了偏差对整体影响较大的部位。

（5）及时准确原则。联络渠道畅通，各种信息能够迅速准确地上传下达，坚决杜绝信息失真、传达延误。

（6）弹性原则。指公共关系实施管理必须具有较强的适应性和应变能力。

任务实训 4.3

公共关系实施管理工作讨论

实训目的：

加深学生对公共关系实施管理工作内容的认识。

实训安排：

1. 学生收集并讲解一些公共关系实施的故事或案例；
2. 分析其对公共关系管理活动的影响，讨论公共关系实施管理工作的重要性。

教师注意事项：

1. 由生活事例、企业经营事例导入对公共关系实施管理的认识；
2. 提供一些公共关系实施的简单案例，供学生讨论；
3. 提供其他相应的学习资源。

资源（时间）：

1 课时、参考书籍、案例、网页。

评价标准

表　现　要　求	是否适用	已达要求	未达要求
小组活动中的外在表现（参与度、讨论发言积极程度）			
小组活动中，对概念的认识与把握的准确程度			
小组活动中，角色扮演的精准度			
小组活动中，文案制作的完整与适用程度			

小　结

根据公共关系业务活动顺序，公共关系实施活动是整个工作的关键环节。公共关系活动的成功开展离不开公共关系实施活动。进行公共关系活动实施，首先要制定好实施方案（计划），在此基础上，组织好公共关系实施活动操作、做好公共关系活动过程管理，是整个公共关系项目活动取得良好效果的保障。

本章围绕公共关系实施活动必要的程序，设计了各环节操作的专门知识，设置了重要术语、重要信息等栏目，体现了对一些重要理论知识的重组。

本章以任务提示开始，以企业实际项目结束，并安排了学生自我工作总结。希望读者能够在获知工作信息的基础上，在教师引领下，按照“资讯、计划、决策、实施、检查和评价”六步骤来完成各项工作活动，直至完成延伸活动，以实现“学习就是工作，工作就是学习”的目标。

本章学习目标：学生能够认识公共关系实施活动，并能够认识简单的、与日常生活相关的公共关系管理活动，进而能够认识企业实际公共关系活动管理项目。

重要术语

公共关系实施　　公共关系模式　　沟通障碍

知识与技能检测

一、课堂讨论

1. 公共关系实施具有艺术性。
2. 公共关系实施是一次性活动。
3. 公共关系实施与组织宣传的关系。
4. 公关实施也是一项系统工作。
5. 公共关系实施障碍是常态。

二、课后自测

1．选择题

（1）公共关系实施的最佳时机包括（　　）。

A. 有时表现为一时一刻　　　　B. 有时表现为一个较长的时间段

C. 有的是日常性的　　　　D. 有的是固定的

E. 有的则具有偶然性

（2）公共关系实施机构的职责包括（　　）。

A. 明确指导思想，确定组建机构的目的和任务

B. 制定编制方案。根据任务和工作量，确定部门、职务和人数，规定每个岗位的职责

C. 确定领导体系。明确纵向隶属关系和横向协作关系

D. 报批机构编制方案

E. 任命领导人和安排工作人员

（3）公共关系实施项目管理的重点是（　　）。

A. 控制实施中的重点要素　　B. 排除实施中的障碍

C. 实行过程管理　　D. 公共关系评估

（4）公共关系实施工作有如下要求（　　）。

A. 工作方法要具体、仔细，工作量要小、尽量简单，时间要安排到最小的单位，这样，才具有较强的可操作性

B. 有风险的操作方法，要有预案，以确保万无一失

C. 工作方法要符合政策法规、社会风俗习惯、伦理道德，针对目标公众的心理，工作方法要讲究艺术

D. 工作方法成本要低，效果要好

E. 工作内容的可靠性要高

2．判断题

（1）公共关系实施就是组织公共关系活动。（　　）

（2）公共关系实施不能一味机械地套用策划方案。（　　）

（3）公共关系实施具有灵活性和艺术性。（　　）

（4）公共关系实施的预算经费一般都留有余地。（　　）

（5）公共关系实施的方式选择与公关目标和信息传播方式有关。（　　）

（6）公共关系实施中一般没有干扰。（　　）

3．简答题

（1）什么是公共关系实施的基本原则？

（2）公共关系实施的特征有哪些？

（3）公共关系活动模式有哪些？

（4）公共关系实施的管理控制原则有哪些？

4．案例分析题

欧米茄是驰名全球的瑞士名表，在历届世界级的体育赛事中，几乎成为不可或缺的主角。而日本品牌精工表也借巨大的公关力量，登上了世界品牌榜。

为了改变人们对日本表的偏见，取代欧米茄成为 1964 年东京第 18 届奥运会的正式计时器（official－timer），经过调研，精工提出了“世界的计时——精工表”为主题的，历时 4 年的公关计划。

这一计划的执行分三期。第一期的目标是争取国际奥委会通过精工表为 1964 年东京奥运会的大会正式计时器。第二期的目标是争取在东京国际运动会（相当于奥运会的预演）上试用成功，以建立各界对精工的信心。第三期的目标是使精工进入世界最先进的计时行列。

进入1964年，庞大的公关宣传计划开始全面实施，利用各种手段逐渐形成舆论高潮。在东京体育馆室内比赛大厅的竞技计时装置完成时举行盛大典礼，一时间这些装置被世界新闻界誉为“日本科技的精华，无以伦比的结晶”。在奥运村里，大家抢购精工表作为礼物；在欧美，精工表的销量明显上升；在东南亚，精工表销量大增，超过了欧米茄；在日本，精工的知名度几乎达到百分之百。

以往奥运会使用的计时装置都是瑞士产品。第18届东京奥林匹克运动会却一改过去的传统习惯，采用了日本的精工计时装置，使精工表一跃成为世界的精工，誉满全球。精工全力以赴进行计时装置的技术开发，并努力说服主办单位使用其计时产品。在奥运会开幕的前两年，精工计时公司就把新开发出来的精工计时器提供给在岗山举行的日本全国体育大赛使用，想以此来向各委员会证明精工的技术和产品是值得信赖的。1963年5月，国际奥委会正式决定：在东京举办的第18届奥运会采用精工计时装置。精工利用广播、电视、宣传册等传播媒介，广泛宣传“精工的竞技计时装置被用于奥运会”这一消息。同时，公司还根据各类运动会的要求，不断进行计时装置技术的再开发，以便在奥运会上充分显示精工产品的实力。奥运会开始后，精工计时公司的公关宣传更是遍布所有的比赛场馆。每一条与奥运会有关的报道，都不可避免地要涉及到精工。东京体育馆室内比赛大厅的精工计时器被誉为是日本科学技术的精华；放置在田径场上的大型精工计时表成了举世瞩目的对象。无论哪种比赛开始，它都会以秒为单位开始走动，比赛结束后，优秀运动员的名字在这块表的旁边显示出来，运动员所代表的国家的国旗也在表的上方升起。为了拍摄国旗和运动员的名字，电视摄像机就会对准这块竞技计时表。精工的标志通过电视屏幕传遍全球。在游泳池里，精工计时公司还安装了一种水底表，比赛开始后，所有的摄像机、照像机镜头都会对着水中的游泳选手。这时，精工表就会在电视画面、照片中出现。不仅如此，精工计时公司还让所有的裁判员和全体日本运动员都使用精工表。就这样，东京奥运会结束之后，精工表的知名度大大提高，它不仅在东南亚大展宏图，还输出到了钟表王国——瑞士，使瑞士的世界钟表霸主地位开始动摇。东京奥运会之后，精工表真正成了“世界计时之宝”。

阅读以上材料，回答问题：

（1）从公共关系实施的角度，该案例公共关系实施的时机把握、公共关系宣传有什么特点；

（2）从该案例可以总结出公共关系实施的哪些经验；

（3）公共关系实施与产品质量的关系是怎么样的？

实践项目

参与企业实际的公共关系实施工作

活动目的：

完成较复杂因素下的公共关系实施计划制定及报告的编写。

活动安排：

1. 教师与校外基地接洽，进入企业实际项目；
2. 学生分组，参与公共关系实施计划制定，讨论并写出报告。

教师注意事项：

1. 引导学生参与公共关系活动项目；
2. 学生分组讨论并制定公共关系活动方案；

3. 组织相应的学习资源。

资源（时间）：

1课时、参考书、相关书籍、基地企业。

评价标准

表 现 要 求	是否适用	已达要求	未达要求
小组活动中的外在表现（参与度、讨论发言积极程度）			
小组活动中，对概念的认识与把握的准确程度			
小组活动中，角色扮演的精准度			
小组活动中，文案制作的完整与适用程度			

增值阅读

全聚德135周年店庆大型公共关系活动实施方案

一、项目背景

"全聚德"作为我国餐饮业驰名中外的老字号企业，自清朝同治三年（公元1864年）创立至1999年，已有135年的发展历程，经过几代人努力，"全聚德"已经成为国际国内了解、认识北京的窗口。

为了抓住机遇，迎接挑战，积极参与市场竞争，创造具有中国文化底蕴、实力雄厚、品质超凡、市场表现卓越、享誉全球的餐饮业世界级品牌，全聚德集团公司决定以1999年全聚德建店135周年为契机，全年推出一系列、多层次的企业形象公关活动。

二、项目策划

1. 公共关系目标

发扬"全而无缺，聚而不散，仁德至上"的企业精神，弘扬全聚德这一民族品牌，强化全聚德烤鸭美食精品意识。

2. 公共关系策略

举办"全聚德杯"有奖征集对联、全聚德烤鸭美食文化节、全聚德品牌战略研讨三项大型活动。

3. 具体计划

全年系列公关活动分为三个阶段。

第一阶段：第一季度与《北京晚报》、北京楹联研究会联合举办"全聚德杯"新春有奖征集对联活动（以下简称征联）。

第二阶段：在农历六月初六，即全聚德创建日——7月18日举办"全聚德建店135周年店庆暨首届全聚德烤鸭美食文化节开幕式。

第三阶段：在金秋的10月份，借新中国50华诞之际举办全聚德品牌战略研讨会。

三、项目实施

1999年初，集团公司针对全年公关系列活动进行动员。针对每一活动分别成立由总经理或副总经理牵头的、由不同业务部门有关人员组成的专门工作组负责具体实施。

1. 序曲："全聚德杯"新春有奖征联活动（1998年12月—1999年3月）

第一阶段征联活动结束后，为更好地开展第二阶段店庆活动，集团公司及时进行总结，并于1999年3月30日以书面形式正式下发《关于庆祝全聚德建店135周年系列活动的安排》的通知，将每项活动进一步分解落实。

（1）向全社会开展题为《我与全聚德》的征文活动，征集店史文物活动。

（2）着手整理资料，编辑《全聚德今昔》一书，在全聚德135周年店庆日当天举行首发仪式。

（3）公布具有权威的资产评估机构对全聚德无形资产价值进行集团成立以来的第二次评估。以1999年1月1日为基准日的全聚德无形资产价值为7.0858亿元人民币，是1994年第一次评估的2.63倍（不仅使全聚德国有有形资产保值增值，而且使无形资产也增值了）。这一消息将在全聚德135周年店庆日当天通过新闻媒体向社会公布。

2. 主旋律：全聚德建店135周年店庆暨首届全聚德烤鸭美食文化节开幕式

1999年7月1 8日上午9：30—11：30，集团公司在前门全聚德烤鸭店一楼大厅举办隆重的开幕仪式。邀请国家内贸局、北京市委、市政府有关委办局、所辖区委、区政府的领导和负责同志、新闻单位的记者及全聚德成员企业代表约200余人出席本次活动。具体安排如下。

（1）唱《集团歌》。

（2）集团董事长致辞。

（3）北京市商业联合会致贺词。

（4）向集团总厨师长、副总厨师长、各成员企业厨师长授聘书、绶带（展示全聚德雄厚的技术力量）。

（5）新编《全聚德今昔》一书首发式（传播全聚德历史文化）。

（6）第135号全聚德冰酒珍藏仪式（展示全聚德品牌延伸产品）。

（7）请有关方面的领导讲话。

（8）"打开老墙，重现老铺"——全聚德老墙揭幕仪式（向现场来宾再现历史，追溯往昔，给人留下深刻印象）。

（9）第1亿只全聚德烤鸭出炉仪式。

11点钟，全聚德第1亿只烤鸭出炉，记者们用相机记录下这一有意义的历史时刻，合作方《北京晚报》为第一家报道这一活动的媒体。

（10）第1亿只全聚德烤鸭片鸭仪式。

由原市政府副秘书长、全聚德集团第一任董事长杨登彦先生片下第一刀。这只烤鸭奖给当天中午来全聚德就餐的外国朋友。邀请中央电视台对集团董事长进行独家采访。安排其他媒体事后追访。

3. 提升：全聚德品牌发展战略研讨会（1999年10月16日）

1999年10月16日上午9：00—12：00，集团公司在和平门全聚德烤鸭店500人会议室，邀请中国商业经济学会、中国商业文化研究会、中国社会科学院、中国人民大学、首都经贸大学、北京工商大学、北京工业大学、北京财贸管理干部学院的专家、教授与集团全体领导及有关部室负责人就全聚德品牌战略进行研讨（借助外脑进行分析，理论指导实践）。

学生自我工作总结

通过完成任务四 公共关系实施，我能够作如下总结：

一、工作思路（原理）

完成本任务的工作思路为：

1.

2.

二、工作准备

完成本任务的工作准备有：

1.

2.

三、工作实施分析

本任务的工作实施过程是：

1.

2.

四、工作过程分析

本任务的工作过程：

1. 工作过程要素有：
2. 这样做要领有：
3. 这样做的原因有：

五、成果检验

本任务的工作成果：

1. 完成本任务的意义有：
2. 学到的经验有：
3. 自悟的经验有：
4. 形成的策略有：

任务五 公共关系评估

学习目标

1. 知识目标

① **认识公共关系评估的内涵与作用。**

② **认识公共关系评估的工作内容和程序。**

③ **认识公共关系评估的方法与基本要求。**

2. 技能目标

① **能说明公共关系评估的意义。**

② **能编写公共关系评估计划。**

③ **能对公共关系评估工作过程有整体认识。**

任务描述

作为公共关系学习的第五大任务，公共关系评估是整个公共关系管理活动最为关键、最为重要的工作之一。

这项任务的核心是：公共关系人员根据公共关系目标，确定公共关系评估内容、标准，选择适当的评估方法，制定科学的评估计划，收集公共关系活动信息。在总结评价的基础上，形成公共关系活动评估报告。公共关系评估是对一次公共关系活动的检验，也是下一次公共关系活动的出发点。

这项任务上承公共关系实施，下接公共关系活动专题。

情境导入

在公共关系管理职业活动中，完成了“公共关系实施”的学习后，即将面临公共关系活动的第四项职业工作任务——公共关系评估。

公共关系评估工作是在有关专家或机构的指导下，根据科学标准对公共关系的整体策划、准备过程、实施过程以及实施效果进行测量、检查、评价和判断的一种活动，它在整个公共关系活动的过程中具有重要作用。

通过科学、系统的公共关系评估，向组织提供准确、全面的信息，为其进行后续的公共关系决策或制订公共关系计划、改进公共关系工作、提高公共关系工作效率，提供科学依据。因而，公共关系评估是改进公共关系工作的重要环节，是开展后续公共关系工作的必要前提，也是鼓舞士气、激励内部公众的重要形式，还能够使组织领导人看到公共关系工作的效果，从而重视公共关系工作。

任务解析

根据公共关系管理职业工作活动顺序和职业教育学习规律，“公共关系评估”任务可以分解为以下子任务。

任务5. 1　公共关系评估准备

↓

任务5. 2　公共关系评估计划制定

↓

任务5. 3　公共关系评估报告编写

同步实训

根据公共关系管理职业成长规律及职业学习原理，“公共关系评估”任务可以安排以下同步实训。

	实训名称	实训目的
任务实训 5.1	公共关系评估准备工作讨论	加深学生对公共关系评估准备工作的认识
任务实训 5.2	公共关系评估计划讨论	加深学生对公共关系评估计划的认识
任务实训 5.3	公共关系评估报告讨论	加深学生对公共关系评估报告编写的认识
实践项目	参与企业实际公共关系评估工作	完成较复杂因素下的公共关系评估工作

公关故事

本书的第五个故事要从西汉讲起。汉武帝即位的时候，投降的北方匈奴人报告，匈奴人打败了月氏人，被赶跑的月氏人对匈奴人怀着强烈的仇恨，他们想攻打匈奴，但得不到别国的援助。

当时，汉武帝正想消灭匈奴。听了这话，便想和月氏人友好往来。但要到月氏去，必须经过匈奴，于是招募能出使月氏的人。担任郎官不久的张骞应募出使，被武帝批准。

不幸的是，张骞经过匈奴的时候，还是被抓住，押送到单于那里。单于把张骞扣留下来，并且对他说：“月氏在我们的西北，你们汉人怎么能出使到那里去？如果我们要出使到越国去，你们能让我们去吗？”

就这样，张骞被匈奴扣留了十多年。后来，匈奴放松了对张骞的监视。于是，他与随从们一起逃走，朝月氏方向前进。他们走了几十天，来到了大宛国。大宛国王听说汉朝十分富足，想和汉朝往来，只是未能如愿。见到张骞后这位国王非常高兴，问他打算到哪里去。张骞说了他的打算。大宛国王为他派出向导和翻译，一直送他们到了康居国，康居国又派人送他到了月氏。此时，月氏遭到匈奴人的攻击，大部分人已西迁，新任国王统治着早先就存在的大夏国而定居了下来。那里土地肥沃，物产丰富，没有外来的侵略，他们只想太平无事，快乐逍遥，又觉得和汉朝的距离很远，不再有向匈奴报复的心愿了。张骞从大月氏到大夏，始终不能得到月氏对与汉共击匈奴之事的明确态度。他在那里留住了一年多后，不得已就起程回国了。

这个故事来自《史记·大宛列传》，“骞从月氏至大夏，竟不能得月氏要领。”古人上衣下裳，提上衣时拿着衣领，提下裳时拿着贴腰部份。“要”，即腰，指衣腰；“领”指衣领。后来人们就用“不得要领”来表示有些人分析问题解答问题看不到问题的关键，也用来表示说话、写文章抓不住要点或关键。

公关评估是公关工作过程的最后一个阶段。通过对公关效果的评估，总结成功与失败的经验教训，为进一步开展公关活动提供依据。一般来说，公关评估的内容有两个方面：一是对公关工作成效的评估；二是对公关的具体手段、目的进行评估。

公共关系评估切记捡了芝麻丢了西瓜，不得要领。开展评估，首先要建立合理的评估目标。这一评估目标主要就是企业的公关目标，要以这一目标来衡量公共关系实务效果的大小。评估目标确定了，就可以保证评估工作顺利进行，提高评估效率，还可以保证在公关评估中掌握有用的资料，避免无效劳动。

5.1 公共关系评估准备

任务提示 这是公共关系初学者学习公共关系评估活动的第一步，认识公共关系评估的含义，把握公共关系评估的准备工作和具体要求，在此基础上，能够组织进行公共关系评估准备活动。

公共关系活动是一个持续不断的过程，进行评估的目的是在肯定成绩的同时发现新的问题，以便不断调整组织的公共关系目标、公共关系政策和公共关系行为，为新的公共关系活动奠定良好的基础，使组织的公共关系工作成为有计划的持续的过程。公共关系评估工作的程序如图 5-1 所示。

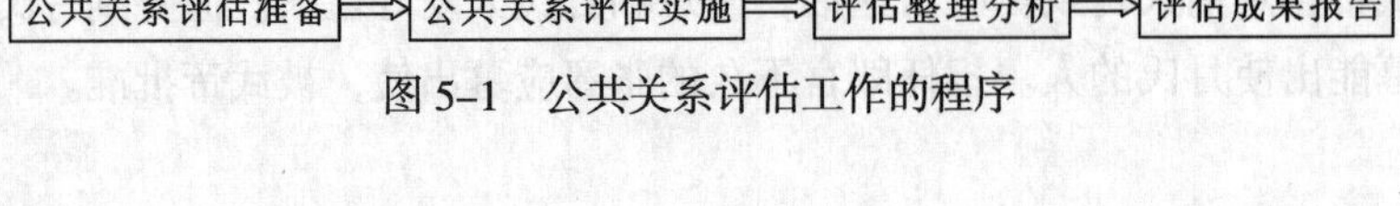

图 5-1　公共关系评估工作的程序

公共关系评估是一项连续不断的活动，一旦进入公共关系工作过程，评估活动也就开始了。公共关系评估准备工作主要有确定评估目的、评估内容、评估标准等。

重要术语 5-1　　公共关系评估

公共关系评估就是根据特定的标准，对公共关系策划、实施及效果进行衡量、评价和估计，在肯定成绩的同时，发现新的问题，不断调整组织的公共关系目标、公共关系政策和公共关系行为，使组织的公共关系活动成为有计划的持续性的工作。

5.1.1 确定公共关系评估目标

每一次具体的公共关系评估都有明确的目的，如评估组织形象，评估活动成效，评估公众对组织的政策、产品的态度，等等。

不同类型的公共关系活动其评估的目标不同。设定评估目标是为了检验公共关系效果，也是检验公共关系工作的参照物。有了参照物才能通过比较来检验公共关系计划与实施结果是否有出入。评估目标的设定需要根据公共关系的实际情况进行，不能只注重形式而不注重内容，尤其是设定目标时不能假、大、空。

设定了评估目标之后，需将评估目标具体化，使其具有操作性。例如，谁是目标公众，哪些预期效果将会发生以及何时何地发生，等等。只有将评估目标具体分解，才是最有效的评估。一般而言，评估目标具体化即对目标作出定量或定性的标准。如果公共关系评估目标具体为定量的话，就需要评估人员设置出合理的量化目标；如果公共关系评估目标为定性的话，就需要评估人员根据公共关系活动的侧重点不同对其各方面的性质做出评判。

公关实务 5-1　　IBM 的公共关系目标

多年以来，在多个类似“最受尊敬的企业”“最佳社会声誉”评选中，IBM 都榜上有名。毫无疑问，IBM 公司公关部的整体目标实现得很完美。但是 IBM 依然非常注重每一个传播活动的效果评估，细化到对一篇文章和一个采访，都有完备的评估方法，考量信息的准确性和传播对象的匹配度。从项目之间的关联性和配合上考虑，IBM 提出的“One Voice”和“One Image”原则体现了局部服务整体的观念，因此，IBM 做到如此好的社会形象就不奇怪了。

5.1.2 确定公共关系评估内容

公共关系评估的内容应该包括公共关系活动的方方面面。但在具体操作中，评估的内容可以根据要求有所侧重。一般来讲，评估的内容有公共关系工作程序、专项公共关系活动、传播沟通、公共关系状态等。

1．公共关系工作程序评估

公共关系工作程序评估是对公共关系工作的各个步骤、各个环节的工作进行评估、估计或研究，其内容和要点如表 5-1 所示。

表 5-1　　公共关系工作程序评估内容

内容	具 体 指 标
调查过程评估	调查的设计是否合理；调查方法的选择是否得当；调查工作的组织实施是否合理；调查结论分析是否科学，等等
策划过程评估	公共关系计划的目标是否科学；总体计划是否可行、合理；战略构想是否周密、科学；目标公众选择有无遗漏，是否科学；媒介选择及媒介策略是否得当；经费预算是否合理，等等
实施过程评估	各项准备工作、沟通协调工作是否落实到位；实施过程安排是否合理、周到、有创新；信息制作的内容是否准确；传播效果是否明显；实施过程的安排是否得当；实施效果是否达到目标要求等
活动效果评估	了解信息内容的公众数量；改变观点、态度的公众数量；发生期望行为和重复期望行为的公众数量；达到的目标和解决的问题；对社会和文化发展产生的影响

2．专项公共关系活动评估

专项公共关系活动评估主要包括四类：日常公共关系活动成效评估、专项公共关系评估、年度公共关系活动效果评估和长期公共关系活动效果评估。具体内容如表 5-2 所示。

表 5-2　　专项公共关系活动评估内容

内容	具 体 指 标
日常公共关系评估	组织的全员公共关系运作；领导者内外公共关系活动的开展情况；全体员工的公共关系意识和行为表现；组织各部门在经营管理各环节上的公共关系投入；公共关系网络；内部公共关系状况；日常的组织沟通；人际协调；内部公共关系协调状况；日常的组织沟通；人际协调；组织的外部公共关系；知名度、美誉度；公共关系人员的工作情况；公共关系人员与领导工作的配合和沟通等
专项公关活动效果的评估	项目计划是否合适；项目目标与公关总目标是否一致，项目目标是否已经实现；项目所要求的沟通交往是否达到了目标公众的范围；项目活动过程中是否产生了预料之外的影响，其影响方向如何；项目所有的支出是否在预算之内，是否超支，原因是什么；通过活动，组织公关形象有哪些变化，其知名度与信誉度是否有所提高；项目活动出现了哪些预想不到的问题，哪些工作做得不妥；对于存在的问题和发生的不利于组织的事件，应如何采取措施给予补救并如何预防下次发生同类问题；本次活动对组织总体发展目标起到了什么作用；这次活动为下次同类活动公关目标的设计提供了哪些有价值的资料和可供参考的依据
年度公关活动效果评估	年度公关目标是否实现；年度公关活动开展得是否顺利；年度内出现了哪些重大的公关事件，措施是否得当；年度内开展了哪些重大的公关活动，其效果如何；年度内是否有超出公关策划的活动，其效果如何；年度内公关活动有无预料之外的影响，其影响多大，效果如何；年度公关计划预算是否满足了需求，有无超支现象，其原因是什么，效果如何；年度内公关活动有哪些经验、教训；内部公众对企业的各项公关活动有哪些意见和建议
长期公共关系活动效果评估	汇总日常工作评估结果、专项活动评估结果、阶段性工作评估结果。另外，还包括对公共关系活动的经历进行客观评估。同时，应将前几种公共关系活动效果评估的内容要点加以归纳整理和分析研究

3．传播沟通评估

传播沟通评估的目的在于专门分析公共关系活动中的传播效果，以发现传播与沟通工作中的得失。传播与沟通的评估要点如表 5-3 所示。

表 5-3　　传播沟通评估内容

内容	具 体 指 标
信息制作	新闻稿件撰写数量、专题报道数量、其他传播资料的制作数量、图片和信件的数量等；检测制作的表现形式是否合适、表现手法和质量是否很高等；信息是否准确易懂
信息曝光度	信息得以传播的覆盖面、数量，比如发稿量多大、被媒介采用的数量多大；信息被哪家传播媒介采用效果更好；传播是否充分；传播是否浪费
传播效果	公众对信息本身的了解情况：有多少公众了解，了解程度如何；公众接受情况：是否接受、承认信息内容，接受的比例多大；公众接受信息后的态度情况：多少公众赞同信息内容；多少公众形成了对组织的良好印象；公众行为效果的情况：多少公众对信息产生相应反应，多少公众达到公共关系目标的期望水平，传播沟通方案如何，目标是否得体，策略是否得当，媒体选择是否合适，信息策略是否合适，目标对象状况如何，等等

4．公共关系状态评估

公共关系状态评估的目的在于通过各类公众的变化来评估以往公共关系工作的成效。公共关系状态分两部分：内部公共关系与外部公共关系。其评估内容如表 5-4 所示。

表 5-4　　公共关系状态评估内容

内容	具 体 指 标
内部公共关系评估	组织的政策在沟通中为全员接受的程度；员工士气；组织凝聚力；组织中各种工作关系是否融洽；双向沟通带来哪些生机和活力；影响员工关系的因素测评；沟通渠道需作哪些改进；传播策略及目标有何欠缺；公共关系是贯穿于各种经营管理活动、各个环节之中，还是仍有障碍
外部公共关系评估	第一，消费者关系评估。看消费者的态度、行为变化特点，评估组织对消费者关系的传播沟通及人际协调方面的工作成效。第二，媒介关系评估。看其态度是冷淡还是热情，应采取何种沟通策略及成效。第三，社区关系评估。了解各类社区公众对自己及活动的看法，分析社区公共关系投入的利弊，找出新的沟通策略。第四，政府公共关系评估，了解政府的支持情况，与政府的沟通效果，政府关系的沟通协调策略等

以上几类评估内容互有交叉，可以视工作需要，选取其中一类或几类，根据公共关系活动的时间发展，对公共关系工作事前、事中、事后三个阶段进行评估。不同阶段的内容侧重点不同，事前评估主要侧重需求研究；事中评估主要侧重过程研究；事后评估主要侧重效益和效果的确定。

重要信息 5-1　　公共关系评估工作的意义

对一个组织来讲，公共关系评估具有以下意义。

（1）公共关系评估是改进公共关系工作的重要环节。

（2）公共关系评估是开展后续公共关系工作的必要前提。

（3）公共关系评估是鼓舞士气、激励内部公众的重要形式。

（4）公共关系评估能使组织领导人看到公共关系工作的效果，从而重视公共关系工作。

5.1.3　确定公共关系评估标准

进行公共关系评估，要确定评估标准。评估标准是对公共关系计划实施过程与结果的客观衡量尺度。评估标准不明确或含糊不清，就无法对公共关系活动的结果做出切合实际的判断。因此，明确评估标准是进行科学评估的基础性条件。公共关系评估标准如图 5–2 所示。

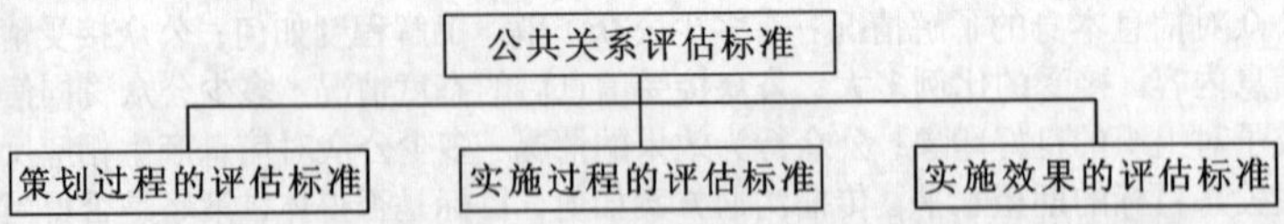

图 5–2　公共关系评估标准

1．策划过程的评估标准

策划过程的评估标准主要考察公共关系策划准备工作是否已经按照要求通过一定的形式表现出来了。策划过程的评估标准有以下三条，即背景材料是否充分、信息内容是否正确真实、信息表现形式是否恰当，具体如表 5–5 所示。

表 5-5　　策划过程评估标准

内　容	具　体　指　标
背景材料是否充分	检验是否遗漏了对项目有影响的因素。如在确定公共关系目标公众时，是否遗漏了关键的公众?哪些信息和资料还需要改进?所需材料是否都准备充分?所有关键因素和各项工作是否都已经确定?这些都需要给予正确的评估，以保证实施阶段公共关系工作的正常进行
信息内容是否正确充实	分析公共关系活动中准备的信息资料是否符合目标公众及媒介的要求?沟通活动是否在时间、地点、方式上符合目标公众及媒介的要求?有没有对沟通信息和活动的对抗行为?有没有制造事件或其他行动配合这次公共关系活动?活动人员与预算资金是否充分
信息表现形式是否恰当	重点是看信息表现形式的有效性如何。如，检验有关信息传递资料及宣传品设计是否运用得当?提出的创意有无水平?图表的设计、活动的主题、图片及展示方式的选择是否合理新颖，等等

2．实施过程的评估标准

这个阶段中通常有四个不同层次的评估标准，即信息发送数量、接收到信息的目标公众数量、信息被新闻媒体采用的数量、注意到该信息的公众数量，具体如表 5–6 所示。

表 5-6　　实施过程评估标准

内　容	具　体　指　标
信息发送的数量	实施公关活动中所进行的广告、广播、宣传活动、讲话、开会、发布信息，以及其他宣传材料和新闻发布的数量
接受信息的公众数量	通过对收到信息的各类公众进行分类统计，从中找出目标公众的数量。接受传单信息的人数，参与某项事件的人数，出席会议和展览的人数，都可以作为这种评估的参考数据
信息被新闻媒体采用的数量	媒介的关注程度分为不报道、一句话新闻、消息报道、人物专访、事件报道、公共关系专题报道、社区深度访谈等级别
注意到该信息的公众数量	关心信息的公众数量。了解实际接受信息的公众数量，即真正关心信息的公众，他们对信息接受的程度，知道多少等

3. 实施效果的评估标准

实施效果的评估是一种总结性评估，主要检查公共关系活动对公众的影响和所取得的效果。其评估标准有以下几点：了解信息内容的公众数量、发生期望行为的公众数量、重复期望行为的公众数量、达到的目标与解决的问题等，具体如表 5-7 所示。

表 5-7　　　　实施效果评估标准

内　容	具 体 指 标
了解信息内容的公众数量	目标公众通过公共关系活动对活动内容有什么了解，了解的程度是否加深，了解的内容是否全面，从而比较公共关系活动前后公众对组织信息的容量
发生期望行为的公众数量	一定期限内，接受了某些信息或观点后，行为发生了变化的公众数量
重复期望行为的公众数量	一定期限内，接受了某些信息观点后，行为发生了变化且有重复行为的公众数量
达到的目标与解决的问题	公共关系工作的决策是否达到了预期的目标

重要信息 5-2　　　　公共关系评估各阶段的工作

（1）评估准备阶段。①设定评估目标并将目标具体化。以公共关系活动的三大目标——认知度、美誉度、和谐度为基础，不同类型的公共关系活动其评估目标不同。设定评估目标后，需将评估目标具体化。②选择适度的评估标准。选择评估的标准一定要结合公共关系实际情况做到因地制宜、因时制宜。③取得组织最高管理者的认可并将评估过程纳入公共关系计划之中。④公共关系部门内部取得对评估的一致意见。

（2）评估实施阶段。①确定收集资料的最佳途径。搜集有关评估资料的方法取决于评估的目的、提问的方式以及已经确定的评估标准。②根据具体目标和评估标准进行有效评估。在具体评估实施过程中，可采用问卷调查、媒体曝光率计算、产品销售率统计、客户来电统计等多种方法开展工作，确保得到真实有效的评估资料。

（3）评估整理分析阶段。①统计汇总各项评估资料。统计汇总时必须坚持实事求是、客观准确原则，通过去粗取精、去伪存真等方式筛选出有效资料。②归纳分析评估结果。参考评估标准对所搜集的各种资料或信息进行分析比较、统计对照。③提出问题分析原因。对与评估目标不相符的方面提出疑问，并且进行深刻分析，找出问题的原因，对相关人员进行反馈，避免今后出现同样的问题。

（4）评估成果报告阶段。①向组织管理者报告评估结果，以便领导者统筹考虑组织的目标和任务。②评估结果的使用。公共关系评估结果主要运用于四个方面。第一，用于调整公共关系工作计划；第二，支持策划新的公共关系目标方案；第三，用于组织决策的改进；第四，用于改进组织全面的公共关系工作。③提高对公共关系的理性认识。

任务实训 5.1

公共关系评估准备工作讨论

实训目的：

加深学生对公共关系评估准备工作内容的认识。

实训安排：

1. 学生收集并讲解一些公共关系评估的故事或案例；
2. 分析其对公共关系管理活动的影响，讨论公共关系评估准备工作的重要性。

教师注意事项：

1. 由生活事例、企业经营事例导入对公共关系评估准备的认识；
2. 提供一些公共关系评估的简单案例，供学生讨论；
3. 提供其他相应的学习资源。

资源（时间）：

1 课时、参考书籍、案例、网页。

评价标准

表 现 要 求	是否适用	已达要求	未达要求
小组活动中的外在表现（参与度、讨论发言积极程度）			
小组活动中，对概念的认识与把握的准确程度			
小组活动中，角色扮演的精准度			
小组活动中，文案制作的完整与适用程度			

5.2 公共关系评估计划的制定

任务提示 这是公共关系初学者学习公共关系评估活动的第二步，认识公共关系评估计划的制定，把握公共关系评估方法的种类和具体应用，在此基础上，能够进行公共关系评估活动。

5.2.1 确定评估主持人

评估人是公共关系评估工作的主体，其基本要求包括：客观中立，认真负责，遵从规范，讲究道德。

一般来说，评估活动开始之前必须先确定评估人员。这样，既可以让他们更早地进入角色，又可以使他们尽可能全面地了解公共关系工作的整体过程，从而得出更客观、全面的评估报告。评估人主要包括以下三种。

1．公共关系活动主办者

公共关系活动主办者是公共关系活动的组织者、策划者或实施人员。他们从当事人的角度总结自己的工作做得怎么样。

2．公共关系活动中的公众

公共关系活动中的公众全程参加了需要评估的公共关系活动。他们从活动参与者的角度评价公共关系活动的组织者、策划者或实施人员的工作效果。他们的评价往往是一种“体验”。

3．公共关系专家

由各学科、各领域的专家组成。专家反复评估、质询、论证，得出的结论相对说来是较为准确的，具有较强的说服力。

5.2.2　选择公共关系评估方法

与其他经营活动相比，公共关系活动的效果具有长期性、内隐性。因而，需要有定性与定量的多种方法进行评估。评估的方法主要包括下述几种。

1．观察反馈法

观察反馈法是指组织负责人或公共关系人员直接参与实施过程，进行实地考察，及时记录下各个环节实施的状况和顺序以及进展情况并估计其效果的方法。评估人员把实际情况与计划目标相比较，提出评价和改进建议。这是一种最简单、最常见、最直观的方法。该方法的优点是评价反馈迅速，改进意见具体，易于落实；缺点是很难测量公共关系活动的长期效果。

2．目标管理法

目标管理法是指在公共关系工作中建立目标体系，使每个环节、每个部门、每个人都有自己的目标和措施，以便在计划实施之中和之后进行评估的一种方法。采用这种方法，应在制订计划时就考虑到效果评测，即用量值方法对目标进行分析，判定通过方案实施之后是全部达到目标，还是部分达到目标。这里对目标评定多采用列表法，通过列表把目标分解成一些具体项目，每个项目还可以分成若干个子项目，再按项目在目标中的重要程度，列出一定的权重比例，在活动实施后，根据目标达标情况进行打分，从而确定目标达标程度，衡量和评价公共关系活动的效果。

3．公共关系调查法

公共关系调查法是指通过对公共关系活动情况、公共关系状态的调查来评定公共关系活动效果的一种评估方法，主要有两种方式。(1) 比较调查法。在公共关系活动前后分别进行一次调查，比较前后调查的结果，分析公共关系活动的效果，这种方法称为比较调查法或对比调查法。(2) 公众态度调查法。在一系列公共关系活动之后，对主要目标公众进行抽样调查了解其对组织评价的变化，分析公共关系活动的效果，这种方法称为公众态度调查法。运用该种方法时，可以采用问卷或访谈的方式征求公众的意见，再做出统计、说明，分析公共关系活动的效果。

4．内外部评估法

内部及外部评估法是根据组织内部各职能部门的资料和组织外部广大公众的信息反馈来评估的方法。可以通过从不同渠道汇报上来的各种资料，如数据、图表、报告，作为评估的重要依据。内部评估范围包括：所进行的工作和取得的成果；目前存在的问题；将来的计划安排。外部评估主要由外部专家通过调查、访问和分析，对组织公共关系活动及其效果做出较为客观的评价，并提出建议和咨询。

5．媒介信息评估法

媒介信息评估法是指根据新闻媒体和电子媒体发表的报道内容，对媒体信息进行定量和定性分析研究的方法。首先，对选中的媒体报道进行摘录和分类登记，然后，根据报道的标准、篇幅、版位、包含的信息及媒介的类型等进行打分，评估其价值和满足公众的程度。

重要信息 5-3　媒介信息评估的定量与定性指标

（1）定量分析指标。定量分析指标包括四种。①沟通有效率，是沟通有效数与沟通信息总数之比。公式为：沟通有效率=（沟通信息总数–沟通无效数）/ 沟通信息总数 × 100%。②公共关系信息传播速度，指单位时间内传播的信息量，或一定的信息量传递所需要的时间。公式为：传播速度=传播信息量 / 传播时间。③视听率，指实际视听人数与该项调查总人数之比。公式为：视听率=实际视听人数 / 调查总人数 × 100%。④知名率，指掌握某一信息内容的人数与该项调查总人数之比。用公式表示为：知名率=掌握某一信息内容的人数 / 调查总人数 × 100%。

（2）定性分析指标。定性分析指标包括四种①报道的篇幅和时数。篇幅越大，时数越长，说明公共关系活动效果越好。②报道的内容。报道中，对组织的成就、发展情况等正面内容报道越多，效果就越好。③新闻媒介的层次和重要性。所谓层次高、重要的媒介是指那些级别高、发行量大、覆盖面广、具有权威性、影响力强的新闻媒介。这些媒介对组织的有利报道更能提高组织的知名度和美誉度。④报道的时机。即报道的时机是否及时、适时，是否能恰好配合组织的需要。

5.2.3　制定公共关系评估计划

公共关系评估计划是评估主体为有效开展评估活动而制订的行动方案，是进行公共关系评估的必要准备。不论何种类型的评估计划，一般都包括以下内容。

（1）评估的具体目的和任务，包括明确评估对象的类型、数量、时间、地域范围以及评估结果的等级。

（2）评估的原则，包括导向性、客观性、动态性、同一性、公平性、定性和定量结合等原则。

（3）评估的内容和指标体系，包括完整的指标系统、权重系统和评估标准系统三个方面。

（4）评估的方法、程序。

（5）评估的机构、人员组成及分工。

（6）其他要求，包括经费的预算和使用、完成计划的时限和进度要求，等等。

重要信息 5-4　公共关系评估的原则

（1）定量分析与定性分析相结合。定量分析是从数据事实方面分析公共关系活动效果，定性分析则是从价值评判方面评估公共关系活动效果。合理的评估需要定量与定性相结合。

（2）长远效益分析与近期效益分析相结合。公共关系活动的实际效果不可能在短时间内全部得到体现，这是公共关系活动效益的特殊性。因此评估公共关系活动效果时，除了考查近期效益外，还要分析长远效益。

（3）标准性与变化性相统一。标准性与变化性的统一，就是一方面要有标准化的考评内容和考评项目，另一方面也要根据特定的公共关系活动，适当变通其中的部分测评项目，以保证评估结论的科学性。

（4）局部评估与整体评估相结合。首先要评估整体的效果，没有整体，局部再美也是枉然。其次也要看局部，整体是每一个局部拼接而成的。公共关系方案中的每一项都做得很出色，才有可能带来整体的传播效果。

任务实训 5.2

公共关系评估计划讨论

实训目的：

加深学生对公共关系评估计划内容及制作的认识。

实训安排：

1. 学生收集并讲解一些公共关系评估计划的故事或案例；
2. 分析其对公共关系管理活动的影响，讨论公共关系评估计划的重要性。

教师注意事项：

1. 由生活事例、企业经营事例导入对公共关系评估计划的认识；
2. 提供一些公共关系实施的简单案例，供学生讨论；
3. 提供其他相应的学习资源。

资源（时间）：

1 课时、参考书籍、案例、网页。

评价标准

表 现 要 求	是否适用	已达要求	未达要求
小组活动中的外在表现（参与度、讨论发言积极程度）			
小组活动中，对概念的认识与把握的准确程度			
小组活动中，角色扮演的精准度			
小组活动中，文案制作的完整与适用程度			

5.3 公共关系评估报告的编写

任务提示

这是公共关系初学者学习公共关系评估活动的第三步，认识公共关系评估报告，把握公共关系评估报告的准备工作、编写工作的要点和具体要求，在此基础上，能够进行公共关系评估报告的编写。

5.3.1 公共关系评估报告的准备

公共关系评估计划的落实就是公共关系评估的实施，主要包括收集和分析资料、对评估对象的分析，在此基础上，提出评估结论，进而形成评估报告。

1．收集和分析资料

公共关系人员可以运用各种调查研究的方法，收集各项资料，然后进行分析比较，看哪些达到了目标，哪些没有达到，哪些超过了预期的效果，并找出相应的原因。

根据评估的目的和要求，一项公共关系活动的整体评估，一般需要搜集以下信息：①组织的基本情况、发展规划和公共关系形象建设目标；②组织以往公共关系活动的文献资料；③其他社会组织类似活动的大致情况；④本项公共关系活动的策划方案与实施方案；⑤本项公共关系活动各环节具体实施情况和现场反应情况的记录资料；⑥本项公共关系活动的信息传播情况和信息的实际覆盖面；⑦本项公共关系活动的内外评价；⑧本项公共关系活动所引起的公众舆论改变的有关情况；⑨本项公共关系活动的经费预算和实际使用情况等。当然，如果仅仅是对公共关系活动中某一环节的评估，则只需要搜集与此相关的信息即可，不必面面俱到。

2．客观分析评估对象

公共关系评估报告编写之前，还应对评估对象有一个全面、深入的了解，并作出客观的分析。评估报告撰写者自身立场应公正，切忌因某种考虑而故意迎合或打压被评估项目的执行机构或人员，也不能撇开有关数据资料而光凭主观印象随意臆测和判断。如对某项公共关系活动成功与否的评估，不能只看这项活动表面的热闹，必须认真考虑其是否切实推进了组织形象建设和管理目标的实现，是否具有创意，是否做到了规范操作，是否达到了预期的传播效果，以及投入产出比的情况如何。同时，在进行评价时，还得考虑客观环境的变化因素。

公关实务 5-2　　功夫在诗外——麦当劳公关

“让顾客满意”，几乎是所有企业的营销口号和营销目标。北京的麦当劳食品有限公司推出一项新举措，在所属 74 家麦当劳分店代售公交月票。麦当劳在对北京发售月票网点的调查后知晓，北京有 600 多万人使用月票乘坐公交车，而北京市只有 88 个月票发售网点。麦当劳为北京市上百万乘客带来惊喜和便利的同时吸引了大批食客。高考前夕，麦当劳面对只要一杯饮料就在宽敞明亮的餐厅里手拿书本呆上好几小时的高考考生，不仅不驱赶，反而特意为他们延长了营业时间。麦当劳无偿做了这些看似与赢利无关还干扰正常营业的“好人好事”，但正是其“让顾客满意，事无巨细”的营销思维采取的具体营销举措，不仅秉承了麦当劳“博爱，为任何人服务”“视顾客为家族成员”的企业文化，同时也是对“让顾客满意”的服务内容的创新性拓展和真正的贯彻实施。

5.3.2 公共关系评估报告内容的确定

重要术语 5-2　　公共关系评估报告

公共关系评估报告是提供给组织的一种正式的文本材料。它是通过文字、图表或相应的其他形式来体现公共关系工作的成绩、经验、教训、建议等评估工作成果的形式，具有业务性强、理论性强、经验性强等特点。

一份公共关系评估报告应包括以下内容。

（1）评估目的及依据。为什么要进行公共关系评估，通过评估解决什么问题，评估的依据等。

（2）评估范围。明确公共关系评估的范围，突出重点，有利于评估结果的使用。否则会出现重点不突出、对象不明确等问题。

（3）评估标准和方法。说明评估的标准或具有可测量的具体化的目标体系，以及评估过程所采用的方法。

（4）评估过程。简要说明评估过程是怎么进行的，分哪些阶段。

（5）评估对象基本情况。必须明确评估对象的本身情况，包括活动或项目的名称、开展时间、实施的情况与特点等。

（6）评估的内容分析与结论。写明被评估的公共关系活动、工作或项目的内容，对运行与执行以及效果、效益进行分析，进而得出客观、公正的结论。

（7）存在问题及建议。这是撰写分析报告的主要目的，要根据所掌握的材料，有针对性地提出问题，并给出有利于解决问题的建设性意见。

（8）附件。主要包括用来说明问题的附表、附图、附文等。

（9）评估人员。包括评估负责人、评估人员的姓名、职业、职务、职称等。有时为了便于咨询，评估人还需写明电话、通信地址、邮政编码等。

（10）评估时间。由于公共关系活动是动态的，因此评估的时间不同所得的结论会不同。所以，评估报告书必须写明评估时间或评估工作开展的阶段。

重要信息 5-5　　公共关系评估报告的基本要求

（1）以事实为依据。公共关系人员在撰写公共关系评估报告时，应本着实事求是的原则，将评估的过程及结果如实反映在评估报告中，切忌弄虚作假。

（2）以目标为参照。评估报告中应将评估结果与公共关系的目标联系起来，对比其是否实现目标，总结成功之处，分析不足的地方。

（3）以成绩为主体。对于较为成功的公共关系活动，在撰写评估报告时应充分肯定成绩，以增强组织领导对公共关系工作的信心。

（4）以图表为辅助。无论哪一种评估报告，如果能用一些图表或者图片来辅助体现评估结果，都会使评估报告更加生动、形象、直观。

5.3.3 公共关系评估报告的编写

公共关系评估报告与其他报告或写作一样，在动笔前必须有一个构思过程，凭借所收集的资料，经过判断推理，提炼出报告主题，形成报告并印装成册。

1．构思报告

编写公共关系评估报告应先确立观点，列出论点和论据，考虑文章的内容与结构层次，拟定提纲。

（1）提炼报告主题，即确定报告的主基调。主题的提炼是构思阶段异常重要的一环，其准确与否直接关系到最终报告的方向性。因此，主题的提炼应力求准确，在此基础上还应该深刻、富有创见性。

（2）确立观点、列出论点和论据。在主题确立后，对收集到的大量资料，经过分析研究，逐渐消化、吸收，形成概念，再通过判断、推理，把感性认识提高到理性认识，然后列出论点、论据，得出结论。

（3）确定文章的内容与结构层次。完成以上环节之后，构思基本上就有个框架了。在此基础上，考虑报告正文的大致结构与内容。通常，报告分为三大层次，即基本情况介绍、综合分析、结论与建议。

2．选择材料

公共关系评估报告的材料同一般文章尤其是文学作品的材料不同。评估报告是对素材进行审核鉴定、整理统计、分析综合而成，绝不允许作"艺术加工"。公共关系评估报告材料的选择，应十分严格，尤其要注意以下几点。

（1）材料的真实性。对写进文章的材料，必须进行去粗取精、去伪存真的选择。

（2）数据的准确性和精确性。公共关系评估报告往往是从数据中得出观点，由数据来证实观点，因此数据的差错或不精确，必然影响到观点的正确性。

（3）材料要有个性。写进评估报告的材料，应当是有价值有个性的材料。如果材料缺乏个性，那么评估报告也失去了应有的价值。

3．印制报告

公共关系评估报告的题目反映评估的范围和对象，因此排版时应醒目、美观。印制报告时，要制作目录以方便阅读报告书的人。同时，正规的格式和装订、高质量的印刷纸、精心设计的封面等也是很有必要的。阅读者能从中感受到研究者的认真态度，也更愿意予以合作。

重要信息 5-6　　编写公共关系评估报告的基本原则

公共关系评估报告的撰写除了要遵循科学性、真实性、公正性的要求之外，还应遵循以下几项原则。

（1）针对性。无论受众是哪种对象，评估报告都要紧紧围绕着公共关系方案目标是否实现、公共关系问题是否解决以及组织形象是否确立来撰写，不可游离于主题之外谈无关紧要的枝节问题。

（2）完整性。评估报告应包括以下主要内容：要对评估工作的目的、对象、标准、方法、过程、结果进行全面的概括；正文内容与附件资料要配套一致，附件资料要能有效地说明和补充正文内容；被评估的范围和对象要做到完整无缺，没有遗漏。

（3）及时性。公共关系评估报告具有很强的时效性，它贯穿于公共关系活动的整个过程，每个阶段的评估需要迅速有效，最终在整个公共关系活动结束后才能及时撰写公共关系评估报告。如果时间相隔太久，公共关系评估报告就失去了评估的意义。

（4）客观性。公共关系评估报告来自于公共关系实践活动，又要指导今后的公共关系实践活动，因此，评估报告的撰写要站在客观的立场上，立足于问题的解决、经验教训的阐发以及今后工作的建议等，否则，评估报告将失去意义。

（5）独立性。在撰写公共关系评估报告的过程中，经常要与组织的领导和员工接触，评估人员要做到客观观察、独立评判，避免受到外界的干预和影响，力戒片面与掩饰。评估报告必须反映评估人的独立结论。

任务实训 5.3

公共关系评估报告讨论

实训目的：

加深学生对公共关系评估报告内容及制作的认识。

实训安排：

1. 学生收集并讲解一些公共关系评估报告的故事或案例；
2. 分析其对公关管理活动的影响，讨论公关评估报告的重要性。

教师注意事项：

1. 由生活事例、企业经营事例导入对公关评估报告的认识；
2. 提供一些公关评估报告的简单案例，供学生讨论；
3. 提供其他相应的学习资源。

资源（时间）：

1 课时、参考书籍、案例、网页。

评价标准

表 现 要 求	是否适用	已达要求	未达要求
小组活动中的外在表现（参与度、讨论发言积极程度）			
小组活动中，对概念的认识与把握的准确程度			
小组活动中，角色扮演的精准度			
小组活动中，文案制作的完整与适用程度			

小　结

公共关系活动的成功开展离不开一个组织严密的公关评估活动。进行公关活动评估，首先要制定好目标、标准以及实施方案（计划），在此基础上，组织好公共关系评估活动操作，做好公共关系评估过程管理，它是整个公共关系项目活动以及未来的项目都取得良好效果的保障。

本章围绕公共关系评估活动必要的程序，设计了各环节操作的专门知识，设置了**重要术语**、**重要信息**等栏目，体现了对一些重要理论知识的重组。

本章以**任务提示**开始，以**企业实际项目**结束，并安排了**学生自我工作总结**。希望读者能够在获知工作信息的基础上，在教师引领下，按照“资讯、计划、决策、实施、检查和评价”六步骤来完成各项工作活动，直至完成延伸活动，以实现“学习就是工作，工作就是学习”的目标。

本章学习目标：学生能够**认识公共关系评估活动**，并能够认识简单的、与日常生活相关的公共关系管理活动，进而能够认识企业实际公共关系活动管理项目。

重要术语

公共关系评估　　公共关系评估报告

知识与技能检测

一、课堂讨论

1. 公共关系评估具有时效性。
2. 公共关系评估是一次性活动。
3. 公共关系评估人员的职业精神。
4. 公共关系评估的复杂性。
5. 公共关系评估工作的意义。

二、课后自测

1. 选择题

（1）进行公共关系活动评估可以（　　）。

A. 改进公共关系工作　　B. 及时反馈信息
C. 考量活动效益　　D. 降低公共关系费用

（2）公共关系的评估原则有（　　）。

A. 定量分析与定性分析相结合　　B. 标准性与变化性相统一
C. 局部评估与整体评估相结合　　D. 社会效益与企业利益相结合

（3）根据接收信息的目标公众的多少可以测算的数据有（　　）。

A. 报纸杂志的发行量　　B. 网民的数量
C. 电视的收视率　　D. 网页的点击率

（4）常用的公共关系评估指标有（　　）以及注意率和熟知率。

A. 知名度　　B. 美誉度
C. 喜爱度　　D. 信任度

（5）对评估人的基本要求主要包括（　　）。

A. 认真负责　B. 遵从规范　C. 讲究道德　D. 客观中立

2. 判断题

（1）公共关系活动的评估是对某项公关活动终了时的活动结果的评价。（　）

（2）公共关系活动评估可以增强公关人员的公关意识，提高工作信心。（　）

（3）公共关系活动评估标准是活动所得与所费之比。（　）

（4）公共关系活动的效果难以量化是公关评估面对的主要难题之一。（　）

（5）评估人是公共关系评估工作的主体，由公共关系活动的主办者来评估是最佳选择，因为他们的评估最客观、最全面。（　）

3. 简答题

（1）公共关系评估对公关工作有何意义？

（2）公共关系效果评估的标准有哪些？

（3）公共关系效果评估的方法主要有哪几种？

（4）公共关系效果评估要经过哪些程序？

4. 案例分析题

××公司公共关系评估报告

一、基本情况

××公司是芯片生产厂家，在全球同行业中首屈一指。该公司的业务大多数是围绕微处理器开展的，业绩相当不错，效益很好，公司销售额年增长率大约为30%。在该公司将最新一代的微处理器——××处理器投入全面生产的时候麻烦出现了。该公司被告之：××芯片在数学运算能力上存在问题，使用它在研究一些复杂的数学问题时，机器出现了除法错误。

二、调查

（一）内部调查

对此问题大家并不陌生，这是由于芯片上的一个微小的设计错误引起的，在90亿次除法运算中会出现一次错误。该公司研究后认为该错误产生的时间远远晚于芯片的半导体出现其他问题的时间。

（二）外部调查

外界对××公司出现的这一错误极为关注。

1. 在互联网上展开了“××CPU的故障问题”的评论。

2. 《××周报》的头版头条详细而且准确地刊登了因特网上的有关内容。

3. 电视新闻记者来了，态度非常冷淡，并制作了一个令人不愉快的电视片断，决定在次日播出。

4. 每一家报纸都在报道这件事，如《××芯片出现故障，计算准确性无法保证》《××事件——买还是不买》，等等。

三、待解决的问题

由于芯片问题的出现，用户开始要求更换芯片，而××大型IT公司以××公司的芯片为主体而生产的PC机（个人电脑）也遭到了冷落。

（一）外部待解决的问题

1. 应顾客的要求，对符合退换要求的应立即予以退换，不符合退换要求的应予以说明。

2. 与用户共同查看研究分析的结果，并把有关此事的白皮书报告送交他们审阅，尽量使用户放心使用该芯片。

3. 对外界打来电话询问该事件的人予以解释，尽量满足其要求。

（二）内部待解决的问题

1. 公司雇员都是近10年间进入公司的，这些年公司业务蒸蒸日上。现在，他们预期的成功成了泡影，雇员心神不宁，甚至感到恐惧。

2. 公司每天都要处理30人次以上的投诉。员工们挤满了投诉室，有的坐在书柜上，有的来回走动，有的则准备去采取一些不太理智、却获得很多员工共识的计划。

四、策划与决策

面对如此巨大的内外压力，公司改变了以前的战略思想，经过策划做出了最新决策。

（一）为所有要求更换部件的用户更换部件，无论他们是用机器作统计分析还是玩电子游戏。

（二）对公司的这一决定进行宣传，使用户通过大众媒体得知这一信息；对公司形象作一番全新的打扮。

（三）提高员工的工作士气。

（四）公司抽调出许多人坐在接待桌前，接电话、记名字、记地址，为几十万拥有此类芯片的人进行了更换工作。

（五）把生产线上的旧材料全部拆卸抛弃，以加强生产的过程，加速新老设备更换进程。

五、公共关系战略与活动计划

（一）内部公共关系

公司有难，雇员有责。为挽救公司的损失，尽快扭转被动的局面，公司采取各种措施提高员工的士气，并在此基础上加深了老板与员工之间的友谊。

（二）外部公共关系

由于芯片事件，公司的美誉度受到了极大的破坏，在人们的心中造成极坏的影响。为此，公司采取了一系列措施重新塑造公司的形象，挽回公司的信誉。

1. 召开新闻发布会。会上就公司的改革策略作宣布，并告诉社会公众，公司非常重视这一问题并开始研制克服该缺点的芯片，公司将尽快加速更新的进程。

2. 更新标识形象。公司的形象在这一风波后受到影响，为此，公司在对外宣传的口号上做了一定的修改，使其更适合公司的发展。

3. 向此次芯片风波涉及的社会各界做出道歉，对由于使用该芯片造成不良后果的人表示愿意赔偿其一定的损失。

六、效果与评价

公司的这一策略收到了良好的社会效果，达到了预期的目的。

（一）新闻报道

1. 就在前不久还在批评××公司的《××周报》，现在也对××公司的这一做法表示赞同。

2. 各大新闻报、商业报都对××公司的这一做法作了全面而细致的报道，并对其做法大为赞扬。

3. 新闻媒介大肆宣传××公司的做法。

（二）公众反映

××公司的这一做法得到了社会公众的一致认同，公众对其做法表示满意。

1. 他们中有的人打电话向其表示祝贺，有的人写来了祝贺信，还有的人专程送来了饮料和盒饭。

2. 公众对××公司的偏见消失了，由以前对该公司所生产的芯片的冷漠态度变成了争相去购买该公司的产品。

（三）员工反映

雇员的态度变了，由以前的沮丧、恐惧变成了高兴。公司形势的转变使得雇员又恢复了原来的自信，他们满怀信心地投入到工作中去。经过数月的奋战，××公司耗费巨额资金解决了芯片风波。该巨资主要是更换部件的费用，也包括从生产线上拆卸下来的旧材料的价值，这相当于半年的预算，或××处理器5年的广告费用。××公司从此走上了全新的企业发展之路。

阅读以上材料，回答问题：

1. 讨论该评估报告的内容与结构，使用的评估方法和评估标准；
2. 分析其优点与不足；
3. 提出改进建议。

实践项目

参与企业实际公共关系评估工作

活动目的：

完成较复杂因素下的公共关系评估及报告的编写。

活动安排：

1. 教师与校外基地接洽，进入企业实际项目；
2. 学生分组，参与公共关系评估计划制定，讨论并写出报告。

教师注意事项：

1. 引导学生参与公共关系活动评估项目；
2. 引领学生分组讨论并制定公共关系评估活动方案；
3. 组织相应学习资源。

资源（时间）：

1课时、参考书、相关书籍、基地企业。

评价标准

表现要求	是否适用	已达要求	未达要求
小组活动中的外在表现（参与度、讨论发言积极程度）			
小组活动中，对概念的认识与把握的准确程度			
小组活动中，角色扮演的精准度			
小组活动中，文案制作的完整与适用程度			

增值阅读

“华夏银行”老年登山健身活动效果评估报告

1. 引言

2000 年 10 月 6 日（农历九月初九），由华天形象中心策划的“华夏银行”老年登山健身活动在英雄山成功举办。借“九九老人节”，开展老年活动之际，拉近华夏银行与老年人的关系，初步建立华夏银行关爱老年人生活，关注老年事业的企业公益形象。锁定老龄群体，为华夏银行在老人群体中发展个人金融业务奠定良好的基础。

2. 效果评估

（1）从组织策划方面看：定位准确、专业，活动安排周密、有层次。农历九月初九，是我国传统的重阳节，又是登高节，人们把重阳登高的风俗看做免灾避难的活动，而且在人们心目中，双九又是生命长久、健康长寿的意思，因此人们又把重阳节称作“老人节”。选择在重阳节举办老年登山活动，准确地把握了时机，体现了华夏银行尊老、爱老、敬老的初衷。

整个活动的策划安排专业、周密，而且有层次。

第一，从树立华夏银行的公益形象出发，专为老年人举办活动，扮演“欢乐使者”的角色，丰富了老年人的晚年生活。

第二，造声势引发社会大众和新闻媒体对此次活动的关注，制造了新闻兴奋点，老人们也非常踊跃。活动当天定好 8:00 集合，而老人们积极性很高，有的早早来到现场等候，有的还是从很远的地方赶来。

第三，活动准备充分。早在国庆放假之前活动所需的物品已经准备齐全。活动当天，全体工作人员在早上 6:00 天刚蒙蒙亮时，就开始布置现场，做充分准备。

第四，整个活动以完成市场调查问卷为参与凭证，保证了活动的有序进行。

第五，邀请了山东省人大常委会、山东省企业管理协会领导作为嘉宾，还邀请了山东卫视《开心假日》节目主持人作为主持人，为整个活动添彩。

第六，组织了老年筷子舞、扇子舞、新疆舞、秧歌、老年迪斯科等优美欢快、丰富多彩的文艺节目，充分展现了老人们的朝气和活力。节目结束后，老人们意犹未尽，希望以后再有这样的机会。

（2）从实施方面看：整个活动安全有秩序。

活动过程中没有出现任何意外，整个活动从填答问卷、发纪念品、登山、领奖，直到活动结束，秩序井然。老人们老当益壮、兴高采烈，他们的朝气和活力，深深地感染了在场的人，大家禁不住为老人们的精彩表演一次又一次地鼓掌。总的来说，老人们高兴而来，满意而去。

英雄山风景区管理员说：“以前在我们广场举办的活动都乱糟糟的，但这次活动组织得很好!秩序井然，热闹隆重……”

（3）从宣传方面看：取得了良好的宣传效果，得到了社会各界的一致好评。

① 老人们一致夸华夏银行想得周到，感谢华夏银行为老人们提供了这么一个好机会，增进了朋友间的友谊，又认识了许多新朋友。而且通过登山活动锻炼了身体，也更多地了解了华夏银行。

② 英雄山管理处的领导认为这次活动是他们这里有史以来搞得最成功的一次，而且希望以后经常来举办活动。

③ 引起了各新闻媒体的关注。《齐鲁晚报》头版头条报道了这次活动，新闻标题“我们还年轻!”正是“华夏银行登山健身活动”的完美写照。《经济导报》和《联合日报》也有相关的报道，电视台也录制了专题。通过各大媒体的宣传报道，拉近了华夏银行与老年人的关系，建立了华夏银行关爱老年人生活，关注老年事业的企业公益形象，为华夏银行在老人群体中发展个人金融业务奠定良好的基础。

学生自我工作总结

通过完成任务五 公共关系评估，我能够作如下总结：

一、工作思路（原理）

完成本任务的工作思路为：

1.

2.

二、工作准备

完成本任务的工作准备有：

1.

2.

三、工作实施分析

本任务的工作实施过程是：

1.

2.

四、工作过程分析

本任务的工作过程：

1. 工作过程要素有：
2. 这样做要领有：
3. 这样做的原因有：

五、成果检验

本任务的工作成果：

1. 完成本任务的意义有：
2. 学到的经验有：
3. 自悟的经验有：
4. 形成的策略有：

任务六 公共关系专题

学习目标

1．知识目标

① 认识庆典与社会赞助的内涵与作用。

② 认识展会与新闻发布会的工作内容。

③ 认识联谊与参观活动的基本要求。

2．技能目标

① 能策划庆典与社会赞助活动。

② 能策划展会与新闻发布会。

③ 能策划联谊与参观活动。

任务描述

作为公共关系学习的第六大任务，公共关系专题是整个公共关系管理活动的具体应用，主要是微观活动应用。

这项任务的核心是：公共关系人员根据组织公共关系目标，在调查研究的基础上，制定科学的专题活动方案，精心实施专题活动，并根据活动进展过程，灵活采取应变措施，使活动顺利进行。在活动效果测评的基础上，总结本次活动的得失，为下一次活动提供参考与借鉴。

这项任务主要包括庆典、社会赞助、展会、新闻发布会、联谊、参观活动。

情境导入

在公共关系管理职业活动中，完成了“公共关系评估”的学习后，即将面临公共关系活动的第六项职业工作任务——公共关系专题。

公共关系专题活动又名“公共关系专门事件”，是组织围绕某一明确的目标而开展的活动，是一项操作性、应用性和技术性很强的工作。它是提升主体形象，利用特定时机举办特定主题的公共关系活动。

公共关系专题活动对于改善组织的公共关系状态有着极为重要的意义。它往往能够使组织集中、有重点地树立和完善自身的形象，扩大自己的社会影响。成功的公共关系专题活动，往往使组织形象出现意想不到的飞跃，是提升组织形象的有力驱动器。公共关系专题活动的举办有着特殊的需求，公共关系人员在举办活动时必须掌握一个基本原则：只可成功，不可失败。成功的专题活动有巨大的正效应，不成功的专题活动也会产生巨大的负效应。

任务解析

根据公共关系管理职业工作活动顺序和职业教育学习规律，“公共关系专题”任务可以分解为以下子任务。

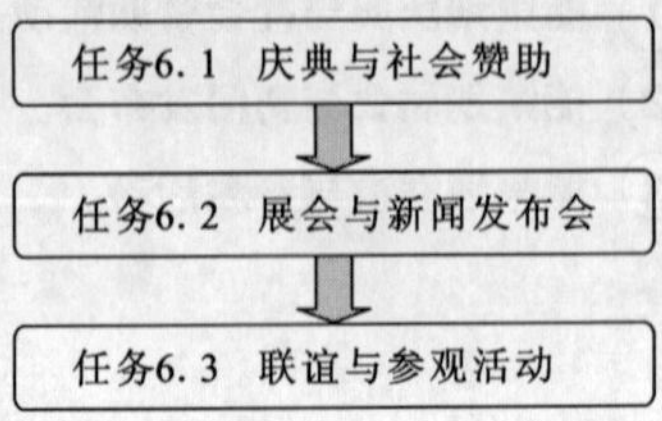

同步实训

根据公共关系管理职业成长规律及职业学习原理，“公共关系专题”任务可以安排以下同步实训。

	实训名称	实训目的
任务实训 6.1	庆典与社会赞助活动讨论	加深学生对庆典与社会赞助工作内容的认识
任务实训 6.2	展会与新闻发布会讨论	加深学生对展会与新闻发布会工作内容的认识
任务实训 6.3	联谊与参观活动讨论	加深学生对联谊与参观活动组织工作内容的认识
实践项目	参与企业实际公共关系专题工作	完成较复杂因素下的公共关系专题工作

公关故事

本书的第六个故事是关于中国平安保险公司的。2012 年 7 月 26 日，中国国际公共关系协会举办的第十届中国最佳公共关系案例大赛颁奖典礼在北京隆重开幕。中国平安凭借“低碳 100”行动荣获企业社会责任类别的唯一金奖。

2010 年 3 月，中国平安正式启动了主题为“绿色承诺平安中国”的“低碳 100”行动，从运营、业务和公益等方面，全方位、多层次地开展绿色行动，从自身做起，倡导环保理念，实现低碳运营，推动绿色金融，促进可持续发展。2011 年，中国平安继续深入推动“低碳 100”行动，带动员工、客户和社会大众共同参与到低碳社会建设中，支持低碳经济发展。

据了解，“低碳 100”行动是平安在行业内首创的低碳环保项目，以“专注为明天”为传播主题，将 100 条具体的低碳举措贯彻到企业的经营管理、业务发展、日常办公等各个环节中。从“绿公司”、“绿金融”和“绿公益”三个维度，全方位、多层次地开展绿色行动，积极研发可以推动减少碳排放，促进环境保护的绿色金融产品、服务及解决方案，如“绿色信贷”“绿色保险”和“绿色证券”等。积极与媒体、NGO、政府、合作伙伴等利益相关方互动、合作，开展促进社会绿色发展的公益活动，比如“低碳一小时”“百万森林——低碳车主活动”等。

平安寿险自 2010 年开始电子保单的推广使用，到 2011 年共节省约 152 吨用纸。MIT 移动展业平台以“快”“省”“环保”等优势，为客户带来一站式综合金融服务。截至 2011 年底，通过 MIT 平台投保而节省的纸张达 177.2 吨。除此之外，2010-2011 年，平安寿险电子函件和平安信用卡电子帐单的推广使用，共节省纸张 302.24 吨。

2012 年，中国平安“低碳 100”行动以参与“保护母亲河行动——绿色希望工程”项目，营建“万亩平安林”的形式展开。作为 2012 年度环保的重要工作之一，中国平安首先在内蒙、河北、山东、云南等 12 个省份捐建“万亩平安林”，每片平安林占地 1000 亩，根据各地水土生态环境的不同，每片平安林将种植约 10 万棵不同种类的树木。“万亩平安林”活动先后在河北承德、山东商河、内蒙古多伦、广东揭阳、广西阳朔、湖南冷水滩启动，专家认为平安此举将大大改善受捐地区的水土流失治理与生态环境建设。

中国最佳公共关系案例大赛由中国国际公共关系协会创设并主办，每两年一次，素有中国公共关系行业“奥斯卡”之称。大赛自 2011 年 9 月启动以来，共收集了 74 个单位送报的 187 个参赛案例（其中，香港地区 21 个案例）。在“企业社会责任”类别中，平安从 70 多个参赛企业中脱颖而出，成为唯一被授予该类别金奖的企业。主办方认为：“中国平安在金融领域贯彻绿色主题，且将企业社会责任战略与业务结合得相当紧密，非常难能可贵。”

6.1 庆典与社会赞助

任务提示

这是公共关系初学者学习公共关系专题活动的第一步，认识公共关系专题活动的含义，把握公共关系专题中庆典与社会赞助活动的准备工作和具体要求，在此基础上，能够组织庆典活动与社会赞助活动。

公共关系专题活动对于改善组织的公共关系状态有着极为重要的意义。它往往能够使组织集中地，有重点地树立和完善自身的形象，扩大自己的社会影响。成功的公共关系专题活动，往往使组织形象出现意想不到的飞跃，是塑造组织形象的有力驱动器。公共关系专题活动的主要类型有庆典、社会赞助、展会、新闻发布会、联谊、参观等。

重要术语 6-1　　　　　　公共关系专题活动

公共关系专题活动是指社会组织为了某一明确目的，围绕某一特定主题而精心策划的公共关系活动。公共关系专题活动是社会组织与广大公众进行沟通，塑造自身良好形象的有效途径。

6.1.1 庆典活动策划

重要术语 6-2　　　　　　庆典活动

庆典活动是各种庆祝仪式的统称，是组织利用节日、纪念日或一些特定的时间、特定的缘由举办的能吸引公众，开展传播、扩大组织影响，提高组织知名度的活动。它包括庆祝和纪念活动，是组织经常采用的专门活动方式。

作为一个组织，通过举行庆祝或典礼活动，借助喜庆和热烈的气氛，对外能够扩大影响，对内能够增强凝聚力。因而，庆典活动是重要的公共关系专题活动之一。

虽然庆典活动形式并不复杂，所需要的时间也不长，但庆典活动是一项系统工程，需要公共关系人员精心策划。

1．庆典活动策划

（1）庆典活动必须要有明确的目标。目标的选择可以是单一的，也可以是多元的。就总体而言，这类活动的目标主要是扩大影响，提高知名度和联络公众。具体而言，不同的庆典活动有不同的目标。如庆祝活动的目标主要是加强宣传，扩大影响，而纪念活动的目标除此之外，还有宣传某种观念，解释某个问题，澄清某些事实等。一般而言，每次活动必须有一个主要目标，其他目标则处于从属的地位，不要面面俱到，平均用力，否则会冲淡主题，影响活动效果。

（2）拟定庆典活动内容。庆祝活动的内容必须是组织发生的值得庆祝的事件，如开业、竣工、厂庆、获奖、中标、超额完成任务、新产品面世、技改成功、企业升级、节能降耗、安全生产、机构变动、组织发展，等等。纪念活动的内容除了是本组织值得纪念的事件以外，还可以是社会上值得纪念的事件。社会上的纪念事件应该和本组织有一定联系，是能为本组织服务的事件。

（3）挖掘庆典活动主题。庆典活动必须要有深刻的主题，使活动具有强烈的社会意义。挖掘主题既要与活动内容相结合，更要与社会热点问题、公众关心的问题、能引起强烈反响的问题相结合。结合要自然、协调，不露痕迹，避免生拉硬套，画蛇添足。如某企业新厂区择定5月1日开业，只举行了简朴的仪式。其特邀佳宾是企业元老代表。庆典上，总经理宣布，将原来准备搞大型庆祝活动的经费节省下来资助社会老年人福利事业，并当场举行了捐助仪式，这被传为美谈，新闻单位也作了专题报道。

（4）构思庆典活动形式。庆典活动通常有较固定的程式。一般是主持人、来宾、领导讲话，剪彩或揭牌，宴请或娱乐活动。这种老一套的程式很难给人留下深刻的印象，也缺乏新闻价值。因此，要巧妙地构思一些健康向上的、富有意义的、能达到预定目标又花费不多的新颖活动。比如某汽车企业举行厂庆 50 周年活动时，选择了 10 辆不同年代制造的汽车，配上当时流行的装饰，由当年的生产工人代表乘坐，再配以彩车和鼓乐车，在市内进行了一定线路的游行。这既让社会各界看到该厂发展的历程，又在较大范围内宣传了企业，具有强烈的社会效应和新闻价值。

（5）选择庆典活动时机。庆典活动的时机应该是值得庆祝和纪念的时间。如果活动时间正好与社会上某些重大活动重合，则活动将被社会上的重大活动冲淡而默然失色。遇此情况，就应将时间适当调整，一般可提前进行。庆祝和纪念活动的时机要与活动的目标和内容相适应。特别是庆祝活动，何时举办适宜完全可以由组织决定。这就要从主客观两方面来考虑。既是宣传效果最好的时间，又是所邀请的公众较适合的时间，还要让公关部门有充分的时间来准备。

公关实务 6-1　　可口可乐 100 周年庆典活动

1986 年 5 月 8 日，美国可口可乐公司迎来了 100 周年纪念日。为了办好这次专题活动，公司使出了浑身解数。4 天时间里，公司用最盛大壮观的庆祝活动来装点公司总部所在地亚特兰大。14000 名工作人员分别从办理可口可乐业务的 155 个国家和地区飞往亚特兰大。30 辆以可口可乐为主题的彩车和 30 个行进乐队从美国各地迂回取道开进亚特兰大，夹道欢迎的群众达 30 万人，公司向这些公众免费供应足量的可口可乐。亚特兰大市长安德鲁·扬和可口可乐公司总裁戈伊祖艾塔一起引导游行队伍，其后是 1000 人的合唱团和有 60 种乐器的交响乐队，他们高唱可口可乐的传统颂歌——“我愿给世界买一杯可口可乐”。亚特兰大市洞穴状的奥姆尼中心的四周竖立着巨大的电视屏幕，通过电视屏幕，观众可以看到在伦敦举行的可口可乐百年庆典场面。为了响应可口可乐公司“跟上浪潮”的最新广告口号，伦敦的典礼策划者准备一次推倒 60 万张多米诺骨牌。这一活动把亚特兰大、伦敦、里约热内卢、内罗毕、悉尼和东京连接起来，各个地点通过卫星相互联系。当多米诺骨牌天衣无缝地一浪接一浪地倒下去并在伦敦到达终点时，一个巨大的可乐罐出现了，多米诺骨牌爬上最后一个斜坡，引起一次小型爆炸，可乐罐被炸得粉碎。顿时，全世界可口可乐公司的职员都欢呼起来了。

显然，通过这次活动，可口可乐的形象更加深入人心。

2．庆典活动组织

（1）组织机构建立。建立庆典活动的领导组，下设：宣传组、秘书组、会务组等。领导组的任务是对整个庆典活动进行整体构思、策划、领导、协调、检查各部门和各环节的工作落实情况。宣传组的任务是负责活动的对内和对外宣传，设计制作组织标识、宣传品、招贴画、广告词、主题词、条幅等，营造良好的氛围。秘书组的任务是撰写、打印各种文稿，包括邀请信、演讲、致辞、报告和讲话稿。后勤组的任务是嘉宾接待、布置会场、物品的准备、清洁、勤杂、电工等后勤工作。

（2）邀请嘉宾。通过上门邀请、打电话和发请柬等方式，邀请地方政府官员、上级组织的领导、社区知名人士、协作单位的负责人、兄弟单位的代表及各类传媒机构的新闻记者。

（3）庆典活动协调。庆典活动规模较大，协调工作就显得十分重要。会前做好准备，如会场的地点、设备的配置、环境的布置、座次的安排、资料和纪念品的准备、程序的安排、发言人的确定、与会者的邀请、新闻单位的联系等等。会议工作人员必须明确分工，各司其职，同时要有人负责联络和协调，如接待处要与主会场随时联系，报告宾客到达情况；各项目进行时要有人安排落实下一个项目的各种事宜。会议接待人员要明确自己的接待对象，并贯彻始终，不要顾此失彼，厚爱一部分宾客而冷落另一部分宾客。活动中要注意组织的整体形象，组织各方面的工作都要以新的面貌展示出来。

（4）庆典程序落实。庆典活动程序事先印制好，宾客人手一份。庆典活动的程序一般是：主持人宣布活动开始；介绍重要来宾，或者宣布来宾名单；宣读重要单位的贺信、贺电，或者贺信、贺电单位名单；致词，组织领导人或重要来宾分别致词；剪彩（或者揭牌、揭幕）；颁奖（颁奖仪式）；宣布庆典活动结束，安排其他活动，如参观、座谈会、观看表演和宴请招待等。

（5）进行效果评估。庆典活动之后，应进行效果评估，总结经验，吸取教训。收集传播媒体以及公众舆论的有关反应，制作庆典活动的声像资料，写好庆典活动的总结报告，做好新闻报道剪报资料的存档工作。

重要信息 6-1　　公共关系专题活动策划与组织

（1）要有明确目的。任何公共关系专题活动都应该有明确的目的，要设定影响哪方面的公众，达到怎样的公共关系目标，取得哪方面的效果，以及公共关系专题活动的主题是什么。

（2）要有实施方案。公共关系专题活动要作为一个整体和系统工程来设计、规划。对于时间、地点、参加者、活动方式、环境、交通、经费、宣传报道、效果评估等各方面因素和细节都要考虑周全，事先要制订实施方案并请有关人士论证批准，然后按照活动方案进行操作实施，并且在实施过程中收集反馈信息，如有必要可根据实际情况和反馈信息对方案进行合理调整。

（3）要有传播计划。根据主题设计一个既令人耳目一新又利于传播的标题或口号。标题或口号犹如一篇文章的题目，既要能反映文章的内容，又要有创意。例如，“中国大连，世界服装名城”“新北京，新奥运”等标语口号都为当时的公共关系专题活动增添了光彩。在公共关系专题活动开始之前，就要把有关专题活动的消息传播出去，以渲染气氛，创造良好氛围。还要事先与新闻媒介进行联系，并且为记者采访报道提供一切便利条件。专题活动之后，要注意收集反馈信息和报道成果。

（4）要有专人负责。公共关系专题活动不仅要请专家精心策划，而且要有专人负责实施，最好是组成专门机构一抓到底。其机构成员应具有公共关系知识和公共关系策划能力、实施能力，以便“逢山开路，遇水搭桥”，保证公共关系专题活动的顺利进行。

6.1.2 社会赞助活动策划

重要术语 6-3　　　　社会赞助

社会赞助是指某一社会组织为了承担一定的社会责任或社会义务而对社会公共事业或福利事业进行物质、资金、技术、人才等方面的捐赠或资助的公共关系专题活动。

社会赞助的目的一般包括：配合广告宣传，增强广告影响力，提高经济效益；承担必要的社会责任，树立良好的组织形象；联络公众情感，改善社会关系，扩大影响。要使开展的公益活动取得成功，必须认真搞好策划工作，具体步骤如下。

1．制订赞助计划

根据组织的公共关系现状、目标、政策和经济能力，决定年度公益活动赞助金额，制订切实可行的赞助计划。包括赞助的宗旨、范围、项目、形式、预期效果、经费预算等。赞助计划要求详尽，可操作性强。制订赞助计划一定要从实际出发，量力而行。

2．传播赞助信息

公共关系人员应该把赞助活动，通过适当的传播渠道和传播方式，传递给可能提供赞助的单位或个人。

3．确定赞助对象

组织赞助活动应纳入科学管理的轨道，即以本组织的公共关系目标、面对的社会环境为出发点，按照有利于提高组织综合效益的原则，充分考虑多方面利益，协调平衡，确定赞助对象，防止盲目赞助或因个人主观感情而影响赞助。具体可以通过以下工作确定赞助对象。

（1）掌握赞助对象情况。包括赞助对象的业务内容、社会信誉、公众关系、面临的问题等，以便有选择地进行赞助。

（2）了解赞助项目情况。包括项目提出的背景，对公众的影响力，项目所需花费的财力、物力和人力情况，以及操作实施过程中可能出现的困难和问题等。

（3）进行成本效益分析。即进行赞助成本（组织付出的全部财力、物力、人力）与综合效益（赞助活动可能获得的经济效益与社会效益）的比较分析。

4．实施赞助计划

组织应安排专门的公共关系人员或组织专门的工作班子，负责赞助活动的具体实施。

（1）分工负责落实。对整个赞助活动中的项目或环节，应分派具体人员负责落实，做到各负其责，密切配合。

（2）运用公共关系技巧。在实施过程中，公共关系人员应充分运用各种公共关系技巧与方法，以求最佳效果。

（3）扩大组织影响。赞助活动是为了扩大组织的影响，因此在赞助活动中，应尽量利用多种传播方式、途径，帮助活动的开展，扩大其影响。如利用大众传播媒介广泛宣传报道，利用广告烘托气氛，强化效果。

公关实务 6-2　　麦当劳赞助小球迷

在1998年世界杯期间，麦当劳选送了一批6～14岁的小球迷跟着摄影师到巴黎采访，让孩子们得到亲临世界杯比赛现场的机会，这与可口可乐公司选择球童和护旗手的做法颇为相似，二者都是为了在未来一代人中建立深刻的企业形象。相比而言，“麦当劳进球奖”更体现出设立者的高明之处。在世界杯比赛中，如果哪位球员上演了“帽子戏法”，麦当劳就提供100万美元，通过“世界儿童组织”捐给该球员所在国需要帮助的儿童。显然，这一充满爱心的活动既吸引了众多的目光，又提升了企业形象。

5. 评估赞助效果

赞助活动完成后，要根据赞助计划逐项对照检查，确定若干指标，如信息发送范围、公众知晓率、信息延续时间等，以量化方式测定活动效果。具体工作包括以下内容。

（1）评估公众对活动的评价与反响。

（2）评估赞助计划完成的情况。

（3）制作赞助活动的声像资料。

（4）写赞助活动总结。

（5）做好新闻报道剪报资料的存档工作。

重要信息 6-2　　社会赞助内容

公共关系赞助的范围很广，凡属对社会有益的事件或活动，都可作为赞助的内容。

（1）赞助体育事业。包括赞助体育比赛、运动队。这种赞助可以使组织在更大的范围和更多的方面提高知名度，从而对公众施加影响。

（2）赞助文化生活。包括赞助文艺竞赛、文艺演出、影视剧播映，赞助文化艺术节、音乐节、书画节，赞助专场晚会、游园会、联欢会、灯谜会，赞助群众性文化娱乐活动等，这些活动可以培养组织与公众的美好感情，提高组织的品位和档次。

（3）赞助科技教育事业。包括资助失学青少年，扶持贫困大学生，设立奖学金、助学金、特种教育基金。这些活动能获得国家、政府和广大民众的肯定。

（4）赞助社会福利事业。包括残疾人事业、老年康复保健事业、社会保险事业、对贫困职工和贫困地区居民的救助等。

（5）赞助展览和竞赛活动。包括赞助产品展览、贸易展销、书画摄影展览、藏物展览、风情展览、史料展览、地区成就展览、爱国主义教育展览，赞助各类选拔人才的竞赛活动等。

（6）赞助学术活动。包括赞助各类学会、协会、研究会，赞助专门项目的研究，赞助中外学术交流，赞助学术著作的出版。这些赞助可以密切组织和社会名流、专家学者的关系，提高组织的层次和社会影响。

任务实训 6.1

庆典与社会赞助活动讨论

实训目的：

加深学生对庆典与社会赞助活动工作内容的认识。

实训安排：

1. 学生收集并讲解一些庆典与社会赞助活动的故事或案例；
2. 分析其对公共关系管理活动的影响，讨论庆典与社会赞助活动的公共关系意义。

教师注意事项：

1. 由生活事例、企业经营事例导入对庆典与社会赞助活动的认识；
2. 提供一些庆典与社会赞助的简单案例，供学生讨论；
3. 提供其他相应的学习资源。

资源（时间）：

1课时、参考书籍、案例、网页。

评价标准

表 现 要 求	是否适用	已达要求	未达要求
小组活动中的外在表现（参与度、讨论发言积极程度）			
小组活动中，对概念的认识与把握的准确程度			
小组活动中，角色扮演的精准度			
小组活动中，文案制作的完整与适用程度			

6.2 展会与新闻发布会

任务提示　这是公共关系初学者学习公共关系专题活动的第二步，认识公共关系专题活动中展会与新闻发布会的含义，把握展会与新闻发布会活动的准备工作和具体要求，在此基础上，能够组织展会活动与新闻发布会。

6.2.1 组织展会

重要术语 6-4　　展会

展（览/销）会是通过实物、文字、图表、模型、示范以及电影、电视、计算机网络等现代多媒体技术和手段，展现成果、风貌、特征的一种公共关系专题活动。

公共关系活动中，展会是一种很好的形式，它能直观、形象地传递各类信息，给参观者留下深刻的印象，有助于新产品的介绍推广和组织形象的树立。展会信息传播具有直观性、双向性、综合性、高效性、新闻性等特征。

1．展会策划

（1）确定展会的目的和主题。展会的主题是展会的中心思想。内容是主题的具体体现，内容要围绕主题来充实。只有主题确定了，内容明确了，才能使展会更加有针对性，才能使图、文、物展示活动的整体效果得以体现。展会主题要写进展会计划，它也是展会效果评价的依据。

（2）确定参展单位和参展项目。有的展会是综合若干单位的成果而举办的，这就要明确参加单位、展出的项目和内容。然后向有关单位发出邀请，并说明展会的具体情况，供其决定是否参展。

（3）明确目标公众。参观展会的观众就是目标公众，是组织准备影响的对象。要明确参观者的范围、类型和构成，以便选择信息传播的手段和方式。如参观者是展出内容的行家里手或本企业的同行，展览就要有一定深度，讲解人员必须有相当程度的专业知识；如参观者是一般的公众，则力求通俗易懂，浅显生动，即进行直观的普及性宣传。

（4）确定展会的地点和时间。展会的地点要选择交通方便的地方，周围的环境尽量与展览内容相配合，各种设施能满足展览的需要。举办展会的时间除了因展览内容有特殊要求以外，尽量选择在节日、假日开展，可以让更多的观众有暇参观。带有纪念性的展会当然要在纪念日展出。

（5）确定展会预算。展览会的费用预算通常包括：场地租用费、规划设计费、制作装修费、交通运输费、广告宣传费、交际联络费、水电费、通讯费、劳务费、保险费、运输费、印刷费及其他不可预见的费用。展览会经费的使用管理，应该以预算为标准，严格执行财务纪律和管理制度，管理和使用好经费。

2．展会组织

（1）确定人员。建立展会组织机构，确定人员负责管理和落实。人员选配包括组织机构的领导、管理人员、设计与制作人员、讲解人员、接待与服务人员、后勤供给和保安人员等。

（2）邀请参展单位。给有可能参展的单位发邀请信，重点单位应上门联系。邀请信要写清楚展览会的宗旨、展出项目类型、对参观者人数和类型的预测、展览会的要求和费用等，给可能参展的单位提供决策所需的资料。要尽快确定参展单位、参展项目和展位需求情况。

（3）确定总体布局和规划。根据展览主题要求和参加展览的具体内容，进行整体的规划和构思，确定总体设计图。根据总体设计图，设计与制作各展区的展品、展板布置小样，待确定后再做成实样。精心制作好展览会的会标、主题画、海报和说明书。准备好各种辅助宣传材料，如幻灯片和录像。撰写解说词、说明书，内容要全面、易懂，解说词要具体、精练，便于解说员正确流利地讲解。

（4）培训工作人员。为了提高工作人员的展会技能和服务意识，对展会的讲解员、接待员、服务员和保安人员等应进行公共关系训练，并对每次展出的项目进行最基本的专业知识培训，以满足展览会对人员素质的要求。

（5）邀请媒体与嘉宾。成立专门对外发布新闻的机构，负责与新闻界保持良好的联系。邀请与展览主题相关的组织负责人、社会知名人士和专家学者等作为展览会开幕式的嘉宾。

（6）开幕。开幕式的举办一定要隆重、热烈和喜庆。开幕式的程序包括主办者致辞、来宾代表讲话、剪彩等。

重要信息 6-3　　　　展会特点

（1）展会是一种复合型的传播方式。一个展览（销）会可以动用多种媒介，包括声音媒介如讲解、交谈和现场广播；文字媒介如印刷的宣传手册、产品介绍；图像媒介如照片、幻灯片、录像带等。这种复合型的传播方式综合了多种传播媒介的特点，具有较好的传播效果。

（2）展会是直观、形象、生动的传播方式。展览（销）会以展出实物为主，图片资料为辅。有些在展出实物的同时还有专人讲解和示范产品的使用方法或播放录像加以介绍。参观者一般都会对展品留下较为深刻的印象。

（3）展会可以为组织提供与公众直接沟通的机会。展览（销）会一般都配备专人回答参观者提出的问题。参展单位可以根据公众反馈回来的信息作为决策的参考。这种直接的双向沟通能就某一具体问题相互展开讨论和交换意见，针对性强，收效甚大。

（4）展会是一种集中高效的沟通方式。展会特别是展销会，对参展单位和参观者而言都是一种集中高效的沟通方式。对参展单位而言，可以看到同行们的新产品，听到各种新信息，各参展单位之间也可以进行沟通与交流，既节省经费又节约时间。

6.2.2 组织新闻发布会

重要术语 6-5　　　　新闻发布会

新闻发布会又称记者招待会，是组织举办的邀请记者参加的会议。一般由组织的发言人直接向与会记者发布组织的重要信息，并且回答与会记者的提问，目的是通过与会记者把组织的有关信息传递给公众。

新闻发布会属于人际沟通。新闻发布会之后，记者们往往要在大众传播媒介上加以报道，有时新闻发布会本身就是新闻报道的素材。新闻发布会有这样一些特点：发布信息的形式正规严肃，具备一定权威性、可靠性；可以和记者进行广泛沟通和交流；可以消除对组织不利的谣言，以正视听。所以，新闻发布会是一种较好的公共关系专门活动形式。

1. 会前准备

（1）确定会议主题。新闻发布会要有明确的主题，较强的针对性。主题要围绕公共关系的目标而确定。主题确定后，要组织专门班子起草发言提纲，并对记者可能提出的问题备好答案。在准备提纲时，要在组织内部统一口径，对主题的宣传统一说法。否则，组织内部说法不一，就会引起记者的疑惑和猜疑，给组织造成不利影响。

（2）确定发言人。发言人代表组织出面回答记者的提问。记者招待会的成败与发言人的素质密切相关，因此会议的发言人一般应由组织的高级领导来担任。因为高级领导清楚组织的整体情况，掌握组织的方针、政策和计划，回答问题具有权威性。

（3）确定会议时间与地点。新闻发布会时间的选择要考虑组织信息发布本身的最佳时机，尽量避开节假日、重大社会活动和民俗活动日等，以免记者不能参加会议。在地点选择上主要的考虑是要给记者交通、采访等创造各种方便的条件。

（4）布置会场。新闻发布会会场要整洁、高雅、美观、安全和实用。应摆放适量的绿化盆景，主持人、发言人、嘉宾、记者、特邀人士等在会场的区域与席位都应布置安排合理，书写并按席位顺序摆放席位卡，准备好的文件材料袋和文具应放于每个席位上，并适量放置简单的饮料。

（5）经费预算。新闻发布会的成本较高，费用项目一般有场租费、音响器材租用费、会场布置费、电话通讯费、交通费、印刷费、文具用品费、茶点费、餐费和礼品费等。整个会议经费应当在会前做出预算。

2．会中组织

（1）邀请记者。首先根据邀请的范围，将请柬较早地送到被邀请的记者手中。其次临近召开日期还应电话联系，落实到会记者。第三，对交通不便的记者应提供交通服务。

（2）组织记者参观。在记者招待会的前后，可以配合会议主题组织记者进行参观活动，给记者创造实地采访、拍摄、录像等机会，增加记者对会议主题的感性认识。首先要确定参观的地点、路线、内容。其次是确定参观的陪同人员和接待人员，向他们介绍有关情况。

（3）安排宴请。为了使记者招待会收到最大的实效，根据组织的财力情况，可以安排宴会或者工作餐招待与会的记者和其他来宾。这也是一种相互沟通的机会，可以利用这种场合融洽与新闻界的关系，及时收集反馈信息。

（4）组织会议。新闻发布会应始终围绕会议主题进行。当记者的提问离题太远时，要善于巧妙地将话题引回主题；即使记者提出很片面、很偏激，甚至带有挑衅性的问题，也要友好对待，既不能失控发怒，也不可拍案而起，要以平缓的言语、确凿的理由给予友好地纠正或反驳。对涉及机密不可发表的资料和数据，应婉转地向记者做解释。

3．会后总结

新闻发布会结束之后，要及时检查会议是否达到了预定的效果。

（1）整理出新闻发布会现场记录，进行分析，查看所发布的消息内容和回答记者的提问是否紧扣主题，是否准确，是否达到了本次活动的目标。

（2）搜集与会记者在各自媒介上发布的文章或报道，并对其进行归类分析。观察这些报道是否与发言人发布的信息相一致，记者提问的内容是否强化了发布会的主题，有无不一致之处。新闻媒介的报道是否符合组织的原意，是否达到本次活动的目标。

（3）总结本次新闻发布会的工作，检查准备工作是否充分，主持人和发言人有无失误，接待工作有无疏漏，会场布置是否合理，组织工作有哪些不足等，并把这些情况写成文字存档备查。

（4）对各位记者提问时的倾向性以及他们在公开、私下所表露的看法进行分析，了解记者所代表的新闻单位对组织的看法和态度，以便作为处理新闻界关系的参考。

任务实训 6.2

展会与新闻发布会讨论

实训目的：

加深学生对展会与新闻发布会工作内容的认识。

实训安排：

1. 学生收集并讲解一些展会与新闻发布会举办的故事或案例；
2. 分析其对公共关系管理活动的影响，讨论展会与新闻发布会的公关意义。

教师注意事项：

1. 由生活事例、企业经营事例导入对展会与新闻发布会的认识；
2. 提供一些展会与新闻发布会的简单案例，供学生讨论；
3. 提供其他相应的学习资源。

资源（时间）：

1 课时、参考书籍、案例、网页。

评价标准

表现要求	是否适用	已达要求	未达要求
小组活动中的外在表现（参与度、讨论发言积极程度）			
小组活动中，对概念的认识与把握的准确程度			
小组活动中，角色扮演的精准度			
小组活动中，文案制作的完整与适用程度			

6.3 联谊与参观活动

任务提示　这是公共关系初学者学习公共关系专题活动的第三步，认识联谊与参观活动的含义，把握联谊与参观活动的准备工作和具体要求，在此基础上，能够组织联谊与参观活动。

6.3.1 联谊活动

重要术语 6-6　　联谊活动

联谊活动是以情感交流为手段组织起来的较为松散的群体活动。联谊活动的组织者一般具有隐含的某种目的，但是情感交流是联谊会参与者参与活动的主要动机。

联谊活动参与者可以是过去的同学、同事、同乡或曾经有过较密切交往的人员，也可以是同行、朋友。联谊活动依靠成员间的活动维持其存在与发展，这些活动大致有演出会、舞会、节日聚会、参观活动，撰写校史、厂史、军史、回忆录等。通过这些活动，成员可以增进相互间的了解，增进友谊，同时也为社会进步与发展作出一定的贡献。

下面以比较常见的联欢会为例，说明联谊活动的组织工作及程序。

1．联欢会的准备

联欢会有组织举办的节假日联欢会(如新年联欢会、春节联欢会)，各种文艺晚会(如歌舞晚会、电影晚会、戏曲晚会、相声小品晚会)，游艺晚会等。联欢会对于提高组织凝聚力、向心力，活跃员工的文化生活，加强与外部公众的文化沟通，提高组织形象都起着积极的作用。

(1) 确定主题。联欢会一般要确定主题，使其有明确的指导思想和预期目标。在此基础上选择联欢会的形式，适宜的形式对联欢会的成功意义重大，联欢会的形式可以不拘一格，不断创新。

(2) 确定时间、场地。联欢会的时间一般应选在晚上，有时也可根据情况选择在白天。其时间长度一般以两小时左右为宜。联欢会场地的选择非常重要，最好选择宽敞、明亮，有舞台、灯光、音响的场地。场地应加以布置，给人温馨、和谐、喜庆、热烈之感。联欢会的座次要事先安排好，一般应将领导安排在醒目位置，其他公众穿插安排，以便于交流沟通。

(3) 确定节目。要从主题出发来选定节目，开场和结尾的节目一定要精彩、有吸引力。节目应多种多样，健康而生动，各种形式穿插安排，不可头重尾轻，更不可千篇一律。应把选定的节目整理编印成节目单，开会时发给观众，为观众提供方便。

(4) 确定主持人。主持人是联欢会的关键人物，应选择仪表端庄，表达能力强，有一定组织能力、应变能力，熟悉各项事物的人担当。一场联欢会的主持人最好不少于两人(通常为一男一女)。主持人也不可过多，以免给人以凌乱无序之感。

(5) 彩排。正式的联欢会一定要事先进行彩排。这样有助于控制时间、堵塞漏洞，增强演职人员的信心。非正式的联欢会也要对具体事宜逐项落实，做到万无一失。

2．联欢会的现场组织

(1) 引领观众提前入场。一般情况下，演出正式开始之前一刻钟左右，观众即应进入演出现场，不要迟到。入场后观众要对号入座，在自己的座位上就座时，要保持安静，坐姿优雅。切勿将坐椅弄响，或坐姿不端。

(2) 提醒观众专心观看。观看节目时，观众要注意会场秩序。不要交头接耳，窃窃私语；不要进行通信联络，要自觉关闭手机等移动通信设备，或让它们处于“静音”状态；不要吃东西，不要吸烟，更不能随意走动或大声讲话、起哄等。总之要自觉维护全场的秩序，保持安静，使联欢会顺利进行。

(3) 引领观众适时鼓掌。当主要领导、嘉宾入场或退场时，全场应有礼貌地鼓掌。演出至精彩处时也应鼓掌，但时间不宜太长，演出结束时可鼓掌以示感谢。对可能表演不佳的演员，要予以谅解，不要鼓倒掌，更不能吹口哨、扔东西等，因为这些做法是非常没有修养的表现。演出结束，全体演员登台谢幕时，观众应起立鼓掌，再次感谢演员的表演，不能熟视无睹，扬长而去。

6.3.2 参观活动

重要术语 6-7　　参观活动

参观活动是组织为了让公众更好地了解自己或为消除公众对组织的某些误解，而由公关部门组织和邀请公众前来参观的一种公关活动。参观活动能起到良好的效果。

任何一次对外开放参观活动都应有明确的目的。公关人员要搞清楚通过参观活动达到怎样的效果，让观众留下怎样的印象，是否有真正值得报道的材料。开放参观活动不仅是提高组织知名度、美誉度以及争取社会各界理解与合作的重要手段，而且是激发本组织成员的自豪感与凝聚力的有效措施。因此，这类活动是组织进行公关策划经常选择的方式之一。

重要信息 6-4　　开放参观的类型

（1）专题性参观和常规性参观。专题性参观是有特定的目的，围绕一个确定的专门的主题而进行的。常规性参观一般没有特定的主题，是组织常规工作的一项内容。

（2）特殊参观和一般参观。特殊参观就是对特定公众对象开放的参观，如上级部门领导人的视察，组织学生来单位参观等。一般参观就是对公众对象不加限制的参观。这种参观应事先通过“安民告示”或其他传播手段广泛宣传开放参观的目的、时间及参观须知，争取尽可能多的参观者来参观。

1．参观活动的准备工作

参观活动要取得良好效果，需把握以下环节。

（1）确定主题。开放参观活动首先要明确开放参观的目的是什么，想解决组织什么问题，达到什么样的目标和效果，在此基础上，才有可能进一步策划和组织好参观活动，使整个活动有的放矢地进行。开放参观的目的主要有以下四个方面：①扩大组织的知名度，提高美誉度；②促进组织的业务拓展；③和谐组织与社区的关系；④增强员工及其家属的自豪感。

（2）划定参观内容。根据主题来划定参观的内容。参观内容一般包括三个方面。①情况介绍。事先准备好简明生动、印刷精良的宣传小册子。②现场观摩。让参观者参观现场，如生产经营设备和工艺流程；厂区环境或营业大厅；员工的教育和培训设施；组织的科技开发(实验)中心；组织服务、娱乐、福利、卫生等设施。③实物展览。组织的成果展览室可以陈列资料、模型、样品等实物。此外，参观活动内容的确定还要考虑到参观者的需要和兴趣。

（3）选择参观时间。参观活动时间应尽可能安排在一些具有特殊意义的日子，如周年纪念日、开业庆典日等，要避开一些重大政治事件、新闻事件的日子和节假日。此外还要考虑季节和气候因素，太热、太冷都不宜安排参观活动。

（4）安排参观路线。参观的线路由参观的内容来确定，组织是全局开放还是局部开放，由组织的决策部门决定。在此基础上再确定开放参观的路线，并在开放参观路线的拐角处设置路标，便于参观者按路线有顺序地进行参观，参观活动不是一种自由随便的活动，不能由参观者随意参观，因此要提前拟好参观路线，制作向导图及标志，标明办公室、餐厅、休息室、医务室、卫生间等有关方位。如有保密和安全需要，应防止参观者越过所限范围，以免发生意外的伤亡事故影响正常的工作程序。

公关实务 6-3　　2012 中国航海日上海专题活动

围绕“感知郑和、拥抱海洋”的主题，2012 年“中国航海日”上海专题活动于 7 月 11 日在上海港国际客运中心码头举行。启动仪式上，一批船员和涉海工作者受到了表彰，东海救助局救助船长被授予 2011 年中国航海日活动“安全贡献奖”。

本期专题活动为期一天。活动当天，东海救助局“东海救 116”轮对外开放。为广泛宣传东海救助，“东海救 116”轮上专门安排了多个互动项目，包括组织参观人员打绳结，展示航海历史，参观船舶“文化走廊”、船舶驾驶台等。活动吸引了广大上海市民、在校学生和上海市相关单位领导前来参观。

经国务院批准，自 2005 年起的每年 7 月 11 日为“中国航海日”。2012 年“中国航海日”上海专题活动由上海市城乡建设和交通委员会、上海市交通和港口管理局、上海海事局主办，东海救助局、中国航海博物馆、上海国际港务（集团）公司协办，上海市航海学会承办。本次活动旨在增强上海市民的航海和海洋意识，提升上海航运文化软实力，扩大上海国际航运中心建设的影响力。

2．参观活动的组织工作

（1）邀请参观者。组织应根据参观活动的目的和主题选择相应公众。对参观公众的邀请，可以通过广告发布信息，还可以向有关公众发出邀请信(函)，邀请既要重视目标公众，又要充分考虑一般社会公众，尽可能邀请一些党政要员、社会名流、明星来参观，以制造新闻点。同时还要考虑组织的接待能力，邀请参观的时间不要太集中，应分期分批安排。要编制来宾名册，对参观者进行签到、留言，以便事后统计。

（2）培训工作人员。参观活动要有一些具有一定素质的接待人员和导游从事接待组织工作。要组织专门的接待人员和导游接受培训，使他们不但充分了解组织的情况，具有一定的专业知识，还应具有一定的公关素质，特别是演讲口才、接待礼仪等，这样才能把参观活动开展得生动、活泼，有声有色，从而给参观者留下深刻的印象，为组织树立良好的形象。

（3）创设活动条件。安排辅助设施，如停车场、休息场所、会议室等。参观场所应设路标，对特殊参观者还应进行特别的准备，如用餐、用车等。另外还要准备好象征组织的产品、代表组织形象的小型纪念品。如果是外宾，应多选择一些有地方或民族特色的产品作为礼物。

（4）加强宣传工作。为了配合参观活动的有效进行，要积极做好传播宣传工作，尽可能邀请新闻记者参加，为他们的采访报道提供便利。此外，还应准备各种相关的宣传材料，如广告、关于组织和产品的说明书、画册、纪念册，并配备有关的视听材料供参观者观看。

（5）做好接待工作。参观的接待工作应针对接待任务进行总体安排并予以执行实施，一般包含了以下几项内容。第一，为参观活动所做的安排、协调、引领、衔接工作。包括：①制定总体接待方案；②联系协调相关部门，下达和分配具体接待任务；③按照方案调度车辆，搞好宣传讲解，确保参观活动高效、有序运转。其次是礼仪工作。包括：①迎送；②陪同；③会见；④纪念性礼品赠送，通过礼仪表达尊重和友好。第三，生活安排及其他有关服务。包括：①住宿与餐饮的安排；②返程票务订购；③物品托运等。通过生活服务，方便参观者，进一步体现对参观者的关心和友爱。

（6）结束参观活动。参观活动结束以后，还需要进行一系列的公关活动，如致函向来宾道谢，登报向各界鸣谢，召开参观者代表座谈会等。这样做的目的是听取各方意见和建议，以便改进日后工作。

重要信息 6-5　　组织参观活动的注意事项

组织参观活动虽然是件很繁杂的工作，但也是一项很好的公共关系活动。为了使参观活动收到应有的公共关系效果，在组织参观活动时，必须注意以下事项。①要结合参观者的要求和组织的自身情况组织公众参观活动，活动既要有针对性又要适合参观者的兴趣爱好。②要恰如其分地介绍组织情况，在不泄露机密的前提下，使参观者对组织有较为深入的了解。③要妥善安排参观活动的每一个细节，防止出现不必要的失误。④要虚心征求参观者的意见和建议，积累经验，使参观活动产生更加积极的效果。⑤在参观过程中，如果参观者提出特殊要求，工作人员要注意先与有关管理人员或负责人商讨后再作答复，以免妨碍正常工作或发生意外问题。⑥搞好食宿交通等后勤保障工作。如果开放参观活动的时间较长，注意中间要安排休息时间和餐点。

任务实训 6.3

联谊与参观活动讨论

实训目的：

加深学生对联谊与参观活动工作内容的认识。

实训安排：

1. 学生收集并讲解一些举办联谊与参观活动的故事或案例；
2. 分析其对公共关系管理活动的影响，讨论联谊与参观活动的公共关系意义。

教师注意事项：

1. 由生活事例、企业经营事例导入对联谊与参观活动的认识；
2. 提供一些联谊与参观活动的简单案例，供学生讨论；
3. 提供其他相应的学习资源。

资源（时间）：

1 课时、参考书籍、案例、网页。

评价标准

表 现 要 求	是否适用	已达要求	未达要求
小组活动中的外在表现（参与度、讨论发言积极程度）			
小组活动中，对概念的认识与把握的准确程度			
小组活动中，角色扮演的精准度			
小组活动中，文案制作的完整与适用程度			

小 结

公共关系专题活动的成功重在科学的策划与严密的组织。进行公共关系专题活动，首先要制定好目标以及实施方案（计划），在此基础上，组织好公共关系专题活动的每一个环节。做好公共关系专题活动的过程管理与效果测评，是整个公共关系专题活动取得良好效果的保障。

本章围绕公共关系专题活动的程序，设计了各环节操作的专门知识，设置了重要术语、重要信息等栏目，体现了对一些重要理论知识的重组。

本章以任务提示开始，以企业实际项目结束，并安排了学生自我工作总结。希望读者能够在获知工作信息的基础上，在教师引领下，按照“资讯、计划、决策、实施、检查和评价”六步骤来完成各项实训活动，直至完成实践项目活动，以实现“学习就是工作，工作就是学习”的目标。

本章的学习目标：完成本任务后，学生能够认识公共关系专题活动，并能够认识简单的、与日常生活相关的公共关系管理活动，进而能够认识企业实际公关专题活动管理项目。

重要术语

公共关系专题　庆典　社会赞助　新闻发布会　展会　联谊活动　参观活动

知识与技能检测

一、课堂讨论

1. 公共关系专题活动的时机要求。
2. 庆典活动的系统性。
3. 企业社会赞助与经济效益。
4. 展会的直观性。
5. 新闻发布会的互动性。
6. 联谊活动公关范围的有限性。
7. 对外开放参观的公关效果。

二、课后自测

1. 选择题

（1）公共关系专题活动的主要类型有（　　）。

A. 庆典　　　　B. 社会赞助

C. 展会　　D. 新闻发布会

E. 联谊、参观

（2）举办庆典活动要（　　）。

A. 精心策划　　B. 既热烈隆重，又高效节约

C. 对内能增强凝聚力　　D. 对外能协调关系，扩大宣传，塑造形象

（3）社会赞助的目的有（　　）。

A. 配合广告宣传，增强广告影响力，提高经济效益

B. 承担必要的社会责任，树立良好的组织形象

C. 联络公众情感，改善社会关系，扩大影响

D. 完全替代广告

（4）展会信息传播具有（　　）等特征。

A. 直观性　　B. 双向性

C. 综合性　　D. 高效性

E. 新闻性

（5）新闻发布会有这样一些特点（　　）。

A. 发布信息形式正规严肃，具备一定权威性、可靠性

B. 可以和记者进行广泛沟通和交流

C. 可以消除对组织不利的谣言，以正视听

D. 可以替代广告

（6）以下对联谊活动的说法正确的有（　　）。

A. 参与者可以是过去的同学、同事、同乡或曾经有过较密切交往的人员

B. 参与者可以是同行、朋友

C. 通过这些活动，成员可以增进相互间的了解，增进友谊

D. 可以为社会进步与发展作出一定的贡献

（7）开放参观的作用包括（　　）。

A. 扩大组织的知名度，提高美誉度　　B. 促进组织的业务拓展

C. 和谐组织与社区的关系　　D. 增强员工或家属的自豪感

2. 判断题

（1）公共关系专题活动也称公共关系的“特殊事件”。（　　）

（2）公共关系专题活动可以联络与公众的情感。（　　）

（3）庆典活动就是渲染气氛，使参加者情绪受到感染，从而提高传播效果。（　　）

（4）社会赞助活动没有固定主题，就是公益活动。（　　）

（5）展会的信息传播比较间接。（　　）

（6）新闻发布会主要用来挽回对组织的负面影响。（　　）

（7）联谊活动的参加者都是熟人。（　　）

（8）组织对外开放的参观活动不用明确目的。（　　）

3. 简答题

（1）公共关系专题策划与组织的要求有哪些？

（2）社会赞助的内容有哪些？

（3）展会的特点有哪些？

（4）开放参观的类型有哪些？

（5）组织参观活动的注意事项有哪些？

4．案例分析题

第 29 届奥运会会徽发布会

项目主题：中国印·舞动的北京

项目主体：第 29 届奥林匹克运动会组织委员会

项目执行：第 29 届奥林匹克运动会组织委员会

项目背景：奥运会会徽是奥运会形象景观的核心元素，是当今世界最具价值的无形资产之一，是构成奥运会市场开发和奥运会形象宣传的重要载体。因此，此次北京奥运会会徽发布活动是奥运筹备阶段具有里程碑意义的重大事件。会徽发布恰逢北京非典之后，是北京及全中国恢复国际形象的重要契机，也是中国人民恢复信心的重要时机，这无疑使会徽发布活动显得更加意义非凡。

项目策划：聘请国内外大型活动和奥林匹克策划专家，组成核心创意国际团队。严格保密，保证会徽发布前的悬念。消息披露层层递进，以预热宣传营造强大新闻悬念。整合政府、社会各方有利资源，组成活动实施团队。聘请专业制作公司制作实施。充分做好各项预案，如天气变化预案，反复演练，确保电视直播成功。聘请国际专业公共关系公司，确保充分发挥境外媒体的宣传作用。

一、现场发布

1. 发布仪式地点选在中华古老文明的象征性建筑天坛祈年殿，它为会徽发布搭建了一个前所未有的东方文明的背景和平台。

2. 会徽从世纪坛经长安街运送到天坛，由邓亚萍、成龙护送会徽入场，期间通过电视直播，向全世界展示现代化北京的风采，为发布活动做精彩铺垫。

3. 全国人大常委会委员长吴邦国和国际奥委会协调委员会主席维尔布鲁根为会徽揭幕，活动提升到了国家庆典的水平。

4. 播出国际奥委会主席罗格的电视致辞和张艺谋执导的宣传片。

5. 诠释会徽元素和理念的文艺表演。

6. 中央电视台和北京电视台对发布仪式互动式现场直播，奥组委官方网站进行网上直播。

7. 仪式后，现场举行简短新闻发布会，邀请会徽设计者、评审等相关人员会见媒体。

二、后续宣传

1. 中央电视台、北京电视台在黄金时间、重点栏目于会徽发布当晚和之后一周全面推出有关会徽的专访、专题节目。

2. 组织平面媒体和电台进行后续新闻报道和专访，深度挖掘会徽诞生的故事。

3. 首届奥林匹克文化节期间，在世纪坛举行会徽展，推出会徽专题论坛，加深公众对会徽的了解。

4. 在青岛、沈阳、天津、上海等奥运会协办城市举办会徽巡展，继续扩大会徽在全国范围的影响力。

5. 举办一系列文化活动公开宣传会徽，推广会徽。

6. 开展严密的媒体监督，针对一些不实报道（如专利注册问题）及时展开纠正性报道。

三、项目评估

2008 年奥运会会徽发布仪式圆满成功，隆重、典雅、富有中国文化特色的会徽发布仪式得到社会各界一致好评。

国际奥委会官员在发布后举行的媒体见面会上称，北京奥运会的会徽发布是奥运会百年历史上最出色的会徽发布。中国印·舞动的北京一夜之间深入人心。

国内、港台媒体在头版或重点时段刊发、播出大量全面、详细的新闻报道，会徽形象深入人心。境外媒体报道充分全面，且基本上为正面或中性报道。来自 35 个驻京境外新闻机构的 100 多名记者出席了会徽发布仪式，全球共产生了 635 篇次的平面和电视报道，全球各大主要电视台和广播电台反复播放现场发布的壮观场景，共实现了 37 亿人次的媒体印象。

阅读以上材料，回答问题：

1. 概括发布会主题的提炼特点；
2. 发布会地点的选择与主题的关系；
3. 针对这一活动，提出改进建议。

实践项目

参与企业实际公共关系专题活动

活动目的：

完成较复杂因素下的公共关系专题活动的策划与组织。

活动安排：

1. 教师与校外基地接洽，进入企业实际项目；
2. 学生分组，参与公共关系专题活动策划，讨论并写出报告。

教师注意事项：

1. 引导学生参与公共关系专题活动项目；
2. 学生分组讨论并制定公共关系专题活动方案；
3. 组织相应学习资源。

资源（时间）：

1 课时、参考书、相关书籍、基地企业。

评价标准

表　现　要　求	是否适用	已达要求	未达要求
小组活动中的外在表现（参与度、讨论发言积极程度）			
小组活动中，对概念的认识与把握的准确程度			
小组活动中，角色扮演的精准度			
小组活动中，文案制作的完整与适用程度			

增值阅读

“环保时尚内衣秀”新闻发布会策划方案

一、发布会主题

绿色环保、健康时尚，“新新”牌内衣系列新产品是您温馨、浪漫的选择。

二、发布会筹备

6月20日前，发布会策划方案定稿。

7月10日前，企业宣传片、宣传单、宣传册、台卡、背板、邀请函、横幅、新品展示资料图片、风格设计方案确定。其中宣传片在7月5日前出样片。

7月25日前，相关新闻稿及软文撰写完毕。

8月10日前，确定参会领导、经销商及媒体人员名单。

8月12日，联系酒店方，会议所需物品到位。同时，发邀请函签到本、签到笔、背板、横幅、海报、气球等，准备布展。最终确定场地布置、餐饮地、住宿房间、物料运送、气氛、背景、设备调试、桌椅安排(来宾位置)等。

8月15日上午，物品检查、人员检查、资料检查、礼品检查、会场检查。全程摄影摄像协调落实，签到开始，赠送资料袋，嘉宾媒体佩戴胸花，会场资料发放，会场引导。

8月15日下午2:00，主持人宣布新品发布会开始。

8月31日前，发新闻稿。

三、邀请参会人员

嘉宾：公司领导、政府部门人士。

经销商代表：5~10名。

媒体代表：《经济日报》、北京电视台、《中国青年报》、搜狐网等。

四、场地布置

酒店大堂内，接待人员佩戴单位绶带迎宾，标明会场、就餐场所。设接待人员2名，礼仪向导2名。

主会场巨型喷绘背景墙，产品展架、厂家LOGO，鲜花。投影仪播放企业宣传片、纪录片。调试音响，指定摄、录像人员。

五、会议议程

12:00之前，接待来宾，签到。

14:00，引导嘉宾、经销商、记者入场。

14:10，播放企业宣传片。

14:30，主持人宣布发布会开始，并介绍来宾。

14:35，公司总裁、嘉宾致辞。

15:10，公司领导与嘉宾共同开启新品幔布。

15:12，公司司歌演唱。

15:16，新品模特展示、解说。

15:50，答记者问。

16:30，会议结束，安排嘉宾退场、赠送礼品。

16:35，公司领导与媒体交流。

17:00，交流结束，赠送礼品。

学生自我工作总结

通过完成任务六 公共关系专题，我能够作如下总结：

一、工作思路（原理）

完成本任务的工作思路为：

1.

2.

二、工作准备

完成本任务的工作准备有：

1.

2.

三、工作实施分析

本任务的工作实施过程是：

1.

2.

四、工作过程分析

本任务的工作过程：

1. 工作过程要素有：
2. 这样做要领有：
3. 这样做的原因有：

五、成果检验

本任务的工作成果：

1. 完成本任务的意义有：
2. 学到的经验有：
3. 自悟的经验有：
4. 形成的策略有：

任务七
组织形象塑造

学习目标

1．知识目标

① 认识组织形象塑造的内涵。
② 认识组织形象定位的内容。
③ 认识组织形象推广的方法与要求。

2．技能目标

① 能说明组织形象塑造的意义。
② 能编写组织形象推广计划。
③ 对组织形象塑造工作有整体认识。

任务描述

作为公共关系学习的第七大任务，组织形象塑造是整个公共关系管理活动的常态化管理工作之一。

这项任务的核心是：公共关系人员在了解组织环境、组织发展、竞争对手等情况的基础上，选择、设计组织理想的、独特的个性化形象；经过周密的策划，拟订详尽的计划，通过对内宣传和对外推广，使崭新的组织形象尽快得到社会公众的认同，完成组织形象建立的目的。

在现代社会中，一个组织的形象会直接影响组织的生存和发展。

情境导入

在公共关系管理职业活动中，完成了“公共关系专题”的学习后，即将面临公共关系活动的第七大职业工作任务——组织形象塑造。

组织形象是指社会公众对一个组织综合认识后形成的印象和评价。组织形象对于组织来说至关重要。在现代社会中，一个组织的形象如何，会直接影响它的生存和发展。因此，树立良好的组织形象，是组织至关重要的任务，也是公共关系工作的重要目的。但不同的组织应有不同的形象定位与设计，同时组织形象还要努力推广并适时加以更新和矫正。

组织形象的塑造，表现为公共关系人员能够选择最独特的形象定位、推广途径和手段、方法和技巧，不仅能执行推广创意，而且能创造性地更新组织形象，矫正组织形象的不足。组织形象是一个有机的整体，是组织内部诸多因素共同作用的结果。从这个意义上说，组织形象塑造是公共关系活动的核心。

任务解析

根据公共关系管理职业工作活动顺序和职业教育学习规律，“组织形象塑造”任务可以分解为以下子任务。

任务7.1　组织形象的定位与设计

↓

任务7.2　组织形象的建立与推广

↓

任务7.3　组织形象的更新与矫正

同步实训

根据公共关系管理职业成长规律及职业学习原理，“组织形象塑造”任务可以安排以下同步实训。

	实训名称	实训目的
任务实训 7.1	组织形象定位讨论	加深学生对组织形象定位与设计的认识
任务实训 7.2	组织形象建立与推广活动讨论	加深学生对组织形象建立与推广的认识
任务实训 7.3	组织形象更新与矫正活动讨论	加深学生对组织形象巩固与矫正的认识
实践项目	参与企业形象塑造工作	完成较复杂因素下的组织形象塑造

公关故事

本书的第七个故事要从民间歌手阿宝讲起。2005 年，来自民间的歌手阿宝在中央电视台《星光大道》上凭借一曲《山丹丹开花红艳艳》取得年度总冠军。2006 年春节联欢晚会上，他和著名歌唱家吴雁泽、戴玉强一起演唱了《草原上升起不落的太阳》。阿宝高亢的声音、饱含乡土气息的演唱征服了观众，这个节目获得了观众最喜爱的春节晚会节目二等奖。从此，人们提到阿宝，脑海中就会浮现出：头扎白毛巾、身穿羊皮坎肩、腰里扎着红绸子的一个西北汉子形象。这就是他演出时的状态！目的是为了与歌的内容情境相匹配。

那么，组织形象是什么呢？提起麦当劳，人们的脑海中首先出现的是什么？对！是一个大大的金黄色的"M"！

麦当劳（McDonald's）取M作为其标志，颜色采用金黄色，它像两扇打开的黄金双拱门，象征着欢乐与美味，象征着麦当劳的"Q、S、C&V"，像磁石一般不断把顾客吸进这座欢乐之门。麦当劳在美国现代社会中具有强烈的存在意义，其企业理念是Q、S、C&V，即优质(Quality)、服务(Service)、清洁(Clean)、价值(Value)。

"优质"，麦当劳的品质管理十分严格，它的经营方针是坚持不卖味道差的食品，这种做法重视品质管理，使顾客能安心享用，从而赢得公众的信任，建立起高度的信誉。

"服务"，包括店铺建筑的舒适感、营业时间的设定、销售人员的服务态度等。"微笑"是麦当劳的特色，所有的店员都面带微笑，活泼开朗地与顾客交谈，让顾客觉得亲切。

"清洁"，麦当劳要求员工要维护清洁，并以此作为考察各连锁店成绩的一项标准，这树立了麦当劳"清洁"的良好形象。

"价值"，它表达了麦当劳"提供更有价值的高品质物品给顾客"的理念。麦当劳强调价值，即要附加新的价值。

作为麦当劳标志之一的麦当劳叔叔，象征着祥和友善，象征着麦当劳永远是大家的朋友，社区的一分子。北京麦当劳公司在王府井餐厅开业之际，就向北京儿童福利院、北京特奥委各捐款一万美元。除了这些出资赞助的公益活动外，到公园参加美化活动，到地铁去搞卫生，在店外大街上擦栏杆，维护社区环境卫生则是麦当劳经常性的公益活动。这些活动不仅受到市民的赞赏，同时加强了员工的社会责任感及参与意识。

企业形象的好坏不仅影响企业的经营，甚至影响企业的生存。1991年美国洛杉矶曾因种族歧视而发生打砸抢烧等动乱，许多商店、餐厅被烧毁、哄抢，可是没有一家麦当劳餐厅受到破坏，麦当劳长期的公益活动及慈善事业得到了社会的回报。

7.1 组织形象的定位与设计

任务提示　这是公共关系初学者学习组织形象塑造活动的第一步，认识组织形象塑造的含义，把握组织形象的定位、设计工作和具体要求，在此基础上，能够初步进行组织形象设计。

组织形象是社会公众对一个组织的印象和评价。在现代社会中，一个组织的形象如何，会直接影响到组织的生存和发展。因此，树立良好的组织形象，是组织至关重要的任务，也是公共关系工作的重要目的。但不同的组织应有不同的形象定位与设计，同时还应努力推广组织形象并适时加以更新和矫正。

对企业来讲，组织形象包括实力形象、文化形象、人才形象、品牌形象等。

重要术语 7-1　　组织形象

组织形象是指一个社会组织的内部或外部公众对该组织综合认识后形成的全部看法、认识和综合评价。组织形象一般可以用知名度和美誉度两项指标来反映。某种程度上，公共关系就是塑造组织形象的工作。

7.1.1　组织形象定位

定位的说法最早出现在 1972 年美国很有影响力的《广告年代》杂志上。当时突出强调的是通过大量广告攻心，使企业产品定位在顾客心中潜移默化。到 20 世纪 80 年代，美国著名营销专家菲力普·科特勒开始把定位理论与实践系统化、规范化。他指出：定位就是树立企业形象，设计有价值的产品和行为，以便细分市场的顾客了解和理解企业与竞争者的差异。可见，要想组织在公众心目中留下清晰、深刻的印象，就必须有准确的形象定位。

重要术语 7-2　　组织形象定位

组织形象定位是指组织根据环境变化的要求、本组织的情况和竞争对手的实力，选择自己的经营目标及领域、经营理念，为自己设计出一个理想的、独具个性的形象。

1．组织形象定位要素分析

一般来讲，组织形象定位的要素包括主体个性、传达方式和公众认知。组织形象定位工作应从这三个要素的定位做起。主体是指组织，个性包括品质个性、价值个性两个方面；传达方式是指把主体个性信息有效准确地传递到公众的渠道和措施；公众认知是指达到形象定位。

（1）主体个性。主体个性是组织在其品质和价值方面的独特风格。组织形象定位必须以主体的存在特性作为基础，否则定位是虚假的。主体间有共性，比如都有较高的质量，都有精良的售前、售中、售后服务，都有适销对路的产品等。但更值得思考的是个性特点，如组织目标定位、组织精神定位、组织风格定位等。

组织形象定位必须是组织所具有的个性，不能夸张，也不能生硬编造，否则会被公众遗弃。如豪华轿车劳斯莱斯是以“不求廉价便利，只求高档豪华”作为形象定位的，这种定位的背后是过硬的产品及服务。如果一家品质、服务平平的组织，也提出高档、豪华的形象定位，其结果只能让公众感到“盛名之下，其实难副”，结果只能事与愿违。

公关实务 7-1　　日本五大电器公司的企业精神

日本的五大电器公司都是以各自个性来表现其组织形象定位。索尼以“冒险、创新”精神作为其形象定位；东芝以“尽量满足公众的各种需求而生产包罗万象的产品”为其形象定位；松下则在为“生产像自来水一样廉价的家电用品”而努力；日立以“不断改革自身技术”来发展企业形象；三洋则在“薄利多销”上狠下功夫。这些定位都从不同程度上体现了组织目标、组织精神、组织风格的定位。

（2）传达方式。主体个性信息如果不能有效传达，公众根本无法做到了解和把握。传达方式主要指营销方式、广告与公关等宣传方式。良好的组织形象不见得在主体个性上有过多的优势，但其传达到位是不容怀疑的。如 IBM 并不是电脑的发明人，从这一点讲，IBM 在电脑方面的主体个性肯定不是优势。但是 IBM 确实运用有效的传达方式使人们将电脑与 IBM 联系起来，并以优良的服务，建立起“IBM，意味着最佳服务”的形象定位。

（3）公众认知。形象定位完成的标志是公众认知。公众对组织形象的认知是在获得组织提供的物质、服务的同时，也要能获得精神上、感情上的满足，才能使组织形象更有效、更深刻地被公众认知、接受。

上述三个要素，分别从主体、通道、客体三个方面描述了完整的组织形象定位。

2．组织形象定位方法的选择

组织形象定位的方法有多种，但目的只有一个，即在公众心目中留下深刻、清晰的组织形象。

（1）个性张扬定位法。指充分表现组织独特的信仰、精神、目标与价值观等。它不易被人模仿，是自我个性的具体表现。这既是组织形象区别于他人的根本点，又是公众认知的辨识点。如麦当劳以“优质、服务、清洁、价值”为经营理念；美国 IBM 公司以“科学、进取、卓越”的独特定位来表现组织哲学。个性形象可以是整体性的，也可以是局部性的，如组织的人员个性、产品个性、外观个性、规范个性等。

（2）优势表现定位法。公众对组织形象的认识实质上是对其优势性的个性形象的认识。组织以自身优势做形象定位，才能赢得公众的好感与信赖。因为公众都会不同程度地得益于这种形象定位。当然，组织也同样会因这种定位而获得更高的经济效益与社会效益。不同组织都有不同的优势，只要抓住优势进行定位，就可以很好地发挥作用。如可口可乐公司曾宣称：“只有可口可乐，才是真正可乐！”这是可口可乐公司在软饮料市场上确立其领导地位的宣言。这一概念最先进入人们的思想，调动并加强了可口可乐在人们心目中的印象。

（3）公众引导定位法。组织通过对公众从感性上、理性上、感性与理性相结合上的引导来树立组织形象的定位方法。①感性引导定位法是指组织对公众采取情感性的引导方法，以求获得感性共识。如海尔集团的“真诚到永远”以打动人心的感情形象扎根于公众心目中。②理性引导定位法即针对消费者采取理性的说服方式，让他们自己作出判断进而获得理性的共识。如苹果公司被挖掉了一块的苹果标识，这种承认自己并非完美的做法，有利于培养起公众的信任感。③感性与理性相结合的引导定位。综合了感性与理性的双重优势，在对公众“晓之以理”“动之以情”的过程中完成形象定位。麦当劳以其干净、快捷、热情、优质组成的“开心无价，麦当劳”为其组织形象定位。

（4）形象层次定位法。根据组织形象表现为表层形象与深层形象来进行定位的方法。表层形象定位，如可口可乐鲜红底色上潇洒动感的白色标准字就体现出了“世界第一可乐饮料”的大家风范。深层形象定位，如 Sony 公司提出制造能够“触动消费者心弦”的产品。

（5）对象分类定位法。对象分类定位方式主要是针对内部形象定位和外部形象定位而言。内部形象定位主要指企业家、管理人员、科技人员以及全体员工的管理水平、管理风格的定位。如三星公司的“质量是三星人的尊严”是其管理风格的真实写照。外部形象定位是指组织外部的经营决策、经营战略策略、经营方式与方法等方面的特点与风格的定位。如迪斯尼乐园提倡的“爱心、友谊、善良、真诚”，属于外部形象定位的方式。

重要信息 7-1　　组织形象的特征

（1）整体性。组织形象是一个有机的整体，形象是组织内部诸多因素共同作用的结果。以企业为例，企业形象包括企业历史、地位、员工的思想、文化、技术、产品质量等因素。完整的企业形象就是各个形象要素所构成的具体要素的总和。

（2）主观性。组织形象是公众对组织的意见或看法，是一种主观性的东西。社会公众本身具有差异性，他们观察组织的角度、审视组织的时空维度也不相同，这样社会公众对同一企业及其行为的认识和评价就必定有所不同。此外，在形象塑造和传播过程中，必然要发挥组织员工的主观能动性，这其中渗透了企业员工的思想、观念和心理色彩，因此，组织形象是主观的。

（3）客观性。组织形象所赖以形成的物质载体都是客观的，如组织的建筑物是实实在在的，产品是实实在在的，员工也是具体的，组织的各种活动也是实实在在的。所以，组织形象作为客观事物的反映，是不以人的意志为转移的，不能在虚幻的基础上构筑组织形象。

（4）相对稳定性。社会公众对组织产生的认识和看法，一般会保持一段时间，不会轻易改变或消失，这是组织形象的相对稳定性。组织形象的这种相对稳定性使得拥有良好形象的组织持续受益，而拥有不良形象的组织因形象难以改变而受损。当然形象不是一成不变的，但要改变一种形象总是不容易的。

7.1.2 组织形象设计

重要术语 7-3　　形象设计

形象设计就是根据组织形象定位的指导思想把重要的形象要素视觉化、符号化，或者说进行系统的形象要素设计。形象设计应该包括形象内涵的设计与形象外延的设计两大部分。

形象设计应该包括形象内涵的设计与形象外延的设计两大部分。形象内涵主要涉及企业整体特别是企业主要产品品牌的定位问题。缺乏形象内涵的形象塑造，使视觉设计和形象推广都缺乏依据和内容。形象内涵通过一些可以观察到的形式体现出来，这就是形象外延的设计。

1．确立组织形象设计基础

组织形象设计必须首先从其内在基础开始，这是组织形象间有所区别的根本。主要包括组织事业领域的确定、组织目标的确定和组织理念的确定。

（1）确定组织事业领域。对于企业来讲，生产领域是其生存的基础，事业领域则是其面向未来的总体方面，是发展的长远打算。一般而言，组织事业领域包括核心产品或服务、基本市场、主要技术、组织性质四个要素。组织在确定事业领域时，必须充分考虑技术发展的未来趋势，使组织的形象定位能为组织的发展提供较大的空间。同时组织的定位还要充分考虑消费形态的变化趋势，既要谨慎，保持经营内容的连续性，又不可过于死板，丧失了灵活性和可变性。

（2）确定组织目标。组织的事业领域只是组织的发展前景、希望，还必须设定相应的目标。没有组织目标，组织就没有发展方向。组织目标分为总目标和阶段目标。组织目标的确立必须遵循：与事业领域一致性原则、可行性原则、可衡量原则、重要目标优先原则。

（3）确定组织理念。组织理念指带有个性的组织经营活动的思想或观念。组织理念是组织生命力和创造力的综合、整体反映，是一切组织形象的出发点和归宿点。如中国国际航空公司的核心理念就是“服务至高境界”。

2．分析组织形象设计的条件

组织形象的设计除了注重内在基础的建立之外，还需要与外在条件相配合，才能使组织形象在市场竞争中保持优胜的状态。组织形象的外在条件可分为现实市场环境和未来发展的条件。

（1）现实环境分析。在当今消费者需求多样化、多变化的成熟消费时代，组织只有通过具有个性化的形象策略，赋予组织独特的魅力，才能战胜消费者的挑战。另一个方面就是组织形象必须与同行保持差异性，才能在复杂的市场中独树一帜。因此，在组织形象设计时必须重视其形象的差异性。

（2）未来发展条件分析。在进行组织形象设计时，不仅要考虑到现在的定位，而且要考虑到未来如何在公众心目中立于不败之地，如何继续发展组织形象的问题。注意组织形象的统一性和动态性，这对组织形象在未来的发展中起着重要的作用。

3．进行组织形象设计

组织形象设计是一项周密、复杂、系统的长期发展规划。作为一项系统工程，必须要按照一定的规则，循序渐进地展开工作，才能达到预期的目标。大致包括制定设计计划、选定设计人员、收集相关信息、形成初步设计、组织验证测试、组织形象推广。

重要信息 7-2　　组织形象设计的原则

（1）实用性，指形象设计的根本还在于形象是否实用，缺乏实用性的设计再好也不会给组织带来好处。

（2）创新性，指对主要公众要创造出一种不同凡响又有特色的形象。

（3）一致性，指无论何时、何地面对任何公众，形象都应该是始终如一的，不能变幻莫测。

（4）易行性，指形象设计要易操作、易掌握、易被接受。

重要信息 7-3　　　　　　组织形象的分类

（1）按组织形象的内容可分为特殊形象和总体形象。特殊形象是某一方面或少数几个方面给公众留下的印象，或者组织在某些特殊公众心中形成的形象。如企业的良好服务使某些顾客形成了组织“优质服务企业”的形象。特殊形象对企业很重要，因为公众是不可能全方位、全面了解组织的。总体形象就是企业各种形象因素所形成的形象的总和，也是各种特殊形象的总和，但两者又不是简单相加的总和。

（2）按照组织形象的真实程度可分为真实形象和虚拟形象。真实形象是指组织留给公众的符合组织实际情况的形象，虚拟形象则是组织留给公众的不符合组织实际情况的形象。虚拟形象形成的原因是多方面的，既有传播信息过程中的失真，也可能有公众评价的主观性、偏向性原因。需要说明的是，真实形象不一定就是好形象，而虚拟形象也未必等于坏形象。

（3）按照组织形象的可见性可分为有形形象和无形形象。有形形象是指那些可以通过公众的感觉器官直接感觉到的组织对象，包括产品形象（如产品质量性能、外观、包装、商标、价格等）、建筑物形象、员工精神面貌、实体形象（如市场形象、技术形象、社会形象等）。无形形象包括组织经营宗旨、经营方针、组织经营哲学、组织价值观、组织精神，组织信誉、组织风格、组织文化等。这些无形形象往往比有形形象有价值，如对麦当劳、可口可乐、索尼、劳斯莱斯等企业而言，它们的企业信誉等无形资产比那些机器设备和厂房要重要得多。

此外，还可以按形象的现实性，把组织形象分为实际形象和期望形象。

任务实训 7.1

组织形象定位讨论

实训目的：

加深学生对组织形象定位与设计工作内容的认识。

实训安排：

1. 学生收集并讲解一些组织形象定位与设计的故事或案例；
2. 分析其特点，讨论组织形象定位与设计工作的重要性。

教师注意事项：

1. 由生活事例、企业经营事例导入对组织形象的认识；
2. 提供一些组织形象设计的简单案例，供学生讨论；
3. 提供其他相应的学习资源。

资源（时间）：

1 课时、参考书籍、案例、网页。

评价标准

表 现 要 求	是否适用	已达要求	未达要求
小组活动中的外在表现（参与度、讨论发言积极程度）			
小组活动中，对概念的认识与把握的准确程度			
小组活动中，角色扮演的精准度			
小组活动中，文案制作的完整与适用程度			

7.2 组织形象的建立与推广

任务提示

这是公共关系初学者学习组织形象塑造的第二步，认识组织形象建立与推广的含义，把握组织形象的建立、组织形象的推广工作和具体要求，在此基础上，能够初步进行组织形象推广。

7.2.1 组织形象的建立

对一个组织而言，组织形象的建立一般包括以下几方面的工作。

1．组织现有形象的调查

组织现有形象调查是组织形象建立的依据。组织现有形象的调查包括内部调查、外部调查和组织综合指数调查。

（1）内部调查。通过对组织经营理念、行为准则、营运机制、生产管理水平、技术及人才储备、产品结构、员工状况、产品开发策略、财务状况、信息传达方式、目前组织形象等方面的内部研究和分析，整理出组织形象存在的问题。内部调查可以采取与高层主管访谈、与员工访谈、文案调查、情报视觉审查等方法。

（2）外部调查。外部调查分为两个层面。一是宏观的层面，包括经济、政治、社会、科研等几个方面；另一个层面，包括竞争对手、市场调研等方面。

（3）组织综合指数调查。主要调查公众对组织的认识、态度和印象，这是一个受综合因素影响和作用的结果，主要包括组织文化、组织精神、组织产品质量、服务态度、组织认知度、组织美誉度、组织和谐度，后三个指数为调查的基本内容。

2．组织形象框架的设定

以组织形象调查为基础，对组织未来形象建立理念、行为和识别系统，提出具体可行的形象塑造方案。组织形象是否能扩大，是否能成功，与这一阶段的工作有很大的联系。组织形象的框架设定主要从以下几个方面来进行。

（1）确立组织理念。组织理念主要包括组织使命、组织精神、组织的价值观和组织目标。其具体的表现形式为口号、标语、守则、歌曲、警语、座右铭以及组织高层人员有关组织精神的讲话。通过确立组织理念，把价值观念、最高追求连为一体，为组织的发展指明方向。

（2）确立行为规范。组织形象最终必须落实到行动上，组织的行为主要包括五个方面的规范化管理。即组织领导的规范化、组织决策的规范化、产品流转的规范化、专业工作的规范化、部门工作与岗位工作的规范化。

公关实务 7-2　　麦当劳员工的行为规范

麦当劳为了保证组织行为达到高度的统一，针对全体员工专门制定了一本厚达 385 页的行为规程。主要包括以下几点。

（1）营业的训练手册。详细说明麦当劳的各项规定，餐厅各项程序、步骤和方法，是指导麦当劳运转的“圣经”。

（2）岗位检查表。麦当劳把餐厅服务工作分为 20 多个工作段，每个工作段都有岗位检查表，上面详细说明工作段检查的项目、步骤和岗位责任。

（3）品质导正手册。管理人员人手一册品质导正手册，手册详细说明了各种半成品的接货温度、储存温度等各种与质量有关的数据。

（4）管理人员训练。麦当劳的训练系统很完善，所有的经理都从员工做起，编写的经理发展手册，共四级四本。学完第四册，升到第一副经理后就要送到芝加哥汉堡包大学学习高级课程。麦当劳经理实行的是一带一的训练，即一个经理训练一个经理，训练合格后，才有晋升机会。

（3）建立识别系统。识别系统是组织形象外在的主要表现。这一系统的内容必须清晰可见，非常明确，具有极强的感染力和传播力。识别系统的设计必须遵循以组织理念为核心的原则、美学原则、习惯原则、法律原则、民族个性原则，以及化繁为简、化具体为抽象、化静为动的设计原则，才能使其具有很强的视觉冲击力、识别度。

重要信息 7-4　　组织形象识别系统

一个完整的识别系统包括如下内容。

（1）基本要素。组织标志/产品标志；组织名称；标准字（中、英文）；应用标准字；标准色；组织造型/吉祥图案；组织辅助图案。

（2）应用要素。办工事务用品；产品包装；广告传播；建筑环境；车辆标识；服装制式；展示规划；接待用品；环境标识；规范手册。

（3）基本要素组合规范。基本要素组合规定；基本要素组合系统的变体设计；禁止组合规范。

（4）组织形象方案论证。组织形象框架确立之后，必须经过多次反复的论证，才能得出切实可行的行动方案。论证的主体是专家，因此，组织在选择专家时不仅要注意选择本部门、同行中造诣高的专家，而且还要注意选择各门学科，比如社会学、心理学、经济学、管理学、文化学、传播学等方面的专家共同为组织形象的可行性加以论证，才能保证方案的全面合理。

重要信息 7-5　　CIS 战略

CIS 是"Corporate Identity System"的缩写。美国直译为"企业识别系统"，在英国被称为"组织身份计划"，在日本被称为企业形象战略。CIS 是通过统一的设计传达识别系统，让社会公众和内部成员更好地认知组织理念、价值观，进而建立优良的个性化组织形象的一种有效方法。

一、CIS 构成

1. 理念识别系统。组织理念主要包括四个基本内容：组织使命、组织精神、组织价值观和组织目标。其具体的表现形式为：口号、标语、守则、歌曲、警语、座右铭以及组织高层人员有关组织精神的讲话。

2. 行为识别系统。组织的行为主要包括五个方面的规范化管理：①指挥系统的规范化管理；②组织决策的规范化管理；③产品流转的规范化管理；④专业工作的规范化管理；⑤部门工作与岗位工作的规范化管理。

3. 视觉识别系统。这一系统所包括的内容要清晰可见，非常明确，具有极强的感染力和传播力。

二、CIS 手册

1. 企业理念手册的内容

（1）对事业领域的界定。事业领域是对企业所选择的产业领域的具体界定，是对企业所进入的产业进行的领域定位。

（2）对企业价值观的描述。企业的价值观分为本位价值和他位价值。本位价值是利己价值，他位价值是利他价值，只有通过利他价值的实现，利己价值的实现才能得到保障。

（3）对企业使命的追求。企业使命所应强调的是企业的追求、企业的社会责任等。

（4）对企业精神的提炼。将企业精神的价值意义和深层内涵准确地提炼出来。

2. 编制行为手册

（1）员工手册。具体内容有：员工形象要求；员工管理规程；人事管理规则。

（2）岗位手册。主要内容包括：各岗位的基本任务、工作职责、考核办法、职务说明等。

（3）营销手册。主要内容包括：营销人员的基本职责、营销工作程序、营销人员的行为规范、营销工作中的规章制度、各营销业务工作的处理办法与程序等。

（4）经理手册。经理手册中含总经理守则和一般经理人员的工作规则。

3. 编制视觉手册

企业视觉识别手册，是企业统一视觉系统的总体要求，是对外传达企业视觉形象的基本依据。

7.2.2 组织形象推广

公共关系人员进行组织形象推广，应该经过周密的策划，拟订详尽计划，通过对内宣传和对外推广，使崭新的组织形象能够尽快得到社会公众的认同，从而完成组织形象建立的目的。组织形象的推广一般包括以下几个方面的工作。

1. 对内宣传

对内的宣传是组织形象推广的第一步。这是因为组织形象的建立是靠全体员工共同努力得到的。内部员工不仅是组织形象的传播者，更是组织形象的缔造者，他们的言行和对组织的态度直接影响到组织的形象。所以，在组织向外推广形象之前，一般都要对组织的员工作一次详细的宣传，使他们成为组织形象向外推广的主力军。

（1）确定宣传内容。对内宣传主要就是向员工传递两个最关键的信息：一是组织的前景如何；二是组织目前的处境，以及应采取何种行为。

（2）选择宣传方式。第一，自上而下的宣传，即先对高层主管进行培训，再依靠组织内的等级结构，向下通知和解释；第二，自下而上的反馈，如通过员工意向调查、演讲会、征文比赛、征求宣传标语等，收集自下而上的信息反馈；第三，横向沟通，即通过组织内部召开的各种会议进行横向交流沟通。

公关实务 7-3　　北京王府井百货股份公司前景宣言

走过38年，辉煌已就，功业已成……风雨我们同舟，兴荣我们与共，在"一团火"企业精神的凝聚下，广大职工无私奉献、团结友爱、艰苦奋斗、开拓进取，用我们的光和热去温暖每一个人，每一颗心。

随着股份有限公司的改组，历史将我们再一次放到了从头越的起跑线上。这是机遇，这更是挑战。再度的辉煌需要我们去攀登，崭新的形象需要我们去塑造。为此，我们要造就一个充满友爱、亲情、温馨、祥和家庭般的宽松气氛，造就一个海阔凭鱼跃，天高任鸟飞的大舞台，造就一个得俱得、失俱失、全身心投入、充满归属感的大氛围，我们更要在全社会，以至在全世界造就一个全新、鲜明、温馨、祥和，永远向前的北京王府井百货大楼（集团）股份有限公司的新形象。

任重而道远，增强现代经营理念，现代管理意识，使全体大楼人爱业、兴业、敬业精神再一次得到升华。使外部公众对公司形象在更高层次上进一步给予美誉，是我们实施企业形象系统工程的明确主旨。它将对我们走入国际惯例管理体系，进一步光大我们的整体形象起到重要的推动作用。

再腾飞，咫尺可见，再辉煌，曙光已破晓，愿每一位大楼人真诚投入，全心参与，殚精竭虑，积极进取。让我们共同创造更加美好的未来，与公司共享辉煌。

2. 对外推广

在对外推广组织形象时，必须针对不同的关系对象，选择与之相适应的传播媒体和手段。

（1）人际传播。人际传播是指人与人、人与群体之间的直接传播。人际传播是人类社会进行交流和传递信息的一种最普遍、最常用、最直接的传播方式。它对于组织形象的推广，特别是组织美誉度、和谐度的建立，具有极大的作用。

（2）大众传播。大众传播是通过一定的传播媒介，向公众进行组织形象的宣传。在现代社会，对于组织形象的推广，大众传播是最快捷、最有利的手段。大众传播在组织形象推广上主要有两种方式，即广告和形象推广活动。

重要信息 7-6　　组织形象塑造的意义

塑造组织形象具有如下几个意义。

（1）组织形象是无形资产的重要组成部分。无形资产是组织资产的重要组成部分，它是不具有实物形态而以知识形态存在的重要经济资源。因此，一个组织要不断地发展、维系自己的无形资产，就必须充分重视组织形象。

（2）组织形象是组织生存发展的精神资源。组织形象之所以能以精神资源作用于组织的生存发展，是因为组织形象具有以下功能。①规范与导向功能。组织形象是组织的生存与发展树立的一面旗帜，向全体职工发出的一种号召。②凝聚与整合功能。组织形象确立的共同价值观和信念，就像一种粘合剂，将组织全体员工紧紧地凝聚在一起。③激励功能。良好的组织形象可以使组织内部的员工产生一种骄傲与自豪。这种感觉可以让员工保持一种士气高昂、奋发进取的精神态度。④辐射作用。组织形象的建立，不仅对内有着极大的凝聚、规范、号召、激励作用，而且能对外辐射、扩散，在一定范围内对其他组织乃至整个社会产生重大影响。

（3）组织形象是外在扩张的市场铺垫。在现代社会，组织形象的优良与否，是公众选择其产品或服务的重要依据。良好的组织形象会使公众对产品产生"信得过"的购买心理与勇气，使公众能够在纷乱杂陈、眼花缭乱的商品世界中培养起对组织的忠诚度，从而达到组织争夺更大的市场份额、进行组织扩张的目的。

任务实训 7.2

组织形象建立与推广活动讨论

实训目的：

加深学生对组织形象建立与推广工作内容的认识。

实训安排：

1. 学生收集并讲解一些组织形象建立与推广的故事或案例；
2. 分析其特点，讨论组织形象建立与推广工作的重要性。

教师注意事项：

1. 由生活事例、企业经营事例导入对组织形象的认识；
2. 提供一些组织形象推广的简单案例，供学生讨论；
3. 提供其他相应的学习资源。

资源（时间）：

1课时、参考书籍、案例、网页。

评价标准

表现要求	是否适用	已达要求	未达要求
小组活动中的外在表现（参与度、讨论发言积极程度）			
小组活动中，对概念的认识与把握的准确程度			
小组活动中，角色扮演的精准度			
小组活动中，文案制作的完整与适用程度			

7.3 组织形象的更新与矫正

任务提示　这是公共关系初学者学习组织形象塑造活动的第三步，认识组织形象建立与推广的含义，把握组织形象的建立、组织形象的推广工作和具体要求，在此基础上，能够初步进行组织形象推广。

7.3.1 组织形象的更新

通过对内宣传得到了员工的理解和支持，通过对外推广得到了公众的认同和拥护，组织形象的建立和推广工作就取得了很大成绩。要使组织在公众心目中一直保持良好的形象，就需要不断地对组织形象加以强化和修正，使其能永葆青春。

1．组织形象的内涵更新

组织形象的内涵更新是通过组织理念、领导者观念、员工素质、产品质量水平等方面的更新提高来完成的。

（1）组织理念更新。组织形象是以组织理念为内涵而建立的。组织理念要随着组织的发展、进步而不断加以调整、修正，以创造出最能体现组织精神、组织价值观、组织目标的组织观念，从而塑造最能征服公众的组织形象。因此，组织理念的丰富是组织形象更新的基础。

（2）领导观念更新。领导者是组织形象更新的核心主宰，他们决定着组织形象更新的方向和前途。因此，他们是否具有新的观念，是否从旧文化中脱胎换骨都直接影响着组织形象的更新。

（3）员工素质提升。一方面要注重对其思想观念的引导、更新。另一个方面要提升其专业素质。许多国际知名的大企业十分重视人才的培养，把员工素质看作企业发展、文化延伸的保障。

（4）产品质量水平提高。对企业来讲，组织形象的巩固、更新是以企业名牌产品不断推陈出新，不断进步为基本前提和必要保障的。如果产品质量上不去，技术不更新，组织形象的巩固、更新就是一句空话。所以，组织形象的更新必须包括产品质量的提高与创新。

2．组织形象的外观更新

组织形象的外观更新主要包括产品的外观和传播内涵的更新。

（1）产品的外观更新。组织形象外观的更新是从包装到品位上的更新。一味地墨守成规、数年如一日，只能让消费者对其形象产生厌倦感，这是组织形象更新中的大忌。因此，更新形象是组织得以持久发展的关键，而形象更新主要又是创意的更新。一个形象创意的更新是否成功，主要取决于消费者的认同度。只有符合了公众心理的需求，才能得到公众的认同，才会拥有市场，组织形象更新也才能为企业带来光明的前程。

（2）传播内涵的更新。组织形象的外观改良使其外观更具个性、更有特色、更富内涵，也更能满足消费者的各种需求。满足了这些需求就等于开发了新市场，等于为组织的发展壮大铺平了前进的道路，为组织形象的传播、名牌产品的创立提供了广阔的天地。许多知名的企业正是通过不断调整、充实自己产品的文化内涵，创造了企业的辉煌。

7.3.2 组织形象的矫正

组织形象在发展中常常会遇到因自身失误而损害了公众利益，导致公众不满，或公众对组织的认识不够全面有所误解，从而影响组织的认知度和美誉度，损害了组织的形象，此时就必须对形象加以矫正。

组织的形象与声誉遭受损害的情况有两种：一种是外界的某种误解，甚至是人为的破坏；另一种是由于组织内部不完善或过失所致。对前者，公共关系部门应迅速查清原因，公布真相，澄清事实，采取措施消除损害组织形象的因素。对后者，应迅速采取行动，与新闻界联系，控制影响面，平息风波。只有内部及时纠正、弥补，才能尽快恢复公众信任，重新树立良好形象。

为了校正受到歪曲的组织形象，解除公众的误解，公共关系人员要开展矫正型公共关系活动，实事求是，以诚待人，不隐瞒不欺骗，努力在组织和公众之间架起信任的桥梁。

1．开诚布公，说明真相

出现了形象受损的情形后，组织要开诚布公地向公众说明事实真相，甚至可以敞开大门让公众走进来，认识和了解组织，通过充分沟通和交流，建立信任、消除误解。

2．权威传播，重树形象

公共关系人员要和新闻媒介取得联系，通过召开记者招待会取得新闻媒介的理解，使新闻媒介传播正确的信息，以树立组织应有的形象。

重要信息 7-7　　CS 战略

1．CS 战略的构成

CS 是英文 Customer Satisfaction 的缩写形式，是顾客接受企业有形产品或无形产品后，感到需求满足的状态。CS 战略中，将内部员工和外部客户都视为顾客。

（1）企业的股东和员工是企业的基本顾客，即企业将投资机会出售给股东，股东出钱购买投资机会；企业将就业机会出售给员工，员工以付出智慧和劳动购买就业机会。

（2）企业生产部是采购部的顾客，销售部又是生产部的顾客。三个部门表面上是货物转移关系，但实质上也是一种交易行为，只是这种交易以资金、营业额等形式来体现。

（3）企业各职能部门之间通过提供服务完成内部协作关系，“提供”与“被提供”构成顾客关系。

（4）在生产环节上，下一道工序是上一道工序的顾客。只有当第一道工序的产品被第二道工序完全接受之后才实现了第一道工序员工的劳动价值，或实现了报酬。

2．CS 战略的构成

（1）理念满意系统（Mind Satisfaction，MS）。指企业理念带给顾客的心理满足状态。它包括企业的经营宗旨、管理理念、企业精神和经营价值等的满意情况。

（2）行为满意系统（Behavior Satisfaction，BS）。指企业全部运行状况带给顾客的心理满足状态，包括企业的投资、经营、管理等行为机制、行为规则和行为模式等满意情况。

（3）视听满意系统（Visual Satisfaction，VS）。指企业所具有的各种可视性的外在形象带给顾客的心理满足状态。它包括对企业的名称、标志、标准字体、标准色和宣传口号等要素的认同，以及赏心悦目的感觉。

（4）产品满意系统（Product Satisfaction，PS）。产品满意是 CS 的核心内容，是指企业产品带给顾客的心理满足状态。它包括对企业的产品质量满意、产品功能满意、产品包装满意、产品价格满意和产品品牌满意等。

（5）服务满意系统（Service Satisfaction，SS）。指企业提供的服务带给顾客的心理满足状态。它包括要树立顾客至上的服务观念、建立完整的服务目标、服务满意度考查和强化服务满意的行为机制等内容。

3．CS 战略的实现途径

（1）识别顾客。即识别本企业的顾客是哪些，什么档次？以确定如何去满足顾客及市场的需求。

（2）调查顾客的要求。根据不同的顾客需求，确定相应的服务标准。

（3）满足顾客要求。不断开发产品，做好顾客服务。

（4）测评顾客满意度。具体指标包括顾客期望、顾客对产品质量的感知、顾客对服务的感知、顾客对价值的感知、顾客满意度、顾客抱怨、顾客忠诚等。通过测评，查找不足，改进经营管理，不断提高顾客满意度。

4．与 CIS 战略的比较

	CS 战略	CIS 战略
价值观	以顾客为中心	以企业为中心
企业理念	以客为尊	以企业利益为重
战略指导思想	顾客主导，从外而内的思维方式	企业主导，从内而外的思维方式
战略目的	达成顾客满意	提高企业业绩
战略核心	高品质产品（服务）	名牌战略（产品）
战略关键	情感	识别
战略方法	CS 战略及其方法	CIS 战略及其方法

任务实训 7.3

组织形象更新与矫正活动讨论

实训目的：

加深学生对组织形象更新与矫正工作内容的认识。

实训安排：

1. 学生收集并讲解一些组织形象更新与矫正的故事或案例；
2. 分析其特点，讨论组织形象更新与矫正工作的重要性。

教师注意事项：

1. 由生活事例、企业经营事例导入对组织形象的认识；
2. 提供一些组织形象更新与矫正的简单案例，供学生讨论；
3. 提供其他相应的学习资源。

资源（时间）：

1 课时、参考书籍、案例、网页。

评价标准

表现要求	是否适用	已达要求	未达要求
小组活动中的外在表现（参与度、讨论发言积极程度）			
小组活动中，对概念的认识与把握的准确程度			
小组活动中，角色扮演的精准度			
小组活动中，文案制作的完整与适用程度			

小结

组织形象塑造主要包括定位与设计、建立与推广、更新与矫正。进行组织形象塑造活动是指根据组织形象定位的指导思想把重要的形象要素视觉化、符号化，或者说进行系统的形式化形象要素设计。通过对内宣传和对外推广，使崭新的组织形象尽快得到社会公众的认同，完成组织形象建立的目的。要使组织在公众心目中一直保持良好的形象，就需要不断地对形象加以强化和修正，才能确保形象永葆青春。这包括组织形象的内质更新和外观改良。

本章围绕组织形象塑造活动的程序，设计了各环节操作的专门知识，设置了**重要术语**、**重要信息**等栏目，体现了对一些重要理论知识的重组。

本章以**任务提示**开始，以**企业实际项目**结束，并安排了**学生自我工作总结**。希望读者能够在获知工作信息的基础上，在教师引领下，按照“资讯、计划、决策、实施、检查和评价”六步骤来完成各项实训活动，直至完成实践项目活动，以实现“学习就是工作，工作就是学习”的目的。

本章学习目标：完成本任务后，学生能够**认识组织形象塑造活动**，并能够认识简单的、与日常生活相关的公关管理活动，进而能够认识组织形象塑造活动管理项目。

重要术语

组织形象　组织形象设计　组织形象定位

知识与技能检测

一、课堂讨论

1. 组织形象代言人的选择。
2. 组织形象的个性。
3. 组织形象中的共同点。
4. 组织形象中识别系统的重要性。
5. 组织形象框架的搭建。
6. CIS 的理念。

二、课后自测

1. 选择题

（1）对企业来讲，组织总体形象包括（　　）。

A. 实力形象　　B. 文化形象
C. 人才形象　　D. 品牌形象

（2）一般来讲，组织形象定位的要素包括（　　）。

A. 主体个性　　B. 传达方式
C. 公众认知　　D. 塑造形象

（3）公众引导定位法包括（　　）。

A. 感性引导定位法　　B. 理性引导定位法
C. 感性与理性相结合的引导定位　　D. 广告定位法

（4）组织形象的框架设定主要从以下哪几个方面来进行？（　　）

A. 确立组织理念　　B. 确立组织行为规范
C. 建立组织识别系统　　D. 组织形象论证

（5）组织形象的内涵更新是通过（　　）等方面的更新提高来完成的。

A. 组织理念　　B. 领导者观念
C. 员工素质　　D. 产品质量水平

（6）组织形象现状的调查包括（　　）。

A.内部调查　　B. 外部调查
C. 组织综合指数调查　　D. 环境调查

2. 判断题

（1）组织形象就是指组织内部人员对组织的总体看法。（　　）

（2）组织形象可以自行随意创造。（　　）

（3）组织形象定位方法有多种，但目的只有一个，即在公众心目中留下深刻、清晰的组织形象。（　　）

（4）注意组织形象的统一性和动态性，这对组织形象在未来的发展起着重要的作用。（　　）

（5）要使组织在公众心目中一直保持良好的形象，就需要不断地加以强化和修正，使其能永葆青春。（　　）

（6）大众传播对组织形象推广的主要方式有两种，即广告和形象推广活动。（ ）

3．简答题

（1）组织形象有哪些特征？

（2）组织形象设计有哪些原则？

（3）组织形象识别系统包括哪些内容？

（4）组织形象的分类有哪些？

（5）组织形象塑造的意义是什么？

（6）CIS与CS的区别有哪些？

4．案例分析题

央视“百家讲坛”的形象定位

中央电视台“百家讲坛”栏目曾经也出现过收视率较低的情形，并经历过多次形象的调整。

（1）学者的“百家讲坛”。在较早的定位中，“百家讲坛”走的是“文化品位，科学品质，教育品格”的路线，是一部电视版的“百科全书”。“百家讲坛”将观众群基本定位在受教育程度较高、欣赏品位不俗的知识阶层，主讲人选也瞄准了全国最好的学者、教授。

中央电视台推出的“栏目警示及末位淘汰”考核机制中规定，一年内连续两次或累计三次被警示的栏目，或收视率最低的节目就会被淘汰。和后来消失的“读书时间”“美术星空”一样，“百家讲坛”的收视率屡次位于后列。

（2）放下学术架子。2003年，“百家讲坛”几度停播。为提高收视率，“百家讲坛”不得不放下“学术”架子，将具有中学文化水平的群体作为主要收视人群。在节目上也做了大的改变：如为高考的学生做了为期一个多月的“备战高考”系列节目，开始请人做专题演讲；请龙应台、李银河、陈丹燕等人主讲“女人说话”；请红学家周汝昌、蔡义江、王蒙等人讲16集“新解《红楼梦》”。此外，在节目的可视性上也下了很大工夫，加强画面资料的运用。

这些努力收效不大，后来“百家讲坛”提出了放弃“百科全书”，重点强化人文类节目系列专题，注重演讲人表达能力而非权威资历，在内容上注意悬念和起承转合，在节目的结构上注重包装，使其更生动，贴近观众，由此来拉动收视率。

在这一指导思想下，“百家讲坛”2004年推出了“品读《水浒传》”“2004女人说话”“天文系列”“民法系列”“清十二帝疑案”“中国电影百年史”等多个演讲专题。慢慢地，“百家讲坛”的收视率开始攀升。阎崇年成为“百家讲坛”走出低谷的转折点。“清十二帝疑案”讲完，阎崇年又开始讲“清十二帝疑案总说”“清十二帝疑案答疑”，他创下了当时科教频道0.75%的最高收视率。“清十二帝疑案”创下的收视率让“百家讲坛”的策划人很振奋，由此“百家讲坛”开始抓历史文化选题。

（3）初中生的“百家讲坛”。“阎崇年现象”令人深思，由此“百家讲坛”得出结论：“百家讲坛”要找的老师，第一要会讲，第二才是学术功底。

在压力面前，“百家讲坛”的栏目定位从人文、自然和社会转向中国传统文化和历史，还把讲台搬到了室内演播室，加强了内容结构的组合和包装。比如阎崇年讲皇太极时，编导会插入皇太极的画像。电视画面除了主持人的身影，还有主持人的解说词字幕、优美动听的音乐。

在“百家讲坛”讲课的刘心武、易中天、纪连海、王立群都有过这样的经历。为了让节目更精彩，每个名家在录制节目前，必须进行试讲，通常情况下，只有初中文化水平的打字员是第一道评审。如果他觉得打字很累，说明这个老师讲的效果不太好。如果他听得很带劲，打字不觉得累，那么证明老师讲得好。这样做的结果是，“百家讲坛”把一个学者变成了说书人、讲故事的高手。

刘心武、易中天等人的讲课还引起了各方争议，甚至批评。但这些在节目策划人眼里都无关紧要，从传播效果上讲，争议正是一副助燃剂。现在的“百家讲坛”不再是给高级知识分子开的学术论坛，而是“一座让专家通向老百姓的桥梁”，主要是给初中及以上文化程度的普通观众看的。

阅读以上材料，回答问题：

（1）讨论“百家讲坛”形象定位过程；

（2）分析其优点与不足；

（3）提出改进建议。

实践项目

参与企业实际形象塑造工作

活动目的：

完成较复杂因素下的组织形象塑造工作。

活动安排：

1. 教师与校外基地接洽，进入企业实际项目；
2. 学生分组，参与企业形象塑造，讨论并写出行动方案。

教师注意事项：

1. 引导学生参与公共关系活动项目；
2. 学生分组讨论并制定形象塑造活动方案；
3. 组织相应学习资源。

资源（时间）：

1课时、参考书、相关书籍、基地企业。

评价标准

表 现 要 求	是否适用	已达要求	未达要求
小组活动中的外在表现（参与度、讨论发言积极程度）			
小组活动中，对概念的认识与把握的准确程度			
小组活动中，角色扮演的精准度			
小组活动中，文案制作的完整与适用程度			

增值阅读

“冰清”CIS手册

一、背景

近年，无论春夏秋冬，人们（特别是青少年学生和儿童）都喜欢吃雪糕、刨冰，喝冷饮……“冰清”是适应人们的这种消费潮流而建立的。有了“冰清”，在炎热的夏天，人们就有了消暑解渴、休息聊天的最佳场所。因为“冰清”是以“冰雕”为主体布置周围环境，所以也是人们体验北方冬天的好地方。

二、公司简介

这里是完全由顾客做主的“冰清”，企业提供多种种类、口味、价格的雪糕、刨冰、冷饮等，例如专为爱美女士制作的“蜂蜜刨冰”，有养颜、滋润、清热、去暑的功效；专为儿童制作的“小兔乖乖”，是由白色奶味的雪糕制成小兔的模样，再加上两粒红色车厘子作眼睛；而同样专为儿童制作的“豹冰”是由柠檬、菠萝或香蕉等口味的刨冰加上一些葡萄干组成；专为成年男人制作的“豪饮”是冰冷的啤酒；专为情侣制作的“鸳鸯戏球”，是由两种不同口味(口味可自选)的雪糕球组成。如果顾客还是觉得不满意，“冰清”可以根据他们的要求现场即点即制。这充分体现了“顾客就是上帝”的理念，也充分尊重了顾客的自主选择权。

三、MI (企业理念识别系统)

企业目标：冰凉清爽时刻陪伴在你左右。

经营哲学：一分体贴，十分收获。

企业精神：创新冰雪，创新天地。

行为准则：礼貌周到、热情真诚、严谨创新。

四、BI (企业行为识别系统)

（一）内部规章制度

1. 所有员工务必按时上岗，不准擅自离开岗位。

2. 要求穿统一的员工服装，干净、整洁。

3. 食品卫生严格按照卫生标准，让顾客吃得放心。

4. 服务热情、体贴，每月评出一名优秀员工，予以奖励。另对勇于创新，有突出表现的员工(如深受顾客赞扬)予以奖励。

（二）宣传活动

广告活动：考虑到各季节消费量的不同，采取不同的宣传方式。

1. 夏天，主要采取在人流量多的地方派发宣传单的方式和配合报纸广告。宣传口号(广告语)：“冰清”，冰封天地；清凉一夏，潮流你创。

2. 冬天，主要采取大优惠、促销等手段，采用电视广告、报纸广告等方式。宣传口号：“冰清，将优惠进行到底”；“冬天热浪，优惠至上”。

（三）公关活动

1. 举办旅游、调制冷饮食品比赛等活动搞好员工的关系。

2. 举办有关新冷食品的展览与试吃活动等。

3. 赞助环保等公益福利事业，建立良好的企业形象。

五、VI (企业视觉识别系统)

组织名称：冰清。

商标说明：“冰清”字样，紫色、蓝色勾边，右下角有一小 logo。

logo说明：外面蓝色天空，并有B字母形状，代表“冰”；里面有一白色雪花，中间较粗的白色是X，代表“雪”。整个logo蓝白色，给人以冰凉、舒服、宁静的感觉，也代表了企业的严谨、真诚。

店面装修：室内以假冰雕(冰雕材料可用透明硬塑料或磨砂玻璃代替，各种造型如凉亭、冰灯等，并以霓虹灯作为装饰，在角落里建造一座假冰雕滑梯供小朋友娱乐。颜色以透明、白、蓝等冷色调为主。四周摆放企鹅、北极熊等动物摆设。夏季室内开冷气，以增加气氛。

公司员工制服：所有员工统一穿着印有“冰清”商标和logo的制服。制服内容为：(男)粉蓝色T恤，白色裤子，运动球鞋；(女)粉蓝色T恤，白色短裙；调配师要求戴白色口罩、白色帽子。

学生自我工作总结

通过完成任务七 组织形象塑造，我能够作如下总结：

一、工作思路（原理）

完成本任务的工作思路为：

1.

2.

二、工作准备

完成本任务的工作准备有：

1.

2.

三、工作实施分析

本任务的工作实施过程是：

1.

2.

四、工作过程分析

本任务的工作过程：

1. 工作过程要素有：
2. 这样做要领有：
3. 这样做的原因有：

五、成果检验

本任务的工作成果：

1. 完成本任务的意义有：
2. 学到的经验有：
3. 自悟的经验有：
4. 形成的策略有：

任务八 公共关系危机管理

学习目标

1. 知识目标

① 认识公共关系危机的内涵。

② 认识公共关系危机发生的原因。

③ 认识公共关系危机出现的情形。

2. 技能目标

① 能说明公共关系危机预防的意义。

② 能编写公共关系危机处理方案。

③ 能对网络公共关系危机处理有整体认识。

任务描述

作为公共关系学习的第八大任务，公关危机管理是整个公共关系管理活动中最受重视的管理工作之一。

这项任务的核心是：公共关系人员在了解组织公关危机出现原因的基础上，有意识地加以预防；在危机发生后，采取紧急行动，正视问题，积极调查情况，收集信息，在分析研究的基础上，迅速制定应对措施，做好组织内外部沟通，使组织形象重新树立起来。

做好公共关系危机管理的关键，在于组织及公共关系人员思想上的重视。

情境导入

在公共关系管理职业活动中，当完成了“组织形象塑造”的学习后，将面临公共关系活动的第八大职业工作任务——公共关系危机管理。

组织公共关系人员应识别出可能存在的危机，收集、整理所有可能的风险并充分征求各方面意见，形成有针对性的措施，以达到预防危机的目的。危机发生后，能快速反应，制定危机管理的制度、流程、策略和计划，从而确保能够理智、冷静、胸有成竹地应对和处理。通过有步骤地采取措施，消除危机给企业造成的不良影响，尽快恢复企业或品牌形象，重新获得公众的信任。

公共关系危机管理是组织为了避免或者减轻危机所带来的威胁，从而有组织、有计划地学习、制定和实施一系列管理措施和应对策略，以及危机解决后的复兴方法等不断学习和适应的动态过程。危机管理的最高境界就是总结经验教训，让组织在事态平息后更加焕发活力。

任务解析

根据公共关系管理职业工作活动顺序和职业教育学习规律，“公共关系危机管理”任务可以分解为以下子任务。

任务8.1　公共关系危机预防

↓

任务8.2　公共关系危机处理

↓

任务8.3　网络危机处理

同步实训

根据公共关系管理职业成长规律及职业学习原理，“公共关系危机管理”任务可以安排以下同步实训。

	实训名称	实训目的
任务实训 8.1	公共关系危机预防措施讨论	加深学生对公共关系危机的认识
任务实训 8.2	公共关系危机处理措施讨论	加深学生对公共关系危机处理的认识
任务实训 8.3	网络危机处理讨论	加深学生对网络公共关系危机的认识
实践项目	参与企业实际危机管理工作	完成较复杂因素下的公共关系危机处理

公关故事

本书的第八个故事要从大家比较熟悉的苹果公司讲起。你是“果粉”吗，你怎样看待“果粉”？2013 年 3 月，央视“3 · 15 晚会” 质疑苹果售后服务“中外双重标准”，随后《人民日报》发表时评，指出苹果在中国“无与伦比地耀武扬威”。《人民日报》连续三天刊文质疑苹果的傲慢以及售后服务“中外双重标准”。两家在中国有着巨大影响力的媒体，先后密集发声，让苹果陷入了该公司入华以来最大的舆论危机中。

12 年前，东芝用“给美国人美金，给中国人补丁”的双重标准应对笔记本故障，由此东芝从连续四年的中国市场冠军滑落出市场份额前十名。5 年前，惠普因笔记本产品质量问题被央视“3·15 晚会”曝光，它的中国市场份额由 16.6%下跌至 5%。现在，正处巅峰的苹果，是否会因这些质疑而砸了招牌呢?

苹果售后问题遭媒体“猛打”。从 3 月 25 日到 3 月 27 日，《人民日报》连续刊发针对苹果售后服务的质疑文章。在央视“3·15 晚会”后，《人民日报》使苹果再度被推至风口浪尖。其中，“中外双重标准”部分引发了媒体及公众关注。除了“中外双重标准”外，“傲慢”也是媒体指责苹果的“罪名”之一。3 月 25 日，《人民日报》内版的报道标题为“傲慢苹果‘啃’不动?”；3 月 27 日，《人民日报》时评的标题为“打掉苹果‘无与伦比’的傲慢”。

苹果的回应也遭指责。苹果公关要做的事情就是“存在”，让媒体能找到他们。实际上，“傲慢”这个词已不是第一次与苹果发生关联。苹果此前处理公共关系的方式一直遭到媒体及用户的诟病。例如此次面对媒体的指责，苹果的反应一如既往只有简短的声明，没有更多的沟通。

苹果公关“最悠闲”。在这一事件中，一些消费者对苹果感到失望甚至不满。在诸多涉足消费品领域的大公司中，苹果公司的作风常常显得较为不同。在中国，苹果很少与媒体沟通，几乎不公开发布公司的信息。因此，“低调”或“傲慢”是中国媒体对苹果公司最多的评价。这一评价最有力的体现是，直到乔布斯逝世，库克接任苹果 CEO 后，苹果才终结“高管从不访问中国”的历史。知名网络评论者 Keno 曾评论到，苹果可能是对消费者和新闻媒体态度最恶劣的公司之一。

此前，苹果中国的公共关系部门被国内媒体评为“最悠闲的公关”，因为他们不会向其他公司那样，为所谓的负面报道四处“灭火”，也不需要费心策划公共关系事件，吸引媒体注意。有公关人士评价说，苹果公共关系人员要做的事情就是“存在”，让媒体能找到他们，耐心等待媒体抛出一堆问题后，微笑着说，“亲，这个事情我们不做评论。”

现在，你怎样看待苹果公司及其产品呢?

8.1 公共关系危机预防

任务提示 这是公共关系初学者学习公关危机管理活动的第一步，认识公共关系危机管理的含义，把握公共关系危机出现的情形、公共关系危机预防的工作内容和具体要求，在此基础上，能够初步进行公共关系危机预防方案的制定。

公共关系危机是指由于主观或客观的原因，组织与公众的关系处于极度紧张的状态，组织面临十分困难的处境。危机公共关系则是指组织对危机事件进行预测与防范、发现与处理，以及修复与完善组织形象的一系列活动过程。公共关系危机是一种状态，是对所出现的问题的描述，而危机公共关系则强调的是一种行动过程，即解决问题，重塑组织形象的过程。

公共关系危机对现代组织来说是每时每刻都可能爆发的，公共关系危机管理是现代管理领域的一个新的研究课题。公共关系人员必须了解公共关系危机产生的原因，树立公共关系危机意识，做好公共关系危机的预防工作。

重要术语 8-1　　　　　　公共关系危机

公共关系危机是指由于组织自身或者外部社会环境中某些事情的突然发生，执行操作不当而引起的对组织有负面影响甚至带来灾难的事件，对组织声誉及其相关产品、服务声誉产生不良影响，导致组织在公众心目中的形象受到严重破坏的现象。

8.1.1　公共关系危机原因分析

以企业为例，由于经营管理不善、市场信息不足、同行竞争、遭到恶意破坏等，或其他自然灾害、事故，都可能使其处于危机之中。引发组织公共关系危机的原因很多，大体可以分为组织自身原因和组织外部原因。通过原因分析，公共关系人员可以有针对性地进行危机预防或处理。

1．企业自身原因

引发企业公共关系危机的内部环境原因主要有以下几个方面。

（1）企业素质低下，缺乏危机意识。企业素质包括企业领导素质和职工队伍素质。企业领导人员如果不能正确处理组织长远利益与近期利益的关系，往往会出现管理的短期行为，这将扩大组织素质与现代生产经营活动客观要求之间的差距。如领导人与员工言行不当，影响了企业形象。有很多企业在得到一定成绩稳步发展时往往沾沾自喜，缺乏危机意识，对危机丧失了警惕，最后走向了“灭亡”的不归路。

（2）经营决策失误，法制观念淡薄。这是造成经营性危机的重要原因。企业不能根据内外部条件的现状及变动趋势正确制定经营战略和公关战略，使企业生产经营活动得不到公众的支持，从而遭到困难无法经营，甚至使企业走向绝路。同时，企业是否具有法律意识，是否知法、守法，是否将企业的经营活动置于法的监督、保护之下，这对于正确开展经营活动，规范企业管理行为，树立良好的企业形象有十分重要的意义。有的企业法律观念淡薄，置国家法律于脑后，霸气十足，随意践踏公众的起码权利，最终酿成危机。

（3）公共关系决策失误，活动组织不力。在市场竞争中，企业公共关系活动不能发挥应有的作用，这本身就孕育着危机。企业要想取得公共关系活动的成功，就得做好公共关系活动的组织工作，工作做得越充分越扎实，公共关系活动的成功率就越高，反之，就会引发危机。特别是在与外部公众的交往过程中，在与消费者的交易过程中，由于各自利益的不同容易引起摩擦和纠纷，企业如果反应得当，就能使摩擦和纠纷消于无形，反之，就会引发危机。

公关实务 8-1　　　　　苹果公司“悠闲”公关的危机

2013 年 3 月 25 日到 3 月 27 日，《人民日报》连续刊发针对苹果售后服务的质疑文章。在央视“3·15 晚会”后，苹果再度被推至风口浪尖。此前的 3 月 15 日，央视在“3·15 晚会”上“曝光”了苹果在华售后“中外双重标准”的问题，随后，央视继续在其影响力巨大的《新闻联播》《焦点访谈》节目中对苹果进行“曝光”。

据央视报道，苹果公司的售后服务问题频现：“整机交换”维修方式名不副实，更换

iPhone时并不更换后盖；更换产品，保修期并不顺延，违反《移动电话商品修理退还责任规定》；多款产品违反国家三包规定，iPad保修规则并不按照3C认证时笔记本的三包政策；诸多售后服务中外有别，中国服务明显逊于海外。其中，“中外双重标准”部分引发了媒体及公众关注。据央视报道，在美国、英国、韩国、澳大利亚等多个国家，苹果手机在保修期内出现故障换机时都是连同后盖一起更换，只有在中国不更换后盖。

随后，《人民日报》《环球时报》等媒体纷纷跟进质疑苹果。显然，苹果公司的“悠闲”公关出现了危机。

2．企业外部原因

引发企业公共关系危机的外部原因主要有以下几个方面。

（1）不可抗力。不可抗力指由人力不能控制的客观情况，例如自然灾害是不以人的意志为转移的，它往往给组织带来意想不到的打击。除自然灾害外还包括政府行为和社会异常事件。

（2）体制和政策因素。国家的经济管理体制和经济政策是企业难以控制的外部因素，它对企业的经营和发展产生着重大影响和制约作用。一般来讲，任何企业都希望国家经济管理体制和经济政策有利于本企业的生存和发展，如果体制不顺，政策对企业发展不利，那么企业就可能在经营活动中遭遇很大风险，出现严重问题，甚至陷入一种欲进不能，欲退不忍，欲止不利的困境。在这种情况下，出现公共关系危机是完全可能的。

（3）恶性竞争。恶性竞争作为企业公共关系危机的一个外部因素，是指企业受到外部其他企业的不正当竞争，使企业面临严重的经营危机和信用危机，从而发展为企业公共关系危机。现实生活中，一些不正当竞争者散步谣言，恣意损害竞争对手的形象，从而使企业陷入严重的公共关系危机之中。

（4）社会公众误解。有的公众会因信息的缺乏或听信一面之词对组织形成误解。尤其是当组织在产品质量、原料配方、生产工艺、营销方式、竞争策略等方面有了新的进步、新的发展、新的探索，但公众一时还不能适应，或一时认识跟不上，用老观念老眼光，主观判断，草率下结论时，更易出现危机事件。这包括几个方面：一是服务对象公众对组织的误解；二是内部员工对组织的误解；三是传播媒介对组织的误解；四是权威机构对组织的误解等。无论哪一类公众对组织的误解，都有可能引发危机。特别是传播媒介和权威性机构的误解，更可能使误解范围扩大，程度加深，形成极为不利的舆论环境。

重要信息8-1　　公共关系危机的特征

（1）偶然性与必然性。危机的偶然性是指危机的爆发往往是由偶然因素促成的。危机的必然性是指危机不可避免，即只要有公共关系就会有公共关系危机，必然性是公共关系作为开放复杂系统的结果。

（2）突发性与渐进性。酿成危机的因素是一个渐进的过程，通过一定潜伏期的隐藏后，如果未能得到有效控制，它就会继续膨胀，形成组织公共关系危机的总爆发，并迅速蔓延，产生连锁反应，使公众与组织关系突然恶化，大量的顺意公众变成逆意公众，对组织产生强烈不满情绪。

（3）破坏性与建设性。危机破坏组织的形象，影响组织的经营，给组织带来严重的形象危机和巨大的经济损失，导致一定的无序状态和混乱状态。但危机又有建设性特征。认识到危机的建设性，才能采取主动姿态，沉着冷静而满怀信心地面对危机，为组织建立富有竞争力的声誉，树立组织形象，为组织创造机会。

（4）急迫性与时效性。组织公共关系危机总是在短时间内猛然爆发，具有很强的紧迫性，且一旦爆发就会造成巨大影响，令人瞩目。它常常会成为社会舆论关注的焦点和讨论的话题，成为新闻界报道的内容，成为竞争对手发现破绽的线索，成为主管部门检查批评的对象。所以必须牢记“兵贵神速”这一兵法格言，强调危机公共关系管理的时效性。

8.1.2 公共关系危机预防

公共关系危机事件虽然因其突发性而很难准确预测，但是，公共关系人员如果能够以积极的态度加以防范，就可以把损失减到最低，甚至可能从根本上杜绝某些危机事件的发生。

1．公共关系危机的识别

识别公共关系危机是指公共关系工作者在日常的公共关系工作中，通过一些事物的现象和自己长期的工作经验，对危机事件的及时发现和判断。具备识别公共关系危机的能力相当重要，它可以使组织的损失在及早发现的情况下得到降低。公共关系危机的识别包括两个方面：一种是潜伏性危机的识别，一种是外显性危机的发现。

（1）识别潜伏性危机。组织出现潜伏状态下的公共关系危机时，公共关系工作还处在表面正常的状态，但是隐患已经在某些方面或环节中存在。例如，2008 年，法国零售业巨头家乐福在中国遭到前所未有的抵制，表面上，是因为奥运火炬在巴黎传递时被攻击。其实，真正的原因是其中国管理高层长期忽视公共关系，团队中缺乏专业的政府公关、危机公关、媒体公关专家，吝啬于在社区公关、媒体公关上投资，公关经费集中用于“政府公关”。很多人说家乐福是不幸而“首当其冲”，其实，早在 2008 年之前，家乐福的负面新闻就很多，这就是家乐福危机的潜伏期。

（2）发现外显性危机。比起潜伏公关危机，显性状态下的公共关系危机比较容易被发现。稍有一些公共关系经验，或者是任何一个人都可以判断显性公共关系危机。因为它是既成事实的危机状态，而且多是影响较大的突发性危机，常常以重大的损失作为标志，容易为人所关注，但是对于重大显性危机的危害程度的认识和判断却需要很多的公共关系经验和很高的判断水平，因为它涉及对危机处理的决策和处理手段的制定，以及处理措施的实施。

2．公共关系危机的预防

要做好公共关系危机的预防，组织及公共关系人员必须做好以下几个方面的工作。

（1）树立危机意识。组织的全体成员在日常工作中都应该有危机意识，尤其是组织的领导者、高层管理人员和公共关系人员更应该树立危机意识。这样可以把工作做在前头，把矛盾消灭在萌芽状态。特别是公共关系人员，在日常工作中应保持与内部公众和外部公众的协调和沟通，在公众中树立组织的良好形象，某些原本可能发生的危机事件就可化解于无形之中。如海尔集团的总裁张瑞敏说海尔："永远战战兢兢，永远如履薄冰"。

（2）建立专门机构。组织在机构设置时，有必要组建一个有权威性的、有效率的公共关系危机处理专门机构，或建立常设的公共关系危机处理小组，由组织的领导人担任组长，公关人员和部门经理作为小组成员。这些成员分工明确、责任分明，一旦发生危机事件，小组立即投入工作。只要各司其职，很快就能摸清危机事件的实质，工作也能井然有序。

（3）强化危机预警。预警的主要任务是加强信息的搜集、分析、整理工作，随时把有价值的信息提供给危机事件处理小组。加强与组织内部成员和组织外部公众的沟通，以便获得更多更有价值的信息，及时掌握情况、发现问题，把矛盾消灭在萌芽状态。有重点、有目的地选择社会公众作为沟通对象，扩大企业的正面影响。要经常性地进行市场调查和预测，分析自己的市场竞争力，了解同行业竞争对手的情况，以便调整自己的经营管理，不断预测市场前景，寻找可能产生危机的因素，尽量把这些因素事先化解掉。

（4）制定危机预警方案。公共关系危机预警方案是组织在全面分析预测的基础上，针对危机事件出现的概率而制定的有关工作程序、施救方法、应对策略措施等的方案。完整的公共关系预警方案一般包括危机处理的对策、具体运作方式和注意事项等，并以书面的形式表现。其侧重点在于具体危机出现后如何施救处理。

（5）组织危机预演。为了提高按危机实战能力，检测危机处理协调程度，完善并修正危机应急预案，组织有必要定期按危机应急方案进行模拟演练。让有关人员对危机爆发后的应对措施有一个大体的了解，积累一定的危机处理经验。危机预演的形式很多，可采用录像观摩、案例学习、计算机模拟危机训练、实战性小组演习等。

（6）做好危机预控。公共关系部门在日常管理中搜集到相关信息，预感到可能有危机事件发生时，就应立即启动危机预警机制，积极作好防范，包括舆论宣传、信息沟通、内部动员、全面部署，力争在危机发生后把损失降到最小。同时，还应该认识到，由于危机事件有其突发性的特征，在平时就应该强化对危机的预测，并且与处理危机的相关单位建立良好的合作关系，一旦危机发生，能够立即启动这个合作网络。平时加强沟通、增进了解，建立起相互信赖、相互支持的友好合作关系，危机发生时，就会相互支援、并肩战斗，有利于危机的解决。

重要信息 8-2　　公共关系危机的类型

根据公共关系危机产生的不同原因来看，组织所面临的公共关系危机事件主要有以下三种。

（1）组织自身行为不当引起的危机事件。主要指组织因自身管理不善，存在产品的质量问题以及内部员工的行为不当等问题而损害公众利益，从而引起公众的不满，使组织形象和产品形象受到直接的致命性打击的危机事件。对于组织而言，这类危机事件所占比例最大。

（2）组织外部突发事件引发的危机事件。主要指因公众使用组织产品不当，因竞争对手或个别敌对公众故意破坏等原因而引起的使组织形象受到损害，名誉受到损失，以及组织因遭受自然灾害、火灾蔓延、疾病传播等不可控因素而引发的危机事件。

这类突发事件，虽然不是组织的过失，但由此造成的危机事件，涉及的范围广、破坏性大，往往会给组织带来巨大的人财物方面的损失。因其存在的不可预测性，突然性，令组织措手不及而损害公众利益，这极易引发公众的不满情绪。如果处理不当，会严重冲击组织形象。

（3）媒体失实报道引发的危机事件。指由于新闻媒介报道时内容失实而造成的危机事件。新闻媒介对公众舆论的导向作用，极易引起公众对组织的误解与反感，从而损害了组织在公众心目中的良好形象。

任务实训 8.1

公共关系危机预防措施讨论

实训目的：

加深学生对公共关系危机预防工作内容的认识。

实训安排：

1. 学生收集并讲解一些公共关系危机预防的故事或案例；
2. 分析其特点，讨论公共关系危机预防工作的重要性。

教师注意事项：

1. 由生活事例、企业经营事例导入对公共关系危机预防的认识；
2. 提供一些公共关系危机预防的简单案例，供学生讨论；
3. 提供其他相应的学习资源。

资源（时间）：

1 课时、参考书籍、案例、网页。

评价标准

表 现 要 求	是否适用	已达要求	未达要求
小组活动中的外在表现（参与度、讨论发言积极程度）			
小组活动中，对概念的认识与把握的准确程度			
小组活动中，角色扮演的精准度			
小组活动中，文案制作的完整与适用程度			

8.2 公共关系危机处理

任务提示

这是公共关系初学者学习公共关系危机管理活动的第二步，认识公共关系危机处理的含义，把握公共关系危机处理的程序、工作内容和具体方法要求，在此基础上，能够初步进行公共关系危机处理方案的制定。

8.2.1 公共关系危机处理的准备

以企业为例，公共关系危机是一种客观存在的现象，它会不时地出现在企业面前，进行公共关系危机处理已经成为企业常态化的一项重要工作。公共关系危机处理的准备工作一般有下面几个方面。

1．危机应急准备

公共关系危机一旦出现，企业就应对其做出反应。具体的准备工作内容有以下几点。

（1）了解危机事件。当危机事件发生时，企业负责人首要的事便是召集企业高层听取关于危机事件的报告。报告应由一线员工或亲历员工汇报，力求准确、全面、详尽、客观，以便对危机事件进行全面正确评估。高层人员听完汇报之后，必须在最短的时间内对危机事件的发展趋势、可能带来的影响和后果、企业能够和可以采取的应对措施以及对危机事件的处理方针、人员、资源保障等重大事情作出初步的评估和决策。

（2）成立临时机构。当企业负责人对危机事件作出了初步的评估和决策之后，紧接着的工作便是成立临时公共关系危机处理专门机构。机构的主要作用是：内外通知和联络、为媒介准备材料、成立公共信息中心，加强对外界公众的传播沟通。临时的专门机构是危机处理的领导部门和办事机构，一般由企业的主要领导负责，公共关系人员和有关部门负责人参加。成立这样一个机构，对保证危机事态能够顺利和有效地进行处理是十分必要的。

（3）制订危机处理计划。危机处理机构首要的工作便是根据现有的资料、情报以及企业拥有的可支配资源制订危机处理计划。计划包括危机处理的目标、程序、组织、人员及分工、后勤保障和行动时间表以及各个阶段要实现的目标，还应包括社会资源的调动和支配，费用控制和实施责任人及其目标。计划制订完成并获通过后，应立即开始进行物质资源调配和准备，而核心小组成员则要立即奔赴危机事件现场，展开全面的危机处理行动。

2．危机处置准备

经过第一环节的应急准备行动之后，企业要从危机反应状态进入积极处理状态。在这一环节关键是要遵循正确的工作程序，融积极性与规范性于一体，确保有效地处理危机。

（1）积极主动，勇于担责。危机发生后，要重视危机的处理态度，高层领导直接面对危机，要比工作人员更容易取得事半功倍的效果。企业应主动承担义务，积极进行处理，以消费者利益为重，赢得公众的理解和支持。

公关实务 8-2　　新闻标题变换的背后

基泰丝是一名美国记者，在百货公司买了没有装内件的“索尼”牌唱机后，火冒三丈，于是写了一篇题为《笑脸背后的真面目》的新闻稿。但第二天一早，基泰丝得知昨天下午，售货员发现错将一个空心货样卖给了顾客后，公司连夜开始了一连串无异于大海捞针的行动。打了 32 次紧急电话，向东京各大宾馆查询基泰丝，没有结果。再打电话问纽约“美国快递公司”总部，得知顾客在美国父母的电话号码。接着又打电话去美国，得知顾客在东京婆家的电话号码。终于弄清了这位顾客在东京期间的住址和电话，这期间的紧急电话，合计 35 次！这一切使基泰丝深受感动，立即重新写了题为《35 次紧急电话》的新闻稿。35 个紧急电话挽救了一场即将上演的“商场欺诈事件”，由此可以看到一个企业在处理危机的时候应具有的责任感。

（2）迅速隔离危机险境。在公共关系工作中，危机险境的隔离应重点做好公众的隔离和财产的隔离，对于伤员更是要进行无条件的隔离救治，这也是危机过后有可能迅速恢复企业形象的基础。

（3）控制危机蔓延态势。在严重的恶性事件爆发后的一段时间内，危机不会自行消失，相反，它还可能进一步恶化，迅速蔓延开来，甚至还会引发其他危机。因此必须采取措施，控制危机范围的扩大。

（4）查明危机事件真相。危机发生后，如果组织没能站出来说些什么，那么对于公众谣言听多了，也就成了真理。因此，企业出现危机事件后，应及时组织人员，深入公众，了解危机事件的各个方面，收集关于危机事件的综合信息，并形成基本的调查报告，为处理危机提供基本依据。

（5）制定危机处理对策。企业危机处理人员提交危机事件的专题调查报告之后，应及时会同有关职能部门，进行分析、决策，针对不同公众确立相应的对策，制定消除危机事件影响的公关方案。

（6）联系媒体发布信息。公共关系人员应及时与媒体联系，以便通过媒体及时向外界发布危机事件的相关信息，如危机事件的基本情况、组织所采取的措施等，以此来赢得公众的信任。

公关实务 8-3　　蒙牛的“OMP 安全”公关

2009 年 2 月 2 日，国家质检总局指出蒙牛特仑苏牛奶违法添加了安全性尚不明确的 OMP，特仑苏 OMP 安全风波骤起。2 月 11 日，当事件被媒体曝光后，蒙牛方面迅速借助媒体发布《蒙牛关于 OMP 牛奶的回应》，坚持“OMP 安全”观点，称其安全性受到了 FDA 等国际权威机构的认可。同时，也与有关上级主管部门进行积极沟通，以期获得第三方的权威证实。经过一系列努力，2 月 14 日，卫生部就该事件回应，称经六部委专家联合认定 OMP 并不会危害健康。与此同时，蒙牛方面也得到了多个有关国际组织的声援与支持，特仑苏 OMP 的安全性得到了多方的权威证实，至此事件得到平息，产品销售得到恢复。

蒙牛对于事件的应对策略可圈可点，抓住了“OMP 安全性”这一关键点，在做好媒体沟通的同时，积极与有关主管部门沟通，最终得到了权威证实，事件得以圆满解决。

8.2.2 公共关系危机的处理

公共关系人员在做好危机处理准备工作的基础上，必须立即着手开展危机的调查，了解预处理工作，并在全面掌握情况以后，针对不同对象尽快实施危机处理的不同对策。

1．组织内部沟通

（1）在危机初期，及时向内部员工宣布危机处理小组成员、宣布本组织对待危机的态度，并且对员工提出一些应对危机的要求。

（2）在危机稳定期，及时向内部公众通报危机事件的发生时间、地点、有无伤亡，以及本组织处理危机事件的基本原则、方针、具体的程序与对策。将制定的危机处理方案通告各部门及全体员工，以便统一口径、统一思想，协同行动。

（3）在危机抢救期，及时向内部员工通报造成危机的原因、给直接受害者造成的损失，以及受到波及的公众范围有多大、影响有多深、事态发展趋势、事态是否得到有效控制等情况。

（4）在危机处理末期，一方面对危机处理工作进行评估，总结经验、找出不足，奖励在处理危机事件中表现突出的有功人员，处罚危机事件的责任者，并通告有关方面；另一方面通过危机事件教育员工。

2．同受害者的沟通协调

（1）组织要全面了解危机以及危机所造成的有关损失情况，并主动承担相应的责任，给公众留下一个责任感强的组织形象。同时，要全面提供善后服务，以维护此时可能已经岌岌可危的公众形象。

（2）危机事件若造成伤亡，一方面要立即进行救护工作或进行善后处理；另一方面应立即通知其家属，并尽可能提供一切条件，满足家属的探视要求。

（3）要积极倾听各方面的意见，并合理赔偿损失。对于受害者家属的过分要求，公共关系人员应宽宏大量，坚决避免在事故现场与受害者发生争辩与冲突。另外，在与相关公众研究处理问题时，也要做到有分寸地让步，应该注意拒绝的方法与技巧。

3．同新闻媒介的沟通协调

（1）在危机发生时，组织内部一定要就如何向新闻媒介公布事故，以及公布时如何措辞等有关事项先在内部统一认识和统一口径。

（2）由权威人士发言提供准确信息。一般来说，公布组织事故，最好是总负责人，以示组织对危机的重视程度，给公众和媒介留下较好的印象。

（3）对于组织自身来说，在事实还没有完全弄清楚之前，不要轻易对事件作出评论，也不要对危机发生的原因、损失，以及一些其他方面的任何可能性进行揣测。

（4）危机发生后，组织要主动向新闻媒介提供真实、准确的消息，公开表明组织的立场和态度，帮助新闻媒介做出正确的报道。对新闻媒介不可采取隐瞒、搪塞、对抗的态度。

4．同上级部门的沟通协调

危机发生之后，应及时、主动地向上级组织进行实事求是的报告，不要文过饰非，更不要歪曲事实真相。在处理危机的过程中，应该定期汇报事态发展的状况，求得上级领导部门的指导、援助和支持。危机事件处理完毕，应向上级领导部门详细报告处理的经过、解决的方法、事情发生的原因等情况，并提出今后的预防计划和措施。

5．业务往来单位的沟通协调

危机发生后，应尽快如实地向有业务往来的单位通报事故发生的消息，表明组织对该事件的坦诚态度，并以书面的形式通报正在或将要采取的对策和措施。如有必要，还可派人直接去各个单位面对面地进行沟通与解释。危机处理完毕后，应用书面形式表示歉意，并向给予理解、援助的单位表示诚挚的谢意。

6．同消费者的沟通协调

设立专线电话，以应付危机期间公众打来的大量电话，要让训练有素的人员接听专线电话。以尊重公众权益为前提，制定处理危机事件的对策和措施。迅速查明和判断受到危机事件影响的公众类型、特征、数量、分布区域等情况，并通过不同的传播渠道，向公众说明事故，公布事故处理意见。

重要信息 8-3　　公共关系危机处理新闻发布会

通过新闻发布会向社会告知真相、表明态度，从而掌握报道的主动权，控制事态的发展。召开新闻发布会要注意以下几点。

（1）及时召开新闻发布会，向新闻媒体提供信息。如果组织反应太慢，会让人感觉组织的态度傲慢，而且也会给谣言以可乘之机。

（2）选择合适的新闻发言人。一般应是组织公共关系部门的负责人。

（3）做好新闻发布会的策划、准备工作。尤其是做好发布信息内容的准备工作。对公众比较关心的问题要考虑周全，并有合理的解释和圆满的答复。

（4）统一口径，确认对外发布的信息 ,提供完整的信息和背景资料。

（5）撰写新闻稿。在撰写新闻稿时要做到：标题要表明立场、旗帜鲜明；内容应完整、清晰；注意多用事实说话；避免使用行话或专业术语；应表明新闻发言人的联系方式。

（6）当重大危机发生后，组织最高领导应该在新闻发布会中出面，以表明对事件的重视。

（7）邀请政府主管部门或其他具有公信力的第三方参加，提高新闻发布会的权威性。

（8）在现场尽力配合记者，向记者提供现场传真、电话、电脑网络等通信办公设备，以消除敌对情绪。

8.2.3 危机处理的善后

危机处理的善后是危机管理最后一个环节，对其他环节起到反馈作用，在危机管理中具有重要意义。一方面，对危机事前、事中管理工作进行总结分析和有效反馈，提出针对性改进措施，进行危机管理体系的修复，实现组织变革，提高组织应对危机的处置和恢复能力，防范类似危机发生。另一方面，通过对已发生的危机事件和处理过程进行调查和评估，认知危机本质与影响，对危机后期恢复与重建进行有效指导，防范次生危机发生。

危机后应注意对组织形象进行重新塑造。可充分运用传播工具进行连续性的正面报道，将企业在危机后所采取的一系列修正措施及服务方针告知公众，使公众真正了解组织及其行为，并逐步对组织重新产生信任感。还应增加组织在承担社会责任、重视社会利益方面的活动与投入，通过积极参与社会活动向公众展示组织回报社会、服务桑梓的良好形象。同时还要进一步密切与政府部门、权威机构和著名人士、意见领袖的关系，积极参与地方建设，充分重视权威部门的监督、检查并争创优秀，邀请著名人士和意见领袖为组织出谋划策，以充分利用他们的影响力，帮助组织重树形象。

重要信息 8-4　　公共关系危机处理的原则

（1）勇于承担原则。危机发生后，公众会关心两方面的问题。一是利益的问题，利益是公众关注的焦点，因此无论谁对谁错，企业都应该承担责任，即使受害者在事故发生中有一定责任，企业也不应首先追究其责任，否则会各持己见，加深矛盾，引起公众的反感，不利于问题的解决。另一方面是感情问题，公众很在意企业是否在意自己的感受，因此企业应该站在受害者的立场上表示同情和安慰，并通过新闻媒介向公众致歉，解决深层次的心理、情感关系问题，从而赢得公众的理解和支持。

（2）迅速反应原则。危机处理的目的在于尽最大努力控制事态的恶化和蔓延，把因危机事件造成的损失减少到最低限度，在最短的时间内重塑或挽回企业原有的良好形象和声誉。为此，危机一旦发生，不仅是公共关系危机管理小组的成员，而且是企业的所有成员都应立即投入紧张的处理工作。赢得时间就等于赢得了形象。高效率和日夜工作是做到快速反应不可缺少的条件。

（3）真诚坦率原则。通常情况下，任何危机的发生都会使公众产生种种猜测和怀疑，有时新闻媒介也会有夸大的报道。因此，组织要想取得公众和新闻媒介的信任，必须采取真诚坦率的原则。别说“无可奉告”“不发表评论”这样的话。很多人认为这是有效的挡箭牌，这类词不是不可以用，但必须小心使用。

（4）系统运行原则。危机处理必须冷静、有序、果断、指挥协调统一、宣传解释统一、行动步骤统一，而不可失控、失序、失真。在处理危险时，不要忽视其他危机的可能性，在进行危机管理时必须系统运作，绝不可顾此失彼，否则只能造成更大的混乱，使局势恶化。

（5）灵活创新原则。公关工作中出现的危机事件是形形色色的，因此对不同公关危机的处理手段也不尽相同。对危机要具体问题具体分析，只有根据具体情况，才能进行有针对性、灵活性的处理。由于危机多是突发性的，不可能有现成的措施和手段，因此，根据实际情况，灵活处理很重要，也很关键。同时危机处理既要充分借鉴成功的处理经验，也要根据危机的实际情况，尤其要借助新技术、新信息和新思维，进行大胆创新。

任务实训 8.2

公共关系危机处理措施讨论

实训目的：

加深学生对公共关系危机处理程序及工作内容的认识。

实训安排：

1. 学生收集并讲解一些公共关系危机处理的故事或案例；

2. 分析其特点，讨论公共关系危机处理工作的重要性。

教师注意事项：

1. 由生活事例、企业经营事例导入对公共关系危机处理的认识；
2. 提供一些公共关系危机处理的简单案例，供学生讨论；
3. 提供其他相应的学习资源。

资源（时间）：

1 课时、参考书籍、案例、网页。

评价标准

表 现 要 求	是否适用	已达要求	未达要求
小组活动中的外在表现（参与度、讨论发言积极程度）			
小组活动中，对概念的认识与把握的准确程度			
小组活动中，角色扮演的精准度			
小组活动中，文案制作的完整与适用程度			

8.3 网络危机处理

任务提示

这是公共关系初学者学习公共关系危机管理活动的第三步，认识网络公共关系危机管理的含义，把握网络公共关系危机处理的程序、工作内容和具体方法要求，在此基础上，能够初步进行网络公共关系危机处理方案的制定。

8.3.1 网络危机原因分析

互联网时代，一则信息刚刚发布，很快就会通过新浪、网易、搜狐等门户网站传遍全世界。也正是网络的这种传播特点，为网络危机的产生提供了平台。据统计，全球约有 20%的企业曾因网络攻击而遭受企业危机。

重要术语 8-2　　网络公共关系危机

网络公共关系危机是指由网络产生、传播或扩散升级的具有严重威胁性的不确定性事件，对组织声誉及其相关产品、服务声誉产生不良影响，导致组织在公众心目中的形象受到严重破坏的事件。

网络危机是在网络环境下产生的，一般来说，网络危机产生的原因有以下几种。

1．网络媒体的高自由度

由于法律、法规的限制以及传播范围上的约束，传统媒体发布的信息一般来源于官方，故可信度较高，可以有效遏制谣言及一般性事件的升级和扩大。而网络媒体由于论坛(BBS)、博客

(BLOG)、微信（WeChat）和网络社区的存在以及网络发言的匿名性，信息的来源复杂，审查也较传统媒体宽松，因此网络诽谤和传递谣言比以前更加容易。对网络谣言的受害组织而言，与传统谣言和诽谤相比，网络谣言的威力和影响力更大。

2．网络传播的快速性

在网络资源中，大量的中小网站基本采用转贴、复制或者直接引用的方式传播信息，使得同一信息在短时间内充斥各个网站和网络社区。这种信息传播方式的速度比传统媒体那种采访、撰写、审查、刊登或者获得授权转载、引用的典型方式要迅速得多，成本也低得多，这使组织面对网络危机的反应时间大大缩短。一些小事件可以演变为难以控制的危机，一些原本站不住脚的谣言经过添油加醋般的改编会影响广大受众的判断。

3．网络公众的互动性

互联网的出现极大地刺激了广大公众参与社会事务的积极性。通过网络讨论，一些普通事件和纠纷会升级到对整个品牌和组织的攻击；一些孤立的经济事件容易上升到政治和民族感情的高度，产生超越产品和服务本身的危机。

公关实务 8-4　　迟缓的西门子冰箱门公关

2011 年 9 月 27 日，老罗英语培训创始人罗永浩在微博中称三年前买的西门子冰箱和洗衣机、陆续都坏了，特别是那西门子冰箱的门不易关上。此条微博发布之后被网友们转载 3000 多次，评论超过 1100 多条。由于西门子方面没有做出积极的回应，最终导致事件升级。罗永浩来到西门子公司北京总部进行维权活动，用铁锤砸烂三台有质量问题或设计缺陷的冰箱并递交书面要求，希望西门子公司立即改正拒不承认产品问题、推卸责任、忽视消费者诉求的做法，并召回有问题的冰箱。最终，本次事件以西门子家用电器中国总裁兼首席执行官罗兰·盖尔克为“部分西门子冰箱门关不严”向中国消费者公开道歉，并承诺为问题冰箱提供免费维修服务为结局。

8.3.2 网络危机的预防与处理

由于网络的介入，使得危机造成的负面影响极易扩散，造成严重后果。因此，有一个预警系统是必不可少的。

1．网络危机的预防

在组织日常运营中，应加强防范网络危机的工作，使得防范网络危机日常化、制度化，力求从机制上减少或者快速发现危机的发生。为此，组织应该从以下几个方面入手。

（1）设立网络安全专员。组织有必要在公共关系部门或者网络部门下设网络安全专员，统筹日常的危机防范工作以及危机发生时的公共关系策略安排和资源配置。由于网络危机发生的根源可能存在于组织生产经营的各个过程而且可能牵扯到多个部门，危机发生时很有可能出现职责不清的情况，训练有素的网络安全专员就可以统筹规划，以标准的程序处理危机，防止出现部门间扯皮的现象。

（2）建立网络危机监测体系。组织要建立完善的网络危机监测体系，把网络危机监测纳入正常的经营活动中，防微杜渐，最大可能地在危机没有扩散的时候就消灭它。监测工作包括定期浏览三大门户网站(网易、新浪、搜狐)、各大传统媒体的网络版和有较大影响的网络论坛和社区，识别和分辨出可能的网络危机苗头，查看相关的新闻和评论，发现问题及时上报解决，杜绝不良信息上升为网络危机的可能。

（3）建立网络危机应急预案。组织应在专门人员的指导下，于危机来临前就建立和健全网络危机处理应急预案，充分考虑网络危机发生时可能出现的状况，提前制定危机发生时应采取的措施、步骤和人员安排。这样可以规范网络危机发生时的应急管理和应急响应程序，明确各部门的职责，有效提高组织抵御网络危机的能力。

（4）加强全员网络安全培训。网络危机涉及组织的方方面面，和组织的每一个人都息息相关，不仅仅是网络安全专员、网络部门或者是公关部门的事情。组织定期进行全员的网络安全培训可以增强员工的网络危机防范意识，熟悉网络危机处理的步骤和任务，从而在危机发生时可以更好地配合网络安全专员的工作。

2．网络危机的处理

网络危机发生时，组织应该迅速反应，以积极务实的态度面对问题，主动抢占媒体先机。为此，可以采取的措施包括以下几个方面。

（1）组建危机处理机构。成立以组织高层为组长，网络安全专员牵头网络技术部门、生产部门、公共关系部门、客服部门和法律部门等各方组成的网络危机处理小组。确保处理危机时需要的各项资源、专门知识与工作畅通无阻。

（2）及时发布企业声明。在网络危机袭来之时，组织必须发表声明以正视听，起到澄清事实的效果。在产品和服务出现缺陷的时候，应公开道歉。声明和道歉必须显示出足够的诚意和耐心，必须正视问题而不能试图掩盖或者狡辩，那样做只能增加危机扩大的可能。

（3）迅速采取实际行动。组织只有通过迅速处理危机的行动才可能化解危机，赢得信任。对于网络病毒以及黑客攻击可以采取的行动有：迅速组织技术力量进行维修，力求尽快恢复网站和服务；承诺加强网络维护的人员、技术和设备，给消费者和网民以信心；配合公安机关追查攻击来源，必要时运用法律武器维护自己的权益。

（4）危机后的传播工作。在网络危机解决后，组织要通过各种网络媒体让这些信息传播到互联网上，这样可以在将来网民借助搜索引擎进行搜索相关信息时，不至于搜索到的仅仅是一堆负面信息。同时，要记住事后反思是必须要做的事情，只有有效的反思才能总结经验，不管这次应对处理效果如何，要争取下次不犯同样的错误。

任务实训 8.3

网络危机处理讨论

实训目的：

加深学生对网络公共关系危机处理工作内容的认识。

实训安排：

1. 学生收集并讲解一些网络公共关系危机处理的故事或案例；

2. 分析其特点，讨论网络公共关系危机处理工作的重要性。

教师注意事项：

1. 由生活事例、企业经营事例导入对网络公共关系危机处理的认识；
2. 提供一些网络公共关系危机处理的简单案例，供学生讨论；
3. 提供其他相应的学习资源。

资源（时间）：

1 课时、参考书籍、案例、网页。

评价标准

表 现 要 求	是否适用	已达要求	未达要求
小组活动中的外在表现（参与度、讨论发言积极程度）			
小组活动中，对概念的认识与把握的准确程度			
小组活动中，角色扮演的精准度			
小组活动中，文案制作的完整与适用程度			

小 结

公共关系危机是指由于主观或客观的原因，企业与公众的关系处于极度紧张的状态，企业面临十分困难的处境。公共关系危机管理是指公共关系从业人员在危机意识或危机观念的指导下，对可能发生或已经发生的公共关系危机事件进行预测、监督、控制、协调处理的全过程。

本章围绕组织形象塑造活动的程序，设计了各环节操作的专门知识，设置了重要术语、重要信息等栏目，体现了对一些重要理论知识的重组。

本章以任务提示开始，以企业实际项目结束，并安排了学生自我工作总结。希望读者能够在获知工作信息的基础上，在教师引领下，按照“资讯、计划、决策、实施、检查和评价”六步骤来完成各项实训活动，直至完成实践项目活动，以实现“学习就是工作，工作就是学习”的目标。

本章学习目标：完成本任务后，学生能够认识公共关系危机管理活动，并能够认识简单的、与日常生活相关的公共关系管理活动，进而能够认识公共关系危机管理项目。

重要术语

公共关系危机　网络公共关系危机

知识与技能检测

一、课堂讨论

1. 引发公共关系危机的因素。
2. 公共关系危机表现为一种事件。
3. 公共关系危机偶然中的必然。
4. 公共关系危机的可预测性。
5. 处理公共关系危机应有的态度。

6. 网络危机的传播途径。

二、课后自测

1. 选择题

（1）引发企业公共关系危机的内部原因主要有以下哪几个方面？（　　）

A. 组织自身素质低下　　B. 经营决策失误
C. 法制观念淡薄　　D. 公共关系行为失当

（2）社会公众误解包括（　　）。

A. 服务对象公众对组织的误解　　B. 内部员工对组织的误解
C. 传播媒介对组织的误解　　D. 权威性结构对组织的误解

（3）公共关系危机的识别包括（　　）。

A. 潜伏性危机的识别　　B. 外显性危机的发现
C. 感性与理性相结合识别　　D. 广告测试

（4）公共关系危机处理计划的内容包括（　　）。

A. 危机处理目标、程序、组织、人员　　B. 人员分工
C. 后勤保障和行动时间表　　D. 各个阶段要实现的目标

（5）网络危机发生时，组织可以采取的措施包括以下哪些？（　　）

A. 组建处理机构　　B. 及时发布声明
C. 积极采取措施　　D. 强化传播工作

2. 判断题

（1）危害性是公共关系危机的最基本特征。（　　）

（2）公共关系危机事件一般不会造成社会影响。（　　）

（3）公共关系危机的潜伏性决定了组织对公关危机的不可防范，因而不必预防。（　　）

（4）公共关系危机的预防是公共关系专业人员的任务。（　　）

（5）网络公共关系危机常常会对组织形象造成更大损害。（　　）

3. 简答题

（1）公共关系危机有哪些特征？

（2）公共关系危机有哪些类型？

（3）公共关系危机新闻发布会的注意事项有哪些？

（4）公共关系危机处理的原则包括哪些内容？

4. 案例分析题

“大白兔”成功突围“甲醛门”

2007 年 7 月 20 日，国家质检总局局长在国新办举办的新闻发布会上宣布，中国上海冠生园食品有限公司的大白兔奶糖在生产过程中没有添加甲醛，质量是安全有保证的。

随着李长江掷地有声的“新闻发布”和权威检测报告的公布，海外经销商对“大白兔”的疑虑消除，纷纷来电要货，在经过 4 天的滞销后，10 个货柜的大白兔奶糖迅速销出，其中 7 个发往新加坡、哥斯达黎加、马来西亚、印度、尼泊尔、美国等国。

此前，上海冠生园集团国际贸易公司接到菲律宾经销商来电称，菲律宾食品药品局(BFAD)对从中国进口的部分食品进行检验，被检大白兔奶糖含有福尔马林(甲醛)。随后，菲律宾方面将大白兔奶糖从超市下架，并劝市民不要购买，同时要求出口商召回相关产品。此消息于7月16日由菲律宾 GMA 电视新闻网公布后，美国、新加坡、澳门、香港等多家媒体都作了报道，引起海内外强烈关注，香港、广州部分超市也将大白兔奶糖撤下柜。

来看看“大白兔”是如何化解此次危机的。

1．快速主动：3 日内完成沟通、检测、媒体公关

“甲醛事件”曝出后，冠生园集团自己主动停止了“大白兔”产品的出口，并在3天内做完了3件重要的事情：给菲律宾方面发函沟通；请权威检测机构 SGS 对生产线的产品进行检测，并得出没有甲醛的结论；召开中外媒体见面会宣布检测结果。不仅如此，冠生园还对菲律宾食品药品机构在既未公布相关检测报告又未得到生产企业确认的情况下，贸然通过媒体发布消息，给“大白兔”品牌造成损害的极不负责行为，理直气壮地声明：保留法律诉讼的权力。

2．及时：权威机关及时发声，快速消除疑虑

获知大白兔奶糖被禁售的消息后，上海市质监部门和国家质检总局及时派员在第一时间介入，出具了权威检测报告。特别是国家质检总局局长在7月20日举办的新闻发布会上的权威发言更是让海内外消费者疑虑顿消。

3．统一：媒体报道客观公正，化危机为商机

这次大白兔奶糖“甲醛门”事件，尽管海外媒体炒得热火朝天，但国内传媒在对待这一民族品牌上，汲取了以往“见风就是雨”的教训，在报道时不是盲目跟风、夸大其辞，而是遵循新闻游戏规则，冷静而又客观地在第一时间传递最新的来自权威管理部门和权威检测机构的消息，为“大白兔”这一国内糖果第一品牌树立了正面的形象。

4．侧面突围：“第三方”鉴定功不可没

由第三方权威部门发布的、具有普遍公信力的数据以及对数据的客观解释性分析是应对国际危机事件中非常重要的一步棋。7月18日，新加坡政府的检验机构从冠生园新加坡经销商福南公司仓库中抽取大白兔奶糖进行检验，结果显示大白兔奶糖不含甲醛，符合世界卫生组织的安全标准；7月19日，国际公认的权威检测机构 SGS(通标标准技术服务有限公司上海分公司)对大白兔奶糖检测得出结果：未检出甲醛(福尔马林)；7月20日，文莱卫生部发表声明，宣布经过检测表明，中国产的“大白兔奶糖”不含甲醛，完全可以放心食用……这些“完全一致”的检测结果，让中国产的“大白兔奶糖”含甲醛这一不实说法不攻自破。

危机时刻最能考验一个企业的德与行。冠生园集团在“大白兔”暴出“甲醛门”后第一时间做出反应，并主动停止出口，反映出作为知名企业的有作为有担当的精神，同时对可能产生的误解迅速组织力量寻找第三方权威机构正名，当然作为民族品牌与媒体的良好关系这时也起到了功不可没的作用。这一事件的圆满处理可谓近年来国内企业公共关系危机处理的典范。

阅读以上材料，回答问题：

（1）讨论冠生园公关活动过程；

（2）分析其优点与不足；

（3）提出改进建议。

实践项目

参与企业实际危机管理工作

活动目的：

完成较复杂因素下的公共关系危机处理工作。

活动安排：

1. 教师与校外基地接洽，进入企业实际项目；
2. 学生分组，参与企业公共关系危机管理，讨论并写出行动方案。

教师注意事项：

1. 引导学生参与公共关系活动项目；
2. 学生分组讨论并制定危机管理活动方案；
3. 组织相应学习资源。

资源（时间）：

1 课时、参考书、相关书籍、基地企业。

评价标准

表 现 要 求	是否适用	已达要求	未达要求
小组活动中的外在表现（参与度、讨论发言积极程度）			
小组活动中，对概念的认识与把握的准确程度			
小组活动中，角色扮演的精准度			
小组活动中，文案制作的完整与适用程度			

增值阅读

危机管理的金科玉律

福莱国际传播资讯公司发明了一个简单的公式：(3W+4R) 8F=V1 或 V2 (r)。它并不像看上去那么复杂。3W 是说在任何一场危机中，沟通者需要尽快知道三件事:了解发生了什么、(What did we know)，什么时候知道的(When did we know about it)，对此做了什么(What did we do about it)。寻求这些问题的答案和一个组织作出反应之间间隔的时间，将决定这个反应是成功还是失败。

如果一个组织对于它面临的危机认识太晚，或是反应太慢，那它就处在一个滑坡上，掌控全局会变得很困难；如果不能迅速地完成 3W，它将无力回天。

4R 是指在收集正确的信息以后，就该给组织在这场危机中的态度定位了。危机给组织带来了：遗憾（Regret）、改革（Reform）、赔偿（Restitution）、恢复（Recovery）。换句话说，与危机打交道，一个组织要表达遗憾、保证解决措施到位、防止未来发生相同事件并提供赔偿，直到安全摆脱这次危机。很明显，不是一个声明，或者一个行动，就能取得所有 4R 的。4R 需要有一系列措施。

8F 则是沟通时应该遵循的 8 大原则：

（1）事实原则（Factual）：向公众沟通事实的真相；

（2）第一原则（First）：率先对问题作出反应；

（3）迅速原则（Fast）：处理危机要果断迅速；

（4）坦率原则（Frank）：沟通情况时不要躲躲闪闪；

（5）感觉原则（Feeling）：与公众分享组织的感受；

（6）信息沟通原则（Forum）：组织内部要建立一个最可靠的准确信息来源，获取尽可能全面的信息；

（7）灵活性原则（Flexibility）：对外沟通的内容不是一成不变的，应关注事态的变化；

（8）反馈原则（Feedback）：对外界有关危机的信息作及时反馈。

如果 3W、4R 和 8F 做得正确，组织在危机中会成为 V1，即“勇于承担责任者（Victim）”。这个结果很不错。公众会认为组织很负责任，会想尽办法解决问题并且让他们满意。公众会对组织从轻发落。

相反，如果不能做好 3W、4R 和 8F，组织很可能会被当作 V2，也就是“恶棍(Villain)”。公众将认为组织的行为和言词避重就轻、不上心和不负责任。这会导致雇员意志消沉、股东抗议、顾客投诉、管理层动荡等不良后果。

历史和顾客会更认同这样的组织：出现问题时组织说“我们有问题，这是我们解决问题的办法。”而诸如“什么问题?”等一类的说法则不是一个有效的回答，当问题扩大或者恶化的时候，这类问题极有可能严重危害到企业的信誉。

没有哪家组织能完全避免危机的发生，因为外部力量总是在起着作用。所以，最佳的防御就是做好准备。这样，当问题出现，组织就能集中力量控制局面，并且信心十足地通过内部及外部沟通，有条理地化解危机。这些准备方法包括以下几点。

审视弱点。检查一下什么是最容易让组织受到伤害的问题。直面现实，检查所有的方面，提尖锐的问题，找出潜在的问题，并且设计出防范危机的最佳处理方式。

建立危机处理委员会。委员会成员包括所有相关的决策者：总裁、财务运营官、营销人员等。确定他们的角色与职责。

建立盟友关系。找到一个第三方，向其沟通相关信息并建立盟友关系，使他们在争议发生时，能加强外界看待问题的可信度。

制定一个完整的危机处理计划。保持计划简短和扼要，并经常更新。内容包括可以被迅速执行的材料和流程。不要将它们束之高阁，要经常温故。

排练，排练，排练。这才是提前规划的价值所在——排练使得危机处理能一次比一次做得好，组织的反应也越来越有效和快速。让所有在行动计划内的人熟悉情况，这样，一旦需要，他们就能镇定自若地用有效的沟通来帮助组织对危机作出正确的应对。

学生自我工作总结

通过完成任务八 公共关系危机管理，我能够作如下总结：

一、工作思路（原理）

完成本任务的工作思路为：

1.

2.

二、工作准备

完成本任务的工作准备有：

1.

2.

三、工作实施分析

本任务的工作实施过程是：

1.

2.

四、工作过程分析

本任务的工作过程：

1. 工作过程要素有：
2. 这样做要领有：
3. 这样做的原因有：

五、成果检验

本任务的工作成果：

1. 完成本任务的意义有：
2. 学到的经验有：
3. 自悟的经验有：
4. 形成的策略有：

参 考 文 献

[1] 李道平.公共关系学（第四版）. 经济科学出版社，2011

[2] 张岩松.公共关系实务. 清华大学出版社，2012

[3] 蔺洪杰.公共关系实务. 中国人民大学出版社，2012

[4] 王培才.公共关系实务. 清华大学出版社，2011

[5] 杨国兰.公共关系实务. 北京师范大学出版社，2011

[6] 陈福民.公共关系实务. 清华大学出版社，2010

[7] 中国国际公共关系协会. 最佳公共关系案例.企业管理出版社，2010

[8] [美]阿尔·李斯，劳拉·李斯著. 罗汉，虞琦译. 公关第一，广告第二.格致出版社，2008

单片机原理及其接口技术

刘 刚 主编

刘祝华 蔡十华 傅晓明 编

科 学 出 版 社

北 京

内 容 简 介

本书系统介绍MCS-51单片机的组成原理、基本结构、指令系统和汇编语言程序设计、中断系统、各类接口技术及其单片机应用系统的抗干扰设计，在此基础上讨论单片机应用系统的设计方法并给出一些应用实例。本书内容包括微型计算机基础、MCS-51单片机工作原理、MCS-51单片机指令系统、汇编语言程序设计、MCS-51中断系统、并行接口技术、串行接口技术、A/D与D/A接口技术、单片机应用系统抗干扰设计、单片机应用系统设计实例。每章后均附有一定量的习题，方便学生复习、提高。书中适时引入了当今流行的计算机辅助设计开发和仿真软件——Keil与Proteus，并贯穿于全书的重要章节；单片机应用系统的抗干扰设计也作为一个重要章节做了较为详细的介绍。

本书可作为高等院校电子信息、电气工程、自动控制、通信工程、计算机科学与技术以及其他相关专业的教材，也可作为从事相关工作的工程技术人员的参考书。

图书在版编目(CIP)数据

单片机原理及其接口技术 / 刘刚主编；刘祝华，蔡十华，傅晓明编. —北京：科学出版社，2012

ISBN 978-7-03-032671-3

I. ①单… II. ①刘… ②刘… ③蔡… ④傅… III. ①单片微型计算机-基础理论-高等学校-教材 ②单片微型计算机-接口技术-高等学校-教材 IV. ①TP368.1

中国版本图书馆CIP数据核字(2011)第224788号

责任编辑：胡 凯 杨 锐 于 红/责任校对：鲁 素
责任印制：徐晓晨/封面设计：王 浩

科学出版社出版
北京东黄城根北街16号
邮政编码：100717
http://www.sciencep.com

北京虎彩文化传播有限公司印刷
科学出版社发行 各地新华书店经销

*

2012年1月第 一 版 开本：B5 (720 × 1000)
2019年6月第五次印刷 印张：26 1/4
字数：515 000

定价：55.00元

(如有印装质量问题，我社负责调换)

单片机原理及其接口技术

刘 刚 主编
刘祝华 蔡十华 傅晓明 编

科学出版社
北京

内 容 简 介

本书系统介绍MCS-51单片机的组成原理、基本结构、指令系统和汇编语言程序设计、中断系统、各类接口技术及其单片机应用系统的抗干扰设计，在此基础上讨论单片机应用系统的设计方法并给出一些应用实例。本书内容包括微型计算机基础、MCS-51单片机工作原理、MCS-51单片机指令系统、汇编语言程序设计、MCS-51中断系统、并行接口技术、串行接口技术、A/D与D/A接口技术、单片机应用系统抗干扰设计、单片机应用系统设计实例。每章后均附有一定量的习题，方便学生复习、提高。书中适时引入了当今流行的计算机辅助设计开发和仿真软件——Keil与Proteus，并贯穿于全书的重要章节；单片机应用系统的抗干扰设计也作为一个重要章节做了较为详细的介绍。

本书可作为高等院校电子信息、电气工程、自动控制、通信工程、计算机科学与技术以及其他相关专业的教材，也可作为从事相关工作的工程技术人员的参考书。

图书在版编目(CIP)数据

单片机原理及其接口技术 / 刘刚主编；刘祝华，蔡十华，傅晓明编. —北京：科学出版社，2012

ISBN 978-7-03-032671-3

I. ①单… II. ①刘… ②刘… ③蔡… ④傅… III. ①单片微型计算机–基础理论–高等学校–教材 ②单片微型计算机–接口技术–高等学校–教材 IV. ①TP368.1

中国版本图书馆CIP数据核字(2011)第224788号

责任编辑：胡 凯 杨 锐 于 红/责任校对：鲁 素
责任印制：徐晓晨/封面设计：王 浩

科学出版社出版
北京东黄城根北街16号
邮政编码：100717
http://www.sciencep.com

北京虎彩文化传播有限公司印刷
科学出版社发行 各地新华书店经销

*

2012年1月第 一 版 开本：B5 (720 × 1000)
2019年6月第五次印刷 印张：26 1/4
字数：515 000

定价：55.00元

(如有印装质量问题，我社负责调换)

前　言

本书以“厚基础、宽口径、会设计、可操作、能发展”为方向，以培养具有创新精神和实践能力的人才为目的，以提高学生分析、解决实际问题的能力为出发点，较为全面、系统地介绍了 MCS-51 单片机的基本原理及应用。

本书叙述力求简明扼要、通俗易懂。在内容编排上注重单片机的基本原理和系统的基本设计方法，注意理论联系实际，引入 Proteus 单片机仿真软件嵌入在设计实例中，以提高学生分析、解决实际问题的能力，为后续课程的学习、工作和科研打下较为扎实的理论与实践基础；同时注重反映单片机应用技术的发展方向，引入新器件、新技术，便于学生了解单片机原理及其接口技术的发展趋势，拓宽知识面，增强学习的主动性与求知欲。

本书共分 10 章：第 1 章，微型计算机基础，主要介绍微型计算机的有关数制及数的相互转换、数和字符的编码等；第 2 章，MCS-51 单片机工作原理，主要介绍单片机内部结构、引脚功能、工作时序等；第 3 章，MCS-51 单片机指令系统，主要介绍寻址方式及各类指令；第 4 章，汇编语言程序设计，主要介绍汇编语言程序设计方法、常用程序结构设计、Keil μVision 及 Proteus 使用指南等；第 5 章，MCS-51 中断系统，主要介绍中断的定义和作用、MCS-51 的外部中断、MCS-51 的定时/计数器等；第 6 章，并行接口技术，主要介绍并行 I/O 接口、MCS-51 与外部存储器的接口、8255 扩展技术、显示和键盘接口技术等；第 7 章，串行接口技术，主要介绍 MCS-51 单片机串行接口及其应用、I^2C 总线接口技术等；第 8 章，D/A、A/D 接口技术，主要介绍 D/A 接口技术和 A/D 接口技术；第 9 章，单片机应用系统抗干扰设计，主要介绍单片机应用系统的硬件抗干扰设计和单片机应用系统的软件抗干扰设计；第 10 章，单片机应用系统设计实例，主要介绍无线收发系统等三个设计实例。为配合教学，每一章都有适量的习题。

本书可作为高等学校电子信息工程、通信工程、自动化、机电一体化、测控技术与仪器、计算机应用等专业本科生和低年级研究生的教材；也可供从事单片机应用系统设计、智能化仪器仪表开发以及从事微机自动化设备运行、维护的广大科技人员参考阅读。

本书由刘刚、刘祝华、蔡十华、傅晓明集体编写。刘祝华编写第 1、4、7 章；蔡十华编写第 5、6 章；傅晓明编写第 8、10 章；刘刚编写第 2、3、9 章及附录，并负责全书的统稿、定稿工作。

南昌大学龙伟教授认真审阅了原稿，提出了许多宝贵意见。作者在此表示衷心的感谢。

另本书获得了江西师范大学物理特色专业建设项目及江西师范大学教学质量建设工程教学团队的资助。

由于水平有限，疏漏或不当之处在所难免，敬请广大读者批评指正。

作　者

2011 年 7 月

目　录

第 1 章　微型计算机基础

1.1　微型计算机中数制及数的相互转换

电子计算机通常可分为巨型机、大型机、中型机、小型机和微型机五类。微型机在系统结构和基本工作原理上，与其他几类计算机并无本质差别，只是在体积、性能和应用范围等方面有所不同。

包括微型机在内，所有计算机都是以二进制形式进行算术和逻辑运算操作。微型机将输入的十进制数或符号转换成二进制，处理以后的结果需要还原成十进制或相应符号，才能在显示设备上输出。因此，熟悉计算机中常用数制及其相互之间的转换十分重要。

1.1.1　微型计算机中的数制

数制是指数的制式，是人们利用符号计算的一种科学方法。微型计算机中常用的数制有十进制、二进制、八进制和十六进制等。

1. 十进制

十进制(Decimal)是人们最为熟悉的进位计数制。它的主要特点是：①有 0~9 十个不同的数码；②基数为 10，每逢 10 进位。任意一个十进制数 N 可表示为

$$\begin{aligned}N &= \pm(a_{n-1}\times10^{n-1}+a_{n-2}\times10^{n-2}+\cdots+a_0\times10^0\\&\quad+a_{-1}\times10^{-1}+a_{-2}\times10^{-2}+\cdots+a_{-m}\times10^{-m})\\&=\pm\sum_{i=-m}^{n-1}a_i\times10^i\end{aligned}$$

其中，i 表示数中的任意一位；a_i 表示第 i 位的数码；10^i 表示第 i 位的权值。例如：

$$135.79=1\times10^2+3\times10^1+5\times10^0+7\times10^{-1}+9\times10^{-2}$$

2. 二进制

二进制(Binary)比十进制简单。它的主要特点是：①只有 0 和 1 两个不同的数码；②基数为 2，每逢 2 进位。任意一个二进制数 N 可表示为

$$N=\pm(a_{n-1}\times 2^{n-1}+a_{n-2}\times 2^{n-2}+\cdots+a_0\times 2^0+a_{-1}\times 2^{-1}+a_{-2}\times 2^{-2}+\cdots+a_{-m}\times 2^{-m})=\pm\sum_{i=-m}^{n-1}a_i\times 2^i$$

其中，i 表示数中的任意一位；a_i 表示第 i 位的数码(只能取 0 或 1)；2^i 表示第 i 位的权值。例如：

$$1011.11=1\times 2^3+0\times 2^2+1\times 2^1+1\times 2^0+1\times 2^{-1}+1\times 2^{-2}=11.75$$

3. 十六进制

十六进制(Hexadecimal)是人们学习和研究计算机二进制的一种工具，随着计算机的发展而广泛应用。它的主要特点是：①有 0~9 及 A、B、C、D、E、F 十六个不同的数码；②基数为 16，每逢 16 进位。任意一个十六进制数 N 可表示为

$$N=\pm(a_{n-1}\times 16^{n-1}+a_{n-2}\times 16^{n-2}+\cdots+a_0\times 16^0+a_{-1}\times 16^{-1}+a_{-2}\times 16^{-2}+\cdots+a_{-m}\times 16^{-m})=\pm\sum_{i=-m}^{n-1}a_i\times 16^i$$

其中，i 表示数中的任意一位；a_i 表示第 i 位的数码(能取 0~F 中任一个)；16^i 表示第 i 位的权值。例如：

$$7A.B1=7\times 16^1+A\times 16^0+B\times 16^{-1}+1\times 16^{-2}=122.6914$$

为了区分不同数制的数，会在每个数上外加一些辨认标记。通常，标记的方法有两种：一种是在数上加上方括号，并在方括号右下角标注数制代号，如$[110]_{10}$、$[110]_2$、$[110]_{16}$；另一种是用英文字母标记，分别用 B、D(可以省略)和 H 表示二进制、十进制和十六进制，如 56H、101B、123D。

1.1.2 数制间的相互转换

人们习惯使用的是十进制数，但计算机采用二进制数操作，计算机需要对不同数制的数进行转换。

1. 二进制与十进制相互转换

1) 二进制数转换成十进制数

采用“按权相加”法，将待转换二进制数按权展开相加即可。例如：

$$10011.01B = 1\times2^4 + 0\times2^3 + 0\times2^2 + 1\times2^1 + 1\times2^0 + 0\times2^{-1} + 1\times2^{-2} = 19.25$$

2) 十进制数转换成二进制数

十进制整数转换成二进制整数，通常采用“除 2 取余”法。先得到的余数为低位，后得到的余数为高位。例如：

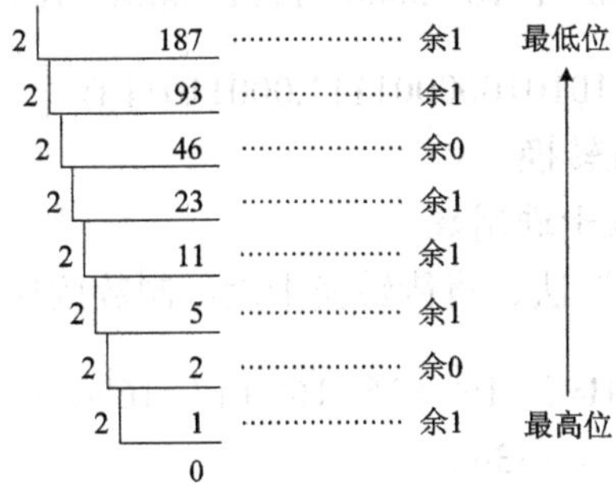

余数按高位到低位的顺序排列，得到结果：187 = 10111011B 。

十进制小数转换成二进制小数，通常采用“乘 2 取整”法。先得到的整数为高位，后得到的为低位。例如：

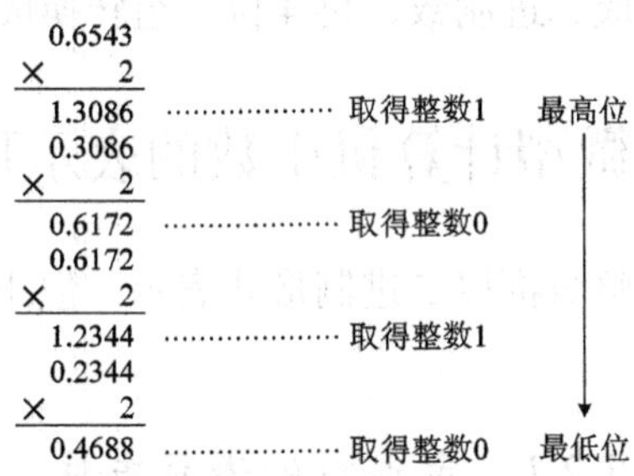

把所有得到的整数按高位到低位的顺序排列，得到结果：$0.6532 \approx 0.1010B$ 。

应当指出：十进制整数可以精确转换成一个二进制整数，但不是所有十进制小数都可以精确转换成一个二进制小数(上例)。

2. 二进制与十六进制相互转换

1) 二进制数转换成十六进制数

采用“四位合一位”法。二进制数从小数点开始，向左或向右每 4 位一组(不足 4 位以 0 补足)，用 1 位 16 进制数码表示。例如：

0001	1011	1100	0101	.	1100	1010
1	B	C	5		C	A

得到结果：1101111000101.1100101B = 1BC5.CAH。

2) 十六进制数转换成二进制数

采用“一位分四位”法。十六进制数从小数点开始，向左或向右每 1 位用 4 位二进制数码表示。例如：

2	A	0	F	.	1	B
0010	1010	0000	1111		0001	1011

得到结果：2A0F.1B H = 10101000001111.00011011 B

3. 十六进制与十进制相互转换

1) 十六进制数转换成十进制数

同样采用“按权相加”法，将待转换十六进制数按权展开相加即可。例如：

$$
\begin{aligned}
3FEA\ H &= 3\times16^3+15\times16^2+14\times16^1+10\times16^0 \\
&= 16362
\end{aligned}
$$

2) 十进制数转换成十六进制数

类似于十进制数转换成二进制数，将十进制数转换成十六进制数，整数部分可采用“除 16 取余”法，小数部分采用“乘 16 取整”法。为了避免繁琐的计算，也可以先将十进制数转换成二进制数，再 4 位一组转换成十六进制数。

1.2　微型计算机中数的表示形式

在计算机中，小数和整数都以二进制形式表示，但小数点通常有定点和浮点两种表示方法。

1.2.1　定点数的表示方法

定点计算机中，二进制数的小数点固定不变，可以固定在数值之前，也可以固定在数值之后。前者称为定点小数计算机，后者称为定点整数计算机。

1. 定点整数

定点整数表示法中，小数点固定在数值位之后。采用这种表示法的计算机在实际运算前，需要把参加运算的数(二进制形式)按适当比例转换成纯整数，运算后再按同一比例还原。MCS-51 就是一种定点整数计算机。N 为一定点二进制整数，其表示形式为其中，S_f 为数符，“0”表示 N 为正数，“1”表示 N 为负数。

定点整数表示法的优点是运算简单，但表示数的范围比同位数的浮点数小。一个 16 位的二进制定点整数 N，除去 S_f(数符)一位，有效数值位为 15 位，能表示的原码数近似为 $-2^{15} \leqslant N \leqslant 2^{15}$ 。

2. 定点小数

定点小数表示法中，小数点固定在数值位之前。采用这种表示法的计算机在实际运算前，需要把参加运算的数(二进制形式)按适当比例转换成纯小数，运算后再按同一比例还原。N 为一定点二进制小数，其表示形式为

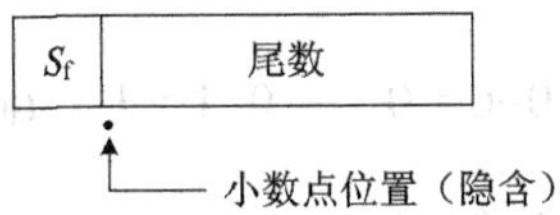

其中，S_f 为数符，“0”表示 N 为正数，“1”表示 N 为负数。

定点小数表示法的优点是运算简单，但表示数的范围较小。一个 16 位的二进制定点小数 N，除去 S_f (数符)1 位，有效数值位为 15 位，能表示的原码数近似为 $-(1-2^{-15}) \leqslant N \leqslant 1-2^{-15}$ 。

1.2.2　浮点数的表示方法

浮点表示的二进制数中，小数点的位置是浮动的。一个浮点数 N 由阶码和尾数两部分组成，其表示形式为

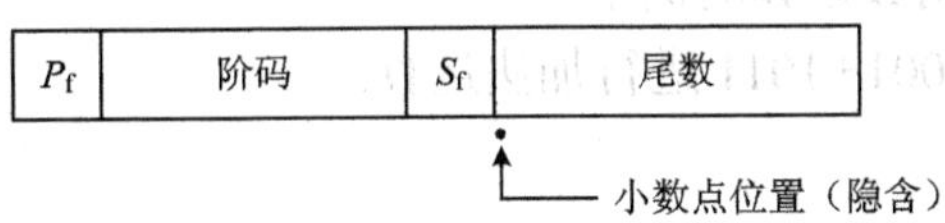

其中，P_f 为阶符，“0”表示阶码为正，“1”表示阶码为负；S_f 为数符，“0”表示 N 为正数，“1”表示 N 为负数。小数点约定位置约定在尾数之前，实际位置是浮动的，由阶码决定，即

$$N = 2^P \times S$$

浮点表示法的优点是表示数的范围大，但运算复杂。通常要对阶码和尾数分别运算。一个 16 位的二进制浮点数 N，若 P_f 和 S_f 各占 1 位，阶码为 5 位，尾数为 9 位，则能表示数的范围为 $-2^{(2^5-1)} \times (1-2^{-9}) \leqslant N \leqslant +2^{(2^5-1)} \times (1-2^{-9})$ 。

1.2.3　二进制数的运算

二进制数的运算分为两类：一类是算术运算，包括加、减、乘、除运算；另

一类是逻辑运算，包括逻辑乘、逻辑加、逻辑非、逻辑异或等。

1. 算术运算

二进制算术运算的过程与十进制类似，而且更为简单，其运算规则如下。

加法运算

0+0= 0　　0+1= 1

1+0= 1　　1+1= 0　(同时向相邻高位进 1)

减法运算

0−0= 0　　0−1= 1　(同时向相邻高位借 1)

1−0= 1　　1−1= 0

乘法运算

0×0= 0　　0×1= 0

1×0= 0　　1×1= 1

除法运算

0÷1= 0　　1÷1= 1

下面举几个二进制数运算的例子。

【例 1.1】　对 1001+1011 进行加法运算。

解答：

$$\begin{array}{r} 1001 \\ +)\ 1011 \\ \hline 10100 \end{array}$$

由此可见，二进制数的加法运算和十进制数的加法运算相似，但采用的是“逢二进一”法则，即每位数累计到 2 时，本位就记为 0，且向相邻高位进 1。

【例 1.2】　对 10100−1110 进行减法运算。

解答：

$$\begin{array}{r} 10100 \\ -)\ 1110 \\ \hline 110 \end{array}$$

在二进制减法中采用“借一当二”法则，减法运算从低位起按位进行，在遇到 0 减 1 时，就要向相邻高位借 1，也就是从相邻高位减去 1。

【例 1.3】　对 1011×1001 进行乘法运算。

解答:

```
       1011
   ×)  1001
   --------
       1011
      0000
     0000
 +) 1011
 ----------
    1100011
```

从二进制数的乘法运算过程中可以看出，二进制数的乘法运算是移位相加的过程，进行累加时按“逢二进一”原则来运算。

【例 1.4】　对 10100100÷1001 进行除法运算。

解答:

```
          10010      ----------商
     ----------
1001)10100100
     1001
     ---------
      1010
      1001
      ----
         10      ----------余数
```

从二进制数的除法运算过程中可以看出，二进制数的除法运算是移位相减的过程。

二进制数的缺点是书写时位数较长，不便记忆和阅读。因此，通常选用十六进制数，便于书写和阅读，容易记忆，且非常容易将其转换成二进制数。

2. 逻辑运算

二进制数的逻辑运算种类较多，常用逻辑运算有：逻辑乘(与)，用符号“∧”表示；逻辑加(或)，用符号“∨”表示；逻辑非，用符号“ ¯ ”表示；逻辑异或，用符号“⊕”表示。这些逻辑运算的规则描述如下。

逻辑乘运算

$$0 \wedge 0 = 0 \qquad 0 \wedge 1 = 0$$

$$1 \wedge 0 = 0 \qquad 1 \wedge 1 = 1$$

逻辑加运算

$$0 \vee 0 = 0 \qquad 0 \vee 1 = 1$$

$$1\vee 0=1 \quad 1\vee 1=1$$

逻辑非运算

$$\overline{0}=1 \qquad \overline{1}=0$$

逻辑异或运算

$$0\oplus 0=0 \qquad 0\oplus 1=1$$

$$1\oplus 0=1 \qquad 1\oplus 1=0$$

两个二进制数进行逻辑运算，是按位进行的。而对应位的逻辑运算，按上述运算规则进行即可。

1.3　微型计算机中数和字符的编码

1.3.1　原码、反码和补码

机器数是指数的符号和值均使用二进制的表示形式。为方便起见，这里的机器数均指在定点整数计算机中的表示。在计算机中，机器数有原码、反码、补码、变形补码等多种形式。

1. 原码

原码(True Form)又被称为“符号-数值表示”。当用原码表示正数或负数时，第一位是符号位。对于正数，符号位用“0”表示；对于负数，符号位用“1”表示。其余各位表示数值部分。假如两个带符号的二进制数分别为 S_1 和 S_2，其真值形式为

$$S_1= +11001 \quad S_2= -01011$$

则 S_1 和 S_2 的原码表示形式为

$$[S_1]_{原}=011001 \quad [S_2]_{原}=101011$$

根据上述原码形成规则，一个 n 位整数 S(包括一位符号位)的原码一般表达式为

$$[S]_{原}=\begin{cases} S & 0\leqslant S<2^{n-1} \\ 2^{n-1}-S & -2^{n-1}<S\leqslant 0 \end{cases} \tag{1.3.1}$$

由原码的一般表达式可以得出：

(1) 当 S 为正数时，$[S]_{原}$ 和 S 的区别只是增加一位用 0 表示的符号位。由于在数的左边增加一位 0 对该数的数值并无影响，所以 $[S]_{原}$ 就是 S 本身。

(2) 当 S 为负数时，$[S]_{原}$ 和 S 的区别是增加了一位用 1 表示的符号位。

(3) 在原码表示中，有两种不同形式的 0，即

$$[+0]_{原} = 0\ 00\cdots0$$

$$[-0]_{原} = 1\ 00\cdots0$$

2. 反码

反码(One's Complement)又称为“对 1 的补数”。当用反码表示时，左边第一位为符号位，符号位为“0”代表正数，符号位为“1”代表负数。对于正数，反码和原码相同；而对于负数，反码的数值是将原码数值按位求反。所以，反码数值的形成与它的符号位有关。

假如两个带符号的二进制数分别为 S_1 和 S_2，其真值形式为

$$S_1 = +11001 \quad S_2 = -01011$$

则 S_1 和 S_2 的反码表示形式为

$$[S_1]_{反} = 011001 \quad [S_2]_{反} = 110100$$

根据上述的反码形成规则，一个 n 位的整数 S (包括一位符号位)的反码一般表达式为

$$[S]_{反} = \begin{cases} S & 0 \leqslant S < 2^{n-1} \\ (2^n - 1) + S & -2^{n-1} < S \leqslant 0 \end{cases} \tag{1.3.2}$$

由反码的一般表达式可以得出：

(1) 正数 S 的反码 $[S]_{反}$ 与原码 $[S]_{原}$ 相同。

(2) 对于负数 S，其反码 $[S]_{反}$ 的符号位为 1，数值部分是将原码数值按位求反。

(3) 在反码表达式中，0 的表示有两种不同的形式，即

$$[+0]_{反} = 0\ 00\cdots0$$

$$[-0]_{反} = 1\ 11\cdots1$$

3. 补码

补码(Two's Complement)又称为“对 2 的补数”。在补码表示方法中，正数的补码与原码相同，而负数的补码是符号位不变、数值部分变反加 1，即逐位变反、在最低位加 1。

例如，两个带符号的二进制数分别为 S_1 和 S_2，其真值表达式为

$$S_1= +11001 \quad S_2=-01011$$

则 S_1 和 S_2 的补码表示形式为

$$[S_1]_{补}= 011001 \quad [S_2]_{补}= 110101$$

根据上述补码形成规则，一个 n 位的整数 S(包括一位符号位)的补码一般表达式为

$$[S]_{补}=\begin{cases} S & 0 \leqslant S < 2^{n-1} \\ 2^n + S & -2^{n-1} \leqslant S < 0 \end{cases} \tag{1.3.3}$$

由补码的一般表达式可以得出：

(1) 正数 S 的补码$[S]_{补}$、反码$[S]_{反}$和原码$[S]_{原}$是相同的。

(2) 对于负数，补码$[S]_{补}$的符号位为 1，其数值部分为反码的数值末位加 1。

(3) 在补码表示法中，0 的表示形式是唯一的，即

$$[+0]_{补}= 0\ 00\cdots0$$

$$[-0]_{补}= 0\ 00\cdots0$$

1.3.2 补码运算及其变形

1. 补码的加减运算

原码表示简单，但运算复杂，符号位往往要单独处理。补码不易识别，但运算方便。所有参加运算的数以补码表示，运算结果也为补码。

(1) 补码加法运算，其运算通式为

$$[X+Y]_{补}=[X]_{补}+[Y]_{补}$$

即两数之和的补码等于两数补码之和。对于 n 位的整数，X、Y 及($X+Y$)的结果都必须在 -2^{n-1}~$2^{n-1}-1$ 范围之内，否则会产生溢出。运算过程中，符号位和数值位一起参加运算，符号位的进位略去不计。

【例 1.5】 已知 $X=+19$，$Y= -7$，求 $X+Y$ 的二进制结果。

解答：

以 8 位二进制表示，则有

$$[X]_{补}=00010011B \quad [Y]_{补}=11111001B$$

$$[X+Y]_{补}=[X]_{补}+[Y]_{补}=00001100B$$

求和结果为+1100B，即+12。

(2) 补码减法运算，其运算通式为

$$[X-Y]_{补}=[X]_{补}+[-Y]_{补}$$

即两数之差的补码等于两数补码之和。同样，对于 n 位的整数，X、Y 及($X-Y$)的结果都必须在-2^{n-1}~$2^{n-1}-1$ 之间，否则会产生溢出。运算过程中，符号位和数值位一起参加运算，符号位的进位略去不计。

【例 1.6】　已知 $X=+6$，$Y=+25$，求 $X-Y$ 的二进制结果。

解答：

以 8 位二进制表示，则有

$$[X]_{补}=00000110B \quad [-Y]_{补}=11100111B$$

$$[X-Y]_{补}=[X]_{补}+[-Y]_{补}=11101101B$$

相减结果为−0010011B，即−19。

2. 补码的变形码

对于字长为 n 位的二进制数，若将其视做补码形式，则可表示的范围为-2^{n-1}~$2^{n-1}-1$。例如，8 位二进制补码，表示的范围为−128~127。若二进制补码运算结果超出其能正常表示的范围，将产生溢出。

变形补码比补码多一位符号位，最左边的符号位为第一符号位，右边一位为第二符号位。若不考虑第一符号位，变形补码和补码没有区别。例如，36 的变形补码为 000100100B，−54 的变形补码为 111001001B。

在变形补码的运算中，第一符号位才是真正的符号位，第二符号位常常会因运算中的溢出而改变。利用变形补码判断运算结果是否溢出的原则为：若运算结果中两位符号位同号(00 或 11)，则运算结果正确；若运算结果中的两位符号位为 01，则运算结果为正溢出(即超过了允许表示的正数)；若运算结果中的两位符号位为 10，则运算结果为负溢出(即超过了允许表示的负数)。

【例 1.7】　已知 $X=+127$，$Y=+8$，求$[X+Y]_{变补}$，分析溢出情况。

解答：

$$[X]_{变补}=00\ 1111111B \quad [Y]_{变补}=00\ 0001000B$$

$$[X+Y]_{变补}=[X]_{变补}+[Y]_{变补}=01\ 0000111B$$

两位符号位为 01，表示运算结果正溢出，而运算结果为+135 也印证了这一点。

1.3.3 BCD 码和 ASCII 码

1. BCD 码

所谓 BCD 码是指用若干位二进制数来表示 1 位十进制数。十进制数有 0~9 共 10 个数码，所以表示 1 位十进制数，至少需要 4 位二进制数。但 4 位二进制数可以产生 16 种组合，而从中选出 10 种来表示十进制的 10 个数码，选取方案有许多，即有许多种不同的编码方案。表 1.1 列举了目前常用的几种编码方案。

表 1.1 常用的几种 BCD 代码

十进制编码	8421 码	余 3 码	2421 码	余 3 循环码
0	0000	0011	0000	0010
1	0001	0100	0001	0110
2	0010	0101	0010	0111
3	0011	0110	0011	0101
4	0100	0111	0100	0100
5	0101	1000	1011	1100
6	0110	1001	1100	1101
7	0111	1010	1101	1111
8	1000	1011	1110	1110
9	1001	1100	1111	1010

8421BCD 码是最基本最常用的一种编码方案。在这种编码方式中，每一位二进制代码都代表一个固定的数值，把每一位的 1 代表的十进制数加起来，得到的结果就是它所代表的十进制数码。由于代码从左到右每一位的 1 分别表示 8、4、2、1，所以把这种代码叫做 8421 码。在 8421 码中，每一位 1 代表的十进制数称为这一位的权。由于 8421 码中的每一位的权是固定不变的，因而属于恒权代码。

需要注意的是，在 8421BCD 码中，不允许出现 1010~1111 这几个代码，因为在十进制中，没有数码与之对应。

2. ASCII 码

计算机处理的数据不仅有数码，还有字母、标点符号、运算符号及其他特殊符号。这些符号都必须用二进制代码表示，计算机才能直接处理。通常，把用于表示各种字符的二进制代码称为字符代码。

目前，国际上采用的 ASCII 码 (美国标准信息交换码) 是一种常用的字符代码。它由 7 位二进制数码组成，共为 128 个字符编码。这 128 个字符可分为两类：

一类是图形字符，共 96 个；另一类是控制字符，共 32 个。

在 8 位微型计算中，信息通常按字节存储和传送。ASCII 码为 7 位，作为一个字节还多出 1 位。多出的这一位为最高位，常常用做奇偶校验位。

部分字符的 ASCII 码如表 1.2 所示。

表 1.2　部分 ASCII 码

字　符	ASCII 码	字　符	ASCII 码
空格	P010 0000	A	P100 0001
.	P010 1110	B	P100 0010
(	P010 1000	C	P100 0011
+	P010 1011	D	P100 0100
$	P010 0100	E	P100 0101
*	P010 1010	F	P100 0110
)	P010 1001	G	P100 0111
--	P010 1101	H	P100 1000
/	P010 1111	I	P100 1001
,	P010 1100	J	P100 1010
'	P010 0111	K	P100 1011
=	P011 1101	L	P100 1100
0	P011 0000	M	P100 1101
1	P011 0001	N	P100 1110
2	P011 0010	O	P100 1111
3	P011 0011	P	P101 0000
4	P011 0100	Q	P101 0001
5	P011 0101	R	P101 0010
6	P011 0110	S	P101 0011
7	P011 0111	T	P101 0100
8	P011 1000	U	P101 0101
9	P011 1001	V	P101 0110
		W	P101 0111
		X	P101 1000
		Y	P101 1001
		Z	P101 1010

1.4　单片微型机的发展及应用

1.4.1　单片微型机的发展过程

单片微型机(单片机)，其技术发展十分迅速，产品种类繁多。从整个单片机技术发展历程来看，可主要分为以下三个阶段。

1. 初期形成阶段

1976 年，Intel 公司推出了 MCS-48 系列单片机，基本型产品在片内集成有 8 位 CPU、1K 字节程序存储器(ROM)、64 个字节数据存储器(RAM)、1 个 8 位定时/计数器、2 个中断源。

MCS-48 系列单片机，片内集成了 CPU、存储器、I/O 端口等部件，但存储容量较小、寻址范围小、无串行口，且指令功能不强。

2. 结构成熟阶段

1980 年，Intel 公司推出 MCS-51 系列单片机，基本型产品在片内集成有 8 位 CPU、4K 字节 ROM、128 个字节 RAM、2 个 16 位定时/计数器、5 个中断源(2 个优先级)及 1 个全双工串行口。

与 MCS-48 系列相比，MCS-51 系列单片机存储容量增大，寻址范围可达 64K，结构体系成熟。它是至今公认的单片机经典机种。

3. 性能提升阶段

近些年来，各半导体生产厂商不断推出新型单片机芯片，其中比较典型的是 Atmel 公司的 AT89C51RD2 单片机，其片内资源有 8 位 CPU、64K 字节 ROM (Flash，具有 ISP 功能)、256 个字节 RAM、1K 字节的 XRAM、2K 字节的 E^2PROM、3 个 16 位定时/计数器、7 个中断源(4 个优先级)、1 个全双工串行口、硬件 Watchdog Timer 等。

现今的单片机市场发展迅速，可供用户选择的品种越来越多。

1.4.2 单片微型机的产品近况

随着电子技术和计算机技术的发展，单片机产品和技术日新月异。

(1) 系列单片机产品繁多，占市场主流地位。

微型计算机处理速度的提高主要体现在 CPU 位数的提高(16 位、32 位及 64 位等)，而单片机更注重的是产品的可靠性、经济性和嵌入性。所以，对单片机 CPU 位数的提高要求并不是十分迫切。

多年来的应用实践已经证明，51 系列单片机结构合理、技术成熟。单片机生成厂商更加倾力于提高单片机的综合性能，不断推出与 51 系列单片机兼容的产品，从而形成了 51 系列单片机产品的主流地位。这些兼容的产品主要有 Atmel 公司的 AT89 系列单片机、Philips 公司的 80C51 及 80C552 系列高性能单片机、华邦公司的 W78C51 及 W77C51 系列高速低价单片机、ADI 公司的 ADμC8xx 系列高精度 ADC 单片机、LG 公司的 GMS90/97 系列低压高速单片机、Maxim 公司的 DS89C420 高速单片机、Cygnal 公司的 C8051F 系列高速 SOC 单片机等。

(2) 非 51 结构单片机不断推出，为用户提供了更大的选择空间。

51 系列及其兼容产品占市场主流地位的同时，一些单片机厂商也推出了非 51

结构的单片机产品。其中，影响较大的产品有 Intel 公司的 MCS-96 系列 16 位单片机、Microchip 公司的 PIC 系列 RISC(精简指令集计算机)结构单片机、TI 公司的 MSP430F 系列 16 位低压低功耗单片机、Atmel 公司的 AVR 系列 RISC 结构单片机等。

1.4.3　单片微型机的应用

单片机具有良好的控制性能和嵌入式品质，在各应用领域都得到了广泛的使用。

1. 智能仪器仪表

单片机应用于仪器仪表，一方面可以提高仪器仪表的使用功能和精度，使产品智能化，另一方面又可以简化仪器仪表的硬件结构，方便产品的升级换代。例如，各类智能电气测量仪表、智能传感器等。

2. 机电一体化产品

机电一体化产品是集机械技术、微电子技术、自动化技术和计算机技术于一体，具有智能特征的各种机电产品。单片机在机电一体化产品中应用得极为普遍，如机器人、数控机床、自动包装机、点钞机、医疗设备、传真机、打印机、复印机等。

3. 实时工业控制

单片机可以方便地实现对各种物理量，如电压、电流、温度、液位、流量等的采集与控制。在这类系统中，单片机作为系统控制器，根据被控对象的不同特征采用不同的智能算法，实现期望的控制指标，从而提高生产效率和产品质量。例如，电机转速控制、温度控制、自动生产线等。

4. 分布系统的前端模块

在较复杂的工业系统中，经常使用分布式测控系统完成大量分布参数的采集。单片机经常用做分布式系统的前端采集模块，系统具有运行可靠、数据采集方便灵活、成本低廉等优点。

5. 家电产品

单片机也大量地应用到家电产品设计中，如空调、电冰箱、洗衣机、电饭煲、高档洗浴设备及高档玩具等。

另外，在交通领域中，汽车、火车、飞机、航天器等都广泛应用单片机，如汽车自动驾驶系统、航天测控系统等。

习　　题

1.1 十进制数和二进制数各有什么特点？并举例说明。

1.2 将下列十进制数转换成二进制数、十六进制数(精确到小数点后 4 位)。

(1) 19　　(2) 1.25　　(3) 15.333

1.3 将下列二进制数转换成十进制数、十六进制数。

(1) 1101001　　(2) 101.011　　(3) 0.101001

1.4 将下列十六进制数转换成二进制数、十进制数。

(1) C.CH　　(2) 128.08H　　(3) BBH

1.5 在定点整数机中，一个二进制 16 位的原码数可表示的范围是多少？把它表示成浮点数(阶码 5 位，尾数 9 位，阶符和数符各一位)，则表示范围为多少？

1.6 完成下列二进制表达式的运算。

(1) 10101+1001　　(2) 110101−1111

(3) 1010×101　　(4) 1001101÷111

1.7 先把下列十六进制数变成二进制数，然后分别完成逻辑乘、逻辑加和逻辑异或运算。

(1) 33H 和 BBH　　(2) CDH 和 80H　　(3) 78H 和 0FH

1.8 用补码完成下列运算。

(1) 46+55　　(2) −51+97　　(3) 112−83

1.9 写出下列各十进制数的 8421BCD 码。

(1) 47　　(2) 59　　(3) 0.125

1.10 当前单片机的产品有哪些，各有什么特点？

1.11 简述单片机有哪些应用场合。

第 2 章　MCS-51 单片机工作原理

自 20 世纪 80 年代初，Intel 公司的 MCS-51 系列单片机问世以来，该系列的单片机产品已发展到几十种型号。8051 是最早最典型的产品，该系列其他新的单片机都是以它为核心、再增加一定的功能部件后构成的，并且由于单片机只是微型计算机的一个分支，在原理与结构上与微型计算机之间不但没有根本性的差别，且微型计算机的许多技术与特点都被单片机继承下来了。因此，我们可以用微型计算机的眼光来看待单片机，用微型计算机的思路来学习单片机。

2.1　MCS-51 单片机内部结构

迄今为止，计算机科学与技术得到了充分的发展，甚至已经提出量子计算机的设计概念，并在此方面取得了长足的进步，但现实应用中的计算机体系结构仍然没有突破由计算机的开拓者——数学家冯·诺伊曼最先提出的经典体系结构框架，即计算机是由运算器、控制器、存储器、输入及输出设备共五个基本部分组成的。微型计算机如此，单片机也不例外，只是单片机将运算器、控制器、较小容量的存储器、基本输入输出接口电路、串行口电路、中断和定时电路等都集成在了一个尺寸有限的芯片上了，所以单片机的全称应是单片集成微型计算机。其典型代表 MCS-51 单片机的系统结构框图如图 2.1 所示，而其芯片内部逻辑结构图如图 2.2 所示。

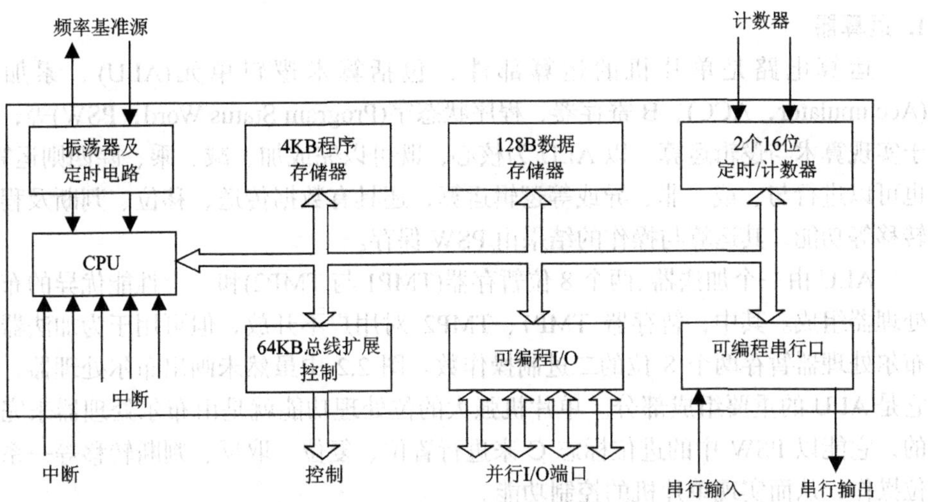

图 2.1　单片机系统结构框图

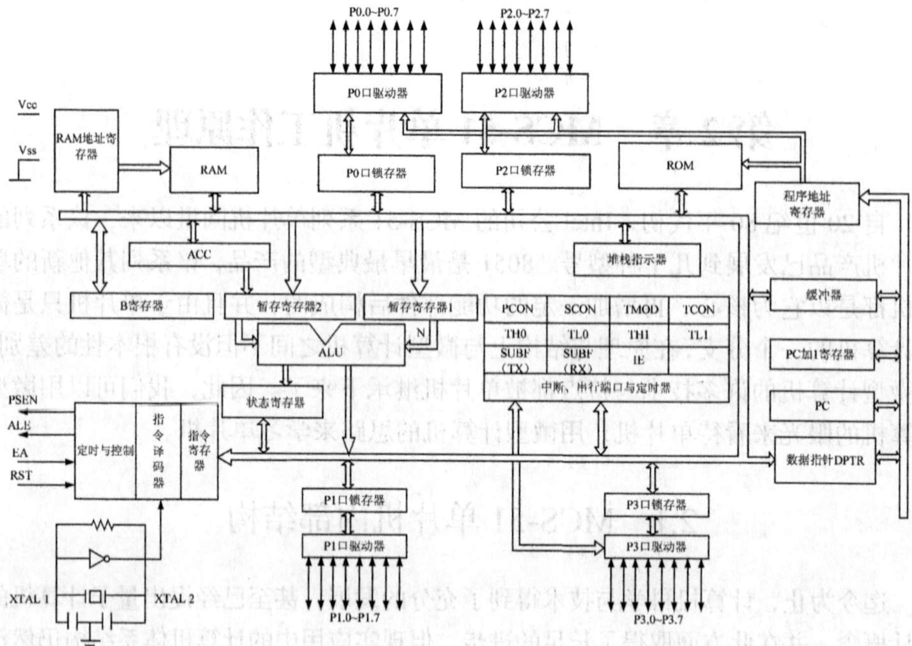

图 2.2　单片机内部逻辑结构图

2.1.1 CPU 结 构

中央处理器简称为 CPU，是一个字长为 8 位的中央处理单元，对数据的处理是按字节为单位进行的。它包括运算器与控制器两部分电路，是单片机的核心，主要完成运算与控制功能。

1. 运算器

运算电路是单片机的运算部件，包括算术逻辑单元(ALU)、累加器(Accumulator，ACC)、B 寄存器、程序状态字(Program Status Word，PSW)等，用于实现算术与逻辑运算。以 ALU 为核心，既可以完成加、减、乘、除四则运算，也可以进行与、或、非、异或等逻辑运算，还具有数据传送、移位、判断及程序转移等功能，其运算与操作的结果由 PSW 保存。

ALU 由一个加法器、两个 8 位暂存器(TMP1 与 TMP2)和一个性能优异的布尔处理器组成。其中，暂存器 TMP1、TMP2 对用户不开放，但可用于为加法器与布尔处理器暂存两个 8 位的二进制操作数。图 2.2 中虽然未画出布尔处理器，但它是 ALU 的重要组成部分。单片机强大的位处理功能就是由布尔处理器来完成的，它能以 PSW 中的进位标志 C 来进行置位、复位、取反、判断转移等一系列位操作，从而实现单片机的控制功能。

2. 控制器

控制电路是单片机的指挥控制部件，保证单片机各部分能自动协调的运行工作，包括程序计数器(Program Counter，PC)、PC 加 1 寄存器、指令寄存器、指令译码器、定时与控制电路等。

单片机执行指令的过程必须在控制电路的控制下进行。首先从 ROM 中读出指令，送指令寄存器保存；再送指令译码器译码，结果送定时控制电路，由定时控制逻辑电路产生一系列定时与控制信号，送到单片机各个部件去执行相应的操作。单片机的程序执行则是这一过程的不断重复。

2.1.2 存储器结构

1. 片内 ROM

8051 的内部有 4K 的 ROM，地址范围为 0000H~0FFFH，而 8031 的片内则无 ROM，实际应用时需要外接 ROM，但无论 8051 还是 8031，其片内与片外 ROM 容量之和都不得超过 64KB。8051 在扩展外部 ROM 的情况下，其 4KB 的地址范围可为片内与片外 ROM 公用。其中，1000H~FFFFH 的 60KB 的地址区为片外 ROM 专用,而关于片外 ROM 与 8051 的扩展连接将在 6.3 节中详细介绍；0000H~0FFFH 的 4KB 地址区，片内与片外 ROM 都可占用，但是片内与片外 ROM 不能同时占用。为了区别机器的这种占用，设计者为用户提供了一条专用的控制信号引脚 $\overline{EA}$ 加以区分。若 $\overline{EA}$ 接+5V 高电平，则机器使用片内 4KB 的 ROM，若 $\overline{EA}$ 接低电平，则机器自动使用片外 ROM。由于 8031 的片内无 ROM，实际使用时，其 $\overline{EA}$ 应接地。

2. 片内 RAM

8051 片内共有 256 个 RAM 单元，通常按功能将其分为两部分：片内低 128 单元(单元地址 00H~7FH)和片内高 128 单元(单元地址 80H~FFH)。由于片内高 128 单元是专为特殊功能寄存器(SFR)提供的，主要用来存放功能部件的控制命令、状态与数据，其寄存器的功能也已做专门的规定，故用户真正能够使用的只有片内低 128 单元(单元地址 00H~7FH)。因此，以后讲 8051 的内部 RAM 时，就特指低 128 单元。

1) 片内低 128 单元

在 00H~7FH 这 128 个单元中，根据不同功能分为三个区域，即工作寄存器区、位寻址区和用户 RAM 区(便签区)，其内部 RAM 分配图如图 2.3 所示。

(1) 工作寄存器区。内部 RAM 单元的 00H~1FH 共 32 个单元，分为 4 组，每组 8 个单元，分别用 R0~R7 表示，每个单元 8 位，作为寄存器使用。由于这些寄存器的功能及使用不做预先规定，因此称为通用寄存器，也叫工作寄存器。任意时刻 CPU 只能使用其中的一组寄存器，到底是哪一组，由 PSW 中的 RS1、RS0

位的状态组合来决定。其使用方法可用寄存器符号来表示，也可用单元地址的形式表示。

7FH … 30H									便签区
2FH	7F	7E	7D	7C	7B	7A	79	78	位寻址区
2EH	77	76	75	74	73	72	71	70	
2DH	6F	6E	6D	6C	6B	6A	69	68	
2CH	67	66	65	64	63	62	61	60	
2BH	5F	5E	5D	5C	5B	5A	59	58	
2AH	57	56	55	54	53	52	51	50	
29H	4F	4E	4D	4C	4B	4A	49	48	
28H	47	46	45	44	43	42	41	40	
27H	3F	3E	3D	3C	3B	3A	39	38	
26H	37	36	35	34	33	32	31	30	
25H	2F	2E	2D	2C	2B	2A	29	28	
24H	27	26	25	24	23	22	21	20	
23H	1F	1E	1D	1C	1B	1A	19	18	
22H	17	16	15	14	13	12	11	10	
21H	0F	0E	0D	0C	0B	0A	09	08	
20H	07	06	05	04	03	02	01	00	
1FH … 18H	3组								工作寄存器区
17H … 10H	2组								
0FH … 08H	1组								
07H … 00H	0组								

图 2.3 8051 单片机内部 RAM 分配图

通用寄存器为 CPU 提供了存储数据的便利，有利于提高机器的处理速度，并能提高程序设计的灵活性。因此，在应用程序的编制中应充分利用这些寄存器，简化程序设计，提高运行效率。

(2) 位寻址区。内部 RAM 中 20H~2FH，既可以作为一般 RAM 单元使用，进行字节操作，也可以对其任一单元中的任一位进行操作，因此将此区域称为位寻址区。该区 16 个单元，共 128 位，每一位都有相应的位地址，其位地址范围为 00H~7FH。其表示方法既可用直接位地址的形式，如 7FH，也可用字节地址加位数的形式，如 2FH.7，两种都可以表示为片内 RAM 中 2FH 单元的最高一位。

(3) 用户 RAM 区(便签区)。用户 RAM 区(便签区)共有 80 个单元，地址范围 30H~7FH，用于存放数据或作为堆栈区来使用。CPU 对其中的每个 RAM 单元都是按照字节进行存取的。

2) 片内高 128 单元

片内高 128 单元是专为 SFR 提供的，因此又称为专用寄存器区或特殊功能寄存器区。其专用寄存器共有 22 个，可供寻址的有 21 个，如表 2.1 所示。现将其中 6 个介绍如下，其余的将在后续章节中陆续说明。

表 2.1　可寻址的 SFR 一览表

符号	物理地址	名称
ACC	E0H	累加器
B	F0H	B 寄存器
PSW	D0H	程序状态字
SP	81H	堆栈指针
DPL	82H	数据寄存器指针(低 8 位)
DPH	83H	数据寄存器指针(高 8 位)
P0	80H	I/O 端口 0
P1	90H	I/O 端口 1
P2	A0H	I/O 端口 2
P3	B0H	I/O 端口 3
IP	B8H	中断优先级控制器
IE	A8H	中断允许控制器
TMOD	89H	定时器工作方式字
TCON	88H	定时器控制器
TH0	8CH	定时器 0 高 8 位
TL0	8AH	定时器 0 低 8 位
TH1	8DH	定时器 1 高 8 位
TL1	8BH	定时器 1 低 8 位
SCON	98H	串行控制器
SBUF	99H	串行数据缓冲器
PCON	87H	电源控制器

(1) PC 是一个 16 位的计数器，其内容为下一条将要执行的指令地址，具有自动加 1 的功能，以实现程序的顺序执行。CPU 在执行指令的时候，先根据 PC 中

的地址从存储器中取出当前需要执行的指令代码，送给控制器进行分析，然后 PC 内容自动加 1，以便为 CPU 取下一条指令做好准备。当下一条指令代码取出执行后，PC 又自动加 1，这样 PC 一次次加 1，指令便被一条条执行。因此需要执行程序的机器码必须在程序执行前预先存放在 ROM 中，并要为 PC 设置第一条指令的内存地址。

由于PC为一个16位的计数器，因此其编码范围为0000H~FFFFH，共计64KB，这意味着 8051 对 ROM 的寻址范围为 64KB，但并不是说 PC 是可以寻址的，PC 本身没有地址，用户不能对其进行读写操作，但是在执行转移、调用、返回等指令时能自动改变其内容，从而改变程序的执行顺序。

(2) 累加器 A 又记作 ACC，是一个具有特殊用途的 8 位寄存器，主要用来存放操作数或中间结果，功能较多，地位重要，是 ALU 数据输入时的一个重要来源，大部分单操作数指令的操作数均取自累加器，大部分数据传送需要累加器，在变址寻址时还需要作为变址寄存器来使用。

(3) B 寄存器是一个 8 位的寄存器，主要和累加器 A 一起用于乘除运算。在做乘法时，B 寄存器存放乘数，乘法操作后，存放乘积的高 8 位；除法运算时，存放除数，运算结束后，存放余数。当然，B 寄存器也可作为一般数据寄存起来使用。

(4) PSW 是一个 8 位寄存器，用来存放指令执行后的有关状态信息，其各位状态是在程序执行过程中自动形成的，但是用户也可以通过传送指令改变某些位的状态。其各标志位定义如下：

位序	PSW.7	PSW.6	PSW.5	PSW.4	PSW.3	PSW.2	PSW.1	PSW.0
位标志	CY	AC	F0	RS1	RS0	OV	/	P

(a) 进位标志位 CY：用于表示加减运算中最高位 A7(累加器最高位)有无进位或借位。在加法运算时，若累加器 A 中最高位 A7 有进位，则 CY=1；否则 CY=0。在减法运算时，若累加器 A 中最高位 A7 有借位，则 CY=1；否则 CY=0。另外，CPU 在进行移位操作时也会影响这个标志位。

(b) 辅助进位位 AC：用于表示加减运算时低 4 位(A3)有无向高 4 位(A4)进位或借位。若 AC=1，表示在加减过程中，低 4 位(A3)向高 4 位(A4)产生了进位或借位；若 AC=0，表示在加减过程中，低 4 位(A3)没有向高 4 位(A4)产生进位或借位。

(c) 用户标志位 F0：F0 标志位一般不由机器在指令执行过程中自动形成，而是由用户根据程序的需要通过传送指令确定，即用户可由指令实现 F0 的设定，并决定程序的流向。

(d) 寄存器组选择位 RS1、RS0：8051 的工作寄存器区共有 4 组，每组 8 个 8

位的工作寄存器，分别命名为 R0~R7，常为用户用来进行程序设计。但是，这 4 组工作寄存器中由于每组都使用 R0~R7 的名称，为区分各组中同名的寄存器号及其实际物理地址，可以通过改变 RS1、RS0 的状态来实现。工作寄存器 R0~R7 的实际物理地址与 RS1、RS0 的关系如表 2.2 所示。

表 2.2　RS1、RS0 对工作寄存器的选择

RS1、RS0	R0~R7 的组号	R0~R7 的实际物理地址
00	0	00H~07H
01	1	08H~0FH
10	2	10H~17H
11	3	18H~1FH

例如，8051 单片机复位后，RS1、RS0 的初始态为 00，故其选择第 0 组工作寄存器。其中，R0 所对应的实际物理地址为 00H，R1 所对应的实际物理地址为 01H,…,R7 所对应的实际物理地址为 07H。但是，若机器执行如下指令：

```
SETB RS0(置位命令，将 RS0 这位置 1)
```

则 RS1、RS0 变为 01，故工作寄存器组号从第 0 组变为第 1 组，而 R0~R7 工作寄存器的实际物理地址也从 00H~07H 变为 08H~0FH。这种处理方法，使得用户在程序设计的过程中能够非常灵活地应用各工作寄存器来完成各种操作。

(e) 溢出标志位 OV(Overflow)：用于指示运算过程中机器是否产生了溢出，此标志由机器在指令执行过程中自动形成。若在指令执行过程中，累加器 A 中的运算结果超出了 8 位有符号数所能表示的范围，即–128~+127，则 OV 标志自动置 1；否则 OV=0。因此，用户可以根据指令运行后 OV 的状态来判断累加器 A 中的运算结果是否正确。

(f) 奇偶标志位 P(Parity)：P 为奇偶标志，用于指示运算结果中 1 的个数的奇偶性。若 P=1，表示运算结束后，累加器 A 中 1 的个数为奇数；若 P=0，表示运算结束后，累加器 A 中 1 的个数为偶数。

另 PSW.1 为无定义位，用户可不使用。一般将其保留为初始状态 0。

(5) 数据指针(Data Pointer，DPTR)：DPTR 是一个 16 位寄存器，由两个 8 位的寄存器 DPH 和 DPL 拼成。其中，DPH 为其高 8 位，DPL 为其低 8 位。用于存放片内 ROM 地址，还可用于存放片外 RAM 或片外 ROM 的地址。

(6) 堆栈指针(Stack Pointer，SP)：SP 是一个 8 位寄存器，能够自动加 1 或减 1，专用于存放堆栈的栈顶地址。

堆栈是一种典型的数据结构，按照“先进后出”或“后进先出”的规律完成基本的堆栈操作。8051 的内部片内 RAM128 字节的地址范围 00H~07H，都可以作为堆栈区来进行操作，但是由于 00H~1FH 为常用的工作寄存器区、20H~2FH 为位寻址区，因此用户一般可将堆栈开在 30H 以上。

堆栈可分为栈顶与栈底，在 8051 中，栈底地址是固定不变的，它决定了堆栈在片内 RAM 中的实际物理位置，而栈顶始终存放于 SP 中，即 SP 是可以改变的。若堆栈中没有存入数据，则栈顶地址必然与栈底地址重合，此时 SP 中的内容就是栈顶或是栈底地址；若堆栈中存入了数据，此时栈底地址仍然不变，而 SP(存放栈顶地址)则随着存放数据的增减而变化，但是它始终都是存放栈顶地址的。例如，程序执行以下指令后，堆栈的变化情况如图 2.4 所示。

```
MOV  SP,#50H    ;50H送给SP,即堆栈从片内RAM 50H处开辟,SP的内容为
                 50H
MOV  A,#20H     ;将操作数20H送给累加器A
PUSH ACC        ;SP的内容自动加1,变为51H,再将累加器A中的数据20H
                 压入现有SP所示的堆栈单元中,即51H单元中压入了数据
                 20H
POP  B          ;将SP所指示的堆栈单元(51H)中的内容,即20H,弹出堆
                 栈,送给寄存器B,然后SP的内容自动减1,此时SP又变
                 为50H
```

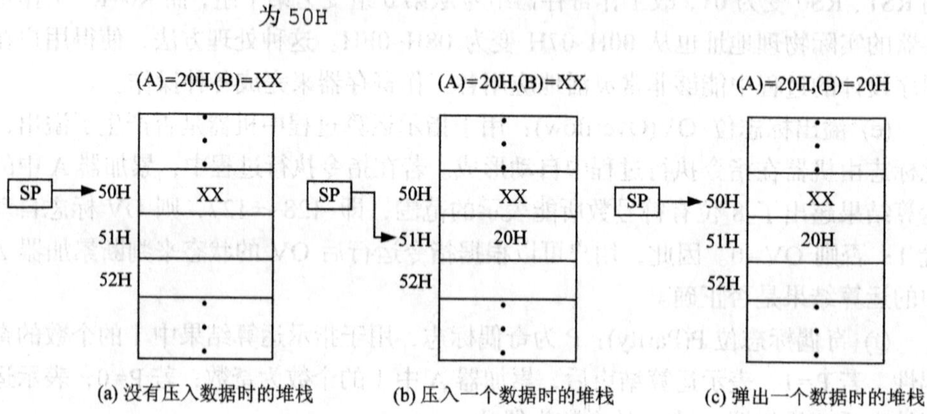

图 2.4　堆栈操作示意图

有关堆栈操作的详细过程在第 3 章指令系统中还会讲解。

2.1.3　I/O　端　口

I/O 端口是单片机与外部设备之间实现信息交换的桥梁，属于一个过渡性的集成电路，可实现 CPU 与外设之间速度的匹配与信号变换等功能。I/O 端口分为并行与串行两类。其中，并行端口一次可传送 8 位二进制信息，而串行端口一次只

能传送 1 位二进制信息。

1. 并行 I/O 端口

8051 共有 P0、P1、P2、P3 共 4 个并行 I/O 端口，每个端口都具有双向的 I/O 功能，即 CPU 既可以向 4 个并行 I/O 端口中的任意一个输出数据，也可以从任意一个并行 I/O 端口输入数据。4 个并行 I/O 端口都属于 SFR，都有相对应的实际物理地址。其中，P0 口地址为 80H，P1 口地址为 90H，P2 口地址为 A0H，P3 口地址为 B0H。每个并行 I/O 端口内部都有一个 8 位数据输出锁存器和一个 8 位数据输入缓冲器，因此数据输入时可得到缓冲，数据输出时可得到锁存。

4 个并行 I/O 端口在内部的具体结构上有所不同，因此在功能与用途上存在较大差异。其中，P0 口与 P2 口内部均有一个受控的二选一电路，因此它们既可作为通用的 I/O 端口，又具有与其结构相对应的特殊功能。例如，P0 口既可作片外存储器的低 8 位地址输出口，又可作为数据读写的数据口；而 P2 口除了作为通用 I/O 端口外，还往往输出片外存储器的高 8 位地址；P1 口一般用作通用 I/O 端口；P3 口除了作为通用 I/O 端口外，往往使用其第二功能，其各位的第二功能如表 2.3 所示。真正的双向 I/O 端口只有 P0 口，故其具有较大的负载能力，最多可驱动 8 个 TTL 门，其余三个口只是准双向口，只能驱动 4 个 TTL 门。至于 4 个并行 I/O 端口的读写操作及其过程将在后续章节中介绍。

表 2.3　P3 口各位的第二功能

P3 口的各位	对应第二功能	注释
P3.0	RXD	串行数据接收口
P3.1	TXD	串行数据发送口
P3.2	$\overline{\text{INT0}}$	外部中断 0 输入
P3.3	$\overline{\text{INT1}}$	外部中断 1 输入
P3.4	T0	计数器 0 输入
P3.5	T1	计数器 1 输入
P3.6	$\overline{\text{WR}}$	外部 RAM 写信号
P3.7	$\overline{\text{RD}}$	外部 RAM 读信号

2. 串行 I/O 端口

8051 内部有一个全双工的可编程串行 I/O 端口，能够把 8 位并行的二进制数据变成串行数据一位一位的从发送数据线(TXD)上传送出去，也能将从接收数据线(RXD)上接收过来的串行数据变为 8 位的并行数据送给 CPU，并且由于全双工的工作模式，其发送与接收可以同时进行。其数据接收与发送是利用 P3 口的第二功能实现的，即利用 P3.0 引脚作为串行数据的 RXD，P3.1 引脚作为串行数据的 TXD。

8051 的这个全双工可编程串行 I/O 端口内部包括串行口控制寄存器(SCON)、发送电路与接收电路三部分，有关内容将在后续章节中作详细介绍。

2.1.4 定时/计数器与中断系统

1. 8051 的定时/计数器

8051 内部有两个 16 位的可编程定时/计数器，分别为 T0 与 T1。由两个 8 位的寄存器 TH 与 TL 拼装而成，T0 的高 8 位为 TH0，低 8 位为 TL0，T1 与其类似。这 4 个寄存器也都属于 SFR，用户可通过指令对其进行数据存取。工作时，一旦设定好定时或计数的初值，就能够完成对内部定时脉冲或外部计数脉冲的加 1 计数操作，因此其最大的计数模值为 65536。

T0 与 T1 具有定时与计数两种工作模式，每种模式又对应有若干种工作方式。在定时模式下，其计数脉冲由单片机时钟脉冲的 12 分频得到，因此，定时时间与单片机的时钟频率有关；在计数模式下，其计数脉冲由 P3 口的 P3.4 与 P3.5 引脚引入，以实现对外部计数脉冲的计数。

对 T0 与 T1 定时/计数器的控制由两个 8 位的 SFR 完成：一个是 TMOD，称为定时器方式选择寄存器，用于确定定时/计数器到底是工作在定时模式下还是计数模式下；另一个是 TCON，称为定时器控制寄存器，用于决定定时器或计数器的启动与停止及进行定时中断的控制。有关内容将在第 5 章中作详细介绍。

2. 中断系统

计算机的中断是指 CPU 暂停原程序的执行转而执行中断服务程序(外设请求的服务)，并在中断服务程序执行完成后返回到原程序执行的过程。中断系统则是指能够实现上述中断过程的具体电路。

中断源是指能够产生中断请求信号的来源。8051 能够处理的中断源共有 5 个，并能对这 5 个中断源实现控制与优先级排队。8051 的 5 个中断源分为内外两部分：外部中断源 2 个，其产生的外部中断请求信号可由 P3.2 与 P3.3 引脚引入(即 $\overline{INT0}$ 与 $\overline{INT1}$)，中断请求的触发方式有两种，即电平触发与边沿触发；内部中断源 3 个，分别为定时器 T0、T1 和串行口，定时器 T0、T1 的中断请求是在定时器内部计数值从全“1”变为全“0”时产生溢出而自动向中断系统提出的，串口中断则是当串口每发送完一个 8 位二进制数据或接收到一组 8 位二进制数据后自动向中断系统提出的。

8051 的中断系统主要由中断允许控制寄存器(IE)、中断优先级控制寄存器(IP)

等电路组成。其中，IE 用于控制 5 个中断源的中断请求是否被允许或禁止；IP 用于控制决定 5 个中断源的优先级。IE 与 IP 同属于 SFR，其状态可由指令设定。

2.2 MCS-51 单片机引脚功能

MCS-51 系列单片机通常有两种封装形式：一种为 DIP 双列直插封装，常为 HMOS 器件所用；另一种为方形封装，常为 CHMOS 器件所用。如图 2.5 所示为 8051 单片机的 DIP 封装图。

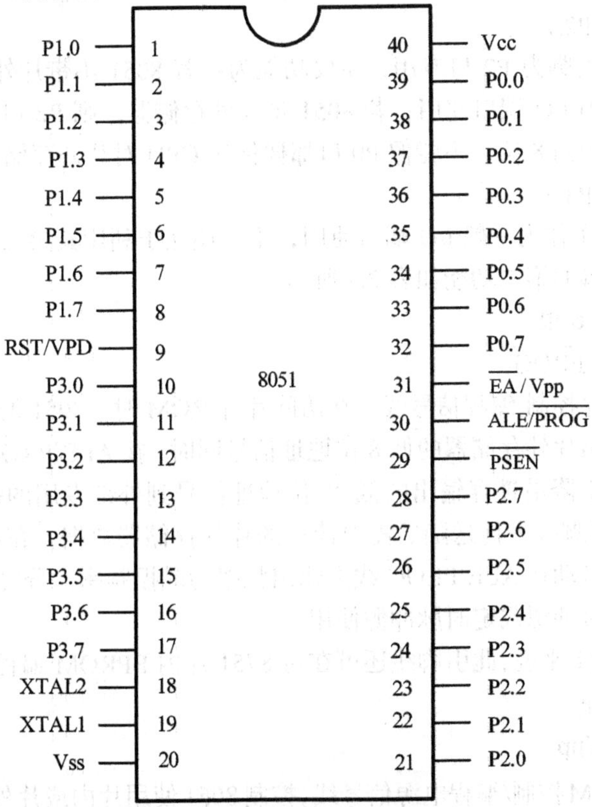

图 2.5 8051 单片机 DIP 封装图

8051 共有 40 个引脚，分为端口引脚、电源引脚与控制引脚三类。同时又因为实现单片机各种功能所需的信号数目远远大于 8051 所能提供的 40 个引脚数量，因此，8051 采取了部分引脚复用的方法，即赋予部分引脚双重功能。

1. 端口引脚 32 根

8051 共有 4 个并行的 I/O 端口，每个端口有 8 根端口引脚，用于传送数据/地址或作为第二功能使用。各个端口具有不同的功能与用途。

1) P0.0~P0.7

这 8 个引脚为 P0 口专用，主要功能为：若 8051 不带片外存储器，则 P0 口作为一般通用 I/O 端口使用，用于输入/输出数据。由于其内部带有数据输入缓冲器与输出数据锁存器，因此无需外接锁存器，即能完成数据的输入/输出；若 8051 带片外存储器，则 P0 口首先用于传送片外存储器地址的低 8 位，即作为低 8 位地址的地址口来使用，然后传送 CPU 对片外存储器的读写数据，即作为 CPU 的数据口来使用。

2) P1.0~P1.7

P1 口一般作为通用 I/O 端口使用，用于传送输入/输出的数据。

3) P2.0~P2.7

这 8 个引脚为 P2 口专用，主要功能为：若 8051 不带片外存储器，则 P2 口作为一般通用 I/O 端口使用；若 8051 带片外存储器，则 P2 口只能用于传送片外存储器地址的高 8 位，不能像 P0 口那样传送 CPU 对片外存储器的读写数据。

4) P3.0~P3.7

P3 口除了作为一般 I/O 端口使用，主要还在于利用其第二功能的控制作用，具体每个引脚的第二功能如表 2.3 所示。

2. 控制引脚 6 根

1) ALE/$\overline{\text{PROG}}$

地址锁存控制/编程信号线，在访问片外 ROM 时，8051 的 CPU 在 P0.7~P0.0 引脚线上输出片外存储器的低 8 位地址信号同时，在 ALE/$\overline{\text{PROG}}$ 输出一个高电平脉冲，在其下降沿锁存输出的低 8 位地址信号到外部专用的锁存器，然后空出 P0.7~P0.0 引脚线去传送随后需要读写的片外存储器数据。在不访问片外存储器时，8051 可自动在 ALE/$\overline{\text{PROG}}$ 线上输出频率为晶振频率六分之一的脉冲，此脉冲可作为外部时钟源或定时脉冲源使用。

对于 8751 来说，此引脚线还可在对 8751 片内 EPROM 编程/校验时传送 52ms 宽的编程脉冲。

2) $\overline{\text{EA}}$/Vpp

访问ROM控制/编程电源信号线，控制 8051 使用片内或片外 ROM。若 $\overline{\text{EA}}=1$，则允许使用片内 ROM；若 $\overline{\text{EA}}=0$，则允许使用片外 ROM。

对于 8751，此引脚线还可在对 8751 片内 EPROM 编程/校验时提供 21V 的编程电源。

3) $\overline{\text{PSEN}}$

片外 ROM 的读选通信号线，在读片外 ROM 时低电平有效，实现对片外 ROM 单元的读操作。

4) RST/VPD

复位/备用电源线号线，用于单片机的复位操作或提供外接备用电源。复位工作时，如果输入的复位信号持续 2 个机器周期以上的高电平即为有效，从而完成单片机的复位；当主电源发生故障而降低到下限值时，可启动备用电源向片内 RAM 供电，以保证片内 RAM 的信息不丢失。

单片机的复位电路一般有三种，分别为上电复位、按键电平复位与按键脉冲复位，如图 2.6 所示。

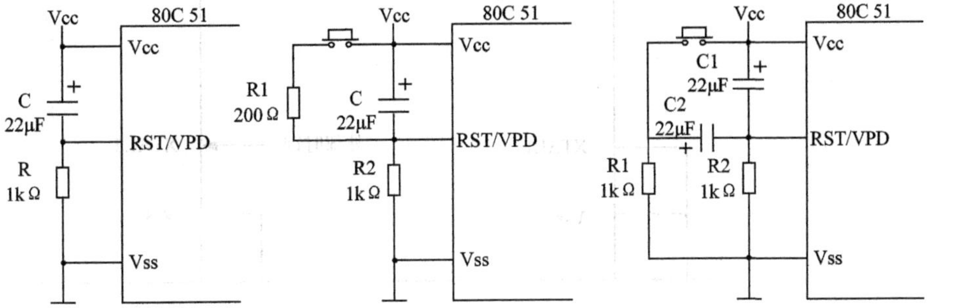

（a）上电复位　　（b）按键电平复位　　（c）按键脉冲复位

图 2.6　常用复位电路

5) XTAL1、XTAL2

外接晶振引脚线，当使用片内时钟时，此二引脚外接石英晶体和微调电容，晶振起振后，在 XTAL2 引脚线上可输出一个 3V 左右的正弦波。通常外接晶振的频率范围为 0~12MHz，典型值为 12MHz 或 11.0592MHz，微调电容的典型值为 30pF。其连接构成的振荡电路如图 2.7 所示。

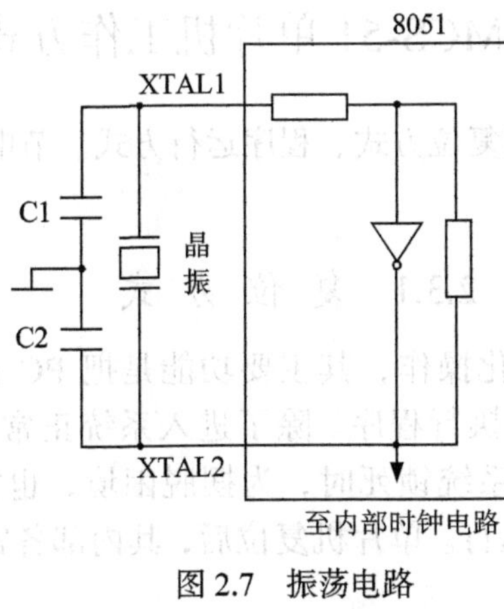

图 2.7　振荡电路

8051 所需的时钟还可由外部振荡器提供，常用的几种电路结构如图 2.8 所示。

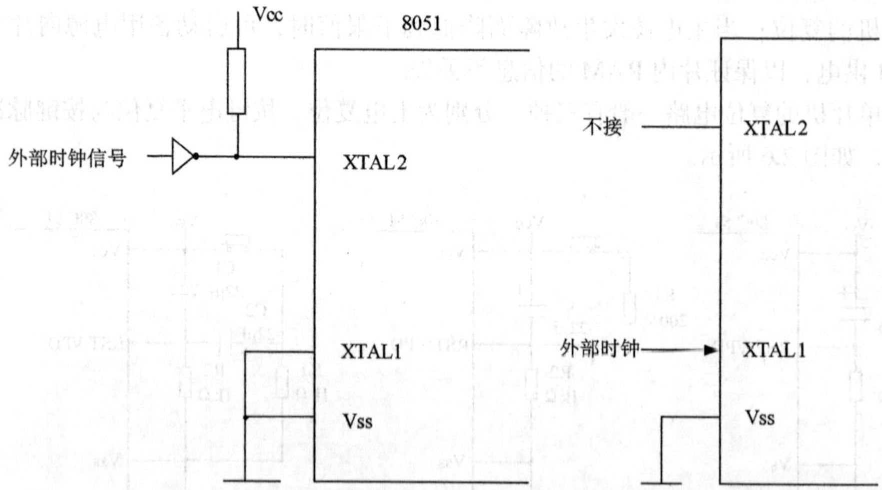

(a) 8051外部脉冲源接法　　(b) 80C51外部脉冲源接法

图 2.8　外部脉冲源连接示意图

注意此时外接的脉冲信号应当是高低电平持续时间大于 20ns 的方波，且频率应低于 12MHz。而对于 80C51 来说，外接脉冲信号需从 XTAL1 引脚注入，XTAL2 引脚悬空不接。

3. 电源引脚 2 根

Vcc 为+5V 电源引脚，Vss 为接地引脚。

2.3　MCS-51 单片机工作方式

单片机的工作方式包括复位方式、程序运行方式、节电方式、编程和校验方式四种。

2.3.1　复 位 方 式

复位是单片机的初始化操作，其主要功能是把 PC 初始化为 0000H，使单片机从 0000H 单元开始执行程序。除了进入系统正常初始化之外，当程序由于各种原因出现错误或系统锁死时，为摆脱困境，也需要按键进行系统复位，重新启动程序的正常运行。单片机复位后，其内部各寄存器的状态如表 2.4 所示。

表 2.4　复位后内部寄存器状态

寄存器名	内容	寄存器名	内容
PC	0000H	TMOD	00H
ACC	00H	TCON	00H
B	00H	TH0	00H
PSW	00H	TL0	00H
SP	07H	TH1	00H
DPTR	0000H	TL1	00H
P0~P3	FFH	SCON	00H
IP	×××00000B	PCON	0×××0000B
IE	0××00000B	SBUF	不定

2.3.2　程序运行方式

程序执行方式是单片机非常重要的工作方式，通常分为单步执行方式与连续执行方式。

1. 单步执行方式

单步执行方式是指利用单片机的外部中断功能，按一次单步执行按键就执行一条用户指令的方式，常用于进行用户程序的调试。

2. 连续执行方式

连续执行方式是所有单片机都需要的一种工作方式。由于单片机复位后 PC=0000H，因此程序总是从 0000H 处开始执行，如在此处放置一条转移指令，则程序可以跳至 0000H~FFFFH 中的任何地方执行。

2.3.3　节电方式

节电方式是一种能够降低单片机功耗的工作方式，通常分为掉电方式与空闲方式，只有低功耗的 CHMOS 器件才有这种工作方式。正常工作电流为十几毫安，空闲电流为几个毫安，掉电电流仅为几十微安，因此 CHMOS 器件广泛应用于低功耗的场合。

CHMOS 器件的单片机 80C51 的节电方式由特殊功能寄存器 PCON 控制，PCON 中的低两位 PCON.1 和 PCON.0 分别对应为 PD 位(掉电控制位)和 IDL 位(空闲控制位)。其节电方式控制电路如图 2.9 所示。

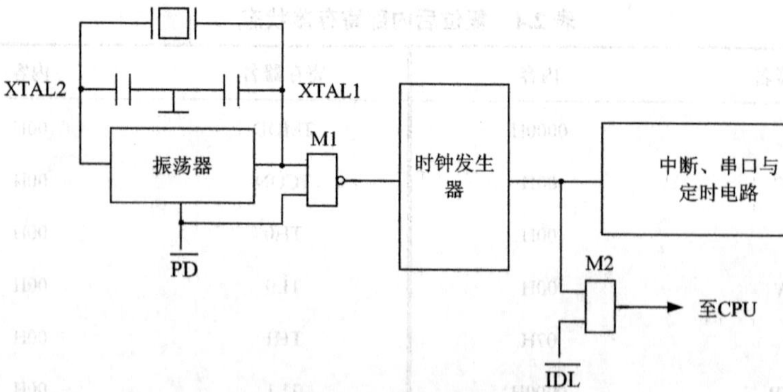

图 2.9 节电方式控制电路

若将 PD 位置为高电平，则振荡器停止，片内所有部件停止工作，但片内 RAM 和 SFR 中的内容保持不变。掉电期间，Vcc 电源可降为 2V(可由干电池供电)，待电源电压恢复后，备用电源再持续供电一段时间(通常为 10ms)，等系统稳定工作后才能退出掉电方式。

若将 IDL 位置为高电平，则与门 M2 无输出，CPU 暂停工作，但中断、串口、定时计数器还在继续工作，此时 SP、PC、PSW、累加器 A 等 CPU 中的重要参数及片内 RAM、SFR 中其他寄存器内容均保持不变。总之，在空闲状态下 CPU 是不工作的，故在低功耗设计时，若 CPU 无事可做或不希望其执行相关程序时，应使其进入空闲状态，一旦需要时再将其唤醒，退出空闲状态。80C51 退出空闲方式有两种方法：一是通过中断系统接收中断请求，利用片内硬件电路实现自动退出(PCON 中的 IDL 被硬件清零，与门 M2 重新打开)，使 CPU 激活空闲指令的下一条指令继续执行程序；二是硬件复位，即在 RST 引脚上加一个脉宽大于 24 个时钟周期的脉冲，使其有效复位(PCON 中的 IDL 被硬件清零)，CPU 进入空闲方式之前的用户程序执行。

2.3.4 编程和校验方式

编程和校验方式是指利用特殊方法对单片机内的 EPROM 进行写入和对其写入的代码进行读出验证的过程。因此，只有像 8751 这样内部具有 EPROM 的单片机才有此种工作方式。

编程工作时，8751 受另外一台计算机的控制，12 位片内 EPROM 的地址由 P0.0~P0.7 和 P2.0~P2.3 提供，程序代码由 P0 口写入。此时，ALE/$\overline{PROG}$ 引脚上应输入 50ms 宽的编程负脉冲，如加上 5ms 左右的余量，8751 片内 4KB 的 EPROM 编程至少需要 3.75min 的时间。其地址、编程代码，及其与 ALE/$\overline{PROG}$ 编程脉冲之间必须要遵循严格的时序。

校验工作与编程工作类似，控制计算机先把 12 位地址送到 8751 的 P0 口与 P2 口，选中要读出的单元并读出数据，经 P0 口送至计算机，计算机将该读出的代码与编程写入的代码进行比较，若两者相同，说明该单元编程无误；否则，查明原因后重新编程，直至正确为止。

另外，8751 还可进行保密编程，一旦完成保密编程后，其内部 EPROM 中的程序代码不能以任何形式读出并对其进一步修改，此时，8751 也丧失了对片外 ROM 执行程序的功能。

2.4　MCS-51 单片机工作时序

单片机的时序指的是 CPU 在执行指令的过程中所需控制信号的时间顺序。即 CPU 在执行指令时，要先到 ROM 中取出相应的指令代码，译码后由时序控制部件产生一系列控制信号去完成指令的执行，这些控制信号在时间上的相互关系就是时序。重要的是必须为完成这些工作的时序电路提供一个时钟脉冲。因此为了对单片机的时序进行分析，首先要定义一些非常重要的时间单位，即时钟周期、机器周期和指令周期，然后在此基础上，才能分析单片机的工作时序。

2.4.1　时钟周期、机器周期、指令周期和典型工作时序

1. 时钟周期

时钟周期 T 又称为振荡周期，由单片机片内振荡电路产生，为时钟脉冲频率的倒数。例如，单片机的时钟频率为 1MHz，则其时钟周期为 1μs。时钟周期是整个单片机工作的基本工作脉冲，控制单片机的工作节奏，协调单片机的内部时序电路有条不紊的工作。

2. 机器周期

机器周期定义是实现特定功能所需要的时间，通常由若干个时钟周期构成，不同的机器其机器周期和它所包含的时钟周期也不相同。MCS-51 单片机的机器周期时间是固定的，均由 12 个时钟周期 T 组成，分为 6 个状态，每个状态又分为 P1、P2 两个节拍。因此，MCS-51 单片机的一个机器周期由 12 个振荡周期组成，用状态与节拍分别表示为 S1P1、S1P2、S2P1、S2P2、S3P1、S3P2、S4P1、S4P2、S5P1、S5P2、S6P1、S6P2。

3. 指令周期

指令周期指完成一条指令所需要的时间。由于不同指令的执行时间不同，因此不同指令所包含的机器周期数也不相同。通常将包含一个机器周期的指令称为单周期指令；包含两个机器周期的指令称为双周期指令；包含四个机器周期的指令称为四周期指令。MCS-51 单片机只有这三种指令周期。其中，乘法与除法指

令为四周期指令，其余的指令都属于单周期或双周期指令。

4. 典型指令的工作时序

任何一条单片机的指令执行都可分为取指令阶段与指令执行阶段。取指令阶段要把 PC 中的地址送至 ROM，经 ROM 的地址译码后，找到相应单元中存放的指令代码，即需要执行指令的操作码与操作数；指令执行阶段则完成对操作码的指令译码，并产生一系列的微控制信号去完成指令的执行。

MCS-51 单片机中的指令若按照指令字节数与机器周期数分类，可分为六大类，对应六类相应的工作时序，即单字节单周期指令、单字节双周期指令、单字节四周期指令、双字节单周期指令、双字节双周期指令和三字节双周期指令。现将其中三种主要时序做一个简要分析，典型指令工作时序如图 2.10 所示。

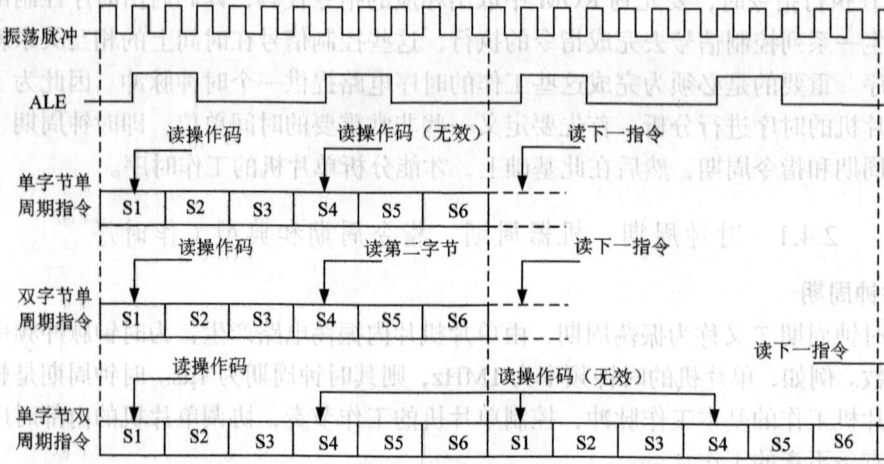

图 2.10 典型指令工作时序

1) 单字节单周期指令时序

此类指令的指令码只有一个字节(INC A 指令)，存放于 ROM 中，机器从指令的取出阶段到指令的执行完成只需要一个机器周期。

机器在 ALE 信号第一次有效(S1P1)时从 ROM 中取出指令码，送至指令寄存器(IR)，然后执行指令；在指令执行期间，CPU 一方面在 ALE 第二次有效(S4P2)时封锁 PC 加“1”操作，使第二次操作无效，另一方面在 S6P2 时完成指令的执行。

2) 双字节单周期指令时序

此类指令执行需要分两次从 ROM 中读出指令码。ALE 信号第一次有效(S1P1)时从 ROM 中取出指令码，送至 IR，指令译码后，知道是双字节指令，便将 PC 加“1”；ALE 第二次有效(S4P2)时读出指令的第二字节，同时也将 PC 加“1”，最后在 S6P2 时完成指令的执行。

3) 单字节双周期指令时序

此类指令在 S1 期间从 ROM 中读出指令的操作码，经译码后知道是单字节双周期指令，因此自动封锁后续三次操作，并在第二个机器周期的 S6P2 时完成指令的执行。

2.4.2　单片机的读写时序

单片机最为重要的两类工作时序就是对片外 ROM 的读操作以及对片外 RAM 的读/写操作。而这两类操作需要用到单片机对片外存储器的专用指令。一类是读片外 ROM 指令，另一类是读或写片外 RAM 指令。现将这两类工作时序介绍如下。

1. 片外 ROM 的读操作时序

片外 ROM 的读操作指令为

```
MOVC  A,@A+DPTR  ;A←(A+DPTR)
```

或

```
MOVC  A,@A+PC    ;A←(A+PC)
```

现以 MOVC　A，@A+DPTR 指令为例分析读片外 ROM 的操作时序。

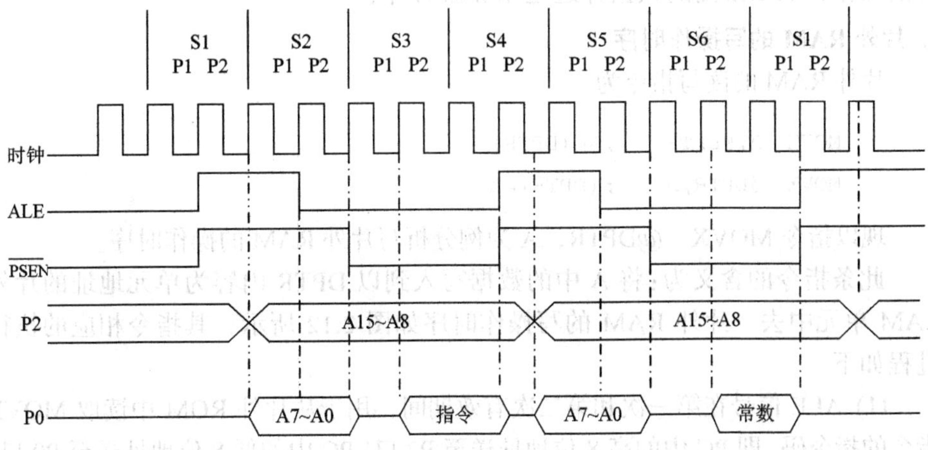

图 2.11　片外 ROM 的读操作时序

此条指令的含义为：将 A 中的内容作为地址偏移量与 DPTR 中的地址相加，其和作为片外 ROM 的地址，读出该地址单元中的数据并送至累加器 A 中。其工作时序如图 2.11 所示，其指令相应的执行过程如下。

(1) ALE 信号在 S1P2 时有效，$\overline{PSEN}$ 继续保持高电平或从低电平变为高电平无效状态。

(2) S2P1 时 PC 中的高 8 位地址送至 P2 口，PC 中的低 8 位地址送至 P0 口，且 P0 口低 8 位地址信号在 ALE 的下降沿被锁存至片外地址锁存器，而 P2 口的高 8 位地址则一直保持到 S4P2。

(3) $\overline{\text{PSEN}}$ 在 S3~S4P1 期间有效，选中片外 ROM，并根据 P2 口高 8 位地址与片外地址锁存器锁住的 P0 口低 8 位地址形成的 16 位地址信息，找到对应的片外 ROM 单元进行读操作，将其中的指令代码 93H(MOVC 指令的指令码)经过 P0 口送至 CPU 的 IR。

(4) 对 IR 中的内容进行指令译码，产生执行该指令所需要的一系列控制信号。

(5) 在 S4P2 时，CPU 将累加器 A 中的地址偏移量与 DPTR 中的地址相加，把和地址中的高 8 位送至 P2 口，低 8 位送至 P0 口，并在 ALE 的第二次下降沿锁存 P0 口的低 8 位地址到片外地址锁存器。

(6) $\overline{\text{PSEN}}$ 在 S6 到下一个机器周期的 S1P1 期间第二次有效，并在 S6P2 时从片外 ROM 中读出由 P2 口与片外地址锁存器输出地址所对应 ROM 单元中的数据，将其经过 P0 口送到累加器 A 中。

上述指令的执行过程表明：MOVC 指令执行时分为两个阶段，一是指令的取指阶段，可根据 PC 中的内容到片外 ROM 中取出指令；二是指令执行阶段，可将累加器 A 和 DPTR 中的内容相加得到对应 ROM 单元的地址，然后对其进行读操作，取出读出的数据并送至累加器 A 中。

2. 片外 RAM 的写操作时序

片外 RAM 的读写指令为

```
MOVX  A,@DPTR     ;A←(DPTR)
MOVX  @DPTR,A     ;(DPTR)←A
```

现以指令 MOVX　@DPTR，A 为例分析写片外 RAM 的操作时序。

此条指令的含义为：将 A 中的数据写入到以 DPTR 内容为单元地址的片外 RAM 单元中去。片外 RAM 的写操作时序如图 2.12 所示，其指令相应的执行过程如下。

(1) ALE 信号在第一次和第二次有效期间，用于从片外 ROM 中读取 MOVX 指令的指令码，即 PC 中的高 8 位地址送至 P2 口，PC 中的低 8 位地址送至 P0 口，且 P0 口低 8 位地址信号在 ALE 的下降沿被锁存至片外地址锁存器。

(2) CPU 在 $\overline{\text{PSEN}}$ 有效(低电平)作用下，把从片外 ROM 中读得的指令码经 P0 口送入 IR，译码后产生一系列控制信号。

(3) CPU 在 S5P1 把 DPTR 中的高 8 位地址送 P2 口，低 8 位地址送 P0 口，并在 ALE 的第二个下降沿时锁存 P0 口上的低 8 位地址。

(4) CPU 在第二个机器周期的 S1~S3 期间使 $\overline{WR}$ 有效(低电平)，选中片外 RAM 工作，将累加器 A 中的数据写入到 16 位地址所对应的片外 RAM 单元中。

上述指令的执行过程表明：MOVX @DPTR，A 指令执行时分为两个阶段，一是指令的取指阶段，可根据 PC 中的内容到片外 ROM 中取出指令；二是指令执行阶段，将 DPTR 中的地址经地址译码后找到相对应的 RAM 单元，然后对其进行写操作，将累加器 A 中的数据写入该 RAM 单元。

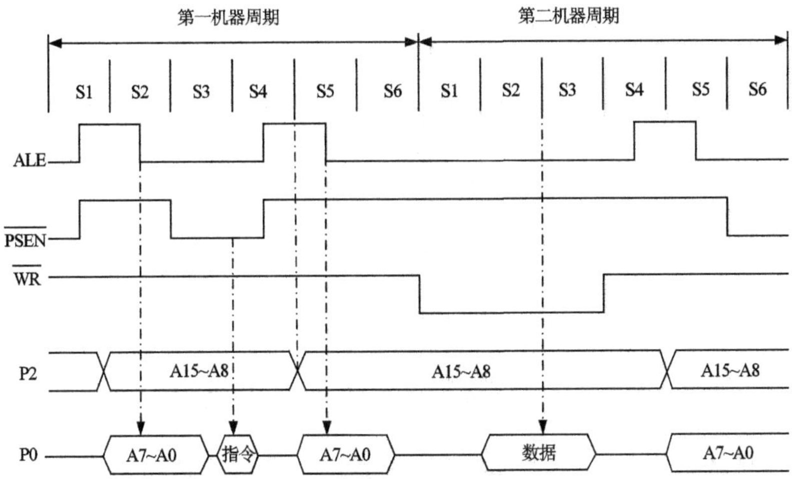

图 2.12　片外 RAM 的写操作时序

习　题

2.1　简述 MCS-51 单片机的组成结构。

2.2　什么是 CPU？简述 MCS-51 单片机 CPU 的组成结构与特点？

2.3　简述 8051 单片机的各引脚作用，并进行分类。

2.4　什么是 ALU？简述 MCS-51 单片机 ALU 的功能与特点。

2.5　程序计数器 PC 的符号是什么？MCS-51 单片机的 PC 有几位？它的内容是什么？

2.6　何谓程序状态字 PSW？其各位的含义是什么？

2.7　什么是堆栈？简述 MCS-51 单片机堆栈的功能与特点？

2.8　什么是数据指针 DPTR？它存放的内容是什么？有什么作用？

2.9　MCS-51 单片机的内部 RAM 分为哪几个区？各有什么功能与特点？

2.10　P0 口与 P2 口各有什么特点？在进行外部存储器的读写时，各起什么作用？

2.11　$\overline{PSEN}$ 信号线的作用是什么？

2.12 ALE 信号线的作用是什么？当无需外部存储器操作时，其频率为多少？

2.13 MCS-51 单片机有几种工作方式？各有什么特点？

2.14 什么是单片机的节电方式？如何进入与退出？

2.15 什么是 MCS-51 单片机的时钟周期、机器周期和指令周期？它们之间有什么联系？

2.16 简述 MCS-51 单片机片外 ROM 的读操作时序。

2.17 简述 MCS-51 单片机片外 RAM 的写操作时序。

第 3 章　MCS-51 单片机指令系统

在第 1、2 章中，我们对单片机的内部结构和工作原理作了较为详细的介绍，对指令的执行过程有了基本的了解，本章将进一步介绍 MCS-51 单片机的指令格式、寻址方式和指令系统，为汇编语言程序设计打下基础。

3.1　指令系统概述

3.1.1　指令格式及指令的表示形式

1. 指令格式

指令是指计算机用于控制各功能部件完成某一特定动作的指示或命令，在计算机中以不同的代码形式出现，故又称为指令代码。指令格式是指指令代码的结构形式。一般可将其分为指令的操作码与操作数两部分。其中，操作码用于指示指令执行何种操作；操作数指示要进行具体操作的数据或数据的地址。MCS-51 单片机指令的结构形式为

<操作码>　<目的操作数>，<源操作数>

注意书写指令时，操作码与操作数之间要用一个或几个空格分开，目的操作数与源操作数之间要用逗号分开。

例如，将工作寄存器 R0 的内容传送到累加器 A 中去的指令格式为

```
MOV  A,R0
```

2. 指令表示形式

MCS-51 单片机指令的表示形式有三种，分别为二进制形式、十六进制形式和汇编语句形式。其中，二进制形式是计算机所能识别并执行的，因此又称为机器代码，但由于二进制形式书写、记忆、修改极不方便，因此目前很少采用；十六进制形式需要机器内部的监控程序将其翻译为二进制形式存入内存，而后才能为机器所识别；目前广泛采用的是汇编语句形式，又称为指令的助记符形式，它采用英文单词或其缩写来表示指令，不仅易于理解记忆，又方便书写、修改，所以成为用户常用的程序设计形式，但是由于它不能被机器所识别，因此编写好的程序必须经过人工或机器的翻译，成为二进制代码后，才能被机器所识别并执行。如一条典型的汇编语句助记符形式为

```
MOV  A,#23H;A←23H
```

其中，MOV 为操作码，指示进行数据传送的操作；23H 为十六进制表示的源操作数；累加器 A 为目的操作数寄存器，指令执行完成后，为结果操作数寄存器；分号后为注释，不是指令的组成部分，不会在汇编过程中产生机器代码，只是表示本条指令的功能。

3.1.2　指 令 系 统

指令系统是指所有指令的集合，是单片机整个应用系统中非常重要的组成部分，不同类型的单片机其指令系统也不相同。对于 MCS-51 单片机来说，共有 111 条指令，可实现 51 种基本操作，其所有指令如附录 B 所示。由于指令数量较多，涉及的助记符形式多样，因此有必要对指令系统中所用的符号做较为详细的介绍。

MCS-51 单片机指令系统操作码的助记符共有 42 种形式，由于用英文单词及其缩写表示其操作功能，较易理解与记忆，但还有一些在操作数中常用的符号，现介绍如下。

(1) Rn：工作寄存器，可以为 R0~R7 中的任意一个。

(2) #data：8 位立即数，使用时可以是 00H~FFH 中的任一个。

(3) direct：8 位直接地址，使用时可以是 00H~FFH 中的任一个，也可以是 SFR 中的任一个。

(4) @Ri：寄存器间接寻址，Ri 中的 i 只能为 0 或 1，即只能使用 R0 或 R1 进行寄存器间接寻址。

(5) #data16：16 位立即数，使用时可以是 0000H~FFFFH 中的任一个。

(6) @DPTR：以 DPTR 为数据指针间接寻址，用于对外部 64KB 的存储器进行寻址。

(7) bit：位地址，指示位寻址区中的任一位地址或可进行位寻址的其他 SFR 中的位地址。

(8) addr11：11 位目标地址。

(9) addr16：16 位目标地址。

(10) rel：8 位带符号的地址偏移量，实际应用时表示区间为–128~+127。

(11) $：当前指令所在的起始单元地址。

3.1.3　指 令 分 类

1. 按照字节数分

MCS-51 单片机指令若按照指令所占用的字节数来分，可分为单字节指令、双字节指令和三字节指令。

1) 单字节指令

单字节指令的指令代码只占用一个字节，由 8 位二进制数组成。此类指令可以只

有操作码段，而将操作数段隐含在操作码段中，如 INC DPTR 指令的二进制形式为

1 0 1 0 0 0 1 1

其中，8 位二进制数码均为操作码，而 DPTR 由操作码隐含了。

此类指令还可以在单字节中既包含操作码又含有操作数所在的寄存器号，如 MOV A，Rn 的二进制形式为

r r r	Rn
000	R0
001	R1
010	R2
011	R3
100	R4
101	R5
110	R6
111	R7

1	1	1	0	1	r	r	r

其中，r r r 这 3 位可以指示源操作数所在放入寄存器号，取值范围为 000~111；其余 5 位为操作码，目的操作数寄存器为累加器 A，也有操作码字段隐含。

2) 双字节指令

双字节指令含有两个字节，分别存放于相邻的两个存储单元中，操作码字节在前，操作数字节在后。其中，操作数可以是立即数，也可以是操作数所在的片内 RAM 单元地址。例如，指令 MOV A，#data 的二进制形式为

0 1 1 1 0 1 0 0
data

其中，前一个单元的内容 74H 为操作码，占用一个字节；data 为 8 位立即数，也占用一个字节；累加器 A 为目的操作数寄存器，由操作码隐含。

3) 三字节指令

此类指令的特点是共占用三个字节，第一字节为操作码，第二和第三字节为操作数或操作数所在的地址。例如，指令 MOV DPTR，#data16 的形式为

90H
data15~data8
data7~data0

其中，第一字节 90H 为操作码，占用一个字节；data16 为 16 位立即数，先存高 8 位，再存低 8 位，占用两个字节；DPTR 作为目的操作数寄存器，隐含在操作码中。

2. 按照功能分

MCS-51 单片机指令若按照指令的功能来分，可分为以下五种。

(1) 数据传送指令，完成片内 RAM 和 SFR 之间、片内与片外存储单元之间的数据传送。

(2) 算术与逻辑运算指令，完成加减乘除四则运算和逻辑乘、加、取反、异或操作。

(3) 移位指令，对累加器 A 中的数进行移位，完成带进位或不带进位的循环右移、左移操作。

(4) 控制转移指令，通过改变 PC 的内容从而改变程序执行的流向，分为无条件转移、条件转移、调用和返回等指令。

(5) 位操作指令，或称布尔操作指令，分为位操作、位运算、位控制转移等指令，完成对位的清 0、置 1 传送或通过判断某位的状态实现程序的转移。

3.2 寻址方式

计算机中的寻址方式是一个非常重要的概念，所谓寻址方式就是寻找操作数的方法。只有找到相应存储单元中的操作数，才能进行相关操作。程序执行的过程其实就是不断地在存储单元中寻找操作数并对操作数进行特定操作的过程。一般来说，指令的寻址方式越多，意味着指令的功能也越强。

MCS-51 单片机的寻址方式共有七种，分别为直接寻址、立即数寻址、寄存器寻址、寄存器间接寻址、变址寻址、相对寻址、位寻址。下面一一进行介绍。

3.2.1 直接寻址

在指令中直接给出操作数地址，就属于直接寻址方式，其指令特点是指令的指令码中含有操作数所在的地址。

8051 单片机中，用直接寻址方式可以访问内部数据 RAM 区中 00H~7FH 共 128 个单元以及所有的 SFR。在指令助记符中，直接寻址的地址可用 2 位十六进制数或直接地址 direct 表示。对于 SFR，可用它们各自的名称符号来表示，这样可以增加程序的可读性。例如：

```
MOV  A,3AH
```

就属于直接寻址。其中，3AH 所表示的就是直接地址，即内部 RAM 区中的 3AH 单元。这条指令的功能是将内部 RAM 区中 3AH 单元的内容传送到累加器 A，即 A←(3AH)。该指令的功能如图 3.1 所示。

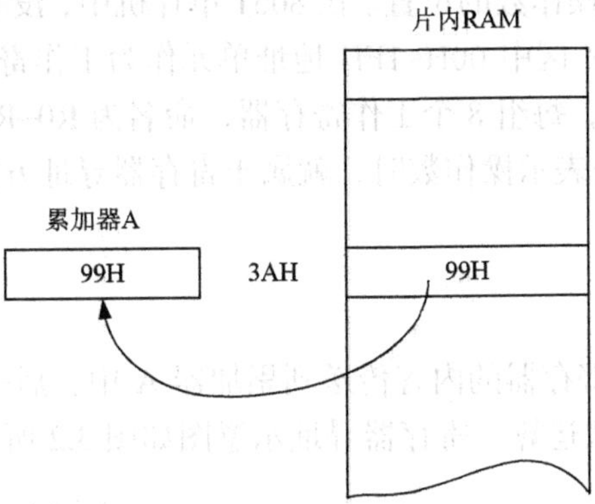

图 3.1　直接寻址功能示意图

3.2.2　立即数寻址

若指令的操作数是一个 8 位或 16 位的二进制数，就称为立即寻址，指令中的操作数称为立即操作数。该指令特点为指令码中直接包含所需寻址的操作数。

由于 8 位立即数和直接地址都是 8 位二进制数(两位 16 进制数)，因此在书写形式上必须有所区别。在 8051 单片机中采用“#”号来表示后面的是立即数而不是直接地址。例如，#3AH 表示立即数 3AH，而直接写 3AH 则表示 RAM 区中地址为 3AH 的单元。例如，指令

```
MOV  A,#3AH
MOV  A,3AH
```

前一条指令为立即寻址，执行后累加器 A 中的内容变为 3AH；后一条指令为直接寻址，执行后累加器 A 中的内容变为 RAM 区中地址为 3AH 单元的内容。在 8051 单片机中，只有一条 16 位立即数寻址指令

```
MOV DPTR,#data16
```

其功能是将 16 位立即数送往数据指针寄存器。由于是 16 位立即数，需要两个字节表示，因此这是一条三字节的指令，即一字节指令码，二字节立即数，指令格式如下：

10010000	立即数高 8 位	立即数低 8 位

3.2.3 寄存器寻址

寄存器寻址就是以通用寄存器的内容作为操作数，在指令的助记符中直接以寄存器的名字来表示操作数的位置。在 8051 单片机中，没有专门的通用硬件寄存器，而是把内部 RAM 区中 00H~1FH 地址单元作为工作寄存器使用，共有 32 个地址单元，分成 4 组，每组 8 个工作寄存器，命名为 R0~R7，每次可以使用其中一组。当以 R0~R7 来表示操作数时，就属于寄存器寻址方式。例如：

```
MOV  A,R0
ADD  A,R0
```

前一条指令是将 R0 寄存器的内容传送到累加器 A 中，后一条指令则是对累加器 A 和 R0 的内容作加法运算。寄存器寻址示意图如图 3.2 所示。

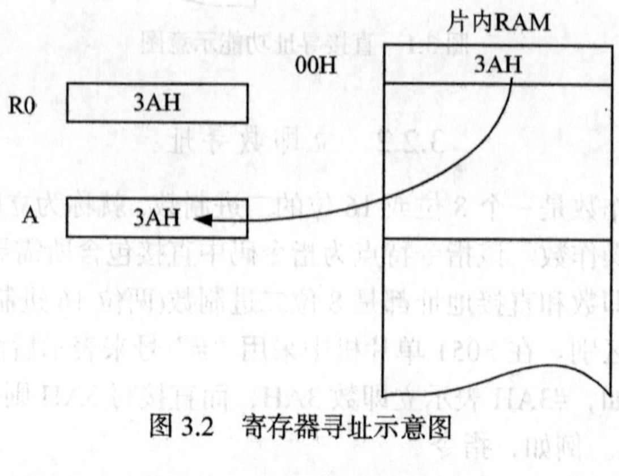

图 3.2　寄存器寻址示意图

特殊功能寄存器 B 也可当做通用寄存器使用，但用 B 表示操作数地址的指令不属于寄存器寻址，而是属于直接寻址。

3.2.4 寄存器间接寻址

若以寄存器的名称间接给出操作数的地址，则称为寄存器间接寻址。在这种寻址方式下，指令中工作寄存器的内容不是操作数，而是操作数的地址。指令执行时，先通过工作寄存器的内容取得操作数地址，再到此地址所规定的存储单元取得操作数。

8051 单片机可采用寄存器间接寻址方式访问全部片内 RAM 地址单元(8051 为 00H~7FH，8052 为 00H~FFH)，也可访问 64KB 的片外 RAM。但是这种寻址方式不能访问 SFR。通常用工作寄存器 R0、R1 或 DPTR 来间接寻址，为了对寄存器寻址和寄存器间接寻址加以区别，在寄存器名称前面加一个符号@来表示寄存器间接寻址。例如:

```
MOV A,@R0
```

该指令的功能如图 3.3 所示。指令执行之前 R0 寄存器的内容 3AH 是操作数的地址，内部 RAM 区中地址为 3AH 单元的内容 77H 才是操作数，执行后，累加器 A 中的内容变为 77H。若采用寄存器寻址指令

```
MOV A,R0
```

则执行后累加器 A 中的内容变为 3AH。对这两类指令的差别和用法，一定要区分清楚，正确使用。

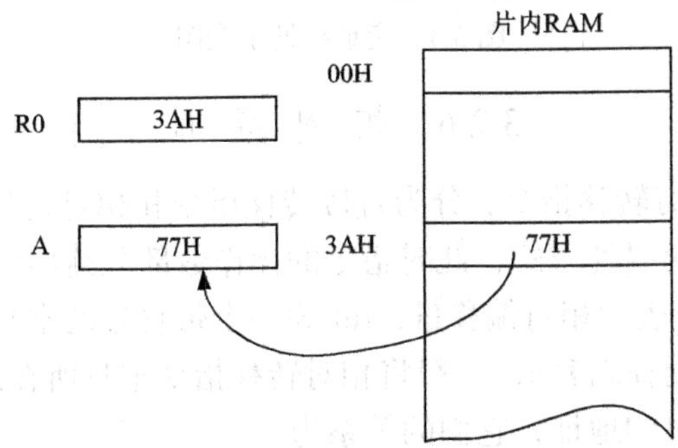

图 3.3　寄存器间接寻址示意图

3.2.5　变 址 寻 址

变址寻址是以某个寄存器的内容为基本地址，然后在这个基本地址上加以地址的偏移量，才是真正的操作数地址。8051 单片机没有专门的变址寄存器，而是采用 DPTR 或程序计数器指针 PC 的内容为基本地址，地址偏移量则是累加器 A 中的内容，将基本地址与偏移量相加，即以 DPTR 或 PC 的内容与累加器 A 的内容之和作为实际的操作数地址。8051 单片机采用变址寻址方式可以访问 64KB 的外部 ROM 地址空间。例如，指令

```
MOVC A,@A+DPTR
```

该指令的功能如图 3.4 所示。指令执行前(A)=11H，(DPTR)=02F1H，故实际操作数的地址应为 02F1H+11H=0302H。指令执行后将 ROM 中 0302H 单元的内容 99H 传送到累加器 A。需要注意的是，虽然在变址寻址时采用数据指针 DPTR 作为基址寄存器，但变址寻址的区域都是 ROM 而不是 RAM，另外尽管变址寻址方式的指令助记符和指令操作都较为复杂，但却是单字节指令。

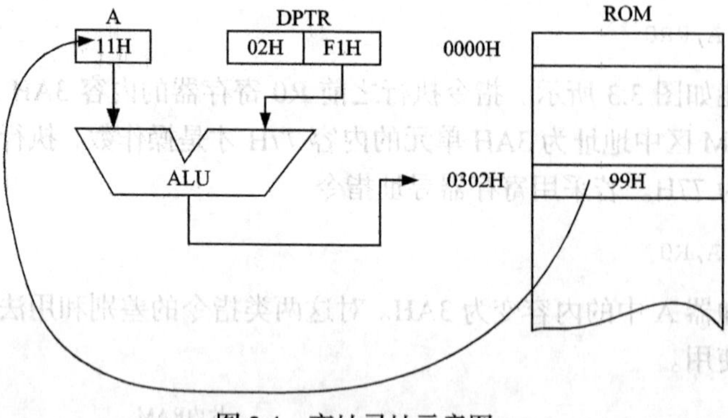

图 3.4　变址寻址示意图

3.2.6　相 对 寻 址

8051 单片机设有转移指令，分为直接转移指令和相对转移指令两种。相对转移指令需要采用相对寻址方式，此时指令的操作数部分给出的是地址的相对偏移量。在指令中以 rel 表示相对偏移量，rel 为一个带符号的常数，可正也可负。若 rel 值为负数，则应用补码表示。一般将相对转移指令本身所在的地址称为源地址，转移后的地址称为目的地址，它们的关系为

目的地址=源地址+指令字节数+rel

例如，指令：

```
SJMP rel
```

该指令的功能如图 3.5 所示。这条指令的机器码为 80，rel，共两个字节。设该指

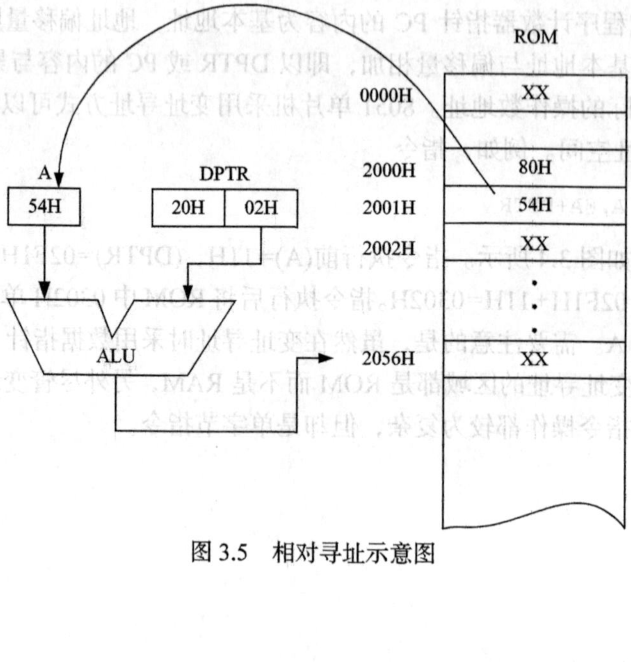

图 3.5　相对寻址示意图

令所在的源地址为 2000H，rel 的值为 54H，则转移后的目的地址为 2000H+02+54H=2056H。

3.2.7　位 寻 址

采用位寻址方式的指令，其操作数是 8 位二进制数中的某一位，在指令中要给出的是内部 RAM 单元中的某一位，即位地址，其在指令中用 bit 表示。

8051 内部 RAM 中有 1 个可位寻址区，地址为 20H~2FH，共 16 个单元。其中，每个单元的每一位都可单独作为操作数，共 128 位。另外，如果 SFR 的地址值能被 8 整除，则该 SFR 也可以进行位寻址。表 3.1 列出了这些 SFR 及其位地址。

表 3.1　可位寻址的 SFR 一览表

SFR	单元地址	表示符号	位地址
ACC	E0H	ACC.0~ACC.7	E0H~E7H
B	F0H	B.0~B .7	F0H~F7H
PSW	D0H	PSW.0~PSW.7	D0H~D7H
P0	80H	P0.0~P0.7	80H~87H
P1	90H	P1.0~P1.7	90H~97H
P2	A0H	P2.0~P2.7	A0H~A7H
P3	B0H	P3.0~P3.7	B0H~B7H
IP	B8H	IP.0~P.7	B8H~BFH
IE	A8H	IE.0~E.7	A8H~AFH
TCON	88H	定时器控制器	88H~8FH
SCON	98H	串行控制器	98H~9FH

在 8051 单片机中，位地址的表示可以采用以下几种方式：

(1)直接用位地址 00H~FFH 来表示，如 20H 单元的 0~7 位可表示为 20H~27H。

(2)采用第 *n* 单元第 *n* 位的表示方法，如 25H.5，表示 25H 单元的第 5 位。

(3)对于 SFR 可直接用寄存器名加位数的表示方法，如 ACC.3、PSW.7 等。

(4)用汇编语言中的伪指令定义。

3.3　数据传送指令

数据传送是单片机最基本最主要的操作，可以在片内 RAM 和 SFR 内进行，也可以在累加器 A 与片外 ROM 之间进行。指令中要指出传送数据的源地址与目的地址，以便机器执行指令时把源地址中的内容传送到目的地址中去，但是源地址的内容保持不变。此类数据传送指令除了以累加器 A 为目的操作数的指令对奇偶标志 P 产生影响外，其余指令执行时均不会影响任何标志。根据 MCS-51 单片机的存储器组织结构特点，数据传送指令可分为四大类：一是内部数据传送指令，完成片内 RAM 单元、SFR 之间的数据传送；二是外部存储器的数据传送，完成片外 ROM、片外 RAM 与累加器 A 之间的数据传送；三是堆栈操作指令，可根据堆栈指示器 SP 中的栈顶地址进行数据传送；四是数据交换指令，完成片内 RAM 单元之间或片内 RAM 与片外 RAM 单元之间的数据交换。

3.3.1 内部数据传送指令

1. 数据传送到累加器 A 的指令

```
MOV  A,Rn        ;A←Rn,n=0~7
MOV  A,direct    ;A←(direct)
MOV  A,@Ri       ;A←(Ri),i=0或1
MOV  A,#data     ;A←data
```

这组指令的功能是把源操作数的内容送入累加器 A 中。

【例 3.1】 已知 R0=30H，(30H)=20H，试问 8051 执行下列指令后累加器 A 中的内容是什么？

```
(1) MOV  A,R0
(2) MOV  A,30H
(3) MOV  A,@R0
(4) MOV  A,#30H
```

解答：

(1) A=30H

(2) A=20H

(3) A=20H

(4) A=30H

2. 数据传送到工作寄存器 Rn 的指令

```
MOV  Rn,A        ;Rn←A,n=0~7
MOV  Rn,direct   ;Rn←(direct),n=0~7
MOV  Rn,#data    ;Rn←data,n=0~7
```

这组指令的功能是把源操作数的内容送入当前工作寄存器区中的某一个寄存器 R0~R7 中。

【例 3.2】　已知 A=30H，(30H)=20H，试问 8051 执行下列指令后工作寄存器 R0 中的内容是什么？

(1) MOV　R0,A

(2) MOV　R0,30H

(3) MOV　R0,#30H

解答：

(1) R0=30H

(2) R0=20H

(3) R0=30H

3. 数据传送到片内 RAM 单元或 SFR 的指令

```
MOV  direct,A          ;direct←A
MOV  direct,Rn         ;direct←Rn,n=0~7
MOV  direct1,direct2   ;direct1←(direct2)
MOV  direct,@Ri        ;direct←(Ri),i=0或1
MOV  direct,#data      ;direct←data
MOV  @Ri,A             ;(Ri)←A,i=0或1
MOV  @Ri,direct        ;(Ri)←direct,i=0或1
MOV  @Ri,#data         ;(Ri)←data,i=0或1
```

这组指令的功能是把源操作数的内容送入指定的片内 RAM 单元或 SFR。

【例 3.3】　已知 A=30H，(30H)=20H，(31H)=21H，R0=31H，试问 8051 分别执行下列指令后 31H 中的内容是什么？

(1) MOV 31H,A

(2) MOV 31H,R0

(3) MOV 31H,30H

(4) MOV 31H,@R0

(5) MOV 31H,#22H

(6) MOV @R0,A

(7) MOV @R0,31H

(8) MOV @R0,#22H

解答：

(1) (31H)=30H

(2) (31H)=31H

(3) (31H)=20H

(4) (31H)=21H
(5) (31H)=22H
(6) (31H)=30H
(7) (31H)=21H
(8) (31H)=22H

3.3.2 外部数据传送指令

1. 16 位数传送指令

```
MOV DPTR,#data16
```

这一条指令的功能是将 16 位立即数送入 DPTR，将 DPTR 中的内容作为片外 RAM 或 ROM 的地址，以实现外部数据的传送。

2. 累加器 A 与外部 RAM 之间的数据传送指令

```
MOVX  A,@DPTR    ;A ←(DPTR)
MOVX  A,@Ri      ;A ←(Ri),i=0 或 1
MOVX  @DPTR,A    ;(DPTR)←A
MOVX  @Ri,A      ;(Ri)←A
```

这是利用累加器 A 完成的与片外 RAM 之间的数据传送指令，可将片外 RAM 单元中的内容送至累加器 A 或将累加器 A 中的内容送至片外 RAM 单元。利用 DPTR 传送的地址范围为 0000H~FFFFH，利用 Ri 传送的地址范围为 0000H~00FFH。

【例 3.4】 已知片外 RAM 单元 50H 中有一个数据 X，试编写程序实现将 X 传送至片外 RAM 单元 2000H 处。

解答：

```
ORG      0100H
MOV      R0,#50H
MOVX     A,@R0
MOV      DPTR,#2000H
MOVX     @DPTR,A
SJMP     $
END
```

3. 查表指令

```
MOVC A,  @A+PC    ;PC←PC+1,A←(A+PC)
```

```
MOVC A, @A+DPTR ;A←(A+DPTR)
```

这是两条很有用的查表指令，它们可用来查找存放在 ROM 中的常数表格。其中，第一条指令是以 PC 作为基址寄存器，累加器 A 中的内容作为无符号数偏移量，与 PC 中的内容(下一条指令的起始地址)相加，得到一个 16 位的地址，并将该地址指出的 ROM 单元的内容送入累加器 A。这条指令的优点是不改变 SFR 和 PC 的状态，只要根据累加器 A 中的内容就可以取出表格中的常数。缺点是表格只能放在该条查表指令后面的 256 个单元之中，表格的大小受到限制，且表格只能被一段程序利用。第二条指令是以 DPTR 作为基址寄存器，累加器 A 中的内容作为无符号数偏移量，与 DPTR 中的内容相加，得到一个 16 位的地址，并将该地址指出的 ROM 单元的内容送入累加器 A。这条查表指令的执行结果只与 DPTR 和累加器 A 的内容有关，而与该条指令存放的地址及常数表格存放的地址无关。因此，表格的大小和位置可以在 64KB 的 ROM 中任意安排，并且一个表格可以被各个程序块公用。

【例 3.5】　已知累加器 A 中有一个 0~9 的整数，试用查表指令编出查找该数平方值的程序。

解答：

累加器 A 中的数已知，因此可确定一张与 0~9 对应的平方表，如图 3.6 所示。假设表的首地址为 2000H。

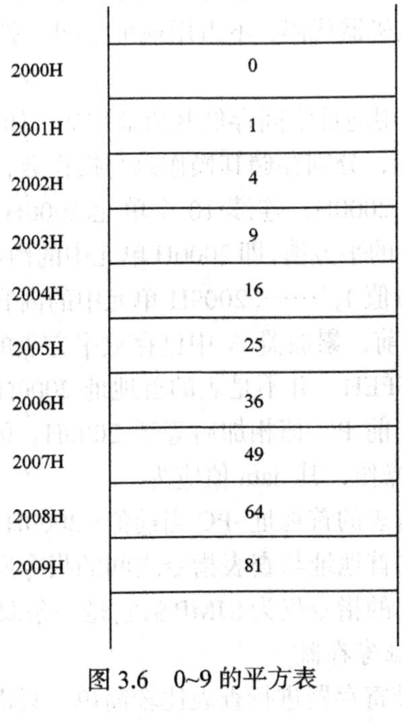

图 3.6　0~9 的平方表

表中累加器 A 中的数正好等于该数平方值对表首地址的偏移量。例如，3 的平方值为 9，而 9 在表中的地址为 2003H，它对表的首地址 2000H 的偏移量也为 3，因此查表时作为基址寄存器的 PC 或 DPTR 中的当前值必须为 2000H。

1) 用 PC 作为基址寄存器

```
ORG    1FFBH
       1FFBH    ADD A,#data
       1FFDH    MOVC A,@A+PC
       1FFEH    SJMP $
       2000H    DB 0
       2001H    DB 1
       2002H    DB 4
       2003H    DB 9
         ·        ·
         ·        ·
         ·        ·
       2009H    DB  81
END
```

几点说明：

(1) ORG 是伪指令，用于指示源程序的起始地址；END 用于指示源程序到此结束。实际汇编时不产生机器代码，不占用地址空间。实际汇编程序从 1FFBH 开始，至 2009H 处结束。

(2) 每条指令都需占用地址空间存储其机器代码，如 ADD A，#data 为双字节指令，占用两个字节单元，分别存储其操作码与操作数，以下类同。

(3) 表的起始地址为 2000H，连续 10 个单元(2000H~2009H)用 DB 伪指令定义其单元中的内容为 0~9 的平方值，即 2000H 单元中的内容为 0 的平方值 0，2001H 单元中的内容为 1 的平方值 1，……，2009H 单元中的内容为 9 的平方值 81。

(4) 第一条指令执行前，累加器 A 中已存放平方表的地址偏移量；第二条指令取出后，PC 已变为 1FFEH，并不是表的首地址 2000H，故需将累加器 A 中的内容进行调整，使其与当前 PC 值相加后等于 2000H。因此，在第一条指令中对累加器 A 进行加 data 的操作，其 data 值应为

data=平方表的首地址−PC 当前值=2000H−1FFBH=02H

也可以理解为 data=表的首地址与查表指令之间的指令所占用的字节数。此处表的首地址与查表指令之间的指令仅为 SJMP $，它是一条双字节指令，故 data=02H。

2) 用 DPTR 作为基址寄存器

采用 DPTR 作为基址寄存器进行查表比较简单，只需要预先将表的首地址通

过16位数的传送指令存放于DPTR中。例如：

```
MOV     DPTR,#2000H
MOVC    A,@A+DPTR
```

3.3.3　堆栈操作指令

在8051单片机的SFR中有一个SP,进栈指令的功能是首先将SP的内容加1,然后将直接地址所指出的内容送入SP指出的片内RAM单元。出栈指令的功能是将SP所指出的片内RAM单元的内容送入由直接地址所指出的字节单元,同时将SP的内容减1。

堆栈操作指令如下：

```
PUSH    direct  ;SP←SP+1,(SP)←(direct)
POP     direct  ;direct←(SP),SP←SP-1
```

【例3.6】　设(30H)=X，(40H)=Y，试利用堆栈操作指令完成30H单元和40H单元内容互换的程序设计。

解答：

```
MOV  SP,#50H
PUSH 30H
PUSH 40H
POP  30H
POP  40H
```

几点说明(如图3.7所示)：

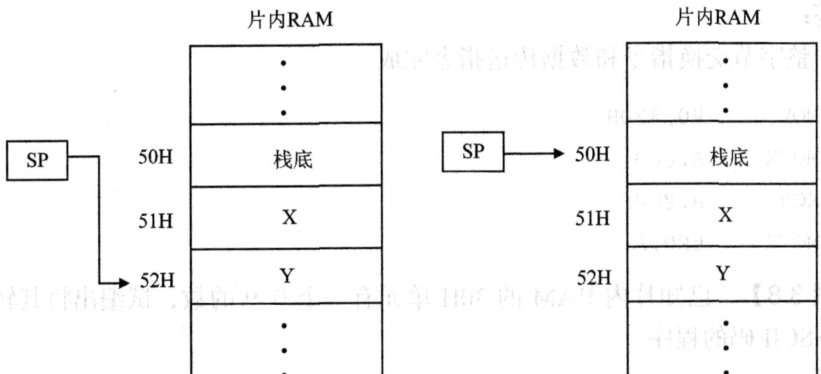

(a) 压入X、Y两数后的堆栈　　(b) 弹出X、Y两数后的堆栈

图3.7　堆栈变化示意图

(1) 堆栈是一个数据区，遵循“后进先出”或“先进后出”的原则。

(2) 第一条指令是开辟堆栈区的栈顶地址为 50H。

(3) PUSH 30H 是先将 SP 的内容加 1，变为 51H，然后将 30H 单元中的内容 X 推入栈顶地址为 51H 的堆栈单元中去；PUSH 40H 是先将 SP 的内容加 1，变为 52H，然后将 40H 单元中的内容 Y 推入栈顶地址为 52H 的堆栈单元中。

(4) POP 30H 是先将栈顶地址为 52H 的堆栈单元中的内容 Y 弹出，送给直接地址单元 30H，然后将 SP 的内容减 1，变为 51H；POP 40H 是先将栈顶地址为 51H 的堆栈单元中的内容 Y 弹出，送给直接地址单元 40H，然后将 SP 的内容减 1，变为 50H；这时，(30H)=Y，(40H)=X，从而完成两单元的数据交换。

3.3.4　数据交换指令

1. 整字节交换指令

```
XCH   A,Rn        ;A⇔Rn,n=0~7
XCH   A,direct    ;A⇔(direct)
XCH   A,@Ri       ;A⇔(Ri)i=0或1
```

这组指令的功能是将累加器 A 的内容和源操作数的内容相互交换。

2. 半字节交换指令

```
XCHD  A,@Ri       ;A3-A0⇔(Ri)3~(Ri)0,i=0或1
```

这条指令的功能是将累加器 A 的低 4 位内容和 Ri 所指出的片内 RAM 单元的低 4 位内容相互交换。

【例 3.7】　已知片外 RAM 的 30H 单元有一个数 X，片内 RAM 的 30H 单元有一个数 Y，试编程完成两数互换。

解答：

利用整字节交换指令和数据传送指令完成

```
MOV      R0,#30H
MOVX     A,@R0
XCH      A,@R0
MOVX     @R0,A
```

【例 3.8】　已知片内 RAM 的 30H 单元有一个 0~9 的数，试编出将其转换为相应 ASCII 码的程序。

解答：

0~9 的 ASCII 码为 30H~39H，与本身只差 30H，因此只需利用半字节交换指令将其高 4 位转换为 3 即可，如图所示。

```
MOV     R0,#30H
MOV     A,#30H
XCHD    A,@R0
MOV     @R0,A
```

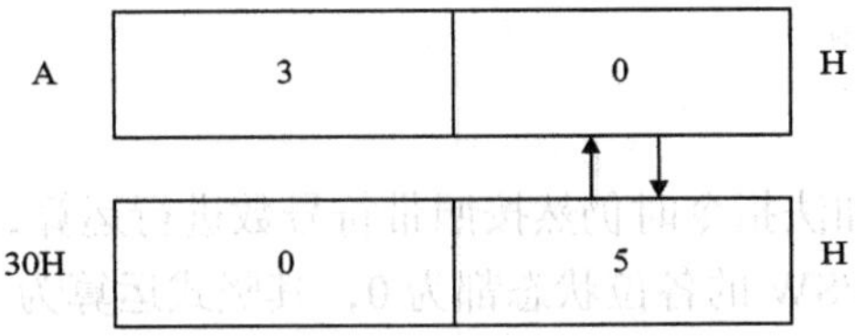

3.4　算术与逻辑运算和移位指令

3.4.1　算术运算指令

1. 加法指令

算术运算指令包括加、减、乘、除法指令，加法指令又分为普通加法指令、带进位加法指令和加 1 指令。

1) 普通加法指令

```
ADD  A,Rn         ;A←A+Rn,Rn(n=0~7)为工作寄存器
ADD  A,direct     ;A←A+(direct),direct 为直接地址单元
ADD  A,@Ri        ;A←A+(Ri),Ri(i=0~1)为工作寄存器
ADD  A,#data      ;A←A+data,#data 为立即数
```

这组指令的功能是将累加器 A 的内容与源操作数的内容相加，结果送回到累加器 A 中。在执行加法的过程中，如果累加器 Acc.7 有进位，则置“1”进位标志 CY，否则清零 CY。如果 Acc.3 有进位，则置“1”辅助进位标志 AC，否则清零 AC。如果 Acc.6 有进位而 Acc.7 没有进位，或者 Acc.7 有进位而 Acc.6 没有进位，则置“1”溢出标志 OV，否则清零 OV。 如果结果中“1”的个数为奇数，则置“1”奇偶标志 P，否则清零奇偶标志 P。

几点说明：

(1) 参与运算的必须为 8 位二进制的操作数，且会对 PSW 中的所有标志位产生影响。

(2) 参与运算的两操作数可看做无符号数，也可看做有符号数。若为有符号数，通常采用补码形式(–128~+127)。计算机总是按照带符号数进行运算，并产生相应的 PSW 标志位。

(3) 若两数看成无符号数，可根据 CY 判断结果是否溢出；若看成带符号数，

可根据 OV 判断结果是否溢出。

【例 3.9】　试分析 8051 执行以下指令后累加器 A 和 PSW 中各标志位的变化情况。

```
MOV  A,#5AH
ADD  A,#6BH
```

解答：

机器执行上述加法指令时仍然按照带符号数进行运算，并产生 PSW 的标志位。假设运算之前 PSW 的各位状态都为 0，其竖式运算为

```
        90    A=    0 1 0 1 1 0 1 0 B
       107 Data=    0 1 1 0 1 0 1 1 B
  +)
  ------------------------------------
       197          0 1 1 0 0 1 0 1 B
                    ↑ ↑
                    0 1
                   CP CS
```

其中，CY=0；AC=1；OV=CP⊕CS=1；P=0；PSW=44H。PSW 各位状态如下：

PSW.7	PSW.6	PSW.5	PSW.4	PSW.3	PSW.2	PSW.1	PSW.0
CY	AC	F0	RS1	RS0	OV	/	P
0	1	0	0	0	1	0	0

若将两数看做无符号数，运算结果是正确的(CY=0)；若看做带符号数，根据 OV=1 可知产生了溢出，结果是错误的，因为两个正数相加，结果不可能为负数。因此，带符号数的加法运算可通过检测 OV 标志来判断结果是否正确。例如，OV=0，则结果正确；否则结果错误。

2) 带进位加法指令

```
ADDC  A,Rn       ;A←A+Rn+Cy,Rn(n=0~7)为工作寄存器
ADDC  A,direct   ;A←A+(direct)+Cy,direct为直接地址单元
ADDC  A,@Ri      ;A←A+(Ri)+Cy,Ri(i=0~1)为工作寄存器
ADDC  A,#data    ;A←A+data+Cy,#data为立即数
```

这组指令的功能与普通加法指令类似，唯一的不同之处是在执行加法时，要将上一次进位标志 CY 的内容一起加进去。注意，这里所指的 CY 是指加法指令执行之前的 CY 值，并非指本加法指令执行中形成的 CY。标志位的影响与普通加

法指令相同。

【例 3.10】 已知 A=85H，R0=30H，CY=1，问 CPU 执行如下指令后累加器 A 和 CY 中的值为多少？

```
ADDC  A,R0
```

解答：

A=B6H，CY=0

3) 加 1 指令

```
INC  A        ;A←A+1
INC  Rn       ;Rn←Rn+1,Rn(n=0~7)为工作寄存器
INC  direct   ;direct←(direct)+1,direct 为直接地址单元
INC  @Ri      ;(Ri)←(Ri)+1,Ri(i=0~1)为工作寄存器
INC  DPTR     ;DPTR←DPTR+1,DPTR 为 16 位数据指针寄存器
```

这组指令的功能是将所指出操作数的内容加 1，如果原来的内容为 0FFH，则加 1 后将产生溢出，使操作数的内容变成 00H，但不影响任何标志。指令 INC DPTR 是对 16 位的 DPTR 执行加 1 操作。指令执行时，先对数据指针的低 8 位 DPL 的内容加 1，当产生上溢出时就对数据指针的高 8 位 DPH 加 1，但不影响任何标志。

2. 十进制调整指令

```
DA  A       ;若 AC=1 或 A3–A0>9,则 A←A+06H
             若 CY=1 或 A7–A4>9,则 A←A+60H
```

这条指令的功能是对累加器 A 中的内容进行 BCD 码调整。通常用于 BCD 码运算程序中，使累加器 A 中的运算结果为两位 BCD 码数。计算机中未设专门的 BCD 加法指令，BCD 的加法必须在普通加法指令之后紧跟一条十进制调整指令才能完成。因为普通加法指令使两个 BCD 数相加，其结果不一定是 BCD 数，因此需要此条指令进行调整。

【例 3.11】 试编出能完成 85+59 的 BCD 加法程序，并分析其工作过程。

解答：

```
ORG  0100H
MOV  A,#85H
ADD  A,#59H
DA   A
SJMP $
END
```

其二进制加法与十进制调整过程为

```
     85    A=              1 0 0 0 0 1 0 1 B
     59    data=           0 1 0 1 1 0 0 1 B
 +)
 ---------------------------------------------
    144             [0]    1 1 0 1 1 1 1 0 B
                                     1 1 0 B   ——→  低4位>9，加06H调整
                    ---------------------------
                           1 1 1 0 0 1 0 0 B
                             1 1 0             ——→  高4位>9，加60H调整
                    ---------------------------
                    [1]    0 1 0 0 0 1 0 0 B
```

最后，CY=1，A=44H，即结果为144。

3. 减法指令

减法指令只有带进位减法和减1指令。

1) 带进位减法指令

```
SUBB  A,Rn        ;A←A-Rn-Cy,Rn(n=0~7)为工作寄存器
SUBB  A,direct    ;A←A-(direct)-Cy,direct为直接地址单元
SUBB  A,@Ri       ;A←A-(Ri)-Cy,Ri(i=0~1)为工作寄存器
SUBB  A,#data     ;A←A-data-Cy,#data为立即数
```

这组指令的功能是将累加器A的内容与第二操作数的内容相减，同时减去上一次进位标志CY的内容，最后将结果送回到累加器A中。在执行减法的过程中，如果位7有借位，则置“1”当前进位标志CY，否则清零CY。如果位3有借位，则置“1”辅助进位标志AC，否则清零AC。如果位6有借位而位7没有借位，或者位7有借位而位6没有，则置“1”溢出标志OV，否则清零OV。

几点说明：

(1) 单片机内部的减法操作实际上是在控制器控制下进行补码的加法操作，但在实际应用时可根据二进制的减法法则来判断操作结果。

(2) 减法操作总是按照带符号的二进制数进行，并对PSW中的各标志位产生影响。若最高位有借位，则CY=1，否则为0；若低4位向高4位有借位，则AC=1，否则为0；若最高位有借位而次高位无借位或最高位无借位而次高位有借位，则OV=1，否则为0。奇偶校验位P与加法操作时的取指相同。

(3) 减法指令之前可通过预先设置一条将CY清零的指令以实现带借位的减法。

这条将CY清零的指令为

```
CLR  C;CY←0
```

【例 3.12】 试判断 8051 执行如下程序后累加器 A 和 PSW 中各标志位的状态。

```
CLR     C
MOV     A,#52H
SUBB    A,#0B4H
```

解答：

第一条指令将 CY 清零；第二条指令将被减数 52H 送入累加器 A；第三条指令执行减法操作，而减数是一个负数。其减法指令的模拟过程为

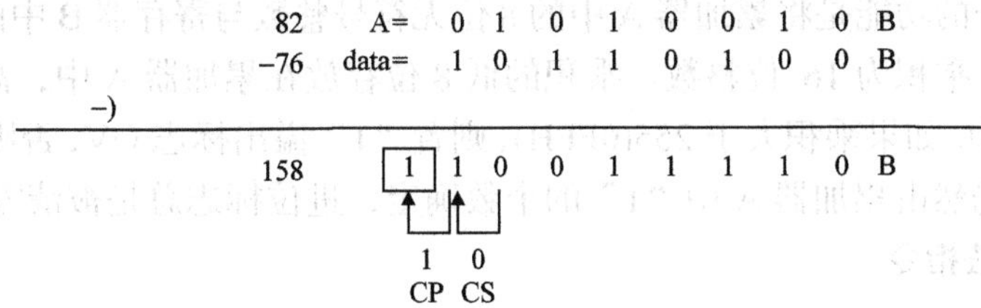

减法指令执行后的正确结果应是十进制数 158，但累加器 A 中的实际结果为一负数，这显然是错误的。可在执行指令的过程中形成如下的 PSW 标志位：

CY	AC	F0	RS1	RS0	OV	—	P
1	1	0	0	0	1	0	1

显然，PSW 中的 OV=1 指出了累加器 A 中结果是不正确的。因此，在实际使用减法指令时，要想在累加器 A 中获得正确的操作结果，必须对指令执行后的 OV 标志位进行检测。如果减法指令执行后 OV=0，则结果正确；否则累加器的结果产生溢出。

2) 减 1 指令

```
DEC  A        ;A←A-1
DEC  Rn       ;Rn←Rn-1,Rn(n=0~7)为工作寄存器
DEC  direct   ;direct←(direct)-1,direct为直接地址单元
DEC  @Ri      ;(Ri)←(Ri)-1,Ri(i=0~1)为工作寄存器
```

这组指令的功能是将所指出操作数的内容减 1。如果原来的内容为 00H，则减 1 后将产生下溢出，使操作数的内容变成 0FFH，但不影响任何标志。只有 DEC A 这条指令会对奇偶标志 P 产生影响。

【例 3.13】 已知 A=DFH，R1=40H，R7=19H，(30H)=00H，(40H)=FFH，试判断 8051 分别执行如下指令后累加器 A 和 PSW 中各标志位的状态如何？

(1) DEC A　　　　　　(2) DEC R7

(3) DEC 30H　　　　　(4) DEC @R1

解答：

根据减 1 指令的功能，结果为

(1) A=DEH, P=0　　　　(2) R7=18H, PSW 不变

(3) (30H)=FFH, PSW 不变　　(4) (40H)=FEH, PSW 不变

4. 单字节乘法指令

```
MUL AB ;BA←A*B
```

这条指令的功能是将累加器 A 中的 8 位无符号整数与寄存器 B 中的 8 位无符号整数相乘，乘积为 16 位整数。乘积的低 8 位存放在累加器 A 中，高 8 位存放在寄存器 B 中。如果乘积大于 255(0FFH)，则置“1”溢出标志 OV，否则清零 OV。奇偶标志 P 仍然由累加器 A 中“1”的个数确定，进位标志总是被清零。

5. 单字节除法指令

```
DIV AB ;A÷B=A…B
```

这条指令的功能是将累加器 A 中的 8 位无符号整数除以寄存器 B 中的 8 位无符号整数，所得商的整数部分存放在累加器 A 中，余数部分存放在寄存器 B 中，清零进位标志 CY 和溢出标志 OV；奇偶标志 P 仍然由累加器 A 中“1”的个数确定。如果原来 B 中的内容为 0(被 0 除)，则执行除法后 A 和 B 中的内容均不定，并置“1”溢出标志 OV，表示除数为 0 是没有意义的。在任何情况下，进位标志总是被清零。

【例 3.14】　已知两个 8 位的无符号数分别存放在 40H 单元与 41H 单元中，试编程求两数的积并将积的低 8 位放入 42H 单元，积的高 8 位放入 43H 单元。

解答：

```
ORG  0100H
MOV  R0,#40H ;第一个乘数地址送给 R0
MOV  A,@R0   ;取出第一个乘数送给累加器 A
INC  R0      ;修改乘数地址,指向第二个乘数
MOV  B,@R0   ;取出第二个乘数送给 B
MUL  AB      ;A 与 B 的内容相乘,积的高 8 位在 B 中,积的低 8 位在 A 中
INC  R0      ;修改目标单元地址
MOV  @R0,A   ;积的低 8 位存入 42H 单元中
INC  R0      ;修改目标单元地址
MOV  @R0,B   ;积的高 8 位存入 43H 单元中
```

```
SJMP $          ;停机
END
```

3.4.2　逻辑运算指令

逻辑运算指令分为累加器清零与取反指令、逻辑与指令、逻辑或指令以及逻辑异或指令。

1. 累加器清零与取反指令

```
CLR  A ;A←0,对累加器 A 清零
CPL  A ;A←Ā,对累加器 A 的内容求反
```

这两条指令均为单字节单周期指令，其中取反指令往往用于对某带符号数进行求补操作。

【例 3.15】 已知 50H 单元中有一正数 X，试编程求 – X 的补码。

解答：

一个 8 位带符号数的补码可定义为其反码加 1，因此程序为

```
ORG  0100H
MOV  A,50H     ;取出 X
CPL  A         ;取反
INC  A         ;加 1
MOV  50H,A     ;–X 的补码送回 50H 单元
SJMP $         ;停机
END
```

2. 逻辑与指令

```
ANL  A,Rn             ;A←(A)∧(Rn),n=0~7
ANL  A,direct         ;A←(A)∧(direct)
ANL  A,@Ri            ;A←(A)∧((Ri)),i=0 或 1
ANL  A,#data          ;A←(A)∧#data
ANL  direct,A         ;direct← (direct)∧(A)
ANL  direct,#data     ;direct←(direct)∧#data
```

这组指令的功能是将两个操作数的内容按位进行逻辑与运算，结果送入累加器 A 或由 direct 所指出的片内 RAM 单元。实际编程中往往用于从某个存储单元中取出某几位，而把其他位变为 0。

【例 3.16】 已知 R0=30H，(30H)=55H，试问 8051 分别执行如下指令后，累加器 A 与 30H 单元中的内容是什么？

```
(1) MOV   A,#0FFH
    ANL   A,R0
(2) MOV   A,#0F0H
    ANL   A,@R0
(3) MOV   A,#60H
    ANL   30H,A
```

解答：

(1) A=30H，(30H)=55H

(2) A=50H，(30H)=55H

(3) A=60H，(30H)=40H

【例 3.17】 已知 30H 单元中有一个数为 5 的 ASCII 码 35H，试将其变为 BCD 码的形式(高 4 位变为 0，低 4 位保持不变)。

解答：

```
MOV  A,30H
ANL  A,#0FH
MOV  30H,A
```

如果 30H 中的内容为带符号数，若要取出其符号位，只需将其与立即数 80H 相与即可。

3. 逻辑或指令

```
ORL A,Rn                ;A←(A)∨(Rn),n=0~7
ORL A,direct            ;A←(A)∨(direct)
ORL A,@Ri               ;A←(A)∨((Ri)),i=0 或 1
ORL A,#data             ;A←(A)∨#data
ORL direct,A            ;direct←(direct)∨(A)
ORL direct,#data        ;direct←(direct)∨#data
```

这组指令的功能是将两个操作数的内容按位进行逻辑或运算，结果送入累加器 A 或由 direct 所指出的片内 RAM 单元。实际编程中往往用于将某个存储单元中的某几位变为“1”，而其他位不变。

【例 3.18】 已知(30H)=55H，(31H)=06H，试将两个单元的内容合并为 56H，并存入 32H 单元中。

解答：

```
ORG  0100H
MOV  A,30H      ;从 30H 单元取出 55H 送入累加器 A 中
```

```
ANL  A,#0F0H  ;与 0F0H 相与，保留累加器 A 中内容的高 4 位，其低 4 位
               变为 0
ORL  A,31H    ;与 31H 单元中的内容相或
MOV  32H,A    ;结果存在 32H 单元中
SJMP $        ;停机
END
```

4．逻辑异或指令

```
XRL A,Rn           ;A←(A) ⊕ (Rn),n=0~7
XRL A,direct       ;A←(A) ⊕ (direct)
XRL A,@Ri          ;A←(A) ⊕ ((Ri)),i=0 或 1
XRL A,#data        ;A←(A) ⊕ #data
XRL direct,A       ;direct←(direct) ⊕ (A)
XRL direct,#data   ;direct←(direct) ⊕ #data
```

这组指令的功能是将两个操作数的内容按位进行逻辑异或运算，结果送入累加器 A 或由 direct 所指出的片内 RAM 单元。实际编程中往往用于对某个存储单元中的某几位进行取反操作，而其他位不变。变换原则是某位与“1”异或则取反，与“0”异或则不变。

【例 3.19】 已知(30H)=55H，欲将其高 4 位保持不变，而低 4 位取反，试编程实现。

解答：

```
ORG  0100H
MOV  A,30H    ;取出 55H 送入累加器 A 中
XRL  A,#0FH   ;与 0FH 异或,高 4 位不变,低 4 位取反
MOV  30H,A    ;结果送回累加器 A 中
SJMP $        ;停机
END
```

3.4.3　移 位 指 令

```
RL    A ;累加器 A 的内容向左环移一位
```

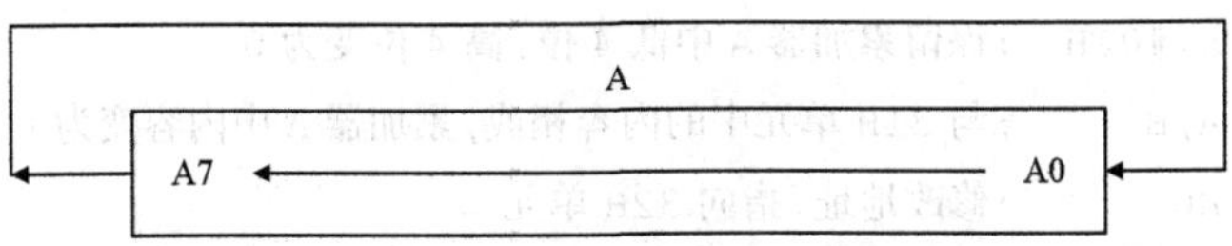


```
RLC   A ;累加器 A 的内容带进位位 CY 向左环移一位
```

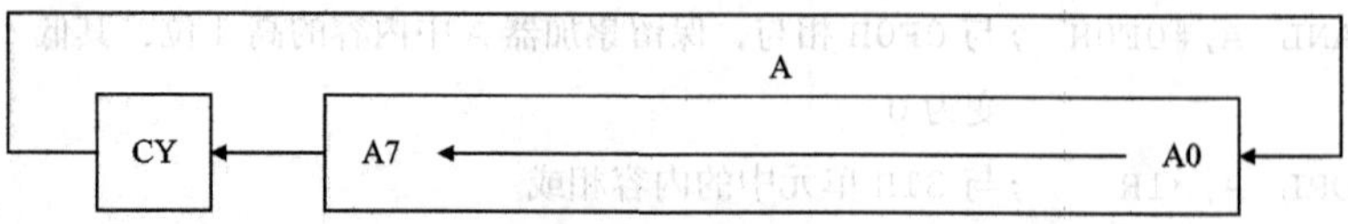

RR A ;累加器 A 的内容向右环移一位

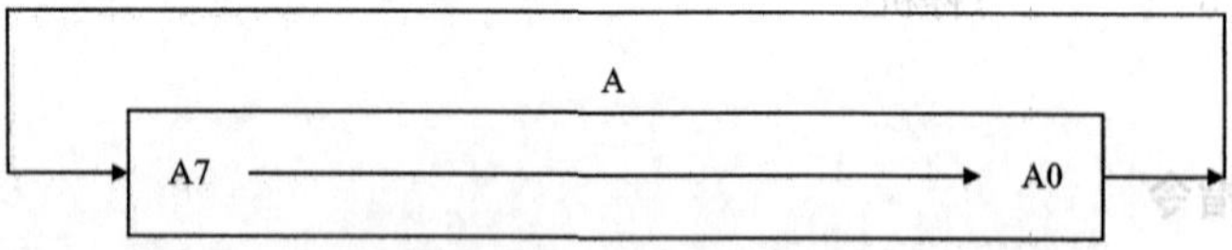

RRC A ;累加器 A 的内容带进位位 CY 向右环移一位

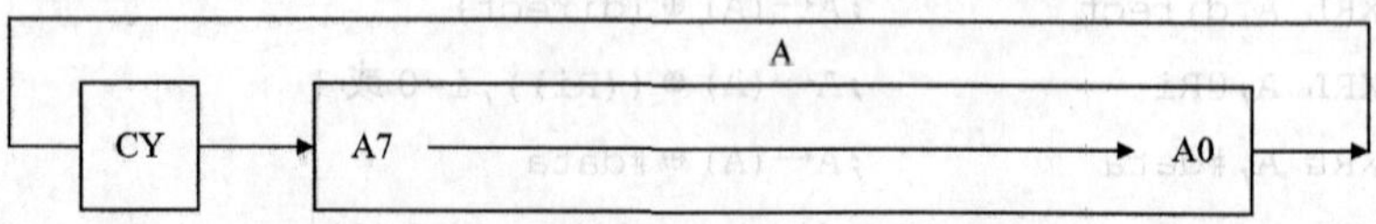

SWAP A ;将累加器 A 的高半字节(A7~A4)与低半字节(A3~A0)交换

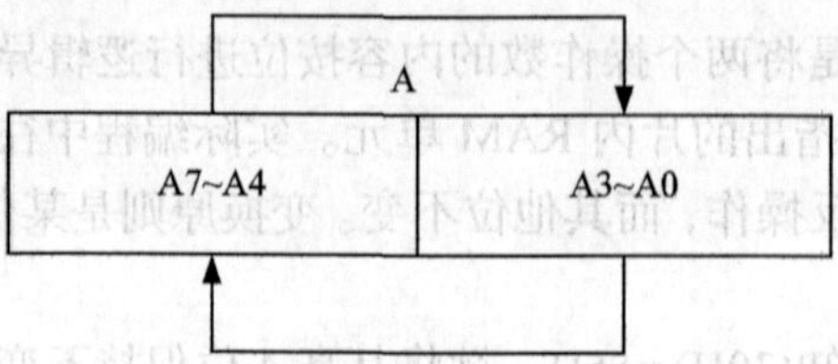

【例 3.20】 已知(30H)=86H,(31H)=79H,试将两个单元的内容合并为 69H,并存入 32H 单元中。

解答:

```
ORG  0100H
MOV  R0,#30H ;确定起始地址 30H
MOV  A,@R0   ;取出 30H 单元中的数 86H 送入累加器 A 中
ANL  A,#0FH  ;保留累加器 A 中低 4 位,高 4 位变为 0
SWAP A       ;累加器 A 中内容高低 4 位互换,将累加器 A 中内容变为 60H
MOV  B,A     ;暂存于 B 中
INC  R0      ;修改地址,指向 31H 单元
MOV  A,@R0   ;取出 31H 单元中的数 79H 送入累加器 A 中
ANL  A,#0FH  ;保留累加器 A 中低 4 位,高 4 位变为 0
ORL  A,B     ;与 31H 单元中的内容相或,累加器 A 中内容变为 69H
INC  R0      ;修改地址,指向 32H 单元
MOV  @R0,A   ;结果存在 32H 单元中
```

```
SJMP $              ;停机
END
```

【例 3.21】　已知 50H 和 51H 单元中有一个 16 位的二进制数(50H 中为低 8 位，51H 中为高 8 位)，试编程使其扩大到 2 倍(假设扩大后的数小于 65536)。

解答：

```
ORG  0100H
CLR  C              ;CY 清零
MOV  R0,#50H        ;低 8 位地址送 R0
MOV  A,@R0          ;取出低 8 位数送累加器 A
RLC  A              ;低 8 位数左移,最低位补 0
MOV  @R0,A          ;送回 50H 单元,CY 中为最高位
INC  R0             ;修改地址
MOV  A,@R0          ;取出高 8 位数送累加器 A
RLC  A              ;高 8 位数左移,CY 中为原低 8 位数的最高位
MOV  @R0,A          ;送回 51H 单元
SJMP $              ;停机
END
```

3.5　控制转移和位操作指令

3.5.1　控制转移指令

1. 无条件转移指令

1) 短跳转指令

```
AJMP addr11
```

这是一条双字节双周期指令，其 11 位地址在指令中的分布如下：

a10 a9 a8 0 0 0 0 1	a7 a6 a5 a4 a3 a2 a1 a0

其中，00001B 是操作码。在程序设计中，11 位地址也可用符号表示，但在汇编时需按照上述指令格式加以代真。

该指令可实现 2K 字节范围内的无条件跳转，若把片外可寻址的 64KB ROM 划分为 32 个区，每个区为 2K 字节，转移的目标地址必须与 AJMP 下一条指令的第一个字节在同一个 2K 字节的范围之内(转移的目标地址必须与

AJMP 下一条指令的地址 A15~A11 相同)，否则将引起混乱。该指令执行时，先将 PC 的内容加 2，然后将 11 位地址送入 PC.10~PC.0，而 PC.15~PC.11 保持不变，如下所示：

PC15~PC11	a10	a9	a8	a7	a6	a5	a4	a3	a2	a1	a0

【例 3.22】　已知如下短跳转指令：

```
CCC: AJMP  addr11
```

其中，CCC=2000H；addr11=10110100101B。试分析该指令执行后的情况及指令码的确定方法。

解答：

将 11 位地址按照其指令格式填入可得到其指令码为

1 0 1 0 0 0 0 1	1 0 1 0 0 1 0 1

即 A1A5H。指令执行后，将 PC15~PC11 按照上述格式填入，可得

PC15~PC11					a10	a9	a8	a7	a6	a5	a4	a3	a2	a1	a0
0	0	1	0	0	1	0	1	1	0	1	0	0	1	0	1

即程序转至 25A5H 处执行。

2) 相对转移指令

```
SJMP rel
```

这是一条双字节双周期的无条件跳转指令。执行时在(PC)+2 后，把指令中有符号偏移量 rel 加到 PC 上，计算出偏移地址。因此，转移的目标地址可以在这条指令前 128 个字节到后 127 个字节之间，即 rel 的取值范围是−128~+127。其指令码格式为

操作码	地址偏移量
80H	rel

其中，80H 为操作码；rel 是地址偏移量，在程序中可用符号表示，但在汇编时需按照上述指令格式加以代真。目标转移地址的计算如下：

$$目标转移地址=源地址+2+rel$$

而所谓的停机指令为

```
HERE: SJMP  HERE
```

或

```
SJMP  $
```

按照其指令码的格式与目标地址的计算方法发现，其目标转移地址与源地址重合，因此，机器始终在连续不断的执行该条指令，相当于原地踏步，效果上就起到了停机的作用。

3) 长跳转指令

```
LJMP addr16
```

这条指令执行时把指令的第 2 字节和第 3 字节分别装入 PC 的高 8 位和低 8 位字节中，无条件的转向指定的地址。转移的目标地址可以在 64KB ROM 地址空间的任何地方。其中，addr16 常用符号地址表示，但在汇编时需按上述指令格式加以代真。其指令码格式为

操作码	高8位地址	低8位地址
02H	addr15~addr8	addr7~addr0

如执行指令：

```
LJMP  5060H;PC←5060H
```

则程序跳转至 5060H 处执行。

4) 散转指令

```
JMP @A+DPTR
```

这是一条单字节双周期指令。功能是把累加器 A 中的 8 位无符号数与 DPTR 中的 16 位数相加，结果作为下一条指令的地址送入 PC，不改变累加器 A 和 DPTR 的内容，也不影响标志。

通常散转指令往往用于实现程序的多分支转移。

【例 3.23】 已知累加器 A 中存有编号为 0~4 的待处理命令，ROM 中放有起始地址为 MING 的三字节长跳转指令表。请编出能根据 A 中的命令编号转去执行相应命令的程序。

解答：

```
ZHUAN:  MOV     R1,A
        RL      A
        ADD     A,R1
```

```
        MOV     DPTR,#MING
        JMP     @A+DPTR
MING:   LJMP    MING0
        LJMP    MING1
        LJMP    MING2
        LJMP    MING3
        LJMP    MING4
        …
```

2. 条件转移指令

条件转移指令是满足某一特定条件时执行转移操作的指令。条件满足时转移(相当于一条相对转移指令)；条件不满足时则顺序执行下面一条指令。转移的目的地址在以下一条指令的起始地址为中心的256个字节范围之内(−128~+127)。当条件满足时，把PC的值加到下一条指令的第一个字节地址，再把有符号的相对偏移量rel加到PC上，计算出转移地址。

1) 一般条件转移指令

```
JZ   rel          ;(A)=0 时,PC←PC+2+rel
                   (A)≠0 时,PC←PC+2
JNZ  rel          ;(A)≠0 时转移,PC←PC+2+rel
                   (A)=0 时,PC←PC+2
JC   rel          ;CY=1 时,PC←PC+2+rel
                   CY=0 时,PC←PC+2
JNC  rel          ;CY=0 时,PC←PC+2+rel
                   CY=1 时,PC←PC+2
JB   bit, rel     ;(bit)=1 时,PC←PC+3+rel
                   (bit)=0 时,PC←PC+3
JNB  bit, rel     ;(bit)=0 时,PC←PC+3+rel
                   (bit)=1 时,PC←PC+3
JBC  bit, rel     ;(bit)=1 时,PC←PC+3+rel,且清零 bit 位
                   (bit)=0 时,PC←PC+3
```

【例3.24】 已知片外RAM中以30H为起始地址的数据块以零作为结束标志，试编程将其传送到以50H为起始地址的片内RAM区。

解答：

```
        ORG     0100H
```

```
         MOV     R0,#30H
         MOV     R1,#50H
LOOP:    MOVX    A,@R0
         JZ      DONE
         MOV     @R1,A
         INC     R0
         INC     R1
         SJMP    LOOP
DONE:    SJMP    $
         END
```

【例 3.25】 已知片内 RAM 单元 30H 和 31H 中各有一个 8 位的二进制无符号数，试编程比较两者大小，并将大数送入 32H 单元。

解答：

```
         ORG     0100H
         CLR     C
         MOV     R0,#30H
         MOV     A,@R0
         MOV     R1,A
         INC     R0
         MOV     B,@R0
         SUBB    A,@R0
         INC     R0
         JNC     DONE
         MOV     A,B
         SJMP    LOOP
DONE:    MOV     A,R1
LOOP:    MOV     @R0,A
         SJMP    $
         END
```

2) 比较条件转移指令

8051 单片机没有专门的比较指令，但是提供了如下四条比较不相等的转移指令：

```
CJNE  A,direct,rel          ;若 A≠(direct),则 PC←PC+3+rel
                             若 A=(direct),则 PC←PC+3
```

```
                                若A≥(direct),则CY=0;否则CY=1
CJNE  A,#data,rel               ;若A≠data,则PC←PC+3+rel
                                若A=data,则PC←PC+3
                                若A≥data,则CY←0;否则CY=1
CJNE  Rn,#data,rel              ;若Rn≠data,则PC←PC+3+rel
                                若Rn=data,则PC←PC+3
                                若Rn≥data,则CY=0;否则CY=1
CJNE  @Ri,#data,rel             ;若(Ri)≠data,则PC←PC+3+rel
                                若(Ri)=data,则PC←PC+3
                                若(Ri)≥data,则CY=0;否则CY=1
```

这组指令的功能是比较前面两个操作数的大小，如果它们的值不相等则转移。首先把 PC 的值加到下一条指令的起始地址，再把指令最后一个字节的有符号相对偏移量加到 PC 上，计算出转移地址。如果第一操作数(无符号整数)小于第二操作数(无符号整数)，则置“1”进位标志 CY，否则清零 CY。此指令不影响任何一个操作数的内容。

几点说明：

(1) 这四条指令均为三字节指令，指令执行时 PC 三次加 1，然后再加地址偏移量 rel。由于 rel 的地址范围为−128~+127，因此，指令的相对转移范围为−125~+130。

(2) 指令执行过程中的比较操作实际上是减法操作，不保存两数之差，但会形成 CY 标志。

(3) 若要进行两个无符号数 X、Y 的大小比较，可直接根据指令执行后形成的 CY 标志来进行判断。若 CY=0，则 X≥Y；若 CY=1，则 X<Y。

若要进行两个有符号数 X、Y 的大小比较，则首先将其变为带符号数的补码形式，并根据图 3.8 所示的比较方法进行两数的比较。

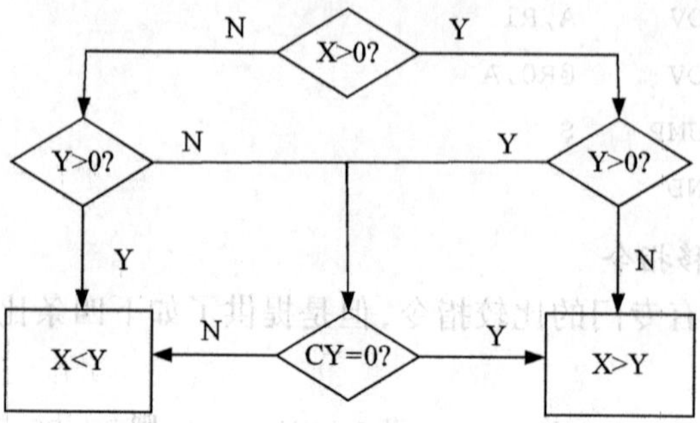

图 3.8　有符号数比大小

【例 3.26】　已知片内 RAM30H 单元中有一个无符号数 X，若 X<50，则程序转至 LOOP1 处执行；若 X=50，则程序转至 LOOP2 处执行；若 X>50，则程序转至 LOOP3 处执行，请编写相应程序。

解答：

```
        ORG     0100H
        MOV     A,30H
        CJNE    A,#50,COMP
        SJMP    LOOP2
COMP:   JNC     LOOP3
LOOP1:  …
        …
LOOP2:  …
        …
LOOP3:  …
        …
        END
```

【例 3.27】　已知片外 RAM 的 2000H 处有一个数据缓冲区，该缓冲区的数据以回车符 CR(ASCII 码为 0DH)作为结束标志，试编写一个程序实现将正数送入以 30H 为起始地址、负数则送入以 40H 为起始地址的片内 RAM 中去。

解答：

```
        ORG     0100H
        MOV     DPTR,#2000H
        MOV     R0,#30H
        MOV     R1,#40H
NEXT:   MOVX    A,@DPTR
        CJNE    A,#0DH,COMP
        SJMP    DONE
COMP:   JB      ACC.7,LOOP
        MOV     @R0,A
        INC     R0
        INC     DPTR
        SJMP    NEXT
LOOP:   MOV     @R1,A
```

```
        INC     R1
        INC     DPTR
        SJMP    NEXT
DONE:   SJMP $
        END
```

3) 减 1 不为 0 转移指令

```
DJNZ  Rn,rel          ;若Rn-1≠0,则 PC←PC+2+rel
                       若Rn-1=0,则 PC←PC+2
DJNZ  direct,rel      ;若(direct)-1≠0,则 PC←PC+3+rel
                       若(direct)-1=0,则 PC←PC+3
```

这组指令把源操作数(Rn、direct)的内容减 1，并将结果回送到源操作数中去。如果相减的结果不为 0 则转移到由相对偏移量 rel 计算得到的目的地址中。其中，第一条指令是双字节指令，第二条指令是三字节指令。此指令常用于循环程序的退出循环体判断。

【例 3.28】 试编程实现片内 RAM 单元 30H 为起始地址的数据块中 10 个连续无符号数的加和，将结果送入片内 RAM 的 40H 单元 (假设结果不超出 8 位二进制数所能表示的范围)。

解答:

```
        ORG     0100H
        MOV     R7,#0AH
        MOV     R0,#30H
        CLR     A
LOOP:   ADD     A,@R0
        INC     R0
        DJNZ    R7,LOOP
        MOV     40H,A
        SJMP    $
        END
```

4) 子程序调用与返回指令

8051 单片机提供了两条子程序调用指令，即短调用和长调用指令。

短调用指令如下:

```
ACALL   addr11   ;PC←PC+2
                  SP←SP+1,(SP) ←PCL
```

```
SP←SP+1,(SP)←PCH
PC10~PC0←addr11
```

这是一条双字节的 2K 范围内的子程序调用指令。执行时先把 PC 值加 2 获得下一条指令的地址，然后把获得的16位地址压进堆栈(PCL先进栈PCH后进栈)，并将 SP 的值加 2，最后把 PC 值的高 5 位与指令提供的 11 位地址 addr11 相连接(PC15~PC11，a10~a0)，形成子程序的入口地址并送入 PC，使程序转向执行子程序。所调用的子程序的起始地址必须与 ACALL 指令下一条指令的第一个字节在同一个 2KB 区域的 ROM 中。

【例 3.29】　假设 ACALL addr11 指令在 ROM 中的起始地址为 2000H，当前 SP=70H，试画出指令执行时的堆栈变化示意图，并指出调用子程序在 ROM 中的合法地址范围。

解答：

根据 ACALL addr11 指令的含义，可得到上述指令执行时堆栈中的数据变化，如图 3.9 所示。

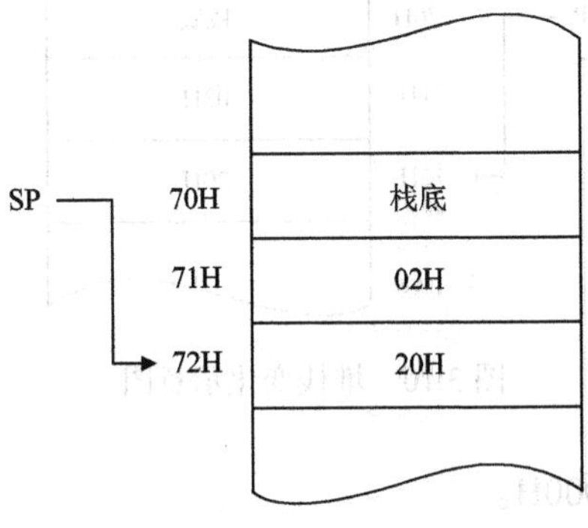

图 3.9　堆栈变化示意图

由于该指令为双字节指令，故断点地址为 2000H+02H=2002H，且被调用的子程序的起始地址是断点地址的高 5 位，其余 11 位地址由 addr11 决定。其变化范围为 00000000000B~11111111111B，因此，被调用的子程序的合法地址范围为 2002H~2801H 的 2KB 区域。

5) 长调用指令

```
LCALL addr16        ;SP←SP+1,(SP)←PCL
                    SP←SP+1,(SP)←PCH
                    PC15~PC0←addr16
```

这条指令可以无条件地调用位于 16 位地址 addr16 处的子程序。它首先把

PC 的值加 3 以获得下条指令的地址并将其压入堆栈(先低位字节后高位字节)，同时把 SP 的值加 2，然后把指令的第 2 和第 3 字节(A15~A8，A7~A0)分别装入 PC 的高 8 位和低 8 位字节中，最后从 PC 所指出的地址开始执行程序。LCALL 指令可以调用 64K 字节范围内 ROM 中的任何一个子程序，且不影响任何标志。

【例 3.30】 假设 LCALL 5000H 指令在 ROM 中的起始地址为 2000H，当前 SP=70H，试画出指令执行时的堆栈变化示意图，并指出 PC 中的内容是什么。

解答：

根据 LCALL addr16 指令的含义，可得到上述指令执行时堆栈中的数据变化，如图 3.10 所示。

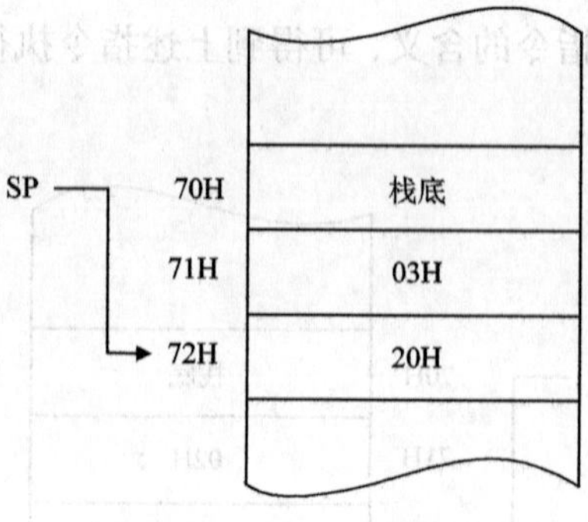

图 3.10 堆栈变化示意图

而 PC 中的内容为 5000H。

子程序返回指令如下：

```
RET        ;PCH←(SP),SP← SP-1
            PCL←(SP),SP← SP-1
```

这条指令的功能是从堆栈中弹出 PC 的高 8 位和低 8 位字节，同时把 SP 的值减 2，并从 PC 指向的地址开始继续执行程序，且不影响任何标志。

中断返回指令如下：

```
RETI       ;PCH←(SP),SP← SP-1
            PCL←(SP),SP← SP-1
```

这条指令的功能与 RET 指令相似，不同的是它还可以清零单片机的内部中断状态标志。

几点说明：

(1) RET 为子程序返回指令，只能在子程序的末尾使用。

(2) RETI 为中断返回指令，只能在中断服务车工序末尾使用。机器在执行 RETI 后除了返回原程序断点处继续执行外，还可将相应的中断优先级清除，以便允许机器相应低级别的中断请求。

【例 3.31】 请利用子程序完成 30H~3FH、40H~4FH 两个片内 RAM 数据区的清零工作。

解答：

```
          ORG     0100H
          MOV     SP,#60H
          MOV     R0,#30H
          MOV     R1,#0FH
          ACALL   ZERO
          MOV     R0,#40H
          MOV     R1,#0FH
          ACALL   ZERO
          SJMP    $
          ORG     0150H
ZERO:     MOV     @R0,#00H
          INC     R0
          DJNZ    R1,ZERO
          RET
          END
```

6) 空操作指令

```
NOP
```

这是一条单字节单周期指令。指令只完成 PC+1，而不执行其他任何操作，需要消耗 12 个时钟周期的时间，因此常常在延时程序中使用。

3.5.2　位操作指令

8051 单片机片内 RAM 中有一个位寻址区，还有一些 SFR 也可以位寻址，因此提供了丰富的位操作指令。

位数据传送指令如下：

```
MOV  C, bit;Cy←(bit)
MOV  bit, C;bit←Cy
```

这组指令的功能是将由源操作数指定的位变量送到目的操作数指定的位单元去。其中，一个操作数必须为进位标志，另一个操作数可以是任何可寻址位。

位变量修改指令如下：

CLR C　　;Cy←0

CLR bit ;bit←0

CPL C　　;Cy←$\overline{Cy}$

CPL bit ;bit←($\overline{bit}$)

SETB C　　;Cy←1

SETB bit ;bit←1

这组指令对操作数所指定的位进行清 0、取反、置 1 的操作，且不影响其他标志位。

位变量逻辑与指令如下：

ANL　C,bit　　;Cy←Cy∧(bit)

ANL　C,/bit　 ;Cy←Cy∧($\overline{bit}$)

这组指令的功能是将进位标志与指定的位变量(或位变量的取反值)相“与”，结果送到进位标志，且不影响别的标志。

位变量逻辑或指令如下：

ORL　C,bit　　;Cy←Cy∨(bit)

ORL　C,/bit　 ;Cy←Cy∨($\overline{bit}$)

这组指令的功能是将进位标志与指定的位变量(或位变量的取反值)相“或”，结果送到进位标志，且不影响别的标志。

【例 3.32】　已知一个组合逻辑电路的电路如图 3.11 所示，试编程实现。

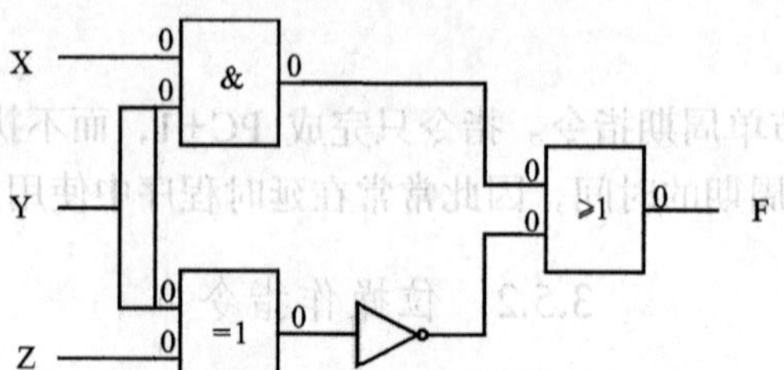

图 3.11　组合逻辑电路

解答：

```
ORG  0100H
```

```
MOV  C,Y
ANL  C,/Z
MOV  F,C
MOV  C,Z
ANL  C,/Y
ORL  C,F
CPL  C
MOV  F,C
MOV  C,X
ANL  C,Y
ORL  C,F
MOV  F,C
SJMP $
END
```

习　题

3.1　指令通常有哪三种形式？各有什么特点？

3.2　MCS-51 单片机的指令按功能分为哪几类？各类指令的作用是什么？

3.3　MCS-51 单片机共有几种寻址方式？各有什么特点？

3.4　指出下列指令中源操作数的寻址方式与功能。

(1) `MOV   A,#30H`

(2) `MOV   A,30H`

(3) `MOV   A,@R1`

(4) `MOV   A,R1`

(5) `MOVC  A,@A+PC`

(6) `SJMP  LOOP`

3.5　变址寻址与相对寻址中的地址偏移量有什么异同？

3.6　要访问片内 RAM，有哪几种寻址方式？

3.7　要访问片外 RAM，有哪几种寻址方式？

3.8　要访问 ROM，有哪几种寻址方式？

3.9　绘图说明 MCS-51 系列单片机数据传送指令满足的各种传送关系。

3.10　写出能完成下列数据传送的指令。

(1) 将立即数 30H 送累加器。

(2) 将累加器内容送工作寄存器 R6。

(3) 将累加器内容送片内 RAM 的 30H 单元。

(4) 将累加器内容送片外 RAM 的 30H 单元。

(5) 将累加器内容送片外 RAM 的 2030H 单元。

(6) 将片外 ROM 的 2030H 单元内容送累加器。

3.11　指出下列程序执行后的操作结果。

(1)
```
MOV A,#80H
MOV R0,#30H
MOV @R0,A
MOV 50H,R0
XCH A,R0
```

(2)
```
MOV DPTR,#2000H
MOV A,#30H
MOV 30H,#20H
MOV R0,#30H
XCH A,@R0
```

3.12　试编程完成将片外 RAM 的 2000H 单元中的内容与 2010H 单元中的内容相互交换的程序。

3.13　已知(30H)=X，(31H)=Y，(32H)= Z。请画出下列程序执行时堆栈的变化示意图。

(1)
```
MOV     SP,#50H
PUSH    30H
PUSH    31H
PUSH    32H
```

(2)
```
MOV     SP,#60H
POP     32H
POP     31H
POP     30H
```

3.14　试问下列程序执行后累加器 A 与 PSW 中的内容是什么？

(1)
```
MOV A,#0FDH
ADD A,#09H
```
(2)
```
MOV A,#88H
ADD A,#0FEH
```

3.15　已知 A=77H，R0=30H，(30H)=99H，PSW=80H，试问下列程序执行后的结果是什么？

(1)
```
ADDC    A,30H
INC     30H
```
(2)
```
SUBB    A,#30H
DEC     R0
```
(3)
```
SUBB    A,R0
DEC     30H
```
(4)
```
SUBB    A,30H
INC     A
```

3.16　试编写能完成下列操作的程序。

(1) 使 30H 单元中数的高 3 位变“0”，其余位不变。

(2) 使 30H 单元中数的高 3 位变“1”，其余位不变。

(3) 使 30H 单元中数的高 3 位取反，其余位不变。

(4) 使 30H 单元中数的所有位取反。

3.17　已知 SP=50H，PC=2100H。试问 8051 执行调用指令 LCALL 3100H 后堆栈指针和堆栈中的内容是什么？此时机器调用何处的子程序？

3.18　请说明 RET 与 RETI 这两条指令的区别。

3.19　试编写当累加器 A 中的内容分别满足如下条件时能转至 DONE 处执行的程序(不满足时则停机)。

(1) A>10。

(2) A≤10。

(3) 40>A>30。

3.20　利用 DJNZ 指令完成如下程序设计：将片内 RAM 起始地址为 20H 的 10 个数据传送至片内 RAM 起始地址为 60H 的单元中去，结束后停机。

3.21　试编程：将两个 4 位的二进制数并存于一个字节。

3.22　已知片内 RAM 50H、51H 两个单元中存有两个 8 位的无符号数，试编程将小数存放于 52H 单元。

第 4 章　汇编语言程序设计

4.1　汇编语言概述

单片机应用系统是硬件和软件的有机组合。软件是各种指令按一定的规律组合而成的程序。程序设计的目的是利用计算机语言对系统需要完成的任务进行描述。

MCS-51 单片机的程序设计可采用汇编语言或高级语言(C51)。汇编语言是人们用来替代机器语言进行程序设计的一种语言，由助记符、保留字和伪指令等组成，容易被人们识别、记忆和读写，也称为符号语言。它生成的目标代码具有占用存储空间少、编写效率高、运行速度快、实时性强等特点，适合短小高速程序的编写。高级语言是面向过程和问题并能独立于机器的通用程序设计语言，是一种接近人的自然语言和常用数学表达式表达的计算机语言。它对系统功能的描述比用汇编语言简单，且程序的阅读、修改和移植比较方便，适合复杂程序的编写。

采用汇编语言编程，程序设计人员可以直接控制单片机内部的工作寄存器和片内 RAM 单元，数据处理过程能表达得非常具体和详实，尽管对设计者硬件知识的要求较高，但对单片机硬件结构的掌握非常有益。

4.1.1　汇编语言格式

汇编语言源程序由一条一条的汇编语言语句构成，每条语句必须符合相应的语法规则。支持 MCS-51 单片机的汇编器种类很多，其中，Keil 公司的 A51 功能强大，是单片机程序设计人员常用的汇编工具。A51 汇编器识别的汇编语句应当符合典型的四分段格式：

[标号：]操作码[操作数][；注释]

操作码为必选项，其余内容为任选项，即方括号内容可选。标号与操作码之间用“:”隔开；操作码与操作数之间用空格隔开；操作数与注释之间用“;”隔开；依据指令的不同，操作数可能是单操作数、双操作数或多操作数，有的指令也可能没有操作数(如 NOP 指令)，若不止一个操作数，操作数之间用“,”隔开。例如：

```
START: ADD   A,R1;A←A＋R1
```

1. 标号

标号位于一条语句的开头，以指明指令操作码在内存的地址。标号又称为标号地址或符号地址，是一个可有可无的任选项。标号由 1~8 个字符组成，以非数字字符开头，后跟字母、数字以及“ - ”、“？ ”等字符。注意，不能使用系统的保留字来命名标号(如伪指令、指令助记符、寄存器名和运算符等)。

2. 操作码

操作码可以是指令助记符、伪指令和宏指令的助记符，用于指示计算机进行何种操作。它是任一语句不可少的必选项，汇编器根据它生成目标代码。

3. 操作数

操作数是操作码要操作的数据或数据的地址，可以采用字母和数字的形式表达。根据指令的不同，操作数可能空缺，也可能是一项、两项或三项。操作数之间用“,”隔开。操作数可以有以下几种情况：

(1) 数据，有二进制、十进制、十六进制和 ASCII 几种形式。二进制数据末尾以字母 B 标识，如 01001001B；十进制数据末尾以字母 D 标识或省略，如 75D、34；十六进制数据末尾以字母 H 标识，如 39H、2BH，但特别注意，若十六进制数据以字母 A~F 开头，则应在前面加上数字“0”，以便汇编器将其与标号或符号名区别开，如 0C9H；ASCII 码数据以单引号括起来标识，如‘NUM’、‘1568’。

(2) 符号，可以是标号、符号名、工作寄存器名、SFR 名以及特定符号“$”(常用在转移指令中，用于表示该转移指令所在的内存地址)等。

(3) 表达式，是由运算符和数据构成的算式。

4. 注释

注释是任选项，用于语句和程序的解释，可以提高程序的可读性，有益于编程人员对程序的阅读和维护。注释以“；”开头，可以换行书写，但换行时必须再以“；”开头。

4.1.2　汇编语言构成

汇编语言语句是构成汇编语言源程序的基本要素，也是汇编语言程序设计的基础。汇编语言语句因机器而有所不同，但通常可分为指令性语句和指示性语句两类。

1. 指令性语句

指令性语句是由指令助记符构成的汇编语言语句。对 MCS-51 单片机而言，指令性语句就是 111 条指令的助记符语句，既是汇编语言语句的主体，也是汇编语言程序设计的基本语句。每条指令性语句都有对应的机器码，由汇编器汇编时翻译成目标代码。

2. 指示性语句

指示性语句又称为伪指令语句，简称伪指令，是汇编时供汇编程序识别，并对汇编过程进行某种指示的汇编命令。它不是真正可执行的指令，因此汇编时不会产生可执行的目标代码。MCS-51 单片机常用的伪指令有 8 条。

1) 起始地址定义伪指令 ORG

格式：

```
ORG  表达式
```

该伪指令用于定义紧接其后的程序的起始地址。表达式通常为十六进制地址，也可以是已定义的标号地址。例如：

```
           ORG 2100H
MAIN:      ADD A,#45H
…
```

上面程序中，ORG 伪指令规定汇编后机器代码从地址 2100H 单元开始依次存放。

每一个汇编语言源程序的开始，都应该使用 ORG 伪指令来定义该程序在存储器中存放的起始地址。若省略，默认程序从 0000H 单元开始存放。可以在同一程序中多次使用 ORG 伪指令来定义不同程序块的起始地址，但地址必须按从小到大顺序进行设置，且不允许空间重叠。

2) 汇编结束伪指令 END

格式：

```
END
```

该伪指令用于控制汇编器结束汇编。汇编器检测到该指令后，认为汇编语言源程序结束，对该指令后的程序不进行处理。一个汇编语言源程序只能有一条 END 语句，且只能放在整个程序的末尾。

3) 赋值伪指令 EQU

格式：

```
符号名  EQU  表达式
```

该伪指令的功能是将表达式的值赋给指定的符号名，表达式可以是一个数据、地址或某个汇编符号(R0~R7)。程序设计中可以方便的引用该符号名，汇编器在汇编时会将源程序中该符号名用 EQU 定义的表达式的值或对应的汇编符号来取代。

应当注意，符号名与标号不同。标号只能代表地址，符号名可以代表地址、常数、字符串、寄存器名或位名等。符号名不需要后接“:”，表达式没有类型限定，但它的值在汇编时应是确定的。例如：

```
        ORG     0100H
START   EQU     30H
COUNT   EQU     32H
        MOV     R1,#START    ;起始地址
```

```
            MOV      R0,#COUNT    ;设置 32 字节计数值
            MOV      A,#00H
LOOP:       MOV      @R1,A
            INC      R1           ;指向下一个地址
            DJNZ     R0,LOOP      ;计数值减 1
            SJMP     $
            END
```

该程序的功能是将 30H 地址开始的 50 个单元的内容清零。

使用时还应注意，用 EQU 赋值的符号名一经赋值便不能重新赋值和改变。

4) 数据地址赋值伪指令 DATA

格式：

符号名　DATA　表达式

该伪指令的功能和 EQU 伪指令类似，是把表达式的值赋给指定的符号名。表达式可以是数据或地址，也可以是包含已定义“符号名”在内的表达式，但不可以是一个汇编符号(R0~R7)。DATA 伪指令与 EQU 伪指令的区别在于，EQU 定义的“符号名”必须先定义后使用，而 DATA 定义的“符号名”没有这种限制。因此，EQU 伪指令用在源程序的开头，DATA 伪指令可以用在源程序的开头或末尾。

应当注意，有的汇编器只允许 DATA 语句定义 8 位数据或地址，而 16 位的数据或地址需要使用 XDATA 伪指令定义。例如：

```
            ORG      0220H
DA          DATA     30H
DELAY       XDATA    0B2A5H
            MOV      A,DA        ;A←(35H)
            …
LCALL       DELAY                ;调用 B2A5H 处延时子程序
            …
            END
```

5) 字节数据定义伪指令 DB

格式：

[标号：] DB　字节数据表

该伪指令的功能是将字节数据表中的数据依次存放到以标号为起始地址的

存储单元中。字节数据表中的数可以是一个字节，也可以是用逗号隔开的多个字节。每个字节可以采用二进制、十进制、十六进制或 ASCII 码等多种表示形式。例如：

```
          …
TABLE: DB       10110001B,11,0C5H, 'a' , 'we'
          DB       36H,47H
          …
          END
```

上述程序汇编时，汇编器会将 TABLE 单元内容置成 B1H，TABLE + 1 单元内容置成 0BH，TABLE + 2 单元内容置成 C5H，TABLE + 3 单元内容置成 61H(a 的 ASCII 值)，TABLE + 4 单元内容置成 77H(w 的 ASCII 值)，TABLE + 5 单元内容置成 65H(e 的 ASCII 值)，TABLE + 6 单元内容置成 36H，TABLE + 7 单元内容置成 47H。

6) 字数据定义伪指令 DW

格式：

```
[标号：] DW  字数据表
```

该伪指令的功能与 DB 伪指令功能类似，不同在于 DB 定义的是一个字节，而 DW 定义的是一个字(双字节)。汇编时，高位字节先存入，低位字节后存入。例如：

```
          ORG      1600H
          MOV      A,#29
          …
          ORG      1630H
DTAB:     DW       4659H,9,0A3H
          …
          END
```

上述程序汇编后，(1630H)=46H，(1631H)=59H，(1632H)=00H，(1633H)=09H，(1634H)=00H，(1635H)=A3H。

7) 存储空间定义伪指令 DS

格式：

```
[标号：] DS  表达式
```

该伪指令的功能是从标号地址开始，保留若干个字节的内存空间以备存放数据。保留字节单元的个数由表达式的值决定。例如：

```
ORG     1600H
DS      10H
DB      21H
…
END
```

汇编后从 1600H 地址开始，预留 16(10H)个字节的内存单元，然后从 1610H 地址开始，按 DB 伪指令定义字节数据，即(1610H)=21H。

8) 位地址赋值伪指令 BIT

格式：

符号名　BIT　位地址表达式

该伪指令的功能是将位地址赋给指定的符号名。位地址表达式可以是一个绝对地址，也可以是一个符号地址。例如：

```
        ORG     0200H
AD1     BIT     0A1H
AD2     BIT     P1.1
        …
        END
```

上述程序将位地址 A1H 定义为符号名 AD1，将 P1.1 的位地址赋给符号名 AD2。

4.2　汇编语言程序设计方法

为了编写高质量且功能强大的实用程序，程序设计人员一方面要正确理解程序设计的目标和步骤，另一方面要掌握程序编写的一些方法和技巧。

4.2.1　汇编语言源程序的设计步骤

一个程序的编写，从任务分析到所编写的程序调试通过，通常需要以下几个步骤。

1. 任务分析

设计者应根据设计要求到系统现场对运行环境进行调研，对系统的设计目标进行深入分析，明确系统设计任务，包括系统功能要求、性能指标等。这是应用系统程序设计的基础和条件。

2. 算法设计

算法是对具体问题的描述方法。在任务分析的基础上，对已明确的系统功能要求和性能指标用数学模型进行描述。再根据系统的实时过程和逻辑关系，进一步把数学模型转换成计算机能够处理的程序算法。同一数学模型，可以有不同的算法表述，程序设计人员需要对不同的算法进行分析比较，从中选取切合实际的最优算法。

3. 流程描述

这是程序设计前的准备阶段，目的在于进行程序的总体构建。首先需要确定程序结构、数据形式、资源分配和参数计算。然后根据程序运行的过程，规划程序执行的逻辑顺序，并绘制出相应的程序流程图。对于简单的应用程序，可以不需要流程图。但对于较为复杂的程序设计，绘制流程图是一个良好的编程习惯。

4. 编写汇编语言源程序

这一阶段，设计人员根据程序流程图完成汇编语言源程序的编写。设计者应在掌握程序编写基本方法和技巧的基础上，注意所编程序的正确性和可读性，必要时在程序的合适位置添加注释。

5. 上机调试

上机调试的目的在于验证程序设计的正确性。任何程序的编写都难免存在缺点和错误，只有通过上机调试才能检查出这些问题并加以纠正。

4.2.2　程序编写的方法和技巧

1. 建立模块化设计思想

编写程序时应该采用模块化设计方式。应用程序由包含多个模块的主程序和各种功能的子程序组成。每个模块或子程序对应一个具体的任务，如发送、接收、延时或显示等。采用模块化设计，可将系统划分为不同的具体功能程序，进行独立设计和分别调试。最后，将这些模块程序装配成完整程序并进行联合调试。

进行程序设计学习，首先要建立模块化设计思想。采用模块化设计，可把一个复杂的多功能的程序划分为若干功能单一的程序模块，有利于程序分工设计，有利于程序的调试和优化，也有利于提高程序的阅读性和可靠性。

2. 采用循环和子程序结构

采用循环结构和子程序可以使程序占用空间减少，且程序结构清晰简洁。使用多重循环，要注意各层循环的初值和循环结束的条件，避免出现“死循环”。使用子程序，要对存放入口参数的寄存器及子程序中用到的其他寄存器的内容进行堆栈保护。使用堆栈要特别注意压入和弹出数据的一一对应关系。使用中断子程序，除保护程序用到的寄存器外，还必须对标志寄存器进行保护。因为中断子程序的执行会影响标志寄存器的内容，若不加保护，中断返回后，标志位被破坏，主程序的运行将发生混乱。

4.3　常用程序结构设计

汇编语言程序设计并不难，但要编写出质量高、可读性强且执行速度快的程序并不十分容易。熟练掌握汇编语言的指令系统及常用程序设计结构，将有利于提高汇编程序编写能力。

4.3.1　顺序程序设计

顺序程序是指无分支、无循环的程序，是最简单的程序结构。顺序程序中的指令执行是依据指令在程序中的排列顺序依次进行的。这种结构只能实现简单的功能，通常作为复杂程序设计的一部分。

【例 4.1】　将给定的一个字节二进制数(0~255)转换成十进制 BCD 码。待转换数放在累加器 A 中,并将其拆为三个 BCD 码,结果存放在 RS 开始的三个单元。

由于 MCS-51 支持除法指令，所以转换时只需将累加器 A 的内容除以 100，得到的商即为百位 BCD 码，余数再除以 10 便可以得到十位和个位的 BCD 码。流程图如图 4.1 所示。此流程可用在数据的数码管显示中，数据的数码管显示需要将待显示数据进行拆分，得到每位的 BCD 码。

解答：

流程图如图 4.1 所示，实现程序如下：

```
RS      EQU     30H
        ORG     0000H
        LJMP    MAIN
        ORG     0100H
MAIN:   MOV     A,#123
        MOV     B,#100
        DIV     AB              ;除 100 得百位数
        MOV     RS,A
        MOV     A,B
        MOV     B,#10
        DIV     AB              ;余数除 10 得十位数
        MOV     RS+1,A
```

```
        MOV     RS+2,B      ;余数为个位数
        SJMP    $
        END
```

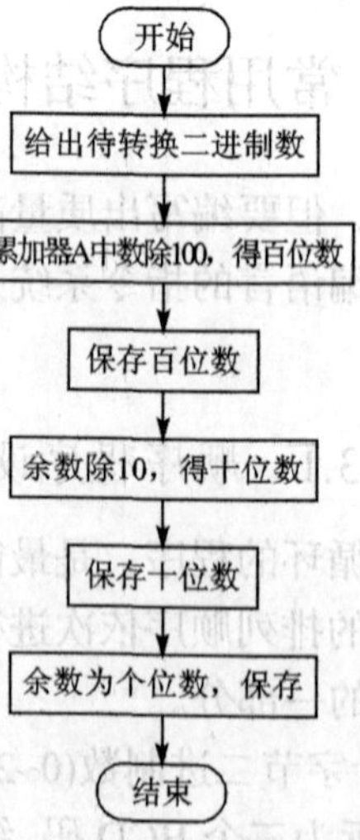

图 4.1　例 4.1 流程图

4.3.2　分支程序设计

通常程序的执行是按照指令在 ROM 中存放的顺序进行的，但根据实际设计的需要可以改变程序的执行顺序，这种程序结构就属于分支程序结构。分支程序的特点是程序中包含转移指令。由于转移指令有无条件转移和条件转移之分，因此分支程序也有无条件分支程序和条件分支程序两类。

无条件分支程序包含无条件转移指令，分支结构相对简单。条件分支程序根据条件转移指令的不同，又有双分支和多分支两种情况，在实际中应用较多。通过分析阅读一些典型程序可提高这方面的编程能力。

【例 4.2】　设变量 VAR 以补码的形式存放在片内 RAM 的 35H 单元，输出变量 Y 与 VAR 之间的关系：当 VAR 大于 0 时，Y=VAR；当 VAR 等于 0 时，Y=15H；当 VAR 小于 0 时，Y=VAR+10。根据要求，编写程序，输出结果存放 36H 单元。

解答：

流程图如图 4.2 所示，实现程序如下：

```
VAR     EQU     35H
Y       EQU     36H
        ORG     0000H
        LJMP    MAIN
```

```
        ORG     0100H
MAIN:   MOV     A,VAR           ;取 VAR 至累加器
        JZ      ZERO            ;等于 0,转 ZERO
        JNB     ACC.7,DONE      ;大于 0,转 DONE
        MOV     A,#10           ;小于 0,作加 10 处理
        ADD     A,VAR
        SJMP    DONE
ZERO:   MOV     A,#15H
DONE:   MOV     Y,A
        SJMP    $
        END
```

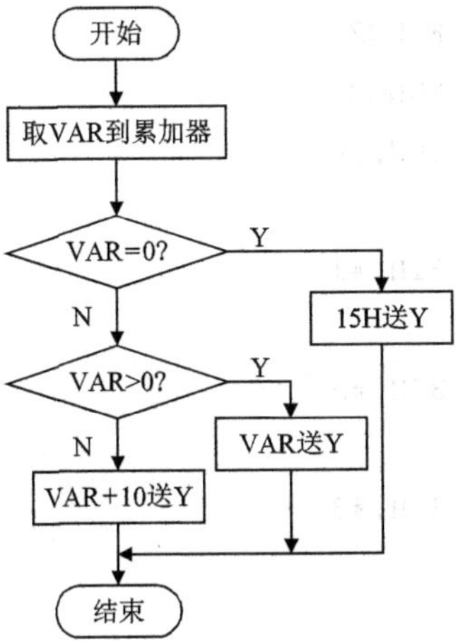

图 4.2　例 4.2 流程图

在分支不多的应用程序中，常采用的转移指令有 JZ、JNZ、JC、JNC、JB、JNB 或 CJNE 等。对于多分支应用程序，则需要使用 JMP@A+DPTR 变址寻址转移指令，如例 4.3 所示。

【例 4.3】 根据 R7 的内容(处理程序号)转向相应的处理程序。R7 的内容为 0~3，对应处理程序的入口地址分别为 FUNC0~FUNC3。

解答：

流程图如图 4.3 所示，实现程序如下：

```
        ORG     0000H
        LJMP    MAIN
        ORG     0100H
MAIN:   MOV     R7,#2           ;设置转移序号，此例设为 2
```

```
            MOV       A,R7
            ACALL     FUNCENTER
            AJMP      MAIN
FUNCENTER:
            ADD       A,ACC           ;AJMP 为二字节指令，地址偏移量
                                       乘 2
            MOV       DPTR,#FUNCTAB   ;设置基址
            JMP       @A+DPTR         ;跳转到目标地址
FUNCTAB:
            AJMP      FUNC0
            AJMP      FUNC1
            AJMP      FUNC2
            AJMP      FUNC3
FUNC0:      MOV       30H,#0
            RET
FUNC1:      MOV       31H,#1
            RET
FUNC2:      MOV       32H,#2
            RET
FUNC3:      MOV       33H,#3
            RET
            END
```

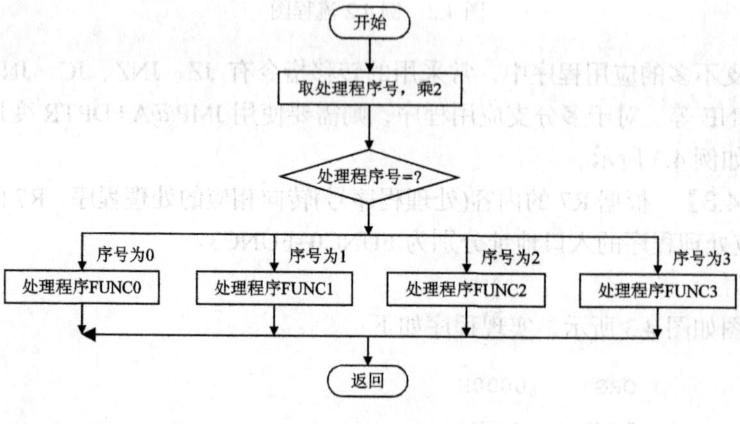

图 4.3　例 4.3 流程图

处理程序的数量及功能可以方便地在此程序的基础上进行扩展。

4.3.3　循环程序设计

程序设计中，经常需要将某一部分程序重复执行若干次，以便用简短的程序完成大量的处理任务。这种按某种控制规律重复执行的程序结构称为循环程序结构。循环程序的特点是包含可重复执行的程序段，这部分程序段称为循环体。

循环程序通常由四部分组成：①循环初始化部分，位于循环程序的开头，用于完成循环前的准备工作；②循环处理部分，位于循环体内，是循环程序的工作程序，需要重复执行；③循环控制部分，同样位于循环体内，用于控制循环执行次数；④循环结束部分，用于存放执行循环程序所得的结果及恢复各工作单元的初值。

如图 4.4 所示，循环程序通常有两种编程结构：一种是先执行后判断结构，特点是进入循环后，先执行循环处理部分，再根据循环控制条件判断循环是否结束，该结构循环处理部分至少被执行一次；另一种是先判断后执行结构，特点是将循环控制部分放在循环体的入口处，先根据循环控制条件判断是否结束循环，该结构循环处理部分有可能一次也不执行。

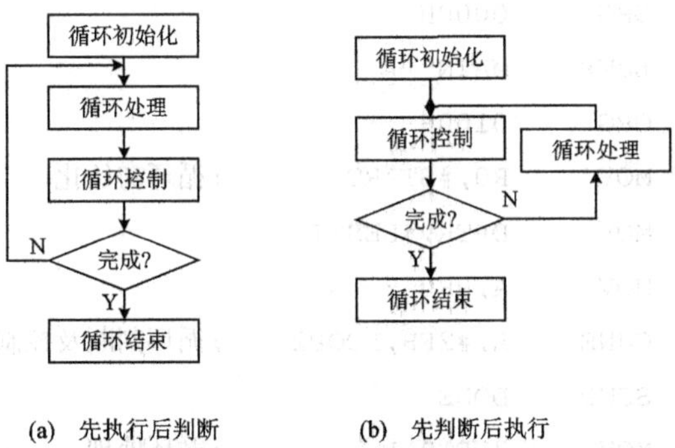

图 4.4　循环程序结构类型

【例 4.4】　将片内 RAM 的 30H 地址开始后 32 个单元的内容置为 FFH。

解答：

采用先执行后判断循环结构，实现程序如下：

```
START   EQU     30H
        ORG     0000H
        LJMP    MAIN
        ORG     0100H
```

```
MAIN:   MOV    R1,#START    ;循环初始化
        MOV    R0,#32
        MOV    A,#0FFH
LOOP:   MOV    @R1,A        ;循环处理
        INC    R1
        DJNZ   R0,LOOP      ;循环判断及控制
        SJMP   $            ;循环结束
        END
```

【例 4.5】 将片内 RAM 中起始地址 35H 的数据串传送到片外 RAM 中起始地址为 1500H 的存储区域内，直到发现“／”字符停止传送。循环次数事先并不知道，但循环结束条件可以通过字符“／”检测判定。该程序设计采用先判断后执行结构。

解答：

实现程序如下：

```
START   EQU    35H
DESTI   EQU    1500H
        ORG    0000H
        LJMP   MAIN
        ORG    0100H
MAIN:   MOV    R0,#START          ;循环初始化
        MOV    DPTR,#DESTI
LOOP1:  MOV    A,@R0
        CJNE   A,#2FH,LOOP2       ;循环判断及控制
        SJMP   DONE
LOOP2:  MOVX   @DPTR,A            ;循环处理
        INC    R0
        INC    DPTR
        SJMP   LOOP1
DONE:   SJMP   $                  ;循环结束
        END
```

4.4　子程序设计

在实际应用中，经常会碰到一些具有通用性的设计问题，如数制转换、数

值计算、延时设计等，而且在一个程序中可能会被反复使用多次，这时可以将其编写成通用子程序以便随时调用。因此，所谓的子程序是指能完成一定任务并能为其他程序反复调用的程序段。而调用子程序的程序段往往称作主程序或调用程序。

子程序的设计仍然可以采用一般程序的三种常用结构，即顺序结构、分支结构和循环结构。在使用上，子程序的特点是其执行要被其他程序调用，执行完成后要返回调用程序。子程序在编写时要注意以下一些问题：

(1) 子程序第一条指令的地址为子程序的起始地址或入口地址。为方便调用，该指令前必须添加标号，而且标号尽量以子程序完成的任务来命名。如延时子程序经常以 DELAY 作为标号。

(2) 子程序的调用是通过主程序安排调用指令来实现的(LCALL 等)，子程序返回主程序则需要在子程序的末尾安排一条 RET 指令来实现。

(3) 为了使子程序可以存放在 64KB ROM 的任何子域，并能被主程序调用，子程序内必须使用相对转移指令，不使用绝对地址转移，以便汇编生成浮动代码。

另外，子程序的调用需要注意两个很重要的方面：一是主程序中调用现场的保护和恢复；二是主程序和子程序间的参数传递。

4.4.1 调用现场的保护与恢复

子程序的执行常常会用到单片机的一些通用单元，如累加器 A、工作寄存器 R0~R7、DPTR 及相关的标志寄存器等。子程序调用前这些单元的内容，在子程序调用结束后，仍然有可能被主程序用到。因此，在调用子程序前需要对这些相关单元的内容进行保护，称为现场保护。执行完子程序，返回主程序前需要恢复这些单元的原内容，称为现场恢复。现场的保护与恢复可以在主程序中实现，也可以在子程序中实现。

1. 在主程序中实现

其特点是结构灵活。例如：

```
        …
PUSH    PSW         ;现场保护，含当前工作寄存器组号
PUSH    ACC
PUSH    B
MOV     PSW,#08H    ;更换当前工作寄存器组
LCALL   addr16      ;子程序调用
POP     B           ;现场恢复
```

```
        POP     ACC
        POP     PSW          ;含当前工作寄存器组恢复
        …
```

2. 在子程序中实现

其特点是程序规范、清晰。例如：

```
PRO1:   PUSH    PSW          ;现场保护，含当前工作寄存器组号
        PUSH    ACC
        PUSH    B
        MOV     PSW,#08H     ;更换当前工作寄存器组
        …
        POP     B            ;现场恢复
        POP     ACC
        POP     PSW          ;含当前工作寄存器组恢复
        RET
```

4.4.2　主程序和子程序的参数传递

子程序是为主程序服务的，执行时必然要和主程序发生数据联系。调用子程序时，主程序需要把相关参数传递给子程序，这些参数即为子程序的入口参数；子程序执行完毕后，需要把处理后的相关参数传递给主程序，这些参数即为子程序的出口参数。对于 MCS-51 单片机，传递参数的方法主要有以下三种。

1. 利用寄存器或累加器传递参数

对于简单的子程序，入口参数和出口参数相对较少，可以把预传递的参数直接存放在工作寄存器 R0~R7 或累加器 A 中。主程序调用子程序时，子程序可以从这些指定单元中取得数据，执行运算。子程序结束后，也可以通过这些单元把结果传递给主程序。

【例 4.6】　编写子程序完成单字节 BCD 码求和运算。

入口参数：(R0)= 被加数两位 BCD 码；

　　　　　(R1)= 加数两位 BCD 码。

出口参数：(R0)= 求和结果；

　　　　　(CY)= 高位进位。

解答：

实现子程序如下：

```
BCDAS:   MOV A,R0
         ADD A,R1
         DA  A
         MOV R0,A
         RET
```

调用该子程序时，需要将两位 BCD 码的加数和被加数预先存入工作寄存器 R1 和 R0 中，子程序返回后，在工作寄存器 R0 和 CY 的内容即为求和结果和高位进位。

2. 利用寄存器传递参数表地址

利用寄存器或累加器直接传递参数，操作简单、方便，但传递参数的个数受到寄存器数目的限制。当传递参数较多时，利用寄存器传递参数表地址的方式使用起来更加方便。在这种方式中，需要预先建立一个参数表。当参数表建立在片内 RAM 中时，可用工作寄存器 R0~R7 存放参数表的地址；当参数表建立在片外 RAM 中时，可用 DPTR 存放参数表的地址。

【例 4.7】　编写子程序完成多字节 BCD 码求和运算。

入口参数：(R0)= 被加数高字节地址；
　　　　　(R1)= 加数高字节地址；
　　　　　(R7)= 字节数。
出口参数：(R0)= 和高字节地址；
　　　　　(CY)= 高位进位。

解答：

实现子程序如下：

```
BCDAN:   MOV     A,R7        ;取字节数至 R2 中
         MOV     R2,A
         ADD     A,R0        ;初始化数据指针
         MOV     R0,A
         MOV     A,R2
         ADD     A,R1
         MOV     R1,A
         CLR     C
BCD1:    DEC     R0          ;调整数据指针
         DEC     R1
         MOV     A,@R0
         ADDC    A,@R1       ;按字节相加
```

```
        DA      A           ;十进制调整
        MOV     @R0,A       ;和存回以@R0 开始的存储单元中
        DJNZ    R2,BCD1     ;处理完所有字节
        RET
```

调用该子程序时，BCD 码形式的加数和被加数高字节地址预先存入工作寄存器 R1 和 R0 中，求和的字节数存入 R7 中；子程序返回后在工作寄存器 R0 的内容即为求和结果，CY 的内容为高位进位。

3. 利用堆栈传递参数

任何符合先进后出或后进先出原则的片内 RAM 区域都可称为堆栈。堆栈栈顶指针由 SP 指向。子程序可利用堆栈进行参数传递。调用子程序时，主程序利用 PUSH 指令将入口参数压入堆栈，子程序执行时将使用这些堆栈数据，子程序执行的结果又置于该堆栈单元。返回后，主程序再用 POP 指令从堆栈中弹出这些出口参数。

【例 4.8】　编写程序，将片内 RAM 中 25H 单元的两个十六进制数，转换为两位 ASCII 码，并存入 26H 和 27H 单元。

首先编写一个子程序，用查表方式完成一个十六进制数的 ASCII 码转换。

入口参数：(SP)= 预转换十六进制数(低半字节)。

出口参数：(SP)= 转换结果(ASCII)。

解答：

实现子程序如下：

```
HTASC:  MOV     R1,SP       ;堆栈指针存入 R1
        DEC     R1
        DEC     R1          ;R1 指向被转换数据
        XCH     A,@R1       ;取转换数据
        ANL     A,#0FH      ;取 1 位十六进制数
        ADD     A,#2        ;偏移调整，所加值为 MOVC 与 DB 间的
                             总字节数
        MOVC    A,@A+PC
        XCH     A,@R1
        RET
ASCTAB: DB      '0','1','2','3','4','5','6'
        DB      '7','8','9','A','B','C','D'
        DB      'E','F'
```

主程序编写如下：

```
HEX       EQU      25H
ASC       EQU      26H
          ORG      0000H
          LJMP     MAIN
          ORG      0100H
MAIN:     MOV      A,HEX
          SWAP     A
          PUSH     ACC              ;待转换数据(高半字节)入栈
          ACALL    HTASC
          POP      ASC              ;弹出栈顶转换结果至 ASC
          MOV      A,HEX
          PUSH     ACC              ;待转换数据(低半字节)入栈
          ACALL    HTASC
          POP      ASC+1            ;弹出栈顶转换结果至 ASC+1
          SJMP         $
HTASC:    …
          END
```

上述程序通过堆栈完成子程序参数传递，使用时特别注意堆栈指针的指向。

总之，当调用子程序传递参数较少时，利用寄存器或累加器直接传递参数可获得较快的传递速度；当传递参数较多时，宜采用寄存器传递参数表地址或堆栈传递方式；有子程序嵌套时，最好采用堆栈传递方式。

4.4.3　常用子程序介绍

1. 算术运算子程序

在单片机构成的应用系统中，对数据的运算处理是不可避免的。虽然，数据运算并不是单片机的优势所在，但利用一些编程技巧和方法，单片机可以完成大部分测控应用中的数据运算处理功能。

例 4.7 已经给出一个多字节 BCD 码求和子程序，接下来再给出其他一些常用的算术运算子程序。

1) 多字节 BCD 码减法子程序

多字节 BCD 码减法运算可以转换成多字节 BCD 补码加法运算。因此，可编写一个实现多字节 BCD 码取补运算的子程序。

【例 4.9】　编写子程序完成多字节 BCD 码取补运算。

入口参数：(R0)= 待转换 BCD 码高字节地址；
(R7)= 字节数。
出口参数：(R0)= 补码结果高字节地址。

解答：

实现子程序如下：

```
NEG:    MOV     A,R7        ;取 R7 字节数减 1 至 R2 中
        DEC     A
        MOV     R2,A
        MOV     A,R0        ;保护指针
        MOV     R3,A
NEG0:   CLR     C
        MOV     A,#99H
        SUBB    A,@R0       ;按字节十进制取补
        MOV     @R0,A       ;存回以@R0 开始的存储单元中
        INC     R0          ;调整数据指针
        DJNZ    R2,NEG0     ;处理完 R2 中字节数
        MOV     A,#9AH      ;最低字节单独取补
        SUBB    A,@R0
        MOV     @R0,A
        MOV     A,R3        ;恢复指针
        MOV     R0,A
        RET
```

多字节 BCD 码减法运算将使用多字节 BCD 码取补运算和多字节 BCD 码求和运算，相应子程序可参见例 4.9 和例 4.7。

【例 4.10】 编写子程序完成多字节 BCD 码减法运算。

入口参数：(R0)= 被减数高字节地址；
(R1)= 减数高字节地址；
(R7)= 字节数。
出口参数：(R0)= 差高字节地址；
(CY)= 高位借位。

解答：

实现子程序如下：

```
BCDBN:  LCALL   NEG1        ;减数十进制取补
        LCALL   BCDAN       ;按多字节 BCD 码加法处理
```

```
        CPL     C           ;将补码加法的进位标志转换成借位标志
        MOV     F0,C        ;保护借位标志
        LCALL   NEG1        ;恢复减数的原始值
        MOV     C,F0        ;恢复借位标志
        RET
NEG1:   MOV     A,R0
        XCH     A,R1        ;交换 R0 和 R1 指针
        XCH     A,R0
        LCALL   NEG         ;减数取补
        MOV     A,R0
        XCH     A,R1        ;换回 R0 和 R1 指针
        XCH     A,R0
        RET
NEG:    …                   ;多字节 BCD 码取补运算子程序
BCDAN:  …                   ;多字节 BCD 码求和运算子程序
```

验证程序编写如下：

```
        ORG     0000H
        LJMP    MAIN
        ORG     0100H
MAIN:   MOV     30H,#57H
        MOV     31H,#82H
        MOV     32H,#64H        ;设置被减数为 578264
        MOV     34H,#38H
        MOV     35H,#65H
        MOV     36H,#29H        ;设置减数为 386529
        MOV     R7,#03H
        MOV     R0,#30H
        MOV     R1,#34H
        ACALL   BCDBN
        SJMP    $
BCDBN:  …
        END
```

得到结果：578264 − 386529 = 191735

2) 多字节 BCD 码左移十进制一位(乘十)运算子程序

【例 4.11】 编写子程序实现多字节 BCD 码左移十进制一位(乘十)运算。

入口参数：(R0)= BCD 码高字节地址；

(R7)= 字节数。

出口参数：(R0)= 左移十进制一位结果高字节地址；

(R3)= 移出的十进制最高位。

解答：

实现子程序如下：

```
BRLN:   MOV     A,R7        ;取字节数至 R2 中
        MOV     R2,A
        ADD     A,R0        ;初始化数据指针
        MOV     R0,A
        MOV     R3,#0       ;工作单元初始化
BRL1:   DEC     R0          ;调整数据指针
        MOV     A,@R0       ;取一字节
        SWAP    A           ;交换十进制高低位
        MOV     @R0,A       ;存回
        MOV     A,R3        ;取低字节移出的十进制高位
        XCHD    A,@R0       ;换出本字节的十进制高位
        MOV     R3,A        ;保存本字节的十进制高位
        DJNZ    R2,BRL1     ;处理完所有字节
        RET
```

验证程序编写如下：

```
        ORG     0000H
        LJMP    MAIN
        ORG     0100H
MAIN:   MOV     30H,#12H
        MOV     31H,#34H
        MOV     32H,#56H    ;设置移位操作数为 123456
        MOV     R7,#03H
        MOV     R0,#30H
        ACALL   BRLN        ;调用乘十子程序
        SJMP    $
BRLN:   …
        END
```

得到结果：(30H)=23H，(31H)=45H，(32H)=60H，(R3)=01H。

3) 多字节无符号整数求和子程序

【例 4.12】　编写子程序实现多字节无符号整数求和运算。

入口参数：(R0)= 被加整数高字节地址；
　　　　　(R1)= 加整数高字节地址；
　　　　　(R7)= 字节数。

出口参数：(R0)= 和高字节地址；
　　　　　(CY)= 高位进位。

解答：

实现子程序如下：

```
ADDN:   MOV     A,R7        ;取字节数至 R2 中
        MOV     R2,A
        ADD     A,R0        ;初始化数据指针
        MOV     R0,A
        MOV     A,R2
        ADD     A,R1
        MOV     R1,A
        CLR     C
ADDN1:  DEC     R0          ;调整数据指针
        DEC     R1
        MOV     A,@R0
        ADDC    A,@R1       ;按字节相加
        MOV     @R0,A       ;和存回以@R0 开始的存储单元中
        DJNZ    R2,ADDN1    ;处理完所有字节
        RET
```

验证程序编写如下：

```
        ORG     0000H
        LJMP    MAIN
        ORG     0100H
MAIN:   MOV     30H,#68H
        MOV     31H,#55H
        MOV     32H,#98H    ;设置被加整数为 685598H
        MOV     34H,#0A5H
        MOV     35H,#23H
```

```
        MOV     36H,#64H        ;设置加整数为A52364H
        MOV     R7,#03H
        MOV     R0,#30H
        MOV     R1,#34H
        ACALL   ADDN
        SJMP    $
ADDN:   …
        END
```

得到结果：(30H)=0DH，(31H)=78H，(32H)=FCH，(CY)=1。

4) 多字节无符号整数减法子程序

【例 4.13】 编写子程序实现多字节无符号整数减法运算。

入口参数：(R0)= 被减整数高字节地址；

(R1)= 减整数高字节地址；

(R7)= 字节数。

出口参数：(R0)= 差高字节地址；

(CY)= 高位借位。

解答：

实现子程序如下：

```
SUBN:   MOV     A,R7            ;取字节数至R2中
        MOV     R2,A
        ADD     A,R0            ;初始化数据指针
        MOV     R0,A
        MOV     A,R2
        ADD     A,R1
        MOV     R1,A
        CLR     C
SUBN1:  DEC     R0              ;调整数据指针
        DEC     R1
        MOV     A,@R0
        SUBB    A,@R1           ;按字节相减
        MOV     @R0,A           ;和存回以@R0开始的存储单元中
        DJNZ    R2,SUBN1        ;处理完所有字节
        RET
```

验证程序编写如下：

```
        ORG     0000H
        LJMP    MAIN
        ORG     0100H
MAIN:   MOV     30H,#48H
        MOV     31H,#23H
        MOV     32H,#0B5H       ;设置被减整数为 4823B5H
        MOV     34H,#0A2H
        MOV     35H,#75H
        MOV     36H,#0C2H       ;设置减整数为 A275C2H
        MOV     R7,#03H
        MOV     R0,#30H
        MOV     R1,#34H
        ACALL   SUBN
        SJMP    $
SUBN:   …
        END
```

得到结果：(30H)=A5H，(31H)=ADH，(32H)=F3H，(CY)=1。

5) 双字节无符号整数乘法子程序

【例 4.14】 编写子程序实现双字节无符号整数乘法运算。

入口参数：(R2，R3)= 被乘数；

(R6，R7)= 乘数。

出口参数：(R2，R3，R4，R5)= 乘积结果。

解答：

实现子程序如下：

```
MULD:   MOV     A,R3            ;计算 R3 乘 R7
        MOV     B,R7
        MUL     AB
        MOV     R4,B            ;暂存部分积
        MOV     R5,A
        MOV     A,R3            ;计算 R3 乘 R6
        MOV     B,R6
        MUL     AB
        ADD     A,R4            ;累加部分积
        MOV     R4,A
```

```
        CLR     A
        ADDC    A,B
        MOV     R3,A
        MOV     A,R2            ;计算 R2 乘 R7
        MOV     B,R7
        MUL     AB
        ADD     A,R4            ;累加部分积
        MOV     R4,A
        MOV     A,R3
        ADDC    A,B
        MOV     R3,A
        CLR     A
        RLC     A
        XCH     A,R2            ;计算 R2 乘 R6
        MOV     B,R6
        MUL     AB
        ADD     A,R3            ;累加部分积
        MOV     R3,A
        MOV     A,R2
        ADDC    A,B
        MOV     R2,A
        RET
```

整个双字节无符号整数乘法子程序的算法思路与流程如图 4.5 所示。

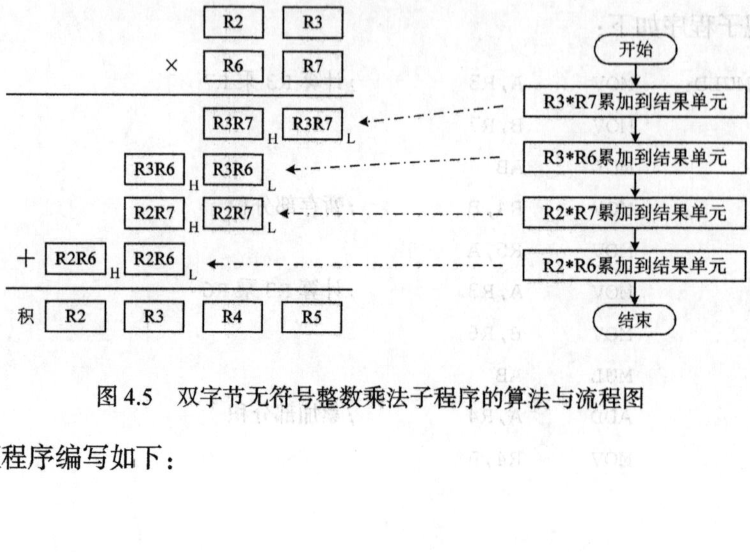

图 4.5　双字节无符号整数乘法子程序的算法与流程图

验证程序编写如下：

```
        ORG     0000H
        LJMP    MAIN
        ORG     0100H
MAIN:   MOV     R2,#12H
        MOV     R3,#34H
        MOV     R6,#56H
        MOV     R7,#78H
        ACALL   MULD
        SJMP    $
MULD:   …
        END
```

得到结果：(R2)=06H，(R3)=26H，(R4)=00H，(R5)=60H。

2. 查表子程序

所谓查表是指根据 ROM 中数据表格的项数来查找与其对应的表中值。单片机应用设计中，许多通过计算才能解决的问题可以改用查表的方法解决。使用查表方法可以有效缩短程序长度，提高程序执行效率。

MCS-51 汇编语言有两条专门的查表指令：

```
MOVC    A,@A+DPTR
MOVC    A,@A+PC
```

第一条查表指令使用 DPTR 存放数据表格的起始地址，累加器 A 预先存入查表的项数，执行查表指令后查表结果存入累加器 A。

第二条查表指令使用分三步：①将查表的项数存入累加器 A。②使用 ADD A,#data 指令对累加器 A 的内容进行修正。其中，data = 数据表格起始地址 − PC，而 PC 为查表指令后下一条指令的起始地址。因此，data 值实际为查表指令和数据表格之间指令的字节数。③使用 MOVC A，@A+PC 完成查表，查表结果存入累加器 A。

使用 MOVC A，@A+PC 指令实现查表功能，无需 DPTR 参与(系统占用资源少)，但表格只能存放在 MOVC 指令后的 256 字节内，表格的地址和空间有一定的限制。

查表程序常用于代码转换(例 4.8)、代码显示、实时值的查表计算和按命令号实现转移等。

【例 4.15】　编写程序实现 $c = a^2 - b^2$ 功能。a、b、c 分别存于片内 RAM 的 35H，36H 和 37H 单元中。

首先，编写一个查表子程序实现输入数的二次方运算。

入口参数：(A)= 输入数。

出口参数：(A)= 二次方运算结果。

解答:

实现子程序如下：

```
SQR:    MOV     DPTR,#TAB
        MOVC    A,@A+DPTR
        RET
TAB:    DB      0,1,4,9,16,25,36,49,64,81
```

主程序编写如下：

```
        ORG     0000H
        LJMP    MAIN
        ORG     0100H
MAIN:   MOV     35H,#7
        MOV     36H,#4
        MOV     A,36H          ;用累加器传递参数
        ACALL   SQR
        MOV     R1,A           ;b² 暂存于 R1
        MOV     A,35H
        ACALL   SQR
        SUB     A,R1           ;a²-b² 存于 A
        MOV     37H,A          ;A 结果存入 37H 单元
        SJMP    $
SQR:    …
        END
```

得到结果：(37H)=21H。

查表子程序的格式是相对固定的，变化在表格的数据内容上。可根据不同程序的需要建立表格内容，以达到不同的设计目的。

3. 数制与码的转换子程序

单片机能直接识别和处理的是二进制码，而其他一些外部设备(数码管显示、LCD 液晶显示等)常使用 BCD 码或 ASCII 码。因此，单片机应用系统中经常需要二进制码和 BCD 码或 ASCII 之间的相互转换。每 4 位二进制数与 1 位十六进制数对应，为了描述方便，以下用十六进制数代替二进制数。

1) 十六进制数与 ASCII 码相互转换

十六进制数 0~9 对应的 ASCII 码为 30H~39H，A~F 对应的 ASCII 码为 41H~46H。

【例 4.16】 编写子程序实现单字节十六进制数到双字节 ASCII 码的转换。

入口参数：(A)= 待转换单字节十六进制数。

出口参数：(A)= 高 4 位 ASCII 码；
　　　　　(B)= 低 4 位 ASCII 码。

解答：

实现子程序如下：

```
HASC:   MOV     B,A         ;暂存待转换的单字节十六进制数
        LCALL   HAS1        ;转换低 4 位
        XCH     A,B         ;存放低 4 位的 ASCII 码
        SWAP    A           ;准备转换高 4 位
HAS1:   ANL     A,#0FH      ;将累加器的低 4 位转换成 ASCII 码
        ADD     A,#90H
        DA      A
        ADDC    A,#40H
        DA      A
        RET
```

验证程序编写如下：

```
        ORG     0000H
        LJMP    MAIN
        ORG     0100H
MAIN:   MOV     A,#2BH
        ACALL   HASC
        SJMP    $
HASC:   …
        END
```

得到结果：(A)=32H，(B)=42H。

使用查表法实现单字节十六进制数到 ASCII 码的转换可参见例 4.8。

【例 4.17】 编写子程序实现 ASCII 码到 1 位十六进制数的转换。

入口参数：(A)= 待转换 ASCII 码。

出口参数：(A)= 转换后十六进制数(在低 4 位)。

解答：

实现子程序如下：

```
ASCH:    CLR     C
         SUBB    A,#30H        ;0~9 的 ASCII 码减 30H
         JNB     ACC.4,ASH1
         SUBB    A,#7          ;A~F 的 ASCII 码减 37H
ASH1:    RET
```

验证程序编写如下：

```
         ORG     0000H
         LJMP    MAIN
         ORG     0100H
MAIN:    MOV     A,#41H
         ACALL   ASCH
         SJMP    $
ASCH:    …
         END
```

得到结果：(A)=0AH。

2) 十六进制数与 BCD 码相互转换

计算系统中，十进制数用 BCD 码表示，而 BCD 码用 4 位二进制数来表示 1 位十进制数，1 个字节能表示 2 位十进制数(两位 BCD 码)。

【例 4.18】　编写子程序实现单字节十六进制整数到 BCD 码整数的转换。

单字节十六进制数对应能表达的十进制数范围为 0~255，转换成 BCD 码对应的有三位。

入口参数：(A)= 待转换单字节十六进制整数。

出口参数：(A)= 转换后 BCD 码十位与个位；

(R3)= 转换后 BCD 码百位。

解答：

实现子程序如下：

```
HBCD:    MOV     B,#100        ;分离出百位，存放 R3 中
         DIV     AB
         MOV     R3,A
         MOV     A,#10         ;余数继续分离十位和个位
```

```
        XCH     A,B
        DIV     AB
        SWAP    A
        ORL     A,B             ;将十位和个位拼装成 BCD 码
        RET
```

验证程序编写如下：

```
        ORG     0000H
        LJMP    MAIN
        ORG     0100H
MAIN:   MOV     A,#135
        ACALL   HBCD
        SJMP    $
HBCD:   …
        END
```

得到结果：(A)=35H，(R3)=01H。

【例 4.19】　编写子程序实现单字节 BCD 码整数到单字节十六进制整数的转换。

单字节 BCD 码整数，其中高 4 位对应 BCD 码十位，低 4 位对应个位。

入口参数：(A)= 待转换单字节 BCD 码整数。

出口参数：(A)= 转换后单字节十六进制整数。

解答：

实现子程序如下：

```
BCDH:   MOV     B,#10H          ;分离十位和个位
        DIV     AB
        MOV     R4,B            ;暂存个位
        MOV     B,#10           ;将十位转换成十六进制
        MUL     AB
        ADD     A,R4            ;按十六进制加上个位
        RET
```

验证程序编写如下：

```
        ORG     0000H
        LJMP    MAIN
        ORG     0100H
```

```
MAIN:   MOV     A,#24H
        ACALL   BCDH
        SJMP    $
BCDH:   …
        END
```

得到结果：(A)=18H。

4. 延时子程序

在单片机应用程序执行过程中(按键去抖、数据采集、数码管显示等)，经常需要插入一段较短的时间延迟(通常在 ms 级)。这些需求可使用软件延时子程序实现。

通过 2.4 节内容可以知道，单片机的 1 个机器周期包含 12 个时钟周期。若单片机系统使用 12MHz 晶振，则 1 个机器周期为 1μs；若系统使用 11.0592MHz 晶振(串行通信时使用波特率设置误差较小)，则 1 个机器周期为 1 .085μs。任何指令的执行都要占用一定的机器周期，因此可以通过控制某些指令循环执行次数，来达到期望的延时时间。

【例 4.20】　系统使用 12MHz 晶振，编写子程序实现 1ms 延时。延时子程序不需要入口参数，也没有返回参数。

解答：

实现子程序如下：

```
DELAY:  MOV     R4,#249 ;循环体外指令,1μs
D1:     NOP             ;1μs
        NOP             ;1μs
        DJNZ    R4, D1  ;2μs
        NOP             ;循环体外指令,1μs
        RET             ;循环体外指令,2μs
```

分析上述延时子程序。循环体内有 2 条 NOP 指令和 1 条 DJNZ 指令，循环体执行一次需要 4μs，而循环次数为 249 次，所以循环体总的执行时间为 $4 \times 249=996$μs。循环体外，MOV 指令、NOP 指令及 RET 指令各执行一次，所以循环体外指令执行时间总共为 4μs。该延时子程序总的延迟时间为 $996+4=1000$μs，即 1ms。

若延迟时间需要更长一些，可以采用循环嵌套方法。

【例 4.21】　系统使用 12MHz 晶振，编写子程序实现 5ms 延时。

解答：

实现子程序如下：

```
DELAY:  MOV     R5,#5       ;循环体外指令,1μs
D0:     MOV     R4,#249     ;1μs
D1:     NOP                 ;1μs
        NOP                 ;1μs
        DJNZ    R4,D1       ;2μs,内层循环总延时 4×249=996μs
        DJNZ    R5,D0       ;2μs,外层循环总延时(1+996+2)×5
                             =4995μs
        NOP                 ;循环体外指令, 1μs
        NOP                 ;循环体外指令, 1μs
        RET                 ;循环体外指令, 2μs
```

分析上述延时子程序。使用两层循环嵌套，循环体总的延时时间为4995μs，加上循环体外 4 条指令执行需 5μs，延时子程序总的延迟时间为5ms。

应当注意，上面两个延时子程序为了达到精确延时，都在循环体外使用若干NOP 指令，以弥补延迟时间的不足。

4.5 Keil μVision 及 Proteus 使用指南

4.5.1 Keil μVision 使用入门

μVision 集成开发环境是 Keil Software 公司的产品，它集项目管理、代码编写、编译(或汇编)、仿真调试等功能于一体，适合个人开发或人数少、对开发过程管理还不成熟的开发团体。它支持全球几十个公司数百种嵌入式处理器(51 系列各种单片机，非 51 系列单片机及 ARM 处理器等)，支持汇编程序的开发，也支持 C 语言程序的开发。这一功能强大的开发平台提供简单易用的操作界面，可让开发者在开发过程中将精力集中于项目本身，加快开发进度。目前常用的版本是 μVision3，较新的版本是 μVision4。下面以 μVision4 版本为例介绍软件的使用流程。

1. 建立 Keil 工程

安装好 Keil μVision 软件后，可以通过桌面双击 μVision 图标或选择“开始”菜单的“程序组”下的 μVision 启动项启动软件，操作界面如图 4.6 所示。

不管采用汇编语言还是 C 语言设计，μVision 都是以工程的方式来管理整个设计项目。除源文件及工程文件外，在项目设计过程中还会产生许多与工程相关的文件(HEX 下载文件等)。因此，必须为所设计的项目预先建立一个工程目录。

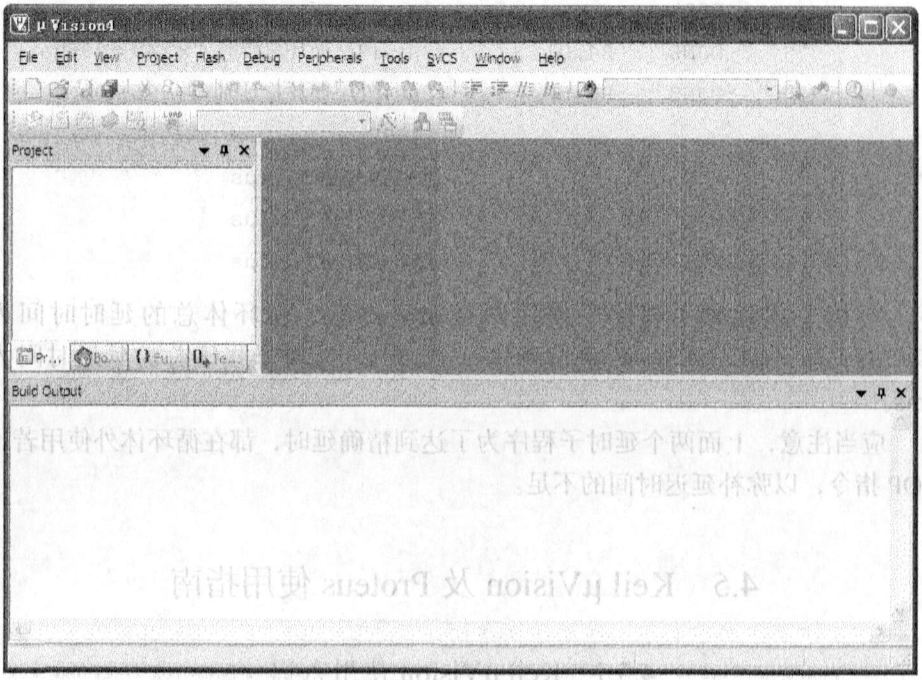

图 4.6 μVision4 程序界面

点击“Project”菜单，选择“New μVision Project…”子菜单(图 4.7)，会弹出“Create New Project”对话框(图 4.8)，选择预先建立好的工程目录路径，输入工程名(如 test1)，然后单击“保存”。

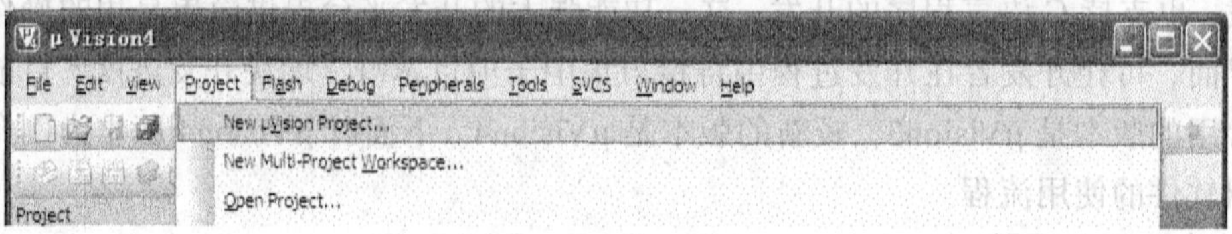

图 4.7 创建工程

随后会弹出选择单片机型号对话框(图 4.9)，从中选择 Atmel 公司的 AT89C51。接下来为工程添加设计所需的源程序文件。

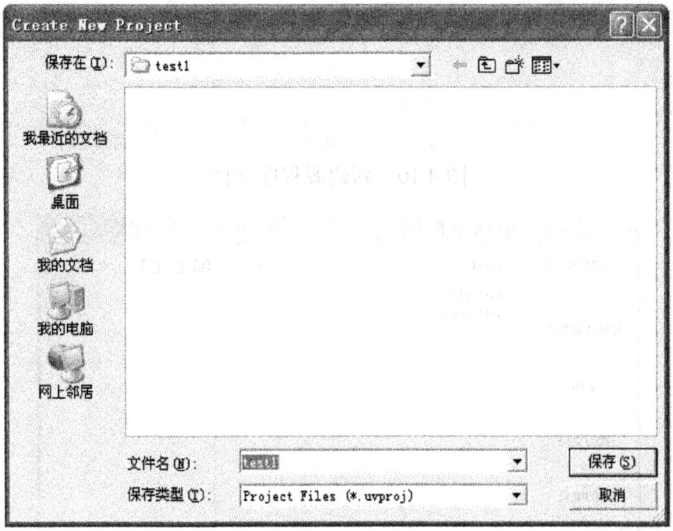

图 4.8　保存工程

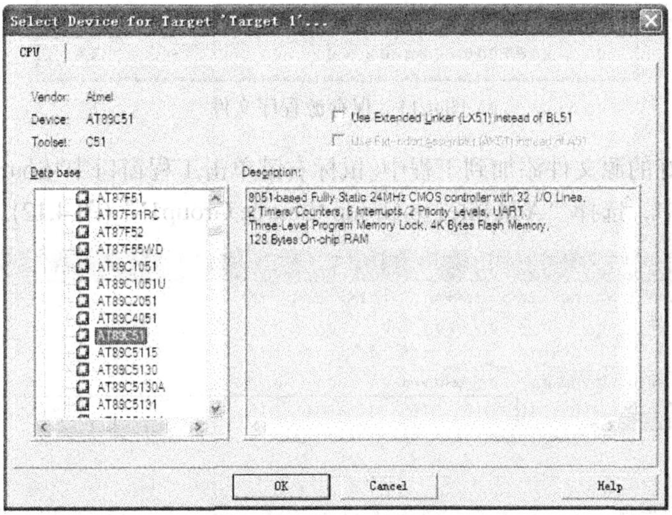

图 4.9　单片机型号选择

首先，新建一个源程序文件(如果源文件已经存在，则可忽略这一步)。选择菜单“File”下的“New...”子菜单(图 4.10)，会产生一个名为“Text*”的文件。在文件中输入源程序代码，可以是汇编语言形式，也可以是 C 语言形式。但在保存文件时需要特别注意，若源文件是汇编语言代码，则保存文件的扩展名为“*.asm”(图 4.11)；若源文件是 C 语言代码，则保存文件的扩展名为“*.c”。

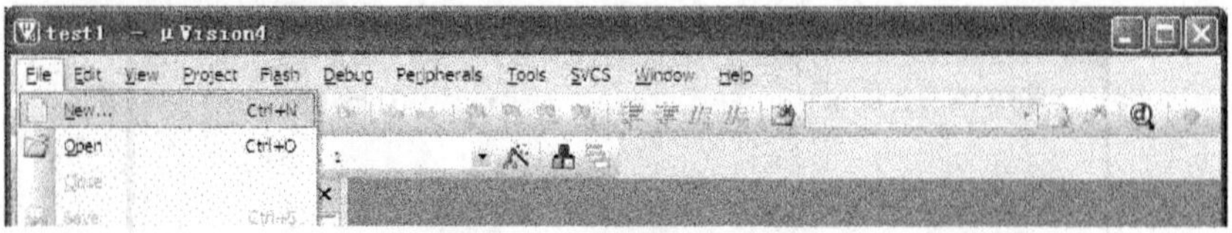

图 4.10　新建源程序文件

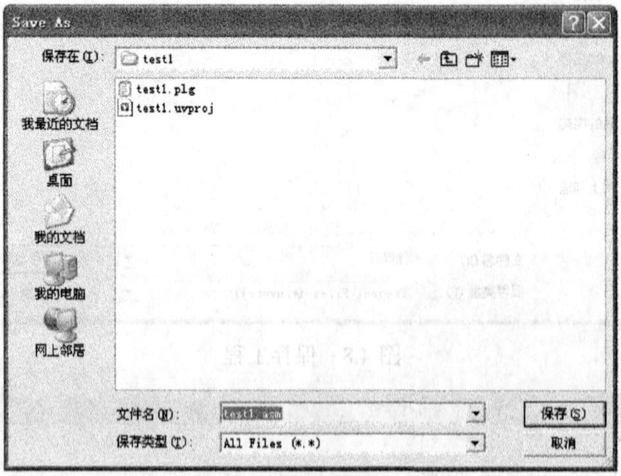

图 4.11　保存源程序文件

将新建好的源文件添加到工程中。鼠标右键单击工程窗口中“Source Group1”，在弹出菜单中，选择“Add Files to Group ‘Source Group1’”(图 4.12)。

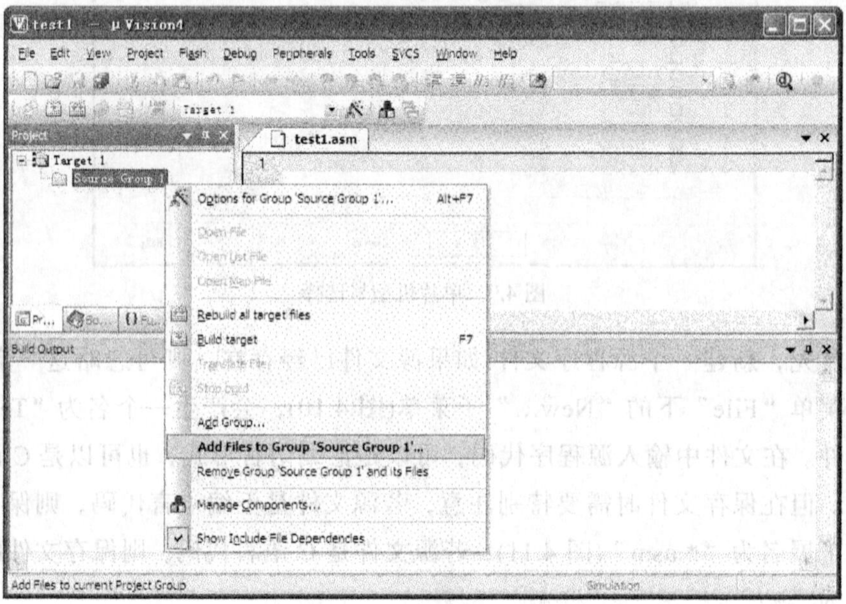

图 4.12　为工程添加源程序文件

弹出选择源文件对话框(图 4.13)，先选择合适的“文件类型”，再选定源文件，点击“Add”添加。一次可以添加多个文件。添加完成后，单击“Close”关闭对话框。至此，工程及源文件新建完毕。

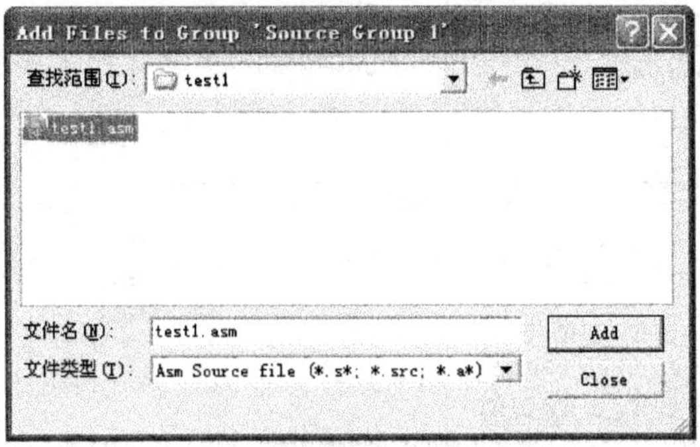

图 4.13 源文件选择对话框

2. 配置工程

在工程窗口中右键单击“Target1”，在弹出菜单中选择“Options for Target ‘Target1’”子菜单(图 4.14)，单击后弹出工程属性配置窗口(图 4.15)。其中，常用到的标签页有 Device、Target、Output 和 Debug。

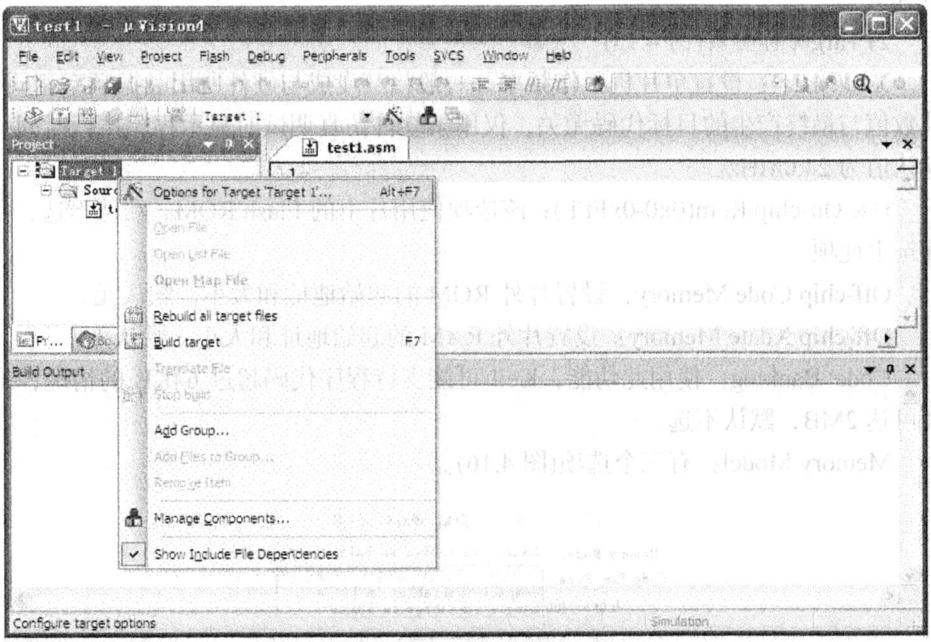

图 4.14 配置工程属性

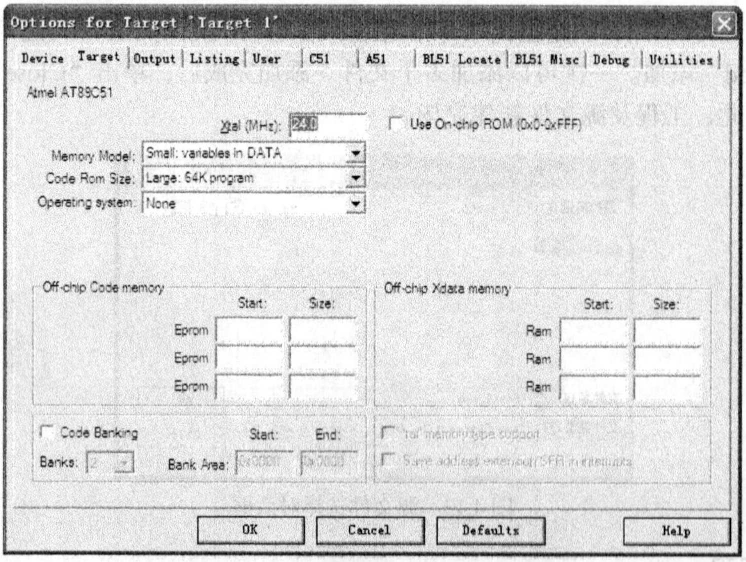

图 4.15　工程属性配置窗口(Target 标签页)

1) Device 标签页

该标签页用于选择器件型号，与工程新建中器件的选择类似，在此不再赘述。

2) Target 标签页(图 4.15)

Xtal(MHz)：设置单片机工作频率，一般将其设成与硬件所用晶振频率相同。其数值与最终产生的目标代码无关，仅用于软件仿真调试时显示程序执行时间。默认值为 24.0MHz。

Use On-chip Rom(0x0-0xFFF)：该选项使用片上的 Flash ROM，默认不选，在此选上此项。

Off-chip Code Memory：设置片外 ROM 的起始地址和大小，默认无。

Off-chip Xdate Memory：设置片外 RAM 的起始地址和大小，默认无。

Code Banking：使用此功能，Keil 可能支持程序代码超过 64KB 的情况，最大可达 2MB，默认不选。

Memory Model：有三个选项(图 4.16)。

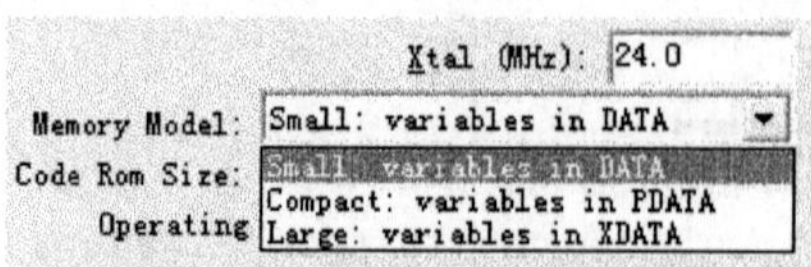

图 4.16　Memory Model 选项

(1) Small：变量存在片内 RAM 里。

(2) Compact：变量存在片外 RAM 里，使用 8 位间接寻址。

(3) Large：变量存在片外 RAM 里，使用 16 位间接寻址。

三种方式都支持片内 256 字节和片外 64KB 的 RAM，区别是变量的优先存放位置，默认选择 Small。

Code Rom Size：有三个选项(图 4.17)：

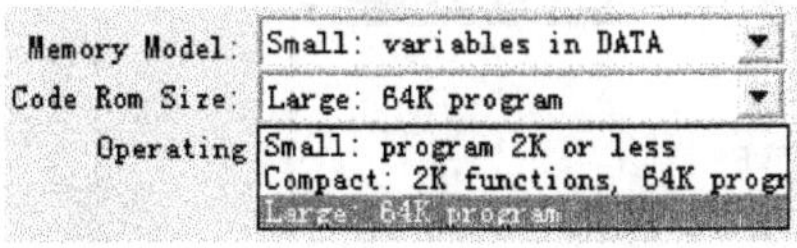

图 4.17　Code Rom Size 选项

(1) Small：每个程序最大为 2KB。

(2) Compact：子函数不超过 2KB，整个程序可到 64KB。

(3) Large：程序或子函数都可到 64KB。

默认选择 Large。

Operating：有三个选项(图 4.18)。

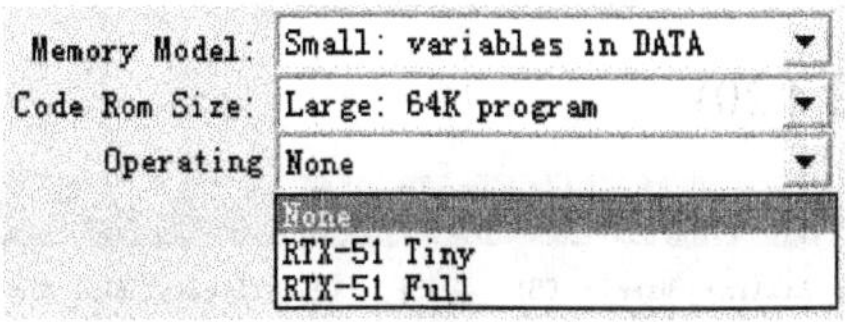

图 4.18　Operating 选项

(1) None：不使用操作系统。

(2) RTX-51 Tiny：使用 Tiny 操作系统。

(3) RTX-51 Full：使用 Full 操作系统。

Tiny 多任务操作系统使用定时器 0 来切换任务，效率很低。Full 需要用户使用片外 RAM，且需要单独购买运行库，不能直接使用，默认选择 None。

3) Output 标签页(图 4.19)

Select Folder for Objects：设置编译后目标文件的输出路径，默认为工程文件目录。

Name of Executable：目标文件的名称，默认与工程名一致。

Create Executable：生成 OMF 及 HEX 文件。OMF 文件与工程同名但没有扩展名。

Create HEX File：生成 HEX 文件，默认未选。若进行 Proteus 仿真或烧写硬件实验，需要 HEX 文件，因此该项通常选中。

Create Library：生成 LIB 库文件，默认不选。

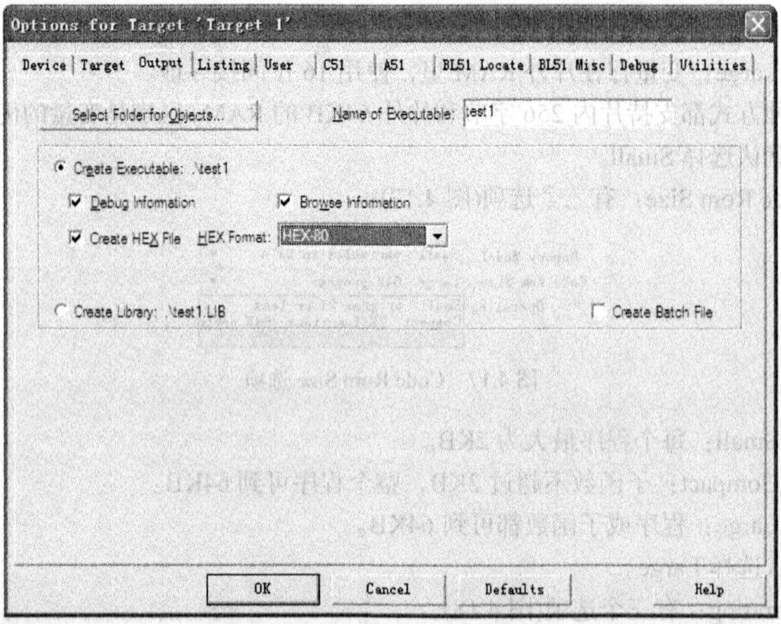

图 4.19　Output 标签页

4) Debug 标签页(图 4.20)

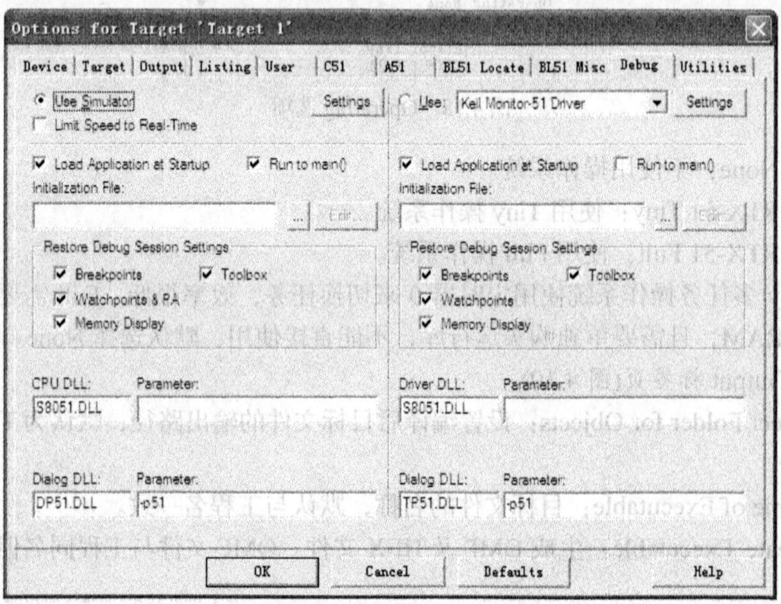

图 4.20　Debug 标签页

Use Simulator：使用 Keil 内置仿真器，该项是默认选项。

Use：设置硬件仿真器，默认选项是 Keil Monitor-51 Driver。

Load Application at Startup：在启动时直接装载程序，默认选择。

Run to Main( )：装载后直接运行到 Main 函数，建议选择。

若选择硬件仿真器，需要通过“Settings”按键设置硬件设备连接的端口及波特率。通常设置端口为 COM1 口，波特率为 9600。

上面介绍的工程配置内容较多。但对于一般的设计项目，通常只需要设置 Target 标签页的 Xtal(MHz)内容、选择 Output 标签页的 Create HEX File 项、选择 Debug 标签页的 Use Simulator 项，其他内容都使用系统默认设置。

3. 编译工程

工程配置完成后，可以对工程进行编译、连接。选择“Project”菜单下的“Build target”子菜单，可以对工程进行连接；若当前文件有改动，软件会对文件先进行编译，再连接生成目标代码。如果选择“Rebuild All Target Files”子菜单，会对工程中的所有文件进行重新编译再连接，确保最终生成的目标代码是最新的。“Translate...”子菜单只会对当前文件进行编译，而不进行连接。需要编译工程时，通常选择“Rebuild All Target Files”菜单。

上述操作也可以通过快捷按键进行(图 4.21)。工具条按钮从左至右，功能分别是：编译当前文件(Translate)、编译连接(Build)、全部重建(Rebuild)、批量文件编译(Batch Build...)、停止编译(Stop Build)、程序下载(Download)、工程配置(Target Options)。

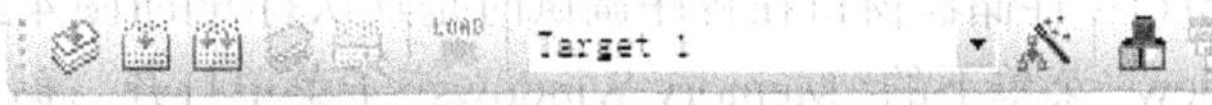

图 4.21　编译、连接、项目设置工具条

编译过程中的信息将出现在“Build Output”窗口(图 4.22)。若有错误报告出现，双击该行即可定位到源程序出错的位置，修改后再重新编译。图 4.22 为显示工程正确编译后的结果。同时可以看到工程生成 HEX 文件，该文件可用于单片机烧写及 Proteus 仿真等。工程编译还生成其他一些相关文件，用于 Keil 的仿真与调试。

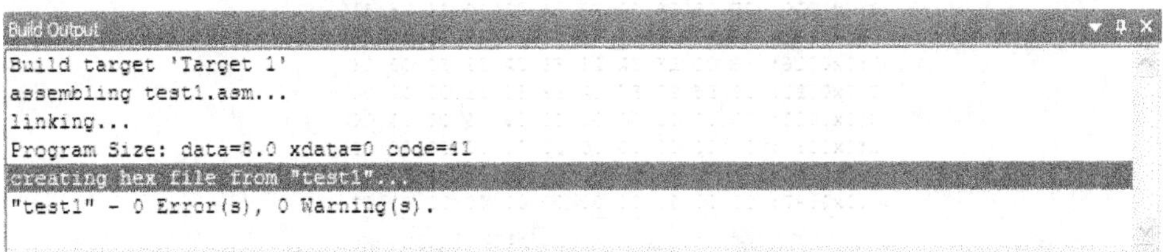

图 4.22　编译、连接后信息

4. 仿真调试

编译通过后，只能说明工程不存在语法上的错误，而设计功能是否达到要求，必须通过仿真调试才能检测到。

工程编译连接后，可按“Ctrl+F5”或选择“Debug”菜单下的“Start/Stop Debug Session”子菜单进入调试状态。在调试状态下可选择“Debug”下的“Run”菜单(或按 F5 键)进行全速运行，也可以选择“Debug”下的“Step”菜单(或按 F11 键)进行单步运行。

全速运行是指程序从开始连续执行到结束，中间不停止，可以观察到程序执行的总体效果(最终结果是正确还是错误)，但无法观察到程序执行的过程。若程序有错，难以确定出错在哪些程序运行。单步运行是指每次执行一行程序，执行完该行程序即停止，等待命令执行下一行。这种方式可以观察到每行程序执行后的效果，以便找到程序中存在的问题。

实际应用时，应当合理使用这两种调试方式，以便达到最佳的调试效果。另外，调试过程中，需要对存储器、寄存器及外围接口的数据进行观察，以便确定程序设计功能是否正确。

1) 程序调试窗口

Keil μVision 软件在调试时提供多个窗口，以观察存储器、寄存器等对象的数据变化。其中，常用的包括存储器窗口、工程窗口寄存页、观察窗口及外围接口窗口等。

(1) 存储器窗口。存储器窗口在程序调试时是默认打开的(图 4.23)。若没有出现，可以选择“View”菜单下的“Memory Windows”子菜单打开。通过在“Address”文本框输入“字母：数字”可以显示相应存储单元的值。其中，字母可以是“C”、“D”、“X”，分别代表 ROM 空间、片内 RAM 空间和片外 RAM 空间。例如，输入“C：0”可以显示 ROM 从 0 单元开始的值，即程序的二进制代码；输入“D：30H”可以显示片内 RAM 从 30H 单元开始的值。

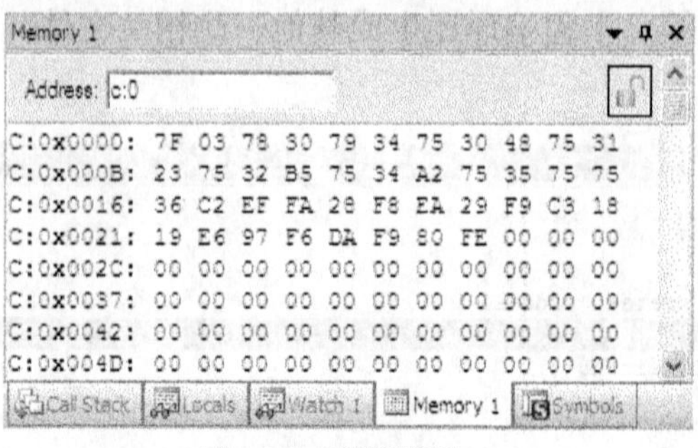

图 4.23 存储器窗口

鼠标右键单击窗口中数据，弹出的菜单项可以改变数据显示的方式及修改某个存储器单元的值。选中“Decimal”项，数据以十进制方式显示，否则按默认的十六进制显示。“Unsigned”和“Signed”项后分别有四个选项，“Char”、“Int”、“Short”、“Long”，分别表示以单字节、双字节整型、双字节短整型和四字节长整型方式显示数据。“ASCII”表示以字符型方式显示数据，“Float”表示以 4 字节浮点数形式显示数据，“Double”表示以 8 字节双精度形式显示数据。“Modify Memory at X:xx”项可以用于修改所选存储器单元的值。

(2) 工程窗口寄存器页。进入调试状态后，工程窗口默认切换到寄存器页(图 4.24)。若没有显示寄存器页，可通过工程窗口下的标签进行切换。

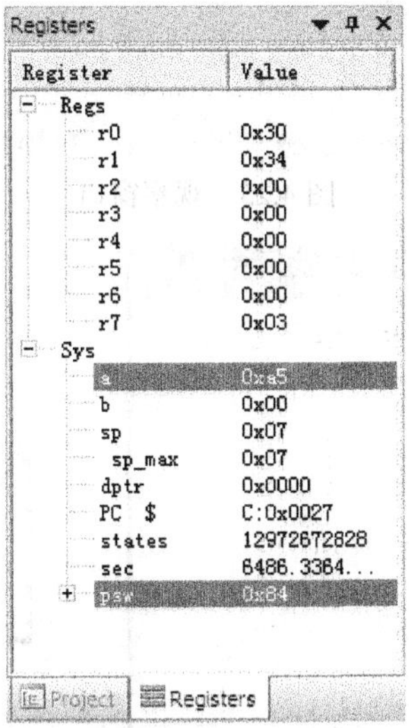

图 4.24　工程窗口寄存器页

该窗口可以观察工程寄存器组 R0~R7，系统寄存器 A、B、DPTR、SP 等在程序运行时实时变化的情况。鼠标单击选中某个寄存器后，使用“F2”键可以修改其内容。当然，有些寄存器的内容是不能修改的，如 states、sec 等。

(3) 观察窗口。观察窗口也是默认打开的(图 4.25)。若没有出现，可以通过“View”菜单下的“Watch Windows”子菜单打开。工程窗口的寄存器页只能观察到工作寄存器组和有限的寄存器(A、B、DPTR 等)，若想观察其他寄存器的值或高级语言程序时(C 语言)某些变量的值，则必须使用观察窗口。在窗口中，单击“F2”键，输入待观察的寄存器名或变量名。

(4) 外围接口窗口。Keil 提供了一些外围接口对话框，能直观观察单片机中定时器、中断、并行端口及串行口等常用外设的工作情况。

“Peripherals”菜单下的“Interrupt”子菜单可以打开中断系统窗口[图

4.26(a)]，“I/O-Ports”子菜单可以打开并行 I/O 口窗口[图 4.26(b)]，“Serial”子菜单可以打开串行口窗口[图 4.26(c)]，“Timer”子菜单可以打开定时/计数器窗口[图 4.26(d)]。

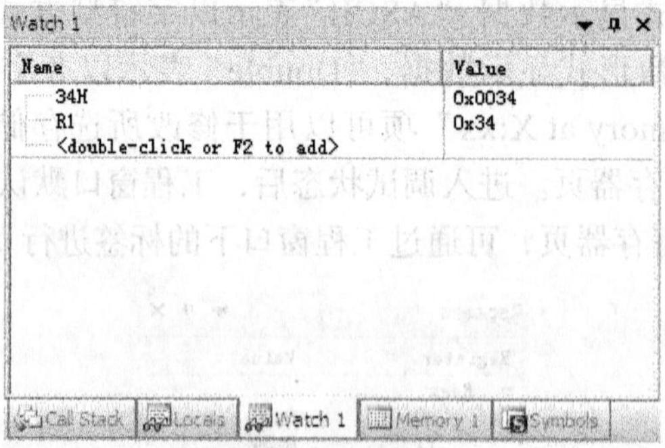

图 4.25　观察窗口

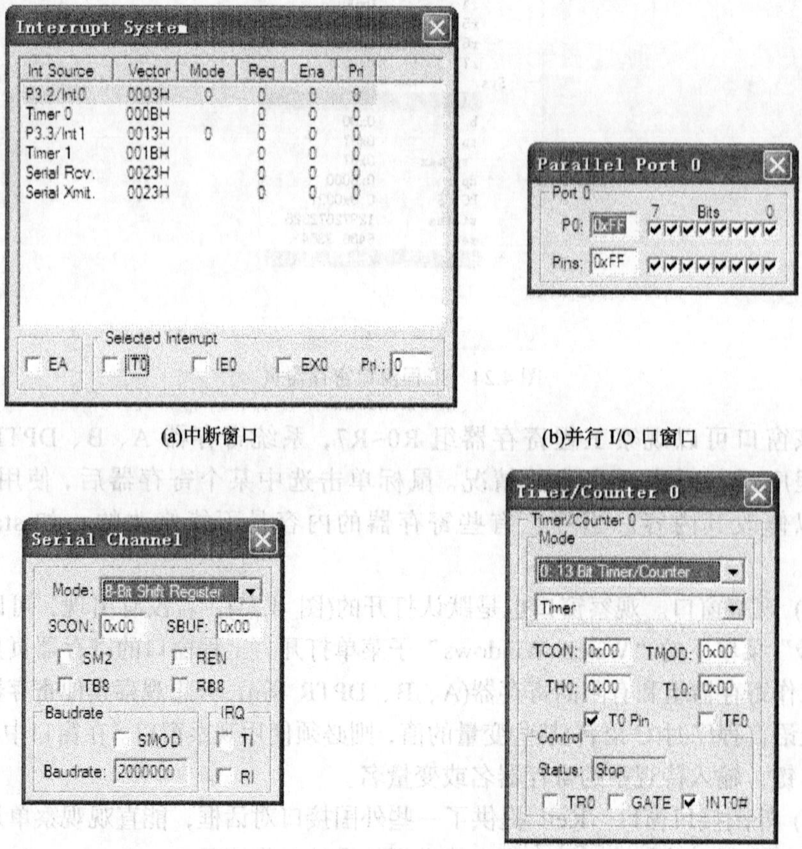

(a)中断窗口　　(b)并行 I/O 口窗口

(c)串行口窗口　　(d)定时/计数器窗口

图 4.26　外设接口

这些窗口给出外围设备当前的使用情况、各标志位的状态，可以通过这些窗口直观观察和修改各外围设备的运行情况。另外，“View”菜单下的“Serial Windows”子菜单可以打开串行口虚拟终端，以方便串行口通信调试。

2) 在线汇编

调试过程中发现有错，可以对程序进行修改，但不能编译，必须退出调试环境才能编译，然后再进入调试。这样使得程序调试变得繁琐，因此，Keil 软件提供在线汇编能力。

把光标停在待修改的程序行上，选择“Debug”菜单下的“Inline Assembly...”子菜单，出现在线汇编窗口(图 4.27)。在“Enter New Instruction”文本框输入修改后的语句，回车将自动指向下一语句，可以继续修改。单击右上角的关闭按钮可以退出在线汇编。再次全速(或单步)运行程序时，将按照修改后的内容执行。

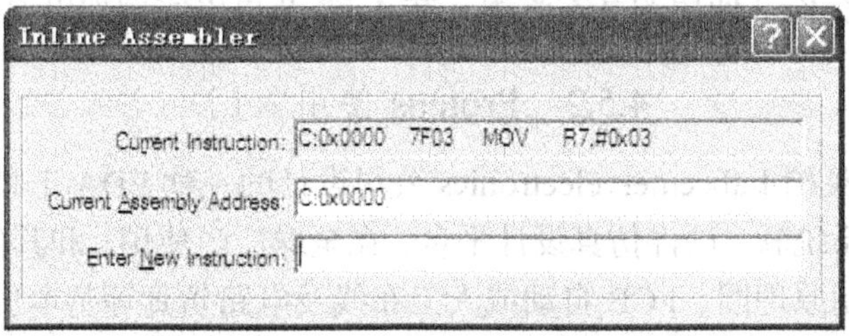

图 4.27　在线汇编窗口

3) 断点设置

调试时，为了更好地观察调试结果，且希望程序能按照一定的条件执行，这时需要使用断点设置。

设置断点的方法很多，通常是在某程序行设置断点。程序全速运行时，会在设置有断点的程序行停止，此时可以观察相关寄存器和变量的值。程序设置／移除断点的方法是将光标定位于需要设置断点的程序行，使用“Debug”菜单下的“Insert/Remove Breakpoint”子菜单设置或移除断点(也可以直接双击该程序行实现)；“Enable/Disable Breakpoint”子菜单用于开启或暂停光标所在程序行的断点功能；“Disable All Breakpoints”子菜单用于暂停所有断点功能；“Kill All Breakpoints”子菜单用于清除所有断点设置。

此外，Keil 还提供条件断点设置。使用“Debug”菜单下的“Breakpoints...”子菜单可以打开条件断点设置窗口(图 4.28)。“Expression”文本框可以输入产生断点的条件表达式，而“Count”用于设置该条件满足的次数。“Command”文本框用于设置满足该条件时信息窗口输出的信息。“‘P1==3’，count=2”表示在第二次“P1==3”时程序产生中断。

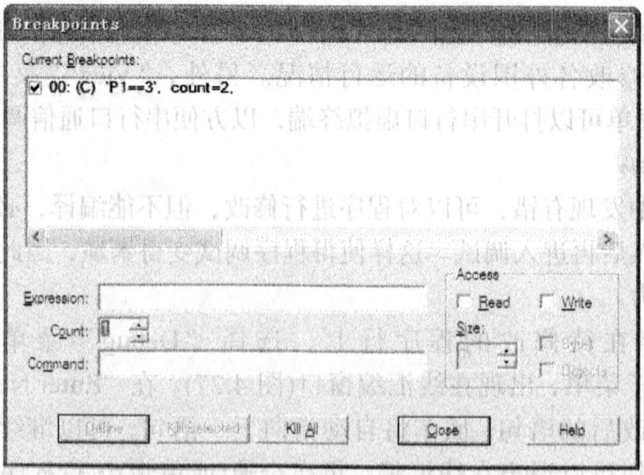

图 4.28　条件断点设置窗口

以上给出了 Keil 使用的基本流程，在 4.5.3 节再以实例加以说明。

4.5.2　Proteus 使用入门

Proteus 是英国 Labcenter electronics 公司设计的一款 EDA 工具软件，是一个完整的嵌入式系统软、硬件仿真设计平台，在全球广泛使用。和其他 EDA 工具一样，它具备绘制原理图、PCB 自动或人工布线及电路仿真等基本功能。此外，其最具特点的功能是：它的电路仿真是互动的，对微处理器的应用，使用户可以直接在基于原理图的虚拟原型上编程，并实现软件源码级的实时调试，如有显示及输出，还能在看到运行后进行输入输出。配合系统配置的虚拟仪器(示波器、逻辑分析仪等)，Proteus 为用户建立了完备的电子设计开发环境。

Proteus 包括易用且功能强大的 ISIS 原理绘制工具、PROSPICE 混合模型 SPICE 仿真器、ARES 印刷电路板(PCB)设计工具及 Proteus VSM 处理器虚拟系统仿真器。Proteus VSM 是 PROSPICE 仿真器的一个扩展，是包括所有相关器件的基于微处理器设计的协同仿真器。此外，还可以结合微处理器软件使用动态的键盘、开关、按钮、LED 甚至 LCD 显示等。

Proteus VSM 支持许多通用的微处理器，如 PIC、AVR、HC11 以及 8051 等；能使用丰富的交互式仿真模型，如 LED、LCD、RS232 终端、通用键盘等；具备强大的调试功能，如断点调试、单步调试、寄存器及存储器数据观察等；支持 Keil μVision 源码程序调试。

使用 Proteus 仿真的基础是正确绘制原理图并进行合理的参数设置，绘制原理图需要使用 ISIS 原理图绘制工具。下面以一个 8051 单片机为例介绍 Proteus 软件的快速使用方法。

1. 原理图绘制

(1) 从开始菜单或桌面快捷方式启动 ISIS 原理图绘制工具，会以默认模板打开一个设计文档(图 4.29)。也可以新建一个新的设计文档，选择“File”菜单下的“New Design…”子菜单弹出“Create New Design”对话框(图 4.30)，从中选择设计文档模板。

(2) 选择一个合适模板(此例选择“Landscape A4”)，单击“OK”建立新文档，然后保存设计文档(“mydesign.DSN”)。

(3) 选择“Library”菜单下的“Pick Device/Symbol…”子菜单，打开“Pick Devices”对话框(图 4.31)，从中选取设计所需的元件。

在“Pick Devices”对话框中，“Category”栏列出所有的元件类别，当选中某个元件类别后(“Microprocessor ICs”)，在“Sub-category”栏中将显示该类别的所有元件子类，从中可以进一步作选择(“8051 Family”)，“Results(*)”栏将显示符合条件的所有元件及数目，从中找到需要的某个元件(“AT89C51”)。

“Manufacturer”栏显示元件生成厂商分类；“* Preview”显示所选元件的原理图符号；“PCB Preview”显示所选元件的 PCB 封装及封装名。

如果对元件十分熟悉，也可以直接在“Keywords”栏输入关键字，快速定位元件。

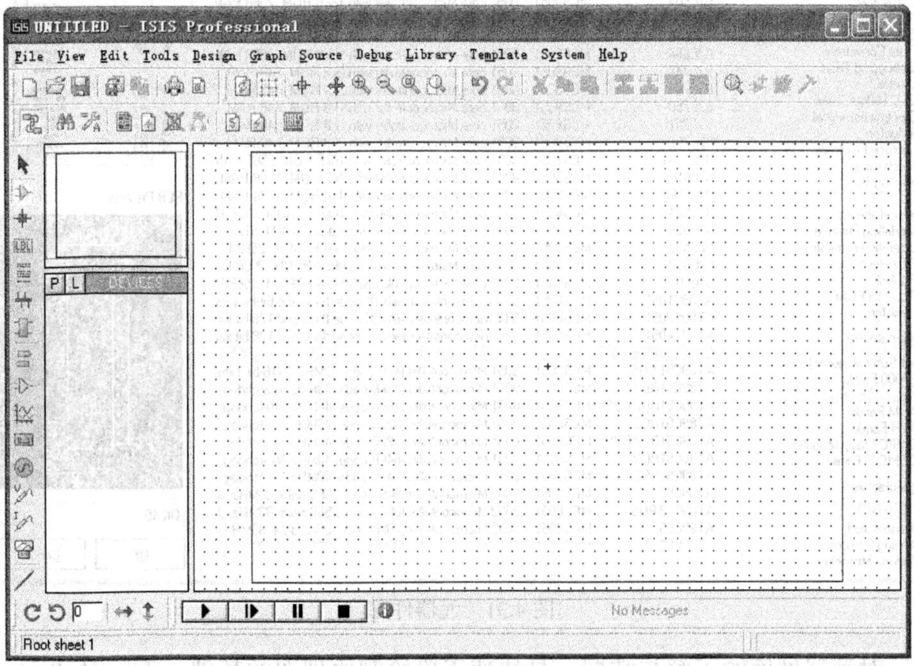

图 4.29 原理图编辑界面

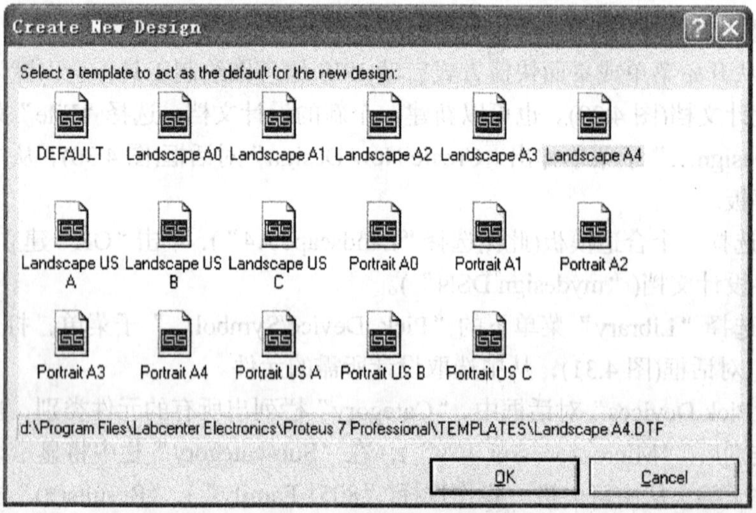

图 4.30 创建新文档对话框

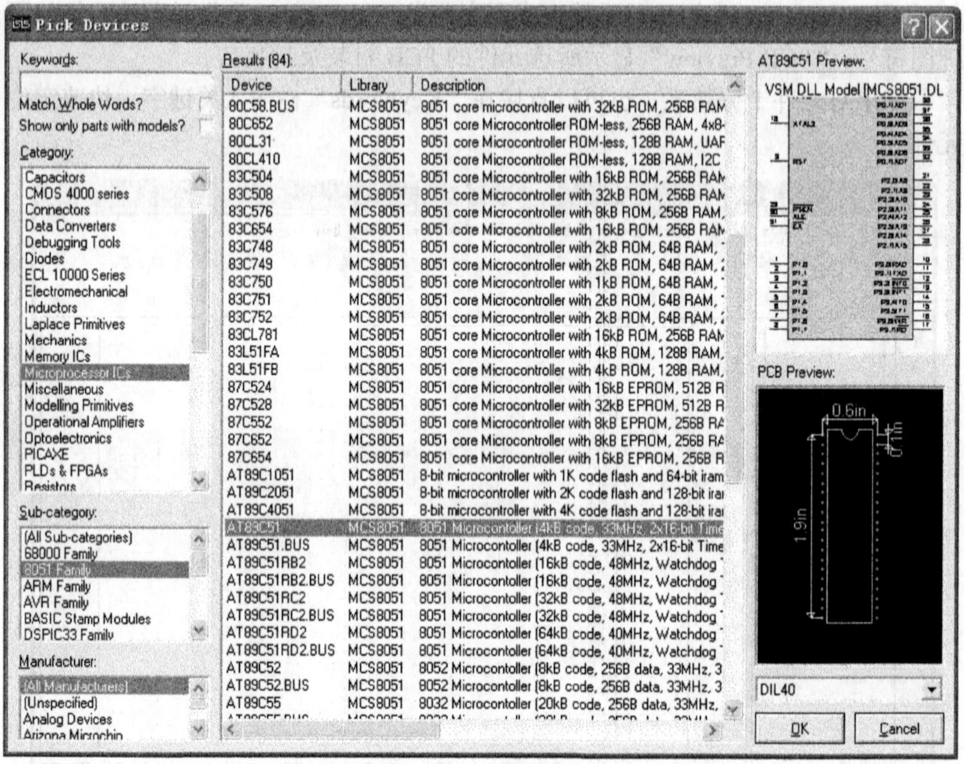

图 4.31 元器件库

对元器件库的了解与掌握，是快速正确绘制原理图的基础。下面对 Proteus 主要元器件库作简单说明。

(a) Analog ICs(模拟集成电路)库：主要是放大器(Amplifiers)、比较器(Comparators)、显示驱动电路(Display Drivers)、滤波器(Filters)、多路复用器(Multiplexers)、稳压器(Regulators)、555 定时器(Timers)、参考电压源(Voltage References)等器件。

(b) Capacitors(电容元件)库：主要包括各式各样、功能不同的电容器，可变的、不同材料的等，根据需要选择不同型号的电容。

(c) CMOS 4000 Series 库：包括各种功能的数字集成电路，主要有加法器(Adders)、缓冲驱动电路(Buffers & Drivers)、比较器(Comparators)、计数器(Counters)、解码(Decoders)、编码器(Encoders)、触发器及锁存器(Flip-flops & Latches)、分频/计数器(Frequency Dividers & Timers)、逻辑门电路(Gates & Inverters)、存储器(Memory)、多路复用器(Multiplexers)、多谐振荡器(Multivibrators)锁相环(Phase-Locked-Loops)、寄存器(Registers)、信号开关(Signal Switches)等。

(d) Connectors 库：主要是一些端口连接器。

(e) Data Converters 库：包括 A/D、D/A 数-模转换电路、采样-保持电路(Sample & Hold)，光传感器(Light Sensors)、温度传感器(Temperature Sensors)等。

(f) Debugging Tools 库：包含一些调试工具，如断点设置、逻辑激励及探测工具等。

(g) Diodes(二极管)库：包括整流桥、整流二极管、肖特基二极管、开关二极管、隧道二极管、变容二极管及交纳二极管等。

(h) Electromechanical 库：包括用于仿真的各种电机，如直流电机、步进电机、伺服电机及 PWM 控制电路等。

(i) Inductors 库：包括各类型的电感和变压器线圈等。

(j) Memory ICs 库：包括各种类型串行的、并行的存储器集成电路。

(k) Microprocessor ICs(微处理器)库：包括大部分常见的微处理器，如 PIC、AVR、HC11、8051 及 ARM 等。

(l) Miscellaneous 库：混杂器件库，包括硬盘驱动器模型、电池组、晶振、保险丝及交通灯等。

(m) Modeling Primitives 库：模型化仿真基本元件库，该库元件具备仿真模型，但没有 PCB 封装，只用于仿真设计，包括各类常见的模拟和数字器件。

(n) Operational Amplifiers 库：各类型运算放大器，也包括专用于仿真的理想运放器。

(o) Optoelectronics 库：光电子显示器件库，包括 7 段数码管、字符型 LCD、绘图型 LCD、柱状显示器、点阵显示器、灯泡、发光二极管及光耦器件等。

(p) PLDs & FPGAs 库：AMD 公司的可编辑逻辑器件。

(q) Resistors(电阻)库：可以找到不同功率、材料及一些特殊性能的电阻。

(r) Simulator Primitives 库：包括一些简单的触发器、门电路及仿真激励源(电压源、电流源)。

(s) Speakers & Sounders 库：包括蜂鸣器、扬声器等器件。

(t) Switches & Relays 库：包括键盘、继电器及开关等器件。

(u) Switching Devices 库：各种单向、双向晶闸管。

(v) Transducers 库：包括压力、温度传感器。

(w) Transistors 库：包括双极性晶体管、单极性场效应管等。

(x) TTL 74XXX 库：各类标准 74 系列元件库，可参考 CMOS 4000 库内容。

以上只是对库类别的简单说明，必须通过软件的经常使用来熟悉这些元件库。

(4) 在“Pick Devices”窗口选中某个元件后(如 AT89C51)，单击“OK”按钮，元件会出现在软件界面左侧的“DEVICES”列表中(图 4.32)，再在“DEVICES”列表中选择具体器件，在绘图区域单击鼠标左键放置元件。

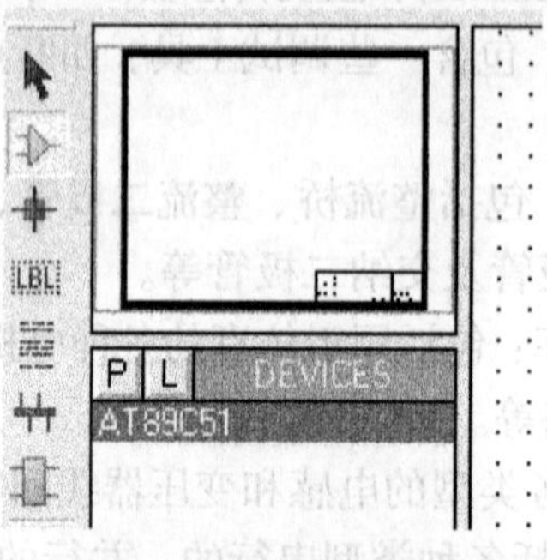

图 4.32　器件列表

按上述过程，根据电路设计需要放置其他元器件(图 4.33)。在放置元件过程中，可能需要调整元件的方向。可以使用左下角的　　　(旋转与翻转)工具栏实现。

(5) 在左侧工具栏中单击　图标，“DEVICES”列表中显示可用终端，从中选择“POWER”和“GROUND”项，添加电源终端和接地终端(图 4.34)。

(6) 将鼠标移至具有电气连接属性的点(元件引脚处)，鼠标会变成布线笔形状，进入连线状态，在需要的引脚间连线。Proteus 支持自动布线，分别单击两个引脚(不管这两个引脚在何处)，两个引脚间会自动添加连线。根据电路设计需要完成元件间的电气连接(图 4.35)。

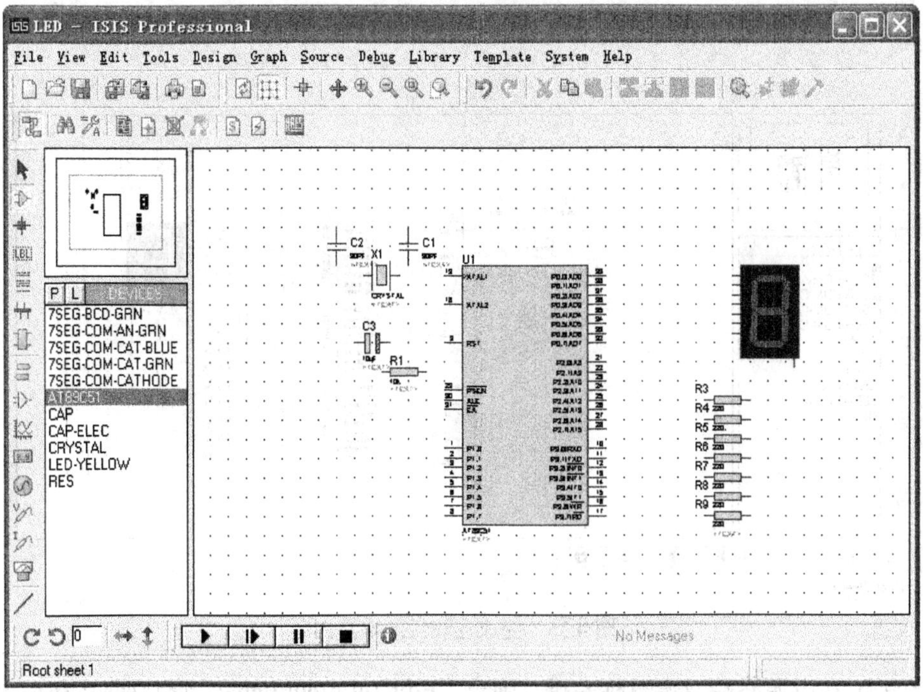

图 4.33　放置元件

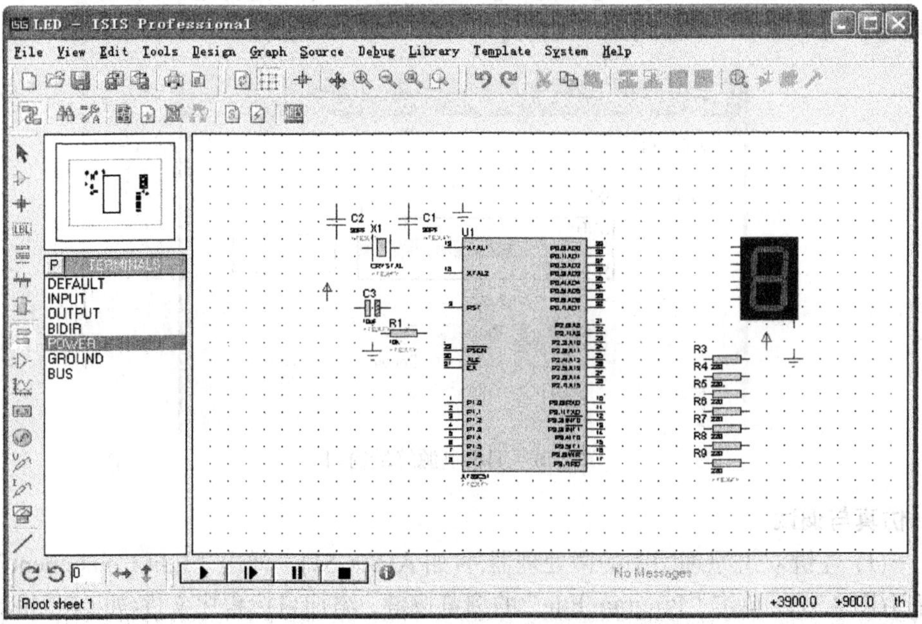

图 4.34　添加电源和地

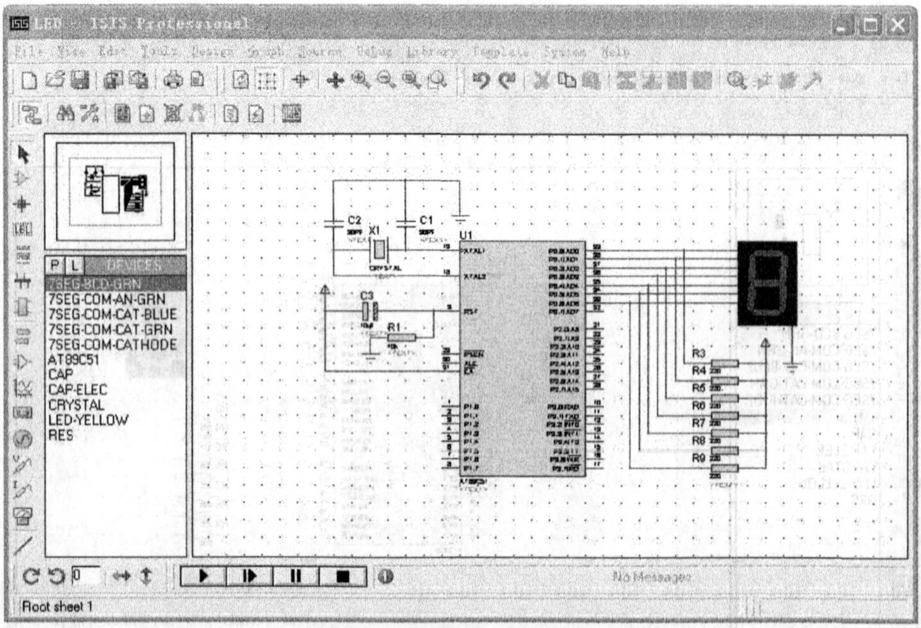

图 4.35 完成连线后的电路图

(7) 在电源终端双击鼠标左键，弹出“Edit Terminal Label”窗口(图 4.36)。可以在文本框中直接输入电源电压值，也可以在下拉菜单中选择电源类型，如“VCC”等。其中，“VCC”默认为+5V 电源，“VEE”为 5V 电源。

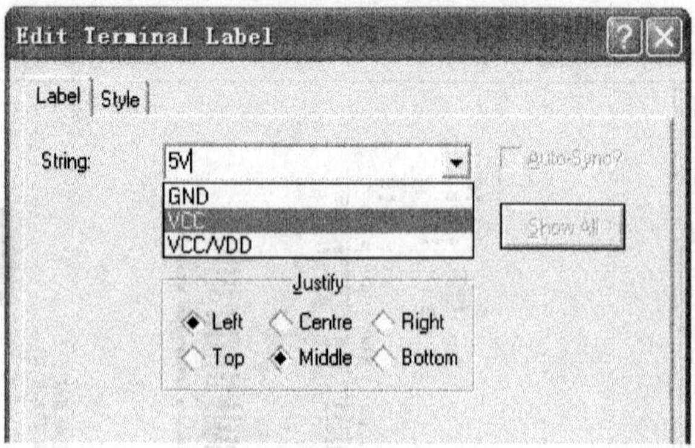

图 4.36 编辑电源终端窗口

2. 仿真与调试

(1) 左键双击原理图中的微处理器件(如 AT89C51)，弹出“Edit Component”窗口(图 4.37)，单击“Program File”的浏览按键，添加目标程序文件(如 LED.hex，该文件是由源程序在 Keil 中编译连接生成的)，设置“Clock Frequency”时钟频率(如 12MHz)，单击“OK”完成设置。

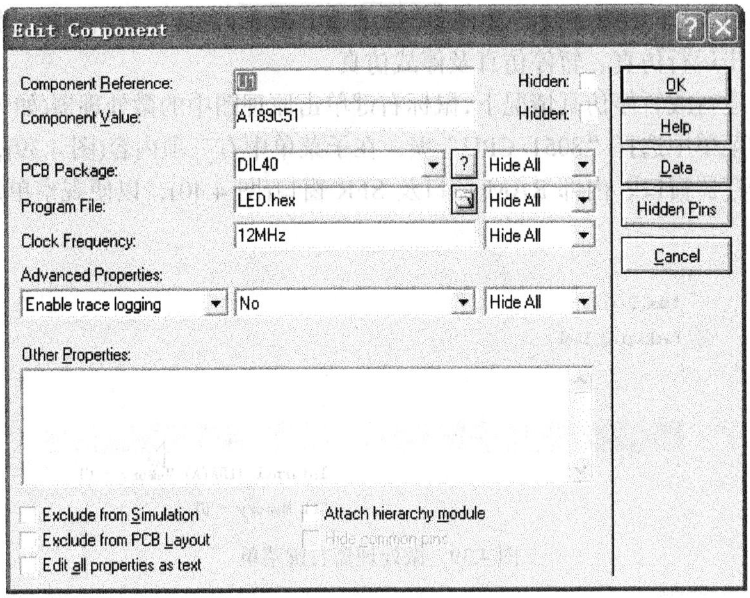

图 4.37　编辑元件窗口

(2) 单击 ISIS 编辑环境下方的▶按钮启动仿真(图 4.38)，本例可以观察 0~9 的循环计数过程。

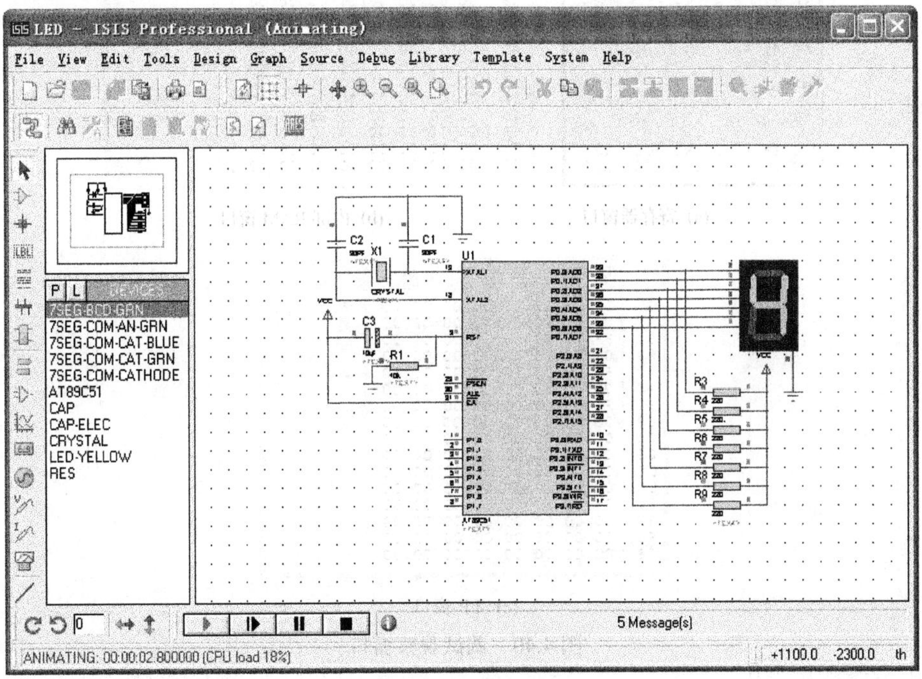

图 4.38　仿真结果

在编辑窗口下方有仿真工具条，从左至右功能分别为启动仿真、单步运行仿真、暂停仿真及停战仿真。

单步运行或暂停仿真情况下，鼠标右键单击原理图中的微处理器(如 AT8951)，在弹出的菜单中选择“8051 CPU”项，在子菜单中有三项内容(图 4.39)，分别可以打开寄存器窗口、内部 RAM 窗口及 SFR 窗口(图 4.40)，以便观察单片机内部运行状态。

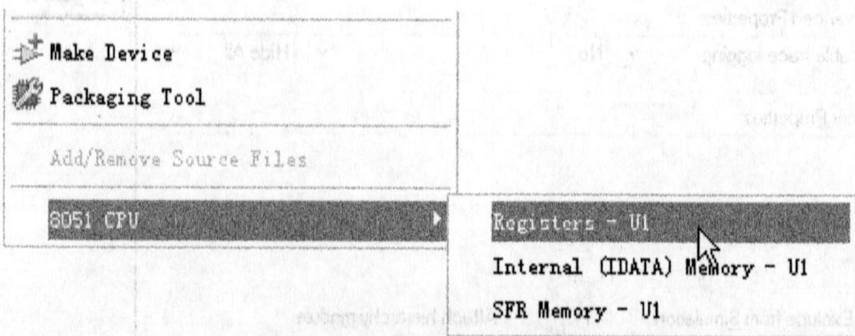

图 4.39　微处理器右键菜单

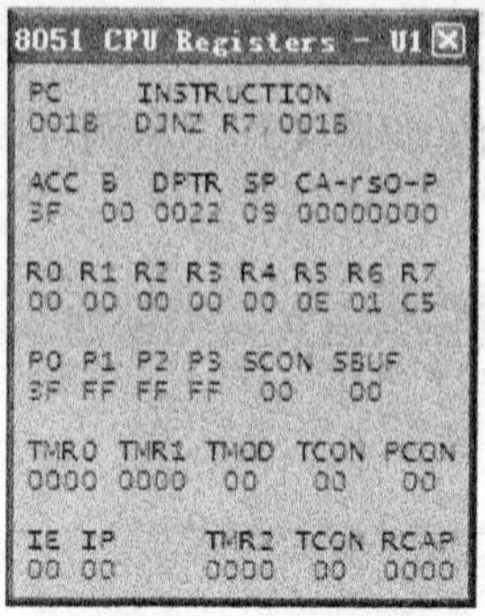

(a) 寄存器窗口

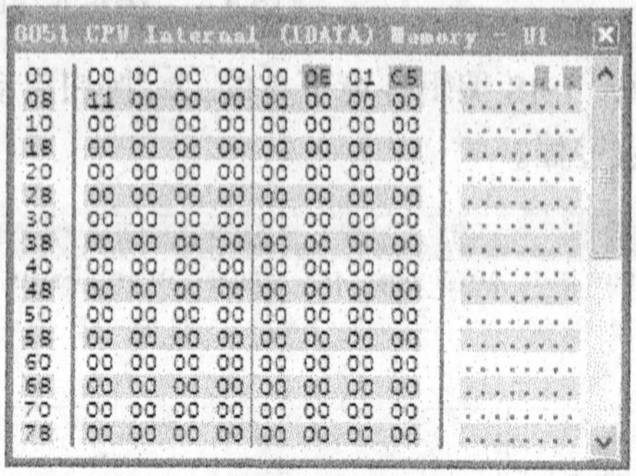

(b) 内部 RAM 窗口

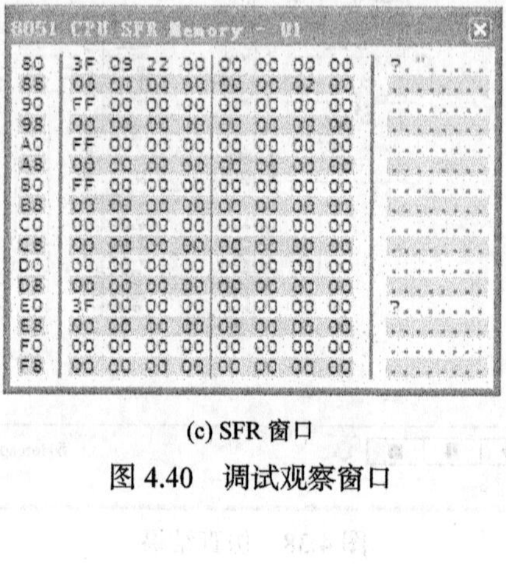

(c) SFR 窗口

图 4.40　调试观察窗口

4.5.3　应用举例

下面以数据排序为例总结 Keil 及 Proteus 软件的使用方法。

1. 程序设计

【例 4.22】 有 10 个数，存放在内部 RAM 50H 开始单元，试用冒泡法将数据由小到大排序。

解答：

算法思路是将一个数与后面的每个数进行比较，如果比后面的数大，则交换，如此操作将所有的数都比较一遍，最大的数就在序列的最后面；再取第二个数，进行下一轮比较，找到第二大数据，如此循环下去，直到全部数据比较完成。数据排序流程如图 4.41 所示。

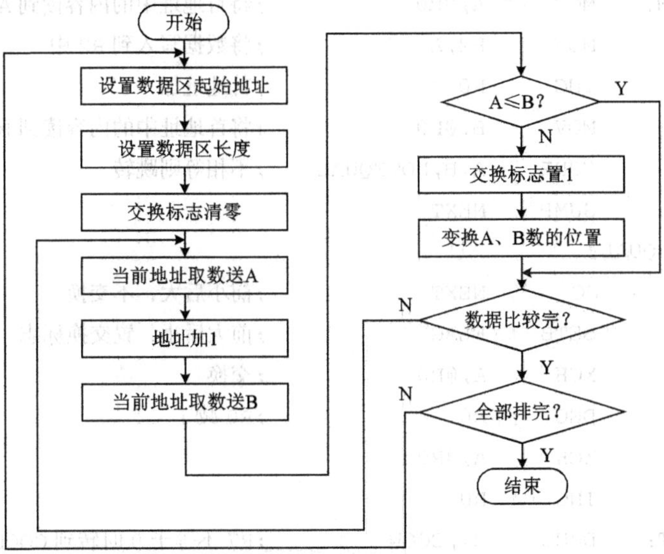

图 4.41　数据排序流程图

实现程序如下：

```
        ORG     0000H
SIZE    EQU     10                  ;数据个数
ARRAY   EQU     50H                 ;数据起始地址
FLAG    BIT     00H                 ;交换标志
        LJMP    MAIN
        ORG     0100H
MAIN:   MOV     50H,#05H            ;数据区域初始化
        MOV     51H,#23H
```

```
        MOV     52H,#0B5H
        MOV     53H,#19H
        MOV     54H,#87H
        MOV     55H,#0A1H
        MOV     56H,#97H
        MOV     57H,#0C4H
        MOV     58H,#10H
        MOV     59H,#45H
SORT:   MOV     R0,#ARRAY           ;首地址输入到 R0
        MOV     R7,#SIZE-1          ;数据个数减 1 输入到 R7
        CLR     FLAG                ;交换标志置零
COON:   MOV     A,@R0               ;将首地址中的内容读到 A
        MOV     R2,A                ;将数据写入到 R2 中
        INC     R0                  ;首地址加“1”
        MOV     B,@R0               ;将首地址中的内容读到 B
        CJNE    A,B,NOTEQUAL        ;不相等则跳转
        SJMP    NEXT
NOTEQUAL:
        JC      NEXT                ;前小后大，不交换
        SETB    FLAG                ;前大后小，置交换标志
        XCH     A,@R0               ;交换
        DEC     R0                  ;R0 减 1
        XCH     A,@R0
        INC     R0
NEXT:   DJNZ    R7,COON             ;R7 不等于 0 时转到 COON(没有
                                    交换完)
        JB      FLAG,SORT           ;FLAG=1 时转到 SORT 使 FLAG 清零
        SJMP    $
        END
```

2. 在 Keil 中调试程序

下面给出 Keil 中调试步骤，具体过程可参见 4.5.1 节内容。

(1) 打开 Keil μVision4，新建 Keil 工程，选择单片机类型为 AT89C51。

(2) 新建汇编源文件(程序内容参见例 4.22，扩展名为“*.asm”)，保存并添加到“Source Group1”中。

(3) 工程窗口中右键单击“Target1”，弹出菜单中选择“Options for Target

'Target1'"子菜单，单击后弹出工程属性配置窗口，设置 Target 标签页的 Xtal(MHz) 为 12MHz、选中 Output 标签页的 Create HEX File 项、选择 Debug 标签页的 Use Simulator 项，其他采用系统默认设置。

(4) 选择"Project"菜单下的"Build target"子菜单，对工程进行编译连接，如有错修改后需重新编译。

(5) 选择"Debug"菜单下的"Start/Stop Debug Session"子菜单进入调试环境，在"Memory1"窗口的"Address"栏输入"D：50H"，观察从 50H 单元开始的内部数据存储空间数据；按"F11"键，单步调试程序，观察 50H~59H 单元数据初始化的过程及数据排序过程，同时观察工程窗口中各寄存器值的变化。

图 4.42 和图 4.43 分别为数据区域初始化结果和完成排序后的结果。

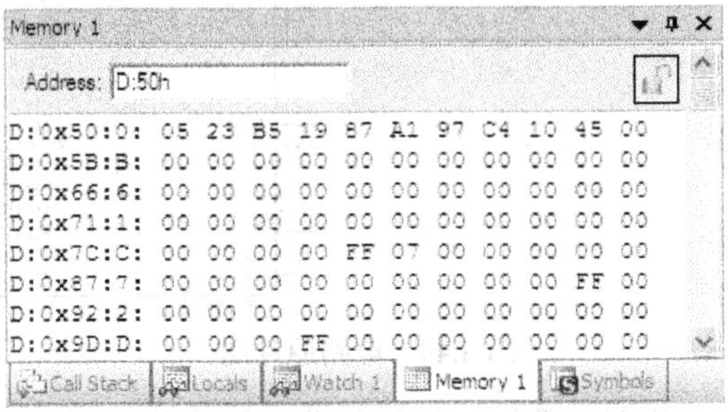

图 4.42　数据区域初始结果

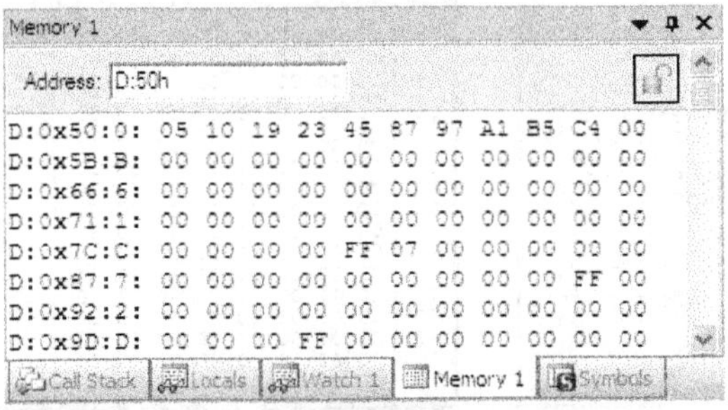

图 4.43　数据区域排序后结果

3. 在 Proteus 中调试程序

下面给出 Proteus 中调试步骤，具体过程可参见 4.5.2 节内容。

(1) 打开 Proteus 的 ISIS 原理图编辑环境，按图 4.44 完成电路原理图，设置晶振频率为 12MHz。

(2) 双击原理图中 AT89C51，弹出"Edit Component"窗口，在"Program File"栏中添加预先由 Keil 生成的 HEX 文件，单击"OK"，并保存设计文件。

(3) 单击左下角的 II 按钮，进入暂停调试状态，并在"Debug"菜单下选择"8051 CPU Registers"和"8051 CPU Internal (IDATA) Memory"子菜单，打开寄

存器窗口和内部 RAM 窗口，单击“F11”键，单步运行程序，观察 50H~59H 单元数据初始化的过程及数据排序过程，同时观察工程窗口中各寄存器值的变化。

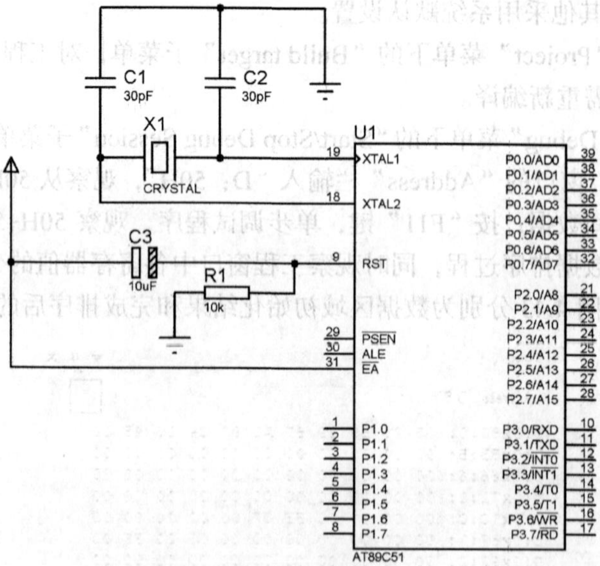

图 4.44　电路原理图

图 4.45 和图 4.46 分别为数据区域初始化结果和完成排序后的结果。

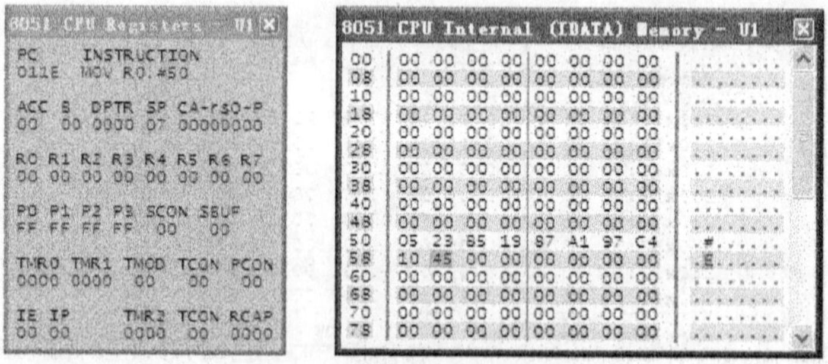

图 4.45　数据区域初始结果

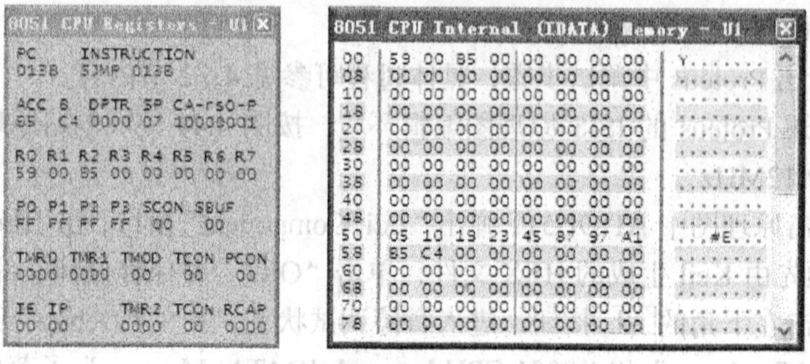

图 4.46　数据区域排序后结果

习　题

4.1　汇编语言有哪两类语句？各有什么特点？

4.2　汇编语言中标号有什么作用？构成原则是怎样的？注释起什么作用？

4.3　MCS-51 汇编语言中常用的伪指令有哪些？各起什么作用？

4.4　汇编语言程序设计分哪几步？各步骤完成什么任务？

4.5　常用的程序结构有几种？特点如何？

4.6　编写汇编语言程序，实现双字节无符号数相加，要求被加数存放在片内 RAM 的 21H、20H，加数存放在 23H、22H，运算结果保存在 28H、27H。

4.7　编写汇编语言程序，将片外 RAM 中 2000H 开始的 256 字节内容传送到 3000H 开始的 256 个字节单元。

4.8　若系统晶振为 6MHz，试编写延时为 12ms 的子程序。

4.9　编写汇编语言程序，将片内 RAM 中 30H~3FH 单元的数据按从大至小的顺序排列。

4.10　编写汇编语言程序，在片内 RAM 中 20H~29H 单元的数据中查找最大数存放在 31H 单元，查找最小数存放在 32H 单元。

4.11　编写汇编语言程序，将片内 RAM 中 35H 单元的二进制数据转换成 3 位 BCD 码，按百、十、个位分别存放在片内 RAM 的 30H~32H 单元。

4.12　片内 RAM 有以 D_TABLE 为起始地址的数据块，其长度存放在 LEN 单元。用查表指令编写汇编语言程序，若数据块中的数据为 A~F 的十六进制数，则将其转换成 ASCII 码并存放回原单元；若不是则转换成 00H。

4.13　编写汇编语言程序，对片内 RAM 中 30H~3FH 单元数据求其平均值，存放至 50H。

4.14　题 4.7 中编写的汇编程序，在 Keil μVision 环境中调试观察数据传送过程，并按图 4.44 搭建电路，在 Proteus 中运行测试。具体步骤可参见 4.5 节相关内容。

第 5 章　MCS-51 中断系统

用户编写的程序经调试、编译、下载到系统的 ROM 区中，如果满足系统的运行条件(复位、时钟等)，上电后，CPU 所做的事情是按照我们所编写的程序逐条取指、译码、执行，除非程序需要它进行跳转。但是，CPU 外部有时会出现一些紧急事件，并且这些紧急事件一般都是随机性的，什么时候出现 CPU 事前并不能预见。这些紧急事件常常需要 CPU 能停下正在运行的程序，马上响应，做出处理，处理完成后又能回到刚才被打断的地方继续执行。单片机能完成以上功能的技术称为中断技术，是由单片机中的中断系统完成的。中断技术是单片机应用中的一项重要技术，应用好中断技术能大大提高系统的工作效率。本章将介绍中断的基本概念和 MCS-51 中断系统的结构与工作原理，并讨论中断接口技术及应用。

5.1　概　述

中断技术是单片机应用中的一项重要技术，掌握中断相关概念，对灵活应用 MCS-51 单片机的中断技术处理一些问题是非常关键的。

5.1.1　中断的定义和作用

1. 中断的定义

中断是指 CPU 暂时停止原程序的执行转而为其他内部或外部事件服务，并在服务完成后自动返回到原程序继续执行的过程。现实生活中也常出现中断事件，如某同学正在看书，突然电话铃响了，该同学折起书页转而去接电话，接完电话后又回到刚才折起位置继续看书。这个过程中，看书相当于 CPU 执行主程序，电话铃响相当于外部的紧急事件，接电话相当于 CPU 对外部事件进行处理，接完电话回到原位置继续看书相当于 CPU 处理完外部事件后回到原程序继续执行。

2. 中断的处理流程

由上面的例子可以看出，CPU 处理中断的工作流程可画成图 5.1 所示，CPU 正在运行主程序，运行到某个位置时，外部事件向 CPU 发出信号，这个信号称为中断请求信号，该位置称为断点位置或断点。CPU 的中断系统根据设置决定是否响应这个中断请求。如果 CPU 决定响应该中断请求，响应过程包括以下几个步骤。

1) 断点保护

断点保护就是 CPU 在执行中断处理程序前，将断点处的 PC 值压入堆栈进行保护，以保证执行完中断处理程序后可以返回到程序被打断的地方继续执行，这是中断系统的硬件自动完成的。

2) 现场保护

现场保护是把中断处理程序将要使用的有关寄存器或存储单元的内容压入堆栈中进行保护，不会因为中断服务程序的执行破坏有关寄存器或存储单元的原有内容，以免中断返回后影响主程序的运行。这个过程需要用户程序完成。

3) 跳转到中断服务程序

断点保护和现场保护完成后，CPU 跳转到中断服务程序对中断进行处理。这个过程也是由中断系统的硬件自动完成的。

4) 现场恢复

CPU 处理完中断之后，需要用户程序恢复断点处保存的寄存器或存储单元的内容，这个过程称为现场恢复。

5) 断点恢复

断点恢复是使 CPU 能够返回断点，继续执行主程序。实际编程中，在中断处理程序后加上 RETI 指令，使存在于堆栈中的断点地址自动弹出到 PC，实现返回。

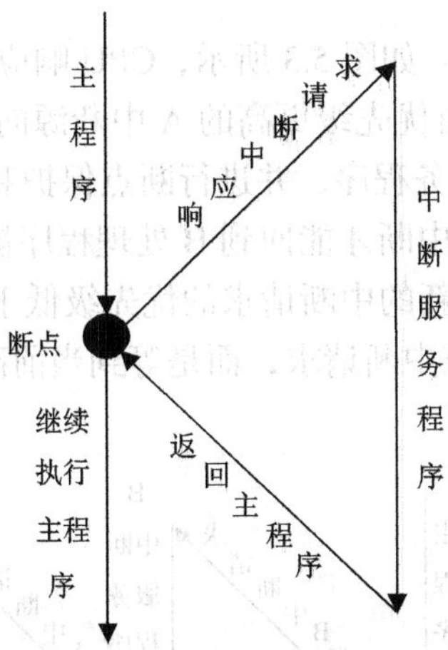

图 5.1　中断处理流程图

3. 中断源

中断源是指在计算机系统中向 CPU 发出中断请求的来源。中断源可以是人为设定的，也可以是为响应突发性随机事件而设置的。

中断源可以设置优先级别，如果有多个中断源同时向 CPU 发出中断请求信号，CPU 将先响应优先级高的，处理完高优先级的中断请求后，才会响应低优先级的中断请求。如图 5.2 所示，A、B、C 三个中断源同时向 CPU 申请中断，假设中断源的优先级为 A>B>C，CPU 将先响应 A 中断请求并做出相应处理，处理完

A 中断请求后，才响应 B 中断请求并做出相应处理，处理完 B 中断请求后，才响应 C 中断请求。

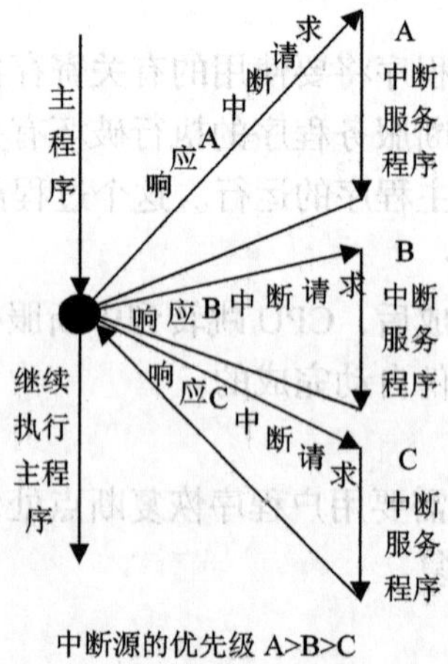

图 5.2　多个中断源同时申请中断时的 CPU 处理流程图

4. 中断嵌套

中断也可以实现嵌套。如图 5.3 所示，CPU 响应 B 中断请求，正在执行 B 中断的处理子程序时，如果有优先级更高的 A 中断源向 CPU 发出中断请求，则 CPU 中断正在进行的 B 中断服务程序，并进行断点保护和现场保护，再转而去处理 A 中断请求，只有处理完 A 中断才能回到 B 处理程序被中断的地方继续执行。这个过程称为中断嵌套。如果新的中断请求的优先级低于当前正在处理的中断源的优先级，则 CPU 不会响应该中断请求，而是等到当前高优先级的中断处理完成后，才响应新的中断请求。

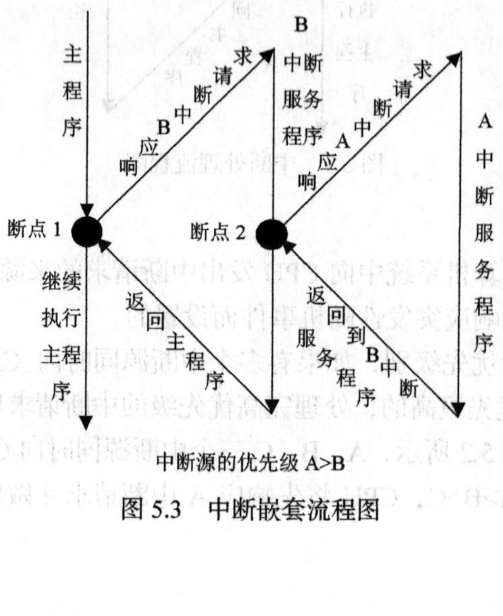

图 5.3　中断嵌套流程图

5. 中断的作用

在单片机应用系统中采用中断主要有以下优点。

1) 可以提高 CPU 的工作效率

以单片机控制打印机执行 n 个字符的打印任务为例，查询方式按如下工作过程：单片机送第一个字符给打印机打印后，不断查询打印机是否打印完该字符，未打印完则等待，打印完则送第二个字符给打印机打印……直到打印任务结束。由于打印机的打印时间远远大于单片机的传送字符时间，换句话说，单片机的大部分时间都在等待。同一个单片机控制的打印系统，如果采用中断方式，其工作过程为单片机送一个字符给打印机打印后，单片机可以去做其他事情，打印机打印完这个字符后向单片机申请中断，单片机响应中断，在中断处理程序中传送下一个要打印的字符，接下来单片机又可以去做其他事情……直到打印任务结束。从以上例子中可能看出，采用中断方式可以大大提高 CPU 的工作效率。

2) 可以提高外部紧急事件的处理时效

外部紧急事件如实时参量、越限数据和故障信息等要求 CPU 能及时采集、分析、处理。应用中断技术的系统可以在这些信息到来时，响应外部的中断申请，及时处理。

5.1.2 MCS-51 中断源及中断分类

能向 CPU 发出中断请求信号的设备或源头，称为中断源。常见的中断源有 4 种：外部设备中断源、故障源、被控对象中断源和定时/计数脉冲中断源。本节以 MCS-51 为例介绍 51 单片机中断源的分类及其中断标志。

1. MCS-51 中断源分类

在 MCS-51 单片机中，单片机的类型不同，中断源个数和中断标志位的定义也有差别。例如，8031、8051 和 8751 有 5 个中断源；8032、8052 和 8752 有 6 个中断源；80C32、80C252 和 87C252 有 7 个中断源。现以 8051 为例介绍 MCS-51 单片机中的中断源。

8051 单片机共有 5 个中断源，分别是：

(1) $\overline{INT0}$——外部中断请求 0，由 $\overline{INT0}$ 引脚输入，中断请求标志为 IE0。

(2) $\overline{INT1}$——外部中断请求 1，由 $\overline{INT1}$ 引脚输入，中断请求标志为 IE1。

(3) 定时器/计数器 T0 溢出中断请求，其计数脉冲可设定为内部时钟输入，也可设定为外部引脚 P3.4(T0)输入，中断请求标志为 TF0。

(4) 定时器/计数器 T1 溢出中断请求，其计数脉冲可设定为内部时钟输入，也可设定为外部引脚 P3.5(T1)输入，中断请求标志为 TF1。

(5) 串行口中断请求，包括接收中断请求和发送中断请求。中断请求标志为 TI 和 RI。

2. MCS-51 中断源的标志位

8051 单片机 5 类中断源的中断请求标志位分别由 SFR 的 TCON 和 SCON 的相应位锁存。其中，$\overline{\text{INT0}}$、$\overline{\text{INT1}}$、T0、T1 的中断标志位在 TCON 中，串行口中断标志位在 SCON 中。以下分别介绍 TCON 和 SCON 寄存器中各标志位的作用。

1) TCON

TCON(Timer Control Register)称为**定时器/计数器控制寄存器**，它的作用是控制定时器的启停、标志定时器溢出情况和外部中断情况。TCON 在 SFR 中，字节地址为 88H，并且可位寻址，位地址(由低位到高位)为 88H~8FH。

TCON 的格式如图 5.4 所示，其中高 4 位用于定时器/计数器 T0 和 T1，低 4 位用于外部中断 $\overline{\text{INT0}}$ 和 $\overline{\text{INT1}}$。

	D7	D6	D5	D4	D3	D2	D1	D0	
TCON	TF1	TR1	TF0	TR0	IE1	IT1	IE0	IT0	88H
位地址	8FH	8EH	8DH	8CH	8BH	8AH	89H	88H	

图 5.4　定时器控制寄存器 TCON 各位格式

各位定义如下。

(1) IT0(TCON.0)：外部中断 $\overline{\text{INT0}}$ 触发方式选择位。

IT0=0 时，外部中断 $\overline{\text{INT0}}$ 被设置为电平触发方式，低电平有效。

IT0=1 时，外部中断 $\overline{\text{INT0}}$ 被设置为边沿触发方式，下降沿有效。

(2) IE0(TCON.1)：外部中断 $\overline{\text{INT0}}$ 请求标志位，该位与触发方式有关。

IT0=0 时，外部中断 0 被设置为电平触发方式。CPU 在每个机器周期的 S5P2 期间采样引脚 $\overline{\text{INT0}}$ (P3.2)的输入电平，当采样到低电平时，置 IE0=1。采用该方式时，引脚 $\overline{\text{INT0}}$ 必须保持低电平有效，直到该中断请求被 CPU 响应。同时，在该中断服务程序执行完前，外部中断源引脚上的低电平必须被撤销，否则将产生另一次中断。

IT0=1 时，外部中断 0 被设置为边沿触发方式。CPU 在每个机器周期的 S5P2 期间采样引脚 $\overline{\text{INT0}}$ 的电平。如果相继的两次采样中，前一个周期采样到的引脚 $\overline{\text{INT0}}$ 为高电平，后一个周期采样到的引脚 $\overline{\text{INT0}}$ 为低电平，则置 IE0=1，其余情况 IE0=0。

(3) IT1(TCON.2)：外部中断 $\overline{\text{INT1}}$ 触发方式选择位。其功能与 IT0 类似。

(4) IE1(TCON.3)：外部中断 $\overline{\text{INT1}}$ 请求标志位。其功能与 IE0 类似。

(5) TR0(TCON.4)：定时器/计数器 0 的启停控制位。该位与 T0 的 GATE 位(定时器/计数器模式寄存器 TMOD 的 bit3 位)相关联。当 GATE=0 时：

TR0=0：关闭定时器/计数器 0。

TR0=1：启动定时器/计数器 0。

当 GATE=1 时，该位与单片机管脚 P3.2($\overline{\text{INT0}}$)的电平状态相关联。当单片机管脚$\overline{\text{INT0}}$(P3.2)为高电平时，TR0=0 关闭定时器/计数器 0；TR0=1 启动定时器/计数器 0。当单片机管脚$\overline{\text{INT0}}$(P3.2)为低电平时，TR0 位的控制作用无效。

(6) TF0(TCON.5)：定时器/计数器 0 的溢出标志位。

当定时器/计数器 0 计满溢出时，硬件使 TF0 置“1”。在中断方式下该位由中断系统硬件自动清零，在查询方式下该位必须由程序指令清零。

(7) TR1(TCON.6)：定时器/计数器 1 的启停控制位。其功能与 TR0 类似。

(8) TF1(TCON.7)：定时器/计数器 1 的溢出标志位。其功能与 TF0 类似。

2) SCON

SCON(Serial Port Control Register)称为**串行口控制寄存器**，它的作用是选择串行通信方式、接收和发送控制以及串行口的状态标志。SCON 是一个可位寻址的专用寄存器，字节地址为 98H，位地址(由低位到高位)为 98H~9FH，格式如图 5.5 所示。SCON 中高 6 位请参见第 7 章介绍，最低 2 位是串行口的发送中断和接收中断的中断请求标志位 TI 和 RI。当串行口发送/接收完一帧串行数据时，串行口电路自动使 TI 或 RI 置位，并自动向 CPU 发出串行口中断请求，CPU 响应串行口中断后便立即转入串行口中断服务程序执行。因此，只需在串行口中断服务程序中安排一段 SCON 中的 RI 和 TI 中断标志位状态的判断程序，便可区分串行口发生接收中断还是发送中断请求。注意，TI 和 RI 只能软件清除。

	D7	D6	D5	D4	D3	D2	D1	D0	
SCON	SM0	SM1	SM2	REN	TB8	RB8	TI	RI	98H
位地址	9FH	9EH	9DH	9CH	9BH	9AH	99H	98H	

图 5.5 定时器控制寄存器 SCON 各位格式

SCON 最低 2 位功能定义如下。

(1) RI(SCON.0)：接收中断标志位。

RI=0，无接收中断。

RI=1，有接收中断。

(2) TI(SCON.1)：发送中断标志位。

RI=0，无发送中断。

RI=1，有发送中断。

5.1.3 MCS-51 中断系统

中断系统是实现中断功能的软硬件总称。MCS-51 单片机内的中断系统结构示意图如图 5.6 所示。

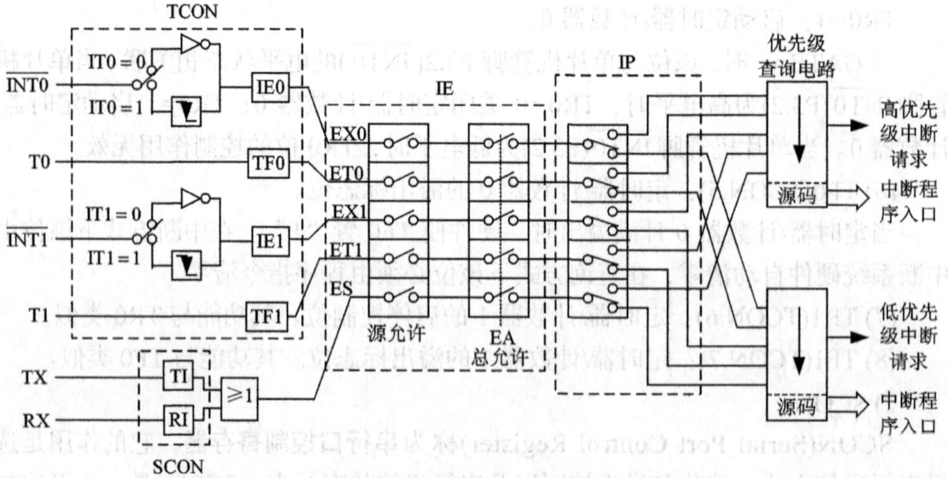

图 5.6　MCS-51 中断系统结构示意图

5 个中断请求源的中断标志位分别存储在 TCON 和 SCON 寄存器中，经过两级中断允许控制和两级优先权控制，到达中断请求队列。中断系统内部电路对中断请求队列进行查询，按优先权的高低对中断请求信号进行排队，CPU 将响应中断请求队列中优先权最高的中断请求。

1. CPU 响应中断必须满足的条件

CPU 是否响应中断队列中的中断源还必须满足以下三个条件：

(1) 无同级或高级中断正在服务。

(2) 当前指令周期结束。如 CPU 在执行指令 MUL AB 的第一个周期时中断系统检测到有效的中断请求，由于 MUL AB 指令是四周期指令，则必须等到该指令执行完成后才会响应中断请求。

(3) 若现行指令是 RETI、RET 或访问 IE、IP 指令，则需要执行完当前指令后再执行一条指令方可响应中断。

2. CPU 响应中断时中断系统硬件自动完成的事情

CPU 决定响应中断后，中断系统硬件会自动完成以下三件事情：

(1) 置位中断优先级有效触发器，即关闭同级和低级中断请求。对比当前优先权高的中断请求(如果存在)还是开放的。

(2) 把原执行程序的断点地址(PC 值)压入堆栈，以便中断服务程序末尾的中断返回指令 RETI 可以按照此地址执行返回。

(3) 按中断源提供的中断向量自动跳转到相应的中断入口地址执行中断服务程序。中断向量表如表 5.1 所示。

表 5.1　MCS-51 中断入口地址表

中断源	中断入口地址
$\overline{INT0}$	0003H
定时器/计数器 T0	000BH
$\overline{INT1}$	0013H
定时器/计数器 T1	001BH
串行口中断	0023H

从表 5.1 中可以看出：5 个中断的入口地址之间彼此相差 8 个存储单元，这 8 个存储单元一般存不下中断处理程序。通常解决办法是在中断入口地址存放一条三字节的长转移指令，跳转到用户中断服务程序执行。例如，用户的 T0 中断服务子程序名为 TIME0，则如下指令执行后便可转入到 TIME0 执行 T0 中断服务程序。

```
         ORG       000BH
         LJMP      TIME0
         …
TIME0:                      ;T0 中断服务程序
         …
         RETI               ;中断返回
```

3. 响应时间

响应时间是指从查询到有效的中断请求标志位到转向中断服务入口地址所需的机器周期数。

1) 最短响应时间

以外部中断的电平触发为例，最短的响应时间为 3 个机器周期。查询中断请求需要 1 个机器周期，断点保护和跳转到中断向量地址需要 2 个机器周期。

2) 最长时间

若当前指令是 RET、RETI 或 IP、IE 指令，CPU 需要再执行一条指令才会响应中断，最长的周期指令是乘除指令(需要 4 个机器周期)。所以，CPU 响应中断的最长时间为 8 个周期：

2 个周期执行当前指令(含有 1 个周期查询)。

4 个周期乘除指令。

2 个周期断点保护和跳转到中断向量地址。

当然，如果当前正在执行的是同级和更高优先级的中断处理程序，则必须等到当前中断处理程序执行完后才会响应，这时的响应时间可能会远大于 8 个周期了。

4. 中断撤除

在 CPU 执行中断返回指令 RETI 实现断点返回前，应对中断标志位进行清除，防止单片机多次响应一个中断请求信号，这个过程称为中断撤除。MCS-51 单片机中按中断源类型不同，其中断撤除方法也不一样。有些是硬件自动撤除，有些是必须软件撤除，还有些与外部硬件有关。现按中断类型对它们分述如下。

1) 定时器/计数器中断请求的撤除

定时器/计数器的中断请求被响应后，执行 RETI 指令进行中断返回时，中断系统硬件自动把中断请求标志位(TF0 或 TF1)清 0，因此定时器/计数器中断请求是自动撤除的。

2) 串行口中断请求的撤除

串行口中断请求被响应后，执行 RETI 指令进行中断返回，中断系统不会将中断请求标志位(TI 和 RI)清 0。为防止多次响应同一串行口中断，这就要求用户在编写中断处理程序时，在 RETI 中断返回指令前增加一条中断请求清 0 指令，如下所示：

```
CLR      TI            ;发送中断请求标志位清 0
```

或

```
CLR      RI            ;接收中断请求标志位清 0
```

也可采用字节型指令：

```
ANL      SCON,#0FCH    ;发送和接收中断请求标志位均清 0
```

因此，串行口中断请求是软件清除的。

3) 外部 $\overline{\text{INT0}}$ 和 $\overline{\text{INT1}}$ 中断请求的撤除

外部中断请求可设置为电平触发或边沿触发，这两种触发方式下中断请求的撤除是不同的。下面以 $\overline{\text{INT0}}$ 为例说明外部中断请求的撤除方法。

当 IT0(TCON.0)=1 时，外部中断 $\overline{\text{INT0}}$ 被设置为边沿触发方式，下降沿有效。CPU 执行 RETI 指令进行中断返回时，中断系统硬件会自动将 $\overline{\text{INT0}}$ 的中断标志位 IE0 清 0。

当 IT0(TCON.0)=0 时，外部中断 $\overline{\text{INT0}}$ 被设置为电平触发方式，低电平有效。CPU 执行完中断处理程序后，中断系统硬件不会将 $\overline{\text{INT0}}$ 的中断标志位 IE0 清 0。此时，就算我们利用指令对中断标志位清 0(CLR IE0)，也不一定能撤除 $\overline{\text{INT0}}$ 的中断请求。原因是 $\overline{\text{INT0}}$ 设置成电平触发，用指令清除中断标志位，在退出中断处理程序后，如果引脚 $\overline{\text{INT0}}$ 的电平还是低电平，该低电平又置位 IE0，使 CPU 再次响应该中断。也就是说，$\overline{\text{INT0}}$ 电平触发方式的中断请求只有引脚 $\overline{\text{INT0}}$ 变成高电平才能从根本上撤除该中断请求。这时我们可采用外部电路辅助的方法，如图 5.7 所示的电路，并在 CPU 执行中断返回指令 RETI 前增加如下三条指令。

```
CLR     P1.0    ;使 D 触发器的 Q 输出端变为高电平，撤除引脚 INT0 中
                 断请求信号
SETB    P1.0    ;准备好，以便响应下一次 INT0 中断请求
CLR     IE0     ;清除 IE0 中断请求标志位
```

CPU 执行上述程序使 $\overline{\text{INT0}}$ 管脚上的电平变成高电平，从而撤除 $\overline{\text{INT0}}$ 中断请求。

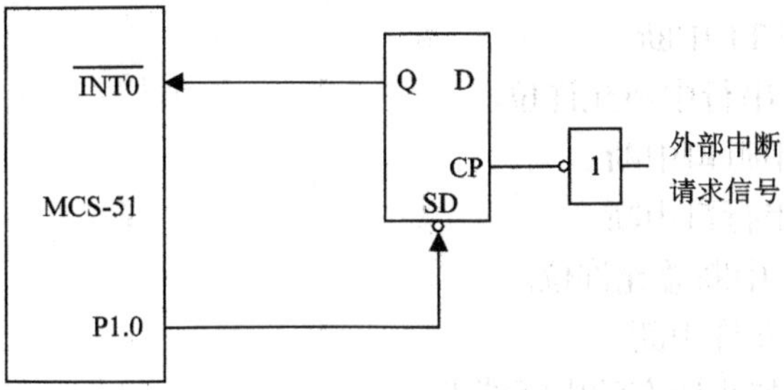

图 5.7　外部中断电平触发方式下的中断撤除电路

5.1.4　中 断 控 制

1. 中断允许控制

从 MCS-51 中断系统结构示意图(图 5.6)中可以看出，中断系统有两级中断允许控制：一级为总允许控制，另一级为各中断请求源的允许控制。两级允许控制位均在 SFR 的 IE 中。

IE(Interrupt Enable)称为**中断允许控制寄存器**，它的作用是允许/禁止各中断请求源。IE 在 SFR 中，字节地址为 A8H，并且可位寻址，位地址(由低位到高位)为 A8H~AFH。

IE 寄存器各位格式如图 5.8 所示，各位定义如下：

	D7	D6	D5	D4	D3	D2	D1	D0	
IE	EA			ES	ET1	EX1	ET0	EX0	A8H
位地址	AFH	AEH	ADH	ACH	ABH	AAH	A9H	A8H	

图 5.8　中断允许控制寄存器 IE 各位格式

(1) EX0(IE.0)：外部中断 $\overline{\text{INT0}}$ 允许位。

EX0=0，禁止 $\overline{\text{INT0}}$ 中断。

EX0=1，允许 $\overline{\text{INT0}}$ 中断。

(2) ET0(IE.1)：定时器/计数器 T0 溢出中断允许位。

ET0=0，禁止 T0 中断。

ET0=1，允许 T0 中断。

(3) EX1(IE.2)：外部中断 $\overline{INT1}$ 允许位。

EX1=0，禁止 $\overline{INT1}$ 中断。

EX1=1，允许 $\overline{INT1}$ 中断。

(4) ET1(IE.3)：定时器/计数器 T1 溢出中断允许位。

ET1=0，禁止 T1 中断。

ET1=1，允许 T1 中断。

(5) ES(IE.4)：串行中断允许位。

ES=0，禁止串行口中断。

ES=1，允许串行口中断。

(6) EA(IE.7)：中断总允许位。

EA=1，CPU 允许中断。

EA=0，CPU 禁止所有的中断请求。

8051 系统复位后，IE 中各位均被清零，即禁止所有中断。用户程序可对 IE 寄存器各位置 1 或清零，即允许或禁止相应中断源的中断请求。注意，允许某中断请求后，还应将中断总允许位 EA(IE.7)置 1，使 CPU 开放中断。相关操作指令既可由位操作指令来实现，也可由字节操作指令来实现。

【例 5.1】 试编写允许 $\overline{INT0}$ 和 T1 中断，禁止其他中断的相关程序。

解答：

(1) 使用位操作指令实现：

```
SETB    EX0     ;允许INT0中断
CLR     ET0     ;禁止T0中断
CLR     EX1     ;禁止INT1中断
SETB    ET1     ;允许T1中断
CLR     ES      ;禁止串行口中断
SETB    EA      ;CPU中断总允许
```

(2) 使用字节操作指令实现：

```
MOV     IE,#89H
```

或

```
MOV     A8H,#89H
```

2. 中断优先级控制

从 MCS-51 中断系统结构示意图(图 5.6)中可以看出，中断系统可以对各中断源设置优先级。MCS-51 单片机具有两个中断优先级，每个中断源可编程为高优先级中断或低优先级中断，最多可实现二级中断嵌套。高优先级中断源可中断正在执行的低优先级中断服务程序；同级或低优先级的中断源不能中断正在执行的中断程序。因此，MCS-51 中断系统中，内部有两个优先级状态触发器，它们分别指示 CPU 是否在执行高优先级或低优先级中断服务程序，从而分别屏蔽所有的中断申请和同一级的其他中断源申请。

优先级设置的相应控制位均在 IP 中。

IP 称为**中断优先级控制寄存器**，它的作用是设置各中断源的优先级别。IP 在 SFR 中，字节地址为 B8H，而且可位寻址，位地址(由低位到高位)为 B8H~BFH(实际使用为 B8H~BCH)。

IP 寄存器各位格式如图 5.9 所示，各位定义如下。

	D7	D6	D5	D4	D3	D2	D1	D0	
IP				PS	PT1	PX1	PT0	PX0	B8H
位地址	BFH	BEH	BDH	BCH	BBH	BAH	B9H	B8H	

图 5.9 中断优先级控制寄存器 IP 各位格式

(1) PX0(IP.0)：外部中断 $\overline{\text{INT0}}$ 中断优先级设置位。

PX0=0，将 $\overline{\text{INT0}}$ 中断设置成低优先级。

PX0=1，将 $\overline{\text{INT0}}$ 中断设置成高优先级。

(2) PT0(IP.1)：定时器/计数器 T0 中断优先级设置位。

PT0=0，将 T0 中断设置成低优先级。

PT0=1，将 T0 中断设置成高优先级。

(3) PX1(IP.2)：外部中断 $\overline{\text{INT1}}$ 中断优先级设置位。

PX1=0，将 $\overline{\text{INT1}}$ 中断设置成低优先级。

PX1=1，将 $\overline{\text{INT1}}$ 中断设置成高优先级。

(4)PT1(IP.3)：定时器/计数器 T1 中断优先级设置位。

PT1=0，将 T1 中断设置成低优先级。

PT1=1，将 T1 中断设置成高优先级。

(5)PS(IP.4)：串行中断中断优先级设置位。

PS=0，将串行口中断设置成低优先级。

PS=1，将串行口中断设置成高优先级。

MCS-51 单片机在复位后，IP 低 5 位全部清 0，即将所有中断源设置成低优级中断。

如果几个同级优先级的中断源同时向 CPU 申请中断，哪一个申请能够得到服务，取决于中断系统硬件对它们的查询序号，这个序号有时也称为自然优先级。如图 5.10 所示，自然优先级按从高到低的顺序依次为：外部中断 $\overline{\text{INT0}}$，定时器中断 T0，外部中断 $\overline{\text{INT1}}$，定时器中断 T1，串行口中断。

中断源	自然优先级顺序
外部中断 $\overline{\text{INT0}}$	高
定时器中断 T0	↓
外部中断 $\overline{\text{INT1}}$	↓
定时器中断 T1	↓
串行口中断	低

图 5.10　中断系统的自然优先级

5.2　MCS-51 的外部中断

5.2.1　MCS-51 的外部中断

MCS-51 单片机有 $\overline{\text{INT0}}$ 和 $\overline{\text{INT1}}$ 两个外部中断源。这两个外部中断源产生的中断请求信号分别从 P3.2 和 P3.3 引脚输入，并均可设置成电平或边沿两种引起中断的触发方式。中断标志位和中断触发方式设置位都在 TCON 寄存器中(图 5.4)。下面从外部中断的初始化和外部中断的应用实例出发对其进行介绍。

1. 外部中断的初始化

外部中断初始化的一般步骤如下：

(1) 设定中断源的中断优先级。

(2) 设置中断的触发方式(电平或边沿)。

(3) 设置中断的中断允许控制位(注意，两级允许)。

【例 5.2】　将 $\overline{\text{INT0}}$ 中断设置成低优先级，电平触发；将 $\overline{\text{INT1}}$ 中断设置成高优先级，边沿触发；其他中断均禁止。试编写相应的中断初始化程序。

解答：

(1) 采用位操作指令(假设 IE 初值为 00H)

```
CLR     PX0          ;将INT0设置成低优先级
SETB    PX1          ;将INT1设置成高优先级
CLR     IT0          ;将INT0设置电平触发
SETB    IT1          ;将INT1设置边沿触发
SETB    EX0          ;开INT0中断允许
SETB    EX1          ;开INT1中断允许
SETB    EA           ;开总允许
```

(2) 采用字节型指令

```
MOV        IP,#04H        ;设置INT0和INT1的优先级
MOV        TCON,#04H      ;设置INT0和INT1的触发方式
MOV        IE,#85H        ;开中断允许
```

2. 外部中断的应用实例

下面以单片机控制打印机为例说明外部中断的应用方法。

【例 5.3】 如图 5.11 所示硬件，单片机要将片内 RAM 中以 30H 为首地址的 20 个数送入打印机打印，试编写相应程序。

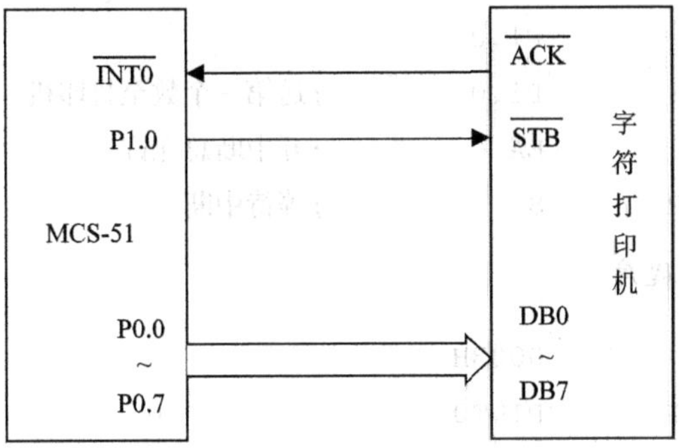

图 5.11　中断方式控制打印机电路原理图

解答：

字符打印机的一般工作过程是：

(1) 单片机将第一个数据送到字符打印机，并向 $\overline{STB}$ 发送负脉冲。

(2) 字符打印机接收数据并执行打印，同时 $\overline{ACK}$ 变为高电平，该线上的高电平表示字符打印机正处于“忙”状态。

(3) 打印机打印完这个数据后，它使 $\overline{ACK}$ (应答)线变为低电平，此时单片机可以送下一个数据至打印机打印。

因此，可将 $\overline{INT0}$ 设置成边沿触发方式，单片机发送第一个要打印的字符后，等待中断。打印机打印完该字符后向 CPU 申请中断。CPU 响应中断后，在中断处理子程序中送下一个要打印的数据并判断是否打印完成，如打印完则关闭中断。相应的主程序和中断处理子程序如下所述。

1) 主程序

```
ORG        0000H
AJMP       MAIN
ORG        0040H
```

```
MAIN:
        …
        SETB    PX0         ;将 INT0 设置成高优先级
        SETB    IT0         ;将 INT0 设置边沿触发
        SETB    EX0         ;开 INT0 中断允许
        SETB    P1.0        ;置 P1.0 初始为高电平
        MOV     R0,#30H     ;数据首地址送 R0
        MOV     R7,#19      ;中断次数为 19 次
        MOV     A,@R0       ;取第一个数
        MOV     P0,A
        CLR     P1.0
        SETB    P1.0        ;送第一个数至打印机
        SETB    EA          ;开中断总允许
LOOP:   AJMP    $           ;等待中断
```

2) 中断处理子程序

```
        ORG     0003H
        LJMP    PINT0
        ORG     1000H
PINT0:
        INC     R0          ;指向下一下数据
        MOV     A,@R0       ;取下一个数
        MOV     P0,A
        CLR     P1.0
        SETB    P1.0        ;送下一个数至打印机
        DJNZ    R7,OUT      ;数据打印完否？未完则继续
        CLR     EX0         ;数据打印完则关 INT0 中断
        CLR     EA          ;关总中断允许
OUT:    RETI
```

5.2.2 MCS-51 的外部中断扩展

MCS-51 有两个外部中断请求输入引脚。但是，在实际应用系统中，两个外部中断请求源往往不够用，需要对外部中断源进行扩展。下面介绍扩展中断源的方法。

如图 5.12 所示的电路，假设外设信号为高电平时向 MCS-51 申请中断。此时

四个外设的中断请求信号经或非门后输入到$\overline{\text{INT0}}$引脚，MCS-51 的中断系统设置成电平触发方式。当 MCS-51 接收到$\overline{\text{INT0}}$中断请求时，可在中断处理程序中增加查询 P1.0~P1.3 引脚电平的程序，即可判断是哪个外设申请的中断。

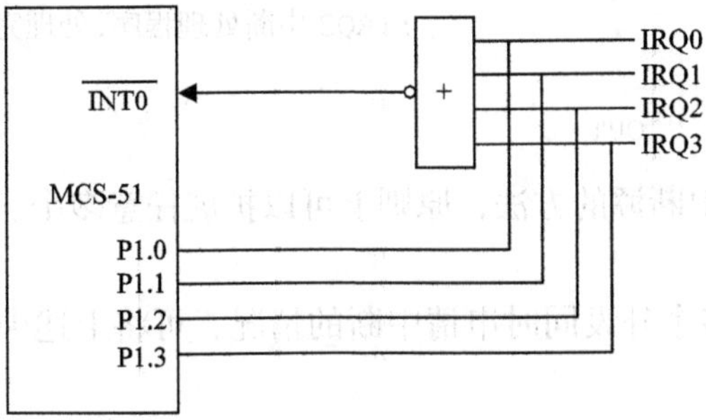

图 5.12　外部中断源的扩展电路示意图

$\overline{\text{INT0}}$的中断处理程序如下：

```
        ORG     0003H
        LJMP    PINT0           ;INT0 中断入口
        …
        ORG     1000H           ;应用中按实际情况可修改此地址
PINT0:
        PUSH    PSW             ;保护现场
        PUSH    ACC
 N0:    JB      P1.0,IRQ0       ;如果 P1.0 引脚为高电平,则 IRQ0 存在中
                                 断请求,跳转到标号 IRQ0 处理
 N1:    JB      P1.1,IRQ1       ;如果 P1.1 引脚为高电平,则 IRQ1 存在中
                                 断请求,跳转到标号 IRQ1 处理
 N2:    JB      P1.2,IRQ2       ;如果 P1.2 引脚为高电平,则 IRQ2 存在中
                                 断请求,跳转到标号 IRQ2 处理
 N3:    JB      P1.3,IRQ3       ;如果 P1.3 引脚为高电平,则 IRQ3 存在中
                                 断请求,跳转到标号 IRQ3 处理
OUT:
        POP     ACC             ;恢复现场
        POP     PSW
        RETI                    ;中断返回
IRQ0:                           ;IRQ0 中断处理程序,处理完后返回到 OUT
        …
        LJMP    OUT
IRQ1:                           ;IRQ1 中断处理程序,处理完后返回到 OUT
        …
```

```
        LJMP    OUT
IRQ2:                   ;IRQ2 中断处理程序,处理完后返回到 OUT
        …
        LJMP    OUT
IRQ3:                   ;IRQ3 中断处理程序,处理完后返回到 OUT
        …
        LJMP    OUT
```

这种扩展外部中断源的方法，原则上可以扩展任意多个。实际应用中，还应注意以下两点。

(1) 如果出现多个外设同时申请中断的情况，可将上述中断处理程序改成如下程序。

```
IRQ0:                   ;IRQ0 中断处理程序,处理完后返回到 N1
        …
        LJMP    N1
IRQ1:                   ;IRQ1 中断处理程序,处理完后返回到 N2
        …
        LJMP    N2
IRQ2:                   ;IRQ2 中断处理程序,处理完后返回到 N3
        …
        LJMP    N3
IRQ3:                   ;IRQ3 中断处理程序,处理完后返回到 OUT
        …
        LJMP    OUT
```

(2) 因为 $\overline{\text{INT0}}$ 设置成电平触发方式，在各外设的中断处理程序中应含有中断请求的撤除指令(或外设能自动撤除中断请求)，否则中断处理完成后，该中断请求又会向 CPU 申请中断。

5.3　MCS-51 的定时器/计数器

在工业检测、控制中，很多场合都要用到定时和计数功能。例如，对外部脉冲进行计数，产生精确的定时时间，作串行口的波特率发生器等。8051 单片机内部有两个可编程的定时器/计数器，以满足这方面的需要。它们具有两种工作模式(计数器模式、定时器模式)和四种工作方式(方式 0、方式 1、方式 2 和方式 3)，其控制字均在 SFR 的 TMOD 中，通过对它的编程，可以方便地选择工作模式和工作方式。

本节主要介绍 MCS-51 定时器/计数器的结构和工作原理，并给出具体应用实例。

5.3.1　MCS-51 的定时器/计数器结构和工作原理

1. MCS-51 的定时器/计数器结构

MCS-51 单片机的定时器/计数器结构框图如图 5.13 所示，定时器/计数器 T0 由两个级联的 8 位二进制加法计数器 TH0、TL0 组成；定时器/计数器 T1 也由两个级联的 8 位二进制加法计数器 TH1、TL1 组成。

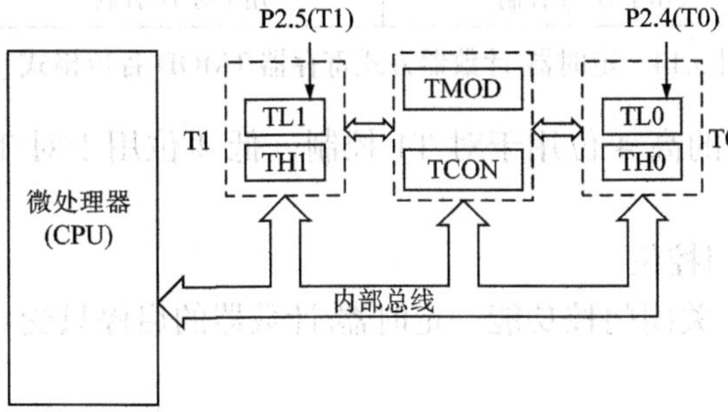

图 5.13　MCS-51 定时器/计数器结构框图

SFR 的 TCON 用于这两个定时器/计数器的启停控制和计数溢出标志；TMOD 用于选择这两个定时器/计数器的工作模式和工作方式。

2. 定时器/计数器控制寄存器 TCON

定时器/计数器控制寄存器 TCON 的各位功能可参见 5.1.2 节介绍。与定时器/计数器 T0 和 T1 有关的是它的高 4 位。

(1) TR0(TCON.4)：定时器/计数器 0 的启停控制位。该位与 T0 的 GATE 位(定时器/计数器模式寄存器 TMOD 的 bit3 位)相关联。当 GATE=0 时：

TR0=0：关闭定时器/计数器 0。

TR0=1：启动定时器/计数器 0。

当 GATE=1 时，该位与单片机管脚 $\overline{\text{INT0}}$(P3.2)的电平状态相关联。当单片机管脚 $\overline{\text{INT0}}$(P3.2)为高电平时，TR0=0 关闭定时器/计数器 0；TR0=1 启动定时器/计数器 0。当单片机管脚 $\overline{\text{INT0}}$(P3.2)为低电平时，TR0 位的控制作用无效。

(2) TF0(TCON.5)：定时器/计数器 0 的溢出标志位。

当定时器/计数器 0 计满溢出时，由硬件使 TF0 置“1”。在中断方式下该位由中断系统硬件自动清零，在查询方式下该位必须由程序指令清零。

(3) TR1(TCON.6)：定时器/计数器 1 的启停控制位。其功能与 TR0 类似。

(4) TF1(TCON.7)：定时器/计数器 1 的溢出标志位。其功能与 TF0 类似。

3. 定时器/计数器方式寄存器 TMOD

TMOD 称为定时器/计数器方式寄存器，它的作用是选择这两个定时器/计数器的工作模式和工作方式，字节地址为 89H，不能进行位寻址，其格式如图 5.14 所示。

	D7	D6	D5	D4	D3	D2	D1	D0	
TMOD	GATE	C/T	M1	M0	GATE	C/T	M1	M0	89H
	用于对 T1 控制				用于对 T0 控制				

图 5.14　定时器/计数器方式寄存器 TMOD 各位格式

TMOD 寄存器的高 4 位用于对 T1 控制，低 4 位用于对 T0 控制。各位定义如下：

(1) GATE——门控位。

GATE = 0 时，关闭门控功能。定时器/计数器的启停只受 TCON 寄存器的 TR0(或 TR1)控制。

GATE = 1 时，打开门控功能。定时器/计数器的启停不但与 TR0(或 TR1)有关，还与外部引脚 $\overline{\text{INT0}}$ (或 $\overline{\text{INT1}}$)的电平状态有关。只有当 TR0=1 和外部引脚 $\overline{\text{INT0}}$ 为高电平(或 TR1=1 和外部引脚 $\overline{\text{INT1}}$ 为高电平)时，才能开启定时器/计数器，否则定时器/计数器停止。

该位的这个功能可以很方便地测量 $\overline{\text{INT0}}$ (或 $\overline{\text{INT1}}$)引脚的正脉冲宽度。

(2) C/T——计数器模式和定时器模式的选择位。

C/T = 0 时，为定时器模式。内部计数器对晶振脉冲 12 分频后的脉冲进行计数，该脉冲周期等于机器周期，即可以理解为对机器周期进行计数。从计数值可以求得计数时间，所以称为定时器模式。

C/T = 1 时，为计数器模式。计数器对引脚 P3.4(T0)或 P3.5(T1)输入的脉冲进行计数，每当引脚上出现下降沿时，计数器加 1。这种模式允许的最高输入脉冲频率为晶振频率的 1/24。

(3) M1、M0——工作方式选择位。M1、M0 的工作方式选择功能如表 5.2 所示。

表 5.2　工作方式选择表

M1	M0	工作方式
0	0	方式 0，13 位定时器/计数器(TH 的 8 位和 TL 的低 5 位)
0	1	方式 1，16 位定时器/计数器
1	0	方式 2，自动重装入初值的 8 位计数器
1	1	方式 3，T0 分成两个独立的 8 位计数器，T1 在方式 3 时停止工作

4. MCS-51 的定时器/计数器工作原理

MCS-51 定时器/计数器虽然有定时和计数两种工作模式，但其本质都是使用加法计数器对脉冲进行计数。定时器/计数器每接收一个计数脉冲，加法计数器的值就加 1；计满时则发生溢出，计数器又从 0 开始计数并置溢出标志位(TF0=1 或 TF1=1)。

1) 定时模式

在此模式下，计数器的输入脉冲是由晶振 12 分频获得的。例如，晶振频率为 12MHz，12 分频后为 1MHz，即此时输入脉冲的周期为 1μs，或者每过 1μs 计数器的值加 1。这样就可以根据计数值计算定时时间，也可以根据定时时间计算计数器的初值。

2) 计数模式

在此模式下，计数器的输入脉冲是由外部引脚 P3.4(T0)或 P3.5(T1)输入的。外部引脚出现下降沿时，对应计数器的值加 1。如果设置计数器的初值，那么读取当前计数值就可以计算脉冲个数。

5.3.2　MCS-51 的定时器/计数器工作方式

由表 5-2 可知，MCS-51 的定时器/计数器共有四种工作方式，可由 TMOD 寄存器的 M1M0 两位进行设置，其中方式 3 只有 T0 才有。下面以定时器/计数器 T0 为例介绍这四种工作方式的特点。

1. 方式 0

当 M1M0=00 时，定时器/计数器被设置成方式 0。在此工作方式下，T0 工作在 13 位定时器/计数器方式，由 TH0 的 8 位和 TL0 的低 5 位组成，TL0 的高 3 位丢弃不用。设计这种工作方式主要是使它与 MCS-48 单片机定时器/计数器兼容。

T0 方式 0 的结构图如图 5.15 所示。

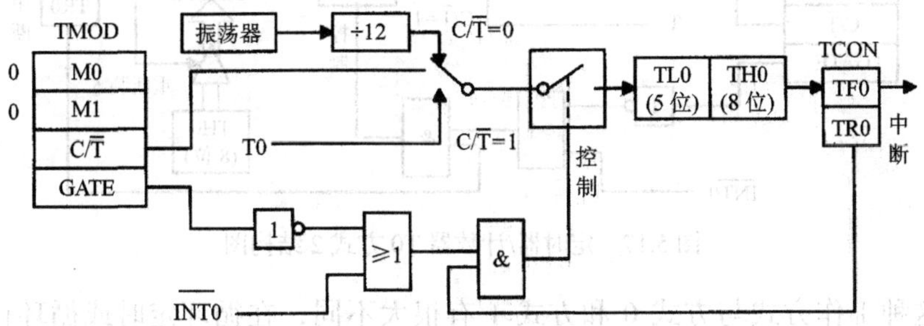

图 5.15　定时器/计数器 T0 方式 0 结构图

当 T0 的 13 位计数器加到全部为 1 时，再来 1 个脉冲就会产生溢出，这时硬件自动将 TCON 的 TF0 置为 1，同时把计数器值变为 0，然后从 0 开始继续计数。

2. 方式 1

当 M1M0=01 时，定时器/计数器被设置成方式 1。在此工作方式下，T0 工作在 16 位定时器/计数器方式，由 TH0 构成高 8 位、TL0 构成低 8 位。

T0 方式 1 的结构图如图 5.16 所示。

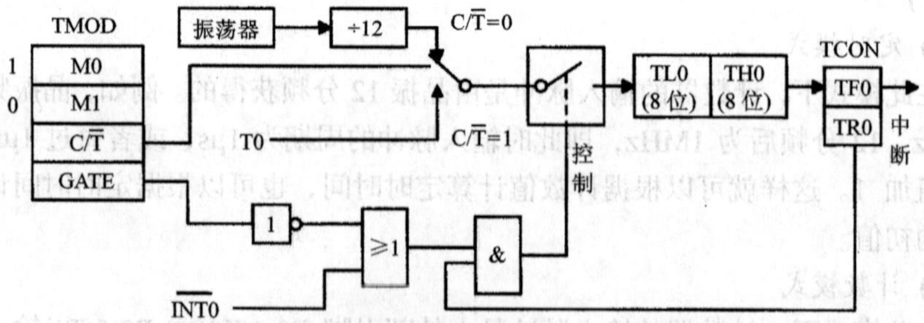

图 5.16　定时器/计数器 T0 方式 1 结构图

方式 1 和方式 0 的工作原理基本相同，唯一不同的是定时器/计数器的位数不同。

3. 方式 2

当 M1M0=10 时，定时器/计数器被设置成方式 2。在这种工作方式下，T0 工作在 8 位定时器/计数器方式，即以 TL0 为计数器，TH0 为预置寄存器。初始化时将计数初值分别加载至 TL0 和 TH0 中，当计数溢出时，硬件电路会自动将预置寄存器 TH0 的数值赋给 TL0，所以也称为自动重装工作方式。

T0 方式 2 的结构图如图 5.17 所示。

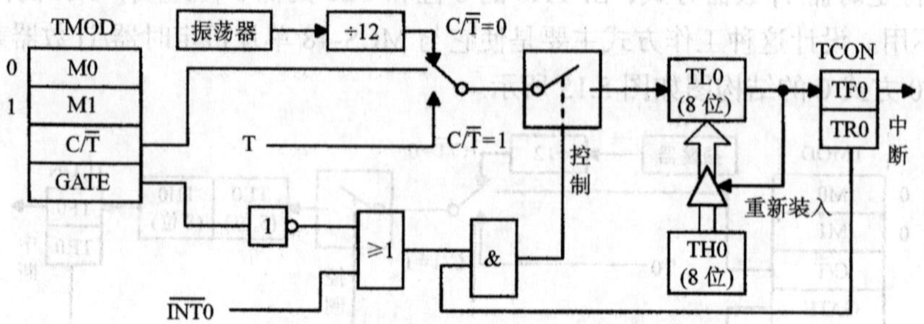

图 5.17　定时器/计数器 T0 方式 2 结构图

这种工作方式与方式 0 和方式 1 有很大不同，在循环定时或循环计数应用时不需要反复设置计数器初值，简化程序设计，并能在一定程度上提高定时精度。

4. 方式 3

当 M1M0=11 时，定时器/计数器被设置成方式 3。只有 T0 才具有这种工作方式，如果将 T1 设置成方式 3，T1 将停止计数。

T0 方式 3 的结构图如图 5.18 所示。

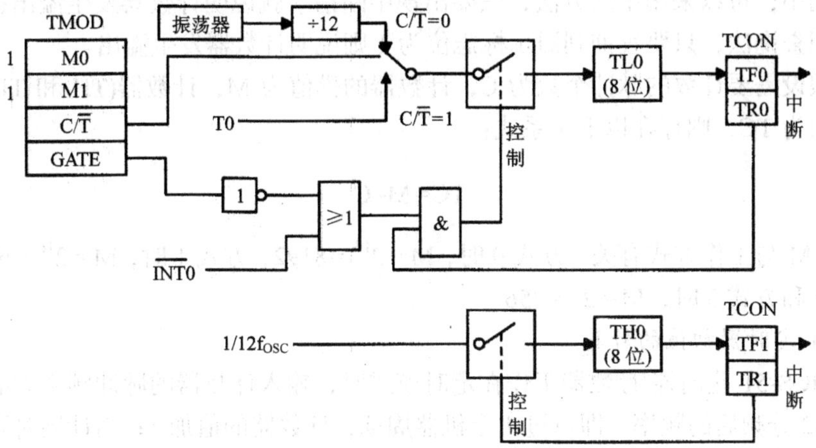

图 5.18　定时器/计数器 T0 方式 3 结构图

在工作方式 3 下，T0 被拆成两个独立的 8 位计数器 TL0 和 TH0。其中 TL0 既可以作为定时器使用，也可以作为计数器使用(外部脉冲由 P3.4 脚输入)。定时器/计数器 T0 的 TR0 位作为其启停控制，TF0 位作为其溢出标志位，其功能和操作与方式 0 或方式 1 类似(计数器的位数变成 8 位)。因为该方式下，TL0 已经占用定时器/计数器 T0 的启停控制位、溢出标志位和外部脉冲输入脚，所以 TH0 这个 8 位计数器只能工作在定时器模式，并且借用定时器/计数器 T1 的 TR1 和 TF1 作为启停控制位和溢出标志位。

一般情况下，当 T1 用作串行口的波特率发生器时，T0 才工作在方式 3。T1 常设定为方式 2(8 位自动重装方式)。

5.3.3　MCS-51 的定时器/计数器应用

1. 定时器/计数器的初始化

1) 定时器/计数器的初始化步骤

(1) 根据要求选择工作模式(定时还是计数)和工作方式，注意 TMOD 不可位寻址，只能字节寻址。

(2) 计算初值。

(3) 根据需要设置中断相关寄存器。

(4) 启动定时器/计数器。

2) 计数器初值的计算

MCS-51 定时器/计数器工作在计数模式时，对外部引脚 P3.4(T0)和 P3.5(T1)的脉冲进行计数。定时器/计数器每接收一个计数脉冲，加法计数器的值加 1；当计满时发生溢出，计数器又从 0 开始计数并置溢出标志位(TF0=1 或 TF1=1)。实际应用中，可以采用中断方法，只要出现中断请求就说明计数器发生溢出；也可以采用查询法，只要查询到溢出标志位为 1 则说明计数器发生溢出。

假设需要计数的脉冲个数为 C，计数器的模值为 M，计数器(TH 和 TL)设置的初值为 TC，则存在以下关系式：

$$TC=M-C$$

其中，M 与工作方式有关。方式 0 时，$M=2^{13}=8192$；方式 1 时，$M=2^{16}=65536$；方式 2 和方式 3 时，$M=2^{8}=256$。

3) 定时器初值的计算

MCS-51 定时器/计数器工作在定时模式时，输入计数器的脉冲频率为晶振频率经 12 分频后的频率，即每过 1 个机器周期，计数器的值加 1；当计满时则发生溢出，计数器又从 0 开始计数并置溢出标志位(TF0=1 或 TF1=1)。

定时器初值的计算与计数器模式下的初值计算方法类似，假设需要定时的时长为 Tx，计数器的模值为 M，计数器(TH 和 TL)设置的初值为 TC，晶振的周期为 Tosc，则存在以下关系式：

$$TC=M-Tx/(12\cdot Tosc)$$

或

$$Tx=12\cdot Tosc\cdot (M-TC)$$

其中，M 与工作方式有关。当初值 TC=0 时，Tx 为最大定时时间。假设晶振频率为 12MHz，易得各方式下，最大定时时间 Tmax 分别为

方式 0 时，　　　$Tmax=12\cdot 10^{-6}\cdot 2^{13}=8.192ms$

方式 1 时，　　　$Tmax=12\cdot 10^{-6}\cdot 2^{16}=65.536ms$

方式 2 和方式 3 时，　$Tmax=12\cdot 10^{-6}\cdot 2^{8}=0.256ms$

2. 应用举例

【例 5.4】　利用定时器在 P1.0 引脚输出频率为 1kHz 的方波，设单片机晶振频率为 12MHz。

解答：

1kHz 的方波，其周期为 1ms。每 0.5ms 使 P1.0 引脚电平状态发生一次翻转，即可输出 1kHz 的方波。所以问题的关键在于如何使用定时器定 0.5ms。

这里假设使用定时器/计数器 T0，具体过程为

(1) 设置定时器/计数器为定时模式，关门控位，即 C/T=0，GATE=0。

(2) 计算定时初值。因为，晶振频率为 12MHz，其 12 分频后周期为 1μs。所以，初值

$$TC=M-0.5ms/1\mu s=M-500$$

(a) 当选用方式 0 的 13 位计数器时，TC=8192−500=7692=1E0CH。

但是 13 位计数器中，TH0 为高 8 位，TL0 只使用低 5 位，其高 3 位弃用，则 T0 的初值调整为

TH0=0F0H　TL0=0CH

(b) 当选用方式 1 的 16 位计数器时，TC=65536−500=65036=FE0CH，此时 TH0=0FEH，TL0=0CH。

(3) 设置中断相关寄存器。

IP 初始化：因只使用一个中断源，IP 可设置为 00H。

IE 初始化：开中断总允许 EA=1；定时器 T0 中断允许 ET0=1。

(4) 启动定时器 TR0=1。

(5) 编写中断处理程序。

每进入一次中断，即时间过了 0.5ms，应使 P1.0 引脚电平状态翻转。具体过程包括：

(a) 保护现场。

(b) 对 T0 重设初值。

(c) CPL P1.0。

(d) 恢复现场。

(e) 中断返回。

采用方式 0 的主程序如下：

```
        ORG     0000H
        AJMP    MAIN          ;复位入口
        ORG     0040H
MAIN:
        MOV     SP, #60H      ;初始化堆栈
        MOV     TH0, #0F0H    ;T0 赋初值
        MOV     TL0, #0CH
        MOV     TMOD, #00H    ;(GATE=0,C/T=0,M1=0,M0=0 方式0)
        SETB    ET0           ;开 T0 中断
        SETB    EA            ;开总允许中断
        SETB    TR0           ;启动 T0
LOOP:   AJMP    $             ;跳自身死循环等待中断
```

采用方式 0 的中断处理程序如下：

```
        ORG     000BH
        AJMP    TIME0           ;T0 中断入口
        ORG     0100H
TIME0:
        MOV     TL0, # 0CH      ;重赋初值
        MOV     TH0, # 0F0H
        CPL     P1.0            ;输出 1kHz 方波
        RETI
        END
```

采用方式 1 的主程序如下：

```
        ORG     0000H
        AJMP    MAIN            ;复位入口
        ORG     0040H
MAIN:
        MOV     SP, # 60H       ;初始化堆栈
        MOV     TH0, # 0FEH     ;T0 赋初值
        MOV     TL0, # 0CH
        MOV     TMOD, # 01H     ;(GATE=0,C/T=0,M1=0,M0=1 方式1)
        SETB    ET0             ;开 T0 中断
        SETB    EA              ;开总允许中断
        SETB    TR0             ;启动 T0
LOOP:   AJMP    $               ;跳自身死循环等待中断
```

采用方式 0 的中断处理程序如下：

```
        ORG     000BH
        AJMP    TIME0           ;T0 中断入口
        ORG     0100H
TIME0:
        MOV     TL0, # 0CH      ;重赋初值
        MOV     TH0, # 0FEH
        CPL     P1.0            ;输出 1kHz 方波
        RETI
        END
```

【例 5.5】 某系统有三个外部中断源，而 MCS-51 只有两个外部中断输入引脚。试利用定时器/计数器 T1 的方式 2 为该系统扩展一个外部中断。

解答：

定时器/计数器工作在计数模式时，脉冲信号由引脚 P3.5 输入。题目要求扩展一个外部中断，可将定时器/计数器 T1 设置成计数模式，工作在方式 2，并设初值为 FFH，只要引脚 P3.5 出现下降沿，则定时器/计数器加 1 溢出并向 CPU 申请中断。

主程序如下：

```
        ORG     0000H
        AJMP    MAIN            ;复位入口
        ORG     0040H
MAIN:
        MOV     SP, #60H        ;初始化堆栈
        MOV     TH1, #0FFH      ;T1 赋初值
        MOV     TL1, #0FFH      ;T1 工作在方式 2(8 位自动重装),
                                 TL1=TH1
        MOV     TMOD, #60H      ;(GATE=0,C/T=1,M1=1,M0=0 方式2)
        SETB    ET1             ;开 T1 中断
        SETB    EA              ;开总允许中断
        SETB    TR1             ;启动 T1
LOOP:   AJMP    $               ;跳自身死循环等待中断
```

中断处理程序如下：

```
        ORG     001BH
        AJMP    TIME1           ;T1 中断入口
        ORG     0100H
TIME1:                          ;外部中断处理子程
        …
        RETI
        END
```

【例 5.6】 试编程测量引脚 P3.2($\overline{INT0}$)的脉冲参数，高电平参数存于 31H(高 8 位)、30H(低 8 位)，低电平参数存于 33H(高 8 位)、32H(低 8 位)。

解答：

TMOD 寄存器中门控位的作用是：

GATE=0 时，TRi=1，即可启动 Ti(i=0 或 1)定时器/计数器。

GATE=1 时，TRi=1，且 $\overline{\text{INTi}}$ =1，即可启动定时/计数。

所以，可利用门控位启动脉冲高电平参数的测量程序。T0 设置成定时模式，参数读取在主程序中完成，不需要开中断。

程序如下：

```
          ORG       0000H
          AJMP      MAIN                ;复位入口
          ORG       0040H
MAIN:
          MOV       SP,#60H             ;初始化堆栈
          MOV       TH0,#00H            ;T0 赋初值 0
          MOV       TL0,#00H            ;
          MOV       TMOD,#09H           ;(GATE=1,C/T=0,M1=0,M0=1
                                        方式 1)
          SETB      TR0                 ;启动 T0
LOOP:     JNB       P3.2,LOOP           ;等待引脚 P3.2 变为高电平
LOOP1:    JB        P3.2,LOOP1          ;等待引脚 P3.2 变为低电平
          MOV       31H,#TH0            ;读取脉冲的高电平参数
          MOV       30H,#TL0
          MOV       TH0,#00H            ;T0 赋初值 0
          MOV       TL0,#00H
          MOV       TMOD,#01H           ;关门控位(GATE=0,C/T=0,
                                         M1=0,M0=1 方式 1)
LOOP2:    JNB       P3.2,LOOP2          ;等待引脚 P3.2 变为高电平
          MOV       33H,#TH0            ;读取脉冲的低电平参数
          MOV       32H,#TL0
          CLR       TR0                 ;关定时器 T0
          END
```

利用上述程序测量的脉冲参数，可计算脉冲的高低电平时间：

$$\text{高电平时间}=(31\text{H}\cdot 256+30\text{H})\cdot\text{机器周期}$$

$$\text{低电平时间}=(33\text{H}\cdot 256+32\text{H})\cdot\text{机器周期}$$

由于机器周期是晶振周期的 12 倍，所以选择不同的晶振频率测量的脉冲参数是不同的，但计算的高低电平时间却是一样的。

【例 5.7】　试编程实现实时时钟。假设晶振频率为 12MHz，时、分、秒按十六进制数分别存于片内 RAM 的 72H、71H 和 70H 中，初始时间为 12：53：48。显示为动态显示，并且有显示子程 DISPLAY 可供调用。

解答：

实时时钟的最小计时单位为 1s，而在 12MHz 晶振情况下，方式 1 的最大定时长度为 65.536ms。为实现 1s 定时，可将定时器的定时时间定为 50ms，在溢出中断程序中对溢出次数进行累计，当计满 20 次时，可得到秒计时，使“秒”单元加 1。此时定时器的初值

$$TC=M-50ms/1\mu s=65536-50000=15536=3CB0H$$

从秒到分、从分到时可通过在中断处理程序中增加比较指令的方法实现。“秒”单元满 60 时，“分”单元加 1，同时“秒”单元清零；“分”单元满 60 时，“时”单元加 1，同时“分”单元清零；“时”单元满 24 时，“时”单元清零。其中断处理流程图如图 5.19 所示。

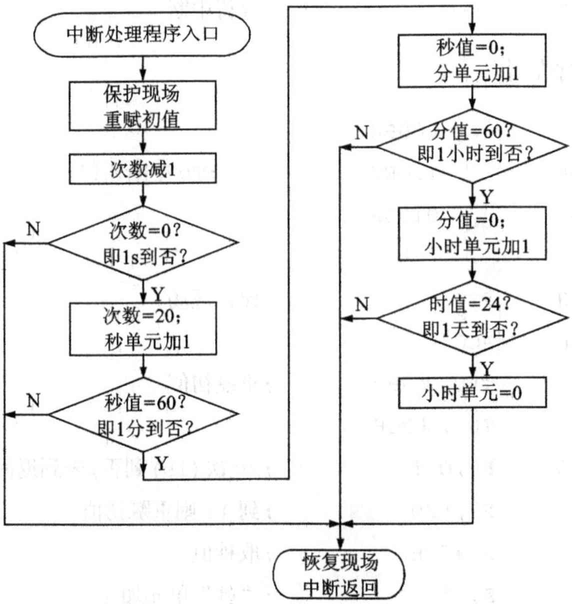

图 5.19　实时时钟的中断处理流程图

主程序如下：

```
ORG        0000H
AJMP       MAIN            ;复位入口
ORG        0040H
```

```
MAIN:
    MOV     SP,#60H          ;初始化堆栈
    MOV     72H,#12          ;时钟赋初值
    MOV     71H,#53
    MOV     70H,#48
    MOV     R7,#20           ;溢出次数赋初值
    MOV     TL0,#0B0H        ;T0 赋初值
    MOV     TH0,#3CH
    MOV     TMOD,#01H        ;(GATE=0,C/T=0,M1=0,M0=1 方式 1)
    SETB    ET0              ;开 T0 中断
    SETB    EA               ;开总允许中断
    SETB    TR0              ;启动 T0
LOOP:
    LCALL   DISPALY          ;调显示子程序
    AJMP    LOOP             ;等待中断
```

中断处理程序如下:

```
    ORG     000BH
    AJMP    TIME0            ;T0 中断入口
    ORG     0100H
TIME0:
    PUSH    PSW              ;保护现场
    PUSH    ACC
    MOV     TL0,#0B0H        ;重赋初值
    MOV     TH0,#3CH
    DJNZ    R7,OUT           ;20 次(1s)到否,未到返回
    MOV     R7,#20           ;到 1s 则重赋初值
    MOV     A,#70H           ;取秒值
    ADD     A,#1             ;"秒"单元加 1
    MOV     70H,A            ;存秒值
    CJNE    A,#60,OUT        ;"秒"单元到 60 否,未到返回
    MOV     70H,#00          ;到 60 秒,则秒清零
    MOV     A,#71H           ;取分值
    ADD     A,#1             ;"分"单元加 1
    MOV     71H,A            ;存分值
```

```
        CJNE    A,#60,OUT           ;"分"单元到60否,未到返回
        MOV     71H,#00             ;到60分,则分清零
        MOV     A,#72H              ;取"时"值
        ADD     A,#1                ;"时"单元加1
        MOV     72H,A               ;存"时"值
        CJNE    A,#24,OUT           ;"时"单元到24否,未到返回
        MOV     72H,#00             ;到24时,则"时"清零
   OUT:
        POP     ACC                 ;恢复现场
        POP     PSW
        RETI
        END
```

应当指出，上述程序实现的50ms定时并不十分准确，原因有二：

(1) CPU响应中断存在延迟。CPU响应中断的最短时间为3个机器周期，在没有中断嵌套的情况下响应中断的最长时间为8个机器周期(有中断嵌套的情况下其响应时间不可预知)。因为无法预知CPU响应中断时正在执行哪一类指令，故通常按4~5个机器周期计算。

(2) CPU从响应中断到完成初值重装存在延迟。在CPU从响应T0中断到完成定时器初值重装这段时间中，定时器T0并不停止工作，而是继续计数。从程序可以看出，这段时间其实就是执行AJMP TIME0、PUSH PSW、PUSH ACC和MOV TL0，#0B0H这四条指令的时间，共8个机器周期。

因此，为了确保T0能准确定时50ms，重装的定时器时间常数初值必须加以修正，按上述延迟时间计算，其定时初值可修正为3CBCH或3CBDH。

当然，要实现更精确的计时，实际系统常用专门的计时芯片去完成。

习　题

5.1　中断的定义是什么？中断处理流程是怎样的？

5.2　什么是中断嵌套？

5.3　中断的作用是什么？

5.4　MCS-51的中断系统有哪些中断源？各有什么特点？它的标志位各是什么？

5.5　MCS-51的中断系统有几个中断优先级？中断优先级是如何控制的？

5.6　如果要使串行中断和$\overline{INT0}$中断，将串行口中断设置为高优先级、$\overline{INT0}$中断设置为低优先级，应该如何对有关的SFR进行设置？

5.7　中断服务子程序返回指令 RETI 和普通子程序返回指令 RET 有什么区别？

5.8　外部中断源有哪几种扩展方法？

5.9　MCS-51 定时器/计数器有哪几种工作方式，各有什么特点？

5.10　如果采用 12MHz 的晶振，MCS-51 定时器/计数器各工作方式的最大定时时间各是多少，如果要进行更长时间的定时，可用什么方法？

5.11　生产线有一道装箱工序，该工序对产品进行计数，每计满 24 个则装箱一次，装箱需花费 100ms，该时间远小于生产 24 个产品的时间。试用 T1 作为产品计数，每计满 24 个由 T0 进行定时，输出 100ms 的正脉冲信号用以装箱(采用 12MHz 的晶振)。

5.12　8051 单片机定时器 T0 的定时值由片外 RAM1000H 内的数值 x 决定，如果 x=0，则定时 8s，如 x！ =0，则定时 11s，试编写相关程序。

第 6 章　并行接口技术

一个实际的 MCS-51 应用系统，除了单片机外，一般还有存储器、外部设备等，如图 6.1 所示是一个典型的单片机应用系统。单片机外部的这些设备可以分为输入设备和输出设备两类：输入设备如键盘、A/D 等，数据由外设传至单片机；输出设备如 D/A、显示等，数据由单片机传至外设；还有些设备既可以输入数据也可以输出数据(如 RAM、触摸屏等)。一般来说，单片机的三总线(地址总线、数据总线、控制总线)并不是直接和外部设备相连接的，而是通过各种接口电路再接到外部设备。接口电路也叫做输入/输出(In/Out Interface，I/O)接口电路，可以分为并行接口和串行接口两种。

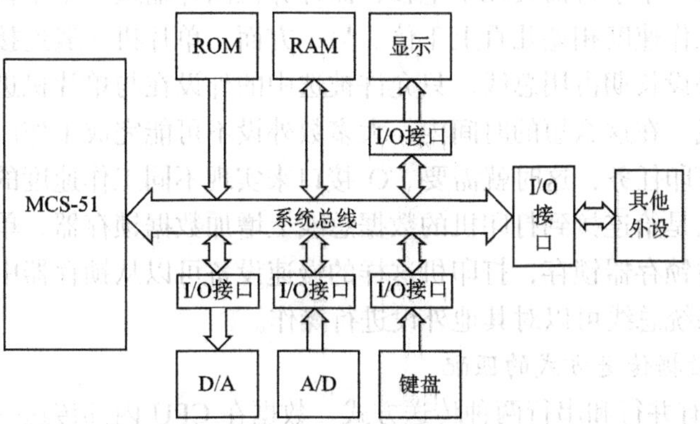

图 6.1　典型单片机应用系统结构图

本章将对 I/O 接口电路作一般的讨论，介绍存储器扩展技术和常见键盘/显示接口技术，从而使读者对整个单片机应用系统的建立和工作有更明确的认识。

6.1　I/O 接口概述

单片机与外部设备(外设)需要进行信息交换，但是外设传递信息的性质、传送方式、传送速度等不尽相同，因此单片机和外设之间不是简单地直接相连，而是借助 I/O 接口这个过渡电路才能协调起来。掌握好 I/O 接口的相关概念对采用合适的接口电路连接外设是非常重要的。

6.1.1　I/O 接口的定义及作用

1. I/O 接口的定义

I/O 接口又叫做输入输出接口，是外设与单片机之间的那部分电路，主要用于协调单片机与外设联机工作，是单片机与外设交换信息的桥梁。

2. I/O 接口的分类

I/O 接口从数据传送形式上可以分为并行 I/O 接口和串行 I/O 接口两种。并行 I/O 接口的数据传送是并行的，即数据在 8 条数据总线上同时传送，一次传送 8 位二进制信息(一个字节)；串行 I/O 接口的数据传送是串行的，即数据在一条数据总线上分时地传送，一次只传送一位二进制信息。

3. I/O 接口的作用

1) 实现工作速度的匹配

不同外设的工作速度差别很大，但大多数外设的速度很慢。例如，一般的字符打印机打印一个字符需要几十毫秒，而计算机向外输送一个字符信息只需若干微秒，两者工作速度相差几百上千倍。另一方面，单片机一般连接了多个外设，不允许某个外设长期占用总线，只允许被选中的外设在与单片机进行数据交换时享用数据总线。在这么短的时间内，大多数外设不可能完成工作。比如打印机就不可能完成打印任务，这时就需要 I/O 接口来实现不同工作速度的匹配。一种比较简单的方法是给连接到打印机的数据总线上增加数据锁存器，单片机向打印机发送的数据被锁存器锁存，打印机这样的慢速设备可以从锁存器中得到数据。此时单片机的系统总线可以对其他外设进行操作。

2) 实现数据传送方式的匹配

I/O 数据有并行和串行两种传送方式。数据在 CPU 内部传送一般是并行的，而有些外设的数据传送是并行的，还有一些外设(串口硬盘、通信系统)中的数据传送是串行的。因此，单片机在和这些采用串行数据传送的外设连接时必须采用能够改变数据传送方式的 I/O 接口电路，实现串行数据和并行数据的相互转换。

3) 实现信号性质的匹配

单片机送出的信号一般为 5V 电平、正逻辑的数字信号(高电平为“1”，低电平为“0”)，而外设使用的信号千差万别。例如，通信系统中使用的信号就是负逻辑(负电平为“1”，正电平为“0”)；直流电机的转速控制信号一般为模拟信号；电传电报信号的电平高达几十伏。这些都需要 I/O 接口电路将外设信号转换成单片机能识别的信号或者将单片机送出的信号转换成适用外设的信号。

总之，接口电路主要是为了解决单片机与外设工作速度不一致、数据传送方式不一致、信号性质不一致而不得不采用的。对于一般存储器而言，其信号与 MCS-51 单片机的信号是完全一致的，只要存取速度能满足设计要求，就可以直接互连。若存储器的存取时间较长，则仍然要采取接口电路来解决。

6.1.2　I/O 接口的四种传送方式

为了实现与不同外设的连接，I/O 接口必须根据不同外设选择恰当的 I/O 数据传送方式。I/O 数据传送方式有以下四种方式。

1. 直接传送方式

直接传送方式也叫同步传送方式或无条件传送方式。它是一种不考虑外设状态的数据传送方式。当外设工作速度能与 CPU 速度相比拟，或者可以认为外设始终准备好时，常采用这种方式。比较典型的例子有：

(1) 单片机与外部存储器之间的数据传送。因为存储器读写一个数据的时间一般在几个微秒，这与单片机的读写指令执行时间相匹配。

(2) 单片机与键盘之间的数据传送。键盘的工作速度非常慢，一次按键一般在 0.2s 左右。对按键状态进行读取时，可以认为键盘始终准备好。

(3) 单片机与 LED 显示器件之间的数据传送。LED 显示从驱动形式上可以分为动态显示和静态显示。但无论哪种显示形式，显示的目的都是给人看，人的眼睛对高于 25Hz(40ms)的闪动是分辨不出来的。实际应用中，一般每隔 20ms(即 50Hz)才驱动一次显示。这个时间间隔足够显示器件完成显示，所以可以认为显示器件始终准备好。

直接传送方式的优点是接口电路简单，程序易控制，但不是所有外设都能采用这种数据传送方式。

2. 查询方式

查询方式又称为有条件传送或异步传送。单片机不断查询外设的状态，如果外设准备好，则进行数据传送；如果外设正处于忙状态，则等待(或执行其他程序)。查询方式的优点是通用性好，硬件连接和程序编写相对简单，但是效率不高。

3. 中断方式

中断方式是利用单片机本身的中断功能和 I/O 接口的中断功能来实现对外设 I/O 数据的传送。当外设准备好时，外设通过接口电路向单片机发出中断请求信号，单片机响应中断后在中断处理程序中完成数据的传送。下面以单片机控制字符打印机为例对比查询方式和中断方式。

如图 6.2(a)所示为查询控制方式。单片机不断查询 P1.1 的状态，如果为高电平，表示打印机正处于忙状态；如果为低电平，表示打印机准备好，单片机可以将要打印的数据送打印机。

如图 6.2(b)所示为中断控制方式。单片机执行主程序，当打印机准备好后向单片机发出中断请求，单片机响应中断，在中断处理程序中将要打印的数据传送到打印机中，此后单片机又可以去执行主程序。(图中为比较两种数据传送方式，省略了数据锁存和地址译码部分，实际电路设计中应考虑。)

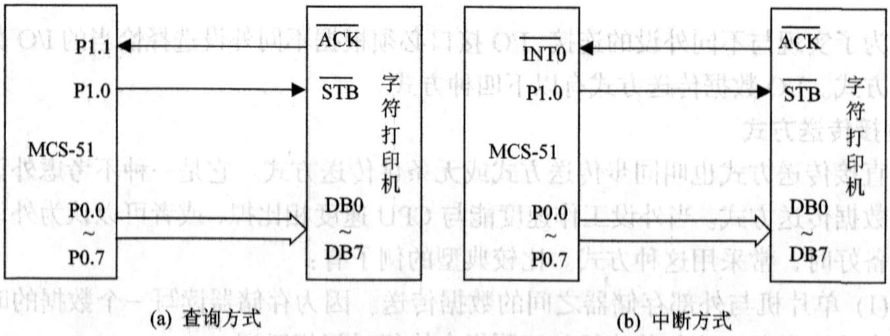

图 6.2　两种数据传送方式的比较

可见中断方式相比于查询方式，单片机的工作效率较高。一般在单片机要控制的外设不多或系统对时间的要求不高时才采用查询方式。

4. DMA 方式

直接存储器存取(Direct Memory Access，DMA)是一种由硬件执行数据传送的工作方式。它能够大大提高批量数据传送时的工作效率，实现外设与外设之间、外设与内存之间、内存与内存之间数据的直接传送。DMA 传送必须依靠带有 DMA 功能的 CPU 和专用 DMAC(DMA 控制器)来实现。如图 6.3 所示为 DMA 传送方式的电路原理框图。

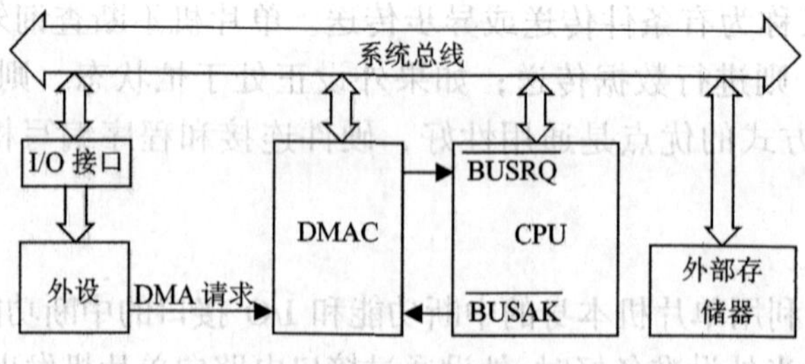

图 6.3　DMA 方式的电路原理框图

现以从外部存储器传送一批数据到外设为例简述 DMA 传送 I/O 数据的工作过程。

1) 对 DMA 控制器进行初始化

初始化的内容包括将要传送的数据首地址及数据个数送 DMAC，数据的目标地址送 DMAC，允许 DMA 数据传送方式。

2) CPU 等待 DMA 请求

CPU 对 DMA 控制器进行初始化后，可以去执行其他程序，这个过程也是等待 DMA 数据传送请求的过程。当外设准备好后，外设向 DMAC 发出 DMA 请求信号，DMAC 接收到该请求信号后又向 CPU 发出 $\overline{\text{BUSRQ}}$(总线请求)信号。

3) CPU 应答

如果 CPU 允许 DMA 方式并且系统总线不忙时，CPU 将放弃对系统总线的控制权，同时向 DMAC 返回一个 $\overline{\text{BUSAK}}$ (总线请求应答)信号以指示 DMAC 接管系统总线。

4) DMAC 控制三总线完成数据传送

DMAC 向 CPU 的总线请求被 CPU 允许后(接收到 CPU 返回的总线应答信号)，DMAC 将接管对系统总线的控制权。第一步，根据数据首地址读取外部存储器的第一个数据到数据总线上，同时地址自动加 1，数据个数减 1；第二步，选通外设使外设直接从数据总线上接收数据；第三步，DMCA 判断要传送的数据是否完成(即数据个数是否为 0)，未完则返回到第一步执行，完成则结束 DMA 传送并向 CPU 交出系统总线的控制权。

从上述 DMA 数据传送过程可知 DMA 方式的特点：

(1) 必须由 DMA 控制器和具有 DMA 功能的 CPU 共同完成。

(2) 数据传送时，CPU 将三总线的控制权交给 DMA 控制器，此时 CPU 可以去执行其他不需要控制三总线的指令，提高了 CPU 的工作效率。

(3) 数据经由数据总线直接在外设与存储器间传送，不需要转道 CPU，因此，批量数据传送时可以提高传送速度。

应当指出，MCS-51 不具备 DMA 功能，也没有提供用户 $\overline{\text{BUSRQ}}$ 和 $\overline{\text{BUSAK}}$ 两条引脚线，故 MCS-51 无法简单地与 DMA 控制器联机工作。

6.1.3　I/O 口的编址技术

一般来说，每连接一个外设就需要一个 I/O 接口。但每个 I/O 接口要传送的信息除了数据信息，还有可能传送外设的状态信息，也有可能传送单片机发送过来的命令信息。我们把 I/O 接口电路中用以完成某种信息传送，并可由单片机通过端口地址进行读写的寄存器称为 I/O 端口(Port)。一般来说，一个 I/O 接口包含了多个 I/O 端口。

I/O 端口有时也简称 I/O 口，可以分为数据口、命令口和状态口。当然，并不是所有的外设都具有这三种口。对 I/O 端口的编址实际上是给 I/O 接口电路中的每个 I/O 端口赋予一个地址(通常是唯一的)，以便 CPU 通过这个地址和外设交换信息。大部分情况是一个 I/O 端口对应着一个地址，但也可以一个 I/O 端口对应着多个地址。反过来，一个地址对应多个 I/O 端口的情况则是不被允许的，因为，单片机对外部 I/O 设备进行读写操作实质上是对 I/O 口地址的读写操作，如果一个地址对应多个 I/O 端口，读写操作时数据就会出现冲突。

常用的 I/O 端口编址有两种方式：一种是外设端口单独编址方式；另一种是外设端口和存储器统一编址方式。

1) 外设端口单独编址方式

外设端口单独编址是指外设端口的地址空间与存储器的地址空间分开。单独编址的优点是外设端口地址和存储器地址空间相互独立，界线分明。但是，却需要设置一套专门的读写 I/O 的指令和控制信号。例如，Z80 单片机的 I/O 端口的编址就属于这种方式，它利用 IN、OUT 指令对外设进行读写操作，用 MOVX 指令对外部存储器进行读写操作；在硬件连接上，也采用不同管脚分别对存储器和外设进行选通。

2) 外设端口和存储器统一编址方式

这种编址方式是把 I/O 端口的寄存器与 RAM 单元同等对待，统一进行编址。统一编址方式的优点是不需要专门的 I/O 指令，直接使用访问 RAM 的指令进行 I/O 操作，简单、方便且功能强。

MCS-51 单片机使用的是 I/O 口和外部存储器统一编址的方式。用户可以把外部 64KB 的 RAM 空间的一部分作为 I/O 接口的地址空间，I/O 接口中的每个端口(功能寄存器)就相当于一个数据存储单元，CPU 可以像访问外部 RAM 那样访问 I/O 接口芯片，对其功能寄存器进行读、写操作。

6.2 内部 I/O 端口

6.2.1 内部 I/O 端口的结构与工作原理

MCS-51 单片机有 4 个 8 位并行 I/O 端口(32 根 I/O 引脚)，分别命名为 P0、P1、P2 和 P3。每个 I/O 端口都包含了一个 8 位数据锁存器，一个 8 位输出驱动器和两个(P3 端口为 3 个)8 位输入缓冲器。其中，8 位数据锁存器和端口号 P0、P1、P2 和 P3 同名，属于 21 个 SFR 中的 4 个，用于存放需要输出的数据。

P0、P1、P2 和 P3 端口的位结构如图 6.4 所示，由图可以看出每个 P 口的位结构并不完全相同，功能也不一样。下面从各 P 口位结构的异同上分析各 P 口的功能。

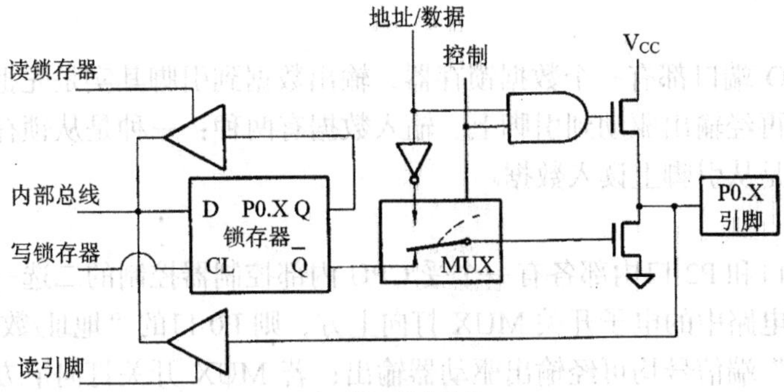

(a) P0 端口的位结构

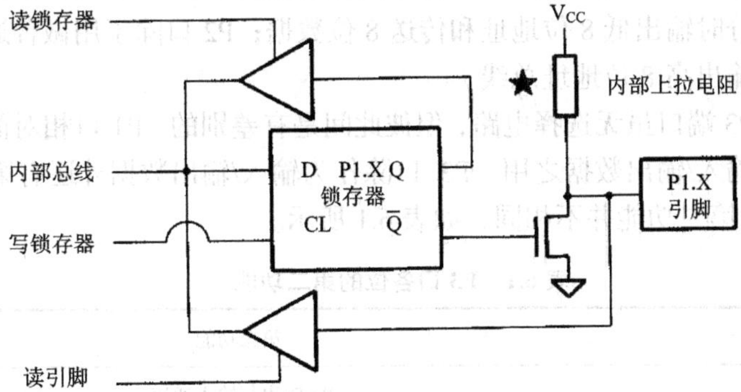

(b) P1 端口的位结构

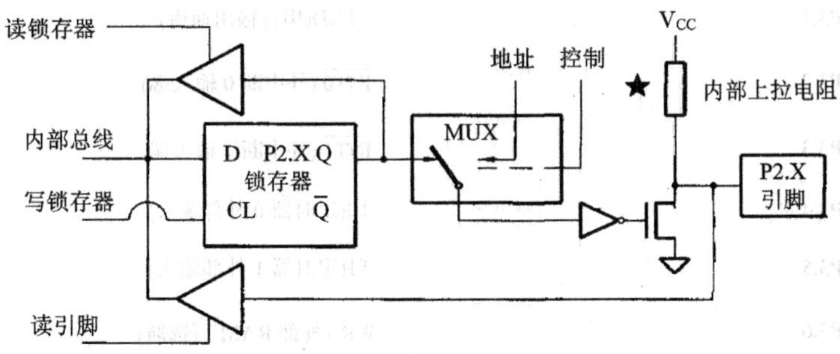

(c) P2 端口的位结构

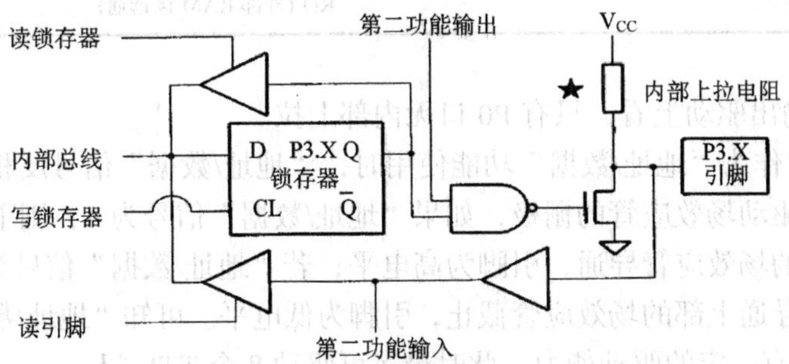

(d) P3 端口的位结构

图 6.4　MCS-51 各 I/O 端口的位结构

1. 相同点

每位 I/O 端口都有一个数据锁存器，输出数据到引脚其实是先把数据写入到锁存器中，再经输出驱动到引脚上。输入数据有两种：一种是从锁存器中读入数据，另一种是从引脚上读入数据。

2. 不同点

(1) P0 口和 P2 口内部各有一个受 CPU 内部控制器控制的二选一电路。若控制端使选择电路中的电子开关 MUX 打向上方，则 P0 口的“地址/数据”端和 P2 口的“地址”端信号均可经输出驱动器输出；若 MUX 开关打向下方，则端口锁存器中的信号得以输出。因此，P0 口除了用做普通的 I/O 口外，还可用做“地址/数据”总线，分时输出低 8 位地址和传送 8 位数据；P2 口除了用做普通的 I/O 口外，还可用作输出高 8 位地址总线。

(2) P1 和 P3 端口虽无选择电路，但彼此间是有差别的。P1 口相对简单，无第二功能，仅作输入/输出数据之用。P3 口除作为输入/输出数据外还有第二功能，但 P3 口各位的第二功能并不相同，如表 6.1 所示。

表 6.1　P3 口各位的第二功能

P3 口的位	第二功能
P3.0	RXD(串行输入通道)
P3.1	TXD(串行输出通道)
P3.2	$\overline{INT0}$ (外中断 0 输入端)
P3.3	$\overline{INT1}$ (外中断 1 输入端)
P3.4	T0(定时器 0 外部输入)
P3.5	T1(定时器 1 外部输入)
P3.6	$\overline{WR}$ (外部 RAM 写选通)
P3.7	$\overline{RD}$ (外部 RAM 读选通)

(3) 从输出驱动上看，只有 P0 口无内部上拉。

当 P0 口作为“地址/数据”功能使用时，“地址/数据”信号反相后经多路开关送到输出驱动场效应管的栅极，如果“地址/数据”信号为 1，则下部的场效应管截止上部的场效应管导通，引脚为高电平；若“地址/数据”信号为 0，则下部的场效应管导通上部的场效应管截止，引脚为低电平。可知“地址/数据”功能使用时，P0 口有一定的驱动能力，此时最多可驱动 8 个 TTL 门。

当 P0 口作为通用 I/O 口使用时，输出驱动的上端场效应管断开，相当于 OC

门输出，无电流输出能力，但有电流吸收能力。实际应用中应考虑外接上拉电阻。

P1、P2和P3口内部均有上拉电阻，最多可驱动4个TTL门。

6.2.2 内部I/O口的应用

1. I/O口的操作方式

MCS-51的4个I/O端口共有三种操作方式：输出数据方式、输入数据方式和读-改-写方式。

1) 输出数据方式

在此方式下，CPU通过一条输出操作指令就可以把输出数据写入P0~P3端口的锁存器，然后通过输出驱动器送到端口引脚线。以P0口输出数据为例，如下指令可实现：

```
MOV  P0,A          ;累加器A中内容送P0口
MOV  P0,#data      ;数据data送P0口
MOV  P0,@R0        ;间接寻址方式下数据送P0口
```

2) 输入数据方式

输入数据方式其实就是读端口方式。由端口的位结构可以看出，读端口可分为读端口锁存器和读端口引脚方式。

以指令MOV A，P1为例，单片机在执行指令时，控制器发出读引脚信号，打开下边的三态门，引脚上的状态经三态门进入内部总线，并送入A中。由P1口的位结构图可见，要使P1引脚上的高/低电平均可输入，必须使输出驱动器处于截止状态。所以要读I/O口引脚上的数据，应先向P1口锁存器写“1”。如果在单片机在执行该指令之前未向P1口锁存器写“1”，此时读入累加器的数据其实为P1端口锁存器中的数据，而非管脚上的数据。因此称P1口为准双向口。

3) 读-改-写方式

单片机中设置了一类直接对端口进行操作的指令。例如：

```
INC        P1            ;P1端口数值加1
ANL        P1,A          ;P1与累加器A相“与”,结果存入P1口
ORL        P1,#data      ;P1与数据data相“或”,结果存入P1口
```

执行这些指令时，先使读锁存器信号有效，打开上端三态门，将锁存器的内容读出，按指令要求修改后再写入锁存器，所以称为“读-改-写”方式。这类指令不是对端口引脚上的数据进行操作。若要对引脚上数据进行操作则只能先将引脚数据读入CPU，运算后再输出。

值得注意的是：MCS-51内部的4个端口均可进行位寻址，有时只需对某位

进行操作时采用位操作指令更方便。

2. I/O 口的读写应用

下面通过一个实例说明 I/O 口的读写应用。

【例 6.1】 某火灾报警系统有三个火警传感器：温度传感器、烟雾传感器和光传感器。已知当对应传感器检测到有火警时输出为高电平，为防止误报，该系统采用两个及两个以上传感器同时检测到火警时才报警。试编程实现。

解答：

设温度传感器、烟雾传感器和光传感器的输出信号分别为 X、Y 和 Z，报警信号为 F。由题意可知

$$F = XY\overline{Z} + X\overline{Y}Z + \overline{X}YZ + XYZ$$

$$= XY + XZ + YZ$$

设三个传感器信号分别从 P1.0、P1.1 和 P1.2 输入，报警信号从 P1.7 输出。易得电路原理图如图 6.5 所示。

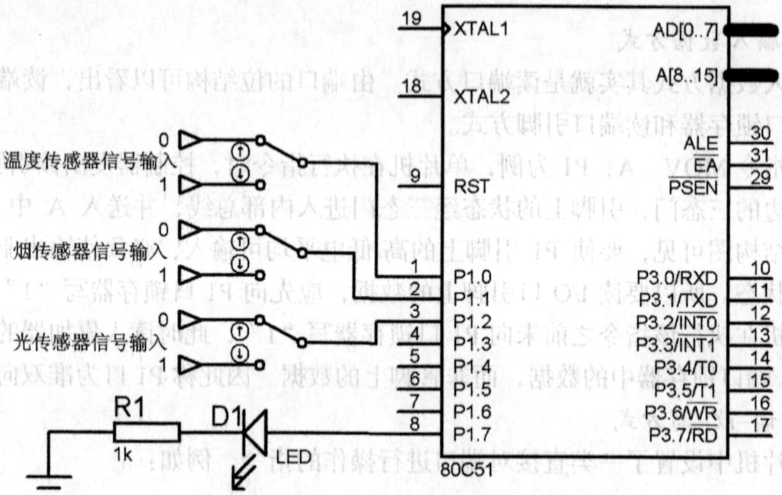

图 6.5　火灾报警系统电路原理图

程序如下：

```
        X       EQU     20H         ;位地址赋值
        Y       EQU     21H
        Z       EQU     22H
        F       EQU     23H
LOOP1： ORL     P1,#07H             ;锁存器输出 1 准备三个传感器信号的输入
LOOP2： MOV     X,P1.0              ;输入信号 P1.0 到 X
```

```
MOV   Y,P1.1        ;输入信号 P1.1 到 Y
MOV   Z,P1.2        ;输入信号 P1.2 到 Z
MOV   C,X           ;X 暂存于 C
ANL   C,Y           ;求 XY
MOV   F,C           ;暂存于 F
MOV   C,X           ;X 暂存于 C
ANL   C,Z           ;求 XZ
ORL   C,F           ;求 XY+XZ
MOV   F,C           ;暂存于 F
MOV   C,Y           ;Y 暂存于 C
ANL   C,Z           ;求 YZ
ORL   C,F           ;求 XY+XZ+YZ
MOV   F,C           ;结果存入 F 中
MOV   P1.7,F        ;输出结果
AJMP  LOOP1         ;循环检测
```

6.3　MCS-51 与外部存储器的接口

存储器是由许多具有记忆功能的存储电路组成的，每个存储电路称为存储器的 1 位，可以存储 1 位二进制信息。大部分存储器是将 8 位存储电路组织在一起作为存储器中最基本的存储单元，称为一个字节(Byte)；当然，也有一些存储器是按 1 位、4 位、16 位或 32 位为一个存储单元的。每个存储单元都有一个对应的地址号，当存储器的地址线为 n 条时，则可使用的地址号有 2^n 个，或者说该存储器有 2^n 个基本存储单元。

对于微型计算机来讲，它的地址总线的数目，决定了它可以寻找的存储器地址的多少。当采用 MCS-51 单片机时，16 根地址线(P2 口为高 8 位地址线、P0 口为低 8 位地址线)其寻址范围就是 2^{16} (65536，64K)，换句话说，它最多可以连接容量为 64K 字节的存储器。

由于存储器具有记忆功能，在单片机应用系统中，常用于存储程序、数据和表格，是单片机应用系统中不可或缺的重要组成部分。根据存储器相对于单片机的位置可以分为内部存储器和外部存储器，关于单片机内部的存储器前面章节中已有介绍，下面对外部存储器的分类和一般特性进行介绍，并在此基础上讨论单片机与外部存储器的接口方法。

6.3.1　外部存储器

1. 存储器的分类及特点

传统分类方法中，外部存储器是按其读写特性进行分类的，可分为只读存储器(Read Only Memory，ROM)和随机存取存储器(Random Access Memory，RAM)两种。近年来，随着存储器技术的飞速发展，又出现了一些新型的存储器，读写特性也出现了新的变化。现在一般按断电后数据是否丢失分为易失性存储器(断电后数据丢失)和非易失性存储器(断电后数据不丢失)。新型存储器如 OTP ROM、Flash 存储器、FRAM、nvSRAM 和新型动态存储器等，其中，Flash 存储器因其良好的性能和较低的价格得到了广泛的重视和好评。为了与传统分类方法相接轨，下面分别对只读存储器、随机存取存储器和 Flash 存储器进行简单介绍。

1) 只读存储器

ROM 中的信息不因断电而消失，故它又属于非易失性存储器。根据这个特性，常用它来存储程序、常数和表格等，这些程序、常数和表格是用特殊手段固化进去的，但在正常工作状态下只能读不能写，因此而得名。按存储器信息固化工艺不同，ROM 可以分为掩模 ROM、PROM(Programmable Read Only Memory)和EPROM(Erasable Programmable Read Only Memory)三类。

掩模 ROM 的信息固化是由存储器制造商在芯片生产过程中利用掩模工艺完成的，因而芯片制造完毕后用户不能更改所存入的信息。掩模 ROM 结构简单、集成度高，但工艺成本也较高，只适用于大批量生产的产品。

PROM 也称为可编程 ROM。这种 ROM 在出厂时并未存储任何信息。用户要用专门的 PROM 编程器，根据自己的需要把信息(程序或数据、表格)写入到 PROM 中去，才可以在计算机系统中使用。但是，这种只读存储器只能编程一次，且写入的信息不能更改。

EPROM 也称为可擦除的 PROM。它不像 PROM 那样只能一次编程，在需要时用户可以使用专门的擦除器对固化的信息进行擦除，擦除后还可以再进行编程。根据擦除方法不同，EPROM 又可分为 UVEPROM(紫外线擦除)和 EEPROM(高压电脉冲擦除)两种。EPROM 因可多次编程，非常适用于系统开发阶段，但要注意，EPROM 的写入数据的次数是有限的，约为几百次到几万次不等。

2) 随机存储器

RAM 又称为读写存储器。正常工作时数据既可以读出又可以写入，并有如下特点：对 RAM 中任意单元执行读操作后原数据不变；执行写操作后原数据被新数据所替代。因此 RAM 可以用来存储实时数据、中间结果、最终结果或作为程序的堆栈区。按照信息存储的不同原理，RAM 通常可分为动态 RAM(Dynamic RAM，DRAM)和静态 RAM(Static RAM，SRAM)两类。

DRAM 是利用 MOS 管栅极和源极之间的极间电容来存储信息的。电容有电荷表示存有信息“1”，没有电荷表示存有信息“0”。由于 MOS 管的极间电容存在漏电电阻，经过一段时间电容的放电后，存储的信息会丢失，显然这对于存储器而言是不允许的。解决的办法是在信息丢失前对电容进行刷新。刷新可以补充存储电容上的电荷，由刷新电路自动完成，通常 2ms 刷新一次。DRAM 的集成度高、成本低、功耗低，适合于大容量存储器。但由于需要刷新电路，用它构成 RAM 时，外围控制电路比较复杂，使用不及 SRAM 方便。

SRAM 内部集成了大量触发器，利用触发器的记忆特性，每个触发器存储一位二进制信息。触发器中的信息可长久保存，无需刷新电路为它刷新。但由于每个触发器所用的晶体管数量较多，因而在芯片面积和集成度相同时，SRAM 芯片的存储容量比 DRAM 的要小。

3) Flash 存储器

Flash 存储器也称为闪速存储器，是一种原理上属于 ROM、功能上属于 RAM 的非易失性存储器。Flash 存储器的问世要追溯到 1987 年，当时，EPROM 的技术已广泛应用，但是 EPROM 的容量和擦除、编程速度一直不能令人满意。在这样的背景下，研究人员利用单个晶体管的 EEPROM 单元，加上高速高灵敏放大器等技术开发出了一种新型的存储器，容量达到 256KB，这比当时的 EPROM 最大到 64KB 的容量大了 4 倍；擦除和编程速度也比当时的 EPROM 快了近 10 倍，因而称为 Flash 存储器。随后的若干年，技术上和性能上也一直在不断发展。到 1998 年时，Flash 存储器的存储容量就从开始时的 256KB 发展到 128MB，提高了 500 倍；制造工艺也从开始的 2μm 技术进步到 0.25μm 技术；访问时间也缩短到几百纳秒。并且这样性能的存储器价格并不是很高。所以，Flash 存储器在计算机、通信、工业自动化以及各种家用电器设备中都得到了广泛的应用。在有些单片机中也出现了片内集成 Flash 存储器的品种，如 ATMEL 公司开发的 AT89S 系列单片机内部就集成了 Flash 存储器。预计这样的单片机芯片还会不断地出现。

Flash 存储器的分类一般从两个方面来划分：

(1) 从 Flash 存储器的擦除和编程所采用的技术来划分。Flash 存储器的擦除都是采用沟道热电子注入(CHE)技术。而在 Flash 存储器的编程中，可以采用 CHE 技术，也可以采用 Fowler-Nordheim 隧道效应(FN 隧道效应)。一般来说，CHE 技术的可靠性较高，但编程的效率较低。而 FN 隧道效应采用低电流进行编程，可以高效和低功耗的编程。

(2) 从 Flash 存储器的接口种类来划分。现在 Flash 存储器的接口可以分为三种类型。

第一种是标准的并行接口型。这种芯片具有独立的地址线和数据线，和 CPU 连接时，基本上和一般的存储器接口相似，只要三总线分别连接就可以。这种类型的芯片最多，如 Intel 公司的 A28F 系列，AMD 公司的 Am28F 系列和 Am29F 系列等。

第二种是 NAND(与非)接口型。NAND 型闪存其实也是一种采用并行接口的芯片，只是接口时采用了引脚分时复用的方法，使数据线、地址线、控制线分时复用 I/O 总线。这种接口的优点是引脚数可以减少很多。三星公司和日立公司都有 NAND 型 Flash 存储器的产品。

第三种是串行接口型。这种类型的芯片是通过串行数据总线与 CPU 连接的，因此接口相对简单。但由于数据和地址都是由同一条串行总线传输，所以要用不同的命令或特殊的时序来区分是地址操作还是数据操作。例如，National Semiconductor 公司就有串行接口的 Flash 产品。

2. 存储器的主要性能指标

存储器的性能指标是正确选用存储器的基本依据，也是进行单片机应用系统设计的基础。存储器的性能指标包括存储容量、存取速度、功耗、可靠性和使用寿命等。

1) 存储容量

存储容量是指存储器能够记忆的信息总量，主要受芯片的集成度、面积以及采用的制造工艺等影响。存储器的容量通常以位(bit)为单位，一片存储器芯片的容量定义为

$$芯片容量=存储单元数\times 每单元位数(位)$$

例如，Intel 公司的 EPROM 芯片 2716 的存储容量表示为 2K×8 位，说明 2716 是以 8 位为一个基本存储单元的，这样的存储单元有 2K 个。

需要注意的是，有些存储器的基本存储单元的位数并不是 8 位，如 DRAM 芯片 NMC5295 的存储容量表示为 16K×1 位，它是以 1 位为基本存储单元的，这在进行存储器扩展时要特别注意。

当存储容量较大时，也可采用 M 或 G 为单位，1M=1024K，1G=1024M。

2) 存取速度

存取速度用两个指标来衡量：存取时间和存储周期。

存取时间实际上应考虑读取时间和写时间。读取时间是指从输入地址有效到读出的数据在数据总线上稳定出现为止的一段时间间隔，它反映了在读操作时存储器的工作延迟。写时间是指写入操作时存储器从数据总线上获得数据到数据存入存储器内部的时间间隔。一般来说，双极型的存储器比 MOS 存储器的存取时间小得多，单片机系统常用的存储器的存取时间在几十到几百纳秒之间。很明显存取时间越短，系统的工作速度就越快。

存储周期则是指连续两次访问存储器之间所需的最小时间间隔。存储周期等

于存取时间加上存储器的恢复时间。

3) 功耗

存储器功耗是指存储器在正常工作时所消耗的电功率。该电功率由“维持功耗”和“操作功耗”两部分组成：“维持功耗”是指存储器芯片未被选中时所消耗的电功率；“操作功耗”是指存储器芯片选中工作时的电功率。因为存储器的工作电压常是固定值，所以有时也用“维持电流”和“操作电流”两个物理量来表示功耗的大小。

一般地，在其他指标相同时，功耗越小越好。

4) 可靠性和工作寿命

存储器的可靠性是指它对周围电磁场、温度和湿度等的抗干扰能力。由于一般存储器常采用 VLSI 工艺制成，故它的可靠性通常较高，工作寿命也较长，平均无故障时间可达几千小时以上。

3. 典型存储器的外部特性

存储器的种类虽然比较多，功能及特性也差别较大，但是为了扩展容易，存储器制造商在设计其外部特性时，还是遵循着一定规律的。下面介绍一些典型的存储器外部特性。

1) UVEPROM 芯片 27128、27256 和 27512 的外部特性

27XX 系列芯片是 Intel 公司生产的 EPROM 芯片，属于紫外线擦除的 PROM。其中，27 是系列号，后面的数值代表芯片的容量，以 Kbit(K 位)为单位。例如，27128 的存储容量是 128Kbit，因该系列 ROM 的字长都是 8 位，其容量也可以写成 16KB(16K 字节)。该系列的性能指标如下：28 脚双列直插封装，单一+5V 供电，工作电流为 100mA，维持电流为 40mA，最大读取时间为 250ns。

该系列中 27128、27256 和 27512 三个芯片的引脚如图 6.6 所示，图中省略了电源(VCC，28 脚)和地(GND，14 脚)。从图中可以看出除了地址线的条数有区别外，27256 和 27512 还将编程电源输入引脚和编程脉冲输入引脚设计成了功能复用脚，以减少引脚总数。现对各引脚说明如下：

(1) 地址线——A13~A0(27128，16KB)、A14~A0(27256，32KB)、A15~A0(27512，64KB)。

(2) 数据线——D7~D0。

(3) 片选信号——$\overline{CE}$，低电平有效。

(4) 数据输出允许信号——$\overline{OE}$，低电平有效。

(5) 编程脉冲输入信号——$\overline{PGM}$。

(6) 编程电源——VPP。

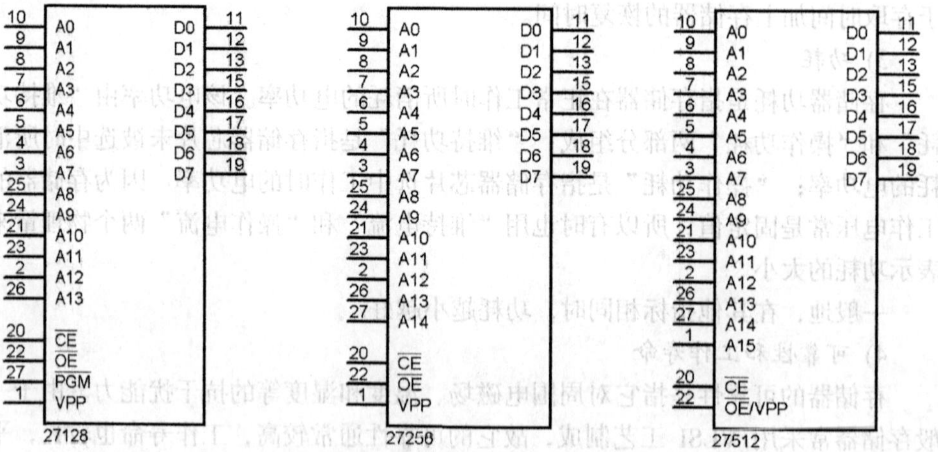

图 6.6　27128、27256 和 27512 的管脚图

2) EEPROM 芯片 2817 的外部特性

2817 是 Intel 公司生产的 EEPROM 芯片，存储容量为 2KB，8 位字长。它是一种可以省去全部硬件接口电路而且能执行数据写入的电可擦除 ROM。编程电压为+5V，最大读取时间为 240ns，数据写入时间较长，一般为十几毫秒。

2817 的引脚如图 6.7 所示，图中省略了电源(VCC，28 脚)和地(GND，14 脚)。现对各引脚说明如下：

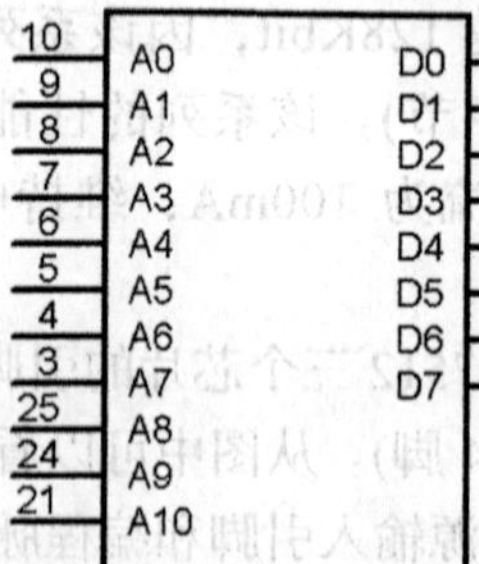

图 6.7　2817 的管脚原理图

(1) 地址线——A10~A0。

(2) 数据线——D7~D0。

(3) 片选信号——$\overline{CE}$，低电平有效。

(4) 数据输出允许信号——$\overline{OE}$，低电平有效。

(5) 数据写入信号——$\overline{WE}$，低电平有效。

(6) 总线防冲突信号——RDY/$\overline{BSY}$，2817 通过该引脚来避免总线冲突，若RDY/$\overline{BSY}$为低电平，则说明 2817 处于忙状态，此时不能对它进行操作；若RDY/$\overline{BSY}$为高电平，则说明 2817 处于空闲状态。

3) SRAM 芯片 6264 和 62256 的外部特性

62XX 系列是 Intel 公司的 SRAM 芯片，均为 8 位字长。其中，62 是系列号，后面的数值代表芯片的容量，常用的有 6264(8KB)、62128(16KB)、62256(32KB)、62512(64KB)等型号。该系列的性能指标如下：28 脚双列直插封装，单一+5V 供电，工作电流为 60mA，维持电流为只需 3mA，最大存取时间为 70ns。

图 6.8 给出了 6264 和 62256 的引脚图，图中省略了电源(VCC，28 脚)和地(GND，14 脚)。现对各引脚说明如下：

(1) 地址线——A12~A0(6264，8KB)、A14~A0(62256，32KB)。

(2) 数据线——D7~D0。

(3) 片选信号 1——$\overline{CE}$，低电平有效。

(4) 片选信号 2——CS，高电平有效(62256 无此片选)。

(5) 数据输出允许信号——$\overline{OE}$，低电平有效。

(6) 数据写入信号——$\overline{WE}$，低电平有效。

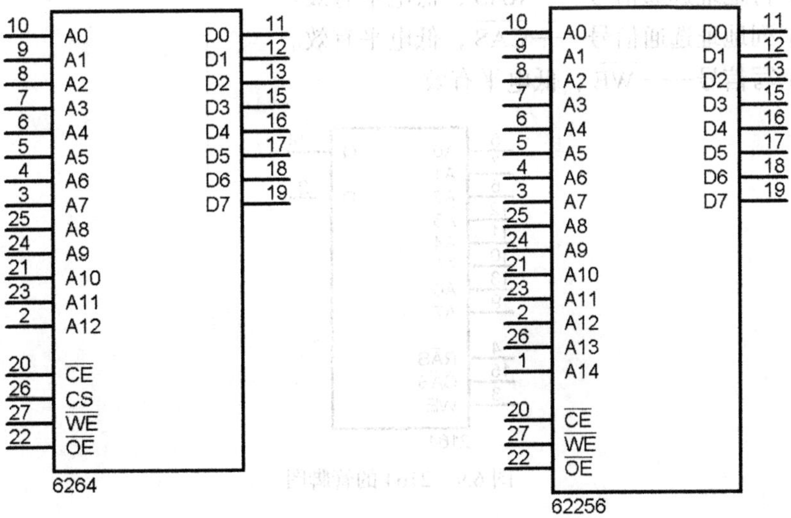

图 6.8　6264 和 62256 的管脚图

4) DRAM 芯片 2164 的外部特性

2164 是 Intel 公司的 DRAM 芯片。它是一个存储容量为 64K×1 位，字长为 1 位，每片只有一条数据输入线和一条数据输出线。一般应用时将 8 片并接起来，构成 64KB 的动态存储器。

相比于 SRAM，2164 应用时需要多考虑两点：一是行、列地址分时传送，二是刷新。

由于 2164 采用行地址和列地址来确定一个单元，行列地址线分均为 8 条。相应片内地址划分为行地址和列地址两组，行列地址共用一组地址信号线分时传送。$\overline{RAS}$ 为行地址选通信号，利用该信号将行地址锁存到芯片内部的行地址缓冲寄存器。$\overline{CAS}$ 为列地址选通信号，利用该信号将列地址锁存到芯片内部的列地址缓冲寄存器。工作时地址总线上先送行地址，后送列地址，它们分别在 $\overline{RAS}$ 和 $\overline{CAS}$ 有效期间被锁存在内部锁存器中。

2164 内部有专门的刷新电路，执行刷新时序时，内部刷新电路按 A7~A0 上传送来的刷新地址进行，每次刷新一行。因此，所有存储单元刷新一遍共需 256 次。

图 6.9 给出了 2164 的引脚图，图中省略了电源(VCC，28 脚)和地(GND，14 脚)。现对各引脚说明如下：

(1) 行列地址线——A7~A0，行列地址线共用。

(2) 数据输入线——D。

(3) 数据输出线——Q。

(4) 行地址选通信号——$\overline{RAS}$，低电平有效。

(5) 列地址选通信号——$\overline{CAS}$，低电平有效。

(6) 写信号——$\overline{WE}$，低电平有效。

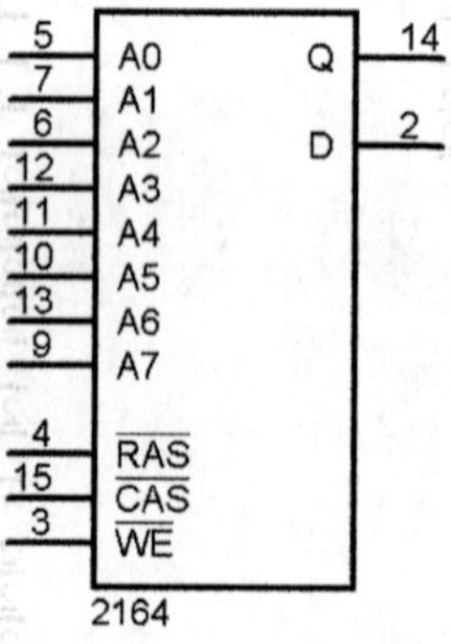

图 6.9　2164 的管脚图

6.3.2　译 码 技 术

1. MCS-51 的系统总线

系统总线简称总线(Bus)，是连接应用系统各组成部件的一组公共信号线。采用总线结构形式，可以大大减少单片机系统中传输线的数目、提高系统的可靠性、增加系统的灵活性。MCS-51与外部存储器的连接一般是按总线结构进行的。

总线按数据形式可分为串行总线和并行总线两种，MCS-51 使用的是并行总线结构。通常，按功能不同把系统总线分为数据总线、地址总线和控制总线。

1) 数据总线

数据总线(Data Bus，DB)用于单片机与存储器之间或单片机与外设之间传送数据。数据总线的位数一般与单片机的字长一致。MCS-51是8位机，所以，数据总线的数据宽度也是8位，由MCS-51单片机的P0口构成。数据总线是双向的，通过数据总线可以将外部数据读入单片机中，也可将数据写到外部设备或存储器中。

2) 地址总线

地址总线(Address Bus，AB)用于传送单片机发出的地址信号，以便进行存储单元和I/O端口的选择。地址总线是单向的，只能由单片机向外送出。地址总线的数目决定着可直接访问的存储单元或I/O端口的数目(如有n条地址线，则寻址范围为2^n)。MCS-51单片机的地址总线为16位(其寻址范围为64KB)，由P0口构成地址总线的低8位，由P2口构成地址总线的高8位。前面已经介绍，数据总线也是由P0口构成，这样做的目的是减少芯片的引脚数和芯片体积。单片机在对外部地址进行读写操作时，为了使数据总线上的数据和低8位地址不发生冲突，MCS-51单片机采用分时传送的方法区分的。即P0口先传送低8位地址，后用做数据传送线。但是，高8位地址线在整个读写指令周期都有效，低8位地址线在整个读写指令周期也应都有效，使用时常在单片机外部增加一个8位地址锁存器，用以对低8位地址进行锁存。

常用的地址锁存器有74LS373和74LS573，这两款锁存器功能完全一样，只是管脚排列有些差异。图6.10所示为74LS373和74LS573的管脚图，图中省略了电源(VCC，28脚)和地(GND，14脚)。

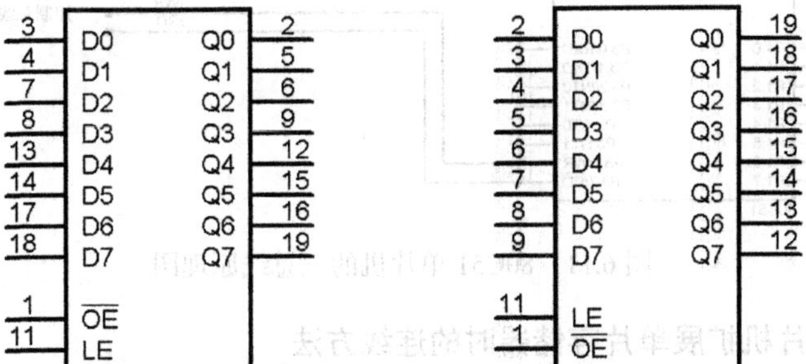

图6.10 74LS373和74LS573的管脚图

其中，D7~D0 为数据输入端，Q7~Q0 为数据输出端；$\overline{OE}$ 为输出使能信号，低电平有效；LE 为锁存使能信号，高电平有效。用做低 8 位地址锁存时，可将 LE 引脚直接接 MCS-51 的 ALE 引脚。

3) 控制总线

控制总线(Control Bus，CB)实际上就是一组控制信号线，由单片机发出。这些信号有的是单片机引脚的第一功能信号，有的则是 P3 口的第二功能信号。其中包括：

(1) ALE 信号，用于低 8 位地址的锁存使能。

(2) $\overline{PSEN}$ 信号，用于外部程序存储器的读选通信号。

(3) $\overline{EA}$ 信号，用于内外程序存储器的选择控制信号，当为高电平时，程序从单片机内部开始执行，执行完内部程序再执行外部程序；当为低电平时，单片机只执行外部存储器的程序。

(4) $\overline{RD}$ 和 $\overline{WR}$ 信号，分别用于外部存储器或外设的读、写选通信号。

以 80C51 单片机构成的三总线原理图如图 6.11 所示，数据线名称为 AD0~AD7，地址线名称为 A0~A15。图中考虑到 80C51 单片机内部有 4KB 的 EPROM，所以 $\overline{EA}$ 信号接了高电平。以后未特别说明时，地址线 A0~A15 均指 P2 口构成的高 8 位和 P0 口经地址锁存器构成的低 8 位。

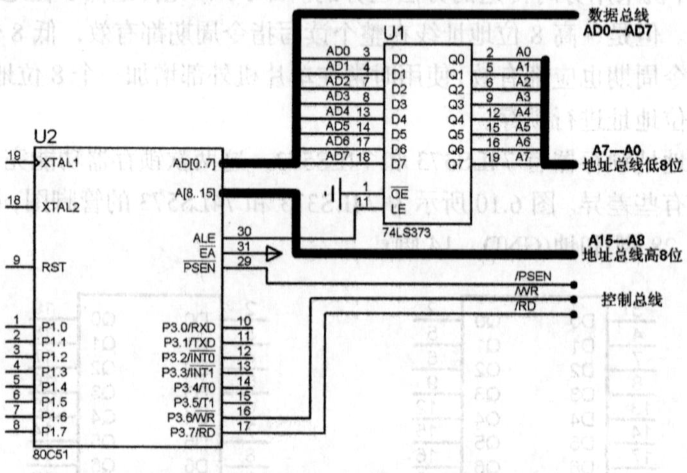

图 6.11　80C51 单片机的三总线原理图

2. MCS-51 单片机扩展单片存储器时的连线方法

当 MCS-51 单片机采用三总线扩展单片外部存储器时，其连线方法如下所述。

数据总线与外部存储器的数据端相连。

地址总线(低 8 位地址锁存后)与外部存储器的地址线相连。外部存储器的地址线可能没有 16 根，一般按实际使用从地址总线的低位开始连起，如外部存储器 2KB($2^{11}=2K$)，即地址线 11 根，连线时，用地址总线的 A0~A10 分别与外部存储器的 A0~A10 引脚相连。地址总线的高位(A11~A15)空。

控制总线的连接相对复杂一些，但还是有一些规律。RAM 因其可读可写，一般都有读控制线和写控制线，常记为 $\overline{OE}$ 和 $\overline{WE}$ 。扩展外部 RAM 时这两个引脚分别与 MCS-51 的 $\overline{RD}$ 和 $\overline{WR}$ 相连。UVEPROM 正常工作时只能读出不能写入，故没有写控制引脚(但一般有编程脉冲输入引脚，只不过编程时才需要)，只有读控制引脚，记为 $\overline{OE}$ 。如果扩展外部 UVEPROM 是用来存储程序的，$\overline{OE}$ 与 MCS-51 的 $\overline{PSEN}$ 相连；如果扩展外部 UVEPROM 是用来存储常数或表格的，$\overline{OE}$ 还可与 MCS-51 的 $\overline{RD}$ 信号相连(此时相当于把它看成只能读的 RAM)；当然有时也会让 $\overline{PSEN}$ 和 $\overline{RD}$ 进行逻辑"与"后连接到外部 UVEPROM 的 $\overline{OE}$ 端，将这两种功能合并。EEPROM 因可电擦除，相比于 UVEPROM，它多了一个写控制引脚，此时写控制引脚可与单片机的 $\overline{WR}$ 相连。

MCS-51 单片机扩展单片外部存储器时，可让外部存储器的片选信号($\overline{CE}$ ，有时写为 $\overline{CS}$ 或 E)直接接低电平，即始终选中。当然也可让片选信号接到地址线的高位。

3. MCS-51 单片机扩展多片存储器时的连线方法

存储器的地址与其内部的存储单元是一一对应关系的。当采用 MCS-51 单片机扩展多片存储器时，如果连线方法与扩展单片存储器时一样，将会出现一个地址对应着多个存储单元的现象，对某地址进行读写操作将影响多个存储单元。这对于存储器系统来说是不允许的。解决的办法是在存储器地址分配时，将每个存储单元的地址错开。

例如，某 MCS-51 系统外部连接了单片 6264，其存储容量为 8KB(13 根地址线)，存储器单元的地址范围可以设置为 0000H~1FFFH，只要将 MCS-51 的 16 根地址总线的低 13 位(A12~A0)与 6264 的 13 根地址线相连即可。如果该系统外部扩展了 4 片 6264，其存储容量的总和为 4×8KB=32KB。设计时，应将每一片 6264 的地址设置成不一样。如第一片 6264 的地址设为 0000H~1FFFH、第二片为 2000H~3FFFH、第三片为 4000H~5FFFH、第四片为 6000H~7FFFH，这样在对存储单元进行操作时就不会出现冲突。当然这样的设置方法有很多种，原则上，只要一个地址对应着唯一一个存储单元即可(反过来，一个存储单元是可以对应着多个地址的)。要实现上述设置其实不难，只要给每片存储器分别提供一个可控的片选信号，对某芯片操作时，只要使能该芯片的片选(同时禁止其他芯片的片选信号)就可以了。具体做法有下面两种。

1) 线选法

所谓线选法，就是直接以系统的高位地址作为存储芯片的片选信号，为此只需把高位地址线与存储芯片的片选信号直接连接即可。下面举例说明。

【例 6.2】　现有 2K×8 位的 SRAM 存储器芯片，试用线选法扩展成 8K×8 位的存储系统。

解答：

扩展 8KB 的存储器结构需 2KB 的存储器芯片 4 块。2K 的存储器所用的地址线为 A10~A0 共 11 根地址线，对应着地址总线的 P2.2~P2.0 及 P0 经地址锁存后的低 8 位地址。存储系统中暂时没有用到的高位地址线有 P2.7~P2.3 共 5 根，可将 P2.6~P2.3 这 4 根地址线分别与其 4 片 RAM 的片选信号相连。具体连接如表 6.2 所示，电路连接示意图如图 6.12 所示。

表 6.2　线选法连线表

MCS-51	存储器
P0 口经锁存储器形成的低 8 位地址	与每片存储器的 A0~A7 相连
P2.0、P2.1、P2.2	与每片存储器的 A8~A10 相连
P0 口	直接与每片存储器的 D0~D7 相连
P2.3	与存储器 1 的片选信号相连
P2.4	与存储器 2 的片选信号相连
P2.5	与存储器 3 的片选信号相连
P2.6	与存储器 4 的片选信号相连
读写信号 $\overline{RD}$ 和 $\overline{WR}$	每片存储器的 $\overline{OE}$ 和 $\overline{WE}$

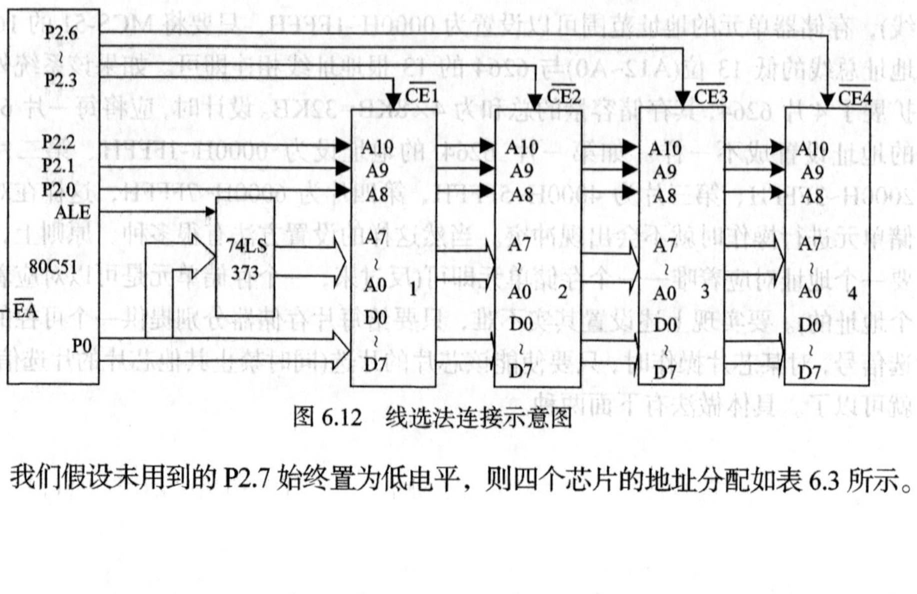

图 6.12　线选法连接示意图

我们假设未用到的 P2.7 始终置为低电平，则四个芯片的地址分配如表 6.3 所示。

表 6.3　线选法每片芯片的地址范围表(P2.7=0 时)

	P2.7~P2.3	P2.2~P2.0 及 P0 口	地址范围
芯片 1	01110	000…000~111…111	7000H~77FFH
芯片 2	01101	000…000~111…111	6800H~6FFFH
芯片 3	01011	000…000~111…111	5800H~5FFFH
芯片 4	00111	000…000~111…111	3800H~3FFFH

如果我们把未用到的 P2.7 始终置为高电平，则四个芯片对应的地址又可变化成表 6.4 所示。

表 6.4　线选法每片芯片的地址范围表(P2.7=1 时)

	P2.7~P2.3	P2.2~P2.0 及 P0 口	地址范围
芯片 1	11110	000…000~111…111	F000H~F7FFH
芯片 2	11101	000…000~111…111	E800H~EFFFH
芯片 3	11011	000…000~111…111	D800H~DFFFH
芯片 4	10111	000…000~111…111	B800H~BFFFH

因为 P2.7 为未用到的高位地址线，该线对我们操作存储器无任何影响，也就是说 P2.7 为高电平或为低电平均可。但是对于存储芯片来说，P2.7=0 和 P2.7=1 使每个存储单元对应了两个地址。我们把未用到的高位线均为“0”时对应的地址称为基本地址，这种一个存储单元对应着多个地址的现象称之为地址重叠。

由以上例题可知，线选法的特点是简单明了，不需增加另外电路，缺点是存储空间不连续。因此，线选法适用于小规模单片机系统的存储器扩展。

2) *译码法*

译码法就是使用译码器对系统的高位地址进行译码，用它的译码输出作为存储芯片的片选信号。这是一种最常用的存储器编址方法，能有效地利用空间，特点是存储空间连续，适用于大容量多芯片存储器扩展。

常用的译码芯片有 74LS138(3 线-8 线译码器)、74LS139(双 2 线-4 线译码器)和 74LS154(4 线-16 线译码器)等。74LS138、74LS139 和 74LS154 的芯片引脚图如图 6.13 所示。它们使用灵活，并且可以进行级联以组成更多线的译码器。使用时，

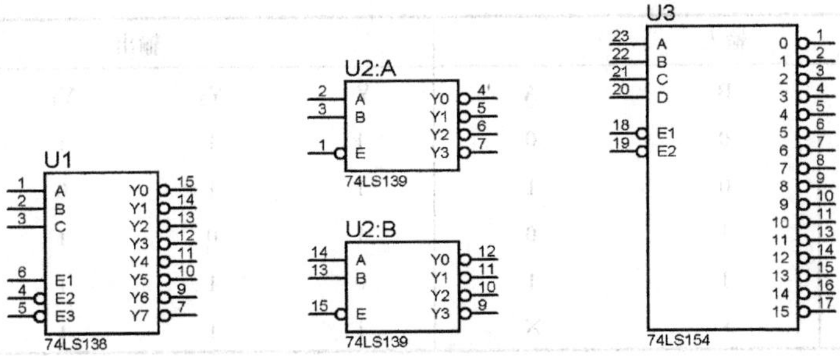

图 6.13　74LS138、74LS139 和 74LS154 的管脚图

若全部高位地址线都参加译码，称为全译码；若仅有部分高位地址线参加译码，称为部分译码。

下面对最为常用的 74LS138 和 74LS139 译码器作简单介绍。

(1) 74LS138。74LS138 是一种 3 线-8 线的译码器，有 3 个数据输入端，经译码产生 8 种状态。74LS138 的真值表如表 6.5 所示。由表可见，E1、E2、E3 为 74LS138 的使能端，其中 E1 为高电平有效，E2、E3 为低电平有效。当使能至少有一个无效时所有的输出为高电平；当使能均有效时，三个编码输入 C、B、A 为任一编码时，有且仅有一个端口输出低电平。

表 6.5　74LS138 的真值表

输入						输出							
E1	E2	E3	C	B	A	Y_7	Y_6	Y_5	Y_4	Y_3	Y_2	Y_1	Y_0
1	0	0	0	0	0	1	1	1	1	1	1	1	0
1	0	0	0	0	1	1	1	1	1	1	1	0	1
1	0	0	0	1	0	1	1	1	1	1	0	1	1
1	0	0	0	1	1	1	1	1	1	0	1	1	1
1	0	0	1	0	0	1	1	1	0	1	1	1	1
1	0	0	1	0	1	1	1	0	1	1	1	1	1
1	0	0	1	1	0	1	0	1	1	1	1	1	1
1	0	0	1	1	1	0	1	1	1	1	1	1	1
其他状态			×	×	×	1	1	1	1	1	1	1	1

注：1 表示高电平，0 表示低电平，× 表示任意。

(2) 74LS139。74LS139 是一种双 2 线-4 线的译码器。这两个译码器完全独立，分别有各自的编码输入端、译码输出端和使能端。其真值表如表 6.6 所示，表中只给出了其中一组。由表可见，E 为 74LS139 的低电平有效的使能输入端，当使能信号有效时，二个编码输入 B、A 为任一编码时，有且仅有一个端口输出低电平；当使能无效时所有的输出为高电平。

表 6.6　74LS139 的真值表

输入			输出			
E	B	A	Y_3	Y_2	Y_1	Y_0
0	0	0	1	1	1	0
0	0	1	1	1	0	1
0	1	0	1	0	1	1
0	1	1	0	1	1	1
1	×	×	1	1	1	1

注：1 表示高电平，0 表示低电平，× 表示任意。

下面我们通过一个实例来说明译码法扩展的特点。

【例 6.3】　现有 2K×8 位的 RAM 存储器芯片，试用译码法扩展成 8K×8 位的存储系统。

解答：

分析方法与例题 6.2 一样，只是四个芯片的片选信号不是由高位地址线直接提供，而是高位地址线经译码器后，由译码器的输出线提供。如译码器采用 74LS139，P2.3、P2.4 作为 74LS139 的编码输入，未用到的高位线 P2.5、P2.6 和 P2.7 悬空，则可得扩展电路连线示意图如图 6.14(a)所示。

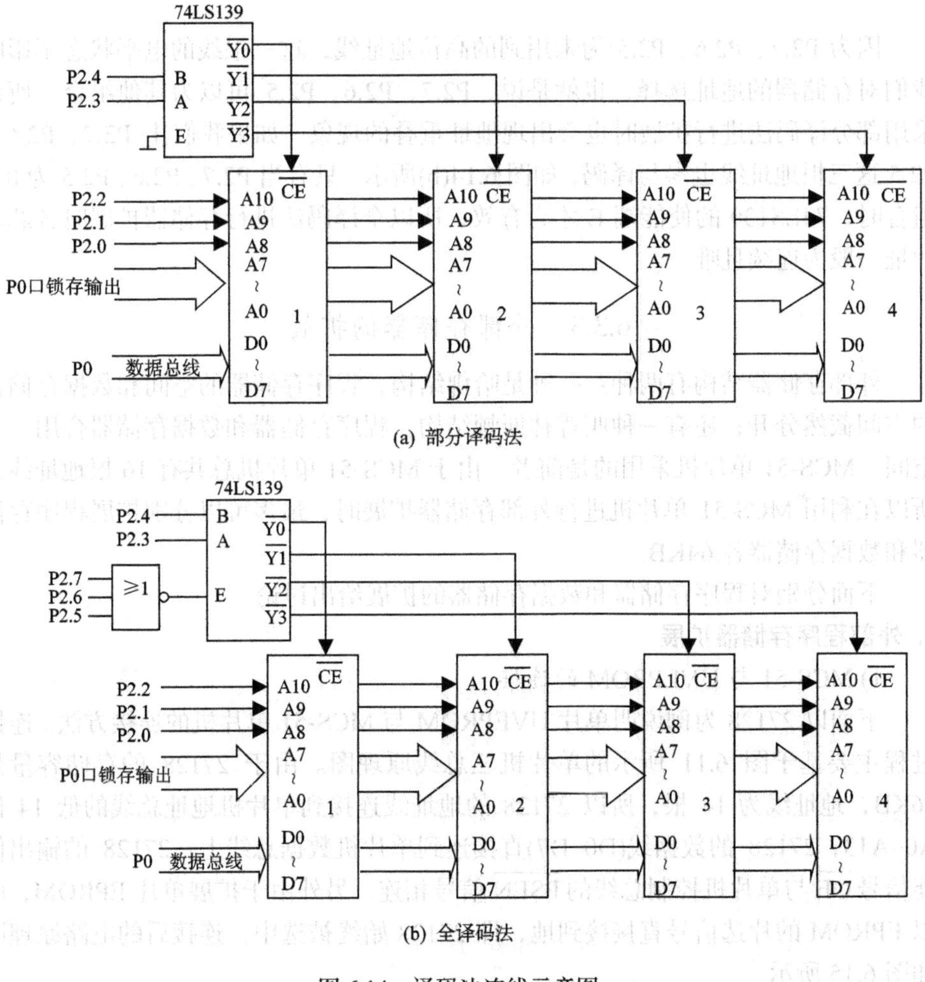

(a) 部分译码法

(b) 全译码法

图 6.14　译码法连线示意图

我们假设未用到的 P2.7、P2.6、P2.5 始终置为低电平，则四个芯片的基本地址分配如表 6.7 所示。

表 6.7 译码法每片芯片的地址范围表(P2.7、P2.6、P2.5 均为 0 时)

	P2.7~P2.3	P2.2~P2.0 及 P0 口	地址范围
芯片 1	00000	000…000~111…111	0000H~07FFH
芯片 2	00001	000…000~111…111	0800H~0FFFH
芯片 3	00010	000…000~111…111	1000H~17FFH
芯片 4	00011	000…000~111…111	1800H~1FFFH

因为 P2.7、P2.6、P2.5 为未用到的高位地址线，这三根线的电平状态不影响我们对存储器的地址选择，也就是说，P2.7、P2.6、P2.5 可以为其他组合。所以采用部分译码法进行扩展时也会出现地址重叠的现象。如果我们让 P2.7、P2.6、P2.5 这三根地址线也参与译码，如图 6.14(b)所示。只有当 P2.7、P2.6、P2.5 为 000 组合时，74LS139 的使能端 E 才为有效，所以全译码法进行存储器扩展时各芯片地址一般为连续且唯一。

6.3.3 外部存储器的扩展

外部存储器结构有两种：一种是哈佛结构，程序存储器的空间和数据存储器的空间截然分开；还有一种叫普林斯顿结构，程序存储器和数据存储器合用一个空间。MCS-51 单片机采用的是前者。由于 MCS-51 单片机总共有 16 根地址线，所以在利用 MCS-51 单片机进行外部存储器扩展时，最多可以分别扩展程序存储器和数据存储器各 64KB。

下面分别对程序存储器和数据存储器的扩展给出讨论。

1. 外部程序存储器扩展

1) MCS-51 与 UVEPROM 的连接

下面以 27128 为例说明单片 UVEPROM 与 MCS-51 单片机的连接方法。连接过程主要基于图 6.11 所示的单片机三总线原理图。由于 27128 的存储容量是 16KB，地址线为 14 根，所以 27128 的地址线连接到单片机地址总线的低 14 位 A0~A13；27128 的数据线(D0~D7)直接连到单片机数据总线上；27128 的输出使能信号 $\overline{OE}$ 与单片机控制总线的 $\overline{PSEN}$ 信号相连。另外由于扩展单片 EPROM，所以 EPROM 的片选信号直接接到地，即 27128 始终被选中。连接后的电路原理图如图 6.15 所示。

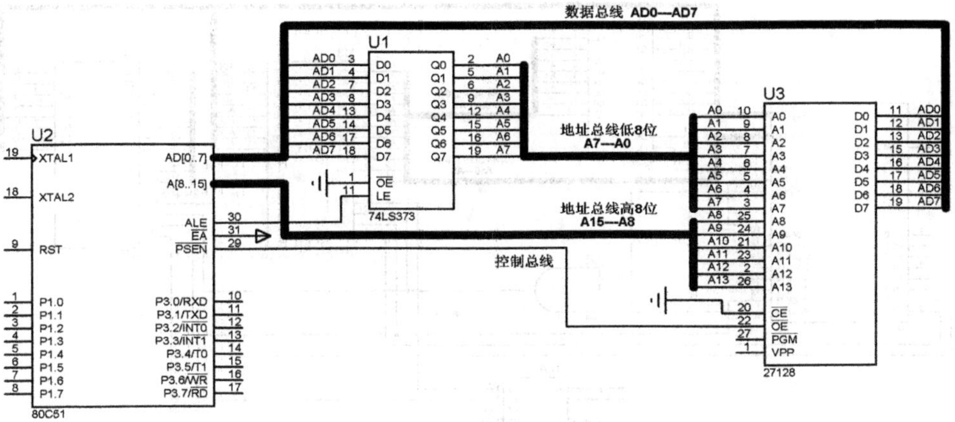

图 6.15 80C51 与 27128 的连接原理图

未用到的高位地址线有两根：A14 和 A15，这两根地址线可以是任意状态。

当 A15=0，A14=0 时，易得 27128 的地址范围为 0000H~3FFFH。

当 A15=0，A14=1 时，27128 的地址范围为 4000H~7FFFH。

当 A15=1，A14=0 时，27128 的地址范围为 8000H~BFFFH。

当 A15=1，A14=1 时，27128 的地址范围为 C000H~FFFFH。

显然，如图所示的电路连接中，27128 的地址出现了重叠。读者在使用该电路时，应注意将程序的地址放到基本地址(A15=0，A14=0 时)范围内。

2) MCS-51 与 EEPROM 的连接

下面以 2817 为例说明 EEPROM 与 MCS-51 单片机的连接方法。2817 的引脚原理图请见图 6.7 所示。2817 的存储容量为 2KB，8 位字长，地址线为 11 根。现假设需扩展两片 2817，并且采用 74LS139 译码法扩展。其电路连接原理图如图 6.16 所示。

80C51 与两片 2817 的连接还是基于图 6.11 所示的三总线原理图。除了片选信号和 RDY/$\overline{\text{BSY}}$ 信号外，两片的连接相同。具体做法是：将 2817 的 11 根地址线连接到单片机的地址总线的低 11 位(A0~A10)上；2817 的数据端口(D0~D7)连接到单片机的数据总线上；2817 的写信号端 $\overline{\text{WE}}$ 与单片机控制总线的写信号选通 $\overline{\text{WR}}$ 相连；单片机的 $\overline{\text{PSEN}}$ 信号和 $\overline{\text{RD}}$ 经与门连到 2817 的 $\overline{\text{OE}}$ 端。2817 的片选信号由高位地址线的 A12 和 A11 经 74LS139 译码得到；为了能通过 RDY/$\overline{\text{BSY}}$ 引脚来避免总线冲突，两片 2817 的 RDY/$\overline{\text{BSY}}$ 分别连接到 P1.7 和 P1.6 两根线上。应用中一般采用查询 P1.7 和 P1.6 的方法来获得当前 2817 的工作状态，从而进行对 2817 的写入操作。

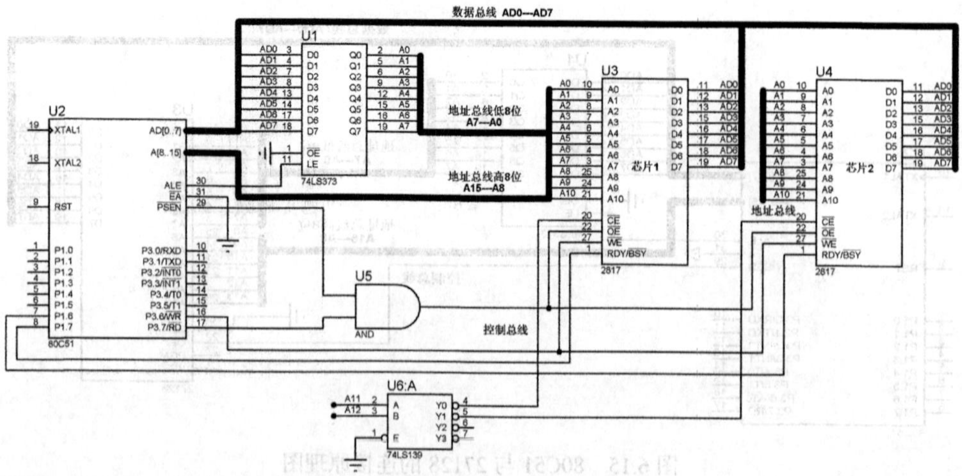

图 6.16　80C51 与 2817 的连接原理图

未用到的高位地址线有 A13、A14 和 A15 三根，可见这是一种部分译码扩展法，当 A13、A14 和 A15 这三根地址线都设为 0 时，得到两片 2817 的基本地址为

芯片 1：0000H~07FFH

芯片 2：0800H~0FFFH

当 A13、A14 和 A15 为其他组合时，得到 2817 的重叠地址。

2. 外部数据存储器扩展

数据存储器有动态和静态两种，由于动态存储器需要刷新，接口电路复杂，在系统存储容量不大时应用的较少。MCS-51 单片机应用系统中使用的外部数据存储器大部分是静态数据存储器或全集成化的动态数据存储器。全集成化的动态存储器将刷新电路集成在芯片内，使用时与静态数据存储器相似。现以 MCS-51 与 SRAM 芯片 6264 的连接为例说明外部数据存储器的扩展。

6264 的存储容量为 8KB，字长为 8 位，需用 13 根地址线。现假设需扩展数据存储器容量为 16KB，则需两片 6264。并且采用 74LS138 译码法扩展，选择高地址线(A13~A15)为 74LS138 的编码输入线。其连接电路原理图如图 6.17 所示。

当 A15=0，A14=0，A13=0 时，74LS138 译码器的 Y0 输出为低电平，选中芯片 1；当 A15=0，A14=0，A13=1 时，74LS138 译码器的 Y1 输出为低电平，选中芯片 2。所以两片 6264 的地址范围分别为

芯片 1：0000H~1FFFH

芯片 1：2000H~3FFFH

可见这种全译码法的扩展地址是连续的，且不会出现地址重叠现象。

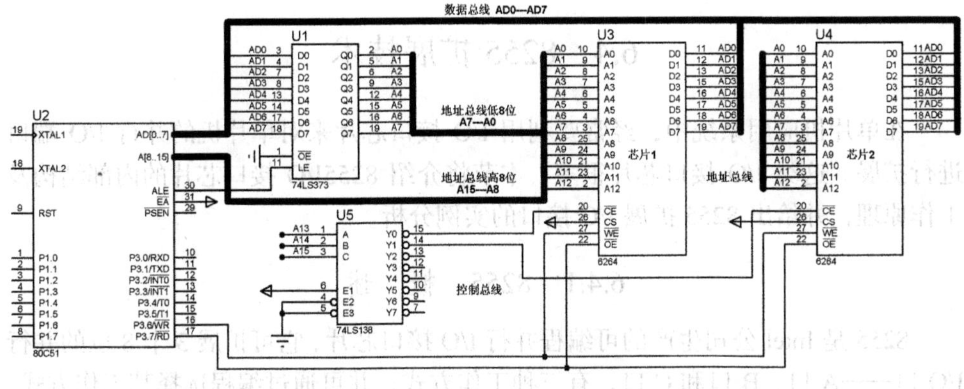

图 6.17　80C51 与两片 6264 的连接原理图

3. MCS-51 单片机对外部存储器的操作指令

1) 对外部程序存储器的操作指令

外部程序存储器除了用来存储程序外，还可用来存储常数和表格等。所以，单片机对外部程序存储器的操作实际上包括两种：取指令和执行查表指令 MOVC。需要注意的是，对外部程序存储器的取指令操作是单片机自动完成的，执行查表指令时一般采用以下指令：

```
MOV     DPTR,#xxxxH
MOVC    A,@A+DPTR
```

2) 对外部数据存储器的操作指令

对外部数据存储器的操作有两种：读数据和写数据。

读外部 RAM 时：

```
MOV     DPTR,#xxxxH
MOVX    A,@DPTR
```

写外部 RAM 时：

```
MOV     DPTR,#xxxxH
MOVX    @DPTR,A
```

如果外部存储器的地址不超过 256(即 8 位地址)还可以使用如下指令进行读写操作：

```
MOVX    A,@Ri    ;外部 Ri 地址的数据读入累加器中
MOVX    @Ri,A    ;将累加器中的数据写到外部 Ri 地址中
```

6.4　8255 扩展技术

在单片机应用系统中，经常要利用 I/O 接口芯片来对单片机的并行 I/O 端口进行扩展。这类 I/O 接口芯片很多，本节将介绍 8255I/O 接口芯片的内部结构及工作原理，并给出 8255 扩展 I/O 接口的实例分析。

6.4.1　8255　概　述

8255 是 Intel 公司生产的可编程并行 I/O 接口芯片，它可扩展 3 个 8 位的并行 I/O 口——A 口、B 口和 C 口，有三种工作方式，并可通过编程选择其工作方式，因而使用灵活方便、通用性强，可作为单片机与外设连接时的中间接口电路。单片机通过 8255 连接外设时，外设与单片机的数据传送可以选择为直接传送方式、查询传送方式和中断传送方式。

1. 8255 的外部引脚及其内部结构

1) 8255 的外部引脚

8255 共有 40 个引脚，采用双列直插式封装，其外部引脚如图 6.18 所示，各引脚功能如下所述。

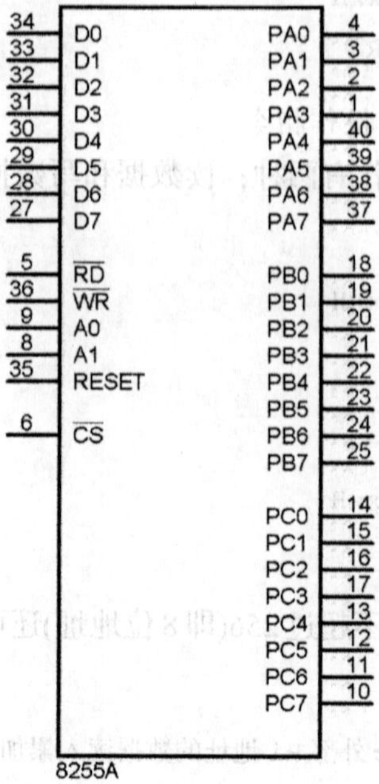

图 6.18　8255 外部引脚图

(1) PA7~PA0：A 口的输入/输出线。

(2) PB7~PB0：B 口的输入/输出线。

(3) PC7~PC0：C 口的输入/输出线。

(4) D7~D0：双向数据信号线，用来传送数据和控制字。

(5) $\overline{RD}$：读信号线。

(6) $\overline{WR}$：写信号线。

(7) $\overline{CS}$：片选信号线，该信号为低电平时，才选中 8255 芯片，对 8255 进行操作。

(8) RESET：复位输入信号，高电平有效时，复位 8255。

(9) A1~A0：口地址选择信号线。8255 内部共有三个口，A 口、B 口、C 口和一个控制寄存器供用户编程。其不同编码可分别选择上述三个口和一个控制寄存器。

2) 8255 的内部结构

8255 的内部结构框图如图 6.19 所示，主要由以下四部分组成。

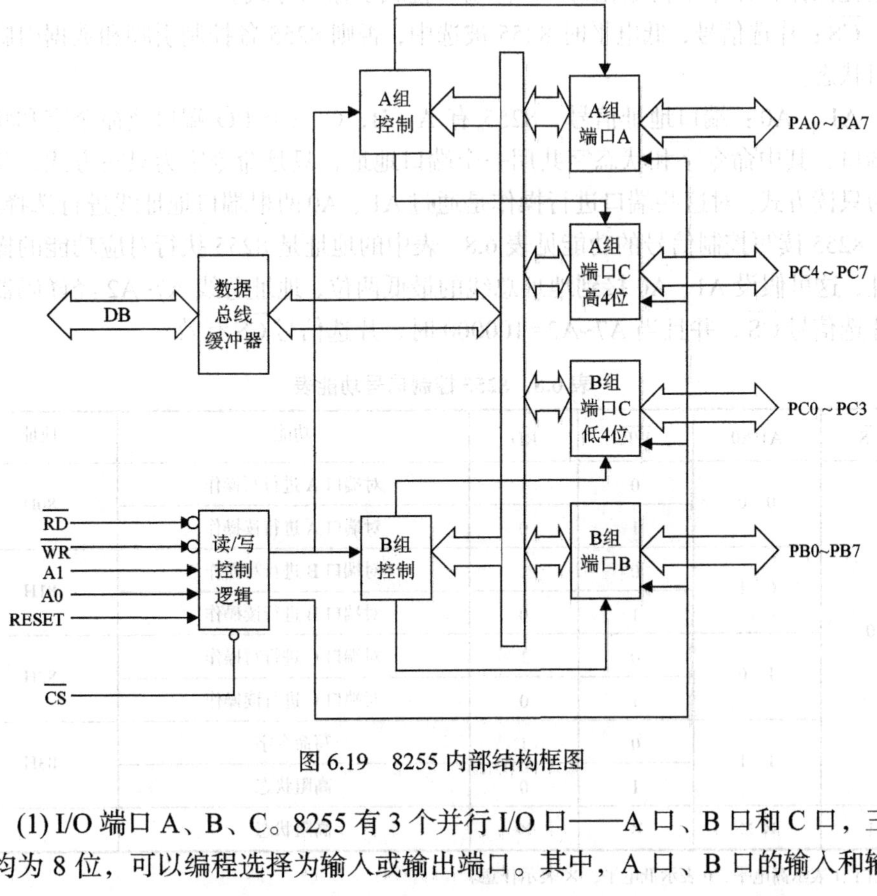

图 6.19　8255 内部结构框图

(1) I/O 端口 A、B、C。8255 有 3 个并行 I/O 口——A 口、B 口和 C 口，三个口均为 8 位，可以编程选择为输入或输出端口。其中，A 口、B 口的输入和输出均有锁存能力，C 口输出有锁存能力，输入没有锁存能力，但有输入缓冲器。

(2) 数据总线缓冲器。8255 的数据总线内部有三态输入输出缓冲器，用于和单片机的数据总线相连接，以实现单片机和 8255 之间的数据传送、命令传送和状态传送。

(3) A 组和 B 组的控制电路。8255 的三个口分成 A，B 两组。其中，A 组包括 A 口的 8 条口线和 C 口的高 4 位；B 组包括 B 口的 8 条口线和 C 口的低 4 位。控制电路的工作受 8255 内部的一个控制寄存器的控制，控制寄存器中存放着决定端口工作方式的信息，即工作方式控制字(或称为命令字)。

(4) 读写控制逻辑。读写控制逻辑电路接收单片机发来的控制信号 $\overline{RD}$ 、$\overline{WR}$、RESET、$\overline{CS}$ 和地址信号 A1、A0 等，然后根据控制信号的要求，对端口或者命令字、状态字进行读写操作。这些控制信号的作用如下：

$\overline{RD}$：读信号，低电平有效。

$\overline{WR}$：写信号，低电平有效。

RESET：复位信号，当 RESET 引脚为高电平时，内部控制电路对 8255 进行初始化操作，命令字初始化为 0，各端口置成了输入方式。

$\overline{CS}$：片选信号，低电平时 8255 被选中，否则 8255 各控制引脚和数据引脚为高阻状态。

A1 、A0：端口地址信号。8255 有 A，B，C 三个 I/O 端口及命令字和状态字端口，其中命令字和状态字共用一个端口地址，只是命令字为只写方式，状态字为只读方式。对这些端口进行操作是通过 A1 、A0 两根端口地址线进行选择的。

8255 读写控制信号的功能见表 6.8。表中的地址是 8255 执行对应功能的操作地址，这里假设 A1、A0 接到地址总线的最低两位，地址总线 A7~A2 经译码器器接到片选信号 $\overline{CS}$ ，并且当 A7~A2=100000 时，片选信号 $\overline{CS}$ 有效。

表 6.8　8255 控制信号功能表

$\overline{CS}$	A1 A0	$\overline{WR}$	$\overline{RD}$	功能	地址
0	0 0	0	1	对端口 A 进行写操作	80H
		1	0	对端口 A 进行读操作	
	0 1	0	1	对端口 B 进行写操作	81H
		1	0	对端口 B 进行读操作	
	1 0	0	1	对端口 C 进行写操作	82H
		1	0	对端口 C 进行读操作	
	1 1	0	1	写命令字	83H
		1	0	高阻状态	
1	××	×	×	高阻状态	

注：1 表示高电平，0 表示低电平，× 表示任意。

2. 8255 的控制字和状态字

1) 8255 的控制字

8255 是可编程接口芯片，通过控制字(控制寄存器)对其端口的工作方式和 C 口各位的状态进行设置。8255 共有两个控制字：一个是工作方式控制字，另一个是 C 口直接置/复位控制字。这两个控制字共用一个地址，通过最高位来选择使用哪个控制字。

(1) 工作方式控制字。主要功能：确定 8255 接口的工作方式及数据的传送方向。各位的控制功能如图 6.20 所示。

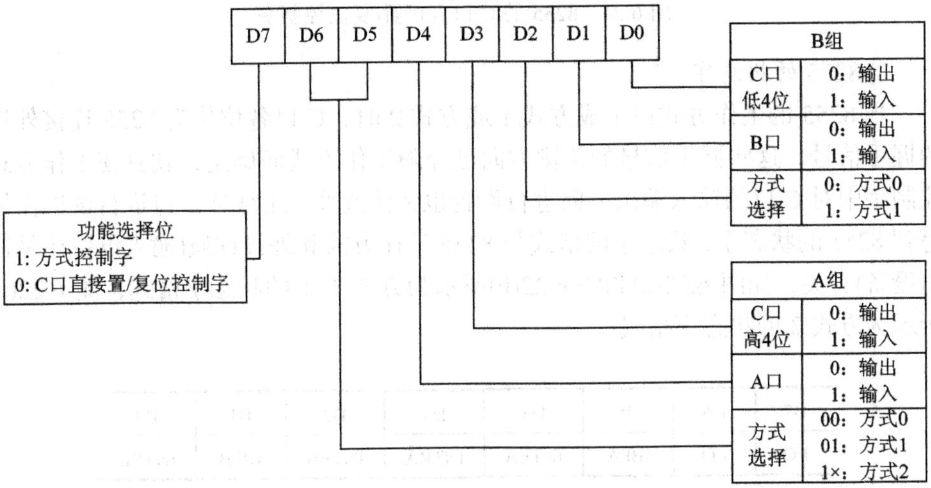

图 6.20　8255 工作方式控制字功能

对工作方式控制字作如下说明：

最高位是标志位，作为方式控制字使用时，其值固定为 1。

8255 的三个口分成 A，B 两组。其中，A 组包括 A 口和 C 口的高 4 位；B 组包括 B 口和 C 口的低 4 位。A 口可工作在方式 0、方式 1 和方式 2，B 口只可工作在方式 0 和方式 1。当选择工作方式 0 时，C 口的高低 4 位可分别设为输入或输出；当选择工作方式 1 或工作方式 2 下，对 C 口的定义(输入或输出)不影响作为控制信号使用的 C 口各位功能。

(2) C 口直接置/复位控制字。主要功能：对 C 口的某位进行直接置 1 或清零操作。各位的控制功能如图 6.21 所示。在该控制字中，最高位必须选择为“0”。

D3~D1 三位用于选择 C 口的操作位；D0 用于选择置 1 操作(D0=1)还是清零操作(D0=0)。例如，对 PC4 引脚进行置 1 操作，则控制字为 09H。

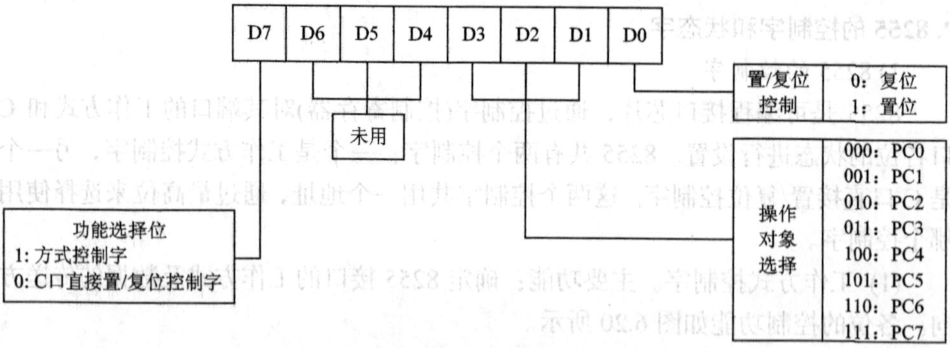

图 6.21　8255 的 C 口直接置/复位控制字

2) 8255 的状态字

当 8255 的工作方式设定成方式 1 或方式 2 时，C 口各位作为 8255 连接外设的握手信号。这些握手信号的传输方向已经随工作方式而确定，就算在工作方式控制字中对 C 口的输入输出方向进行设置也无法改变。此时对 C 口进行读操作便得到 8255 的状态字，状态字的格式与 8255 工作方式和外设性质(输入设备还是输出设备)有关，如图 6.22(a)和图 6.22(b)所示为方式 1 下的状态字格式，图 6.22(c)所示为方式 2 的状态字格式。

D7	D6	D5	D4	D3	D2	D1	D0
I/O	I/O	IBFA	INTEA	INTRA	INTEB	IBFB	INTRB

(a) 方式 1 输入时状态字格式

D7	D6	D5	D4	D3	D2	D1	D0
$\overline{OBFA}$	INTEA	I/O	I/O	INTRA	INTEB	$\overline{OBFB}$	INTRB

(b) 方式 1 输出时状态字格式

D7	D6	D5	D4	D3	D2	D1	D0
$\overline{OBFA}$	INTE1	IBFA	INTE2	INTRA	由 B 口的工作方式决定		

(c) 方式 2 状态字格式

图 6.22　8255 的状态字

由图 6.22 可以看出：D7~D3 为 A 组的工作状态标志，D2~D0 为 B 组的工作状态标志。其中，INTE(包括 INTEA、INTEB、INTE1 和 INTE2)为相应工作方式下的中断允许状态；INTR(包括 INTRA 和 INTRB)为相应工作方式下的中断请求状态；标识为 I/O 的为对应位引脚上的信号状态，其余各位为相应工作方式下的握手信号状态。

3. 8255 的工作方式

通过对工作方式控制字的写操作，可以设置 8255 的工作方式，8255 共有三种工作方式。

1) 方式 0

方式 0 又称基本输入输出方式，A 组和 B 组均可设置成该工作方式。在此方式下，A 口和 B 口可设置成输入或者设置成输出，并且 C 口还可拆成两个 4 位 I/O 口分别进行输入或输出设置。但是这三个 I/O 口不能既设置成输入又设置成输出，如果外部连接的设备既有输入功能又有输出功能(如触摸屏)，可在数据传送方向改变时重新设置工作方式控制字。

2) 方式 1

方式 1 又称选通输入输出方式，一般是在 8255 连接外设需要握手信号时选择该工作方式。此时，A 口或 B 口用于和外设传送数据，C 口的某些位固定的作为 A 口和 B 口连接外设的握手信号，以实现中断方式传送 I/O 数据。当外设为输入设备时，可将 A 口或 B 口设置成输入；当外设为输出设备时，可将 A 口或 B 口设置成输出。C 口的握手信号及其功能是在 8255 芯片设计时规定的，图 6.23 为方式 1 输入输出信号示意图。

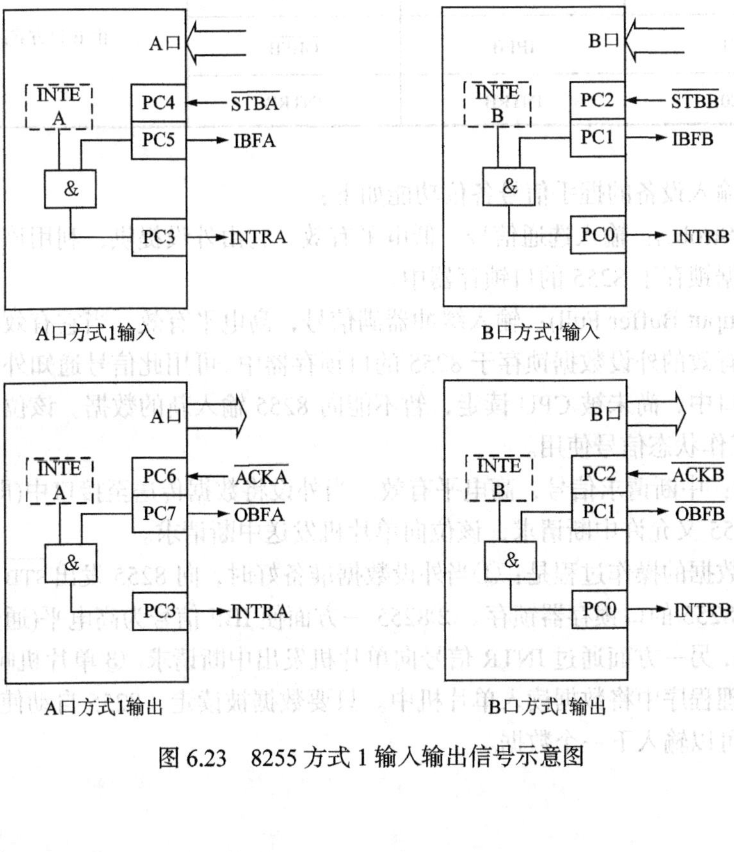

图 6.23　8255 方式 1 输入输出信号示意图

图 6.23 中断允许信号 INTE 的使能或禁能设置是由对 C 口相应位的直接置/复位实现的：输入情况下，INTEA 和 INTEB 分别对应着 PC4 和 PC2；输出情况下，INTEA 和 INTEB 分别对应着 PC6 和 PC2。

其余各位功能见表 6.9，表中标有 I/O 的表示该方式下 C 口该位未用到，所以可用做普通 I/O 口使用。

表 6.9 8255 方式 1 和方式 2 时 C 口的握手信号

C 口的位	方式 1		方式 2
	输入	输出	输入/输出
PC7	I/O	$\overline{OBFA}$	$\overline{OBFA}$
PC6	I/O	$\overline{ACKA}$	$\overline{ACKA}$
PC5	IBFA	I/O	IBFA
PC4	$\overline{STBA}$	I/O	$\overline{STBA}$
PC3	INTRA	INTRA	INTRA
PC2	STBB	$\overline{ACKB}$	由 B 口方式决定
PC1	IBFB	$\overline{OBFB}$	
PC0	INTRB	INTRB	

用于输入设备的握手信号各位功能如下：

$\overline{STB}$ (Strobe)：输入选通信号，低电平有效。它由外设提供，利用该信号可以将外设数据锁存于 8255 的口锁存器中。

IBF(Input Buffer Full)：输入缓冲器满信号，高电平有效。当它有效时，表示已有一个有效的外设数据锁存于 8255 的口锁存器中。可用此信号通知外设数据已锁存于接口中，尚未被 CPU 读走，暂不能向 8255 输入新的数据。该位也可以作为 8255 工作状态信号使用。

INTR：中断请求信号，高电平有效。当外设将数据传送至接口中(即 IBF=1)时，且 8255 又允许中断请求，该位向单片机发送中断请求。

输入数据的操作过程是：①当外设数据准备好时，向 8255 发出 $\overline{STB}$ 信号，输入数据被 8255 的口锁存器锁存。②8255 一方面使 IBF 信号为高电平(通知外设数据接收到)，另一方面通过 INTR 信号向单片机发出中断请求。③单片机响应中断，在中断处理程序中将数据读入单片机中。只要数据被读走，8255 自动使 IBF=0，通知外设可以输入下一个数据。

用于输出设备的握手信号各位功能如下：

$\overline{OBF}$ (Output Buffer Full)：输出缓冲器满信号，低电平有效。用来告诉外设，在所设定的接口(A 口或 B 口)上单片机已输出了一个有效的数据，外设可以从该口取走此数据。注意，如果外部连接的是慢速设备，如字符打印机，只有在打印机处于空闲时才会从 I/O 口线上读取数据，8255 置 $\overline{OBF}$ =0 其实也是等待外设读取数据的过程。

$\overline{ACK}$ (Acknowledge)：外设响应信号，低电平有效，由外设提供。当外设从接口上取走发送的数据时，置 $\overline{ACK}$ =0，用来通知 8255 外设已经将数据接收。

INTR：中断请求信号，高电平有效。当外设已从接口取走数据($\overline{ACK}$ =0)，接口的数据缓冲器变空，且 8255 又允许中断请求，该位向单片机发送中断请求。单片机可响应中断并在中断处理程序中传送下一个数据。

输出数据的操作过程是：①单片机向 8255 的 I/O 接口发送数据，8255 置 $\overline{OBF}$ =0，等待外设读取数据。②外设从接口上读取数据，并向 8255 发送应答信号($\overline{ACK}$ =0)，8255 向单片机发中断请求信号。③单片机响应中断，在中断处理程序中决定是否传送下一个数据至外设。

4. 方式 2

方式 2 又称为双向数据传送方式。只有 A 组可选择成这种方式，此时，A 组既可作为输入也可作为输出。当然，某个时刻数据传送的方向只能是输入或输出中的一种。但可以这个时刻数据输入，下个时刻数据输出，而不必对传送方向重新设置。这种方式非常适用于既可输入数据又可输出数据的外设(如触摸屏)。当输入数据时，A 口受 $\overline{STB}$ 和 IBF 信号控制，工作情况与方式 1 输入时相同；当输出数据时，A 口受 $\overline{OBF}$ 和 $\overline{ACK}$ 信号控制，工作情况与方式 1 输出时相同，如图 6.24 所示。

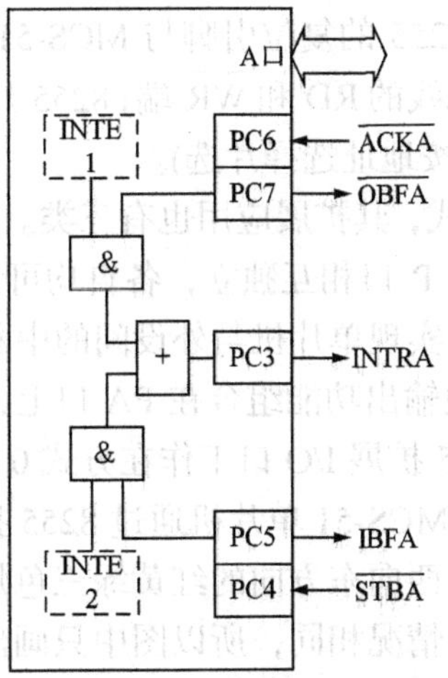

图 6.24　8255 方式 2 握手信号示意图

图 6.24 中的 INTE1 和 INTE2 为 8255 的中断允许位，可分别对 PC6 和 PC4 两位的直接置/复位实现中断使能(PC6=1, PC4=1)和禁能(PC6=0, PC4=0)的设置。

5. 8255 的初始化

8255 初始化包括芯片初始化和功能初始化。芯片初始化一般由上电复位完成，简单的连接方法是 8255 的 RESET 引脚与 MCS-51 的复位引脚连接到一起，单片机上电复位的同时对 8255 也进行复位。功能初始化就是向控制寄存器写入工作方式控制字或 C 口直接置/复位控制字。

如选择 A 组为方式 1，A 口为输入；B 组为方式 0，B 口为输出，C 口的低 4 位为输入，则控制字为 B1H。假设 8255 的控制字地址为 83H，则初始化程序如下：

```
MOV     DPTR,#0083H
MOV     A,#0B1H
MOVX    @DPTR,A
```

或

```
MOV     R0,#83H
MOV     A,#0B1H
MOVX    @R0,A
```

6.4.2　8255 的扩展

MCS-51 单片机采用 8255 扩展 I/O 口时，其电路一般是按单片机三总线结构(参见图 6.11)连接的。连线方法如下。

8255 的数据口连接到数据总线上；8255 的内部地址选择端 A1、A0 连接到地址总线上(一般连接到地址总线的最低两位，有时为了得到偶地址，也可连接到地址总线的 A2、A1 两线)；8255 的复位引脚与 MCS-51 的复位引脚相连；8255 的读写引脚分别连接到系统总线的 $\overline{RD}$ 和 $\overline{WR}$ 端；8255 片选信号可按要求接地(始终选中)或接某个高位地址线(按地址选择片选)。

按 8255 的三种工作方式，其扩展应用也有三类。其中，方式 0 为基本输入输出方式，这种方式下，3 个 P 口相互独立，各自均可设置成输入或输出；方式 1 为选通输入或输出方式，可实现单片机与外设间的中断方式连接；方式 2 其实是将方式 1 的选通输入和选通输出功能组合在 PA 口上，其应用与方式 1 时相似。下面通过两个实例介绍 8255 扩展 I/O 口工作在方式 0 和方式 1 时的情况。

【例 6.4】　图 6.25 为 MCS-51 单片机通过 8255 扩展十字路口的交通灯电路原理图。因为由东向西和由西向东方向的红黄绿三色灯情况相同，由南向北和由北向南方向的红黄绿三色灯情况相同，所以图中只画出了由东向西和由南向北方向的红黄绿指示灯。试编程实现东西绿灯亮 40s→黄灯闪 3s→南北通行 30s→黄灯闪 3s……不断循环的程序。

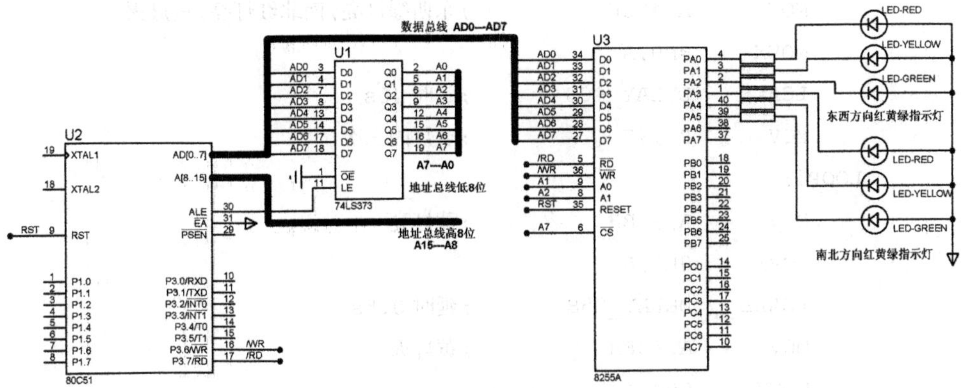

图 6.25　8255 扩展交通灯电路原理图

解答：

东西方向红黄绿三个指示灯与南北方向的红黄绿三个指示灯连接到 PA 口，所以可将 8255 的 A 组设置成方式 0，并且将 PA 口设置成输出，8255 的工作方式控制字为 80H。另外，8255 的片选信号接到了地址总线的 A7，8255 内部地址选择端 A1、A0 接到了地址总线的 A2、A1(注意，不是 A1、A0)，所以，8255 的端口地址为偶地址，各端口地址分别为(设低 8 位地址线中未用到的地址线 A0，A3~A6 均为“0”)：

A 口　00H

B 口　02H

C 口　04H

控制口　06H

点亮指示灯时只要对应 I/O 口为低电平即可，如东西方向的绿灯亮，南北方向红灯亮，黄灯均灭，则只要向 PA 口送 33H(0011_0011B)。

相应程序如下：

```
        ORG     0000H
        LJMP    MAIN
        ORG     0040H
MAIN:
        MOV     R0,#06H            ;R0 指向控制口
        MOV     A,#80H             ;控制字
        MOVX    @R0,A              ;写控制字
        MOV     R0,#00H            ;指向 PA 口
```

```
LOOP:
    MOV     A,#33H          ;东西绿灯亮,南北红灯亮,黄灯灭
    MOVX    @R0,A
    LCALL   DELAY_40S       ;延时 40s
    MOV     R7,#3           ;黄灯闪三次
LOOP1:
    MOV     A,#2BH          ;黄灯亮
    MOVX    @R0,A
    LCALL   DELAY_05S       ;延时 0.5s
    MOV     A,#3FH          ;黄灯灭
    MOVX    @R0,A
    LCALL   DELAY_05S       ;延时 0.5s
    DJNZ    R7,LOOP1
    MOV     A,#1EH          ;南北绿灯亮,东西红灯亮,黄灯灭
    MOVX    @R0,A
    LCALL   DELAY_30S       ;延时 30s
    MOV     R7,#3           ;黄灯闪三次
LOOP2:
    MOV     A,#2BH          ;黄灯亮
    MOVX    @R0,A
    LCALL   DELAY_05S       ;延时 0.5s
    MOV     A,#3FH          ;黄灯灭
    MOVX    @R0,A
    LCALL   DELAY_05S       ;延时 0.5s
    DJNZ    R7,LOOP2
LJMP    LOOP
;;;;;;;;延时 40s 子程序(调用 80 次延时 0.5s 即延时 40s)
DELAY_40S:
    MOV     R6,#80
DE: LCALL   DELAY_05S       ;延时 0.5s
    DJNZ    R6,DE
RET
;;;;;;;;延时 30s 子程序(调用 60 次延时 0.5s,即延时 30s)
DELAY_30S:
```

```
    MOV      R6,#60
DE1: LCALL   DELAY_05S        ;延时 0.5s
    DJNZ     R6,DE1
RET
;;;;;;;延时 0.5s 子程序
DELAY_05S: (延时 0.5s 子程,此部分请读者自行完成)
…
RET
END
```

【例 6.5】 下图为 MCS-51 通过 8255 连接字符打印机的电路原理图，字符打印机的工作过程请见图 5.11。现要求将单片机内部 RAM 中以 30H 为首地址的 20 个数送打印机中打印，试编写相应程序。

解答： A 组工作在方式 1 的输出时，由表 6.9 可知，$\overline{OBFA}$ (PC7，输出缓冲器满信号)提供的是电平信号，而字符打印机通常需要的选通信号是负脉冲，故不能把 PC7 直接和打印机的 $\overline{STB}$ 端相连，必须利用 C 口直接置复位控制字产生一个驱动脉冲(图中选用 PC0)使打印机工作。根据图 6.26，8255 的方式控制字为 A8H(A 口为方式 1 输出，PC0 为输出)。设未用到的地址线 A2~A7 均为“0”，A8~A14 均为“1”，则 8255 的端口地址分别为

A 口　　7F00H

B 口　　7F01H

C 口　　7F02H

控制口　7F03H

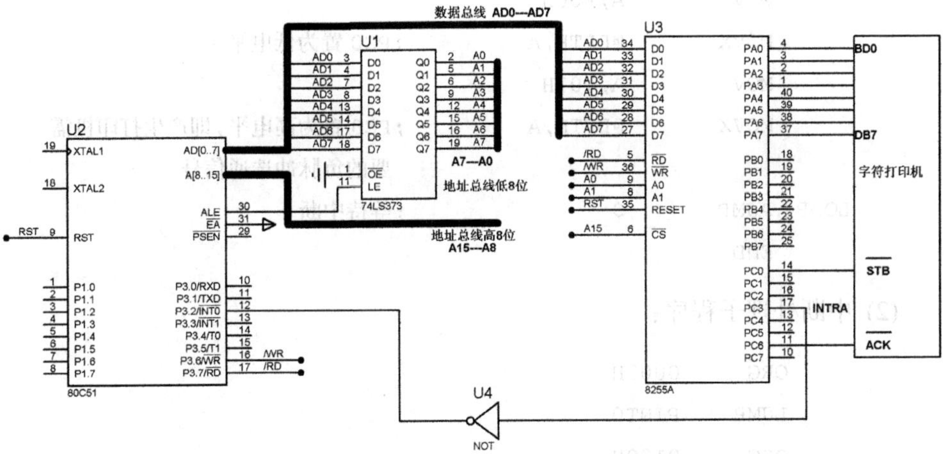

图 6.26　8255 扩展打印机电路原理图

相应程序如下：

(1) 主程序：

```
        ORG     0000H
        AJMP    MAIN
        ORG     0040H
MAIN:
        ⋮
        SETB    PX0             ;将INT0设置成高优先级
        SETB    IT0             ;将INT0设置边沿触发
        SETB    EX0             ;开INT0中断允许
        SETB    EA              ;开中断总允许
        MOV     A,#A8H
        MOV     DPTR,#7F03H
        MOVX    @DPTR,A         ;设置 8255 的工作方式
        MOV     A,#01H
        MOVX    @DPTR,A         ;PC0 置为高电平
        MOV     R0,#30H         ;数据首地址送 R0
        MOV     R7,#19          ;中断次数为 19 次
        MOV     A,@R0           ;取第一个数
        MOV     DPTR,#7F00H     ;指向 A 口
        MOVX    @DPTR,A         ;送第一个数据到 A 口
        MOV     DPTR,#7F03H     ;指向控制字
        MOV     A,#00H
        MOVX    @DPTR,A         ;PC0 置为低电平
        MOV     A,#01H
        MOVX    @DPTR,A         ;PC0 置为高电平,即产生打印机需
                                 要的负脉冲选通信号
LOOP:   AJMP    $               ;等待中断
        END
```

(2) 中断处理子程序：

```
      ORG     0003H
      LJMP    PINT0
      ORG     0100H
```

```
PINT0:
    INC     R0              ;指向下一下数据
    MOV     A,@R0           ;取下一个数
    MOV     DPTR,#7F00H     ;指向A口
    MOVX    @DPTR,A         ;下一个数据送A口
    MOV     DPTR,#7F03H     ;指向控制字
    MOV     A,#00H
    MOVX    @DPTR,A         ;PC0置为低电平
    MOV     A,#01H
    MOVX    @DPTR,A         ;PC0置为高电平,即产生打印机需要的
                            负脉冲选通信号
    DJNZ    R7,OUT          ;数据打印完否？未完则继续
    CLR     EX0             ;数据打印完则关INT0中断
    CLR     EA              ;关总中断
OUT: RETI
```

6.5 显示、键盘接口技术

显示、键盘是单片机应用系统中实现人机交互的重要途径。常用的显示器件有LED(Light Emitting Diode)和LCD(Liquid Crystal Display)；常用的键盘有编码键盘和非编码键盘，非编码键盘又可分为独立式和矩阵式。本节介绍显示、键盘的电路结构及工作原理，在此基础上讨论MCS-51与显示、键盘的接口技术。

6.5.1 显示接口技术

常用的显示器有LCD和LED两种。LCD称为液晶显示器。在低功耗的显示器市场占有很大的份额。LED是发光二极管的缩写，它是一种电致发光的光电器件。单个LED的控制简单，现在市面上的一些LED显示器件常将多个LED按照一定形状、一定排列组成复杂的显示器件，常用的有LED数码管和LED点阵。

1. 数码管显示接口技术

1) 数码管显示器结构及工作原理

数码管有七段和八段之分，也有共阴和共阳两种。八段数码管内部有8只LED，分别记作a、b、c、d、e、f、g、dp，其中，dp为小数点。七段LED数码管无dp，其余与八段数码管一样。下面以八段数码管为例说明。

各段分布及管脚排列如图 6.27(a)所示，其中，COM 端为公共引脚。图 6.27(b)为共阴和共阳数码管的内部结构图，从图中可以看出共阴数码管其实是将内部 8 个 LED 的阴极端接到一起，由 COM 端引出；共阳数码管则是内部 8 个 LED 的阳极端接到一起，由 COM 端引出。图 6.27(c)为数码管实物图。

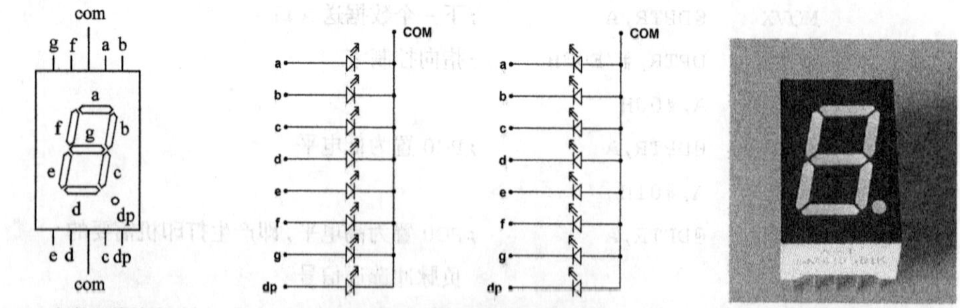

(a) 八段数码管管脚图　　(b) 共阴和共阳数码管内部结构图　　(c)实物图

图 6.27　八段 LED 数码管内部结构和原理图

要显示某个字符，只要控制数码管对应的段点亮或熄灭即可。如要显示字符“2”，只要 a、b、d、e、g 各段点亮，其余段不亮；如要显示字符“P.”，则只要 a、b、e、f、g、dp 各段点亮，其余不亮，如图 6.28(a)所示。对于共阴极数码管，应用时一般将公共端(COM)接地，要显示字符“2”，即只要让 a、b、d、e、g 各引脚输入高电平；要显示字符“P.”，则只要让 a、b、e、f、g、dp 各引脚输入高电平。对于共阳极数码管，应用时一般将公共端(COM)接电源正极，显示字符“2”时 a、b、d、e、g 各引脚输入低电平，其余各段输入高电平；要显示字符“P.”时则只要让 a、b、e、f、g、dp 各引脚输入低电平，其余各段输入高电平，如图 6.28(b)所示。

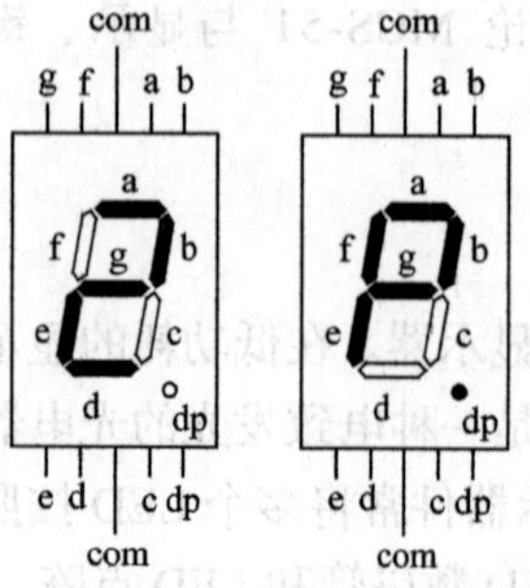

(a) 显示“2”和“P.”示意图

		D7	D6	D5	D4	D3	D2	D1	D0	显示码
		dp	g	f	e	d	c	b	a	
共阴	“2”	0	1	0	1	1	0	1	1	5BH
	“P.”	1	1	1	1	0	0	1	1	F3H
共阳	“2”	1	0	1	0	0	1	0	0	A4H
	“P.”	0	0	0	0	1	1	0	0	0CH

(b) 字符“2”和“P.”的显示码

图 6.28　数码管显示原理图

如果 a、b、c、d、e、f、g、dp 各段的控制端分别接到数据总线的 D0~D7，易得共阴极数码管显示字符“2”和“P.”的控制码(常称为显示码)分别为 5BH 和 F3H，如为共阳极数码管，则显示码分别为 A4H 和 0CH。表 6.10 给出了共阴和共阳数码管常见字符的显示码。由表可以看出，显示相同字符时，共阴和共阳数码管的显示码存在按位取反关系。另外要注意的是，显示码是相对的，它由各段控制端与数据总线各位连接情况决定。例如，我们让 a,b⋯dp 各段的控制端与数据总线的 D7~D0 相连，则共阴数码管显示“1”的显示码变成 60H。当然，这样的连接方式还有很多种，可由用户自行设定，但一般还是按 a,b,⋯dp 连到 D0~D7 的方式连接。

表 6.10　共阴和共阳数码管常见字符显示码表

显示字符	共阴数码管显示码	共阳数码管显示码	显示字符	共阴数码管显示码	共阳数码管显示码
0	3FH	C0H	C	39H	C6H
1	06H	F9H	D	5EH	A1H
2	5BH	A4H	E	79H	86H
3	4FH	B0H	F	71H	8EH
4	66H	99H	P	73H	8CH
5	6DH	92H	U	3EH	C1H
6	7DH	82H	T	31H	CEH
7	07H	F8H	y	6EH	91H
8	7FH	80H	H	76H	89H
9	6FH	90H	L	38H	C7H
A	77H	88H	P.	F3H	0CH
B	7CH	83H	空	00H	FFH

2) 数码管的两种显示方式

根据控制原理不同，LED 数码管显示方式可分为静态显示方式和动态显示方式。

图 6.29 所示为 4 位数码管的静态和动态显示原理图，其中，数码管的公共线称为位选线，数码管各段控制线称为段选线。

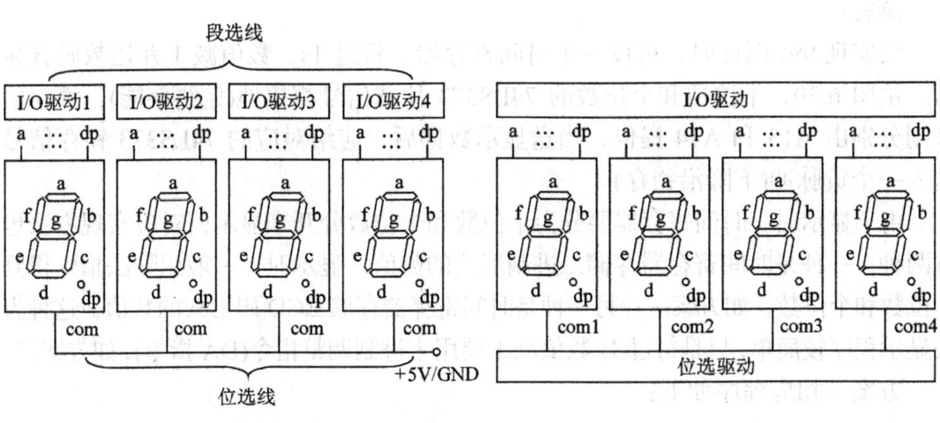

(a) 4 位静态显示　　(b) 4 位动态显示

图 6.29　静态显示和动态显示原理

由图 6.29 可以看出，静态显示方式的位选线都接到+5V(共阳)或 GND(共阴)；段选线连接到 I/O 驱动，并且每个数码管的段选线连接到不同的 8 位 I/O 驱动，显示时每个 8 位 I/O 驱动一个数码管。

动态显示方式的位选线连接到位选驱动，各数码管的同名段选线接到一起再分别连接到一个 8 位 I/O 驱动器上。显示时，段选和位选配合使用，使每个数码管逐个点亮。但是人眼在看动态显示方式下的数码管时，并不会看到闪烁，这是因为人眼对视觉的惰性，即闪烁频率大于 24Hz 时人眼分辨不出来。

很明显，两种显示方式下，动态显示可节约较多的 I/O 资源。

3) LED 数码管显示实例

【例 6.6】 MCS-51 单片机采用静态方式连接了两个共阴数码管，P0 口连接的数码管为高位，P3 口连接的数码管为低位，如图 6.30 所示，图中 74LS373 为 I/O 驱动器，RESPACK-8 为上拉排阻。试编程实现 99s 倒计时，计时到 0 时停止。

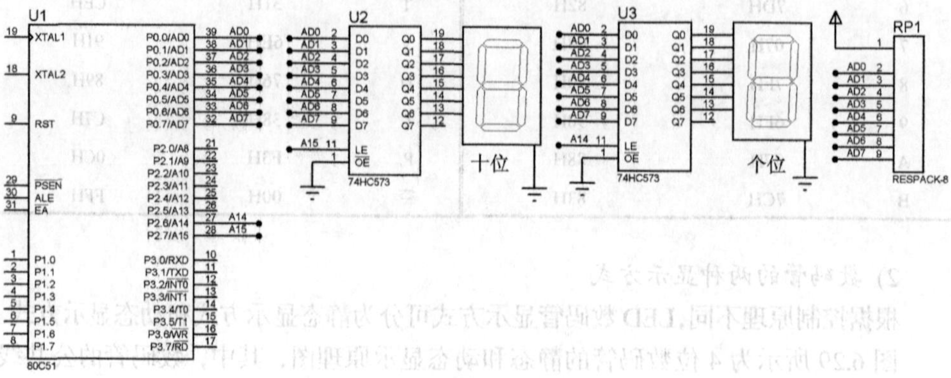

图 6.30 静态显示应用

解答：

要实现 99s 倒计时，可设一个时间寄存器，每过 1s，数值减 1 并送数码管显示。由图 6.30，十位数和个位数的 74LS373 片选信号都接地(始终使能)，锁存信号则分别由 A15 和 A14 提供，当送显示数据后，应给对应的 74LS373 锁存信号送入一个负脉冲(下降沿锁存)。

由于显示时，时间寄存器要分为十位数和个位数分开来显示，对应实现方法也有两种：一种是时间寄存器存储二进制形式的数值，显示时，一般用除法指令得到十位数和个位数，如方案一；另一种是时间寄存器存储 BCD 码形式的数值，这种方法显示程序较简单，只是每过 1s 数值减 1 要用十进制调整指令(DA 指令)，如方案二。

方案一相应程序如下：

```
ORG     0000H
AJMP    MAIN
```

```
        ORG      0040H
MAIN:
        MOV      7FH,#99          ;计时初值,以二进制形式存储
        SETB     P2.7
        SETB     P2.6
        ACALL    DISPLAY          ;调显示子程
LOOP:
        ACALL    DELAY_1S         ;调 1s 延时子程
        ACALL    DISPLAY          ;调显示子程
        MOV      A,7FH            ;取计时值
        JZ       OUT              ;计时到 0 则停止
        DEC      7FH              ;计时未到 0 则减 1
        AJMP     LOOP
OUT: AJMP        $
;;;;;;;;;;;;;显示子程序
DISPLAY:
        MOV      A,7FH            ;取当前计时值
        MOV      B,#10            ;B=10
        DIV      AB               ;计算计时值的十位和个位
        MOV      DPTR,#TABLE      ;表首地址送 DPTR
        MOVC     A,@A+DPTR        ;查表得十位数显示码
        MOV      P0,A
        CLR      P2.7
        SETB     P2.7             ;负脉冲,锁存信号
        MOV      A,B              ;取个位数
        MOVC     A,@A+DPTR        ;查表得个位数显示码
        MOV      P0,A
        CLR      P2.6
        SETB     P2.6             ;负脉冲,锁存信号
        RET
TABLE: DB        3FH,06H,5BH,4FH,66H,6DH,7DH,07H,7FH,6FH
                                  ;0~9 的显示码表
DELAY_1S:                         ;1s 延时子程,请读者自行编写
        …
        RET
```

```
        END
```

方案二相应程序如下:

```
        ORG     0000H
        AJMP    MAIN
        ORG     0040H
MAIN:
        MOV     7FH,#99H            ;计时初值,以BCD码存储
        SETB    P2.7
        SETB    P2.6
        ACALL   DISPLAY             ;调显示子程
LOOP:
        ACALL   DELAY_1S            ;调1s延时子程
        ACALL   DISPLAY             ;调显示子程
        MOV     A,7FH               ;取计时值
        JZ      OUT                 ;计时到0则停止
        ADD     A,#99H              ;减1即为加上其补码99H
        DA      A                   ;十进制调整
        AJMP    LOOP
OUT: AJMP       $
;;;;;;;;;;;;;显示子程序
DISPLAY:
        MOV     A,7FH               ;取当前计时值
        ANL     A,#0F0H             ;得到十位数
        SWAP    A
        MOV     DPTR,#TABLE         ;表首地址送DPTR
        MOVC    A,@A+DPTR           ;查表得十位数显示码
        MOV     P0,A
        CLR     P2.7
        SETB    P2.7                ;负脉冲,锁存信号
        MOV     A,7FH               ;取当前计时值
        ANL     A,#0FH              ;得到个位数
        MOVC    A,@A+DPTR           ;查表得个位数显示码
        MOV     P0,A
        CLR     P2.6
```

```
        SETB     P2.6              ;负脉冲,锁存信号
        RET
TABLE: DB       3FH,06H,5BH,4FH,66H,6DH,7DH,07H,7FH,6FH
                                   ;0~9 的显示码表
DELAY_1S:                          ;1s 延时子程,请读者自行编写
        …
        RET
        END
```

【例 6.7】　如图 6.31(a)所示，MCS-51 单片机使用 8255 进行 I/O 口扩展，连接 6 个共阳数码管。PA 口作为段选，PC 口的低 6 位作位选。现要求在 6 个数码管上显示实时时钟，试编写出 8255 的初始化程序和显示子程序(初始时间为 12：53：48，程序其余部分请参考例 5.7)。

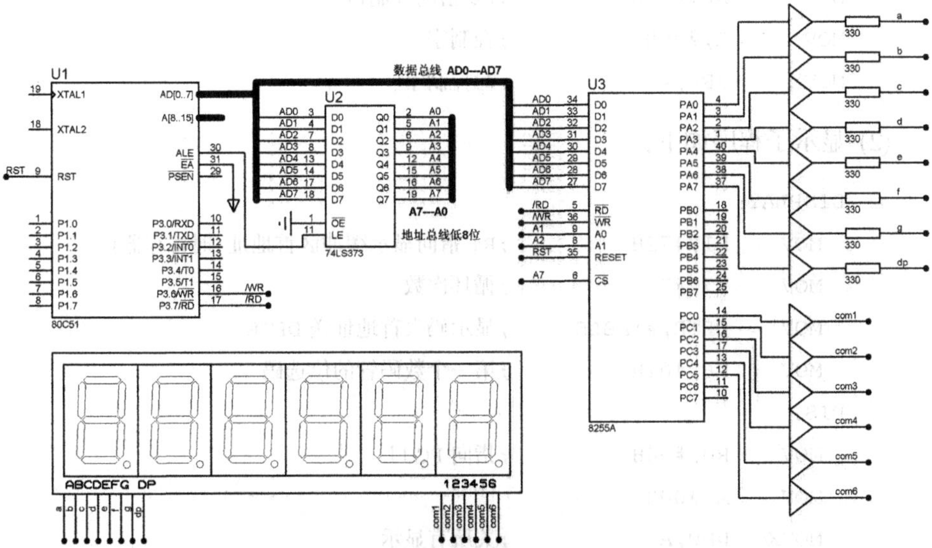

(a) 电路原理图

(b) 仿真效果图

图 6.31　8255 扩展显示实时时钟

解答：

8255 工作在方式 0 输出，所以其方式控制字为 80H。8255 的片内地址选择引脚 A1、A0 接到了地址总线的 A2、A1，所以 8255 的片内端口地址为偶地址(设低 8 位地址线中未用到的地址线 A0，A3~A6 均为“0”)，各端口地址为

A 口	00H
B 口	02H
C 口	04H
控制口	06H

由例题 5.7 可知，时、分、秒按十六进制数分别存于片内 RAM 的 72H、71H 和 70H 中，但是时钟的显示应为十进制，所以在显示子程中应计算时、分、秒的十位和个位后送显示。

(1) 8255 初始化程序如下：

```
MOV     R0,#06H         ;R0 指向控制口
MOV     A,#80H          ;控制字
MOVX    @R0,A           ;写控制字
```

(2) 显示子程序如下：

```
DISPLAY:
  MOV     R1,#72H         ;R1 指向显示缓冲区首地址(时寄存器)
  MOV     R7,#3           ;循环次数
  MOV     DPTR,#TABLE     ;显示码表首地址送 DPTR
  MOV     R6,#01H         ;第一个数码管的位选码
DIS:
  MOV     R0,#04H         ;指向 PC 口
  MOV     A,#00H
  MOVX    @R0,A           ;关所有显示
  MOV     A,@R1           ;取待显示值
  MOV     B,#10
  DIV     AB              ;分离出十位和个位
  MOVC    A,@A+DPTR       ;查表得十位数的显示码
  MOV     R0,#00H         ;指向 PA 口
  MOVX    @R0,A           ;显示码(段选)送 PA 口
  MOV     R0,#04H         ;指向 PC 口
  MOV     A,R6
```

```
        MOVX    @R0,A              ;位选送 PC 口
        RL      A                  ;左移一位得到下一个数码管的位选码
        MOV     R6,A               ;位选码存回到 R6
        ACALL   DELAY              ;调延时子程
        MOV     R0,#04H            ;指向 PC 口
        MOV     A,#00H
        MOVX    @R0,A              ;关所有显示
        MOV     A,B                ;个位送累加器 A
        MOVC    A,@A+DPTR          ;查表得个位数的显示码
        MOV     R0,#00H            ;指向 PA 口
        MOVX    @R0,A              ;显示码(段选)送 PA 口
        MOV     R0,#04H            ;指向 PC 口
        MOV     A,R6
        MOVX    @R0,A              ;位选送 PC 口
        RL      A                  ;左移一位得到下一个数码管的位选码
        MOV     R6,A               ;位选码存回到 R6
        ACALL   DELAY              ;调延时子程
        DEC     R1                 ;指向显示寄存器中下一个数
        DJNZ    R7,DIS             ;时、分、秒 6 个数码管是否显示完,
                                   未完继续,完成则退出显示子程
        RET
```

(3) 显示码表如下：

```
TABLE: DB 0C0H,0F9H,0A4H,0B0H,99H,92H,82H,0F8H,80H,90H
                                   ;0~9 的显示码表(共阳)
```

(4) 延时子程序如下：

```
DELAY:                             ;延时子程
    MOV      R5,#40
DE: MOV      R4,#80
    DJNZ     R4,$
    DJNZ     R5,DE
    RET
```

显示初始时钟的仿真效果图如图 6.31(b)所示。

显示子程序中如下三条指令：

```
MOV     R0,#04H     ;指向 PC 口
MOV     A,#00H
MOVX    @R0,A       ;关所有显示
```

其作用是解决拖尾现象。所谓拖尾现象是指在动态显示中，由于段选和位选信号的不对应而导致的前一个数码管的显示值在后一个数码管上显示出来的错误现象。如动态显示时，前一个数码管送了段选信号及位选信号，经过延时后，需对下一个数码管进行显示操作，也就是需要把段选信号和位选信号切换成下一个数码管。这个过程中，无论先切换段选还是先切换位选，都会存一个段选和位选信号不对应的阶段，也就是出现了拖尾。解决的办法是在切换段选和位选之前把显示关闭，如上指令可实现。

2. LCD 显示接口技术

1) LCD 结构及显示原理

LCD 是一种被动式的显示器，由于功耗低、抗干扰能力强、显示形式多样，广泛用于低功耗、便携式的单片机系统中。液晶，即液态的晶体，是一种同时具备液体的流动性和类似晶体的某种排列特性的物质。在电场的作用下，液晶分子的排列会产生变化。液晶本身不发光，但可以通过改变液晶分子的排列方式调节光的亮度而显示。

LCD 显示器的基本结构如图 6.32 所示。其显示原理如下：

在上下两个电极基板上加上电压之后，在电场的作用下，液晶的扭曲结构消失，其旋光作用也消失，经过偏振片的偏振光便可以直接通过；去掉电场后，液晶分子又恢复其扭曲结构，偏振光便不能通过液晶。改变偏振片的相对位置(正交或平行)，就可以得到白底黑字或黑底白字的显示形式。

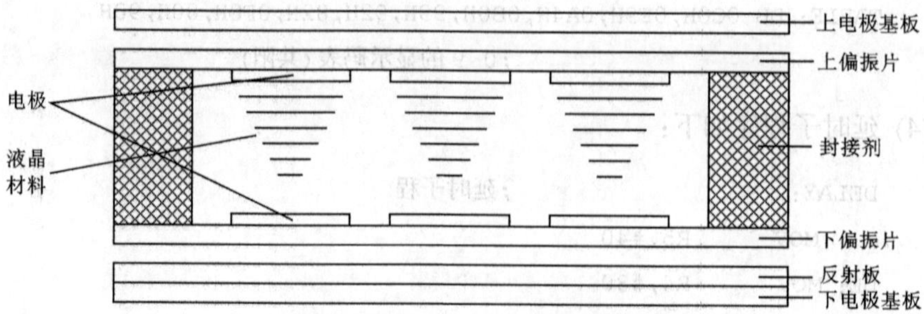

图 6.32　液晶显示的基本结构

2) LM032L 液晶显示模块

LCD 按字形显示方式可分为字符型和点阵型两种。下面以字符型液晶 LM032L 为例介绍液晶的特点及使用方法。

LM032L 为单+5V 供电的字符型液晶，可显示 20×2 个字符(2 行，每行 20 个字符)，有标准的 14 脚(无背光)和 16 脚(带背光)两种接口，如图 6.33 所示为不带背光的 LM032L 的引脚图，各引脚功能见表 6.11。

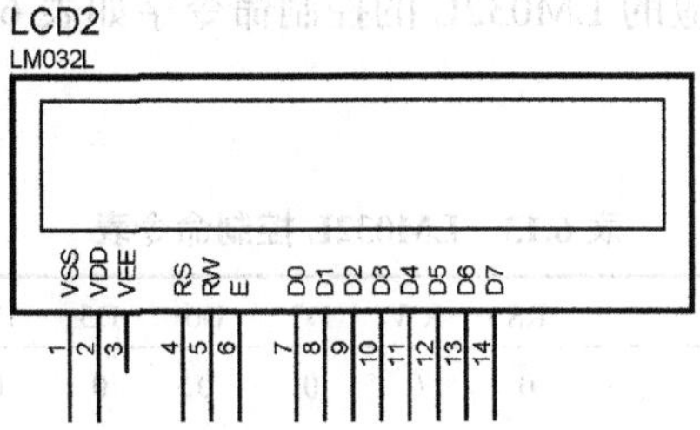

图 6.33　字符型液晶 LM032L 的引脚图

表 6.11　LM032L 引脚说明

引脚号	符号及名称	功能说明
1	VSS(电源地)	电源负极
2	VDD(电源正极)	VDD(电源正极)
3	VEE(液晶显示偏压)	液晶显示器对比度调整端，接正极电源时对比度最弱，接地时对比度最高，使用时可以通过一个 10k 的电位器调整对比度
4	RS(数据/命令选择)	高电平时选择数据寄存器、低电平时选择命令寄存器
5	RW(读/写选择)	高电平时进行读操作，低电平时进行写操作。当 RS 和 RW 同为低电平时可以写入指令或者显示地址，当 RS 为低电平 RW 为高电平时可以读写信号，当 RS 为高电平 RW 为低电平时可以写入数据
6	E(使能信号)	当 E 端由高电平跳变成低电平时，液晶模块执行命令
7~14	D0~D7(数据总线)	D0~D7 为 8 位双向数据线

LM032L 的基本操作有四种：

(1) 写指令：RS=0，RW=0，D0~D7=命令字，E=正脉冲时写入命令。对 LM032L 的命令有 8 类，主要为 LM032L 的显示方式、光标方式、内部 RAM 地址指针等。

(2) 读状态：RS=0，RW=1，E=1 时读 LM032L 的当前工作状态，其状态字如表 6.12 所示。

表 6.12　LM032L 状态字

STA7	STA6~STA0
读写操作使能位 1：禁止　0：允许 (该位可作为 LM032L 的忙检测位)	当前数据地址指针的数值

一般每次写命令之前都要进行忙状态检测，除非可以保证 LM032L 一定处于空闲状态。比如经过足够长时间未对 LM032L 操作，可以认为 LM032L 内部所有

操作都结束，也就是说 LM032L 处于空闲。

(3) 写数据：RS=1，RW=0，D0~D7=数据，E=正脉冲。

(4) 读数据：RS=1，RW=1，E=1。

这四种基本操作对应的 LM032L 的控制命令字如表 6.13 所示，共有 11 类控制指令。

表 6.13　LM032L 控制命令表

序号	指令	RS	RW	D7	D6	D5	D4	D3	D2	D1	D0
1	清屏	0	0	0	0	0	0	0	0	0	1
2	光标返回	0	0	0	0	0	0	0	0	1	*
3	设置输入模式	0	0	0	0	0	0	0	1	I/D	S
4	显示开/关控制	0	0	0	0	0	0	1	D	C	B
5	光标或字符移位	0	0	0	0	0	1	S/C	R/L	*	*
6	功能设置	0	0	0	0	1	DL	N	F	*	*
7	置字符存储器地址	0	0	0	1	字符存储器地址					
8	置数据存储器地址	0	0	1	显示数据存储器地址						
9	读忙标志或地址	0	1	BF	地址计数器 AC						
10	写数 CGRAM 或 DDRAM	1	0	要写的数据内容							
11	从 CGRAM 或 DDRAM 读数	1	1	读出的数据内容							

表 6.13 所示的 11 类控制指令中，前八类是用于对 LM032L 的设置命令，这些命令的具体功能如下：

(1) 清屏指令。清屏指令使 LM032L 内部 RAM 的内容全部被清除，光标回到左上角的原点，地址计数器 AC=0。

(2) 光标返回。本指令使光标和光标所在的字符回原点，但内部 RAM 单元的内容不变。

(3) 设置输入模式指令。该指令中 I/D 位是地址计数器 AC 增减方向控制位，I/D=1 时，当数据写入内部 RAM 或从内部 RAM 中读出数据时，地址计数器 AC 自动加 1；I/D=0 时，当数据写入内部 RAM 或从内部 RAM 中读出数据时，地址计数器 AC 自动减 1。S 位则控制显示内容左移还是右移。当 S=1 且数据写入 RAM 时，显示将全部左移(I/D=1)或右移(I/D=0)，此时光标看上去未动，仅仅显示内容移动，但读出时显示内容不移动；当 S=0 时，显示不移动，光标左移或右移。

(4) 显示开/关控制指令。D 位是显示控制位，D=1 时，开显示；D=0 时，关显示。C 位为光标控制位，当 C=1 时，开光标显示；C=0 时，关光标显示。B 位是闪烁控制位，当 B=1 时，光标和光标所指的字符共同以 1.25Hz 的频率闪烁；B=0 时，不闪烁。

(5) 光标或字符移位指令。该指令使光标或显示画面在没有对内部 RAM 进行读写操作时被左移或右移，S/C=0，R/L=0 时，光标左移，AC 自动减 1；S/C=0，R/L=1 时，光标右移，AC 自动加 1；S/C=1，R/L=0 时，光标和显示一起左移；S/C=1，R/L=1 时，光标和显示一起右移。

(6) 功能设置指令。该指令设置数据接口位数等，对 MCS-51 单片机，该指令常设置成 38H，即两行显示，每字符占用 5×7 点阵。

(7) 置字符存储器地址指令。该指令设置内部 RAM 地址指针，地址码被送入 AC。两行字符的对应地址分别为 00H~13H(第一行)和 40H~53H(第二行)。

(8) 置数据存储器地址指令。此指令设置内部 RAM 地址指针的值，此后就可以将要显示的数据写入到 RAM 中。由于 LM032L 内部存储了要显示字符的 ASCII 码，所以，要显示字符时，只要把该字符所对应的 ASCII 码送给指定的内部 RAM 中即可。

【例 6.8】　MCS-51 单片机与 LM032L 连接电路原理图如图 6.34 所示，试编程实现第一行显示“WO AI DAN PIAN JI”，第二行显示“1 2 3 4 5 6 7 8 9”。

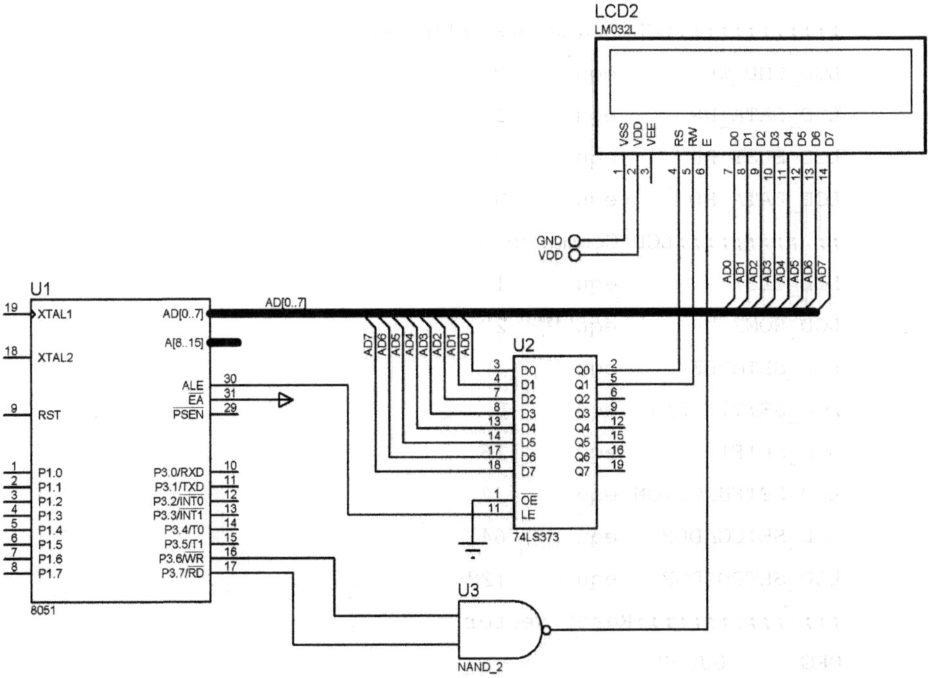

图 6.34　LM032 液晶显示接口

解答：

图 6.34 中 LM032L 的 RS、RW 两个管脚由单片机低 8 位地址的 A0 和 A1 提供；使能信号 E 由单片机读写控制引脚经过与非后提供。所以，对 LM032L 进行读状态时可用如下指令：

```
MOV     R1,#02H         ;读状态地址为 02H
MOVX    A,@R1
```

写命令时可用如下指令：

```
MOV     A,#CMD          ;待写入的命令字
MOV     R1,#00H
MOVX    @R1,A
```

写数据时可用如下指令：

```
MOV     A,#DATA         ;待写入的数据
MOV     R1,#01H
MOVX    @R1,A
```

程序清单如下：

```
;;;;;;;;;;;;LCD Registers addresses
LCD_CMD_WR        equ     0
LCD_DATA_WR       equ     1
LCD_BUSY_RD       equ     2
LCD_DATA_RD       equ     3
;;;;;;;;;;;;LCD Commands
LCD_CLS           equ     1
LCD_HOME          equ     2
LCD_SETMODE       equ     4
LCD_SETVISIBLE    equ     8
LCD_SHIFT         equ     16
LCD_SETFUNCTION   equ     32
LCD_SETCGADDR     equ     64
LCD_SETDDADDR     equ     128
;;;;;;;;;;;;;;Reset vector
ORG      0000H
AJMP     MAIN
ORG      0040H
stringa: db ' WO AI DAN PIAN JI  0' ;显示字符串,以‘0’结束
stringb: db '1 2 3 4 5 6 7 8 9  0' ;显示字符串,以‘0’结束
ORG      0100H
```

```
MAIN:
    MOV     A,#038H               ;LM032L 功能设置命令
    LCALL   WRCMD                 ;调写命令子程
    MOV     A,#LCD_CLS            ;清屏
    LCALL   WRCMD                 ;调写命令子程
    MOV     A,# LCD_SETVISIBLE+6  ;光标显示形式设置
    LCALL   WRCMD                 ;调写命令子程
    LCALL   DELAY                 ;调延时子程
    MOV     A,#LCD_SETDDADDR      ;内部 RAM 数据指针指向第一行
    LCALL   WRCMD
    MOV     DPTR,#stringa         ;显示内容首地址送 DPTR
    LCALL   WRSTR                 ;调写字符串子程序
    MOV     A,#LCD_SETDDADDR+64   ;内部 RAM 数据指针指向下一行
    LCALL   WRCMD
    MOV     DPTR,#stringb         ;显示内容首地址送 DPTR
    LCALL   WRSTR                 ;调写字符串子程序
LOOP: AJMP  $                     ;跳自身死循环
WRSTR:                            ;写字符串子程序
    MOV     R0,#LCD_DATA_WR
WRSTR1:
    CLR     A
    MOVC    A,@A+DPTR
    JZ      WRSTR2                ;待显示的字符串以“0”结束
    MOVX    @R0,A
    ACALL   WRBUSY                ;LCD 忙检测
    INC     DPTR                  ;指向下一个数据
    AJMP    WRSTR1
WRSTR2: RET
WRCMD:                            ;写命令子程
    MOV     R0,#LCD_CMD_WR        ;LM032L 命令地址
    MOVX    @R0,A
    LCALL   WRBUSY                ;LCD 忙检测
RET
WRBUSY                            ;LCD 忙检测子程序
    MOV     R1,#LCD_BUSY_RD
```

```
        MOVX     A,@R1
        JB       ACC.7,WRBUSY
    RET
    DELAY:                                     ;延时子程
        MOV      R5,#200
    DE: MOV      R4,#200
        DJNZ     R4,$
        DJNZ     R5,DE
    RET
    END
```

运行程序，可在 ISIS 软件中得到仿真结果如图 6.35 所示。

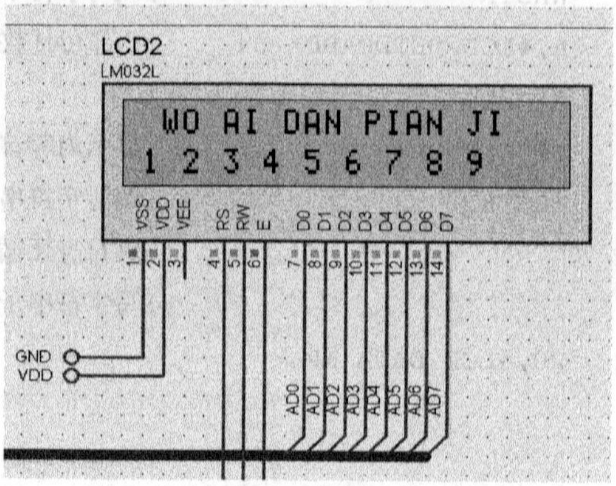

图 6.35 LM032 液晶显示仿真结果

6.5.2 键盘接口技术

单片机系统所用的键盘有编码键盘和非编码键盘两种。

编码键盘本身除了按键之外，还包括产生按键代码(键码)的硬件电路，只要按下某个键，就能产生这个键的键码，同时，还能产生一个脉冲信号，用以通知单片机接收键码。这种键盘接口简单，程序易编写，但使用的硬件较复杂，在单片机系统中应用不多。

非编码键盘又可分为独立式键盘和矩阵键盘。

1. 独立式键盘接口技术

独立式键盘的每个按键彼此独立，均需占用一条 I/O 输入线。图 6.36 给出了一种 MCS-51 单片机与独立式键盘的接口电路，图中 P1 口的每根线都连接了一个按键，并且 P1 口外接了上拉电阻。要判断某个按键是否按下，只要读该按键对应的 I/O 线状态，如为高电平，则按键未按下，如为低电平，则说明按键按下。

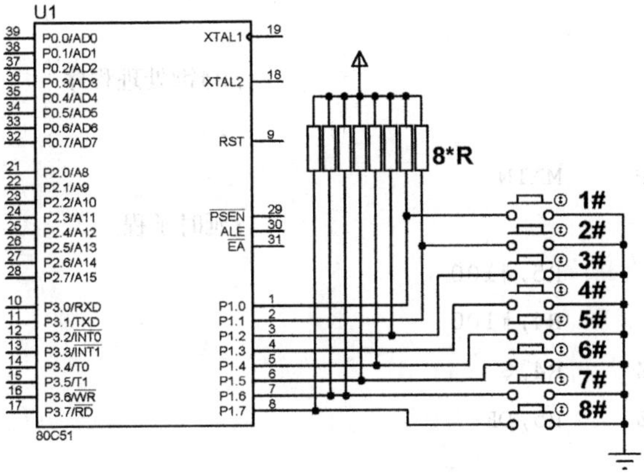

图 6.36　单列键盘接口

程序清单如下：

```
        ORG     0000H
        AJMP    MAIN
        ORG     0040H
MAIN:
        MOV     P1,#0FFH            ;准备读 P1 口
        MOV     A,P1
        CJNE    A,#0FFH,DOU         ;不等于 FFH,说明有键按下
        AJMP    MAIN
DOU:
        LCALL   DELAY               ;延时去抖
        JNB     P1.0,PRG0           ;如果 P1.0=0,则 1#键按下,跳
                                     PRG0 处理,下同
        JNB     P1.1,PRG1
        …
        JNB     P1.7,PRG7
        AJMP    MAIN
PRG0:                               ;1#键处理程序
        …
        AJMP    MAIN
PRG1:                               ;2#键处理程序
        …
        AJMP    MAIN
```

```
    …
PRG7:                                       ;8#键处理程序
    …
    AJMP    MAIN
DELAY:                                      ;延时子程
    MOV     R5,#100
DE: MOV     R4,#100
    DJNZ    R4,$
    DJNZ    R5,DE
    RET
    END
```

2. 矩阵键盘接口技术

1) 矩阵键盘的结构

矩阵键盘是一种把所有按键都排列成行列矩阵式的键盘，这种键盘中，每根行线和每根列线的交叉处都接有一个按键，当某个按键按下时，与这个按键相连的行线和列线就会接通，否则是断开状态。如图 6.37 所示为 4×4 矩阵键盘电路原理图，图中的数码管用于显示键码。

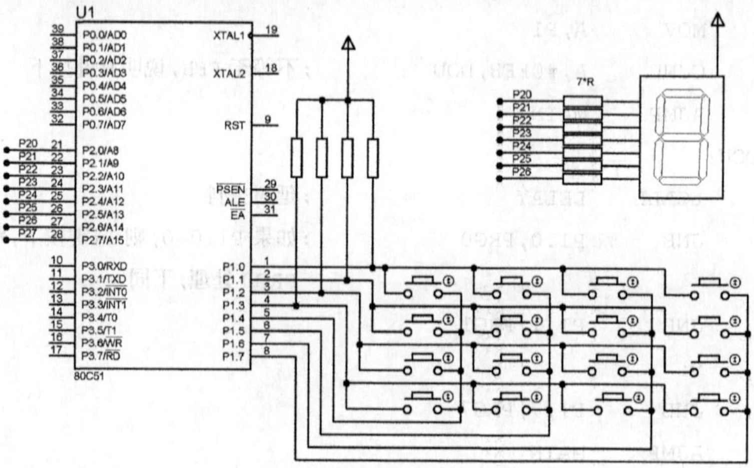

图 6.37　矩阵键盘接口

2) 矩阵键盘识别原理

为了实现键盘的数据输入功能和命令处理功能，每个键都有一个处理子程序。为此每个键对应一个键码，以便根据键码转到相应的键处理子程序中。为了得到被按键的键码，常用的方法有行扫描法和线反转法两种，其中，行扫描法使用较为普遍。

行扫描法的基本原理是：首先使所有的行线均为高电平，而某条列线为低电平，如果这条列线上没有键按下，则各行线的状态还高电平；如果列线上有闭合键，则相应的那条行线即变为低电平。只要找到被按键的行号 H 和列号 V，就可以求得该键的键码。下面以图 6.37 这例讨论矩阵键盘识别程序。

3) 矩阵键盘识别程序

图 6.37 所示电路中，共有 4 行 4 列按键，列线分别接到 P1.4~P1.7，行线分别接到 P1.0~P1.3，并且每根行线均接有上拉电阻。对应的矩阵键盘识别程序包括以下四个模块：

(1) 判断是否有键按下。单片机判断矩阵键盘是否有键按下的原理很简单。可使 P1 口输出 0FH，使所有的行线变为高电平而所有的列线变为低电平。然后再读 P1 口，如果读回来的数值为 0FH，则说明没有键按下；如果读回来的数值不是 0FH，则说明有键按下。

(2) 去抖动。当测试表明有键被按下之后，还不能马上进行键码识别。因为，常用键盘的键是一个机械开关结构，被按下时，由于机械触点的弹性及电压突跳等原因，在触点闭合或断开的瞬间会出现电压抖动。抖动的时间长短与键的机械特性有关，一般为 5~10ms。

我们把按键产生的抖动消除的过程称为去抖动，去抖动有硬件和软件两种方法。硬件方法就是在键盘中附加去抖动电路，从根本上消除抖动产生的可能性；软件方法则采用时间延迟以躲过抖动(大约延时 10~30ms 即可)，待信号稳定之后，再进行键码识别。

大多数单片机系统采用软件延时的方法去抖动。

(3) 键码识别。键码识别的过程就是找到被按键的行号 H 和列号 V 的过程。具体为：首先使第一条列线变为低电平，其余列线和行线为高电平，即使 P1 口输出 EFH。然后将 P1 口状态读回，如果读回的数值不是 EFH，则说明该列中有键被按下。那么是这列中的哪一个按键被按下呢？还应找到该键的行号。行号信息实际上隐藏在读回的数值的低四位中，低四位中为“0”的那些位对应的行即为被按下的键的行号。例如，读回来的数值为 E7H，则说明是第四行有键被按下。

如果读回 P1 口的数值是 EFH，则说明该列中没有键按下。接下来扫描下一列，直到找到被按键的行号 H 和列号 V。

定义：

$$键码=行号\ H+列号\ V\cdot 4$$

(4) 等待按键释放。计算完键码，再以延时和扫描的方法等待和判定键释放之后，就可以根据键码，转到相应的键处理子程序，进行数据的输入或命令的处理。等待键释放是为了保证键的一次闭合仅进行一次处理。

图 6.37 所示电路的矩阵键盘按键识别及键码在数码管显示的程序如下：

```
        KEY     EQU         70H
        H       EQU         71H
        ORG     0000H
        AJMP    MAIN
        ORG     0040H
MAIN:
        MOV     P1,#0FH
        MOV     A,P1
        CJNE    A,#0FH,KEYSCAN          ;判断是否有键按下,有则进入去抖
        AJMP    MAIN
KEYSCAN:
        ACALL   DELAY                   ;延时法去抖
        MOV     P1,#0FH
        MOV     A,P1
        CJNE    A,#0FH,L1               ;去抖后开始扫描第一列
        AJMP    MAIN
;;;;;;;;;扫描第一列过程;;;;;;;;
L1:
        MOV     P1,#0EFH
        MOV     A,P1
        CJNE    A,#0EFH,LL1             ;不等于 0EFH 则说明在第一列
        AJMP    L2                      ;否则转下一列
LL1:
        ANL     A,#0FH                  ;取返回值的低四位
        JNB     ACC.0,L1H0              ;如在第一行,则转入到 L1H0
        JNB     ACC.1,L1H1              ;如在第二行,则转入到 L1H1
        JNB     ACC.2,L1H2              ;如在第三行,则转入到 L1H2
        JNB     ACC.3,L1H3              ;如在第四行,则转入到 L1H3
OUT1:
        MOV     A,H                     ;行号送累加器 A
        ADD     A,#0                    ;行号+列号*4(H+0)
        MOV     KEY,A                   ;键码送 KEY
```

```
    ACALL   DISPLAY             ;调显示子程
    LJMP    MAIN                ;返回到主程
L1H0:
    MOV     H,#0                ;如在第一行,则行号为 0
    AJMP    OUT1
L1H1:
    MOV     H,#1                ;如在第二行,则行号为 1
    AJMP    OUT1
L1H2:
    MOV     H,#2                ;如在第三行,则行号为 2
    AJMP    OUT1
L1H3:
    MOV     H,#3                ;如在第四行,则行号为 3
    AJMP    OUT1
;;;;;;;;;扫描第二列过程;;;;;;;;
L2:
    MOV     P1,#0DFH
    MOV     A,P1
    CJNE    A,#0DFH,LL2         ;不等于 0DFH 则说明在本列
    AJMP    L3                  ;否则转下一列
LL2:
    ANL     A,#0FH              ;取返回值的低四位
    JNB     ACC.0,L2H0          ;如在第一行,则转入到 L2H0
    JNB     ACC.1,L2H1          ;如在第二行,则转入到 L2H1
    JNB     ACC.2,L2H2          ;如在第三行,则转入到 L2H2
    JNB     ACC.3,L2H3          ;如在第四行,则转入到 L2H3
OUT2:
    MOV     A,H                 ;行号送累加器 A
    ADD     A,#4                ;行号+列号*4(H+4)
    MOV     KEY,A               ;键码送 KEY
    ACALL   DISPLAY             ;调显示子程
    LJMP    MAIN                ;返回到主程
L2H0:
    MOV     H,#0                ;如在第一行,则行号为 0
    AJMP    OUT2
```

```
L2H1:
    MOV     H,#1                    ;如在第二行,则行号为 1
    AJMP    OUT2
L2H2:
    MOV     H,#2                    ;如在第三行,则行号为 2
    AJMP    OUT2
L2H3:
    MOV     H,#3                    ;如在第四行,则行号为 3
    AJMP    OUT2
;;;;;;;;;扫描第三列过程;;;;;;;;
L3:
    MOV     P1,#0BFH
    MOV     A,P1
    CJNE    A,#0BFH,LL3             ;不等于 0BFH 则说明在本列
    AJMP    L4                      ;否则转下一列
LL3:
    ANL     A,#0FH                  ;取返回值的低四位
    JNB     ACC.0,L3H0              ;如在第一行,则转入到 L3H0
    JNB     ACC.1,L3H1              ;如在第二行,则转入到 L3H1
    JNB     ACC.2,L3H2              ;如在第三行,则转入到 L3H2
    JNB     ACC.3,L3H3              ;如在第四行,则转入到 L3H3
OUT3:
    MOV     A,H                     ;行号送累加器 A
    ADD     A,#8                    ;行号+列号*4(H+8)
    MOV     KEY,A                   ;键码送 KEY
    ACALL   DISPLAY                 ;调显示子程
    LJMP    MAIN                    ;返回到主程
L3H0:
    MOV     H,#0                    ;如在第一行,则行号为 0
    AJMP    OUT3
L3H1:
    MOV     H,#1                    ;如在第二行,则行号为 1
    AJMP    OUT3
L3H2:
    MOV     H,#2                    ;如在第三行,则行号为 2
```

```
    AJMP     OUT3
L3H3:
    MOV      H,#3                    ;如在第四行,则行号为 3
    AJMP     OUT3
;;;;;;;;;扫描第四列过程;;;;;;;;
L4:
    MOV      P1,#7FH
    MOV      A,P1
    CJNE     A,#7FH,LL4              ;不等于 7FH 则说明在本列
    AJMP     MAIN                    ;否则返回主程
LL4:
    ANL      A,#0FH                  ;取返回值的低四位
    JNB      ACC.0,L4H0              ;如在第一行,则转入到 L4H0
    JNB      ACC.1,L4H1              ;如在第二行,则转入到 L4H1
    JNB      ACC.2,L4H2              ;如在第三行,则转入到 L4H2
    JNB      ACC.3,L4H3              ;如在第四行,则转入到 L4H3
OUT4:
    MOV      A,H                     ;行号送累加器 A
    ADD      A,#12                   ;行号+列号*4(H+12)
    MOV      KEY,A                   ;键码送 KEY
    ACALL    DISPLAY                 ;调显示子程
    LJMP     MAIN                    ;返回到主程
L4H0:
    MOV      H,#0                    ;如在第一行,则行号为 0
    AJMP     OUT4
L4H1:
    MOV      H,#1                    ;如在第二行,则行号为 1
    AJMP     OUT4
L4H2:
    MOV      H,#2                    ;如在第三行,则行号为 2
    AJMP     OUT4
L4H3:
    MOV      H,#3                    ;如在第四行,则行号为 3
    AJMP     OUT4
;;;;;;;;;;;;;;;;
```

```
DISPLAY:
     MOV      A,KEY
     MOV      DPTR,#TABLE
     MOVC     A,@A+DPTR
     MOV      P2,A
     RET
DELAY:                                    ;延时子程
     MOV      R5,#100
DE: MOV       R4,#100
     DJNZ     R4,$
     DJNZ     R5,DE
     RET
TABLE: DB 0C0H,0F9H,0A4H,0B0H,99H,92H,82H,0F8H,80H,90H
                                          ;0~9 的显示码表(共阳)
     END
```

在上述程序中，为了使读者能了解键盘识别过程，将各列的扫描程序分开来写，其实这段程序如果写成循环形式将会更简洁。

习　题

6.1 什么叫接口？它的功能是什么？

6.2 I/O 接口有哪几种数据传送方式？

6.3 如果用 MCS-51 单片机控制字符打印机，应采用什么数据传输方式较好？为什么？

6.4 DMA 方式的基本过程是什么？为什么 DMA 方式可以加快批量数据在外设和存储器之间的传送？

6.5 MCS-51 内部 I/O 口有哪些，有什么异同？

6.6 线选法与译码法的异同？

6.7 试用多片容量为 4KB 的 ROM 扩展成地址连续并且地址从 0000H 开始的 16KB 程序存储器系统，画出电路原理图。

6.8 8255 的 PA 口工作在方式 1 输入，PB 口工作在方式 0 输出，试写出 8255 的初始化程序。

6.9 某产品生产可分为 6 道工序，各工序分别由 8255PA 口的 PA0~PA5 进行开/关控制，已知各工序所花费的时间分别为 3s、10s、21s、7s、9s、3s，试画出以 MCS-51 单片机为控制器的电路原理图，并编写控制程序。

6.10　LED 的静态显示方式与动态显示方式有何区别？各有什么优缺点？

6.11　为什么要消除按键的抖动？一般有哪些方法？

6.12　说明矩阵键盘识别原理。

6.13　利用 8255 的 PA 口和 PC 口的构成一个 8×8 矩阵键盘，试画出电路原理图，并编写按键识别程序。

6.14　根据图 6.34，试编程实现在 LM032L 液晶上显示实时时钟。

6.15　如图 6.38 所示，试编程实现可调的实时时钟。时钟显示在 LM032L 液晶上。key1 为功能选择键，按下此键时进入时间调整；key2 为数值加键，每按下 key2 键一次数值加 1；key3 为调整对象移位键，按下 key3 可在时、分、秒的调整对象中循环选择；key4 为确定键。

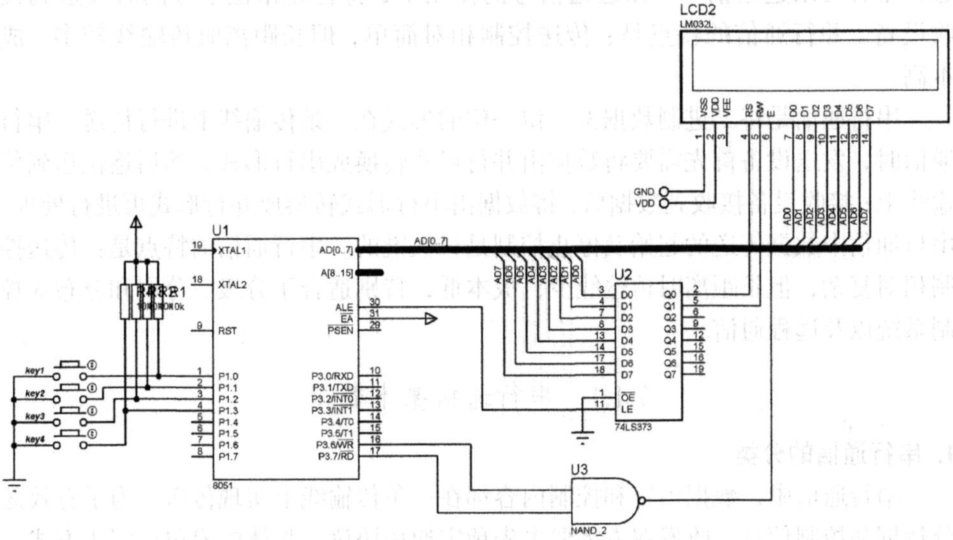

图 6.38　液晶显示可调实时时钟

第7章 串行接口技术

7.1 串行通信概述

计算机通信中有并行和串行两种通信方式。并行通信是将发送和接收设备的所有数据位用多条数据线——对应连接并同时传送。除数据线外还需要有通信控制线。发送设备在发送数据时首先检测接收设备是否处于可接收数据状态，然后发出选通信号。在选通信号的作用下，将各数据位信号同时发送到接收设备。并行通信的特点是：传送控制相对简单，但长距离时传输线较多，成本高。

串行通信是将二进制数据按一位一位的形式在一条传输线上进行传送。串行通信时，发送设备首先需要将数据由并行形式转换成串行形式，然后逐位送到传输线上；接收设备接收到数据后，将数据由串行形式转换成并行形式再进行处理。串行通信中数据传送的起始及停止控制是很关键的。串行通信的特点是：传送控制相对复杂，但长距离时传输线少，成本低，特别适合于分级、分层和分布式控制系统以及远程通信。

7.1.1 串行通信基本概念

1. 串行通信的分类

串行通信中，数据内容和控制内容都在一条传输线上实现传送。为了有效区分数据和控制信息，收发双方需要事先预定通信协议，具体内容包括同步方式、数据格式、传输速率、校验方式等。

按照同步方式的不同，串行通信可分为异步通信和同步通信两类。

1) 异步通信

异步通信以字符(或字节)构成的字符帧为单位进行传送。字符帧由发送设备逐帧发送，经传输线被接收设备逐帧接收。发送端和接收端使用各自的时钟来控制数据的发送和接收，两个时钟彼此独立、互不同步。但为了使发送和接收协调工作，要求发送和接收的时钟频率尽可能一致(误差要在允许的范围之内)。字符帧与字符帧之间的间隙是任意的，但每个字符帧中的各位是以固定的时间间隔传送的，即字符帧之间是异步的，但同一字符帧内部的各位是同步的。

接收端如何知道发送端何时开始发送及何时结束发送呢？采用的方法是使每

个传送的字符帧都以起始位“0”开始，以停止位“1”结束。每当接收端检测到传输线上发送来低电平“0”时，就知道发送端开始发送；每当检测到停止位时知道一帧信息发送完毕。

异步通信的每帧数据由四部分组成(图 7.1)，包括起始位、数据位、奇偶校验位和停止位。

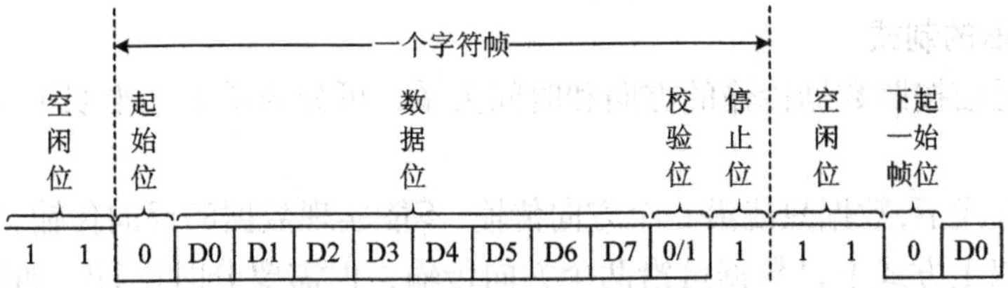

图 7.1　异步通信的字符帧格式

(1) 起始位：位于字符帧开头，占 1 位，始终为低电平“0”，用于向接收端表示一帧信息的开始。

(2) 数据位：紧跟在起始位之后，根据情况不同可取 5 位、6 位、7 位或 8 位，低位在前高位在后。例如，ASCII 码常取 7 位。

(3) 奇偶校验位：位于数据位之后，占 1 位(也可以不使用校验位)，用于串行通信中的奇偶校验。

(4) 停止位：位于字符帧末尾，为高电平“1”，通常可取 1 位、1.5 位或 2 位，用于向接收端表示一帧发送信息的结束。

串行通信中，相邻两字符帧之间可以无空闲位，也可以有若干空闲位，由用户根据需要决定。传送的每一帧都用起始位来进行收发双方的同步。停止位和空闲位作为时钟频率偏差的缓冲，即使收发双方时钟频率略有偏差，积累的偏差也仅限于本帧之内。

2) 同步通信

同步通信是一种连续串行传送数据的通信方式。一次通信传送一帧信息，但这里的一帧与异步通信的字符帧不同，它包含若干个数字字符。

同步通信的一帧信息由同步字符、数据字符和校验字符(CRC 循环冗余校验)三部分组成。其中，同步字符位于每帧信息的开头，用于确认串行数据传送的开始；数据字符位于同步字符之后，个数不限，取决于传送数据块的大小；校验字符位于帧结构末尾，通常 1~2 个，用于接收端对接收字符正确性的校验。

同步通信中，可采用单同步字符或双同步字符帧结构。同步字符可以采用统一标准格式，也可以由用户约定。在单同步字符帧结构中，同步字符常采用 ASCII

中规定的 SYN 代码(即 16H)；在双同步字符帧结构中，同步字符常采用国际通用标准代码 EB90H。

同步通信的传输速率较高，但要求发送和接收方时钟保持严格同步，同时需要建立发送方对接收方时钟的直接控制。

由于 MSC-51 单片机的串行接口为通用异步收发器(UART)，因此本章主要讨论异步通信。

2. 串行通信的制式

串行通信按照数据传输的方向和时间关系，可分为单工、半双工和全双工三种制式。

单工方式下，数据只能沿一个方向传输，不能实现数据的反向传输，如图 7.2(a)所示；半双工方式下，数据可沿两个方向传输，但需要分时进行，如图 7.2(b)所示；全双工方式下，数据可同时进行双向传输，如图 7.2(c)所示。

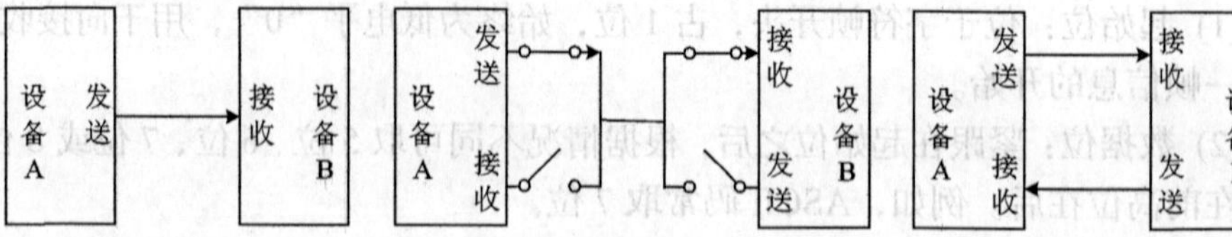

图 7.2 串行通信数据传送制式

3. 信号的调制与解调

计算机之间的远程通信需要借用现有的公用电话网络。电话网传送的是模拟信号，不适用于二进制数字信号传送。因此，发送时需要将二进制的数字信号调制成模拟信号，使之适合在电话网上传输；而接收时需要将模拟信号解调还原成二进制的数字信号。

发送端将数字信号转换成模拟信号需要使用到调制器，而接收端将模拟信号还原成数字信号需要使用到解调器。但由于通信是双向的，因此调制器和解调器常常是合并在一个装置中，即所谓的调制解调器(Modem)。利用调制解调器通信的示意图如图 7.3 所示。

调制解调器按工作速度有低速、中速和高速之分；按对数字信号采用的调制技术有频移键控(FSK)型、相移键控(PSK)型和脉冲振幅调制(PAM)型之分。

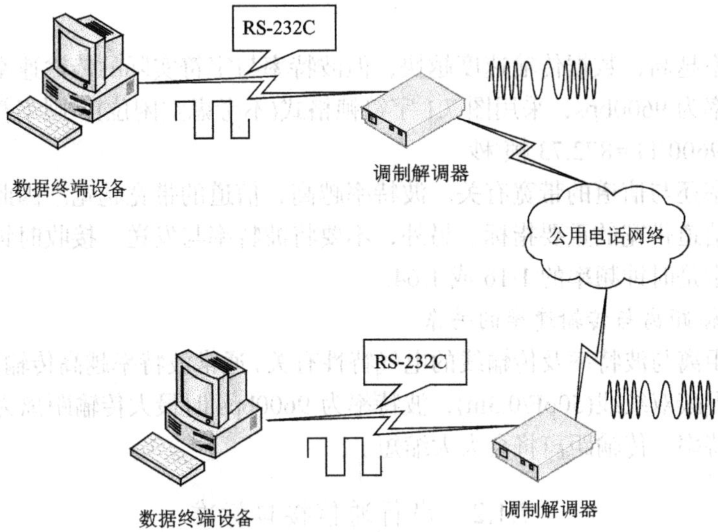

图 7.3 通信中的调制与解调

4. 串行通信的错误校验

通信中为确保准确无误的数据传输，必须对传送数据的正确性进行校验。单片机应用系统中常用的校验方法有奇偶校验及代码和校验。

1) 奇偶校验

串行通信中，发送端可在数据位的最后插入 1 位奇偶校验位，该奇偶校验位的值可能是“0”，也可能是“1”。若通信双方约定为奇校验，则所有数据位和校验位中“1”的个数之和应为奇数；若约定为偶校验，则所有数据位和校验位中“1”的个数之和应为偶数。接收端对接收数据中“1”的个数进行校验，若与事先的约定不同，则说明数据传输过程中有差错。

2) 代码和校验

串行通信中，发送端将所发数据块求和(或各字节异或)，产生的校验和字节附加到数据块的末尾。接收端将接收到的数据块(不包括校验字节)求和(或各字节异或)，所得结果与接收到的校验和字节进行比较，若不相符，则说明数据在传输过程出现了差错。

5. 传输速率与传输距离

1) 传输速率

传输速率可用波特率来描述，它的定义为每秒钟传送二进制数码的位数(因此也称为比特率)，单位是位/秒(bit per second，即 bps)。波特率是串行通信的重要指标，用于表征数据传输的速度。标准波特率包括 110bps、300bps、600bps、1200bps、1800bps、2400bps、4800bps、9600bps、14.4kbps、19.2kbps、28.8kbps、33.6kbps、

56kbps。

波特率越高，数据传输速度越快，但波特率与字符实际的传输速率不同。例如，波特率为9600bps，采用图7.1字符帧格式(不考虑空闲位)，则字符的实际传输速率为9600/11=872.73帧/秒。

波特率还与信道的带宽有关。波特率越高，信道的带宽越宽。因此，波特率也是衡量信道带宽的重要指标。另外，不要将波特率与发送、接收时钟相混淆，波特率通常是时钟频率的1/16或1/64。

2) 传输距离与传输速率的关系

传输距离与波特率及传输线的电气特性有关，通常波特率越高传输距离越短。如使用非屏蔽双绞线(50pF/0.3m)，波特率为9600bps时最大传输距离为76m，若再提高波特率，传输距离将会大大缩短。

7.1.2 串行通信接口标准

1. 普通接口

人们最为熟悉的串行通信接口标准是EIA-232、EIA-422和EIA-485，都是由电子工业协会(EIA)制订并发布的。由于EIA提出的建议标准都是以“RS”作为前缀，所以在工业通信领域，也称之为RS-232、RS-422和RS-485。

RS-232在1962年发布，后来陆续有不少改进版本，目前最常用的是RS-232C版。它是PC机与通信工业中应用最广泛的一种串行接口。RS-232C被定义为一种在低速率串行通信中增加通信距离的单端标准，采取不平衡传输方式，即所谓单端通信，要求传送距离可达15m，最高速率为20kbps。

为了解决RS-232C存在的传输距离有限等问题，EIA制定了RS-422标准，全称是“平衡电压数字接口电路的电气特性”。它定义了一种平衡通信接口，将传输速率提高到10Mbps，传输距离延长到约1219m，并允许在一条平衡总线上最多连接10个接收器。当然，RS-422也存在不足，因为平衡双绞线的长度与传输速率成反比，在100kbps速率以内，传输距离可能达到最大值，但想获得最高传输速率则传输距离必须缩短，如100m长的双绞线上所能获得的最大传输速率一般仅为1Mbps。另外，在RS-422通信中，只能有一个主设备(Master)，其余为从设备(Slave)，从设备之间不能进行通信，所以RS-422支持的是点对多点的双向通信。

为扩展应用范围，EIA于1983年在RS-422基础上制定了RS-485标准，增加了多点、双向通信能力，即允许多个发送器连接到同一条总线上，同时增加了发送器的驱动能力和冲突保护特性。由于RS-485是从RS-422基础上发展而来的，因此许多电气规定与RS-422相同，如都采用平衡传输方式、最大传输距离约为1219m、最大传输速率为10Mbps等。但RS-485可以采用二线或四线方式，采用二线制时可实现真正的多点双向通信，而采用四线连接时，只能实现点对多点通信。但无论四线还是二线连接方式，总线上可接设备最多 32 个。

2. USB 接口标准

USB 是英文“Universal Serial Bus”的缩写，译成中文的含义是“通用串行总线”。从技术上看，USB 是一种串行总线系统，它的最大特点是支持即插即用和热拔插功能。目前的 Windows 操作系统支持任何一款标准的 USB 设备在任何时间、任何状态下直接与计算机连接，并且可以立即工作。

USB 接口于 1994 年由康柏、IBM、Intel 和 Microsoft 几家公司共同制定，目的在于统一外设接口，如打印机、外置 Modem、扫描仪、鼠标等的接口，以便于用户进行便捷的安装和使用，逐步取代以往的串口、并口和 PS/2 等接口。目前，USB 标准包括 USB1.0、USB1.1、USB2.0 及 USB3.0。它们之间最大的差别就在于数据传输速率，如 USB3.0 的传输速率理论最高值可达 5.0Gbps。

在 IT 领域，USB 接口使用非常广泛。市场上每一款计算机主板都带有至少两个以上的 USB 接口。另外，USB 接口设备也越来越多，如 USB 打印机、USB 调制解调器、USB 鼠标、USB 音箱、USB 存储器等。USB 接口已经占据了串行通信技术的垄断地位。

但工业领域，更加要求产品的可靠性和稳定性，因此使用 USB 接口的产品很少。目前，EIA 标准下的串行通信技术完全可以满足人们对工业设备传输的各种性能要求，而且，这些产品价格非常低廉。相比之下，USB 接口设备价格较高，并且其即插即用的功能在工业通信中没有优势。因此，在工业领域，EIA 标准依然占据统治地位。

3. IEEE 1394 接口标准

IEEE 1394 是电气与电子工程师协会(IEEE)于 1995 年正式制定的总线标准，是一种与平台无关的串行通信协议，标准速度分为 100Mbps、200Mbps 和 400Mbps。IEEE 1394 于 2008 年年底推出的扩张规格 S1600，传输速率理论值可达 1.6Gbps，而 S3200 传输速率理论值可达 3.2Gbps。相比于 EIA 接口，IEEE 1394 的速度要高得多。所以，IEEE 1394 也称为高速串行总线。

IEEE 1394 提供了一种高速的即插即用总线。接入这条总线，各种外设便不再需要单独供电，它也支持等时的数据传输，是将计算机和消费类电器连接起来的重要途径。例如，用户可以在计算机上插接一部数字 VCR，把它当做一个普通的外设使用，也可用来播放电影。除此以外，带有 IEEE 1394 接口的 DV(数字视频)摄影机和数字卫星接收器目前均已上市。由于速度非常快，所以它是消费类影音(A/V)电器、存储、打印、高分辨率扫描和其他便携设备的理想选择。

从技术上看，IEEE 1394 具有很多优点。首先，它是一种纯数字接口，在设备之间进行信息传输的过程中，数字信号不用转换成模拟信号，从而不会带来信号损失；其次，速度很快，1Gbps 的数据传输速度可以非常好地传输高品质的多媒体数据，而且设备易于扩展，在一条总线中，100Mbps、200Mbps 和 400Mbps 的设备可以共存；另外，产品支持热插拔，易于使用，用户可以在开机状态下自由增减 IEEE 1394 接口的设备，整个总线的通信不会受到干扰。

7.2 MCS-51 单片机串行口及其应用

MCS-51 单片机的串行通信接口是一个可编程的全双工通用异步收发器(UART)。该接口不仅能同时进行数据的接收与发送，而且能作为一个同步移位寄存器使用。字符帧格式可以为 8 位、10 位或 11 位，可以设置成多种不同的波特率，通过 RXD(P3.0，串行数据接收端)和 TXD(P3.1，串行数据发送端)引脚与外界通信。

7.2.1 串行口结构

1. 串行口结构概述

MCS-51 单片机的串行通信接口其内部简化结构如图 7.4 所示。图中的发送缓冲器 SBUF 和接收缓冲器 SBUF 在物理结构上是相互独立的，但占用同一地址 99H，可以同时发送、接收数据(全双工)。发送缓冲器只能写入、不能读出；接收缓冲器只能读出、不能写入。

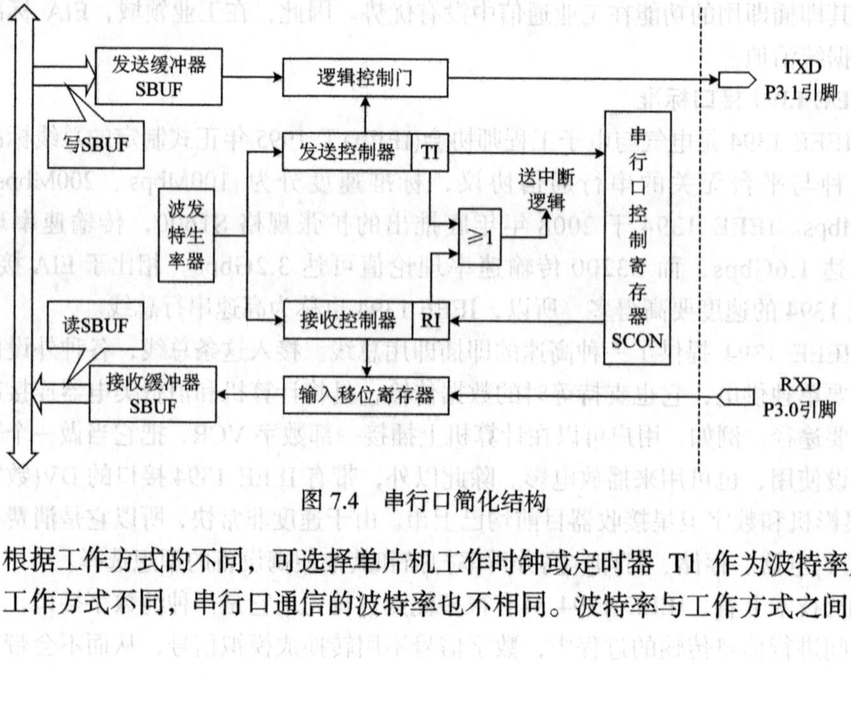

图 7.4 串行口简化结构

根据工作方式的不同，可选择单片机工作时钟或定时器 T1 作为波特率发生器。工作方式不同，串行口通信的波特率也不相同。波特率与工作方式之间的关系可参见 7.2.2 节相关内容。

串行接收采用的是双缓冲结构。在接收缓冲器 SBUF 中前一字节被读走之前，下一字节内容已经串行输入至移位寄存器，若第二字节内容接收完毕而前一字节仍未被读走，则前一字节内容会被丢失。对于发送缓冲器，由于发送时单片机是主动的，因此不会产生数据重叠错误。

串行口数据的发送与接收是通过对 SBUF 的写与读来实现的。当执行 MOV SBUF，A 指令时会向 SBUF 发出“写”命令，即向发送缓冲器 SBUF 装载数据，并开始由 TXD 引脚串行向外发送，发送完毕后会使发送中断标志 TI 置“1”。当串行口接收中断标志 RI 为“0”，并且允许接收标志位 REN 也为“1”时，会启动数据接收过程，一帧数据经 RXD 引脚输入移位寄存器，并装载到接收缓冲器 SBUF 中，同时置 RI 为“1”。此时，执行 MOV A，SBUF 指令会向 SBUF 发出“读”命令，可将接收缓冲器 SBUF 中的数据送至累加器 A。

2. 串行口控制寄存器

串行口控制寄存器是可编程的，初始化编程时只要对特殊功能寄存器 SCON 和电源控制寄存器 PCON 写入相应控制字即可。

1) 特殊功能寄存器 SCON

串行口控制寄存器 SCON 用于定义串行口的工作方式、进行接收和发送控制、设置状态标志。字节地址为 98H，也可以进行位寻址(98H~9FH)，各位定义如图 7.5 所示。

	7	6	5	4	3	2	1	0	
位地址	9FH	9EH	9DH	9CH	9BH	9AH	99H	98H	
SCON	SM0	SM1	SM2	REN	TB8	RB8	TI	RI	字节地址：98H

图 7.5　SCON 各位定义

(1) SM0 和 SM1：串行口工作方式选择位，可选择四种工作方式，如表 7.1 所示。其中，f_{osc} 为晶振频率。

表 7.1　串行口工作方式及波特率对照表

SM0 SM1	工作方式	说明	波特率
0　0	方式 0	8 位移位寄存器	$f_{osc}/12$
0　1	方式 1	10 位 UART(8 位数据)	由定时器控制
1　0	方式 2	11 位 UART(9 位数据)	$f_{osc}/32$ 或 $f_{osc}/64$
1　1	方式 3	11 位 UART(9 位数据)	由定时器控制

(2) SM2：多机通信控制位，用于方式 2 和方式 3。

在方式 0 时，SM2 一定要设置为“0”。在方式 1 中，SM2 也应设置为“0”，接收到有效停止位时，接收中断标志位 RI 才置“1”。

在方式 2 或方式 3 中，当 SM2=1 时，接收机处于地址帧筛选状态。此时，利用接收到的第 9 位(即 RB8)来筛选地址帧。若 RB8=1，表明该帧是地址帧，数据可装载进接收缓冲器 SBUF，并置 RI 为“1”，在中断服务程序中进一步进行地址号比较；若 RB8=0，表明该帧不是地址帧，应丢弃并保持 RI 为“0”。当 SM2=0 时，接收机处于地址帧禁止筛选状态。此时，不论 RB8 的内容为“0”或“1”，接收到的数据都将装载进接收缓冲器 SBUF，并置 RI 为“1”。而 RB8 的内容作为校验位使用。

(3) REN：串行接收使能位。由软件置位以允许接收，由软件清零来禁止接收。

(4) TB8：是发送数据的第 9 位。在方式 2 或方式 3 中，要发送的第 9 位数据，根据需要由软件置 1 或清零。例如，可约定作为奇偶校验位，或在多机通信中作为区别地址帧或数据帧的标志位。

(5) RB8：是接收数据的第 9 位。在方式 0 中不使用 RB8。在方式 1 中，SM2=0 时，RB8 为接收到的停止位。在方式 2 或方式 3 中，RB8 为接收到的第 9 位数据，作为奇偶校验位或地址帧/数据帧的标志位。

(6) TI：发送中断标志。在方式 0 中，第 8 位发送结束时，由硬件置位。其他方式中，串行发送停止位时，由硬件置位。TI 置位既表示一帧信息发送结束，同时也是申请中断，可根据需要，用软件查询或中断的方法获得数据已发送完毕的信息。在发送下一帧前，TI 必须用软件复位。

(7) RI：接收中断标志位。在方式 0 中，当接收完第 8 位数据后，由硬件置位。在其他方式中，在接收到停止位的中间时刻由硬件置位。RI 置位表示一帧数据接收完毕，可用软件查询或中断的方法获知。RI 也必须用软件复位。

2) 电源控制寄存器 PCON

电源控制寄存器 PCON 中只有一位 SMOD 与串行口设置有关。字节地址为 87H，各位定义如图 7.6 所示。

	7	6	5	4	3	2	1	0	
PCON	SMOD	—	—	—	CF1	CF0	PD	IDL	字节地址：87H

图 7.6 PCON 各位定义

SMOD：波特率倍增选择位。在方式 1、方式 2 和方式 3 时，串行通信波特率与 2^{SMOD} 成正比，即当 SMOD=1 时，通信波特率可提高 1 倍。系统复位时，SMOD=0。

PCON 中的其余各位与 MCS-51 单片机的电源控制有关，可参见 2.3.2 节相关内容。

7.2.2　串行口工作方式

MCS-51 有四种工作方式，由 SCON 中的 SM0、SM1 进行选择。

1. 方式 0

方式 0 为同步移位寄存器输入/输出方式。可外接移位寄存器以扩展 I/O 口，也可以外接同步输入/输出设备。8 位串行数据是从 RXD 输入/输出，TXD 用来输出同步脉冲。在方式 0 下，SM2、RB8 和 TB8 都不起作用，通常都设置为“0”。

发送操作是在 TI=0 下进行的，CPU 通过 MOV　SBUF，A 指令启动发送，将 8 位数据以 $f_{osc}/12$ 的固定波特率从 RXD 输出(低位在前，高位在后)，同步脉冲从 TXD 输出。发送完一帧数据后，发送中断标志 TI 由硬件置位。CPU 响应中断后，由软件将 TI 复位，然后发送下一字符。

接收过程是在 RI=0 和 REN=1 条件下的。此时，RXD 为串行数据输入端，TXD 仍为同步脉冲输出端。当接收到 8 位数据后，将数据移入接收缓冲器，并由硬件置位 RI。CPU 查询到 RI=1 或响应中断后，通过 MOV　A，SBUF 指令将数据读入到累加器 A，同时由软件将 RI 复位。

应当指出，工作在串行口工作方式 0 下并非是一种同步通信方式，它的主要用途是和外部同步寄存器(如 74LS164、74LS165)连接，以扩展一个并行 I/O 口。

2. 方式 1

方式 1 为波特率可变的 10 位异步通信接口方式。发送或接收一帧信息，包括 1 位起始位，8 位数据位和 1 位停止位。

发送操作也是在 TI=0 时，通过执行 MOV　SBUF，A 指令启动。发送电路会自动在 8 位数据前后分别加上 1 位起始位和 1 位停止位，并在移位脉冲作用下将 10 位数据由 TXD 引脚输出，发送完一帧信息后，自动维持 TXD 线为高电平。最后发送停止位时 TI 由硬件置位，并由软件将其复位。

接收操作是在 RI=0 和 REN=1 条件下进行，这与方式 0 相同。平时，接收电路对高电平的 RXD 线采样，采样频率是接收时钟频率的 16 倍。当接收电路连续 8 次采样到 RXD 线为低电平时，便确认 RXD 线上有了起始位。此后，接收电路对第 7、8、9 次采样值进行位检测，并以 3 中取 2 的原则确定采样数据的值。当接收到第 9 位数据(即停止位)时，若满足 RI=0 且 SM2=0 或者接收到的停止位为“1”，才会把接收到的 8 位数据装载到接收缓冲器 SBUF 中，同时把停止位装入 RB8 中，并通过硬件置 RI 为“1”发出串行口中断请求(若中断开放)。CPU 查询到 RI=1 或响应中断后，通过 MOV　A，SBUF 指令将数据读入到累加器 A，同时由软件将 RI 复位。若上述两条件不满足，这次接收数据将被丢弃，不装入 SBUF

中，正常情况下这是不允许的，因为这意味着一组数据的丢失。因此，在方式 1 下，SM2 应设置为“0”。

方式 1 下，接收和发送时钟由定时器 T1 溢出经 32 分频获得，并由 SMOD=1 倍频。因此，方式 1 的波特率是可变的，这点同样适用于方式 3。

3. 方式 2 和方式 3

方式 2 和方式 3 都为 11 位异步收发方式，不同仅在于传输波特率。方式 2 的波特率由 MCS-51 的晶振频率 f_{osc} 经 32 分频或 64 分频得到；方式 3 的波特率由定时器 T1 的溢出经 32 分频获得，并可由 SMOD=1 倍频，方式 3 的波特率是可变的。

方式 2 和方式 3 的发送过程类似于方式 1，不同之处在于方式 2 和方式 3 有 9 位有效数据。在将发送数据装入发送缓冲器 SBUF 之前，要事先将第 9 位数据位装入 SCON 的 TB8 中。第 9 位数据可以是奇偶校验位，也可以是其他控制位。第 9 位数据位置为“1”可由 SETB TB8 指令实现，置为“0”可由 CLR TB8 指令实现。第 9 位数据位装入 TB8 后，同时可以用一条 MOV SBUF, A 指令启动发送过程。发送完一帧信息后，由硬件置位 TI，并由软件将其复位。

方式 2 和方式 3 的接收过程也类似于方式 1，不同之处在于方式 1 中 RB8 存放的是停止位，而方式 2 和方式 3 中 RB8 存放的是第 9 位数据位。同样，方式 2 和方式 3 要满足①RI=0 且 SM2=0 或者②接收到的第 9 位数据位为“1”，才会把接收到的 8 位数据装载到接收缓冲器 SBUF 中，同时把第 9 位装入 RB8 中，并通过硬件置 RI 为“1”发出串行口中断请求，否则这次接收到的数据被丢弃，RI 也不被置位。

因此，在 RI=0、SM2=0 时，第 9 位数据位往往用做奇偶校验位，以保证串行数据的正确接收；而在 RI=0、SM2=1 时，第 9 位数据位可参与接收控制，当第 9 位为“1”时，数据被接收，而当第 9 位为“0”时，数据被舍弃，这种方式往往用于单片机的多机通信。

7.2.3　串行口通信波特率

串行通信中，收发双方对接收和发送数据的速率要有约定。单片机的串行口可设置为四种工作方式，其中，方式 0 和方式 2 的波特率是固定的，计算公式为

$$方式0波特率=f_{osc}/12$$

$$方式2波特率=(2^{SMOD}\times f_{osc})/64$$

其中，f_{osc} 为单片机晶振频率；SMOD 为电源控制寄存器 PCON 的最高位，用于控制是否倍频。

方式1和方式3的波特率是可变的。由定时器T1的溢出率来决定。为了操作方便，同时也是为了避免重装初值所带来的定时误差，定时器T1通常采用方式2，即自动重装的8位定时器方式。此时，定时器T1的溢出率可由TH1的初值决定：

$$T1\text{溢出率}= f_{osc}/[12\times(256-TH1\text{初值})]$$

由此可得到计算方式1和方式3波特率的公式为

$$\text{方式1(或方式3)波特率}=(2^{SMOD}\times T1\text{溢出率})/32$$

在实际应用中，波特率要选择标称值(见7.1.1节相关内容)，又由于TH1的初值为整数，为减小波特率计算误差，晶振频率通常选择11.0592MHz。因此，方式1和方式3的波特率与TH1初值的对应关系基本是确定的，如表7.2所示。

表7.2 方式1和方式3常用波特率与TH1初值对照表

波特率/bps	28800	19200	14400	9600	7200	4800	2400	1200
SMOD TH1初值	1 FEH	1 FDH	1 FCH	0 FDH	0 FCH	0 FAH	0 F4H	0 E8H

注：T1为定时方式2，晶振频率为11.0592MHz。

7.2.4 串行口应用

了解MCS-51单片机串行口的结构，但更重要的是要掌握它的应用，学会编写串行口通信软件的方法和技巧。

1. 串行口的并行I/O扩展

并行I/O扩展主要是串行口方式0下的应用。在方式0下，串行口可以用作并入串出的输出口，也可以用作串入并出的输入口。串行口用作并入串出的输出口时需要外接一片8位串行输入/并行输出的同步移位寄存器74LS164(或CD4094)，而用作串入并出的输入口时需要外接一片8位并行输入/串行输出的同步移位寄存器74LS165(或CD4014)。

【例7.1】 根据图7.7完成电路连接(电路仅用于Proteus仿真，因此单片机没有外接复位和晶振电路，见图4.44)，并编写汇编程序使发光二极管自上而下以一定的速度轮流显示。输出高电平对应发光二极管亮。

解答：

74LS164为8位串行输入/并行输出的同步移位寄存器。R(9脚)为低电平有效的异步清零端；C1(8脚)为时钟输入端，上升沿有效；1脚和2脚相与的结果作为移位寄存器的串行数据输入端，当1脚和2脚同时为“1”时，才会在寄存器中移入1位数据“1”，否则移入1位数据“0”；3~6脚及10~13脚为移位寄存器的8

位并行数据输出端，由低位至高位排列。

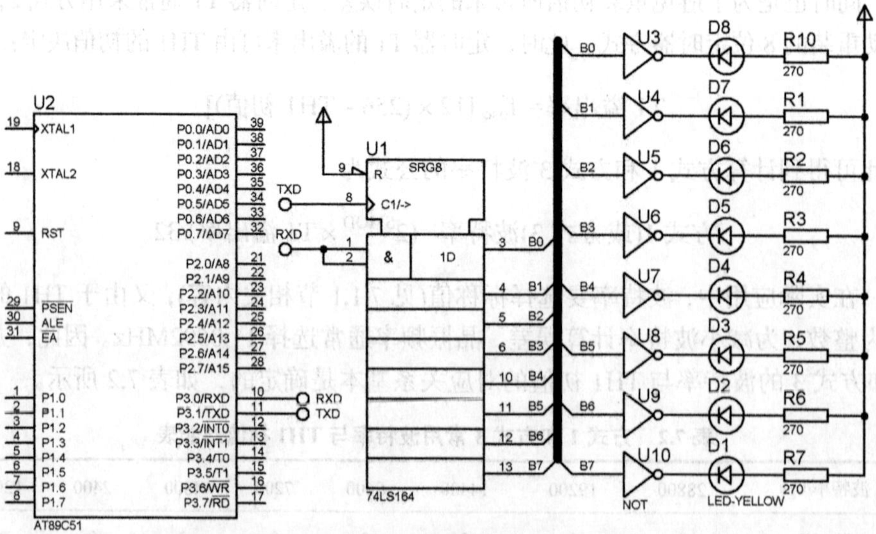

图 7.7　单片机串行口扩展成 LED 并行口

串行口采用中断方式发送，LED 的显示时间由延时子程序确定。完整测试程序如下(包括主程序和中断服务程序)：

```
        ORG     0000H
        LJMP    START       ;跳转至主程序
        ORG     0023H
        AJMP    SBP         ;转至串行中断服务程序
        ORG     0100H
SBP:    ACALL   DELAY       ;调用延时子程序,使 LED 点亮一段时间
        CLR     TI          ;清发送中断标志
        RR      A           ;循环右移显示数据,准备点亮下一位
        MOV     SBUF,A      ;串行口输出
        RETI                ;中断返回
        ORG     0200H
START:  MOV     SCON,#00H   ;串行口初始化为方式 0
        MOV     IE,#90H     ;开串行口中断
        MOV     A,#80H      ;起始显示数据送 A(最高位 LED 亮)
        MOV     SBUF,A      ;串行输出
LOOP:   SJMP    LOOP        ;等待串行口输出完产生中断
```

```
DELAY: MOV      R7,#3          ;延时子程序
DD1:   MOV      R6,#0FFH
DD2:   MOV      R5,#0FFH
       DJNZ     R5,$
       DJNZ     R6,DD2
       DJNZ     R7,DD1
       RET
       END
```

【例 7.2】　根据图 7.8 完成电路连接(DIPSWC_8 为仿真用 8 位拨动开关)，并编写汇编程序使单片机实现串行输入开关量，同时可在 P0 口用 LED 灯显示开关状态。

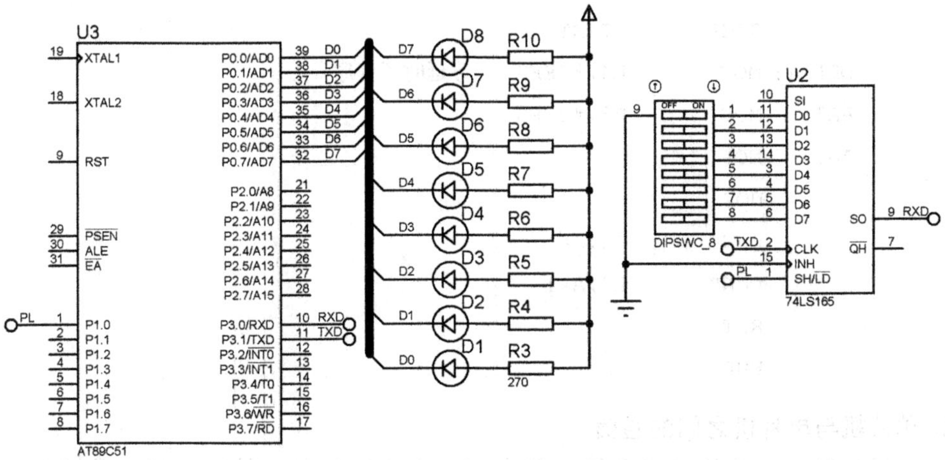

图 7.8　单片机串行口扩展成串入并出的输入口

解答：

74LS165 是 8 位并行输入串行输出的同步移位寄存器。SH/$\overline{LD}$(1 脚)为移位/置数控制端，该引脚为低电平时，D7~D0 数据锁存进移位寄存器，高电平时按时钟节拍进行数据移位操作；INH(15 脚)为时钟禁止控制端，高电平时时钟被禁止输入，正常移位操作时该引脚应设为低电平；CLK(2 脚)为移位时钟输入引脚，上升沿有效；SO(9 脚)和 $\overline{QH}$(7 脚)为互补形式的串行数据输出引脚；SI(10 脚)为串行数据输入引脚。

程序采用查询 RI 状态方式接收数据。拨动开关状态为“ON”时，存入移位寄存器的相应数据为“0”，同时在 P0 口用对应 LED 点亮指示。

实现程序如下：

```
        PL      BIT     P1.0
                ORG     0000H
                LJMP    START
                ORG     0100H
START:  CLR     PL
        SETB    PL              ;锁存开关状态,并准备移位输入
        MOV     SCON,#10H       ;设置串行口方式 0,并允许接收数据
WAIT:   JNB     RI,WAIT         ;等待数据接收完毕
        MOV     A,SBUF          ;读取数据送累加器 A
        CLR     RI              ;清除接收中断标志
        MOV     P0,A            ;接收到的数据送 P0 口显示
        ACALL   DELAY           ;调用延时子程序
        SJMP    START
DELAY:  MOV     R4,#0FFH        ;延时子程序
AA1:    MOV     R5,#0FFH
AA:     NOP
        NOP
        DJNZ    R5,AA
        DJNZ    R4,AA1
        RET
        END
```

2. 单片机与单片机之间的通信

两个独立的单片机子系统，各个完成主系统的某一特定功能，若两个子系统之间存在信息交换的需求，就可以使用串行通信的方式把两个子系统联系起来。

两个单片机子系统若同处一个电路板或同一机箱内(短距离通信)，可以直接将两个单片机的 TXD 和 RXD 引出线交叉相连即可;若两个子系统不处同一机箱，通信距离较远(几米或几十米)，这时通常需要使用 RS-232C 接口进行连接。

RS-232C 的逻辑电平(–25V~–3V 为逻辑“1”，+3V~+25V 为逻辑“0”)与通常的 TTL 电平不兼容。为实现与单片机 TTL 电路的连接，需要外加电平转换电路，常用典型电平转换器是 MAX232，它采用+5V 电源就可以实现 TTL 电平与 RS-232C 电平的转换。该器件使用时，需要外接 4 个 1~22μF 的钽电容，有时还需要在电源与地之间加一个 0.1μF 的去耦电容，以减小电源噪声的影响。MAX232 与单片机的连接如图 7.9 所示。

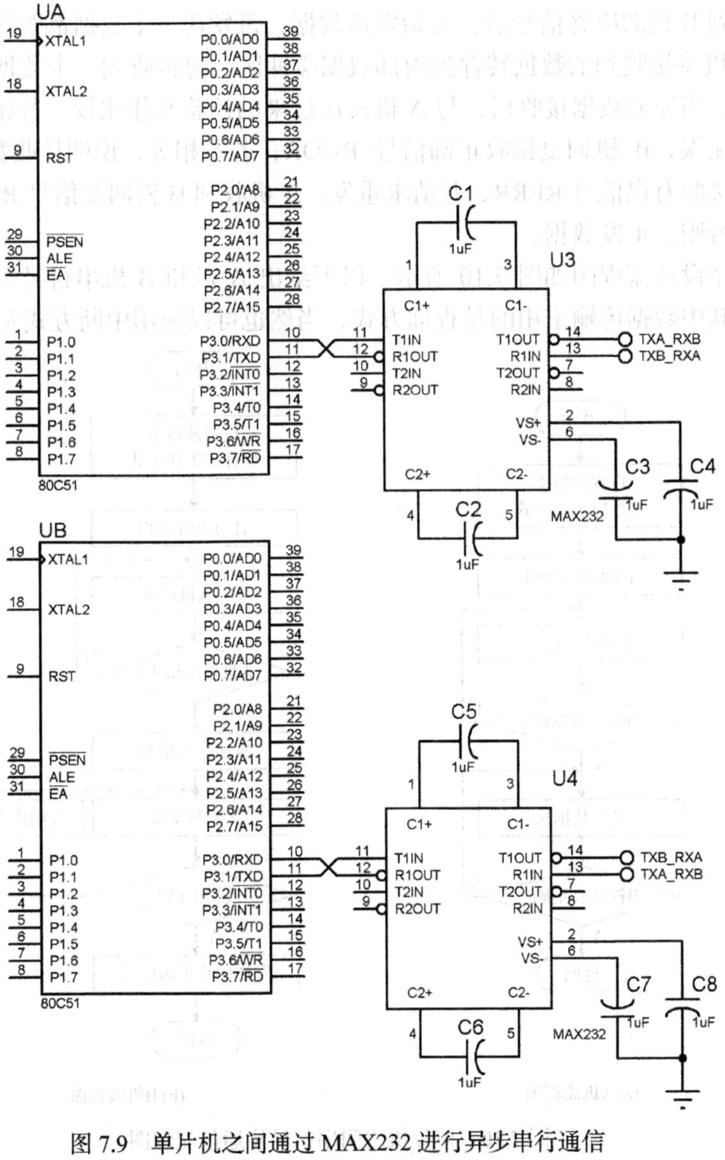

图 7.9　单片机之间通过 MAX232 进行异步串行通信

【例 7.3】　根据图 7.9 完成电路连接，并编写汇编程序实现单片机之间的串行通信。要求采用 10 位异步通信(即工作方式 1)，波特率设置为 2400bps。

解答：

单片机晶振频率选择 11.0592MHz，查表 7.2 可知，TH1=TL1=F4H，而 PCON 寄存器的 SMOD 位设置为“0”。

两个单片机子系统，假定发送端为 A 机，接收端为 B 机。通信时，A 机首先发送请求传输数据信号 TRQ，B 机收到后回复接收应答信号 RAS，表示同意接收。

A 机收到 B 机的应答信号后，开始发送数据，每发送一个数据都要计算校验和。

B 机将接收到的数据转存到内部数据缓冲区。每接收到一个数据都计算一次校验和，当完成数据接收后，与 A 机发送过来的校验和作比较。若相等，说明接收数据无误，B 机回复接收正确信号 RCOR；若不相等，说明接收数据有误，B 机回复接收有误信号 RERR，并请求重发。A 机收到 B 机回复信号 RCOR 则结束发送，否则，重发数据。

程序设计流程图如图 7.10 所示。以下给出 A 机和 B 机串行异步通信的实现程序，其中数据传输采用的是查询方式，当然也可以使用中断方式实现。

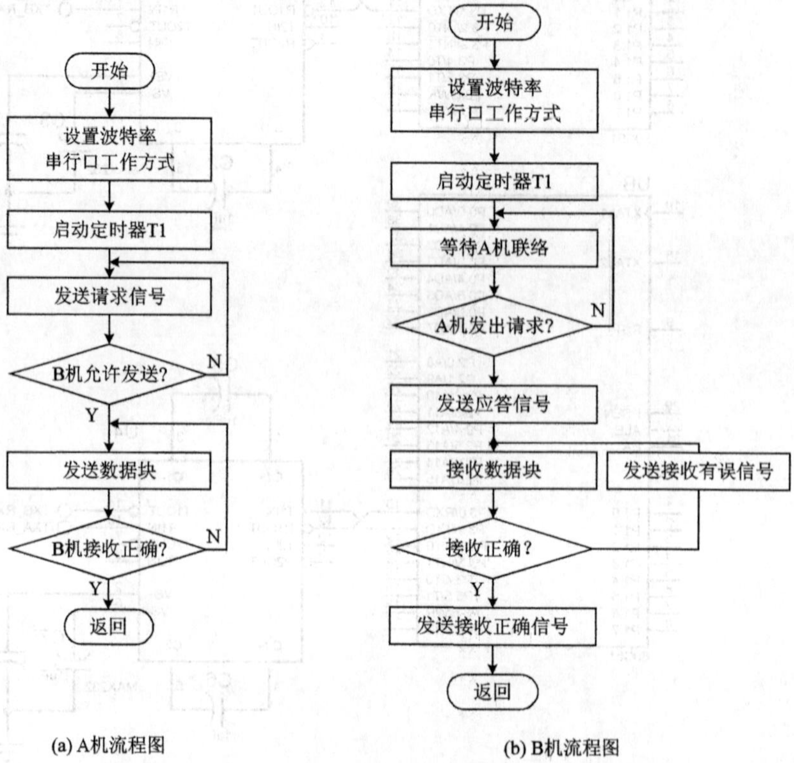

图 7.10 单片机之间串行异步通信流程图

A 机程序如下：

```
NUM     EQU    10       ;数据块大小
DATAST  EQU    35H      ;数据块缓冲器起始位置
DFIRST  EQU    4        ;数据块起始位置数据内容
TRQ     EQU    0E1H     ;请求信号
RAS     EQU    0E2H     ;应答信号
```

```
RERR     EQU     0FFH          ;传送数据有误信号
RCOR     EQU     00H           ;传送数据正确信号
         ORG     0000H
         LJMP    MAIN
         ORG     0100H
MAIN:    MOV     TMOD,#20H     ;定时器设置为方式 2
         MOV     TH1,#0F4H     ;设置定时器初值,波特率为 2400
         MOV     TL1,#0F4H
         MOV     SCON,#50H     ;设置串行口工作方式 1,并允许串行接收
         MOV     PCON,#00H     ;不采用倍频操作
         SETB    TR1           ;启动定时器
         CALL    INIT          ;调用发送数据产生子程序
DIALOG:  MOV     A,#TRQ
         CALL    TXBYTE        ;发送请求信号
         CALL    RXBYTE        ;接收应答信号
         CJNE    A,#RAS,DIALOG
                               ;判断 B 机是否允许接收
RETX:    CALL    TXDATA        ;发送数据块
         CALL    RXBYTE
         CJNE    A,#RCOR,RETX
                               ;判断 B 机是否正确接收
         AJMP    DIALOG
TXBYTE:  MOV     SBUF,A        ;发送字节子程序
         JNB     TI,$
         CLR     TI
         RET
RXBYTE:  JNB     RI,$          ;接收字节子程序
         MOV     A,SBUF
         CLR     RI
         RET
TXDATA:  MOV     R7,#NUM       ;发送数据块子程序
         MOV     R0,#DATAST
         MOV     R6,#00H
LDATA:   MOV     A,@R0
         CALL    TXBYTE
```

```
        MOV     A,R6
        ADD     A,@R0           ;求校验和
        MOV     R6,A
        INC     R0
        DJNZ    R7,LDATA        ;数据块是否发送完毕
        MOV     A,R6
        CALL    TXBYTE          ;发送校验和
        RET
INIT:   MOV     R0,#DATAST      ;发送数据产生子程序
        MOV     R7,#NUM
        MOV     A,#DFIRST
L0:     MOV     @R0,A
        INC     A
        INC     R0
        DJNZ    R7,L0
        RET
        END
```

B 机程序如下：

```
NUM     EQU     10              ;数据块大小
DATAST  EQU     35H             ;数据块缓冲器起始位置
DFIRST  EQU     4               ;数据块起始位置数据内容
TRQ     EQU     0E1H            ;请求信号
RAS     EQU     0E2H            ;应答信号
RERR    EQU     0FFH            ;传送数据有误信号
RCOR    EQU     00H             ;传送数据正确信号
        ORG     0000H
        LJMP    MAIN
        ORG     0100H
MAIN:   MOV     TMOD,#20H       ;定时器设置为方式 2
        MOV     TH1,#0F4H       ;设置定时器初值，波特率为 2400
        MOV     TL1,#0F4H
        MOV     SCON,#50H       ;设置串行口工作方式 1，并允许串行接收
        MOV     PCON,#00H       ;不采用倍频操作
        SETB    TR1             ;启动定时器
```

```
WDIALOG: CALL    RXBYTE
         CJNE    A,#TRQ,WDIALOG
                                 ;等待联络信号
         MOV     A,#RAS
         CALL    TXBYTE          ;发送应答信号
RERX:    CALL    RXDATA          ;接收数据块
         XRL     A,R6            ;检测校验和
         JNZ     NO              ;不正确转 NO
         MOV     A,#RCOR         ;正确,发送接收数据无误信号
         CALL    TXBYTE
         AJMP    WDIALOG         ;等待下一次数据块发送
NO:      MOV     A,#RERR         ;数据有误,重发数据块
         CALL    TXBYTE
         AJMP    RERX
TXBYTE:  MOV     SBUF,A          ;发送字节子程序
         JNB     TI,$
         CLR     TI
         RET
RXBYTE:  JNB     RI,$            ;接收字节子程序
         MOV     A,SBUF
         CLR     RI
         RET
RXDATA:  MOV     R7,#NUM         ;接收数据块子程序
         MOV     R0,#DATAST
         MOV     R6,#00H
LDATA:   CALL    RXBYTE
         MOV     @R0,A
         MOV     A,R6
         ADD     A,@R0           ;求校验和
         MOV     R6,A            ;保存校验和
         INC     R0
         DJNZ    R7,LDATA        ;判断数据块是否接收完成
         CALL    RXBYTE          ;接收校验和
         RET
         END
```

A 机程序和 B 机程序分别在 Keil 环境下编译生成 hex 文件。按图 7.9 在 Proteus 中搭建仿真测试电路，“UA”载入 A 机程序生成的 hex 文件，“UB”载入 B 机程序生成的 hex 文件，同时设置两单片机的晶振频率为 11.0592MHz。启动仿真，暂停后观察“8051 CPU Internal (IDATA) Memory”(内部数据 RAM)窗口结果(图 7.11)，“UA”中可以看到其内部数据 RAM 从 35H 单元开始初始化生成的 10 个数据，“UB”中可以看到其接收到的数据存放在内部数据 RAM 从 35H 开始的连续 10 个单元。

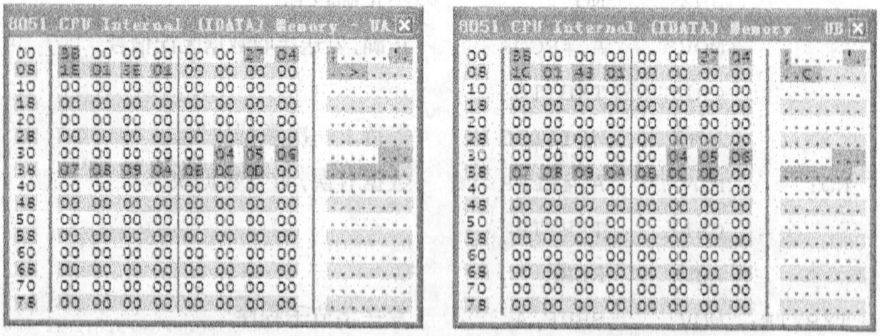

图 7.11　单片机之间异步通信 Proteus 仿真结果

3. 单片机与 PC 机之间的通信

实际应用中，单片机与 PC 机之间的通信非常普遍。在这种情况下，单片机的主要任务是对现场物理信号的采集，并将采集的数据传送给 PC；而 PC 机的主要任务是负责采集数据的处理、显示或存档等。

普通 PC 机提供至少一个标准的 RS-232C 串行接口，用于与其他具备标准 RS-232C 接口的设备或其他 PC 机进行数据交换。单片机与 PC 机通信，需要将单片机的 TTL 电平转换成标准 RS-232C 逻辑电平，要用到电平转换器件 MAX232，并用 9 针的标准连接器引出(图 7.12)。

【例 7.4】　根据图 7.12 完成电路连接(图中用虚拟终端 VIRTUAL TERMINAL 在仿真时模拟 PC 机的功能)，并编写汇编程序实现单片与 PC 机之间的异步串行通信。要求采用 10 位异步通信(即工作方式 1)，波特率设置为 4800bps。

解答：

首先，PC 机向单片机发送字符‘S’(即 ASCII 码 53H)表示单片机可以向 PC 机发送数据，单片机正确接收到字符‘S’后，将数据发送到 PC 机，当检测到发送内容为字符‘/’(即 ASCII 码 2FH，数据结束字符)时，表示数据发送完毕，单片机停止发送。下一次再送数据时，PC 机要再次发送‘S’字符。

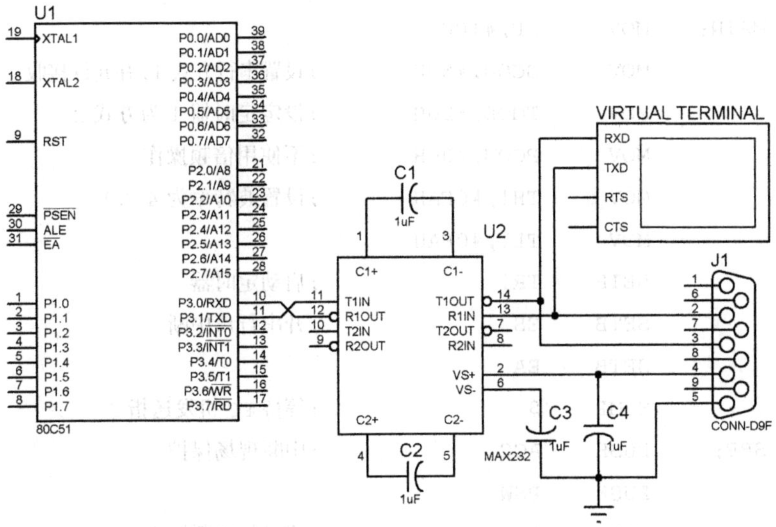

图 7.12　单片机与 PC 机之间异步串行通信

程序设计中，单片机接收数据采用中断方式，而发送数据采用查询方式，流程图如图 7.13 所示。

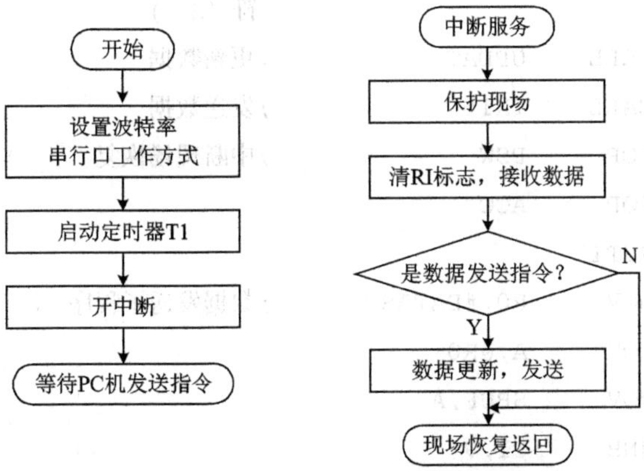

图 7.13　单片机与 PC 机通信程序设计流程图

单片机实现程序如下：

```
DATAST  EQU     30H             ;内部数据起始地址
        ORG     0000H
        LJMP    MAIN
        ORG     0023H
        AJMP    SBP             ;跳转至中断服务程序
        ORG     0100H
```

```
MAIN:    MOV     SP,#10H
         MOV     SCON,#50H          ;设置串行方式 1,并允许接收
         MOV     TMOD,#20H          ;设定定时器 1 为方式 2
         MOV     PCON,#00H          ;不使用倍频操作
         MOV     TH1,#0FAH          ;设置波特率为 4800
         MOV     TL1,#0FAH
         SETB    TR1                ;启动定时器
         SETB    ES                 ;开串行口中断
         SETB    EA
         SJMP    $                  ;等待 PC 机发送指令
SBP:     PUSH    ACC                ;中断现场保护
         PUSH    PSW
         CLR     RI                 ;清接收中断标志
         MOV     A,SBUF
         CJNE    A,#'S',QUIT
                                    ;判断是否接收到数据发送指令(字
                                    符'S')
         CALL    UPDATA             ;更新数据
         CALL    TX16               ;发送数据
QUIT:    POP     PSW                ;中断现场恢复
         POP     ACC
         RETI
TX16:    MOV     R0,#DATAST         ;数据发送子程序
         MOV     A,@R0
L1:      MOV     SBUF,A
         JNB     TI,$
         CLR     TI
         INC     R0
         MOV     A,@R0
         CJNE    A,#'/',L1          ;判断是否数据发送完毕(字符'/'
                                    为结束标志)
QT:      RET
UPDATA:  MOV     R1,#0              ;数据更新子程序
                                    ;实际应用中可用数据采集子程序替换
         MOV     R0,#DATAST
```

```
            MOV     DPTR,#TAB
            MOV     A,R1
            MOVC    A,@A+DPTR
    L2:     MOV     @R0,A
            INC     R0
            INC     R1
            MOV     A,R1
            MOVC    A,@A+DPTR
            CJNE    A,# '/' ,L2
            MOV     @R0,A
            RET
    TAB:    DB          '***********' ,0DH
            DB          'PROTEUS VSM' ,0DH
            DB          '***********' ,0DH
            DB          'THIS IS A TEST EXAMPLE FOR UART!' ,0DH
            DB          '/'
            END
```

PC 机端的程序可以采用汇编、C 语言、VC 或 VB 等进行开发。在 Proteus 环境中仿真时，可用虚拟终端 VIRTUAL TERMINAL(图 7.12)模拟 PC 的收发功能。

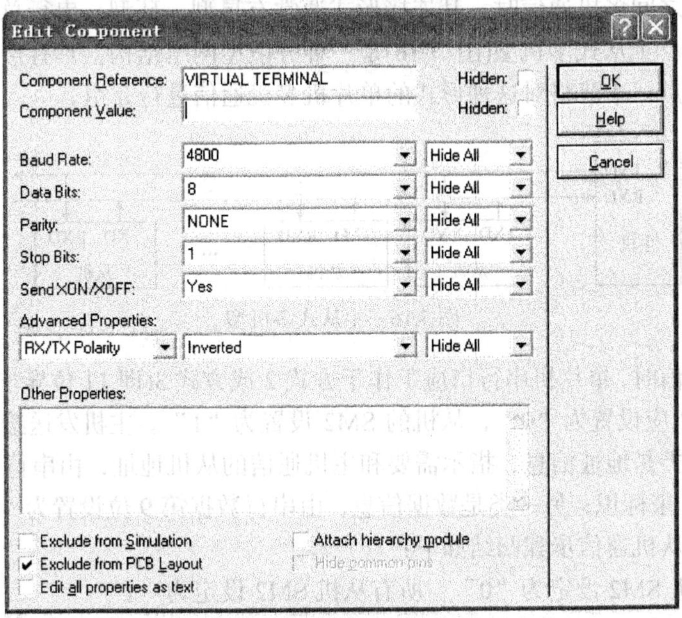

图 7.14　虚拟终端属性设置窗口

上述程序在 Keil 环境下编译生成 hex 文件。按图 7.12 在 Proteus 中搭建仿真测试电路，单片机“U1”载入 hex 文件，同时设置单片机的晶振频率为 11.0592MHz。双击虚拟终端元件，打开编辑元件属性窗口(图 7.14)，设置虚拟终端相关参数：设置波特率(Baud Rate)为 4800，数据位(Data Bits)为 8 位，停止位(Stop Bits)为 1 位，不使用奇偶校验位(Parity)，其他参数使用默认值。

启动仿真，虚拟终端右键菜单中选择“Virtual Terminal”子菜单，打开虚拟终端仿真窗口，在键盘上输入字符‘S’，单片机向 PC 机发送的数据会显示在虚拟终端上(图 7.15)，每键入一次字符‘S’，数据发送一次。若键入字符不正确，数据将不被发送。

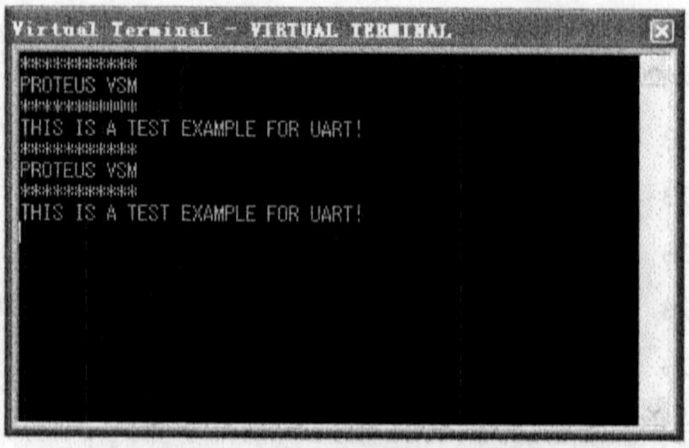

图 7.15　虚拟终端仿真结果

4. 单片机多机通信

单片机之间多机通信时，其连接形式通常有星型、环型、串行总线型和主从式多机型等。主从式多机型(图 7.16)是一种分散型网络结构，具有接口简单和使用灵活等优点，本节将对这种形式的单片机多机通信进行介绍。

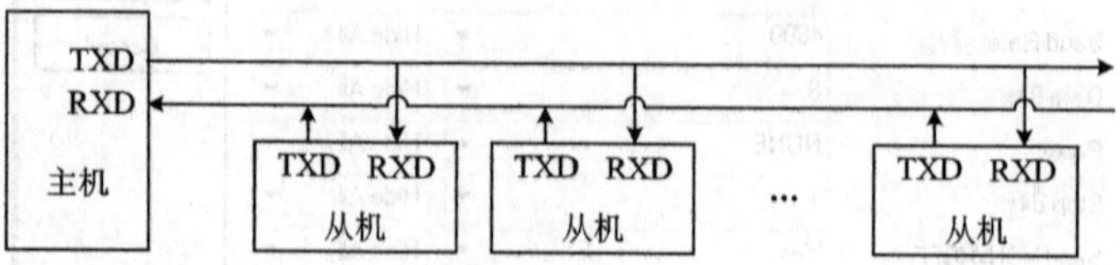

图 7.16　主从式多机型

多机通信时，单片机串行口应工作于方式 2 或方式 3(即 11 位异步通信方式)。主机的 SM2 应设置为“0”，从机的 SM2 设置为“1”。主机发送给从机的信息有两类：一类是地址信息，指示需要和主机通信的从机地址，由串行数据第 9 位设置为“1”来标识；另一类是数据信息，由串行数据第 9 位设置为“0”来标识。

主机和从机通信步骤归结如下：

(1) 主机 SM2 设定为“0”，所有从机 SM2 设定为“1”。

(2) 主机发送地址信息时，将第 9 数据位设置为“1”，以指示所有从机接收该地址。

(3) 所有从机在 SM2=1、RB8=1 和 RI=0 时，接收主机发来的地址信息，并进入各自处理程序，与本机地址相比较，以确认自身是否是被寻址从机。

(4) 被寻址从机通过指令置 SM2 为“0”，以便能正常接收数据，同时向主机发回地址校验信息，以供主机核对，未被寻址从机保持 SM2=1。

(5) 完成主机和被寻址从机之间的数据通信，被寻址从机在通信完成后重新置 SM2 为“1”，并退出服务程序，等待下次通信。

【例 7.5】 根据图 7.19 完成电路连接，并编写汇编程序实现主机与两从机之间的异步串行通信。要求采用异步通信方式 3，波特率设置为 9600bps。

解答：

图中主机(MASTER)可通过开关 SW1 选择需要通信的从机地址，两个从机(SLAVE1、SLAVE2)可通过开关 SW11 和 SW12 分别设置各自地址(FEH 或 FDH)。主机根据地址将内部 RAM 中指定单元的一个字节数据发送给相应从机，主机数码管显示当前发送数据，从机数码管显示当前接收数据。主机内部 RAM 中指定单元的数据可由 P3.2/P3.3 对应按键作加/减“1”操作。

主机发送采用查询方式，接收采用中断方式，流程图如图 7.17 所示。

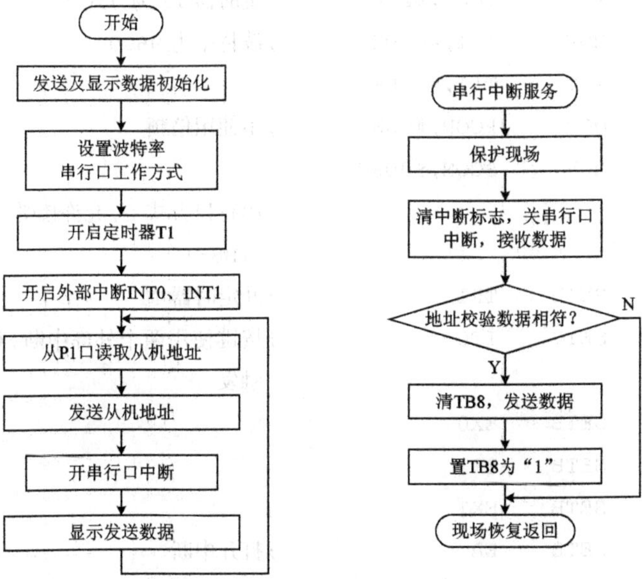

图 7.17 主机通信程序设计流程图

主机程序编写如下：

```
ADDR_ACK     EQU     1AH          ;地址校验数据
DATA_BUF     EQU     40H          ;发送数据在内部 RAM 中的存储单元
```

```
SLAVE_ADDR   EQU      30H               ;待通信从机地址在内部 RAM 中的
                                         存储单元
          ORG     0000H
          AJMP    MAIN
          ORG     0003H                 ;外部中断 INT0 入口
          AJMP    INT_EX0
          ORG     0013H                 ;外部中断 INT1 入口
          AJMP    INT_EX1
          ORG     0023H                 ;串行中断入口
          AJMP    RECEIVE_ACK
          ORG     0100H
MAIN:     MOV     SP,#60H
          MOV     DATA_BUF,#0
                                        ;发送数据初始化
          MOV     P0,#0C0H              ;显示数据初始化
          MOV     TMOD,#20H             ;定时器 T1 为方式 2
          MOV     TH1,#0FDH             ;波特率为 9600
          MOV     TL1,#0FDH
          MOV     PCON,#00H             ;不使用倍频
          MOV     SCON,#0D8H
                                        ;串行口方式 3,允许接受,SM2=0,
                                         TB8=1
          SETB    TR1                   ;开定时器 T1
          SETB    IT0                   ;按键使用两个外部中断,负边沿
                                         触发
          SETB    EX0
          SETB    IT1
          SETB    EX1
          SETB    EA                    ;打开中断
HERE:     MOV     SLAVE_ADDR,P1
                                        ;从 P1 口读取待通信从机地址
          LCALL   HANDLE_ADR
                                        ;调用发送从机地址子程序
          SETB    ES                    ;开串行中断,等待从机应答并发
```

```
                                            送数据
DISP:     LCALL    DISPLAY                 ;调用显示子程序
          SJMP     HERE                    ;返回开始下一次通信
HANDLE_DATA:                               ;发送数据子程序
          MOV      R0,#DATA_BUF
          MOV      SBUF,@R0
          JNB      TI,$                    ;查询方式发送数据
          CLR      TI
          RET
HANDLE_ADR:                                ;发送从机地址子程序
          MOV      A,SLAVE_ADDR
          MOV      SBUF,A
          JNB      TI,$                    ;查询方式发送地址
          CLR      TI
          RET
RECEIVE_ACK:                               ;接收从机应答中断服务程序
          PUSH     ACC                     ;现场保护
          PUSH     PSW
          CLR      RI                      ;清接收中断标志
          CLR      ES                      ;关串行口中断
          MOV      A,SBUF
          XRL      A,#ADDR_ACK
          JNZ      QT                      ;地址校验数据不相符,退出中断
                                            服务程序
          CLR      TB8                     ;清 TB8 为“0”
          LCALL    HANDLE_DATA
                                           ;地址校验数据相符,调用发送数
                                            据子程序
          SETB     TB8                     ;置 TB8 为“1”
QT:       POP      PSW                     ;恢复现场
          POP      ACC
          RETI
INT_EX0:  CLR      EX0                     ;外部按键中断 INT0 服务程序,
                                            完成发送数据加“1”
```

```
        PUSH    ACC
        PUSH    PSW
        MOV     A,DATA_BUF
        INC     A
        MOV     DATA_BUF,A
        CJNE    A,#10,EXIT
        MOV     DATA_BUF,#0
EXIT:   POP     PSW
        POP     ACC
        SETB    EX0
        RETI
INT_EX1: CLR    EX1                 ;外部按键中断 INT1 服务程
                                    序,完成发送数据减“1”
        PUSH    ACC
        PUSH    PSW
        MOV     A,DATA_BUF
        DEC     A
        MOV     DATA_BUF,A
        CJNE    A,#0FFH,QUIT
        MOV     DATA_BUF,#9
QUIT:   POP     PSW
        POP     ACC
        SETB    EX1
        RETI
DISPLAY:                            ;显示子程序
        MOV     DPTR,#DATASEG
        MOV     R0,#DATA_BUF
        MOV     A,@R0
        MOVC    A,@A+DPTR
        MOV     P0,A
        ACALL   DELAY
        RET
DELAY:  MOV     R6,#25              ;延时子程序
DEL1:   MOV     R7,#98
```

```
        DJNZ    R7,$
        DJNZ    R6,DEL1
        RET
DATASEG:
        DB      0C0H,0F9H,0A4H,0B0H,099H,092H,082H,0F8H
        DB      080H,090H,0BFH
        END
```

从机接收采用查询方式，设计流程图如图 7.18 所示。

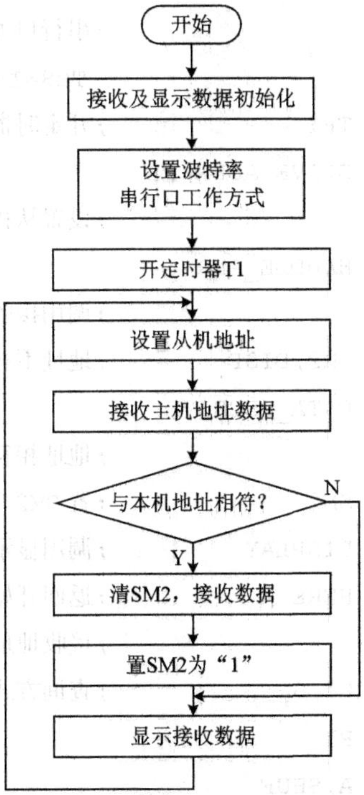

图 7.18 从机通信程序设计流程图

从机程序编写如下：

```
ADDR_ACK    EQU     1AH         ;地址校验数据
DATA_BUF    EQU     40H         ;接收数据在内部 RAM 中的存储单元
SLAVE_ADDR  EQU     30H         ;从机地址在内部 RAM 中的存储单元
            ORG     0000H
            AJMP    MAIN
            ORG     0010H
```

```
MAIN:   MOV     SP,#60H
        MOV     DATA_BUF,#0
                                ;接收数据初始化
        MOV     P0,#0C0H        ;显示数据初始化
        MOV     TMOD,#20H       ;定时器 T1 为方式 2
        MOV     TH1,#0FDH       ;波特率为 9600
        MOV     TL1,#0FDH
        MOV     SCON,#0F8H
                                ;串行口方式 3,允许接受,SM2=0,
                                 TB8=1
        SETB    TR1             ;开定时器 T1
HERE:   MOV     SLAVE_ADDR,P1
                                ;设置从机地址
        LCALL   HANDLE_ADR
                                ;调用接收地址子程序
        JB      SM2,DISP        ;地址不相符,不接收数据
        LCALL   DATA_RECEIVE
                                ;地址相符,调用数据接收子程序
        SETB    SM2             ;置 SM2 为"1"
DISP:   LCALL   DISPLAY         ;调用显示子程序
        SJMP    HERE            ;返回开始一次接收
HANDLE_ADR:                     ;接收地址子程序
        JNB     RI,$            ;查询方式
        CLR     RI
        MOV     A,SBUF
        XRL     A,SLAVE_ADDR
        JNZ     OVER            ;地址不相符退出子程序
        MOV     A,#ADDR_ACK
                                ;地址相符则回复地址校验数据
        MOV     SBUF,A
        CLR     A
        JNB     TI,$
        CLR     TI
```

```
         CLR     SM2              ;清 SM2 为“0”,准备接收数据
OVER:    RET
DATA_RECEIVE:                     ;数据接收子程序
         JNB     RI,$             ;查询方法接收数据
         CLR     RI
         MOV     A,SBUF
         MOV     DATA_BUF,A
         RET
DISPLAY:                          ;显示子程序
         MOV     DPTR,#DATASEG
         MOV     R0,#DATA_BUF
         MOV     A,@R0
         MOVC    A,@A+DPTR
         MOV     P0,A
         ACALL   DELAY
         RET
DELAY:   MOV     R6,#25           ;延时子程序
 DEL1:   MOV     R7,#98
         DJNZ    R7,$
         DJNZ    R6,DEL1
         RET
DATASEG:
         DB      0C0H,0F9H,0A4H,0B0H,099H,092H,082H,0F8H
         DB      080H,090H,0BFH
         END
```

主机程序和从机程序分别在 Keil 环境下编译生成 hex 文件。按图 7.19 在 Proteus 中搭建仿真测试电路，主机“MASTER”载入主机程序生成的 hex 文件，从机“SLAVE1”和“SLAVE2”载入从机程序生成的 hex 文件，同时设置单片机的晶振频率为 11.0592MHz。从机“SLAVE1”通过开关 SW11 设置地址为“FDH”，从机“SLAVE2”通过开关 SW12 设置地址为“FEH”。启动仿真，主机“MASTER”通过开关 SW1 选择要通信的从机地址(“FDH”或“FEH”)，与相应从机建立通信联系后，主机可以通过 P3.2 和 P3.3 的按键使发送数据加“1”或减“0”，该变化会反映在主机和地址相符的从机数码管显示数据上。而地址不符的从机，数码管显示不变化。

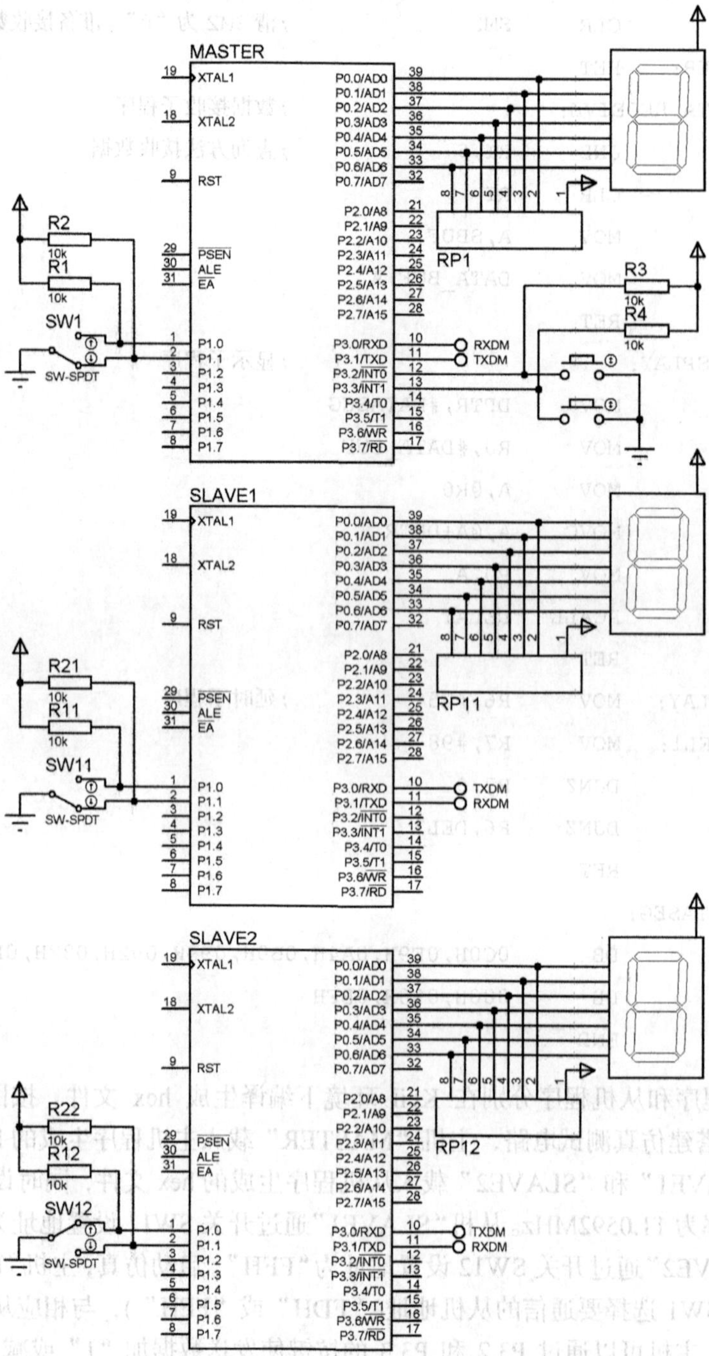

图7.19　单片机主从式多机通信实例

7.3　I^2C 总线接口技术

单片机应用系统越来越多地使用串行外设接口。采用串行外设接口不仅连线少、硬件设计简单、体积小、可靠性高，同时容易实现系统的扩展。

I^2C 总线(Inter IC Bus)是单片机应用系统中常用的串行扩展总线之一，可以通过软件寻址的方式来扩展器件。

7.3.1　I^2C 总线基础

标准 MCS-51 单片机并没有提供 I^2C 总线接口，但可以通过单片机的并行口模拟 I^2C 总线时序，以实现与 I^2C 总线外设的连接。

I^2C 总线是 Philips 公司推出的串行总线标准。总线上扩展的外围器件及外设接口通过总线寻址，是具备总线仲裁和高低速设备同步等功能的高性能多主机总线。目前，许多器件都采用了 I^2C 总线接口，如 AT24C 系列 E^2PROM，LED 驱动器 SAA1064 等。

1. I^2C 总线架构

I^2C 总线只有两根双向信号线(双线制)，一根是串行数据线 SDA，另一根是串行时钟线 SCL，都可发送和接收数据。所有挂接在 I^2C 总线上的器件和接口电路都应具有 I^2C 总线接口，且所有的 SDA 和 SCL 同名端相连。总线上所有器件要依靠 SDA 发送的地址信号寻址，不需要片选线。I^2C 总线的基本架构如图 7.20 所示。

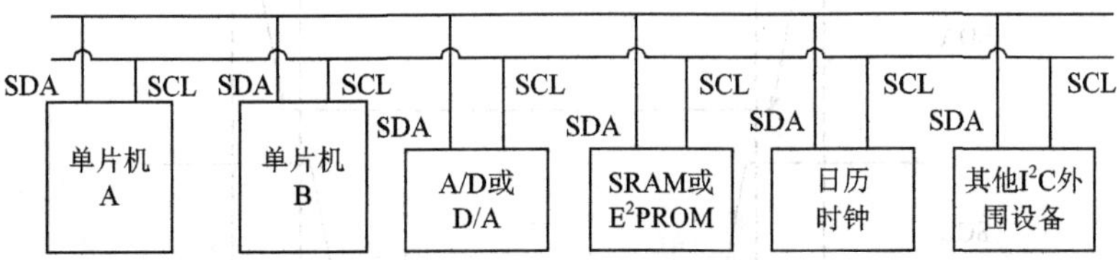

图 7.20　I^2C 总线的基本架构

2. I^2C 总线特点

(1) 采用双线制，芯片管脚数量少、组成系统结构简单、占用空间小、无需片选信号。

(2) 标准模式传输速率为 100kbps，快速模式为 400kbps，高速模式为 3.4Mbps。

(3) 支持主从和多主两种工作方式，但在多主方式下某一时刻只能有一个主控器件。标准 MCS-51 单片机并没有提供 I^2C 总线接口，只能工作于单主方式。单片机作为主控器件，扩展的外设作为从器件。

(4) I²C 总线上所有设备的 SDA，SCL 引脚必须外接上拉电阻。

3. I²C 总线的数据传输

在 I²C 总线上，数据是伴随着时钟脉冲，一位一位地进行传送。数据由高位到低位传送，每位数据占一个时钟脉冲。在时钟线 SCL 高电平期间，数据线 SDA 的状态就表示要传送的数据，高电平为数据“1”，低电平为数据“0”。在数据传送时，SDA 上数据的改变应在时钟线 SCL 为低电平时完成，而 SCL 为高电平时，SDA 必须保持稳定，否则 SDA 上的变化会被当做起始或终止信号。数据传输的时序图如图 7.21 所示。

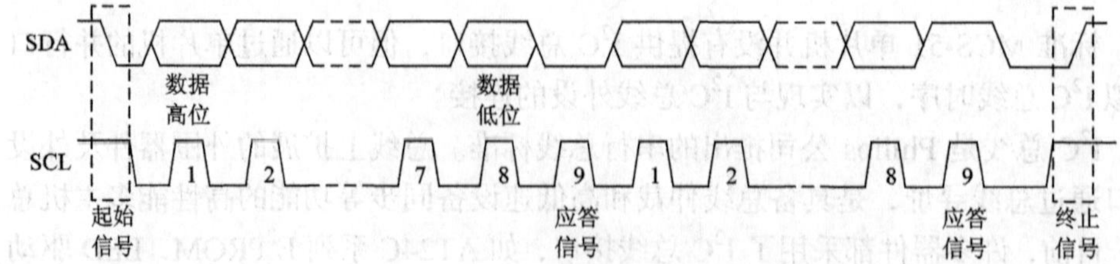

图 7.21　数据传输时序

1) 起始和终止信号

起始和终止信号(图 7.22)都由主控器件发出。起始信号用于开始 I²C 总线通信。起始信号是在时钟线 SCL 为高电平期间，数据线 SDA 上高电平向低电平变化的下降沿信号。起始信号出现以后，才可以进行后续的 I²C 总线寻址或数据传输。

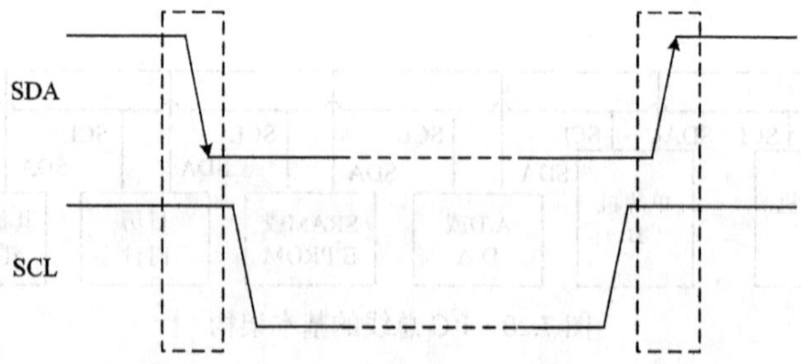

图 7.22　起始和终止信号

终止信号用于终止 I²C 总线通信。其中，终止信号是在时钟线 SCL 为高电平期间，数据线 SDA 上低电平到高电平变化的上升沿信号。终止信号一旦出现，所有 I²C 总线操作都结束，并释放总线控制权。总线处于空闲状态。

从器件检测起始和终止信号。从器件收到一个数据字节后，如果可以马上接收下一字节，要发出应答信号。若不能立即接收下一字节，可将 SCL 线拉为低电平，使主控器件处于等待状态，直到准备好接收下一字节时，再释放 SCL 为高电平。

2) 字节传输与应答

数据传输字节数没有规定，但每个字节必须为 8 位。先传输高位再传输低位，每个被传输字节后面都紧跟应答位，如图 7.23 所示。

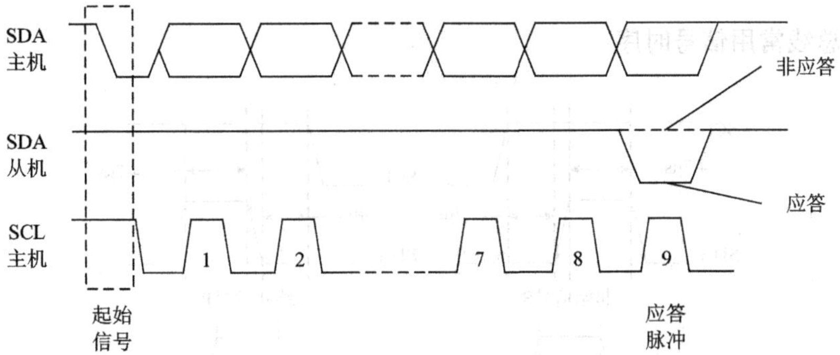

图 7.23　应答时序

如果从器件进行了应答，但在接收一定数据后无法再接收更多数据地时，从器件可以对无法接收的第一个数据作“非应答”以通知主控器件，主控器件则应发送终止信号以结束数据的继续传输。

主控器件在接收数据时，当接收到最后一个数据后，应向从器件发送一个“非应答”信号。然后，从器件释放 SDA 线，并允许主控器件发送终止信号。

3) 寻址字节

主控器件在发出起始信号后再传输 1 个寻址字节(图 7.24)。高 7 位为从器件地址，最低 1 位为传输方向控制位(“0”表示主控器件发送数据，“1”表示主控器件接收数据)。

D7	D6	D5	D4	D3	D2	D1	$R/\overline{W}$

图 7.24　寻址字节

由于所有器件都通过 SCL 和 SDA 连接在 I^2C 总线上，因此，主控器件在进行数据传输前需要通过寻址，选择需要通信的从器件。

I^2C 总线上所有外围器件都有唯一的 7 位地址，由固定部分和可编程两部分组成。固定部分是 I^2C 器件固有的地址编码，器件出厂时就已经给定，不可更改。而可编程部分是由 I^2C 总线外围器件的地址引脚决定，根据其在电路中接电源正极、接地或悬空的不同，形成不同的地址代码。例如，AT24C02C 器件地址固定部分 D7~D4，其值为“1010”，而器件引脚 A2、A1、A0(与 D3、D2、D1 对应)

的不同连接可以选择 8 个同样的器件，片内 256 个字节可由单字节寻址，页面写字节数为 8。

7.3.2　I²C 总线时序

MCS-51 单片机没有配置 I²C 总线接口，但可以通过并行 I/O 口模拟 I²C 总线时序。

1. I²C 总线常用信号时序

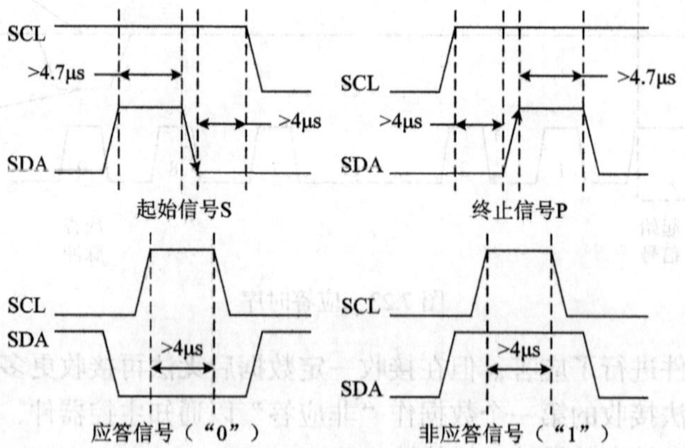

图 7.25　常用信号时序

I²C 总线的数据传输有严格的时序要求。I²C 总线常用信号包括起始信号、终止信号、发送“应答”(“0”)信号和发送“非应答”(“1”)信号，它们的时序如图 7.25 所示。

2. I²C 总线常用信号的汇编语言子程序

MCS-51 单片机，采用 12MHz 晶振(即机器周期为 1μs)，几个常用信号的汇编子程序如下所述。

1) 起始信号

```
START:  SETB   SDA          ;发送起始条件数据信号
        NOP
        SETB   SCL          ;发送起始条件的时钟信号
        NOP
        NOP
        NOP
        NOP
        NOP                 ;起始条件建立时间大于 4.7μs
```

```
        CLR     SDA         ;发送起始信号
        NOP
        NOP
        NOP
        NOP                 ;起始条件锁定时间大于 4μs
        CLR     SCL         ;准备发送或接收数据
        NOP
        RET
```

2) 终止信号

```
STOP:   CLR     SDA         ;发送终止条件的数据信号
        NOP
        NOP
        SETB    SCL         ;发送终止条件的时钟信号
        NOP
        NOP
        NOP
        NOP
        NOP                 ;终止条件建立时间大于 4μs
        SETB    SDA         ;发送终止信号
        NOP
        NOP
        NOP
        NOP
        NOP                 ;延迟时间大于 4.7μs
        RET
```

3) 发送应答("0")信号

```
MACK:   CLR     SDA         ;将 SDA 置"0"
        NOP
        NOP
        SETB    SCL
        NOP
        NOP
        NOP
```

```
         NOP
         NOP                    ;保持数据时间大于 4μs
         CLR      SCL
         NOP
         NOP
         RET
```

4) 发送非应答(“1”)信号

```
MNACK:   SETB     SDA           ;将 SDA 置“1”
         NOP
         NOP
         SETB     SCL
         NOP
         NOP
         NOP
         NOP
         NOP                    ;保持数据时间大于 4μs
         CLR      SCL
         NOP
         NOP
         RET
```

7.3.3　MCS-51 与 AT24C02C 的接口

串行 E^2PROM 的优点是引脚少、体积小、功耗低、硬件连接简单，且性价比高。常用的产品有 Atmel 公司的 AT24C02C，8 引脚 DIP 封装。大小为 256 字节(2K 位)，写入时间小于 10ms，擦写次数大于 1 万次。引脚 A2、A1、A0 为三条地址线，WP 为写保护控制(接地时允许写入)，SDA 为串行数据输入/输出线，SCL 为串行时钟线。三条地址线允许一次最多扩展 8 个器件。AT24C02C 与单片机的典型连接见图 7.28。

1. 写操作过程

对 AT24C02C 进行写入操作时，单片机首先发送起始信号再发送控制字节，然后释放 SDA 线并在 SCL 线上产生第 9 个时钟信号，被寻址器件确认地址后，在 SDA 线送上应答信号，接到应答信号后单片机可以开始传送数据。

传送数据时，单片机首先要发送一个字节的预写入存储单元的首地址，收到正确应答后，单片机逐个发送数据字节，但发送每一个字节后都要等待应答。单片机完成数据传送并发送终止信号后，会启动 AT24C02C 内部写周期，约在 10ms 内完成数据写入工作。写入 *n* 个字节的数据格式如图 7.26 所示。

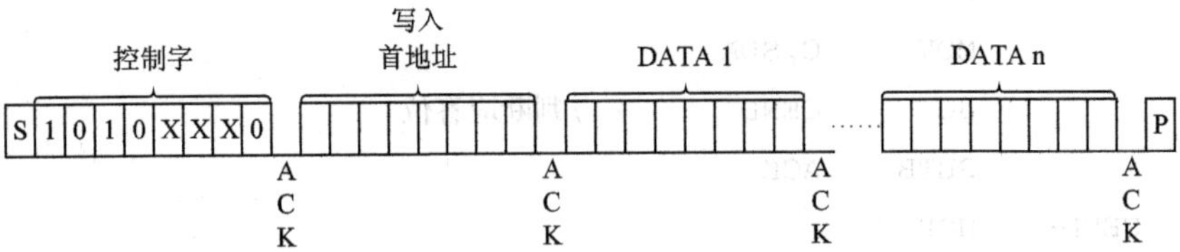

图 7.26　写入 *n* 个字节的数据格式

AT24C02C 片内地址指针在接收到每个数据字节后会自动加 1。若传送数据字节数在芯片“页面字节数”范围内，则传送数据只需要输入首地址。若字节数超过芯片的“页面字节数”，前面的数据将被覆盖。

2. 读操作过程

对 AT24C02C 进行读出操作时，单片机发送起始信号后也需要发送控制字节(“伪写”)，然后释放 SDA 线并在 SCL 线上产生第 9 个时钟信号，被寻址器件确认地址后，在 SDA 线送上应答信号。

然后，单片机发送一个字节的预读出存储单元的首地址，收到正确应答后，单片机再重复一次起始信号并发送器件地址和读出方向位(“1”)，收到应答后，单片机逐个接收数据字节，每接收一个字节单片机都回复应答信号。当收到最后一个字节数据时，单片机回复非应答信号(“1”)，并发送终止信号结束读出操作。读出 *n* 个字节的数据格式如图 7.27 所示。

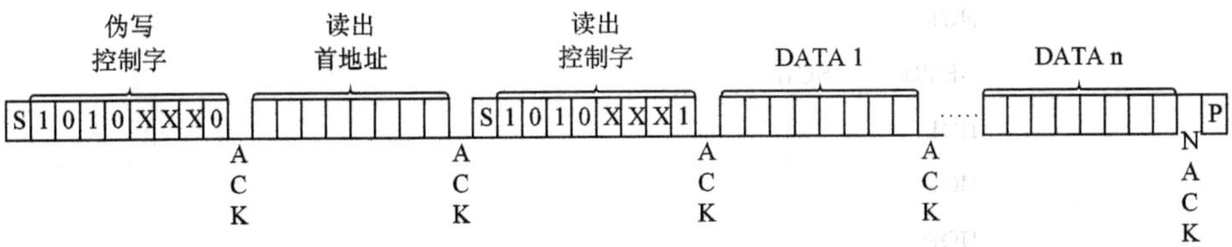

图 7.27　读出 *n* 个字节的数据格式

3. 基本操作子程序

1) 应答位检测

标志位 ACK 返回“1”时表示有应答，返回“0”时表示非应答。

```
CACK:    SETB    SDA
         NOP
         NOP
```

```
            SETB    SCL
            CLR     ACK
            NOP
            NOP
            MOV     C,SDA
            JC      CEND            ;判断应答位
            SETB    ACK
    CEND:   NOP
            CLR     SCL
            NOP
            RET
```

2) *发送一个字节*

预发送数据字节存放在累加器 ACC 中，R0 存放字节长度。

```
    WRBYTE: MOV R0,#08H
    WLP:    RLC     A               ;取数据位
            JC      WRI
            SJMP    WRO             ;判断数据位
    WLP1:   DJNZ    R0,WLP
            NOP
            RET
    WRI:    SETB    SDA             ;发送 1
            NOP
            SETB    SCL
            NOP
            NOP
            NOP
            NOP
            NOP
            CLR     SCL
            SJMP    WLP1
    WRO:    CLR     SDA             ;发送 0
            NOP
            SETB    SCL
            NOP
```

```
          NOP
          NOP
          NOP
          NOP
          CLR       SCL
          SJMP      WLP1
```

3) 读出一个字节

读出字节存放于累加器 ACC(或 R2)中，R0 用于存放字节长度。

```
RDBYTE:   MOV       R0,#08H
RLP:      SETB      SDA
          NOP
          SETB      SCL          ;时钟线为高,接收数据位
          NOP
          NOP
          MOV       C,SDA        ;读取数据位
          MOV       A,R2
          CLR       SCL          ;将 SCL 拉低,时间大于 4.7μs
          RLC       A            ;进行数据位的处理
          MOV       R2,A
          NOP
          NOP
          NOP
          DJNZ      R0,RLP       ;未够 8 位,继续读入
          RET
```

4) 发送 n 个字节

程序中 SLAW 定义为器件地址，SUBAW 定义为预写入存储单元的首地址，MTD 定义为单片机内发送数据缓冲区首地址，NUMBYTEW 为发送字节数。

```
IWRNBYTE:
          MOV       R3,NUMBYTEW
          LCALL     START            ;启动总线
          MOV       A,SLAW
          LCALL     WRBYTE           ;发送器件地址字
          LCALL     CACK
```

```
            JNB     ACK,RETWRN
                                   ;无应答则退出
            MOV     A,SUBAW        ;指定预写入存储单元的首地址
            LCALL   WRBYTE
            LCALL   CACK
            MOV     R1,#MTD        ;发送数据缓冲区首地址存入 R1
WRDA:       MOV     A,@R1
            LCALL   WRBYTE         ;开始写入数据
            LCALL   CACK
            JNB     ACK,IWRNBYTE
            INC     R1
            DJNZ    R3,WRDA        ;判断是否写完
RETWRN:
            LCALLSTOP
            RET
```

5) 读取 *n* 个字节

程序中 SLAR 定义为器件地址，SUBAR 定义为预读出存储单元的首地址，MRD 定义为单片机内接收数据缓冲区首地址，NUMBYTER 为接收字节数。

```
IRDNBYTE:
            MOV     R3,NUMBYTER
            LCALL   START
            MOV     A,SLAR
            LCALL   WRBYTE         ;发送器件地址字(“伪写”)
            LCALL   CACK
            JNB     ACK,RETRDN
            MOV     A,SUBAR        ;指定预读出存储单元的首地址
            LCALL   WRBYTE
            LCALL   CACK
            LCALL   START          ;重新启动总线
            MOV     A,SLAR
            INC     A              ;准备进行读操作
            LCALL   WRBYTE
            LCALL   CACK
            JNB     ACK,IRDNBYTE
```

```
        MOV     R1,#MRD
RON1:   LCALL   RDBYTE          ;读操作开始
        MOV     @R1,A
        DJNZ    R3,SACK
        LCALL   MNACK           ;最后一字节发非应答位
RETRDN:
        LCALL   STOP
        RET
SACK:   LCALL   MACK
        INC     R1
        SJMP    RON1
```

4. 应用实例

【例 7.6】　根据图 7.28 完成电路连接(图中 I2C DEBUGGER 为 I^2C 总线调试器)。编写汇编程序实现单片机与 AT24C02C 之间的串行通信。要求首先将单片机内部 RAM 中 30H 单元开始的 8 个数据传送到 AT24C02C 内部 45H 开始的连续 8 个单元，然后再将 AT24C02C 中 45H 单元开始的 8 个数据读出，存入到单片机内部 RAM 中 40H 开始的 8 个单元。

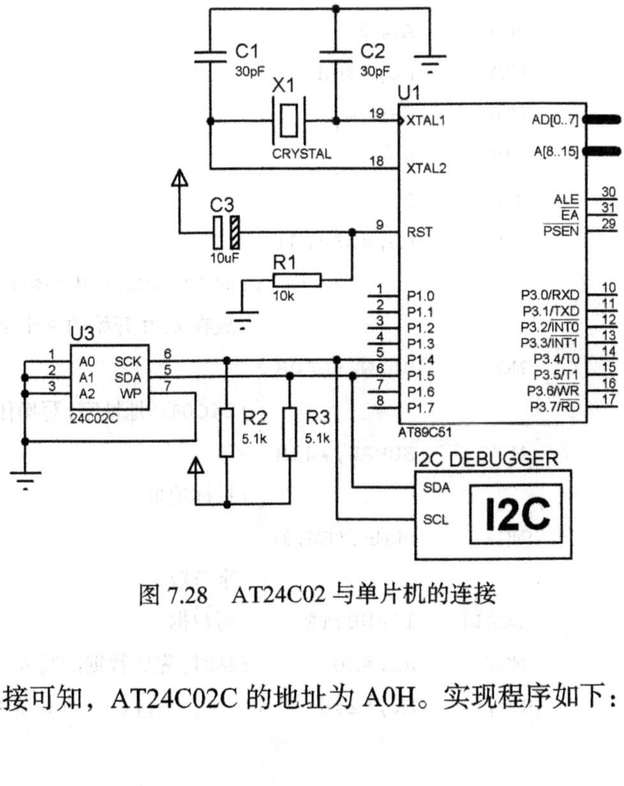

图 7.28　AT24C02 与单片机的连接

解答：

由电路连接可知，AT24C02C 的地址为 A0H。实现程序如下：

```
ACK         BIT     10H          ;应答标志位
SLAW        DATA    50H          ;写器件地址
SLAR        DATA    51H          ;读器件地址字
SUBAW       DATA    52H          ;预写入存储单元的首地址
SUBAR       DATA    53H          ;预读出存储单元的首地址
NUMBYTEW    DATA    54H          ;写字节数
NUMBYTER    DATA    55H          ;写字节数
SDA         BIT     P1.5         ;I2C 总线定义
SCL         BIT     P1.4
MTD         EQU     30H          ;发送数据缓存区首地址
MRD         EQU     40H          ;接收数据缓存区首地址
            ORG     0000H
            AJMP    MAIN
            ORG     0100H
MAIN:       MOV     R4,#0F0H     ;延时,等待其他芯片复位完成
            DJNZ    R4,$
                                 ;发送数据缓存区初始化,将 8 个
                                  连续字节分别赋值为 00H 到 07H
            MOV     A,#0
            MOV     R0,#30H
S1:         MOV     @R0,A
            INC     R0
            INC     A
            CJNE    R0,#38H,S1
                                 ;向 AT24C02C 中写数据,数据存
                                  放在 45H 开始的 8 个字节中
            MOV     SLAW,#0A0H
                                 ;24C01C 地址字,写操作
            MOV     SUBAW,#45H
                                 ;目标地址
            MOV     NUMBYTEW,#8
                                 ;字节数
            LCALL   IWRNBYTE     ;写数据
DELAY:      MOV     R5,#20       ;延时,完成数据的写入
D1:         MOV     R6,#248
```

```
D2:          MOV      R7,#248
             DJNZ     R7,$
             DJNZ     R6,D2
             DJNZ     R5,D1
                                   ;从 AT24C02C 中读数据,数据送
                                    到单片机 40H 开始的 8 个单元
             MOV      SLAR,#0A0H
                                   ;AT24C02C 地址字,伪写入操作
             MOV      SUBAR,#45H
                                   ;目标地址
             MOV      NUMBYTER,#8
                                   ;字节数
             LCALL    IRDNBYTE     ;写数据
             END
```

将上述程序在 Keil 环境下编译生成 hex 文件。按图 7.28 在 Proteus 中搭建仿真测试电路，载入 hex 文件，同时设置单片机的晶振频率为 12MHz。启动仿真，在器件“I2C DEBUGGER”右键菜单中选择“I2C DEBUGGER”子菜单，打开 Terminal-I2C 调试窗口(图 7.29)，显示了 SDA 线上数据传送过程。其中，“S”表示起始信号，“A”表示应答信号，“N”表示非应答信号，“P”表示终止信号，“Sr”为重发起始信号，其他为传送数据内容(包括写入地址“A0”及读出地址“A1”)。

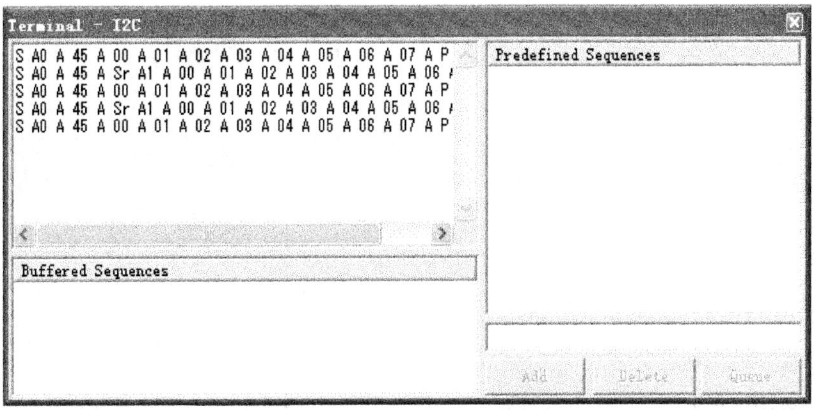

图 7.29　Terminal-I2C 调试窗口

习　题

7.1　异步通信和同步通信的主要区别是什么？

7.2　通信波特率的定义是什么？串行口通信速率与传输距离之间有如何关系？

7.3　串行口有哪些制式？各有什么特点？

7.4　MCS-51 串行口有哪些工作方式？各自特点如何？

7.5　MCS-51 串行口控制寄存器 SCON 中的 SM2 起什么作用？主要在什么方式下使用？

7.6　简述 MCS-51 串行口在不同工作方式下波特率产生方法。

7.7　I^2C 总线的特点是什么？

7.8　I^2C 总线起始和终止信号是如何定义的？

7.9　I^2C 总线的传输方向如何控制？

7.10　访问单总线器件需要如何的命令顺序？简述每一步作用。

7.11　单总线挂接多个从机设备，主机如何完成对它们的识别？简述过程。

7.12　DS18B20 的配置寄存器有什么作用？如何设置？

7.13　参考例 7.3 完成两单片机之时串行口通信设计。要求：A 机将内部 RAM 中 40H 开始的 20 个数据发送到 B 机内部 RAM 中 40H 开始的 20 个单元，采用工作方式 1，晶振频率为 11.0592MHz，波特率为 4800bps。

7.14　参考例 7.6，将单片机内部 RAM 中 30H 单元开始的 16 个数据传送到 AT24C02C 内部 40H 开始的连续 16 个单元，再重新读回，存入到单片机内部 RAM 中 40H 开始的 16 个单元。

第 8 章　D/A、A/D 接口技术

利用计算机对工业现场进行控制和测量时，遇到的物理量往往是连续变化的，比如温度、湿度、压力、流速、密度等。这些在时间和幅值上都是连续变化的量，称为模拟量。而计算机只能处理二进制数，不能直接输入或输出模拟量，这就需要将模拟量转换成数字量，以便于计算机处理。A/D 转换器(Analog to Digital Converter)就是一种能把模拟量转换成相应的数字量的电子器件。另一方面，对于被控对象，计算机系统还应将内部数字量形式的控制信息转换成模拟电信号送出，以完成一次完整的工业控制过程。

如图 8.1 所示，工业现场信号经过传感器采集转换成电信号，这些电信号通过放大和低通滤波等处理，再送入 A/D 转换器中进行模/数转换，变换成单片机能够处理的数字信号，以便单片机对被控对象进行监视；D/A 转换器用于模拟控制，将单片机数字形式的控制命令变换成模拟量，对被控对象施加调整和控制。

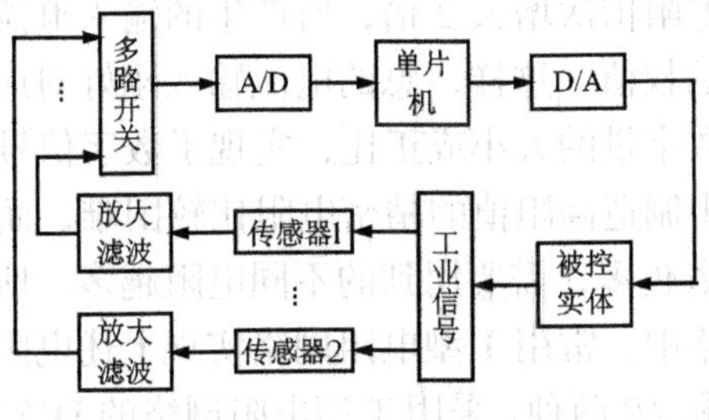

图 8.1　单片机与被控实体间的接口示意图

8.1　D/A 接口技术

本节按照掌握 D/A 接口技术的一般规律展开，首先介绍 D/A 转换器的原理，并在此基础上讨论 D/A 转换器的性能指标，然后结合具体芯片分析其与单片机的接口情况。

8.1.1　D/A 转换器的原理

D/A 转换器的作用是将数字量转换成相应的模拟量。计算机中的数字量采用二进制形式，为了区别每个数字量的大小，通常给每个二进制位设定权 2^i。要把数字量转换成相应的模拟量电压，需要先把数字量的每一位上的代码按权转换成

对应的模拟电流，再把模拟电流相加，最后由运算放大器将其转变成模拟电压。所以 D/A 转换器的原理可以总结为“按权展开，然后相加”。先分析一个最简单的 D/A 转换器，如图 8.2 所示。

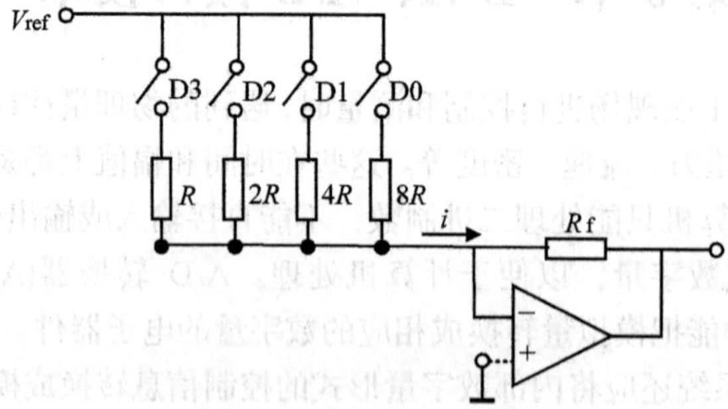

图 8.2　简单的 D/A 转换电路

图 8.2 中，V_{ref}是一个有足够精度的标准电源，运算放大器反相输入端的各支路连接待转换的数字量，这些数字量是二进制数，支路开关的闭合由这些二进制数的状态确定，为“1”时开关闭合，“0”时开关断开。二进制数对应的位码表示方式为 D0 对应第 0 位，D1 对应第 1 位……依此类推。

各输入支路中的电阻依次增大 2 倍，所产生的输入电流也依次相差 2 倍，正好对应二进制数各位的权值。这样，总的电流输入刚好对应输入的数字量，运算器的输出电压与输入数字量的大小成正比，实现了数字信号到模拟信号的转换。

由于在集成电路中制造高阻值的精密电阻比较困难，而如果按照图 8.2 的连接方式，D/A 转换位数越多，需要用到的不同电阻越多，所以图 8.2 所示的电路并不实用。在集成电路中，常用 T 型电阻网络实现上述电阻支路的功能，这时所需的电阻阻值只有 R 和 $2R$ 两种。采用 T 型电阻网络的 D/A 转换器如图 8.3 所示。

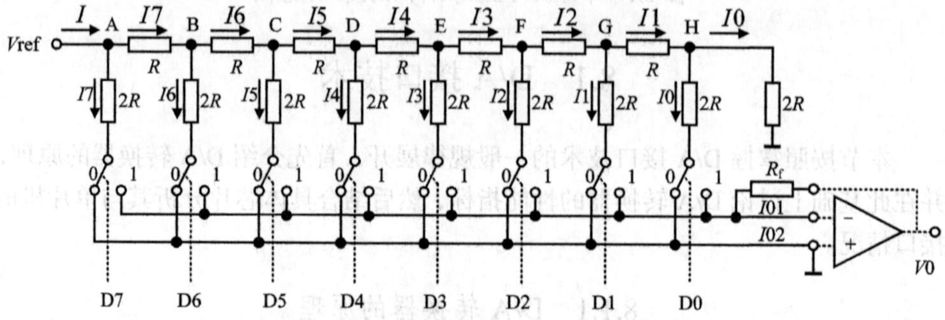

图 8.3　T 型电阻网络 D/A 转换电路

从图 8.3 中可以看出，任意一条支路中，只有开关打向右边，才会为运算放大器提供电流输入。开关状态由输入的二进制数字信号位控制，为 1 则打向右边，为 0 则打向左边。

T 型电阻网络中，节点 H 左边为两个 $2R$ 的电阻并联，它们的等效电阻为 R；节点 G 左边也是两个 $2R$ 的电阻并联，等效电阻也是 R，依次类推，最后在 A 点等效于一个阻值为 R 的电阻连接在参考电压 V_{ref} 上。而 B，C，…，H 点的电压分别为 $V_{ref}/2^1$，$V_{ref}/2^2$，…，$V_{ref}/2^7$，总电流为 $I=V_{ref}/R$，其他各条支路上的电流分别为 $I_7=I/2^1$，$I_6=I/2^2$，…，$I_0=I/2^8$。假如输入的数据 D7~D0 为 1111 1111B 时，运算放大器从各支路得到的输入电流为

$$I_{01}=I_7+I_6+I_5+I_4+I_3+I_2+I_1+I_0=(I/2^8)\cdot(2^7+2^6+2^5+2^4+2^3+2^2+2^1+2^0)$$

$$I_{02}=0$$

若 $R_f=R$，则输出电压 V_0 的表达式如下：

$$\begin{aligned}V_0&=-I_{01}\cdot R_f\\&=-I_{01}\cdot R\\&=-[(V_{ref}/R)/2^8]\cdot(2^7+2^6+2^5+2^4+2^3+2^2+2^1+2^0)\cdot R\\&=-(V_{ref}/2^8)\cdot(2^7+2^6+2^5+2^4+2^3+2^2+2^1+2^0)\end{aligned}$$

输出电压正好与数字量的数值成正比，可以代表输入数字量的大小。

8.1.2 D/A 转换器的主要技术指标

选择 D/A 转换芯片时，主要考察的性能指标有以下几项。

1. 分辨率

分辨率也记作 1LSB(最低有效位)，反映了 D/A 转换器的灵敏度，具体是指 D/A 转换器可输出的模拟量的最小变化量，也就是最小输出电压(输入的数字量只有 D0=1)与最大输出电压(输入数字量的所有位都等于 1)之比。通常也定义为刻度值与 2^n 之比(n 为二进制位数)。若满量程记作 V_{fx}，一个 n 位 D/A 转换器的分辨率为 $V_{fx}/2^n$。

例如，一个 8 位的 D/A 转换器，满量程为 10V，其分辨率为 10/256=39(mV)=0.39%满量程。

显然，二进制位数越多，分辨率越小，转换越精确，所以有时也用位数表示分辨率。

2. 转换精度

在理想情况下，精度和分辨率基本一致，位数越多，精度越高。但由于电源电压、参考电压、电阻等各种因素存在着误差，严格来讲精度和分辨率并不完全一致，而只要位数相同，分辨率就会相同，但相同位数的不同转换器精度会有所

不同。

D/A 转换精度指模拟输出的实际值与理想输出值之间的误差。包括非线性误差、比例系统误差、漂移误差等几项。它用于衡量 D/A 转换器将数字量转换成模拟量时，所得模拟量的精确程度。

3. 转换时间

转换时间是指从数字量输入到输出模拟量达到与终值相差±1/2LSB 相当的模拟量值所需的时间。它反映了 D/A 转换的速度。

以电流形式输出的 D/A 转换器转换时间比较短，以电压形式输出的，其转换时间主要是运算放大器输出所需要的响应时间，一般时间也较短。

4. 线性度

D/A 转换输出的模拟量应该与输入的数字量呈线性关系，但实际上输出特性不是理想线性的。线性度是指 D/A 转换器实际转换特性曲线和理想直线之间的最大偏差。通常，线性度不应超出±1/2LSB。

5. 动态范围

D/A 转换器的动态范围是指最大和最小输出值范围。一般决定于参考电压 V_{ref} 的高低。参考电压高，动态范围就大。整个 D/A 转换电路的动态范围除与 V_{ref} 有关外，还与输出电路的运算放大器的级数及连接方法有关。适当地选择输出电路，可在一定程度上增加转换电路的动态范围。

8.1.3 MCS-51 与 8 位 D/A 转换器的接口

D/A 接口芯片种类很多，其中，既有分辨率较低、较通用、价格较低的 8 位、10 位芯片，也有速度和分辨率较高、价格也较高的 12 位、16 位芯片；既有电流输出的芯片，也有电压输出的芯片。本节以典型的 8 位 D/A 转换器 DAC0832 为例，首先介绍 D/A 转换芯片的内部结构和引脚功能，然后结合实例分析其工作方式及电路连接。

1. DAC0832 的内部结构

DAC0832 是 8 位电流输出型 D/A 转换器，分辨率为 8 位，转换时间为 1μs 功耗为 20mW，数字输入电平为 TTL 电平。

DAC0832 结构如图 8.4 所示。它是由一个 8 位的输入寄存器、一个 8 位的 DAC 寄存器和一个 8 位 D/A 转换器以及控制电路组成。输入寄存器和 DAC 寄存器可以分别控制，从而可以根据需要接成两级输入锁存的双缓冲方式或一级输入锁存的单缓冲方式，还可以接成完全直通的无缓冲方式。

2. DAC0832 的引脚功能

DAC0832 是 8 位电流型 D/A 转换器，20 引脚双列直插式封装。20 个引脚中包括与微机连接的信号线，与外设连接的信号线以及其他引线，功能如下所述。

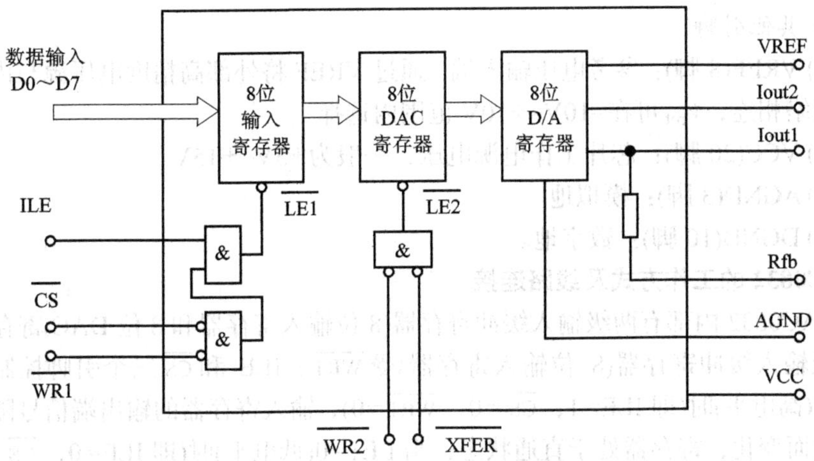

图 8.4　DAC0832 芯片内部结构图

1) 与微机相连的信号线

(1) D7~D0：8 位数据输入线，用于数字量的输入。其中，D7 为最高位，D0 为最低位。

(2) ILE(19 脚)：输入锁存允许信号，高电平有效，用于控制 $\overline{WR1}$。

(3) $\overline{CS}$ (1 脚)：片选信号，低电平有效，与 ILE 结合决定 $\overline{WR1}$ 是否有效。

(4) $\overline{WR1}$ (2 脚)：写信号 1 输入，当 $\overline{WR1}$ 为低电平，且 ILE 和 $\overline{CS}$ 有效时，把输入数据锁存在输入寄存器；$\overline{WR1}$、ILE 和 $\overline{CS}$ 三个控制信号构成第一级输入锁存命令。

(5) $\overline{WR2}$ (18 脚)：写信号 2 输入，低电平有效，该信号与 $\overline{XFEF}$ 配合，当 $\overline{XFEF}$ 有效时，可使输入寄存器中的数据传送到 DAC 寄存器中。

(6) $\overline{XFEF}$ (17 脚)：传送控制信号，低电平有效，与 $\overline{WR2}$ 配合，构成第二级寄存器(DAC 寄存器)的输入锁存命令。

2) 与外设相连的信号线

(1) Iout1(12 脚)：DAC 电流输出 1，它是输入数字量中逻辑电平为“1”的所有位输出电流的总和。当所有位逻辑电平为全“1”时，Iout1 为最大值；当所有位逻辑电平全为“0”时，Iout1 为“0”。

(2) Iout2(11 脚)：DAC 电流输出 2，它是输入数字量中逻辑电平为“0”的所有位输出电流的总和。为了保证额定负载下输出电流的线性度，Iout1 和 Iout2 引脚上的电压必须尽量接近地电平。为此，Iout1 和 Iout2 通常接运算放大器输入端。

(3) Rfb(9 脚)：反馈电阻，为外部运算放大器提供一个反馈电压。根据需要也可外接一个反馈电阻 Rfb。

3) 其他引脚

(1) VREF(8 脚)：参考电压输入端。通过 VREF 将外部高精度电压源与内部的电阻网络相连，V_{ref} 可在−10V~+10V 范围内选择。

(2) VCC(20 脚)：芯片工作电源电压，一般为+5V~+15V。

(3) AGND(3 脚)：模拟地。

(4) DGND(10 脚)：数字地。

3. DAC0832 的工作方式及线路连接

DAC0832 内部有两级输入缓冲寄存器(8 位输入寄存器和 8 位 DAC 寄存器)。第一级输入缓冲寄存器(8 位输入寄存器)受 $\overline{WR1}$、ILE 和 $\overline{CS}$ 三个引脚控制，当 LE1=1(高电平)时(即 ILE=1，$\overline{CS}$=0，$\overline{WR1}$=0)，输入寄存器的输出端信号随输入的变化而变化，寄存器处于直通状态；当 LE1=0(低电平)时(即 ILE=0，$\overline{CS}$=1 或 $\overline{WR1}$=1)，输入寄存器锁存输入数据。如果将引脚 $\overline{CS}$ 接译码器，即通过单片机控制 $\overline{CS}$ 的电平状态，就可以实现控制该级输入寄存器直通还是锁存的目的。第二级输入缓冲寄存器(8 位 DAC 寄存器)受 $\overline{WR2}$ 和 $\overline{XFEF}$ 的控制。当 LE2=1(高电平)时(即 $\overline{WR2}$=0，$\overline{XFEF}$=0)，DAC 输入寄存器的输出端信号随输入的变化而变化，寄存器处于直通状态；当 LE2=0(低电平)时(即 $\overline{WR2}$=1 或 $\overline{XFEF}$=1)，输入寄存器锁存输入数据，送 D/A 转换器进行转换。所以，根据这两个锁存器使用方法的不同，DAC0832 有三种工作方式。

1) 单缓冲方式

单缓冲工作方式是使输入寄存器或 DAC 寄存器中的任意一个工作在直通状态，而另一个工作在受控锁存状态。例如，把 $\overline{WR2}$ 和 $\overline{XFEF}$ 接数字信号地，使 DAC 寄存器处于直通状态，ILE 接+5V，$\overline{WR1}$ 接 CPU 的 $\overline{WR}$，$\overline{CS}$ 接 I/O 口地址译码。在这种方式下，只需执行一次写操作，即可完成 D/A 转换，可以提高 DAC 的数据吞吐量，这种方式接线如图 8.5 所示。图中 8 位输入寄存器受 $\overline{CS}$ 和 $\overline{WR1}$ 端信号控制，而且 $\overline{CS}$ 由译码器输出端 FEH 送来。因此，CPU 执行如下两条指令就可在 $\overline{CS}$ 和 $\overline{WR1}$ 上产生低电平，使 DAC0832 接收 CPU 送来的数字量：

```
MOV     R0 ,    #0FEH
MOVX    @R0 ,   A
```

2) 双缓冲方式

双缓冲方式是指 DAC0832 的“8 位输入寄存器”和“8 位 DAC 寄存器”都不工作在直通方式下。CPU 必须通过 $\overline{LE1}$ 来锁存待转换的数字量，通过 $\overline{LE2}$ 启动 D/A 转换。数据通过两个寄存器锁存后送入 D/A 转换电路，需要执行两次写操作才能完成一次 D/A 转换。这种方式特别适用于要求同时输出多个模拟量的场合，通常采用的接线是 ILE 固定接+5V，CPU 的 $\overline{WR}$ 信号复连接到 $\overline{WR1}$ 和 $\overline{WR2}$，$\overline{CS}$ 和

$\overline{XFEF}$ 连接译码器。图 8.6 给出了 DAC0832 工作在双缓冲方式下的连线图。图中的 DAC0832 输入寄存器的信号由 $\overline{CS}$ 与 $\overline{XFEF}$ 控制，$\overline{CS}$ 和 $\overline{XFEF}$ 直接与单片机的端口连接而没有经过译码器，则输入寄存器的地址为 DFFFH，DAC 寄存器的地址为 7FFFH。

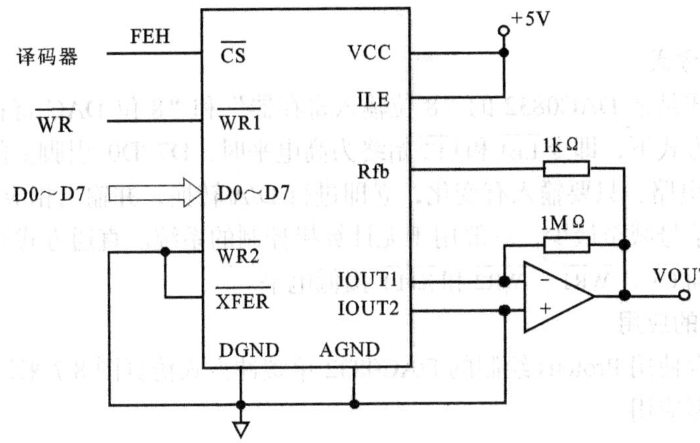

图 8.5　DAC0832 单缓冲方式接线图

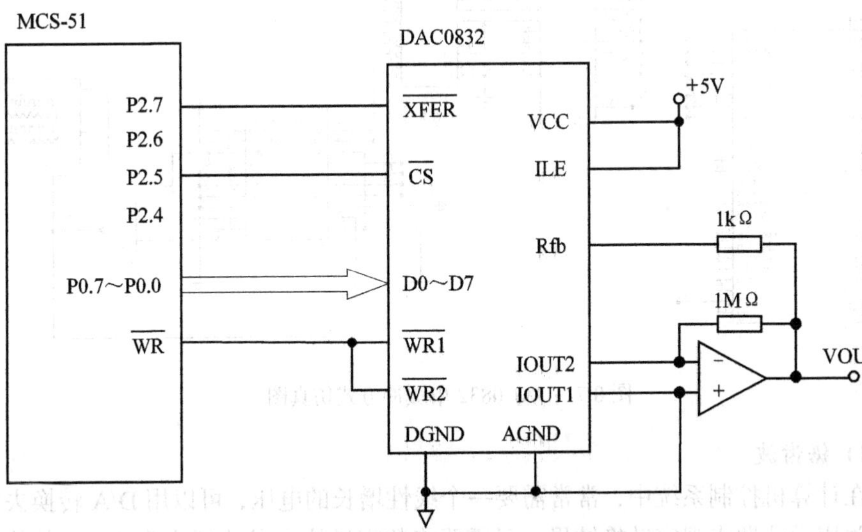

图 8.6　DAC0832 双缓冲方式接线图

在双缓冲方式下，要使 DAC0832 接收到 CPU 送来的数字量，CPU 需要执行如下指令：

```
ORG     1200H
MOV     DPTR    ,    #0DFFFH      ;DPTR指向输入寄存器地址
```

```
        MOV     A      ,   #DATA
        MOVX    @DPTR  ,   A           ;数据写入输入寄存器
        MOV     DPTR   ,   #7FFFH      ;DPTR 指向 DAC 寄存器地址
        MOVX    @DPTR  ,   A           ;数据送 DAC 寄存器并启动变换
        END
```

3) 直通方式

直通方式是指 DAC0832 的“8 位输入寄存器”和“8 位 DAC 寄存器”同时工作在直通方式下，即令 $\overline{LE1}$ 和 $\overline{LE2}$ 始终为高电平时，D7~D0 引脚上的数字量直达 D/A 转换电路，只要输入有变化，立即进行 D/A 转换，并输出相应模拟信号。这时的控制信号减至最少，一般用于无计算机控制的系统。直通方式要求 ILE 信号接高平，而 $\overline{CS}$、$\overline{WR1}$、$\overline{WR2}$ 和 $\overline{XFEF}$ 接低电平。

4. DAC0832 的应用

下面结合使用 Proteus 绘制的 DAC0832 单缓冲方式仿真图 8.7 来说明 D/A 转换的几种典型应用。

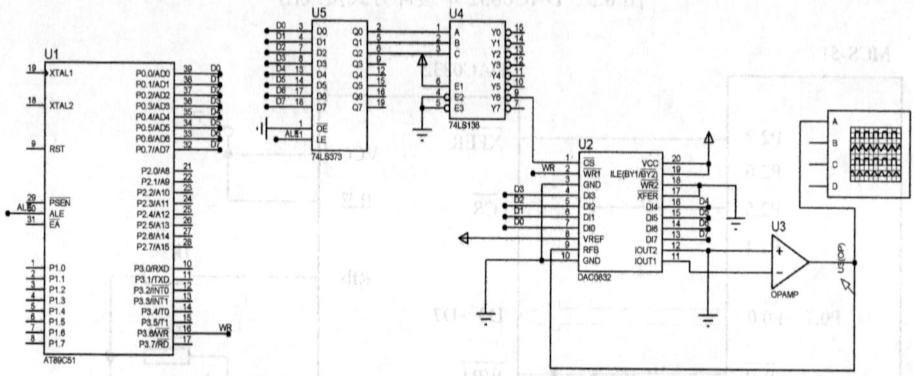

图 8.7　DAC0832 单缓冲方式仿真图

1) 锯齿波

在计算机控制系统中，常常需要一个线性增长的电压，可以用 D/A 转换去实现，并用示波器来观察转换结果。只需要将数字量从 0 依次增大到 255，并传送到 DAC0832 进行 D/A 转换，就会产生锯齿波，可编写如下的子程序：

```
        ORG     0100H
MAIN:   MOV     A      ,   #00H
        MOV     R0     ,   #0FEH     ;R0 指向输入寄存器地址
LOOP:   MOVX    @R0    ,   A         ;数据送输入寄存器
```

```
        INC     A                    ;数字量增 1
        ACALL   DELY
        SJMP    LOOP                 ;反复
DELY:   MOV     R7      ,   #20      ;延时子程序
        DJNZ    R7      ,   $
        RET
        END
```

产生的锯齿波波形如图 8.8 所示。由于运算放大器的反相作用，图中锯齿波是负向的，从 0 下降到负的最大值。实际上，这条“斜线”不是直线，而是分成了 255 个小台阶，每个小台阶的持续时间为一次循环所消耗的时间。因此，在循环体中插入 NOP 指令或延时程序，可以改变锯齿波的频率和周期。

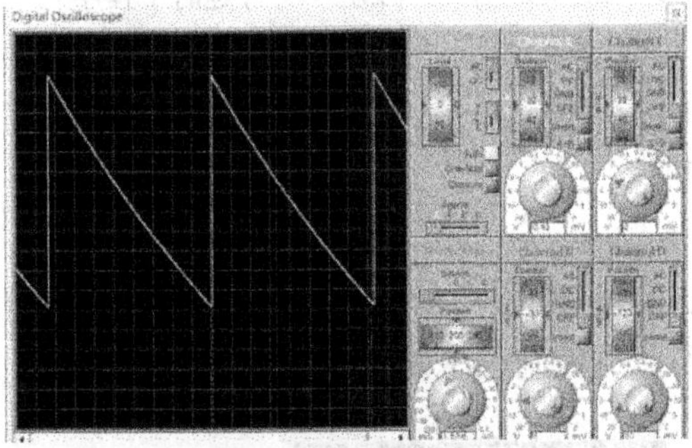

图 8.8　锯齿波波形图

2) 三角波

三角波波形如图 8.9 所示，控制程序如下所列。

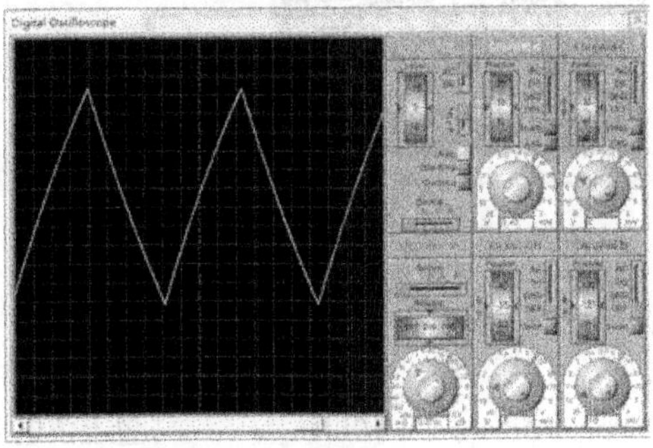

图 8.9　三角波波形图

```
        ORG     0100H
MAIN:   CLR     A
```

```
        MOV     R0  ,   #0FEH       ;R0 指向输入寄存器地址
DOWN :  MOVX    @R0 ,   A           ;电压下降段
        INC     A                   ;数字量增 1，电压下降
        ACALL   DELY
        CJNE    A,#0FFH,DOWN        ;不为零，电压继续下降
        MOV     A   ,   #0FEH       ;为零，电压应上升
UP   :  MOVX    @R0 ,   A           ;电压上升段
        DEC     A                   ;数字量减 1，电压上升
        ACALL   DELY
        JNZ     UP                  ;不为零，电压继续上升
        SJMP    DOWN                ;为零，则循环
DELY :  MOV     R7  ,   #20         ;延时子程序
        DJNZ    R7  ,   $
        RET
        END
```

3) *方波*

对于方波，所设高电压所对应的数字量为 VH，低电压对应的数字量为 VL，方波波形如图 8.10 所示，控制程序如下所列。

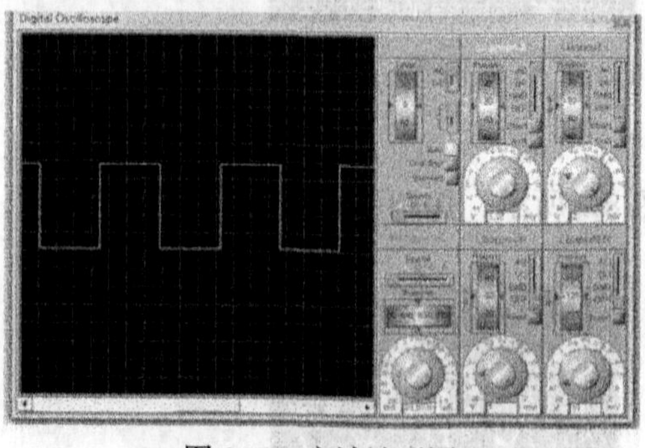

图 8.10　方波波形图

```
        ORG     0100H
MAIN :  MOV     R0  ,   #0FEH       ;R0 指向输入寄存器地址
        MOV     A   ,   #00H        ;置上限电平
        MOVX    @R0 ,   A           ;数据送输入寄存器
        ACALL   DELY
        MOV     A   ,   #0FFH       ;置下限电平
        MOVX    @R0 ,   A
```

```
          ACALL   DELY
          SJMP    MAIN
DELY:     MOV     R7  ,   #200
DEL1:     MOV     R5  ,   #200
          DJNZ    R5  ,   $
          DJNZ    R7  ,   DEL1
          RET
          END
```

8.1.4　MCS-51 与 12 位 D/A 转换器的接口

8 位 DAC 分辨率较低，在一些高精度要求的应用中，可以采用 10 位、12 位或更多位数的 DAC 芯片。现以 12 位 DAC1208 为例说明这类 DAC 和 MCS-51 的连接关系。

1. DAC1208 的内部结构

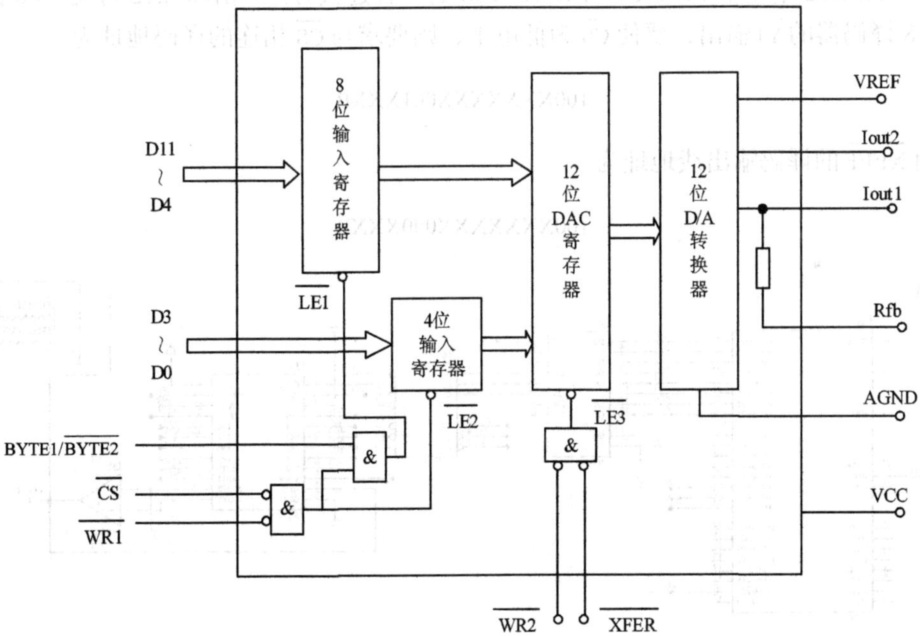

图 8.11　DAC1208 的内部结构框图

DAC1208 内部结构图如图 8.11 所示。DAC1208 的内部结构与 DAC0832 非常相似，也具有双缓冲输入寄存器，不同的是 DAC1208 的 DAC 寄存器和 D/A 转换器均为 12 位。DAC1208 的内部由一个 8 位锁存器、一个 4 位锁存器、一个 12 位

DAC 锁存器及一个 D/A 转换器组成。

DAC1208 的控制基本上和 DAC0832 相同，$\overline{CS}$ 和 $\overline{WR1}$ 用来控制输入寄存器，$\overline{WR2}$ 和 $\overline{XFEF}$ 控制“12 位 DAC 寄存器”。但 DAC1208 增加了一条 BYTE1/$\overline{BYTE2}$，用于区分 4 位还是 8 位输入寄存器。当 BYTE1/$\overline{BYTE2}$ 为低电平时，$\overline{LE1}$ 锁定为低电平，8 位输入寄存器工作于锁存状态。如果 $\overline{CS}$ 和 $\overline{WR1}$ 亦为低电平，则 $\overline{LE2}$ 有效，选中 4 位输入寄存器工作；当 BYTE1/$\overline{BYTE2}$ 为高电平，$\overline{CS}$ 和 $\overline{WR1}$ 均为低电平时，$\overline{LE1}$ 和 $\overline{LE2}$ 均有效，选中 8 位和 4 位输入寄存器工作。为了避免错误，在向 DAC1208 送 12 位数字量时，应先送高 8 位，再送低 4 位。接下来再使 $\overline{XFEF}$ 和 $\overline{WR2}$ 为低电平，即让 $\overline{LE3}$ 有效，12 位数据同时进入 DAC 寄存器，启动 D/A 转换。

2. DAC1208 的接口电路及应用

尽管 DAC1208 有 12 条数据线，但 MCS-51 的数据总线是 8 位，一次只能传送 8 位数据。在实际连线时，一般将 DAC1208 中 12 位数字量输入的高 8 位作为一个整体，直接与数据总线相连；低 4 位可以连接到数据总线的低 4 位，也可以连接到数据总线的高 4 位。

图 8.12 给出了 MCS-51 对 DAC1208 的一种连接方式。由图 8.12 可见，$\overline{CS}$ 接 3-8 译码器的 $\overline{Y1}$ 输出，要使 $\overline{CS}$ 为低电平，则要求与 $\overline{CS}$ 相连的译码地址为

100XXXXXXX001XXXB

而 $\overline{XFEF}$ 的译码输出线地址为

100XXXXXXX000XXXB

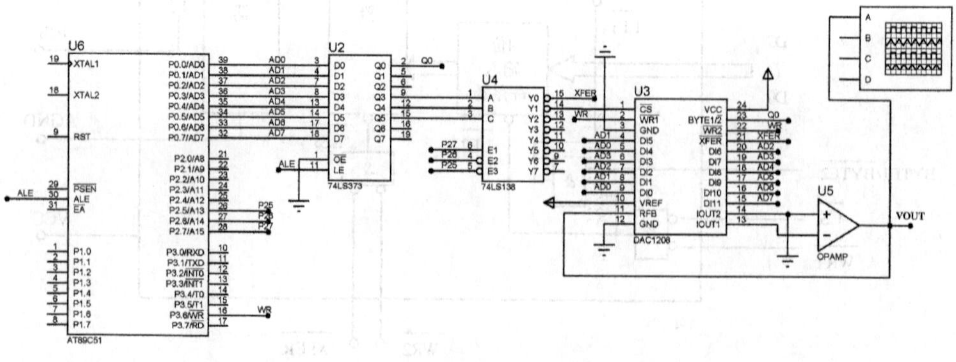

图 8.12　MCS-51 与 DAC1208 的仿真图

选通高 8 位输入寄存器需要 BYTE1/$\overline{BYTE2}$ 为 1，而 BYTE1/$\overline{BYTE2}$ 连接地址总线最低位，所以高 8 位输入寄存器在系统中的地址可以使用：

1000000000 001001B，即 8009H

同样，低 4 位输入寄存器的地址可以使用：

1000000000 001000B ，即 8008H

选通 DAC 寄存器的地址信号不妨记为

1000000000 000000B ，即 8000H

利用上述寻址方法，为图 8.12 编写程序，产生一段梯形波。可用如下代码段完成 D/A 转换任务：

```
        ORG     0100H
MAIN :  MOV     R0  ,   #00H          ;梯形上底边
        MOV     A   ,   R0
        ACALL   LOOP                  ;调用 D/A 转换子程序
        ACALL   DELY
DOWN:   INC     R0                    ;梯形下降段
        MOV     A   ,   R0
        ACALL   LOOP
        ACALL   DELY1
        MOV     A   ,   R0
        CJNE    A   ,   #0FFH,  DOWN;没到下底边则继续下降
        MOV     R0  ,   A             ;梯形下底边
        ACALL   LOOP
        ACALL   DELY
UP   :  DEC     A                     ;梯形上升段
        MOV     R0  ,   A
        ACALL   LOOP
        ACALL   DELY1
        MOV     A   ,   R0
        JNZ     UP                    ;没到上底边则继续上升
        SJMP    MAIN
LOOP :  MOV     DPTR,   #8009H        ;高 8 位输入寄存器地址
        MOVX    @DPTR,  A             ;锁存
        MOV     A   ,   #00H          ;低 4 位数据
        MOV     DPTR,   #8008H        ;低 4 位输入寄存器地址
        MOVX    @DPTR,  A             ;锁存
```

```
        MOV     DPTR,   #8000H      ;DAC 寄存器地址
        MOVX    @DPTR,  A           ;启动转换
        RET
DELY :  MOV     R7  ,   #200
DEL1:   MOV     R5  ,   #200
        DJNZ    R5  ,   $
        DJNZ    R7  ,   DEL1
        RET
DELY1:  MOV     R6  ,   #20
        DJNZ    R6  ,   $
        RET
        END
```

代码遵守先送高 8 位和后送低 4 位数据的原则，而且 DAC1208 是以双缓冲方式工作的，分两批接收 12 位数字量，最后一次的写操作，DAC1208 并不接收数据，只是选通 DAC 寄存器，启动 D/A 转换。产生梯形波波形如图 8.13 所示。

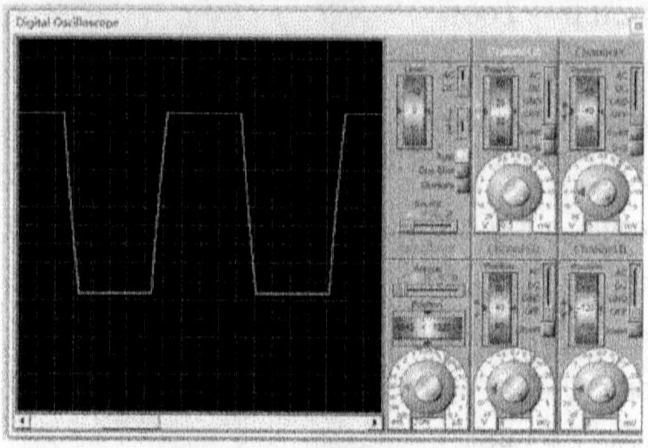

图 8.13　梯形波波形图

8.2　A/D 接口技术

A/D 转换是指通过电路将模拟量转换成数字量的过程，即把被控对象的各种模拟信息变成计算机可以识别的数字信息。A/D 转换也是数据采集处理设备的重要工作环节。

8.2.1　A/D 转换器的原理

A/D 转换主要有计数式、双积分式、逐次逼近式等方法。实现方法不同，电

路的复杂程度不同，转换的速度和精度也不同。计数式 A/D 转换器的结构很简单，但转换速度慢，所以很少采用。双积分式 A/D 转换器的抗干扰能力强，转换精度也很高，但速度仍然不大理想，常用于数字式测量仪表当中。计算机中使用比较多的是采用逐次逼近式 A/D 转换器作为接口的电路，它各方面的性能指标都比较理想。并行 A/D 转换器的转换速度最快，但造价很高，故只用于某些对转换速度要求较高的场合。本书仅对逐次逼近式和双积分式 A/D 转换器作介绍。

1. 逐次逼近式 A/D 转换

图 8.14 为逐次逼近式 A/D 转换器的内部结构图，主要由 *N* 位寄存器、D/A 转换器、电压比较器和一些时序控制逻辑电路等组成。图中，*V*i 为 A/D 转换器被转换的模拟输入电压；*V*n 是“*N* 位 D/A 转换器”的输出电压，其值是由“*N* 位寄存器”中的内容决定，受控制电路控制；比较器对 *V*i 和 *V*n 电压进行比较，并把比较结果送“控制电路”。整个 A/D 转换是在逐次比较过程中形成，形成的数字量存放在“*N* 位寄存器”中，先形成高位，然后是次高位，一位位地最后形成最低位。

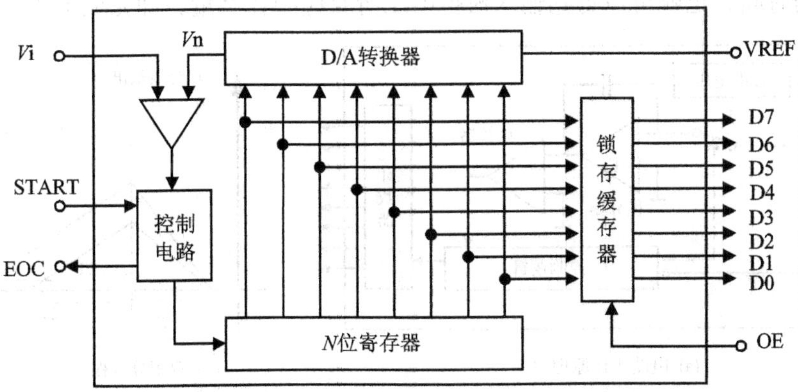

图 8.14　逐次逼近式 A/D 转换器的结构框图

逐次逼近式 A/D 转换器的工作原理非常类似于用天平称重。在转换开始前，“控制电路”从“START”输入端收到 CPU 送来的启动脉冲，然后开始工作。“控制电路”工作后首先将“*N* 位寄存器”各位清零，然后设置其最高位为 1(对 8 位寄存器来讲，即为 1000 0000B)，这个过程就像天平称重时先放上一个最重的砝码。“*N* 位寄存器”中此时的数字量再送 D/A 转换器转换为相应的模拟电压 *V*n，然后通过电压比较器与输入电压 *V*i 进行比较，若 *V*i≥*V*n(相当于需要称量的物件重量大于最重的那个砝码的重量)，则“*N* 位寄存器”中的最高位的 1 保留，否则就将最高位清零(若砝码比物件重，则取下换其他重量的砝码)。最高位的数值确定后，接下来再使次高位置 1，进行相同的过程，直到“*N* 位寄存器”的所有位都被确定。转换过程结束后，“N 位寄存器”中的二进制码就是 A/D 转换器的输出。

2. 双积分式 A/D 转换

双积分式 A/D 转换器的电路原理图如图 8.15(a)所示，电路包括积分器、比较器、计数器和标准电压源。

双积分型 A/D 转换器属于间接型 A/D 转换器，它是把待转换的输入模拟电压先转换为一个中间变量，例如时间 T，然后再对中间变量量化编码，得出转换结果，这种 A/D 转换器多称为电压-时间变换型(简称 VT 型)。

转换开始前，先将计数器清零。转换开始，电路对输入模拟电压进行固定时间的积分，得到输出电压 V_{01}，该电压与输入电压 Vi 成正比。这一过程称为转换电路对输入模拟电压的采样过程。该过程的积分时间为 T，如图 8.15(b)所示。采样过程结束的标志是计数器给出一个溢出脉冲使“控制逻辑电路”发出信号，令开关转换至参考电压 V_{ref} 一侧。接下来再对标准电压进行反向积分。反向积分到一定时刻，便返回起始值。对标准电压的反向积分时间 $T2$ 正比于输入模拟电压。模拟电压越大，反向积分所需时间越长。因此，只要用时钟脉冲测定反向积分所消耗的时间，也就可以得到输入模拟电压所对应的数字量，即完成了 A/D 转换。

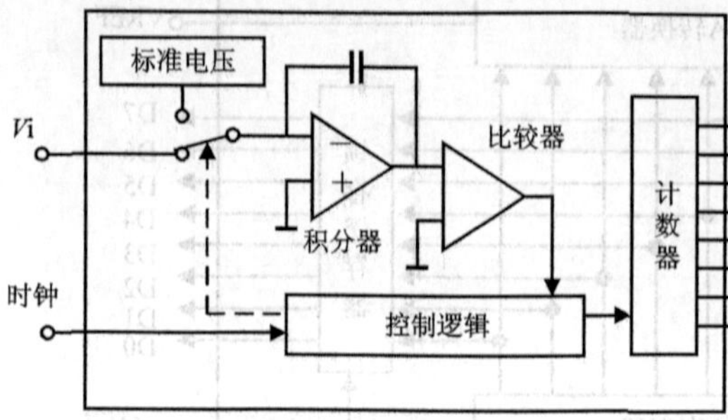

(a) 电路工作原理图

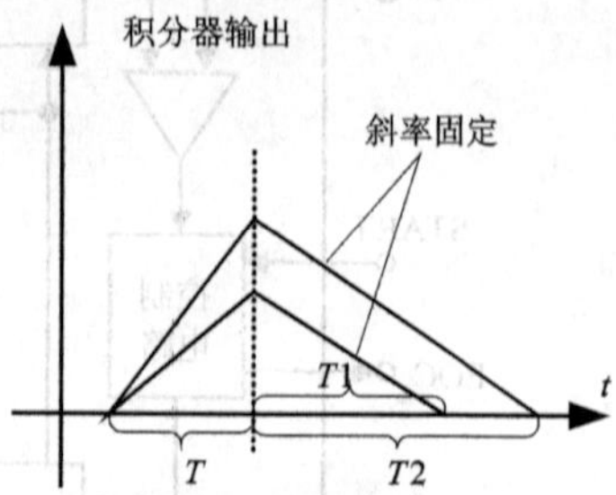

(b) 双积分过程

图 8.15　双积分式 A/D 转换原理图

3. A/D 转换器主要性能指标

A/D 转换器的性能指标是衡量 ADC(模数转换器)的关键问题，也是正确选用 ADC 芯片的基本依据。ADC 的性能指标很多，本节只介绍转换速度和转换精度两个方面。

1) 转换速度

A/D 转换器完成转换所需要的时间称为 A/D 转换时间，转换速度是转换时间的倒数。ADC 型号不同，转换速度差别很大。实际应用中要根据需求、价格以及转换器的工作特点综合考虑这一指标。通常，8 位逐次比较式 ADC 的转换时间为 100μs 左右。在被控系统的控制时间允许的情况下，可以尽量考虑价格便宜的逐次比较式 A/D 转换器。

2) 转换精度

由于模拟量是连续的而数字量是离散的，所以进行 A/D 转换的时候只能是将某个模拟量对应于同一个数字量，这样就存在一定的误差。转换精度反映了实际 A/D 转换器与理想 A/D 转换器的差别，通常用数字量的 LSB 表示。ADC 的转换精度由模拟误差和数字误差决定。模拟误差是电源波动、温度漂移以及解码网络中的电阻值不准等引起的误差。数字误差主要包括非线性误差和量化误差，前者属于非固定误差，由器件质量决定，后者和 ADC 输出数字量的位数有关，位数越多，误差越小。因此，一旦 A/D 转换器的位数确定，其量化误差也就确定了。

8.2.2　MCS-51 与 8 位 A/D 转换器的接口

A/D 转换器芯片的种类很多。下面以较为常用的 A/D 转换器 ADC0809 为例，介绍 A/D 芯片与单片机的连接及应用。

ADC0809 是一种 8 位逐次逼近式 A/D 转换器，可以直接和微机接口。片内含 8 路模拟开关，可允许 8 路模拟量输入。它的转换精度和转换时间都不是很高，但其性价比有较明显的优势，是目前应用较为广泛的 A/D 转换芯片之一。

1. ADC0809 的外部引线

ADC0809 的外部引线如图 8.16 所示。共有 28 条引脚，其含义如下。

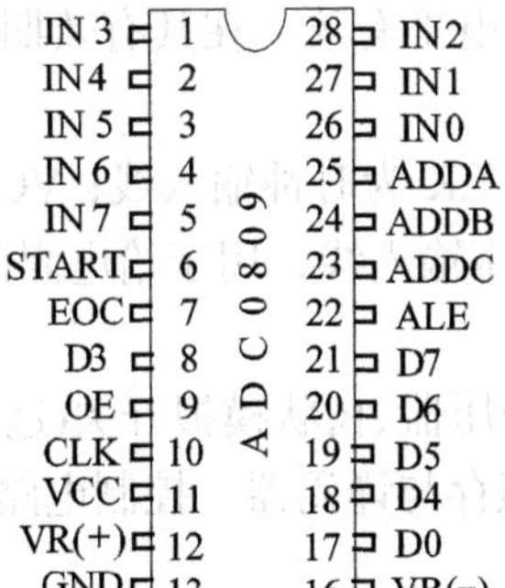

图 8.16　ADC0809 外部引线图

(1) D7~D0：8 位数据输出线，用于数字量的输出。其中，D7 为最高位，D0 为最低位。

(2) IN0~IN7：8 路模拟电压输入端，可连接 8 路模拟量输入，但同一时刻只可有一路模拟信号输入。

(3) ADDA、ADDB、ADDC：通道地址选择，用于选择 8 路模拟输入信号中的一路进行转换。输入通道与地址的对应关系如表 8.1 所示。其中，ADDA 为最低位，ADDC 为最高位。

表 8.1　输入通道和地址的关系

对应模拟通道	ADDA	ADDB	ADDC
IN0	0	0	0
IN1	0	0	1
IN2	0	1	0
IN3	0	1	1
IN4	1	0	0
IN5	1	0	1
IN6	1	1	0
IN7	1	1	1

(4) START：启动信号输入端，下降沿有效。在启动信号的下降沿，启动变换。

(5) ALE：通道地址锁存信号，用来锁存 ADDA~ADDC 端的地址输入，上升沿有效。

(6) EOC：A/D 转换结束信号。当该引脚输出低电平时表示正在变换，输出高电平则表示一次变换结束。

(7) OE：读允许信号，高电平有效。在其有效期间，CPU 将转换后的数字量读入。

(8) 电源线及其他引脚：CLK 为时钟输入线；VCC 为+5V 电源输入线；GND 为地线；VR(+)和 VR(–)为电压输入线，用于给电阻阶梯网络供给标准电压。

2. ADC0809 的内部结构

ADC0809 由 256R 电阻分压器、树状模拟开关(这两部分组成一个 8 位 A/D 转换器)、8 路模拟开关、地址锁存与译码器、控制电路和三态输出锁存器等组成，如图 8.17 所示。

(1) 模拟输入选择部分：包括一个 8 路模拟开关和地址锁存与译码电路。8 路模拟开关用于输入 IN0~IN7 上的 8 路模拟电压。地址锁存与译码器在 ALE 信号控制下可以锁存 ADDA、ADDB 和 ADDC 上的地址信息，经译码电路译码后控制模拟开关选择相应的模拟输入。地址编码与输入通道的关系见表 8.1。

(2) 转换器部分：这部分工作主要通过逐次逼近的 A/D 转换电路完成，由 START 引脚控制转换的开启。有关逐次逼近式 A/D 转换器的原理在前面已经作过介绍，在此不再赘述。

(3) 输出部分：转换后的数据通过三态输出锁存器输出。CPU 使 OE 引脚变为高电平就可以从三态输出锁存器取走 A/D 转换后的数字量。

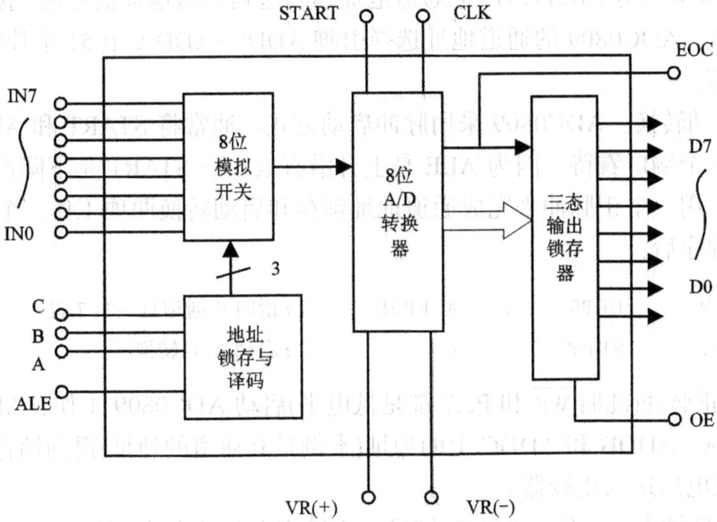

图 8.17　ADC0809 内部结构图

3. ADC0809 的接口电路

图 8.18 给出了单片机与 ADC0809 的一种连接方式，下面按照信号的传递方向阐述该接口电路。

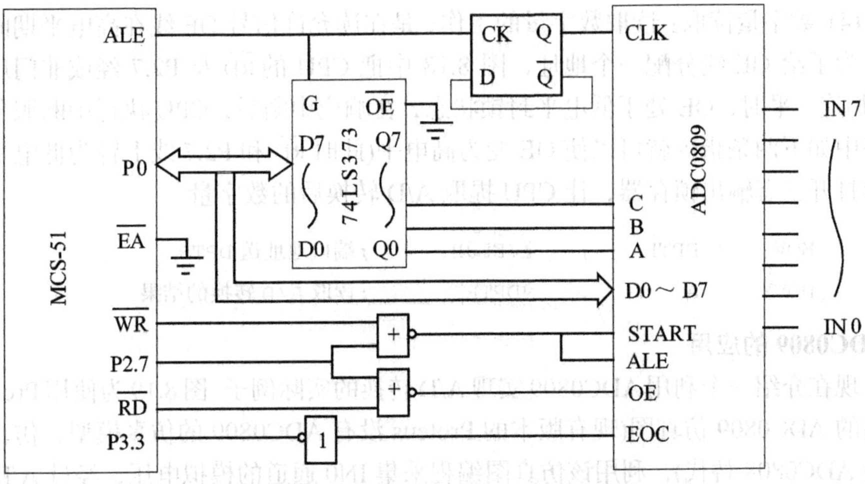

图 8.18　MCS-51 与 ADC0809 的接口电路图

(1) 模拟量输入：首先是待转换的模拟信号输入模数转换器 ADC0809，输入的模拟信号分别连接到 IN0~IN7。当前要转换哪一路信号通过 ADDC~ADDA 的不同编码来选择(表 8.1)。ADC0809 内部含有地址锁存与译码器，CPU 可通过一个输出接口(本例是 74LS373)，把通道地址编码送到通道地址信号端。按照图 8.16 的连接方式，ADC0809 的通道地址选择引脚 ADDC~ADDA 由 51 单片机 P0 口的低 3 位决定。

(2) 启动转换：ADC0809 采用脉冲启动方式。通常将 START 和 ALE 连接在一起作为一个端口看待。因为 ALE 是上升沿有效，而 START 是下降沿有效，这样连接就可用一个正脉冲来完成通道地址锁存和启动转换两项工作。当 51 单片机执行如下程序后：

```
MOV     DPTR   ,   #7FF8H      ;指向 0 通道且 P2.7 置 0
MOVX    @DPTR  ,   A           ;启动 A/D 转换
```

START 上正脉冲(此时 $\overline{WR}$ 和 P2.7 都是低电平)启动 ADC0809 工作，ALE 上正脉冲使 ADDA、ADDB 和 ADDC 上的地址(本例是 0 通道的地址)得到锁存，以选中 IN0 路模拟电压送入比较器。

(3) 转换结束：判断一次 A/D 转换是否结束有几种方法，比如编写延时程序，使延时时间≥A/D 转换时间，延时时间到，读取转换结果；也可以采用查询方式，转换过程中 CPU 通过程序不断地读取 EOC 端的状态，在读到其状态为“1”时，则表示一次转换结束；更为常用的方法是采用本例中的中断控制方式，可将 EOC 线经过反相器与 CPU 的 $\overline{INT1}$ (P3.3)线相连。当 $\overline{INT1}$ 产生边沿触发时，进入中断服务子程序，读取转换后的结果。

(4) 数字量读取：读取数字量的工作，是在读允许信号 OE 线在高电平期间完成。为了给 OE 线分配一个地址，图 8.18 中把 CPU 的 $\overline{RD}$ 及 P2.7 经或非门后和 OE 相连。平时，OE 处于低电平封锁状态，在响应中断后，CPU 执行中断服务子程序中如下两条指令就可以使 OE 变为高电平(此时 $\overline{RD}$ 和 P2.7 线上皆为低电平)，从而打开三态输出锁存器，让 CPU 提取 A/D 转换后的数字量。

```
MOV     DPTR   ,   #7FF8H      ;端口地址送 DPTR
MOVX    A      ,   @DPTR       ;读取 A/D 转换的结果
```

4. ADC0809 的应用

现在介绍一个利用 ADC0809 实现 A/D 转换的实际例子。图 8.19 为使用 Proteus 绘制的 ADC0809 仿真图(现有版本的 Proteus 没有 ADC0809 的仿真模型，仿真图中用 ADC0808 替代)，利用该仿真图编程采集 IN0 通道的模拟电压，经过 A/D 转换后的数字量送入数码管进行显示。IN0 上的模拟电压可以调整电位器改变大小，数码管显示的数字可与电压表的读数对照。

实现上述编程，程序可以分成主程序、数码管显示子程序和中断服务子程序

三部分处理。主程序用来对中断初始化，给 ADC0809 发启动脉冲和送模拟量地址等；中断服务子程序用来从 ADC0809 接收 A/D 转换后的数字量；数码管显示子程序用来显示 A/D 转换完成后的数字量。参考程序如下所述。

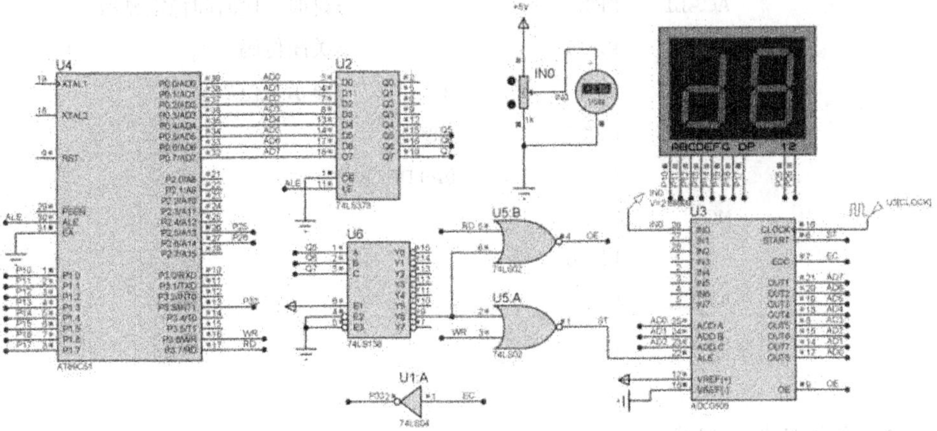

图 8.19　ADC0809 仿真图

1) 主程序

```
          ORG     0000H
          AJMP    MAIN
          ORG     0500H
MAIN :    SETB    EA
          SETB    IT1
LOOP :    MOV     A   ,   #00H        ;选择通道 0 进行转换
          MOV     R0  ,   #0C0H       ;端口地址送 R0
          MOVX    @R0 ,   A           ;开启 A/D 转换
          SETB    EX1                 ;开中断
          MOV     R7  ,   #0FFH       ;等待中断到来
LOOP1:    DJNZ    R7  ,   LOOP1
          ACALL   DISP                ;调用显示子程序
          AJMP    LOOP                ;循环
```

2) 数码管显示子程序

```
DISP :    MOV     B   ,   #10         ;个、十位分开
          DIV     AB                  ;个位放在 B 中，十位放在 A 中
          MOV     DPTR    ,   #TAB    ;数据表起始地址送 DPTR
```

```
        MOVC    A      ,   @A+DPTR ;查表获得十位数的段码
        MOV     P1     ,   A       ;段码送 P1 口
        CLR     P2.5               ;开通位码
        ACALL   DELY               ;延时一段时间稳定显示
        SETB    P2.5               ;关闭位码
        MOV     A      ,   B       ;显示个位数字
        MOV     DPTR   ,   #TAB
        MOVC    A      ,   @A+DPTR
        MOV     P1,A
        CLR     P2.6
        ACALL   DELY
        SETB    P2.6
        RET
```

3) 中断服务子程序

```
        ORG     0013H
        AJMP    INT0809
        ORG     0100H
INT0809:CLR     EA
        MOV     R0     ,   #0C0H   ;端口地址送 R0
        MOVX    A      ,   @R0     ;A/D 转换后的数字量送 A
        SETB    EA
        RETI
```

4) 其他程序

```
DELY :  MOV     R6     ,   #255
DEL1 :  DJNZ    R6     ,   $
        RET
TAB:    DB  3FH,   06H,   5BH,   4FH,   66H
        DB  6DH,   7DH,   07H,   7FH,   6FH
        DB  77H,   7CH,   39H,   5EH,   79H,   71H
        END
```

以上就是采集 IN0 通道的 A/D 转换程序，该程序通过中断控制的方式来判断是否一次变换结束。ADC0809 所需时钟信号可以由 51 单片机的 ALE 信号提供。51 单片机的 ALE 信号通常是每个机器周期出现两次，故它的频率是单片机时钟

频率的 1/6。也就是说，如果 CPU 主频是 6MHz，则 ALE 信号频率为 1MHz，若使 ALE 上的信号经触发器二分频接到 ADC0809 的 CLK 输入端,则可获得 500kHz 的 A/D 转换脉冲。由于本例是在 Proteus 环境下进行的软件仿真，ADC0809 所需的时钟脉冲直接由软件自带的时钟发生器产生。

8.2.3　MCS-51 与 12 位 A/D 转换器的接口

对精度要求较高时，需使用 8 位以上的 A/D 转换器。现以 12 位 A/D 转换器 AD574A 为例，介绍 8 位以上的 A/D 转换器在 MCS-51 这样的 8 位单片机系统中的典型用法。

1. AD574A 的结构特点和引脚功能

AD574A 是 12 位逐次逼近式 A/D 转换器，适合在高精度快速采样系统中使用。

(1) AD574A 的结构特点。AD574A 的内部结构与 ADC0809 类同，只是转换位数由 8 位提高到了 12 位。主要特点有：芯片内部包括参考电压源和转换时钟；三态输出数据锁存器；输入模拟电压的量程可灵活设置；有两个输入引脚，其一为 0~10V 的单极性或−5V~+5V 的双极性输入线，其二为 0~20V 的单极性或−10V~+10V 的双极性输入线；转换时间为 25μs；数字量位数可以选择 8 位或 12 位。图 8.20 给出了其外部引线图。

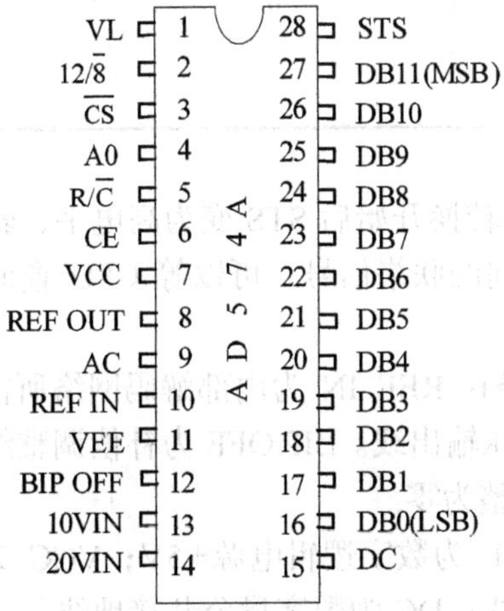

图 8.20　AD574 外部引线图

(2) AD574A 的引脚功能。

AD574A 的外部引线如图 8.20 所示。共有 28 条引脚，其含意如下。

(a) 模拟量输入线(3 条)：10VIN 为 10V 量程的模拟电压输入线，接 0~10V 或−5V~+5V 模拟电压输入。

(b) 数字量输出线(12 条)：DB11~DB0 为数字量输出线，DB11 为最高有效位，DB0 为最低位；DC 为数字量公共接地线，常和 AC 相连后接地。

(c) 控制线(6 条)：$\overline{CS}$ 为片选线，低电平有效；CE 为片选使能线，高电平有效。$\overline{CS}$ 与 CE 共同控制对 AD574A 的读写操作，当 $\overline{CS}$ 为 0 且 CE 为 1 时，选中该款芯片，否则本片处于禁止状态。

R/$\overline{C}$ 为读出/转换控制输入线。在 $\overline{CS}$ 和 CE 都有效时，若 R/$\overline{C}$ 为 0 则启动转换，为 1 则读出数据。

A0 和 12/$\overline{8}$ 这两条控制线决定进行 12 位还是 8 位 A/D 转换，控制功能如表 8.2 所列。

应当强调指出，在启动 AD574A 进行 A/D 转换时，应先使 R/$\overline{C}$ 为低电平，然后再使 $\overline{CS}$ 和 CE 分别变为有效，这样可以避免启动 A/D 转换前出现不必要的读操作。

表 8.2　AD574A 真值表

CE	$\overline{CS}$	R/$\overline{C}$	12/$\overline{8}$	A0	完成操作
1	0	0	×	0	启动 12 位 A/D 转换
1	0	0	×	1	启动 8 位 A/D 转换
1	0	1	1	×	12 位数字量输出
1	0	1	0	0	高 8 位数字量输出
1	0	1	0	1	低 4 位数字量输出
0	×	×	×	×	无操作
×	0	×	×	×	无操作

STS 为状态输出线。转换开始后 STS 变为高电平，转换结束时变低。STS 作为 AD574A 与单片机之间的联络信号，可以等 CPU 查询，也可用一个外部中断源。

(d) 测试/调零线(3 条)：REF IN 为内部解码网络所需参考电压输入线；REF OUT 为 10V 内部参考电压输出线。BIP OFF 为补偿调整线，用于在模拟输入为零时把 ADC 输出数字量调整为零。

(e) 电源线(4 条)：VL 为数字逻辑电源+5V；VCC 为+12V~+15V 电源线；VEE 为−15V~−12V 电源线；DC 为数字量公共接地线。

2. AD574A 的输入方式

ADC574A 有单极性和双极性输入两种方式。从 10VIN 或 20VIN 引脚输入的模拟量，输入极性由 REF IN、REF OUT 和 BIP OFF 的连接确定，如图 8.21 所示。其中，图 8.21(a)为单极性输入时的连接方式，图 8.21(b)为双极性连接。

若输入是单极性的模拟量，则 0V 转换后的数字量为 000H，最大电压值转换

后的数字量为 FFFH。输出数字量 D 为无符号二进制码，计算公式为

D=4096 VIN/VFS 或 VIN=D·VFS / 4096

其中，VIN 为输入模拟量(V)；VFS 是满量程。如果从 10VIN 引脚输入，VFS =10V，1LSB=10/4096=24(mV)；若信号从 20VIN 引脚输入，VFS =20V，1LSB=20/4096=49(mV)。

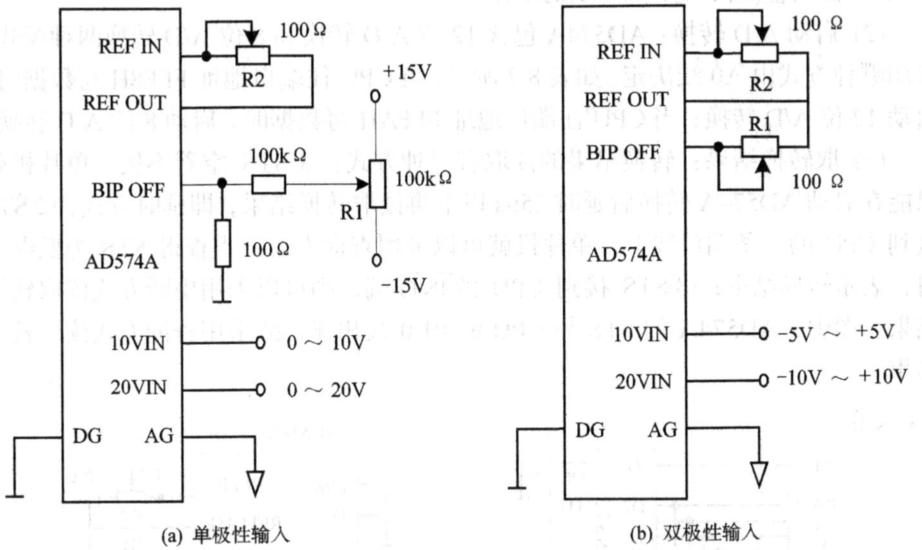

图 8.21 AD574A 输入极性选择的外部电路

若输入是双极性的模拟量，则负的最大电压转换后的数字量为 000H，0V 转换后的数字量为 800H，正的最大电压转换后的数字量为 FFFH，从转换结果减去 800H 便得到补码表示的有符号的数字量。R1 用于调整双极性输入电路的零点。如果输入信号 VIN 在−5V~+5V 之间，应从 10VIN 引脚输入；当 VIN 在−10V~+10V 之间，应从 20 VIN 引脚输入。双极性输入时输出数字量 D 与输入模拟电压 VIN 之间的关系：

D=2048(1+2VIN/ VFS) 或 VIN=(D/2048-1)VFS /2

其中，VFS 的定义与单极性输入情况下对 VFS 的定义相同。

由上式求出的数字量 D 是 12 位偏移二进制码。把 D 的最高位求反便得到补码。补码对应模拟量输入的符号和大小。同样，从 AD574A 读到的或应代入式中的数字量 D 也是偏移二进制码。例如，当模拟信号从 10 VIN 引脚输入，则 VFS=10V，若读得 D=FFFH，即 111111111111B=4095，代入式中可求得

VIN=4.9976 V。

3. AD574A 的应用

现在介绍一个利用 AD574A 实现 A/D 转换的实际例子，连线如图 8.22 所示。对图中的连接方式作如下说明。

(1) 模拟量输入：图 8.22 采用双极性输入方式，可对±5V 或±10V 的模拟信号进行转换。输入模拟量之前，首先要完成对 AD574A 进行零点调整(调节电位计 R1)和增益调整(调节电位计 R2)的工作。

(2) 启动 A/D 转换：AD574A 包含 12 位 A/D 转换和 8 位 A/D 转换两种模式，采用哪种方式由 A0 线决定。如表 8.2 所示，当 CPU 往端口地址 FFF8H 写数据时，启动 12 位 A/D 转换；当 CPU 往端口地址 FFFAH 写数据时，启动 8 位 A/D 转换。

(3) 取转换结果：转换结果的读取有三种方式：①STS 空着不接，单片机就只能在启动 AD574A 转换后延时 25μs 以上再读取转换结果，即延时方式；②STS 接到 CPU 的一条端口线上，单片机就可以采用查询方式。当查得 STS 为低电平时，表示转换结束；③STS 接到 CPU 的 $\overline{\text{INT1}}$ 端，则可以采用中断方式读取转换结果。图中，AD574A 的 STS 与 CPU 的 P1.0 线相连，故采用查询方式读取转换结果。

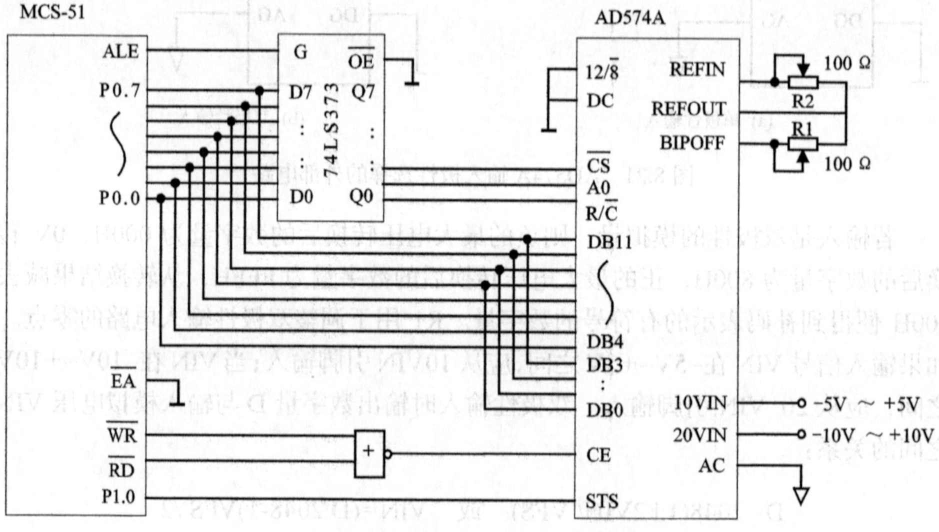

图 8.22　MCS-51 和 AD574A 的接线图

按照上述设计思路，现编写一段程序，实现 12 位 A/D 转换，并把 A/D 转换后的 12 位数字量存入内部 RAM 的 20H 和 21H 单元。设 21H 单元高 4 位存放 12 位数字量的低 4 位。程序如下：

```
        ORG     0100H
```

```
MAIN :  MOV     R1     ,   #20H     ;输入数据区始址送 R1
        MOV     DPTR   ,   #0FFF8   ;送端口地址入 DPTR
        MOVX    @DPTR  ,   A        ;启动 A/D 转换
LOOP :  JB      P1.0   ,   LOOP     ;若 STS=1，则连续查询
        INC     DPTR                ;使 R/C̄ 为 1
        MOVX    A      ,   @DPTR    ;读取高 8 位数字量送 A
        MOV     20H    ,   A        ;存入 20H 单元
        INC     DPTR
        INC     DPTR                ;使 R/C̄ 和 A0 均为 1
        MOVX    A      ,   @DPTR    ;读取低 4 位数字量送 A
        ANL     A      ,   #0F0H    ;屏蔽低 4 位
        MOV     21H    ,   A        ;存入 21H 单元
        END
```

上述程序是按查询法取输入 A/D 转换后的数字量。当然，也可以采用中断的办法来读取结果，这样可以提高 CPU 的利用率，只需改变一下接口电路，将图 8.21 中的 STS 经反相器改接 $\overline{\text{INT0}}$ 或 $\overline{\text{INT1}}$。此时程序也需要做相应改动，加入中断服务子程序。

习　题

8.1　D/A 转换器的作用是什么？A/D 转换器的作用是什么？各在什么场合下使用？

8.2　根据图 8.3 简述 D/A 转换原理。为什么 D/A 转换器通常不采用加权电阻解码网络？

8.3　某个 12 位的 D/A 转换器，满量程为 10V，分辨率是多少？

8.4　结合图 8.4 分析 DAC0832 的工作原理和引脚功能。

8.5　什么是 DAC0832 的直通方式、单缓冲方式、双缓冲方式？

8.6　编写一段程序，使 ADC0832 工作在单缓冲方式下产生梯形波。要求梯形波的上底和下底由 51 单片机的内部定时器延时产生。

8.7　向 DAC1208 写入 12 位数字量，为什么先输出高 8 位，再输出低 4 位？这时的 DAC1208 能否在直通或单缓冲方式下工作？为什么？

8.8　利用图 8.12，编写能把从 20H 开始的 20 个数据(高 8 位数字量在前一单元，低 4 位数字量在后一单元的低 4 位)送 DAC 转换的程序。

8.9　ADC 共分哪几种类型？各有什么特点？

8.10　使用 ADC0809 进行 A/D 转换，REF(+)接+5V，REF(−)接地。若转换结果为 30H，实际的输入电压是多少？

8.11　图 8.2 给出了 51 单片机与 ADC0809 的一种接线图。请绘制 Proteus 仿真图，采集 IN3

的模拟信号，然后送数码管显示。

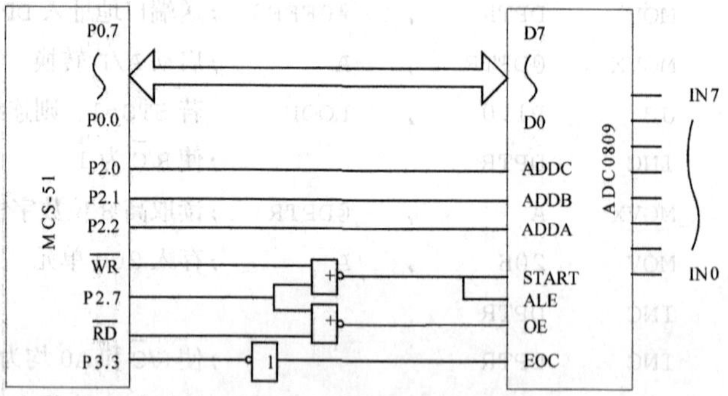

图 8.23　ADC0809 接口电路

8.12　上题如果采用查询方式等待转换结束，通过 LCD1602 显示数字量，仿真图和程序需要做哪些修改？

8.13　AD574A 的主要特性是什么？哪些引脚可以决定它的选口地址？

8.14　使用 AD574 进行 A/D 转换，模拟量为双极性输入，待转换的模拟电压接 10VIN 引脚。若转换结果为 300H，实际的输入电压是多少？

第 9 章　单片机应用系统抗干扰设计

随着单片机应用系统在工业自动化、生产过程控制、智能化仪器仪表等领域的应用越来越深入与广泛，生产效率、工作条件、控制质量与经济效益得到了明显的改善与提高，但是由于其工作环境往往是比较恶劣和复杂的，各种外部干扰不断出现，所以要求单片机应用系统必须长期稳定、可靠的运行，否则将导致控制误差加大，严重时会使系统失灵，甚至造成巨大的损失。因此，单片机应用系统的抗干扰设计变得越来越重要。

9.1　抗干扰设计的概述

9.1.1　干扰及其分类

1. 干扰的定义

叠加于有用信号上，使原有用信号发生畸变的变化电量叫做电噪声，简称噪声。由于噪声在一定条件下影响和破坏设备或系统的正常工作，所以通常把具有危害性的噪声称为干扰。噪声原来的意义是指不同频率、不同强度的杂乱声音的组合，在电工学、电子学等学科中，把那些不需要的电压与电流，以及在一定条件下成为危害电路正常工作的干扰电压与干扰电流，称为“噪声”或“干扰”。通常，以危害性干扰量为研究对象时，多使用“噪声”这个词；以干扰电量所造成的危害作用为研究对象时，多使用“干扰”这个词。

有关干扰及其相关的名词术语主要有：干扰源、受扰体、内部干扰、外部干扰、干扰量、传导、辐射、传导干扰、辐射干扰、耦合、耦合途径、传导耦合、电感耦合、电容耦合、公共阻抗耦合、波阻抗耦合、屏蔽、敏感度、信噪比。

2. 干扰的分类

干扰的类型通常按照噪声产生的原因、噪声传导模式和噪声波形性质的不同进行划分。

1) 按照噪声产生的原因分类

(1) 放电噪声：主要是雷电、静电、电动机的电刷跳动、大功率开关触点断开等放电产生的干扰。

(2) 高频振荡噪声：主要是中频电弧炉、感应电炉、开关电源、直流-交流变换器等产生高频振荡时形成的噪声。

(3) 浪涌噪声：主要是交流系统中电动机启动电流、电炉合闸电流、开关调节器的导通电流以及晶闸管变流器等设备产生涌流引起的噪声。

2) 按照噪声传导模式分类

(1) 常模噪声：又称线间感应噪声或差动噪声，其噪声电流与信号电流在往返路径上是一致的，这种噪声往往难以消除。

(2) 共模噪声：又称地感应噪声或不对称噪声。噪声电流以地为公共回路，在两条信号传输线上各流过一部分，而信号电流只在两条信号传输线上流过。这种电流从本质上说是可以消除的。

3) 按照噪声波形及其性质分类

(1) 持续的正弦波：多以频率、幅值等特征值表示。

(2) 偶发脉冲电压波形：多以最高幅值、前沿上升陡度、脉冲宽度以及能量等特征值表示。如雷击波、接点分断电压负载、静电放电等波形。

(3) 脉冲列：多以最高幅值、前沿上升陡度、单个脉冲宽度、脉冲序列持续时间等特征值表示，如接点分断电感负载、接电反复重燃过电压等。

9.1.2 干扰的耦合方式

扰源产生的干扰是通过耦合通道对单片机应用系统产生电磁干扰作用的，因此需要了解干扰源与被干扰对象之间的传递方式与耦合机理。

噪声的传递几乎都是通过导线或空间、大地传递的，如表 9.1 所示。在实际工程中，要避免从电磁场角度研究噪声传递的复杂性，可通过简化电路模型的处理方法，用集中参数回路分析，将耦合通道用集中参数的电容 C、电感 L、互感 M 表示。

表 9.1 噪声的传递方式

<table>
<tr><th>传递途径</th><th>传递方式</th><th colspan="2">决定因素</th><th>噪声表现方式</th></tr>
<tr><td rowspan="5">导线</td><td rowspan="5">传导</td><td rowspan="5">经导线侵入</td><td rowspan="2">传导的模式</td><td>常模噪声：叠加于往返两线间的噪声</td></tr>
<tr><td>共模噪声：叠加于线路与地线间的噪声</td></tr>
<tr><td rowspan="3">侵入的线路</td><td>电源线：从电源电路侵入的噪声</td></tr>
<tr><td>信号线：从信号输入线、输出线侵入的噪声</td></tr>
<tr><td>控制线：从控制线侵入的噪声</td></tr>
<tr><td rowspan="3">空间</td><td>辐射</td><td colspan="2">辐射电磁场距离辐射源的波长</td><td>电磁波</td></tr>
<tr><td rowspan="2">感应</td><td colspan="2" rowspan="2">平行配线和多芯电缆等近距离电磁场</td><td>静电感应：高阻抗电场静电耦合</td></tr>
<tr><td>电磁感应：低阻抗磁场电磁耦合</td></tr>
<tr><td rowspan="4">大地和接地电路</td><td rowspan="3">地线传导
地线感应</td><td colspan="2" rowspan="3">地线上出现的噪声电压</td><td>静电耦合：由地线侵入的噪声电磁耦合：由地线侵入的噪声</td></tr>
<tr><td>电导耦合：外电流流入裸线</td></tr>
<tr><td>天线耦合：接地线成为天线，辐射出噪声</td></tr>
<tr><td>接地噪声</td><td colspan="2">地电流</td><td>共模噪声：接地点间的电位差</td></tr>
</table>

1. 直接耦合方式

电导性耦合最普通的方式是干扰信号经过导线直接传导到被干扰电路中而造成对电路的干扰。在单片机应用系统中，干扰噪声经过电源线耦合进入系统电路是最常见的直接耦合现象。对这种耦合方式，可采用滤波去耦的方法有效地抑制或防止电磁干扰信号的侵入。

2. 公共阻抗耦合方式

公共阻抗耦合是噪声源和信号源具有公共阻抗时的传导耦合。如电源线和接地线的电阻、电感在一定的条件下会形成公共阻抗；一个电源对几个电路供电时，如果电源内阻抗不为零，则其内阻抗就会成为接受供电的这几个电路的公共阻抗，只要其中某一电路的电流发生变化，就会使其他电路的供电电压发生变化，形成公共阻抗耦合。

公共阻抗的耦合一般发生在两个电路的电流流经一个公共阻抗时，一个电路在该阻抗上的电压降会影响到另一个电路，如图 9.1 所示。

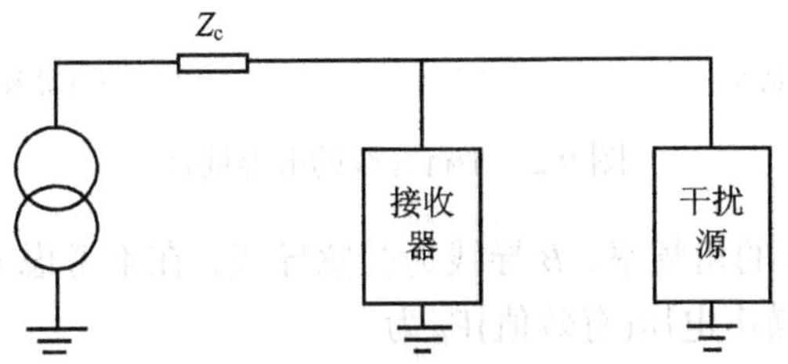

图 9.1　经供电电源或控制电路的耦合

常见的公共阻抗耦合电路有公共地和电源阻抗两种。图 9.1 所示的是经公共电源或控制设备工作的线路的内阻和连线而产生的耦合。此处干扰源的电流流经供电电源电路，这些电流便在电源电路所有阻抗上产生电压降。这些阻抗的一部分 Z_c 接在接收器电路中，在 Z_c 上的压降将有接收器接收。阻抗 Z_c 的值与感应电压的频率有关。低频时它基本上等于连接线的电阻和电源滤波器的输出电容的容抗；高频时它基本上等于连接导线的感抗和电源滤波器输出电容放入容抗。

为防止公共阻抗耦合，应使耦合阻抗趋近于零，这样通过耦合阻抗上的干扰电流和产生的干扰电压将消失。此时有效回路与干扰回路即使存在电气连接(在一点上)，它们彼此也不再互相干扰，这种情况通常称之为去耦，即没有公共阻抗耦合的存在。

3. 电容耦合方式

电容耦合是指电位变化在干扰源与被干扰对象之间引起的静电感应，又称为静电耦合或电场耦合。

单片机应用系统电路的元件之间、导线之间、导线与元件之间都存在分布电容。如某一导体上的信号电压(或噪声电压)通过分布电容使其他导体上的电位受到影响，这样的现象就称为电容性耦合。如图 9.2(a)所示为平行导线 A 与 B 之间电容性耦合情况的示意图，等效电路如图 9.2(b)所示。图中 C_{AB} 是导线之间的分布电容，C_{AD} 是导线 A 对地的分布电容，C_{BD} 导线 B 对地的分布电容，R 是导线 B 对地的电阻，V_S 为等效的信号电压。

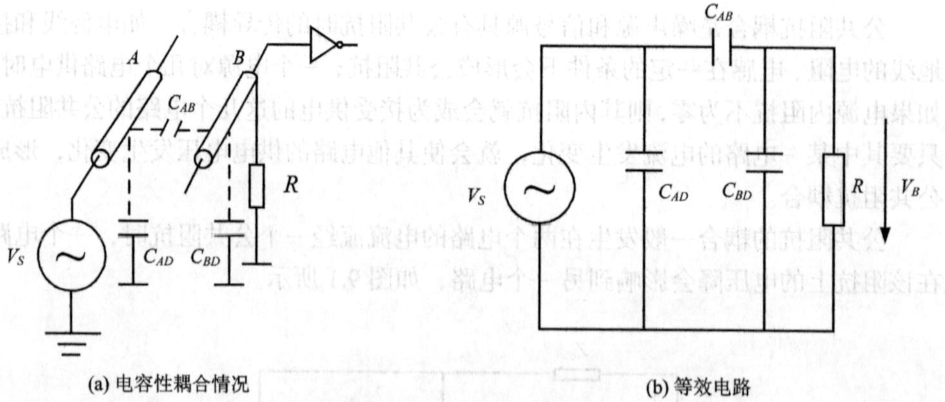

图 9.2　平行导线的电容耦合

若 ω 为信号电压的角频率，B 导线为受感导线，在不考虑 C_{AD} 时，B 导线上由于耦合形成的对地噪声电压(有效值)V_B 为

$$V_B = \left| \frac{\mathrm{j}\omega C_{AB}}{\frac{1}{R} + \mathrm{j}\omega(C_{AB} + C_{BD})} \right| \times V_S$$

当 R 很大，即

$$R \geqslant \frac{1}{\omega(C_{AB} + C_{BD})}$$

时，可以简化为

$$V_B \approx \frac{C_{AB}}{C_{AB} + C_{BD}} \times V_S$$

可见此时 V_B 与信号电源频率基本无关，而与 C_{AB} 与 C_{BD} 的电容分压比成正比。显然此时只要降低 C_{AB} 的值就能减小 V_B。因此，在布线时要增大导线间的距离，并尽可能保持两导线的平行。

当 R 很小，即

$$R \leqslant \frac{1}{\omega(C_{AB}+C_{BD})}$$

时，可以简化为

$$V_B \approx |\mathrm{j}\omega RC_{AB}| \times V_S$$

这时 V_B 与信号电压频率、幅值、输入电阻、耦合电容 C_{AB} 成正比，只要设法降低 R 值就能减小耦合回路的噪声电压。实际上 R 只看做受感回路的输入等效电阻，从抗干扰放入角度看，降低输入阻抗是有利的。

4. 电磁感应耦合方式

电磁感应又称为磁场耦合。在任何载流导体周围空间中都会产生磁场。若磁场是交流的，则对其周围闭合电路产生感应电势。在设备内部，线圈或变压器的漏磁是一个很大的干扰；在设备外部，当两根导线在很长的一段区间架设时，也会产生干扰，如图 9.3 所示。这种由电磁感应而引起的耦合，其感应电压为

$$V_N = \mathrm{j}\omega MI_1$$

其中，ω 为电流噪声源 I_1 的角频率；M 为两导体互感。

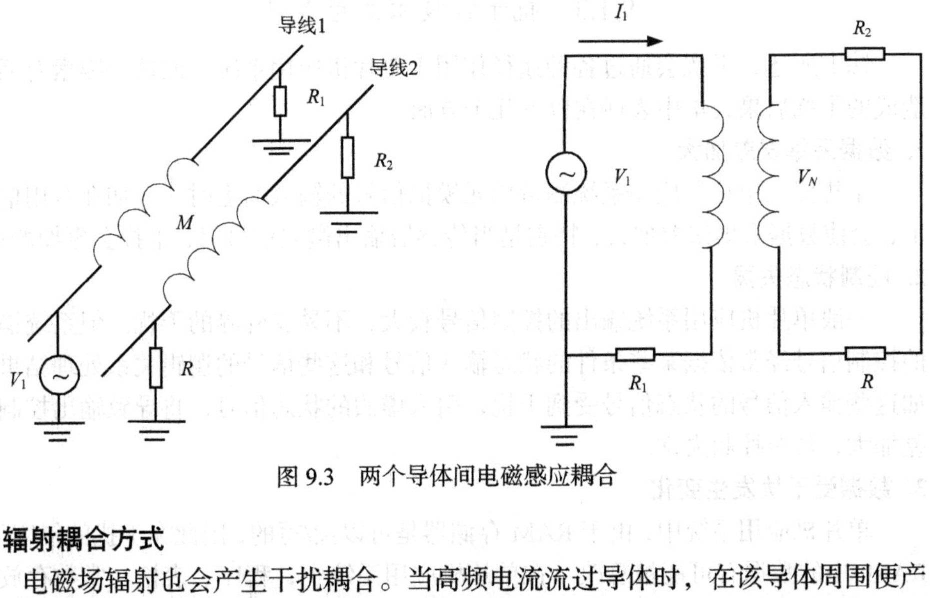

图 9.3　两个导体间电磁感应耦合

5. 辐射耦合方式

电磁场辐射也会产生干扰耦合。当高频电流流过导体时，在该导体周围便产生电力线和磁力线，并发生高频变化，从而形成一种在空间传播的电磁波。处于电磁波中的导体便会感应出相应频率的电动势。

电磁场辐射干扰是一种无规则的干扰。这种干扰很容易通过电源线传到系统中去。此外当信号传输线较长时，它们能辐射干扰波和接受干扰波，称为天线效应。

6. 漏电耦合方式

漏电耦合是一种典型的电阻性耦合方式。当相邻的元件或导线间的绝缘电阻降低时，有些电信号便通过这个降低了的绝缘电阻耦合到逻辑元件的输入端而形成干扰，如图 9.4 所示。图中 R_M 为电路 A 和 B 之间的绝缘电阻，Z_B 为电路 B 的输入阻抗，当绝缘电阻 R_M 降低时，A 上的电压通过 R_M 和 Z_B 的分压耦合到电路 B 上，可在电路 B 上引起干扰电压。

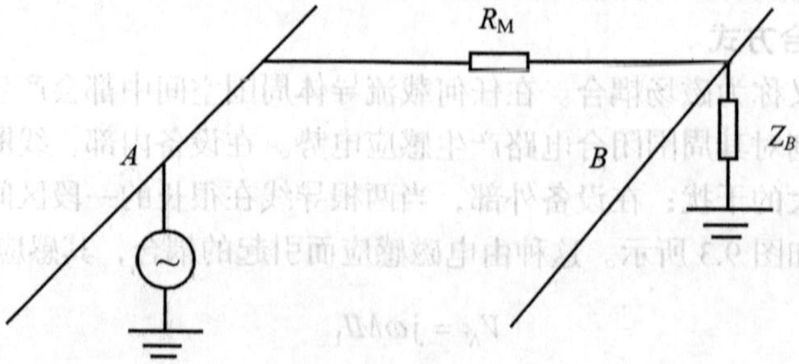

图 9.4 漏电耦合

9.1.3 抗干扰技术的重要性

综上所述，干扰会通过各种途径作用于单片机应用系统，而这些因素对系统造成的干扰后果会集中表现在以下几个方面。

1. 数据采集误差加大

干扰侵入单片机应用系统测量单元模拟信号的输入通道时，叠加在有用信号上，会使数据采集误差加大，特别是当传感器输出微弱信号时，干扰会更加严重。

2. 控制状态失灵

一般单片机应用系统输出的控制信号较大，不易受外界的干扰。但系统输出的控制信号经常依据某些条件的状态输入信号和这些信号的逻辑关系处理结果。如这些输入信号的状态信号受到干扰，引入虚假的状态信号，将导致输出控制误差加大，甚至控制失常。

3. 数据受干扰发生变化

单片机应用系统中，由于 RAM 存储器是可以读/写的，因此在干扰的侵害下，RAM 中的数据有可能被篡改。在单片机应用系统中，程序、表格、常数存放于 EPROM 中，避免了这些数据受感染破坏。但是对于内 RAM、外 RAM 中的数据都有可能受到外界干扰而变化。根据干扰侵入的途径、受干扰数据的性质不同，系统受到损坏的情况也不同。有的造成数据误差、有的使控制失灵、有的改编程序状态、有的改变某些部件(如定时器/计数器、串行口等)的工作状态等。如 MCS-51 系列单片机的复位端(RESET)没有特殊抗干扰措施时，干扰侵入该端口，虽然不易造成系统复位，但会使单片机内部 SFR 状态变化，导致系统工作不正常。又如当程序计数器 PC 值超过芯片地址范围(当系统扩展小于 64KB)，CPU 获得虚假数据 FFH 时，对应程序执行“MOV　R7，A”指令，造成工作寄存器 R7 的内容发生变化。

4. 程序运行失常

单片机应用系统中 PC 的正常工作，是维持系统正常运行的关键所在。若外界干扰导致 PC 值的改变，会破坏程序的正常运行。由于受干扰后的 PC 值是随机的，因而导致程序混乱。通常的情况是程序将执行一系列毫无意义的指令，最后进入“死循环”，这将使输出严重混乱或系统失灵。

因此在干扰作用于系统时，如何保证单片机应用系统的可靠性与稳定性、安全性成为一个亟待解决的问题，而单片机应用系统中抗干扰技术的研究与应用，也成为单片机应用技术中一个非常重要的课题。

9.2　单片机应用系统的硬件抗干扰设计

9.2.1　硬件抗干扰技术原理与方法

应用硬件抗干扰措施是经常采用的一种有效方法。实践证明，通过合理的硬件电路设计，可以削弱或抑制绝大部分干扰。常用的硬件抗干扰技术有滤波技术(无源滤波、有源滤波)、去耦电路、屏蔽技术、隔离技术、接地技术等。

1. 无源滤波器

1) 电容滤波器

如图 9.5(a)所示电容滤波器，接在干扰源线间能衰减串模噪声；接在干扰源与地线间能衰减共模噪声；接在印制电路板的直流电源间能抑制电源噪声。图 9.5(b)所示电容器中点接地，能把噪声电流旁路入地，消除共模噪声；图 9.5(c)中 C_3 接在电源线间，能有效抑制共模噪声(C_1、C_2 完成)和串模噪声(C_3 完成)。

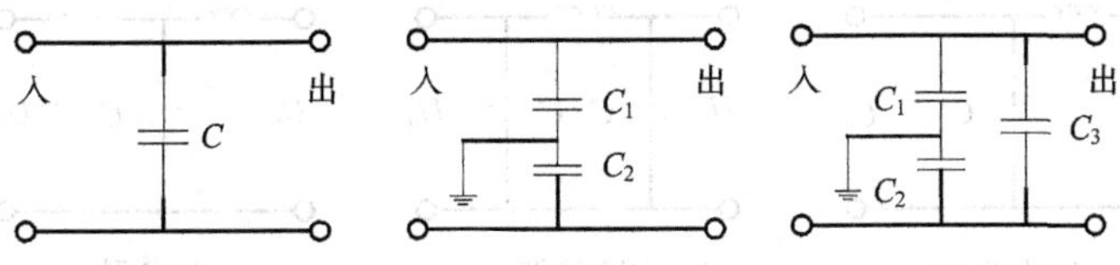

图 9.5　电容滤波器

2) 电感滤波器

如图 9.6 所示，这是一种常见的电感滤波器，串接在线路中有很大的阻抗，可以抑制高频噪声电流。可把导线绕在磁芯上制成或将漆包线绕在电阻器上，两头再用焊锡焊在电阻器两端。

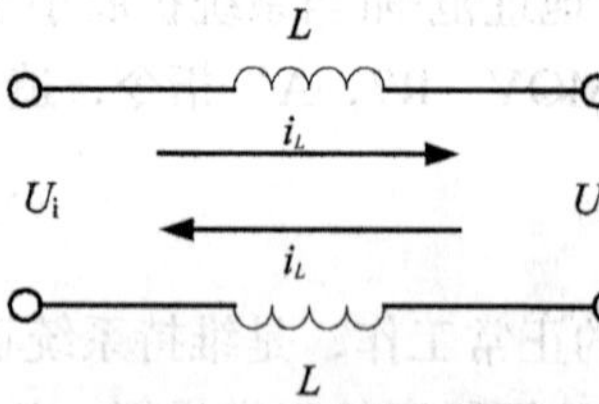

图 9.6　电感滤波器

3) RC 低通滤波器

如图 9.7 所示，RC 低通滤波器按其结构分为 L 型、Π 型、T 型三种，能够滤去高频信号，而让低频信号通过。其中，L 型、Π 型具有相同的衰减系数，而 T 型滤波器往往用于负载阻抗较小的情况，比应用 L 型和 Π 型滤波器时负载电流要小很多，减轻了信号源的负担。

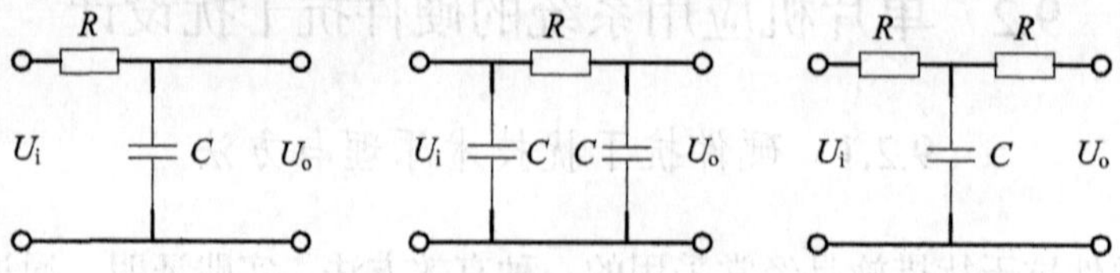

图 9.7　RC 低通滤波器

4) LC 低通滤波器

如图 9.8 所示，LC 低通滤波器和 RC 低通滤波器一样，也具有 L 型、Π 型、T 型三种形式，且比 RC 低通滤波器具有更好的滤波性能，其 L 型、Π 型、T 型具有与 RC 低通滤波器 L 型、Π 型、T 型相同的滤波特点，但是制造比较麻烦，不利于大规模生产和集成化、小型化，应用范围受到一定的限制。

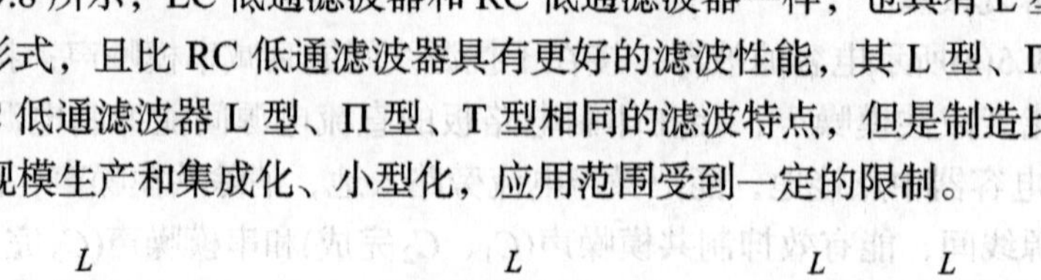

图 9.8　LC 低通滤波器

2. 有源滤波器

1) 一阶低通滤波器

图 9.9(a)、(c)为一阶低通有源滤波器电路。其中，(a)的传递函数为

$$A(s)=\frac{-R_2}{R_1}\times\frac{\omega_c}{s+\omega_c}$$

这里，$\omega_c=\dfrac{1}{R_2C}$为截止角频率。其频率特性为

$$A(\mathrm{j}\omega)=\frac{U_o(\mathrm{j}\omega)}{U_i(\mathrm{j}\omega)}=\frac{-R_2}{R_1}\times\frac{1}{1+\mathrm{j}\omega R_2C}$$

其对数幅频特性曲线如图 9.9(b)所示。同理，图 9.9(c)的频率特性为

$$A(\mathrm{j}\omega)=\frac{U_o(\mathrm{j}\omega)}{U_i(\mathrm{j}\omega)}=\frac{1}{1+\mathrm{j}\omega RC}$$

其对数幅频特性曲线如图 9.9(d)所示，截止角频率为$\omega_c=\dfrac{1}{RC}$。

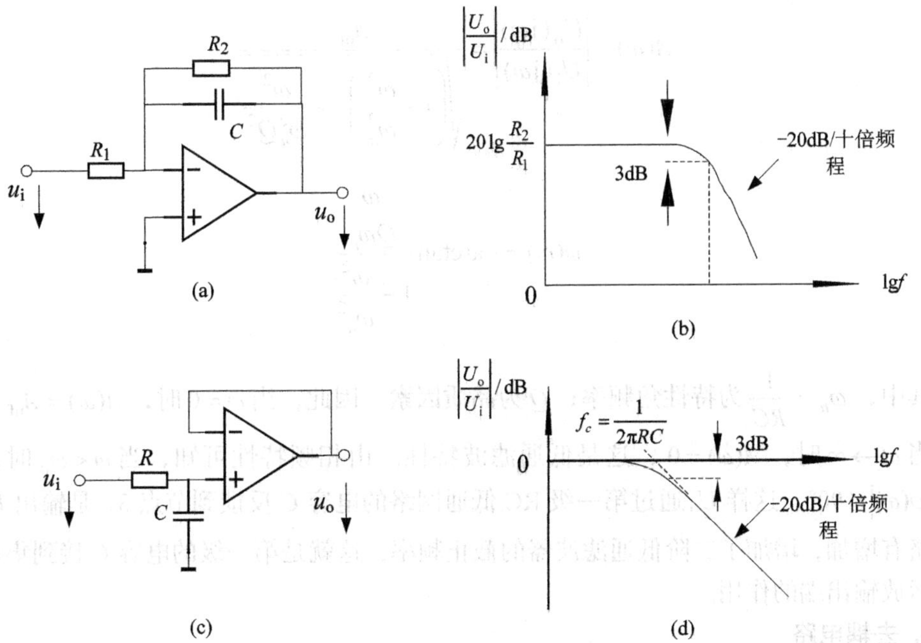

图 9.9 一阶低通有源滤波器

图 9.9(c)中的集成运放工作在电压跟随器状态，具有极高的输入阻抗和很低

的输出阻抗，可减小后接负载对滤波器的影响。

2) 二阶低通滤波器

图 9.10 为二阶低通有源滤波器电路。图中的 $A_{uf}=\dfrac{R_1+R_2}{R_2}$，称为同相输入闭环增益。由于 $\Delta u\approx 0$，节点 2 的电位为 $\dfrac{U_oR_2}{R_1+R_2}=\dfrac{U_o}{A_{uf}}$。RC 网络为二阶低通电路串联，区别是前级的电容不是接地而是接到运放的输出端。

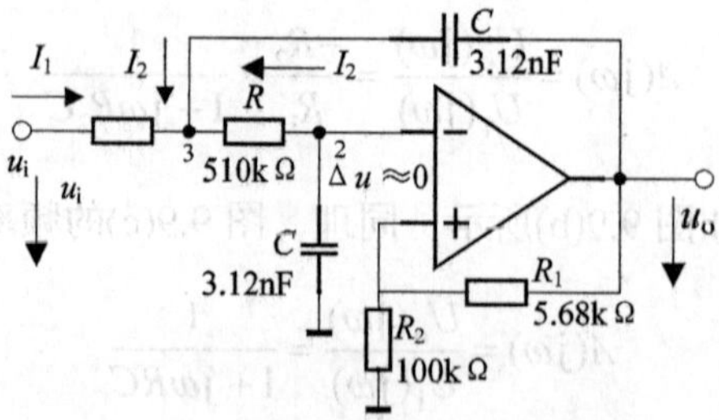

图 9.10　二阶低通有源滤波器电路图

经过电路分析可得

$$A(\omega)=\left|\frac{U_o(j\omega)}{U_i(j\omega)}\right|=\frac{A_{uf}}{\sqrt{\left(1-\dfrac{\omega^2}{\omega_n^2}\right)^2+\dfrac{\omega^2}{\omega_n^2Q^2}}}$$

$$\varphi(\omega)=-\arctan\frac{\dfrac{\omega}{Q\omega_n}}{1-\dfrac{\omega^2}{\omega_n^2}}$$

其中，$\omega_n=\dfrac{1}{RC}$ 为特性角频率；Q 为品质因素。因此，当 $\omega=0$ 时，$A(\omega)=A_{uf}$；当 $\omega\to\infty$ 时，$A(\omega)=0$，这是低通滤波特性。由相频特性可知，当 $\omega<\omega_n$ 时，$|\varphi(\omega)|\leqslant 90^\circ$。这样 U_o 通过第一级 RC 低通网络的电容 C 反馈到节点 3，是输出 U_o 略有增加，增加了二阶低通滤波器的截止频率，这就是第一级的电容 C 接到集成运放输出端的作用。

3. 去耦电路

数字电路从电源供给的高电平电流和低电平电流是不同的，一般 $I_{OL}>I_{OH}$。如图 9.11 所示的 TTL 与非门，设输出电压如图 9.12(a)所示，理论上电源电流的波形如图 9.12(b)所示，而实际上的波形大致如图 9.12(c)所示，它具有很短暂而幅值很大的尖峰电流，尤其是在输出低电平 U_{OL} 转变到 U_{OH} 的时刻更为突出。尖峰电流产生的原因主要是输出级 T_3、T_4 管同时导通及负载电容的影响。如图 9.13 所示，与非门输出端实际上存在负载电容 C_L。当门的输出逻辑“0”转换为逻辑“1”时，电源电压由 T_4 对电容 C_L 充电，因而形成尖峰电流。其中 $i_{C4} \approx C_L \dfrac{dU_o}{dt}$。由此可见，尖峰电流值由负载电容 C_L 和门的开关速度决定。C_L 越大，尖峰电流越大；门的开关速度越快，尖峰电流也越大。

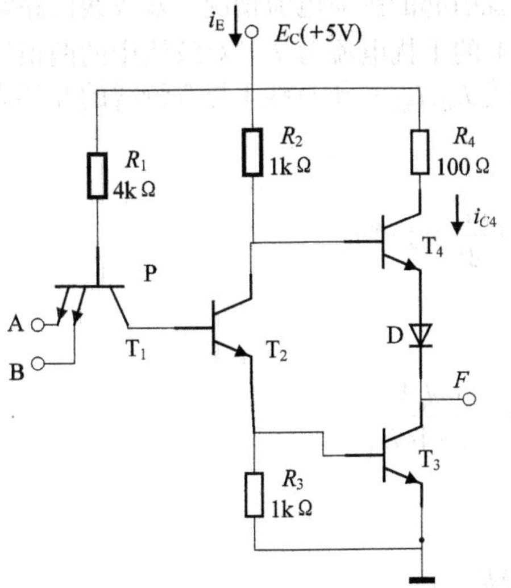

图 9.11　TTL 与非门

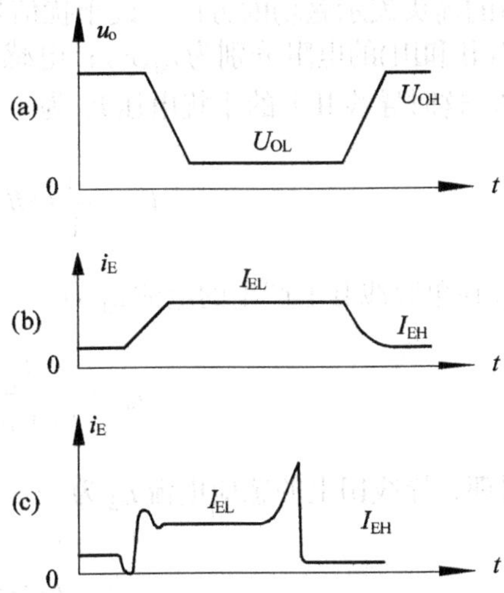

图 9.12　电源中的尖峰电流

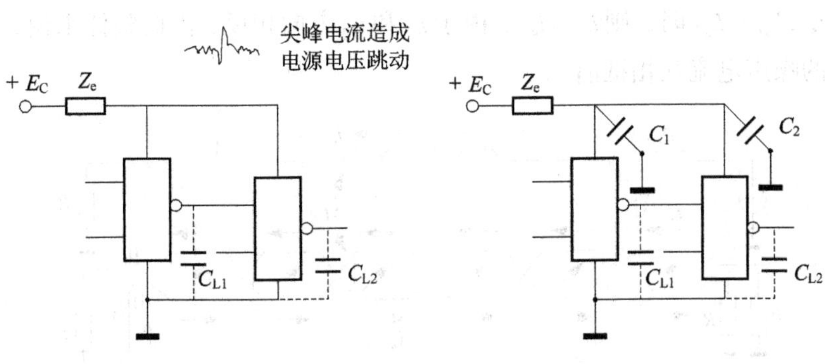

(a) 尖峰电流造成电源电压跳动　　(b) 抑制尖峰电流影响的措施

图 9.13　尖峰电流的影响及抑制措施

尖峰电流常见的降低方法是在门电路的电源端与地线端加接电容 C_1 和 C_2，

又称为去耦电容。实验表明，电源尖峰电流可达 40~50mA。假设尖峰电流的变化为 $\Delta i = 50\text{mA}$，持续时间为 $\Delta t = 20\text{ns}$，要求电源端电压的跳动 $\Delta e_C \leqslant 0.1\text{V}$，则 $C = \dfrac{\Delta i}{\Delta e_C / \Delta t} = 0.01\mu\text{F}$。但是一般去耦电容的选择并不严格，可按照 $C = \dfrac{1}{F}$ 选用，即 10MHz 取 0.1μF，100 MHz 取 0.01μF，对于单片机系统来说，取 0.01~0.1μF 之间都可以。

4. 屏蔽与双绞线

1) *双绞线的抗干扰原理*

如图 9.14 所示，双绞线对外来磁场干扰引起的感应电流情况。双绞线回路空间的箭头表示磁场的方向。设干扰信号线 I 的干扰电流为 i_c，双绞线中的两根导线(II 和III)的电阻分别为 r_{s1}, r_{s2}；电感分别为 L_{s1}, L_{s2}；干扰线 I 与双绞线的互感为 M。这时导线 II 上的干扰电压 V_{s1} 为

$$V_{s1} = \frac{\mathrm{d}}{\mathrm{d}t}(Mi_c) = M\frac{\mathrm{d}i_c}{\mathrm{d}t} = \mathrm{j}\omega Mi_c$$

V_{s1} 在单股线 II 上产生的电流 i_{s1} 为

$$i_{s1} = \frac{V_{s1}}{r_{s1} + \mathrm{j}\omega L_{s1}} = \frac{\mathrm{j}\omega i_c M}{r_{s1} + \mathrm{j}\omega L_{s1}}$$

同理，导线III上的感应电流 i_{s2} 为

$$i_{s1} = \frac{\mathrm{j}\omega Mi_c}{r_{s2} + \mathrm{j}\omega L_{s2}}$$

当 $r_{s1} = r_{s2}, L_{s1} = L_{s2}$ 时，则 $i_{s1} = i_{s2}$，由于 i_{s1} 和 i_{s2} 方向相反，因此整体来说，感应磁通引起的噪声电流互相抵消。

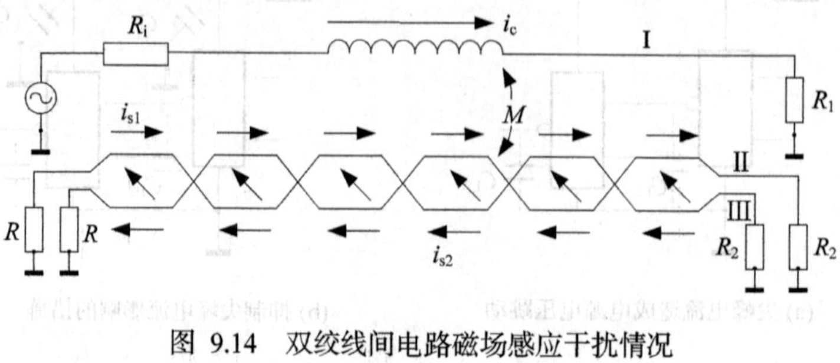

图 9.14　双绞线间电路磁场感应干扰情况

2) *屏蔽不接地的分析*

在数字信号的长线传输中也可选用金属编织屏蔽线，金属编织网做屏蔽层，

内芯做信号线。屏蔽层起静电屏蔽作用，屏蔽层必须正确接地。若屏蔽层不接地，如图 9.15 所示，此时屏蔽体上的干扰电压为

$$V_s = \frac{C_{1s}}{C_{1s} + C_{2g}} \times V_1$$

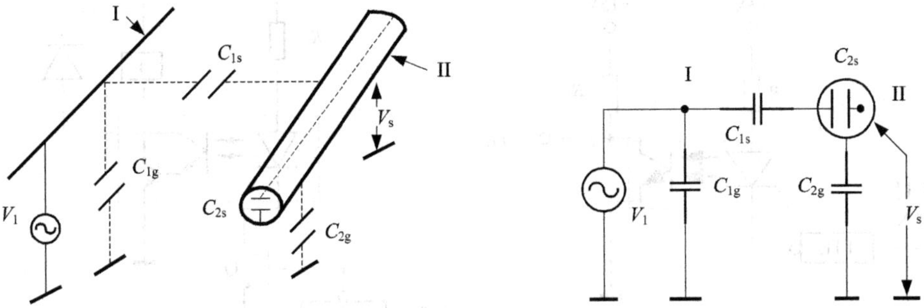

图 9.15　屏蔽不接地分析

由于 C_{2s} 中无电流通过，芯线的干扰电压为 $V_n = V_s$，可见屏蔽不接地，对电容性耦合的静电干扰没有屏蔽作用。因此屏蔽层的一般接地方法是在屏蔽层的一端接地，以避免两端接地时电阻压降所造成的干扰耦合。

5. 隔离技术

1) 光电隔离技术

光电隔离是由光电耦合器件完成的。光电耦合器的输入部分为红外发光二极管，可采用 TTL 或 CMOS 数字电路驱动，如图 9.16 所示。在图 9.16(a)中，输出电压 V_0 受 TTL 电路反相器控制。当反相器的输入信号为低电平时，输出信号为高电平，发光二极管截止，光敏三极管不导通， V_0 为高电平；反之为低电平。R_F 电阻的主要作用是限流。

图 9.16(b)所示为 CMOS 门电路驱动控制。当 CMOS 反相器输出为高电平时，Q 晶体管导通，红外发光二极管导通，光电耦合器中的输出达林顿管导通，继电器 J 吸合，其触点可完成规定的控制动作；反之当 CMOS 门输出为低电平时，Q 晶体管截止，红外发光二极管不导通，达林顿管截止，继电器 J 处于释放状态。

2) 继电器隔离

继电器的线圈和触点之间没有电气上的联系，故可用继电器的线圈接收电气信号，利用触点发送和输出信号，从而避免强电与弱电信号之间的直接接触，实现了抗干扰隔离，如图 9.17 所示。

当输入高电平时，晶体三极管 T 饱和导通，继电器 J 吸合；当 A 点为低电平时，T 截止，继电器 J 释放，完成了信号的传送过程。D 是保护二极管。当 T 由

导通变为截止时，继电器线圈两端产生很高的反向电动势，以继续维持电流 I_L。由于反向电动势一般很高，易造成 T 的击穿。加入二极管 D 后，为反向电动势提供了放电回路，从而保护了三极管 T。

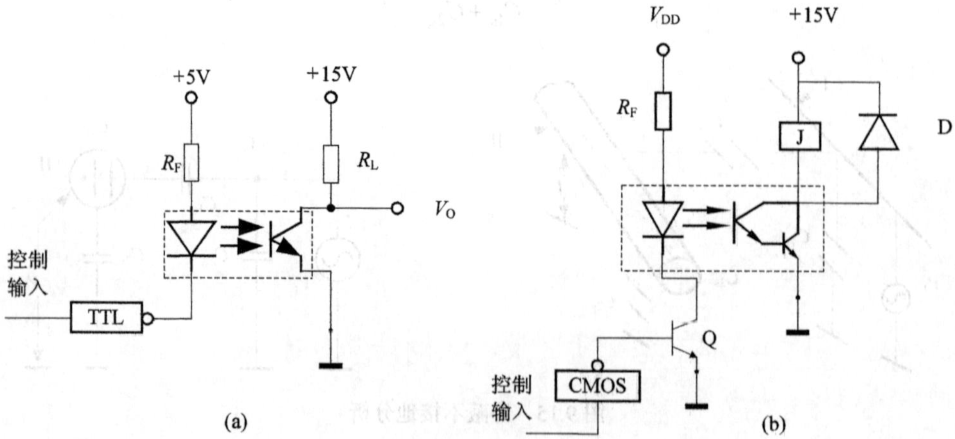

图 9.16　应用举例

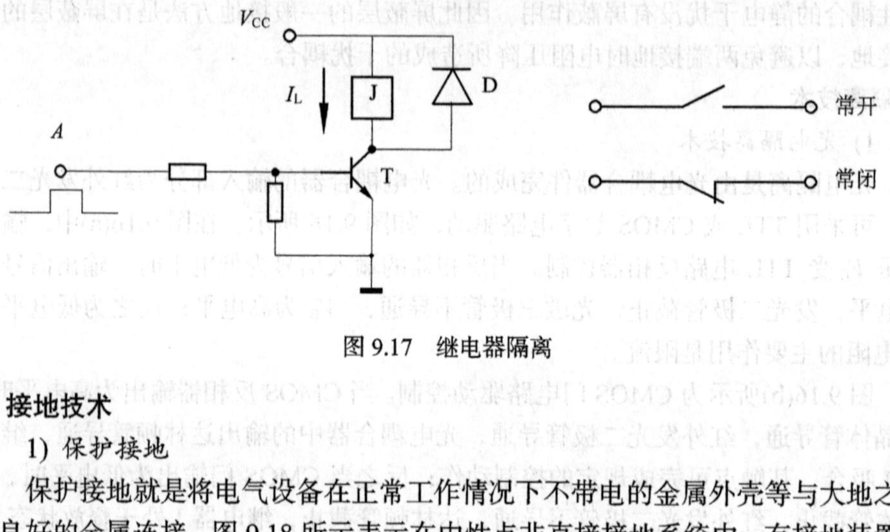

图 9.17　继电器隔离

6. 接地技术

1) 保护接地

保护接地就是将电气设备在正常工作情况下不带电的金属外壳等与大地之间用良好的金属连接。图 9.18 所示表示在中性点非直接接地系统中，有接地装置电阻为 r_d 的电气设备，当绝缘损坏外壳带电时，接地电流将同时沿接地极和人体两条道路流过，流经人体的电流与流经接地极的电流比为

$$\frac{I_{ren}}{I_d}=\frac{r_d}{r_{ren}}$$

其中，I_d,r_d 为沿接地极流过的电流及其电阻(称为接地电阻)；r_{ren},I_{ren} 为人体电阻

与流过人体的电流。

为限制流过人体的电流，使其在安全电流之下，必须使 $r_d \ll r_{ren}$。而安全电流一般为：交流电流 33mA、直流电流 50mA。

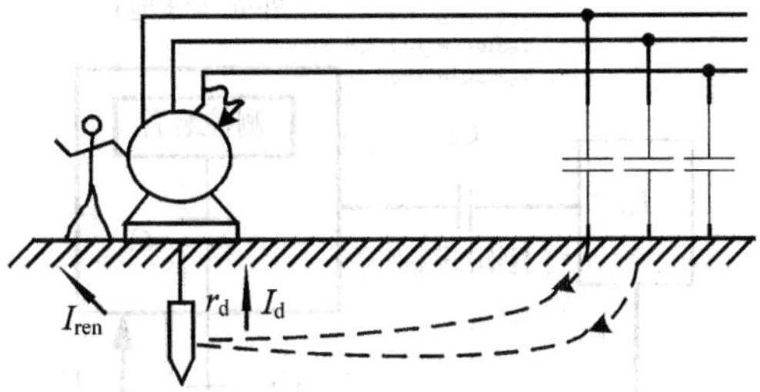

图 9.18　保护接地

2) 工作接地

工作接地一般有浮地方式、直接接地方式和电容方式。

浮地方式是指装置的整个地线系统与大地之间无导体连接，以悬浮的地作为系统的参考电平。其优点是：若系统对地电阻很大，对地分布电容很小，则由外部共模干扰引起的干扰电流就很小；其缺点是：浮地方式的有效性取决于实际的悬浮程度。当系统对地有较大的分布电容易出现位移电流，如图 9.19 所示，当作为工作基准的外壳对地电位因为外部干扰而发生波动时，便会经过系统的传输线的对地电容 C_0 产生干扰电流而进入系统内部。其另一个缺点是当系统附近有高压时，如图 9.20 所示，通过电场耦合，外壳静电感应出电压，对人身不安全。

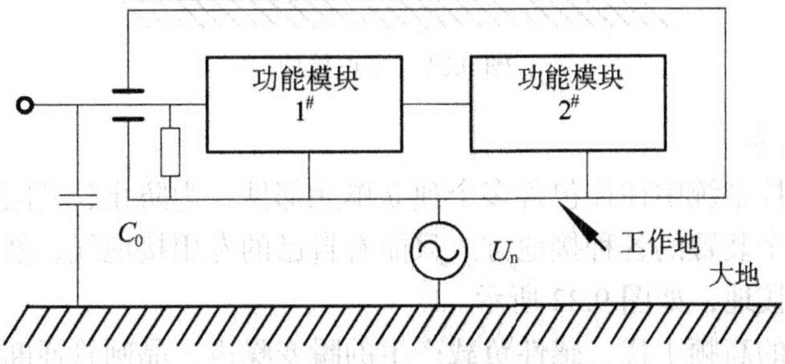

图 9.19　浮地电位波动产生干扰

直接接地方式的优缺点正好与浮地方式相反。

电容接地方式即把大地与工作地通过电容器连接。接地电容主要是为高频干扰分量提供对地的通道，抑制分布电容的影响；但电容对低频仍是开路，浮地方式的缺点在低频时仍然存在。

3) 多点接地

多点接地如图 9.21 所示，将地线用接地汇流排代替。这种接地排可以是高频部分的屏蔽外壳，具有很小的感抗。各电路的地线应以最短的距离分别就近接到低阻抗接地排上。为降低接地排的接地电阻，还可以将接地排镀银。若为印制板，则加宽地线。

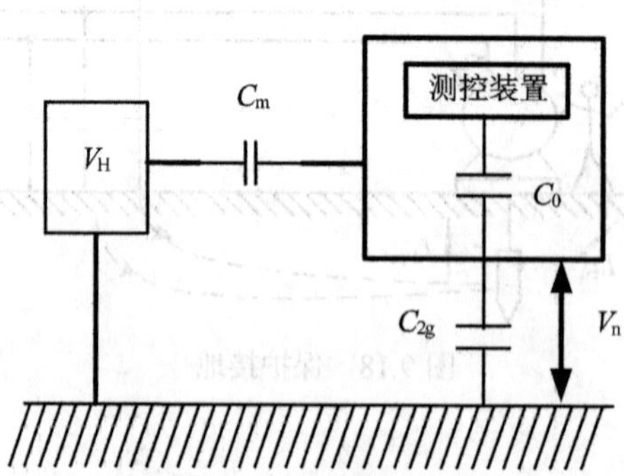

图 9.20　浮地系统高压感应

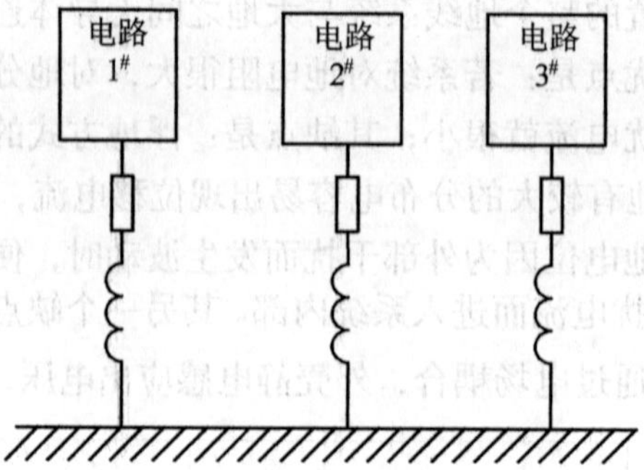

图 9.21　多点接地

4) 系统接地

在大型测控系统中往往包含多个独立单元部件，为防止公共阻抗耦合引起的交叉干扰，每个装置的各种接地方式只能有自己的专用接地线，然后将这些接地线汇集于一点接地，如图 9.22 所示。

电源线中的高频干扰、感性负载产生的瞬变噪声、晶闸管通断时所产生的干扰、电网电压的短时下降干扰、拉闸过程中形成的高频干扰等都属于电源干扰，这些干扰可通过电磁感应耦合、电容性耦合、辐射耦合、公共阻抗耦合等各种途径侵入单片机应用系统。如晶闸管由截止到导通，仅在几微秒的时间内使电流由零上升到几十甚至几百安培，因此电流的变化率很大。这样大的电流变化率，使得晶闸管在导通瞬间流过一个具有高次谐波的大电流，在电源阻抗上产生很大的压降，从而使电网电压出现缺口。这种畸变了的电压波形含有高次谐波分量，可以向空间辐射，或者通过传导耦合，干扰其他电子设备或单片机应用系统。

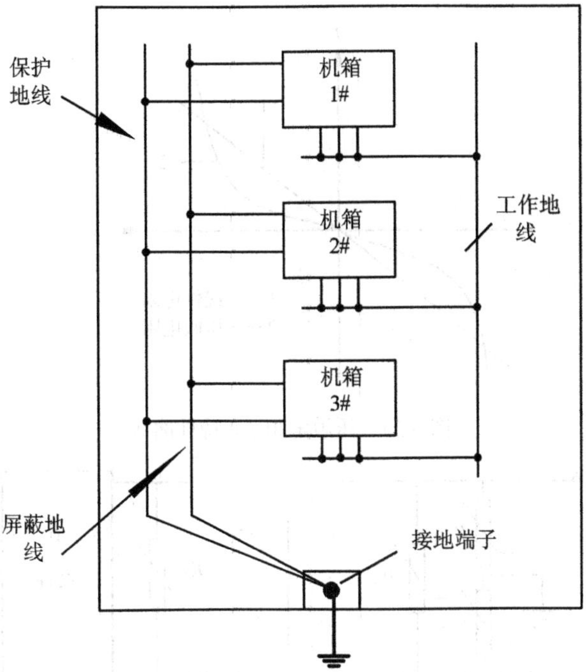

图 9.22　系统接地

9.2.2　电源的抗干扰设计

1. 采用交流稳压器

在某些电网电压波动较大的场合，采用交流稳压器比较合适，即经过交流稳压器后再接到电源变压器。实践证明，电磁式稳压器比电子稳压器具有更好的抗干扰性能。一般电磁式稳压器的两个铁芯柱的截面积不相等，当初级电压较小时，小截面积铁芯未饱和；当初级电压超出范围后，小截面积铁芯开始饱和，而随着初级电压的增加，次级电压的增加越来越小，这就是电磁式交流稳压器的工作原理。为使输出电压更稳定，还可采用两个串联的扼流线圈来稳压。

2. 采用压敏电阻器

压敏电阻是一种非线性电阻元件，对外加电压非常敏感，外加电压的微小变动，其阻值会发生明显变化，因此电压的微增量会引起较大的电流增量。其电气特性图如图 9.23 所示。由 9.23 图可看出，在一般正常工作电压下，压敏电阻呈现高阻状态，仅有微安级的电流，相当于开路状态。当有过电压时，压敏电阻迅速变为低阻抗，电流急剧上升，过电压以放电电流的形式被压敏电阻吸收掉，相当于过电压部分被短路。当浪涌过电压过后，电路电压恢复到正常工作电压，压敏电阻又恢复到高阻状态。其接线方式如图 9.24 所示，应与被保护的设备或过电压源并联，并且安装部位尽可能靠近被保护设备。

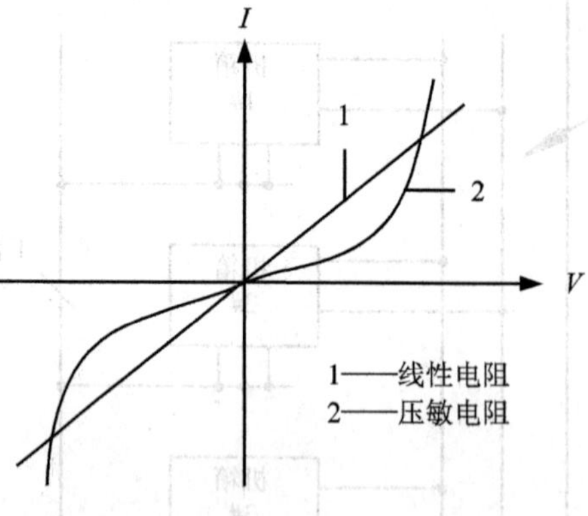

图 9.23　压敏电阻 I/V 特性曲线

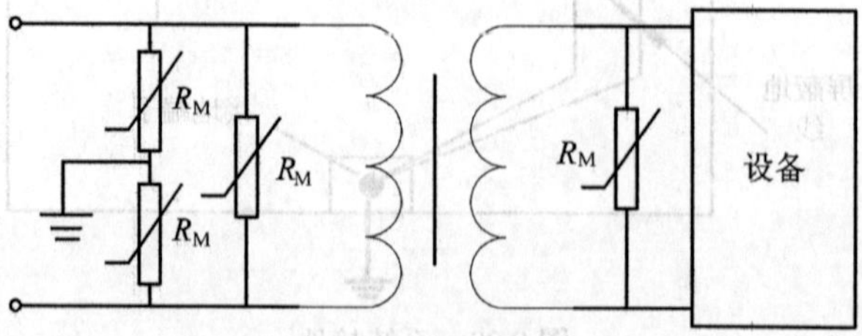

图 9.24　压敏电阻的接法

3. 采用瞬变电压抑制器

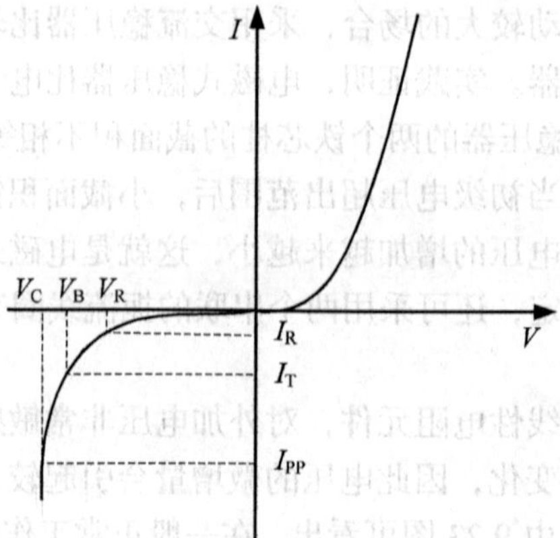

图 9.25　TVS 的 V/I 特性曲线

瞬变电压抑制器(TVS)又称为瞬变电压抑制二极管，是普遍使用的一种高效能电路保护器件。外形与普通二极管无异，但却能吸收高达数千瓦的浪涌功率。其 V/I 特性如图 9.25 所示。当 TVS 两端经受瞬间高能能量冲击时，流过 TVS 的电流

由 I_R 上升到 I_T 时，其两级呈现的电压由额定反向关断电压 V_R 上升到击穿电压 V_B，TVS 被击穿。随着峰值脉冲电流的出现，流过 TVS 的电流达到峰值电流 I_{PP}，在其两级的电压被钳位到预定的最大钳位电压 V_C 以下。随着脉冲电流的衰减，TVS 两端的电压也不断下降，最后恢复到起始状态。

4. 采用交流电源滤波器

最简单的电源滤波器是在电源变压器的初级并联两个电容，如图 9.26 所示。一般 $C_1=C_2$，其值在 0.01~0.22μF，耐压 400V。

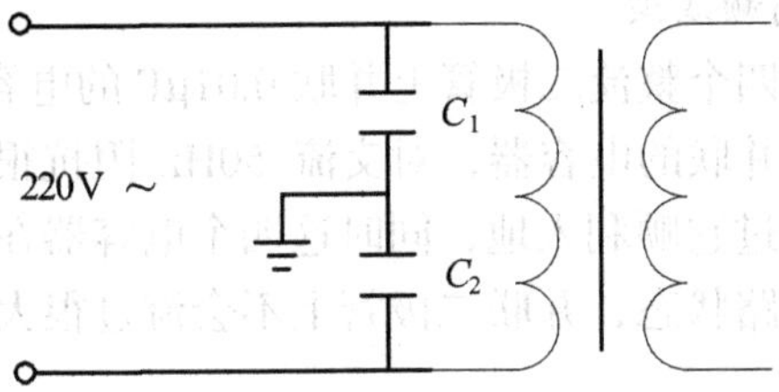

图 9.26　电容滤波器

电感电容滤波器的效果优于电容滤波，如图 9.27 所示，其电感线圈可根据变压器的初级电流，用适当的绝缘磁棒上绕 50~100 圈即可，电容可用 0.01μF/400V。

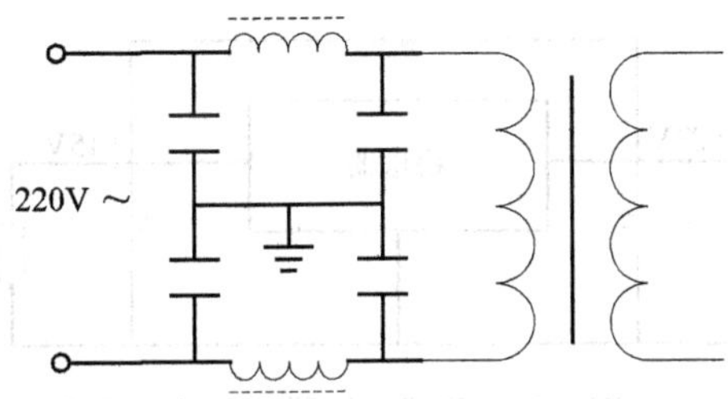

图 9.27　电感电容滤波器之一

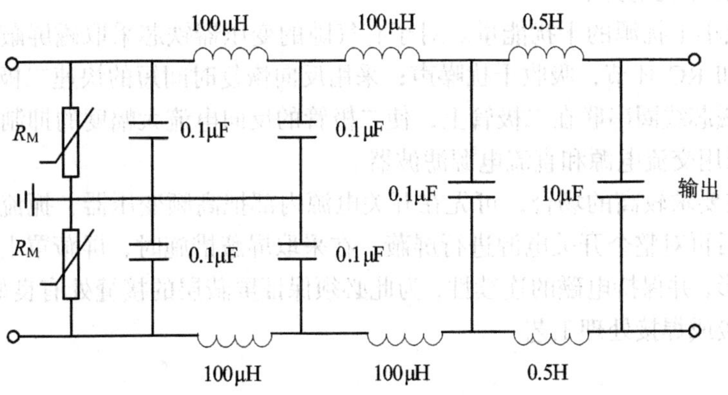

图 9.28　交流电源滤波器

图 9.28 所示的是一种滤波效果较好的交流电源滤波器，其 100μH 电感和 0.1μF 的电容组成高频滤波器抑制高频干扰；0.5H 电感和 10μF 电容组成的低频滤波器吸收电源电压波形畸变而产生的谐波干扰；图中的压敏电阻 R_M 吸收过电压干扰。在使用中注意不能把滤波器的输入侧和输出侧的线路接近或交叉。

5. 供电直流侧抑制干扰

由交流电引进的高频干扰，由于频带很宽，仅在交流侧采取抗干扰措施，也难以保证干扰绝对不进入系统，因此在直流侧也必须采取必要的抗干扰措施。

1) 整流电路的高频滤波

可在整流桥堆的四个整流二极管上并联 0.01μF 的电容器，在其输出端并联大电容。整流二极管上并联的电容器，对交流 50Hz 阻抗很大，而对高频干扰阻抗很小，基本上可以通过它顺利入地，同时这四个电容器在电源接通瞬间，两端电压不能突变，处于短路状态，并联二极管上不会流过很大电流，对二极管也有保护作用。

2) 采用三端集成稳压器组成的串联型直流稳压电源

采用 W7800 系列三端集成稳压器组成串联型直流稳压电源，并在稳压器的输出端与输入端之间接入保护二极管，输出端再接一个放电电阻。如图 9.29 所示。

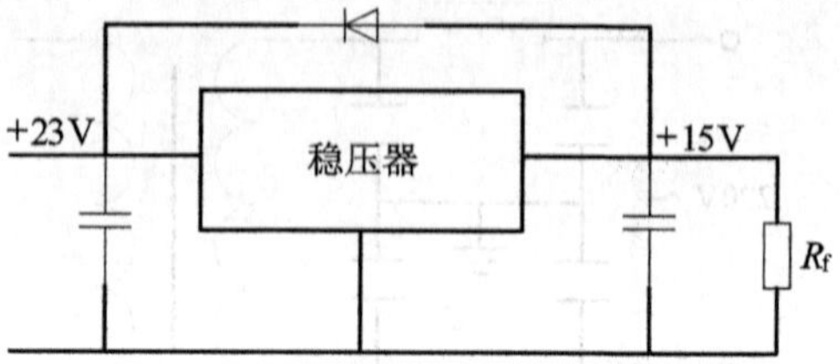

图 9.29　集成稳压器的保护二极管

6. 开关电源干扰的抑制

(1) 减小干扰源的干扰能量。对于有气隙的变压器铁芯采取磁屏蔽，变压器的输入端加 RC 环节，吸收干扰噪声；采用反向恢复时间短的快速二极管，还可将可饱和磁芯线圈串联在二极管上，使二极管的反向电流大幅度的抑制。

(2) 采用交流电源和直流电源滤波器。

(3) 在要求较高的场合，可先在开关电源内部把高频变压器、扼流圈等进行屏蔽，然后再对整个开关电源进行屏蔽。在采取屏蔽措施时，屏蔽罩上的通风孔最好为圆形，并保持电磁的连续性，为此必须保证屏蔽层的接缝处有良好的接触，可采用铆接或焊接处理工艺。

9.2.3　主控单元的抗干扰设计

1. 总线的可靠性设计

1) 总线驱动器

8051 的 P0 口可驱动 8 个 TTL 门电路；P2 口可驱动 4 个 TTL 门电路；P3 口可驱动 4 个 TTL 门电路，当负载超过上述规定时需加驱动器。总线驱动器可用 TTL 型三态缓冲门电路 74LS244、74LS245。其中，74LS244 用于地址、控制线的单向驱动，74LS245 用于数据线的双向驱动。

当总线传输较长时，由于分布电容的加大，总线的负担加重，同时使信号波形前沿变差，故有时尽管总线驱动的芯片不多，但由于总线较长，也需要用总线驱动器将总线分割成短线加以传送，特别是晶振频率较高时更应如此。

2) 总线的负载平衡

I/O 芯片在单片机应用系统中都是挂在相关总线上使用，设计时往往考虑负载的数量，但容易忽略总线负载的平衡。所谓总线负载的平衡，主要发生在数据总线 DB 上。一般来说，由于各接口部件的数据宽度不一致，往往易导致 DB 的负载失衡。如某些接口芯片使用时，数据总线 DB 上 D4~D7 挂了两个负载，而 D0 上挂了 5 个负载。当负载较轻时，这种失衡不会引起太大的问题，但是当负载接近总线的驱动能力时，就可能影响总线信号的逻辑电平，使得负载不同的各位数据总线上，高低电平的数值存在较大差异。如有的可达 4.3V，有的只有 3.7V，从而使得信号传输发生错误。因此实际使用时应注意保持数据总线上各位的负载平衡。

3) 总线上拉电阻的配置

在总线上拉 2~10kΩ 左右的电阻(一般可取 4.7kΩ 或 10kΩ 的排阻)可以提高信号的电平；提高总线的抗电磁干扰能力；抑制静电干扰；有助于削弱放射波干扰。

2. 芯片配置与抗干扰

1) 去耦电容选择

MCSE-51 系列单片机最高晶振频率为 12MHz。指令执行的最小时间为一个机器周期，当晶振为 12MHz 时，一个机器周期为 1μs，即电平跳变频率不超过 1MHz，为可靠起见，去耦电容可选 0.01μF；当晶振等于或低于 6MHz 时，可选 0.1μF。

去耦电容的型号多选用电容量小、电感小、体积小的多层片状独石电容、玻璃釉电容，不宜采用铝电解电容。使用时直接跨接在电源与地之间，每一块集成 IC 原则上都应配置去耦电容，以便随时充放电。

2) 数字电路不用端的处理

为可靠起见，将不使用的输入端固定在高电平上或上拉至高电平；而对于一些多输入与非门等器件可将不使用端与有用信号的输入端并接在一起；对于触发器、计数器、寄存器等常用器件，正常工作时若不用置位与复位端，可将其接至高电平。

3. 时钟电路配置

为避免时钟信号被干扰，可采取如下措施：时钟脉冲电路配置时应注意靠近CPU，引线要短而粗；外部时钟源用的芯片，其 VCC 与 GND 之间可接 1μF 左右的去耦电容；在可能的情况下，用地线包围振荡电路，晶体外壳接地，并远离发热元件；印制板上的大电流信号线、电源变压器要远离晶振信号的连线。

4. 复位电路设计

MCSE-51 单片机的复位脉冲高电平宽度必须大于 2 个机器周期，实际应用时，考虑到参数漂移、晶振稳定性及复位可靠性等因素，必须留有足够的余量。实践证明，对于典型的 RC 上电复位与手动复位电路，只要 RESET 端保持 10ms 以上的高电平，就能使单片机有效复位。故其典型值为 R=1kΩ、C=22μF，且在电阻两端并接一个反向的放电二极管，这样当电源断电后，电容可通过二极管迅速放电，待电源恢复时便可实现可靠的上电复位。

在单片机应用系统中，某些接口芯片(如 8255、8279 等)的复位端与单片机的复位端往往连在一起，即统一复位。但是由于芯片复位时间稍有不同或复位线较长、分布电容较大等原因，导致这些接口芯片的复位过程滞后于单片机。实践证明，当单片机复位结束后，若立即对这些接口芯片进行初始化操作，往往会失败，因此可在软件设计时，首先进行 1~10ms 的软件延时，然后再对这些芯片进行初始化操作，才能正确地写入控制字和其他初始化参数。

5. 微处理器监控器

在单片机应用系统中，为保证微处理器稳定可靠运行，需要配置电压监控电路；为实现掉电保护，需要配置备用电源及切换电路；为使微处理器尽快脱离死循环，需要配置看门狗电路，将这些电路功能集成在一块芯片上，就构成了微处理器监控器。

MAX791 是 MAX 公司生产的一款功能较强的微处理器监控器。具有如下功能：

(1) 上电、掉电及低电压时产生一个复位输出 $\overline{\text{RESET}}$ 。

(2) 人工复位输入($\overline{\text{MR}}$ <1.25V) 。

(3) 两级告警电路：第一级告警电路阈值电压为 1.25V($\overline{\text{PFO}}$ 输出)；第二级告警电路阈值电压为 4.65V+150mV($\overline{\text{LOW LINE}}$ 输出)。

(4) Watchdog 电路，输入为 WDI ，输出为电平输出 $\overline{\text{WDO}}$ 和脉冲输出 $\overline{\text{WDPO}}$ 两种。

(5) 备用电池切换电路。

(6) 具有 CMOS RAM 写保护($\overline{CE}$　IN 与 $\overline{CE}$　OUT)。

其与 8051 的接口如图 9.30 所示。$\overline{MR}$ 接向其他系统复位源。当这些输入为低电平时，都会引起系统复位(包括手动)。掉电检测有+5V 和+12V 电压检测。+5V 掉电时，会引起 $\overline{INT0}$ 中断；+12V 掉电时使 $\overline{PFO}$ 为低电平，$\overline{PFO}$ 接到 P1.7 口线上，在工作期间定时检查+12V 电源状态。SWT 与 V_{OUT} 相连接，因此 Watchdog 的定时时间为 1.6s，在 1.6s 之间定期改变 WDI 输入电平状态。当单片机由于某种原因出现锁死，将不能定期改变 WDI 的电平；当锁死时间超过 1.6s 时，Watchdog 电路发出 $\overline{WDPO}$ 负脉冲，接着发出 $\overline{WDO}$ 低电平，使 D 触发器 Q 端变低。地址总线 A15、A14、A13 通过地址译码器 74LS138 译码输出 Y0 接到 $\overline{CE}$ IN，$\overline{CE}$　OUT 与 RAM6264 的片选端 $\overline{CE}$ 连接。在正常工作条件下，$\overline{CE}$　OUT 输出等于 $\overline{CE}$ IN 输入，从而选通 RAM6264，开始正常读写。如电源掉电，$\overline{CE}$ 传输门断开，$\overline{CE}$　OUT 为高电平，不再选通 RAM6264，对 RAM 起到了写保护作用。BATTON 端通过功率放大，使 MAX791 的工作电流大于 250mA。

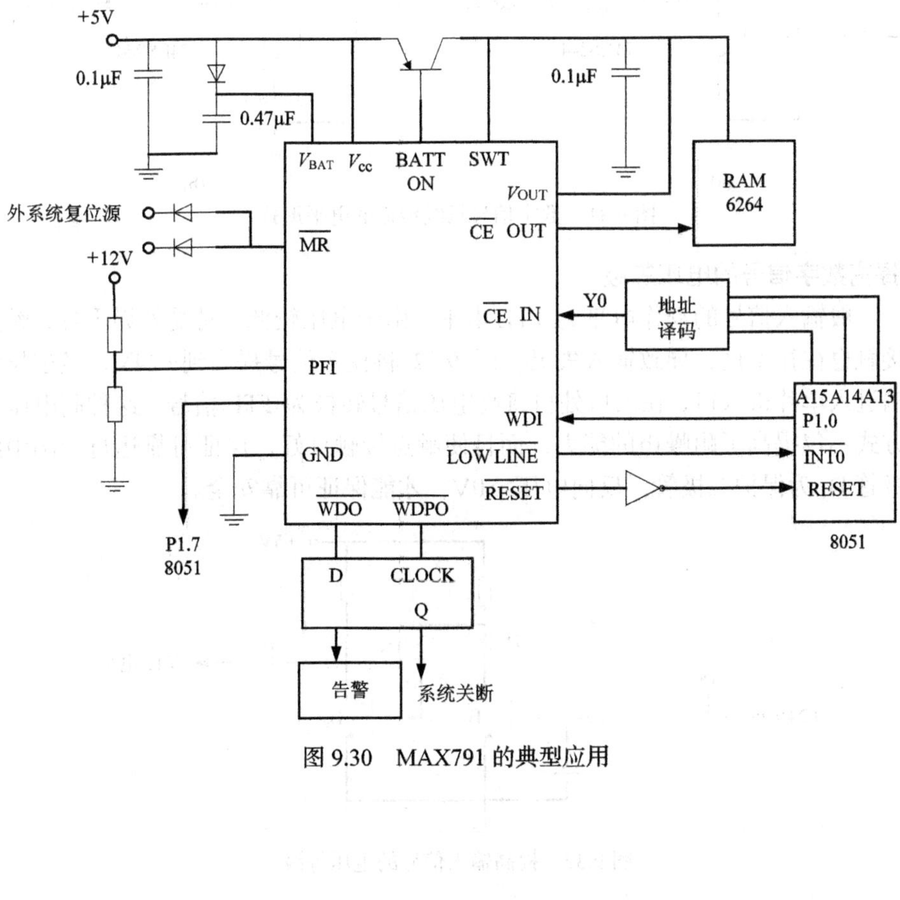

图 9.30　MAX791 的典型应用

9.2.4 数字信号传输通道的抗干扰设计

1. 数字信号负逻辑传输方式

如图 9.31(a)所示，采用高电平进行长线传输的形式。在没有按下开关 N 时，输入到接口芯片 8255 长线上的电平是低电平，很容易引起噪声侵入。当按下开关 N 时，传输的控制信号为高电平。这种开关断开时信号为低电平，开关接通时信号为高电平的传输方式为正逻辑方式。而图 9.31(b)则相反，在没有按下开关 N 时，输入到接口芯片 8255 长线上的电平是高电平；当按下开关 N 时，传输的控制信号为低电平，这种方式称之为负逻辑方式。负逻辑方式具有较强的耐噪声能力。工程实践中一般采用这种负逻辑方式，如键盘显示接口芯片 8279，当键按下时为低电平状态，不按下时为高电平状态。

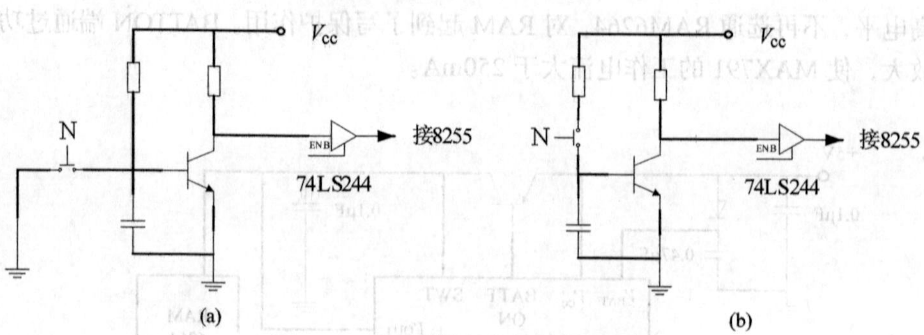

图 9.31 数字信号长线传输的电平形式

2. 提高数字信号的电压等级

一般输入信号的动作电平为 TTL 电平，由于电压较低，易受外界干扰，触点的接触也往往不良，导致输入失灵。图 9.32 将输入信号提高到+24V，经过长线传输进入单片机入口，在入口处再将高电压信号转换为 TTL 信号。这种高电压传输方式不仅提高了耐噪声的能力，而且使触点接触良好，保证可靠运行。图中的二极管 D_1 为保护二极管，反向电压≥50V，才能保证可靠安全。

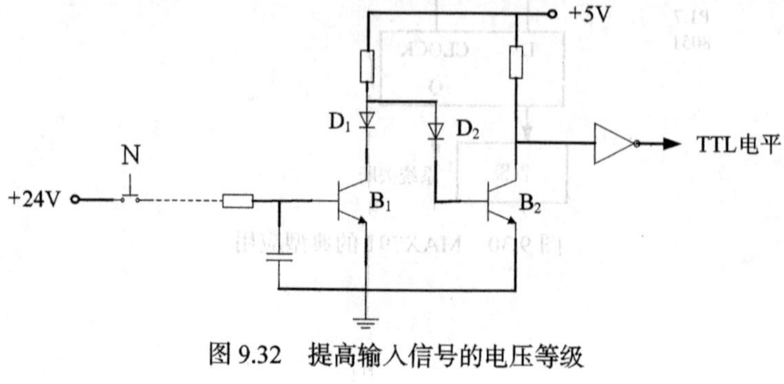

图 9.32 提高输入信号的电压等级

3. 提高输入端的门限电压

如图 9.33 所示，在输入端接入二极管 D_1 后，门限电压提高了 0.7V 左右，对于一些振幅不大的噪声具有良好的抑制作用。

也可以在输入端接入施密特电路，利用电路的回差特性来抑制干扰脉冲。

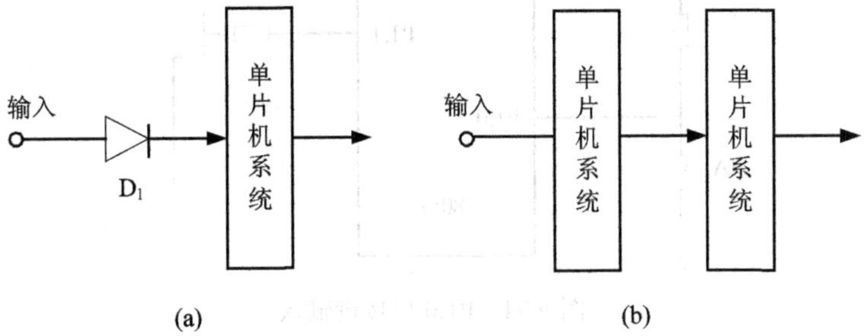

图 9.33　提高门限电压的抗干扰电路

4. 输入开关触点的去抖

1) 软件延时

图 9.34 所示为开关输入控制的例子。单片机 P1.0 口接一个按钮 NA，当开关闭合时灯 XD 亮，断开则灭。P1.0 口在读入 NA 状态时要采取软件延时的方法，以克服按键的抖动。程序如下：

```
START:  CLR    P1.1
LOOP1:  JB     P1.0,STSRT
        MOV    R6,#32H
LOOP2:  MOV    R7,#0FAH
LOOP3:  DJNZ   R7,LOOP3
        DJNZ   R6,LOOP2
        JB     P1.0,LOOP1
        SETB   P1.1
        SJMP   LOOP1
```

假设单片机晶振为 6MHz，则每个机器周期为 2μs。指令 MOV R6，#32H 执行一个机器周期；指令 MOV R7，#0FAH 执行一次为一个机器周期，共执行 50 次；DJNZ R7，LOOP3 执行一次为两个机器周期，内循环为 250 次，外循环为 50 次；DJNZ R6，LOOP2 执行一次为两个机器周期，共执行 50 次。由此可算出软件延时为

$$2\mu s+(2\mu s+4\mu s\cdot 250+4\mu s)\cdot 50\approx 50ms$$

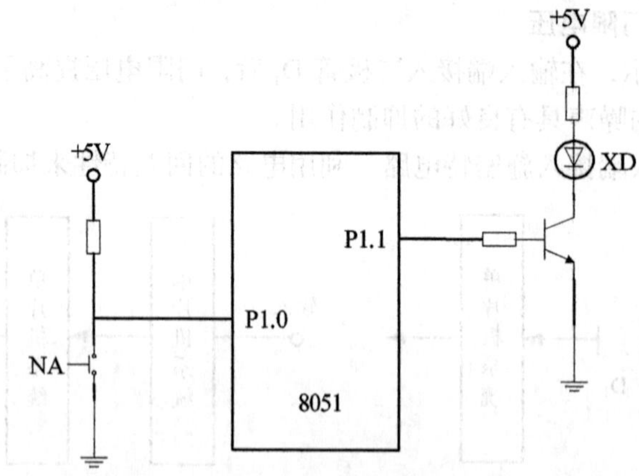

图 9.34　P1.0 口按键输入

2) 触点两端并联 RC 元件

对于动作频率很低的接点，可以采用并接 RC 的方法抑制抖动的影响。图 9.35 表示由 RC 组成的抗干扰电路。

在图 9.35(a)中，当 NA 未合上前，电容 *C* 已充电到 $+V_{cc}$ 电压，非门 1 的 *A* 输入端为逻辑高。当 NA 合上时，*C* 经过 R_1 放电，*A* 点电位逐渐降低，刚闭合时 NA 触点有抖动现象，*B* 点电位如图 9.35(b)所示。由于电容 *C* 两端电压不能突变，故 *A* 点电位不会随触点的抖动而急剧变化，于是消除了抖动现象，如图 9.35(c)所示。

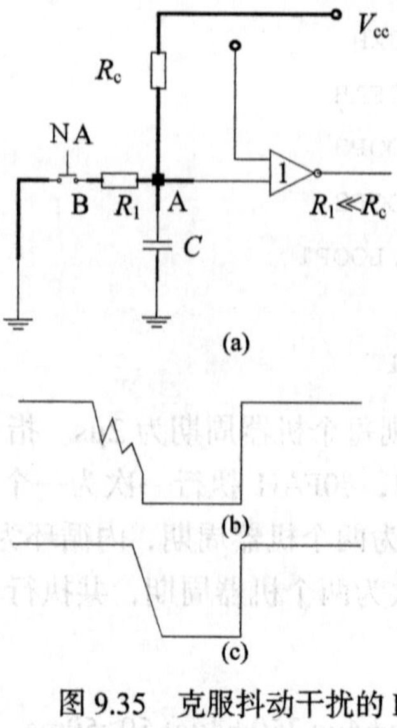

图 9.35　克服抖动干扰的 RC 电路

图中 R_1 的作用是：在开关闭合时增加 *A* 点电位的下降延时，以确保下降有一定的抗干扰时间，消除抖动的影响；限制电容 C 的放电电流，保护触点开关。

R 和 C 的数值在工程实践中一般取 R 为 1~2kΩ，C 取 2.2~4.7μF，这样既能有一个合适的充放电时间常数，使其大于触点的抖动时间，又能保证触点动作的完成，而使后级元件及时获得正常的动作电平。

3) 利用整形电路消除抖动

利用单稳态电路与施密特电路也能完成按键触点的去抖动，如图 9.36 所示。

(a) 单稳态电路

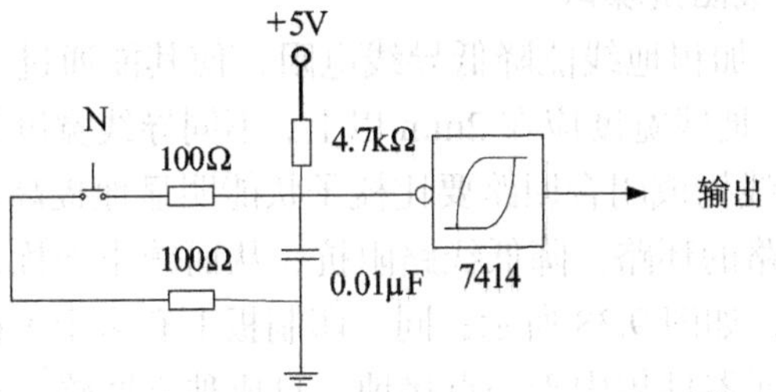

(b) 施密特电路

图 9.36　去抖开关电路

5. 线间信号串扰的抑制

线间串扰是当两条或几条较长的导线相互平行而又靠得很近时，其中一条导线上的信号将对其他导线产生干扰，是一种典型的近场耦合干扰，主要由传输线间的分布电容和分布电感引起。

单片机系统中广泛使用扁平电缆和一般普通传输线作连接导线，虽然使用方便，但易产生串扰。一般来说，扁平电缆每 10cm 间的分布电容大约为 3pF。当信号频率为 100MHz 时，1pF 的电容阻抗为 1.6kΩ，10cm 的传输导线就有 0.5kΩ 的耦合阻抗，自然容易产生串扰。一般来说，抑制扁平电缆的串扰可采取如下措施：

(1) 用一条扁平电缆传输多种电平信号时，必须按电平等级分组，不同组的导线间保持一定的距离。

(2) 可把相邻信号组的导线用同一空闲导线分开，并把该空闲导线接地。这就把两组相邻导线间的耦合电容转化为对地电容。

(3) 若干扰严重，可采用双绞线结构的扁平电缆，并把其中一线接地。

(4) 尽量选用噪声容限大的元器件。

而对于普通传输导线来说，应选用特性阻抗低的导线。同轴电缆特性阻抗较低，约 50Ω 左右，传输延迟时间为 5ns/m，串扰最小，但是成本高，只能用于噪声严重的场合。双绞线的特性阻抗约 100Ω 左右，传输延迟时间为 5.3ns/m，成本低，使用方便。为预防串扰，可采取如下措施：

(1) 用两点接地的双绞线作为传输线，既可以显著降低串扰噪声，又能起到静电屏蔽作用，现场铺设比较方便。

(2) 控制柜中的信号线，尽量靠近接地底板，以增大对地电容而减小串扰。

(3) 设计印制板上的信号线时，应力求靠近地线，或用地线包围。

(4) 尽量增大信号线与其他线间的距离，可采取分散走线方式，尤其是强电与弱电的传输线一定要分开布设。

9.2.5　PCB 电路板的抗干扰设计

1. 抑制电源线与地线阻抗噪声

(1) 地线设计。加粗地线能降低导线电阻，使其能通过三倍于印刷版上的允许电流，如有可能，地线宽度应在 2mm 以上，不同导线宽度与允许电流的关系如图 9.37 所示；接地线构成闭合回路要比梳子状能明显地提高抗噪声能力，闭环形状能显著的缩短线路的环路，降低线路阻抗，从而减小干扰，但要注意环路所包围的面积越小越好，如图 9.38 所示；同一印制板上有多个不同功能的电路时，可将同一功能单元的元器件集中于一点接地，自成独立回路，还应将各功能单元的接地块与主机的电源地相连，为减小线路阻抗，地线与电源线要采用大面积汇流排，如图 9.39 所示。

图 9.37　导线宽度与允许电流

(2) 配置去耦电容方法。电源去耦：在每个印制板入口处的电源线与地线之间并接退耦电容。并接的电容应为一个大容量的电解电容(10~100μF)和一个 0.01~0.1μF 的非电解电容，可以滤去高频干扰与低频干扰。其中低频去耦电容用铝或钽电解电容，高频去耦电容采用自身电感小的云母或陶瓷电容。如图 9.40 所示。

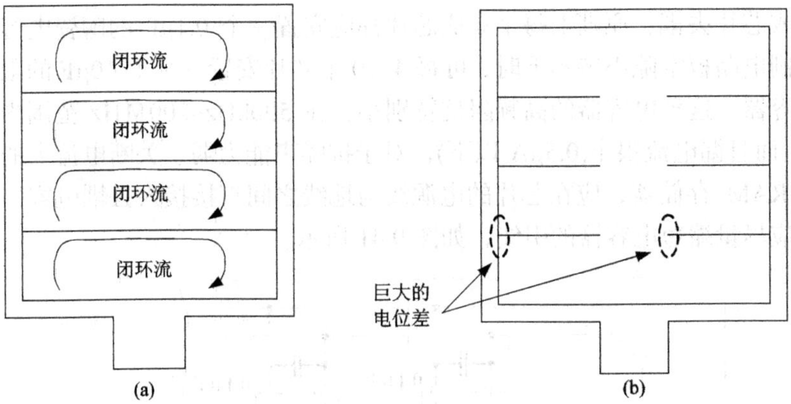

图 9.38　数字电路的接地线布局

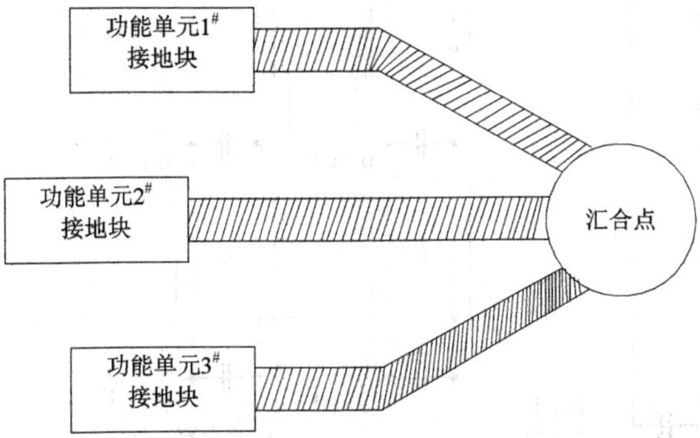

图 9.39　分区集中并联一点接地

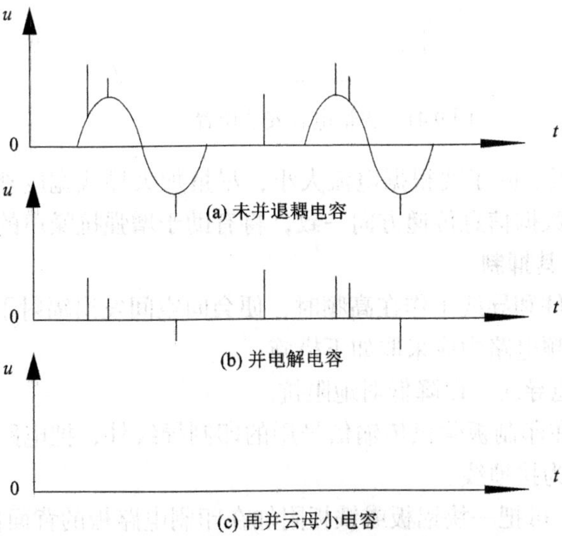

图 9.40　电源去耦波形

集成芯片去耦：原则上每个集成芯片都应安置一个 0.1μF 的陶瓷电容器，如遇到印刷电路板空隙小装不下时，可每 4~10 个芯片安置一个 1~10μF 的限噪声用的钽电容器。这种电容器的高频阻抗特别小，在 500kHz~200 MHz 范围内阻抗小于 1Ω，而且漏电流很小(0.5μA 以下)；对于抗噪声能力弱、关断电流大的器件和 ROM、RAM 存储器，应在芯片的电源线与地线之间直接接入去耦电容。安装电容时，应尽量缩短电容器的引线，如图 9.41 所示。

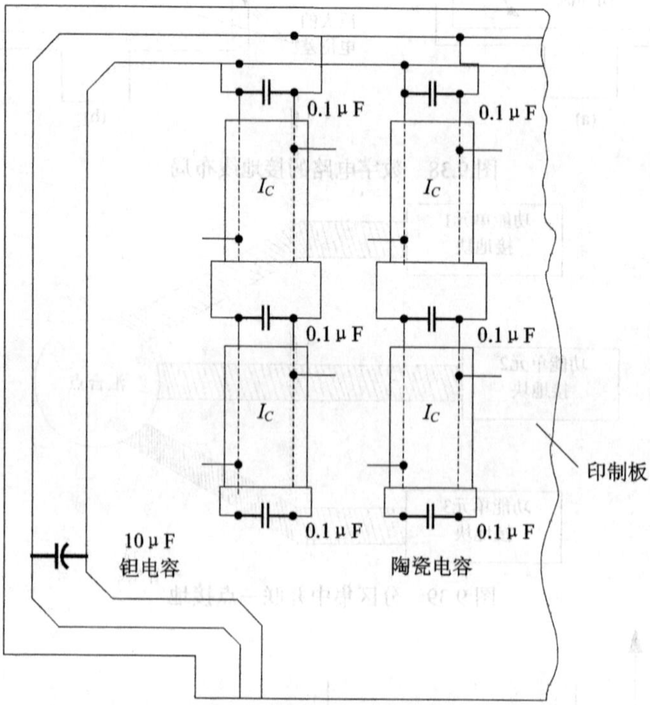

图 9.41　去耦电容安装位置

(3) 电源线的布置。除了要根据电流大小，尽量加大导线宽度外，采取使电源线、地线的走向与数据信息传递方向一致，将有助于增强抗噪声的能力。

2. 印制板辐射噪声及其抑制

当印制板上的元件和导线工作在高频时，便会向空间发出辐射干扰，为抑制高频辐射干扰，在高频电路中应采取如下措施：

(1) 尽量加粗接地导线，以降低对地阻抗。

(2) 满接地，即在印制板除供传输信号用的印制导线外，把电路板上没有被器件占用的面积全作为接地线。

(3) 安装接地板。可把一块铝板或铁板附加在印刷电路板的背面作为接地板，或将印刷电路板放置在两块铝板或铁板之间，成为双面接地板。安装时应使单块或双块接地板尽量靠近印制板，以获得较好的抑制辐射噪声的效果。另外安装的接地板必须与系统的信号地连接，并寻找最佳接地点。

(4) 妥善布置导线。高速信号线用短线；信号线间所形成的环路面积要小；主要信号线最好汇集在中央；时钟发生电路力求布置在靠中央的部位；两条信号线切记平行，应采用垂直交叉方式等。

3. 印制电路板的布线原则

(1) 导线间距离要尽量加大，以降低分布电容的影响。

(2) 采用隔离走线。在许多不得不平行走线的电路布置时，可先考虑如图 9.42 所示的方法，即在两条信号线中加一条接地的隔离走线。

(3) 短接线。如图 9.43 所示，在线路无法排列或只有绕大圈才能走通的情况下，干脆用飞线连接，而不采用印刷线，或采用双面印刷飞线或阻容元件引线直接跨接。

(4) 对于印制电路板上易接受干扰的信号线，不能与能够产生干扰或传递干扰的线路长距离范围内平行铺设，必要时可在它们之间设置一条地线，以实现屏蔽。

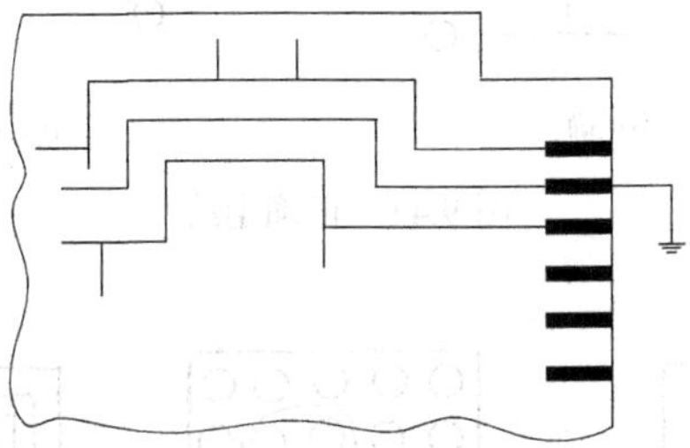

图 9.42　采用隔线走线

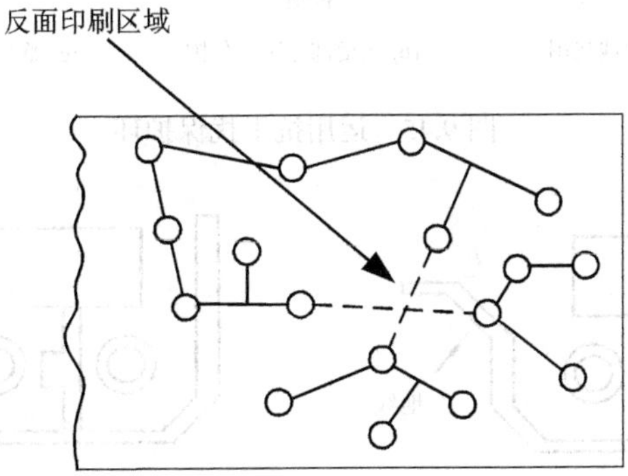

图 9.43　短接线

(5) 对双面布线的印制板，应使两面线条垂直交叉，以减小磁场耦合。

(6) 高电压或大电流线路对其他线路易形成干扰，而低电压或小电流易受到感应干扰，因此布线时应使两者尽量远离，避免平行铺设，并采用屏蔽措施。

(7) 交流与直流信号分开；输入阻抗高的输入端引线与邻近线分开；高电压、大电流的输出线与邻近线分开；输入输出线分开，以防止串扰。

(8) 所有线路尽量沿地线铺设，且应沿直流地铺设。

(9) 尽量减小电源线走线的有效包围面积。

(10) 在印制板上尽量避免开口或开槽，特别是地线层或靠近电流走线处。

(11) 走线不要有分支或缠结，可避免在高频信号时导致反射干扰或发生谐波干扰，如图 9.44 所示。

(12) 在敏感元件接线端采用抗干扰保护环，使得被保护环包围的部分能够有效抑制漏电对其造成的干扰，同时使得被包围部分的辐射减小，如图 9.45 所示。

(13) 不要在印制板上留下空白铜箔层，因为它们可以充当发射天线或接收天线，因此可将它们接地，如图 9.46 所示。

(a) 不正确　　(b) 正确

图 9.44　正确走线

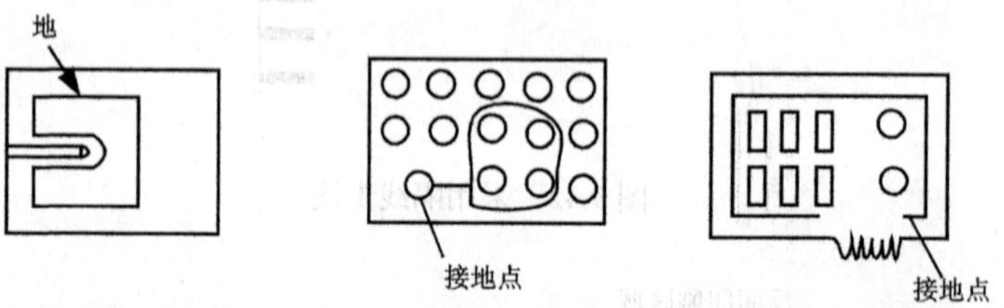

(a) 关键走线用地线包围　　(b) 关键部分用环包围　　(c) 整个印版边框用环包围

图 9.45　运用抗干扰保护环

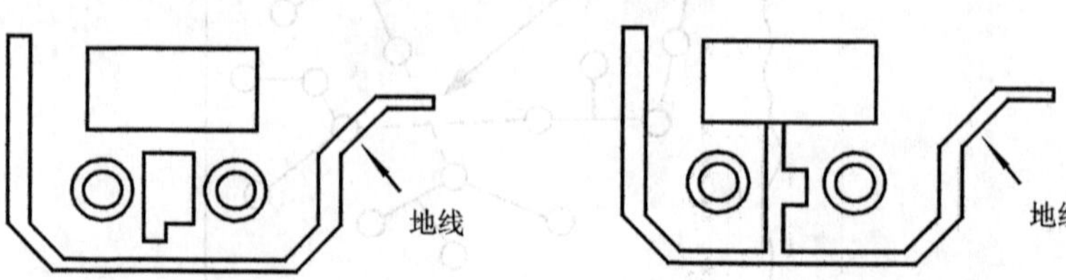

(a) 有空白铜皮　　(b) 将铜皮接地

图 9.46　空白铜箔层的处理

9.3　单片机应用系统的软件抗干扰设计

侵入单片机应用系统的干扰，其频谱往往很宽，且具有随机性，采用硬件抗干扰措施，只能抑制某个频段的干扰，仍会有一些干扰侵入系统。因此除了采取硬件抗干扰措施以外，还要采用软件抗干扰措施。

9.3.1　指令冗余设计

MCS-51 所有指令均不超过 3 个字节，且多为单字节指令。指令由操作码与操作数两部分构成。CPU 取指令的过程是先取操作码，再取操作数，这些时序完全有程序计数器 PC 控制。一旦 PC 因干扰出现错误，程序便脱离正常运行轨道，出现“乱飞”，出现将操作数当成操作码或操作数数值改变的错误。当“乱飞”到某个单字节指令上时，便自己自动纳入正轨；当“乱飞”到某个双字节指令上，若恰好在取指令时刻落到其操作数上，便会将操作数当做操作码，程序仍将出错；当“乱飞”到某个三字节指令上时，因为它们有两个操作数，误将其操作数当做其操作码的出错概率更大。

为了使“乱飞”程序在程序区迅速纳入正轨，应该多使用单字节指令，并在关键地方人为的插入一些单字节指令 NOP，或将有效单字节指令重写，这称为“指令冗余”。

1. NOP 的使用

可在双字节指令和三字节指令之后插入一个到两个单字节的 NOP 指令，这可保证其后的指令不被拆散。因为“乱飞”的程序即使落到操作数上，由于两个空操作指令 NOP 的存在，不会将其后的指令当做操作数执行，从而使程序纳入正轨。

对程序流向起决定作用的指令(如 RET、RETI、ACALL、LCALL、LJMP、JZ、JNZ、JC、JNC、DJNZ)和某些对系统状态起重要作用的指令(如 SETB、EA 等)之前插入两条 NOP 指令，可保证乱飞的程序迅速纳入正轨，确保这些指令正确执行。

2. 重要指令冗余

对于程序流向起决定作用的指令(如 RET、RETI、ACALL、LCALL、LJMP、JZ、JNZ、JC、JNC、DJNZ)和某些对系统状态起重要作用的指令(如 SETB、EA 等)的后面，可重复写上这些指令，以确保这些指令正确执行。

因此采用冗余技术使 PC 纳入正轨的条件是：跑飞的 PC 必须指向程序运行区，并必须执行到这些冗余指令。

9.3.2　软件陷阱设计

如程序跑飞进入非程序区(如 EPROM 未使用的空间)或表格区时，采用冗余指令使程序纳入正轨的条件便不满足，此时可设定软件陷阱，拦截乱飞的程序，将其迅速引入某一指定位置，在那里有一段专门对程序出错进行处理的程序。

1. 软件陷阱

软件陷阱就是引导指令强行将捕获到的乱飞程序引向复位入口地址 0000H，在此处将程序转向专门对程序出错进行处理的程序，使程序纳入正轨。软件陷阱可采用两种形式，如表 9.2 所示。

表 9.2　软件陷阱形式

	陷阱形式	对应入口形式
形式之一	NOP NOP	0000H：LJMP　MAIN
形式之二	LJMP 0000H LJMP 0202H LJMP 0000H	0000H：LJMP　MAIN 0202H：LJMP　0000H

形式之一的机器代码是：0000020000。

形式之二的机器代码是：020202020000。

根据乱飞程序落入陷阱区的位置不同，可执行空操作、转到 0000H 和直接转到 0202H 单元的形式之一，使程序纳入正轨，指定运行到预定位置。

2. 软件陷阱的安排

1) 未使用的中断区

当未使用的中断因干扰而开放时，在对应的中断服务程序中设置软件陷阱，就能及时的捕捉到错误的中断。在中断服务程序中要注意：返回指令用 RETI，也可用 LJMP。中断服务程序为

```
NOP
NOP
POP     direct1
POP     direct2
LJMP    0000H
```

中断服务程序也可为

```
NOP
NOP
POP  direct1
```

```
POP direct2
PUSH 00H
PUSH 00H
RETI
```

其中，direct1 和 direct2 为主程序中未使用的单元。

2) 未使用的 EPROM 空间

现在使用的 EPROM 一般为 2764、27128 等芯片，若未使用完整个空间，可在剩余空间中(即非程序使用区)填满 0000020000H 或 020202020000H。注意，最后一条数据应为 020000。当乱飞的程序进入此区后，便会自动纳入正轨。

3) 非 EPROM 区芯片空间

单片机系统地址空间为 64K，一般来说，系统中除了 EPROM 芯片占用的地址空间外，还会有一定的余量。如系统选用了一片 2764，其地址空间为 8K，那么将近有 56K 的地址空间闲置。当 PC 乱飞到这些空间时，读入数据都为 FFH，这是“MOV R7，A”的机器代码，将修改 R7 中的内容。因此当程序乱飞入非 EPROM 芯片区后，不仅无法迅速入轨，而且会破坏 R7 的内容。如图 9.47 所示，74LS08 为一四正与门。EPROM 芯片地址空间为 0000H~1FFFH，由译码器 74LS138 中的 Y_0 作为片选信号。空间 2000H~FFFFH 为非应用空间。当 PC 落入 2000H~FFFFH 空间时，定有 Y_0 为高电平。当取指令时，$\overline{PSEN}$ 为低，从而引起中断。在中断服务中设置软件陷阱，可将乱飞的 PC 迅速拉入正轨。

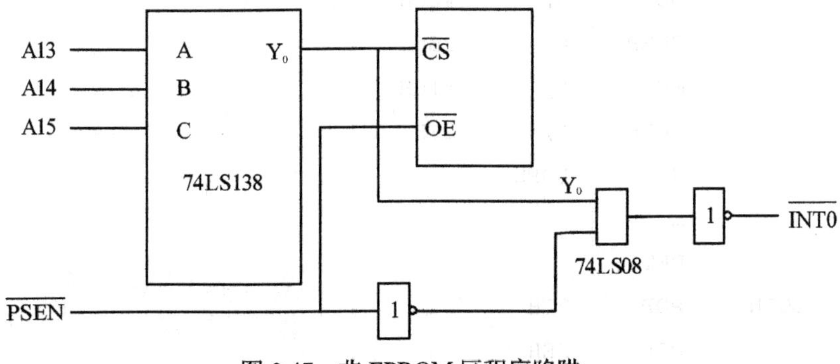

图 9.47 非 EPROM 区程序陷阱

4) 运行程序区

乱飞的程序在用户程序内部跳转时可通过指令冗余技术加以解决，也可设置一些软件陷阱，有效抑制程序乱飞，使程序运行更加可靠。程序设计时常采用模块化设计，按照程序的要求一个一个模块的设计执行。可以将陷阱指令组分散放置在用户程序各模块之间空余的单元中。在正常程序中不执行这些陷阱指令，保证用户程序可靠运行。但当程序乱飞到这些陷阱区时，就能将乱飞的程序迅速拉入正轨。陷阱的多少根据用户程序大小而定，一般 1K 字节有几个陷阱就足够了。

5) 中断服务程序区

设用户主程序运行空间为 ADD1~ADD2，并设定时器 T0 产生 10ms 定时中断。当程序乱飞落入 ADD1~ADD2 区间外，若在此用户程序区外发生了定时中断，可在中断服务程序中判定中断断点地址 ADDX。若 ADDX<ADD1 或 ADDX>ADD2，说明程序乱飞，则应使程序返回到复位入口地址 0000H，将乱飞程序拉入正轨。假设 ADD1=0100H，ADD2=1000H，2FH 为断点地址高字节暂存单元，2EH 为断点地址低字节暂存单元。可编写中断服务程序如下：

```
        POP     2FH
        POP     2EH
        PUSH    2EH
        PUSH    2FH
        CLR     C
        MOV     A,      2EH
        SUBB    A,      #00H
        MOV     A,      2FH
        SUBB    A,      #01H
        JC      LOPN
        MOV     A,      #00H
        SUBB    A,      2EH
        MOV     A,      #10H
        SUBB    A,      2FH
        JC      LOPN
        …
        RETI
LOPN:   POP     2FH
        POP     2EH
        PUSH    00H
        PUSH    00H
        RETI
```

6) RAM 数据保护的条件陷阱

单片机外 RAM 保存大量数据，这些数据的写入是用指令“MOVX @DPTR, A”来实现的。当 CPU 受到干扰而无法执行该指令时，就会改写 RAM 中的数据，导致 RAM 中的数据丢失。为减小 RAM 中数据丢失的可能性，可在 RAM 写操作之前加入条件陷阱，不满足条件时不允许写入操作，并进入陷阱，形成死循环。例如：

```
        MOV     A,      #NNH
        MOV     DPTR,   #××××H
        MOV     6EH,    #55H
        MOV     6FH,    #0AAH
        LCALLL  WPDP
        RET
WPDP:   NOP
        NOP
        NOP
        CJNE    6EH,    #55H, XJ
        CJNE    6FH,    #0AAH, XJ
        MOVX    @DPTR,  A
        NOP
        NOP
        NOP
        MOV     6EH,    #00H
        MOV     6FH,    #00H
        RET
XJ:     NOP
        NOP
        SJMP    XJ
```

落入死循环后，可通过后续介绍的“看门狗”技术使其摆脱困境。

9.3.3　软件“看门狗”设计

PC 受到干扰而失控，引起程序乱飞，也可使程序陷入死循环。指令冗余技术、软件陷阱技术不能使失控的程序摆脱死循环的困境，通常采用“看门狗”技术(Watchdog)使其脱离死循环。软件看门狗的基本思路是：在主程序中对 T0 中断服务程序进行监视；在 T1 中断服务程序中对主程序进行监视；T0 中断监视 T1 中断。

系统软件包括主程序、高级中断子程序、低级中断子程序三部分。假设将定时器 T0 设为高级中断、定时器 T1 设为低级中断，从而形成中断嵌套。现分析如下。

主程序流程图如图 9.48 所示。当主程序完成系统测控功能时，还要监视 T0 中断因干扰而引起的中断关闭故障。A0 为 T0 中断服务程序运行状态观测单元，T0 中断运行时，每中断一次 A0 便自动加 1。在测控功能模块运行程序入口处，先将 A0 的值暂存于 E0 单元。由于测控功能模块程序一般运行时间较长，设定在此期间 T0 定时中断(设 T0 定时溢出时间小于测控功能模块运行时间)，从而引起 A0 的变化。在测控功能模块的出口处，将 A0 的即时值与先前暂存单元 E0 的值相比较，观察 A0 值是否发生变化。若 A0 的值发生变化，说明 T0 中断运行正常；若 A0 的值未发生变化，说明 T0 中断关闭，则转到 0000H 处，进行出错处理。

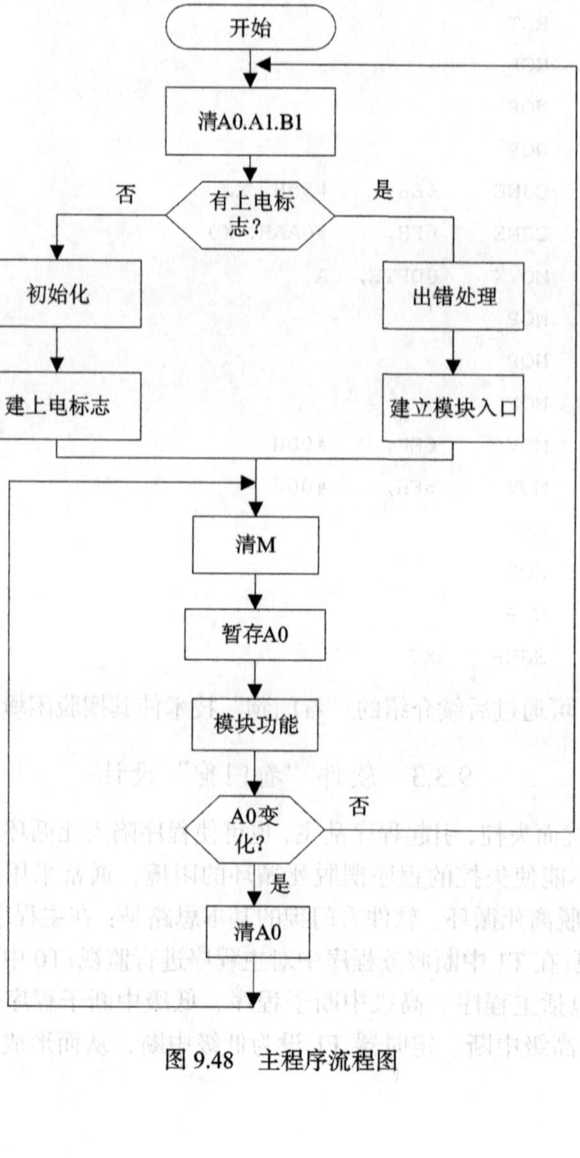

图 9.48 主程序流程图

T1 中断程序流程图如图 9.49 所示。T1 中断服务程序完成系统特点测控功能的同时，监测主程序。在中断服务程序中设置一个主程序运行计时器 M，T1 每中断一次，M 便加 1。M 中的数值与定时器 T1 定时溢出时间之积表示时间值。若 M 表示的时间值大于主程序运行时间 T，说明主程序陷入死循环，T1 中断服务程序便修改断点地址，返回 0000H，进行出错处理；若 M 小于 T，则中断正常返回。M 在主程序入口处循环清零。

T0 中断服务程序流程图如图 9.50 所示。T0 中断服务程序是监视 T1 中断服务程序的运行状态。该程序较短，不易受干扰破坏。A1、B1 为 T1 中断运行状态观测单元。A1 的初始值为 00H，T1 每发生一次中断，A1 便自动加 1。T0 中断服务程序中若检测 A1>0，说明 T1 中断正常；若 A1=0，则 B1 单元加 1(其初值为 00H)，若 B1 的累加值大于 Q，说明 T1 中断失效，失效时间为 T0 定时溢出时间与 Q 值之乘积。Q 值的选取取决于 T1、T0 的定时溢出时间。如 T0 定时器的溢出时间为 20ms，当 Q=4 时，说明 T1 的允许失效时间为 40ms，在这样长的时间内，T1 没有发生中断，说明 T1 中断发生了故障。由于 T0 中断级别高于 T1，所以 T1 的任何中断故障都会因为 T0 的中断而被检测出来。

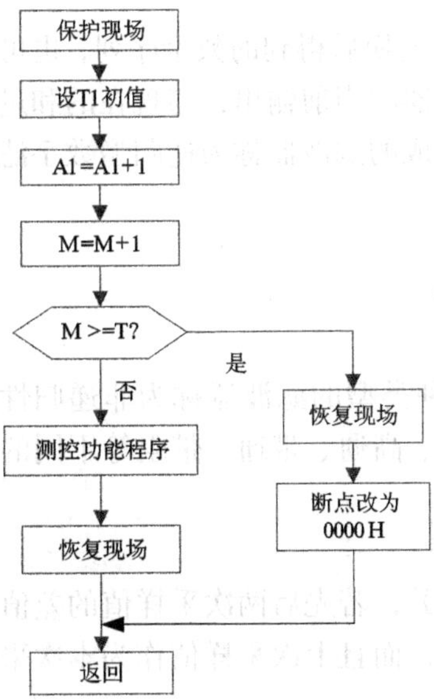

图 9.49　T1 中断程序流程图

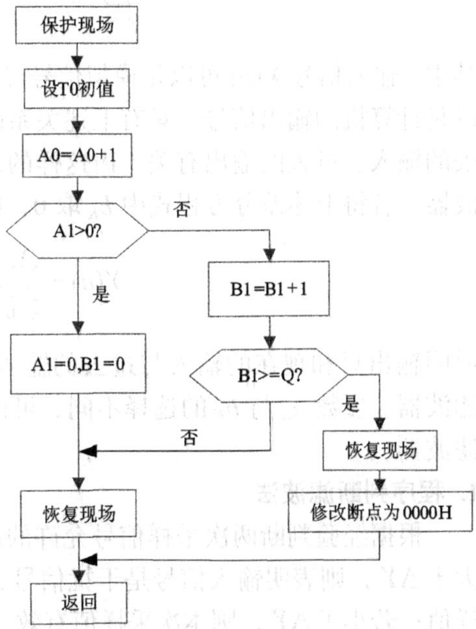

图 9.50　T0 中断服务程序

当系统受到干扰后，主程序可能发生死循环，而中断服务程序也可能陷入死循环或因为中断方式字的破坏而关闭中断。主程序的死循环可由 T1 中断服务程序进行监视；T0 中断的故障关闭可由主程序进行监视；T1 中断服务程序的死循环和故障关闭可由 T0 的中断服务程序进行监视。实际应用时，T0 中断服务程序若因干扰陷入死循环，应用主程序和 T1 中断服务程序无法检测出来。因此，编程时要尽量缩短 T0 中断服务程序的长度，使发生死循环的概率大大减小。采用了多重软件监视方法，可以大大提高了系统运行的可靠性。

9.3.4　数字滤波设计

数字滤波器是将一组输入数字序列进行一定的运算而转换为另一组输出数字序列的装置。测量信号的数字滤波器处理流程如图 9.51 所示。

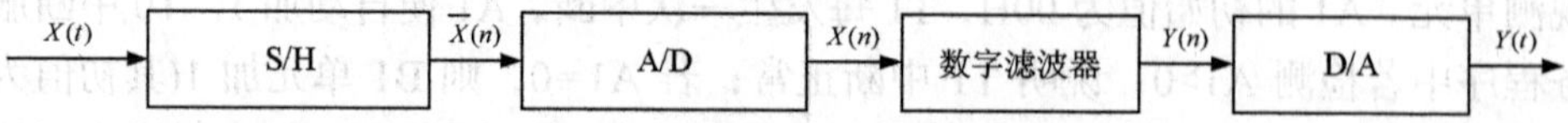

图 9.51　模拟信号的数字滤波

设数字滤波器的输入为 $X(n)$，输出为 $Y(n)$，则输入序列与输出序列之间的关系可用差分方程式表示为

$$Y(n)=\sum_{K=0}^{N}a_K X(n-K)-\sum_{K=1}^{N}b_K y(n-K)$$

其中，输入信号 $X(n)$ 可以是模拟信号经采样和 AD 变换后得到的数字序列，也可以是计算机的输出信号。具有上述关系的数字滤波器的当前输出，与现在的和过去的输入、过去的输出有关。由这样的差分方程组成的滤波器称为递归型数字滤波器。若将上述差分方程式中 b_K 取 0，则可得

$$Y(n)=\sum_{K=0}^{N}a_K X(n-K)$$

说明输出只和现在的输入与过去的输入有关。这种类型的滤波器称为非递归性滤波器。参数 a_K 与 b_K 的选择不同，可以实现低通、高通、带通、带阻等不同的滤波器。

1. 程序判断滤波法

根据经验判断两次采样信号允许的最大偏差 ΔY，若先后两次采样值的差值大于 ΔY，则表明输入信号是干扰信号，应该去掉，而且上次采样值作为本次采样值；若小于 ΔY，则本次采样值有效

设当前采样值存于 30H 单元，上次采样值存于 31H 单元，结果存于 32H 单元。ΔY 由经验判定，本例中选 ΔY =01H。则程序清单如下：

```
        MOV     A, 30H
        CLR     C
```

```
        SUBB   A,  31H
        JNC    LP0
        CPL    A
        ADD    A,  #01H
LP0:    CLR    C
        CJNE   A,  #01H,LP2
LP1:    MOV    32H,30H
        JMP    LP3
LP2:    JC     LP1
        MOV    32H,31H
LP3:    RET
```

2. 中位值滤波法

中位值滤波法就是对某一个被测参数连续采样 N 次(一般 N 取奇数)，然后把 N 次采样值按大小比较，取中间值为本次采样值。中位值滤波法能有效地克服偶然因素引起的波动干扰。对温度、液位等变化缓慢的被测参数采用此方法能收到良好的滤波效果。但对于流量、速度等快速变化的参数不适宜采用中位值滤波法。

中位值滤波程序实际上是一个排队子程序。排序的方法很多，目前常用的方法是“冒泡法”。假设在内 RAM 区的 30H~34H 单元中有 5 个原始数据 X0~X4，如下排列：

34H	33H	32H	31H	30H
X4	X3	X2	X1	X0

程序步骤如下：

(1) 将 30H 单元的数与 31H 单元的书进行比较。若(30H)>(31H)，则将两个单元中的数据进行交换；(30H)<(31H)，则不交换。这样的处理结果是：把两个相邻的数中较大数放在了后面。

(2) 将 31H 单元中的数据与 32H 单元中的数进行比较，把较大的数放在后面。

(3) 将 32H 单元中的数据与 33H 单元中的数进行比较，把较大的数放在后面。

(4) 将 33H 单元中的数据与 34H 单元中的数进行比较，把较大的数放在后面。

经过上面 4 次比较，可把 5 个数中最大的数排在最后的 34H 单元中。

(5) 余下的前 4 个数可以同样的方法进行比较排序，把最大的数排在 33H 单元中。

(6) 余下的前 3 个数可以同样的方法进行比较排序，把最大的数排在 32H 单元中。

(7) 最后把剩下的两个数中较大的放在 31H 单元，最小的放在 30H 单元。

如此就把 30H~34H 中的数按照从小到大的顺序排好了。

设 30H 单元为存放采样值的内存单元首地址，7FH 为存放滤波值的内存单元，N 为采样值的个数，其对应的程序如下：

```
PAX:    MOV     R3,     #N-1
RX1:    MOV     A,      R3
        MOV     R2,     A
        MOV     R0,     #30H
        MOV     R1,     #31H
PX2:    MOV     A,      @R1
        CLR     C
        SUBB    A,      @R0
        JNC     PX3
        MOV     A,      @R0
        XCH     A,      @R1
        MOV     @R0,    A
PX3:    INC     R0
        INC     R1
        DJNZ    R2,     PX2
        DJNZ    R3,     PX1
        CLR     C
        MOV     A,      #N-1
        RRC     A
        ADD     A,      #30H
        MOV     R0,     A
        MOV     7FH,    @R0
        RET
```

3. 算术平均滤波法

算术平均滤波法就是连续取 N 个值进行采样，然后取算术平均。这种方法一般对具有随机干扰的信号进行滤波。这样信号的特点是有一个平均值，信号在某一数值范围附近上下波动。这种滤波法当 N 值较大时，信号的平滑度高，但是灵敏度低；当 N 值较小时，信号的平滑度低，但是灵敏度高。应视具体情况选取 N，既节约时间，滤波效果又好。对于一般流量测量，通常 N 取 12；对于压力测量，

一般 N 取 4。

设 N 为采样值的个数。30H 单元为存放双字节采样值内存单元的首地址，且假设 N 个采样值之和不超过 16 位。滤波值存于 50H 开始的两个单元中。DIV16 为双字节除以双字节的程序，假设被除数存放于 40H、41H 中，除数存放于 44H、45H 中，商存放于 40H、41H 中，余数存放于 42H、43H 中，其对应的程序如下：

```
ARIFIL: MOV     R2,     #N
        MOV     R0,     #30H
        CLR     A
        MOV     R6,     A
        MOV     R7,     A
LP1:    MOV     A,      R6
        ADD     A,      @R0
        MOV     R6,     A
        INC     R0
        MOV     A,      R7
        ADDC    A,      @R0
        MOV     R7,     A
        INC     R0
        DJNZ    R2,     LP1
        MOV     40H,    R6
        MOV     41H,    R7
        MOV     44H,    #N
        MOV     45H,    #00H
        LCALL   DIV16
        MOV     50H,    40H
        MOV     51H,    41H
        RET
DIV16:  CLR     A
        MOV     42H,    A
        MOV     43H,    A
        MOV     R2,     #10H
LP2:    CLR     C
        MOV     R3,     #04H
        MOV     R0,     #40H
```

```
LP3:    MOV     A,      @R0
        RLC     A
        MOV     @R0,    A
        INC     R0
        DJNZ    R3,     LP3
        MOV     R0,     #42H
        MOV     R1,     #44H
        MOV     A,      @R0
        CLR     C
        SUBB    A,      @R1
        MOV     48H,    A
        INC     R0
        INC     R1
        MOV     A,      @R0
        SUBBB   A,      @R1
        MOV     49H,    A
        JC      LP4
        MOV     R0,     #42H
        MOV     R1,     #48H
        MOV     A,      @R1
        MOV     @R0,    A
        INC     R0
        INC     R1
        MOV     A,      @R1
        MOV     @R0,    A
        INC     40H
LP4:    DJNZ    R2,     LP2
        RET
```

4. 递推平均滤波法

上面介绍的算术平均滤波法，每计算一次数据需测量 *N* 次。对于测量速度较慢或要求数据计算速度较快的实时控制系统是无法使用的，这是需要利用只需测量一次数据就能得到当前算术平均值的方法——递推平均滤波法。

递推平均滤波法是把 *N* 个测量数据看成为一个队列，队列的长度为 *N*，每进行一次新的测量，就把结果放入队尾，而扔掉原来队首的一次数据，这样在队列

中始终有 *N* 个最新的数据。计算滤波值时，只要把队列中的 *N* 个数据进行平均，就可以得到新的滤波值。

递推平均滤波法对周期性的干扰具有良好的抑制作用，平滑度高，灵敏度低；但对于偶然出现的脉冲性干扰的抑制作用差，不易消除由于脉冲干扰引起的采样值的偏差。因此不适应脉冲干扰严重的场合，而适宜高频振荡系统。通过观察不同 *N* 值下递推平均滤波法输出响应来选取 *N* 值，既节约时间，又达到良好的滤波效果。其工程经验值为见表 9.3。

表 9.3　工程经验值表

参数	流量	压力	液位	温度
N 值	12	4	4~12	1~4

假设 *N* 个双字节型采样值，30H 单元为采样队列内存单元的首地址，*N* 个采样值之和不大于 16 位。新的采样值存放于 2EH、2FH 单元，滤波值存放于 50H、51H 单元。ARIFIL 为类似上述算术平均滤波程序，程序清单如下：

```
      MOV     R2,     #N-1
      MOV     R0,     #32H
      MOV     R1,     #33H
LP:   MOV     A,      @R0
      DEC     R0
      DEC     R0
      MOV     @R0,    A
      MOV     A,      R0
      ADD     A,      #04H
      MOV     R0,     A
      MOV     A,      @R1
      DEC     R1
      DEC     R1
      MOV     @R1,    A
      MOV     A,      R1
      ADD     A,      #04H
      MOV     R1,     A
      DJNZ    R2,     LP
      MOV     @R0,    2EH
      MOV     @R1,    2FH
```

```
        ACALL  ARIFIL
        RET
```

5. 防脉冲干扰平均值滤波法

在脉冲干扰严重的场合，如采用一般的平均值法，则干扰将会平均到结果中去，故平均值法不易消除由于脉冲干扰而引起的误差。为此可先去掉 N 个数据中的最大值与最小值，然后计算 N–2 个数据的算术平均值。为加快测量速度，一般取 N=4。下面举例说明一个防脉冲干扰平均值滤波法的例子。其中，RDAD 为 AD 测量子程序，它将测量的一个数据送到寄存器 B 和累加器 A 中，输入数据的字长小于等于 13 位二进制数，即小于等于 1FFFH；R0 作为计数器，R2、R3 存放最大值，R4、R5 存放最小值，R6、R7 存放累加值与最后结果(R2、R4、R6 中为低字节)。

程序清单如下：

```
DAVG:   CLR     A
        MOV     R2,     A
        MOV     R3,     A
        MOV     R6,     A
        MOV     R7,     A
        MOV     R4,     #1FH
        MOV     R5,     #0FFH
        MOV     R0,     #04H
DAV1:   LCALLL  RDAD
        MOV     R1,     A
        ADD     A,      R7
        MOV     R7,     A
        MOV     A,      B
        ADDC    A,      R6
        MOV     R6,     A
        CLR     C
        MOV     A,      R3
        SUBB    A,      R1
        MOV     A,      R2
        SUBB    A,      B
        JNC     DAV2
        MOV     A,      R1
```

```
        MOV     R3,     A
        MOV     R2,     B
DAV2:   CLR     C
        MOV     A,      R1
        SUBB    A,      R5
        MOV     A,      B
        SUBB    A,      R4
        JNC     DAV3
        MOV     A,      R1
        MOV     R5,     A
        MOV     R4,     A
DAV3:   DJNZ    R0,     DAV1
        CLR     C
        MOV     A,      R6
        SUBB    A,      R2
        MOV     R6,     A
        MOV     A,      R7
        SUBB    A,      R3
        MOV     R6,     A
        MOV     A,      R6
        SUBB    A,      R4
        MOV     R6,     A
        MOV     A,      R7
        SUBB    A,      R5
        CLR     C
        RRC     A
        MOV     R7,     A
        MOV     A,      R6
        RRC     A
        MOV     R6,     A
        RET
```

6. 一阶滞后滤波法

在模拟输入通道，常用一阶滞后 RC 模拟低通滤波器来抑制干扰。当用这种方法来实现对低频干扰滤波时，首先遇到的问题就是要求滤波器有大的时间常数和高精度的 RC 网络。时间常数 T_f越大，要求 R、C 的值也越大，其漏电电流也必然加大，从而使 RC 网络的精度降低。采用一阶滞后的数字滤波程序，能很好地克服上述模拟量滤波器的缺点，在滤波常数要求较大时特别适宜。一般一阶滞后滤波算法为

$$\overline{Y_n} = (1-\alpha)Y_n + \alpha\overline{Y}_{n-1}$$

其中，$\overline{Y_n}$ 为未经滤波的第 n 次采样值；T_f 为滤波时间常数；T 为采样周期；$\alpha = \dfrac{T_f}{T+T_f}$ 一般由经验公式或实验确定，只要被测信号不产生明显的纹波即可。

当 $T \ll T_f$ 时，即输入信号的频率很高而时间常数又较大时，上述算法便等价于一般的模拟滤波器。

一阶滞后滤波法对周期性干扰具有良好的抑制作用，适用于波动频率较高参数的滤波。不足之处是带来了相位滞后，灵敏度较低。滞后的程度取决于 α 值的大小。同时它不能滤除频率高于采样频率二分之一的干扰信号。如采样频率为 100Hz，则它不能滤除 50Hz 以上的干扰信号。

一阶滞后滤波器一般采用定点计算，因为无溢出问题，α 采用 2 的负幂次方，均为双字节，这样计算时只要 Y_n 向右移若干位即可。

设 $\overline{Y_n}$ 在 DATA1 为首地址的单元中，Y_n 在 DATA2 为首地址的单元中，均为双字节。取 α =0.75，滤波结果放在 R2、R3 中，程序清单如下：

```
FOF:    MOV     R0,     #DATA1
        MOV     R1,     #DATA2
        CLR     C
        INC     R0
        MOV     A,      @R0
        RRC     A
        MOV     R3,     A
        DEC     R0
        MOV     A,      @R0
        RRC     A
        MOV     R2,     A
        MOV     A,      @R0
        ADD     A,      @R1
        MOV     R6,     A
        INC     R1
```

```
INC     R0
MOV     A,      @R0
ADDC    A,      @R1
RRC     A
MOV     R7,     A
MOV     A,      R6
RRC     A
MOV     R6,     A
CLR     C
MOV     A,      R7
RRC     A
MOV     R7,     A
MOV     A,      R6
RRC     A
ADD     A,      R2
MOV     R2,     A
MOV     A,      R7
ADDC    A,      R3
MOV     R3,     A
RET
```

9.3.5　开关量输入输出抗干扰设计

1. 开关量输入软件抗干扰措施

输入信号的干扰是叠加在有效电平信号上的一系列离散尖脉冲，作用时间很短。当控制系统存在输入干扰，又不能用硬件加以有效抑制时，可以采用软件重复检测的方法，达到去伪存真的目的。

对接口中的输入数据信息进行多次检测，若检测结果完全一致，则是真的输入信息；若相邻的检测内容不一致，或多次检测结果不一致，则是伪信号。两次检测之间应有一定的时间间隔 t，设干扰存在的时间为 T，重复次数为 K，则 $t=T/K$。图 9.52 给出了重复检测的程序流程。重复次数为 K，时间间隔为 t，将相邻的两次结果进行比较，相等时则 J 计数，不等时 I 计数，当重复 K 次以后，对 I、J 结果进行判断，以确定输入信号的真伪。

2. 开关量输出软件抗干扰措施

开关量输出软件抗干扰设计主要是采用重复输出的方法，这是一种提高输出接口抗干扰性能的有效措施。对于那些用锁存器输出的控制信号，这些措施很有必要。在输出允许的情况下，输出重复周期尽可能短一些。当输出端口受到某种干扰而输出错误信号后，外部执行设备还来不及做出有效反应，正确的信息又输出了，这样就能够及时的防止错误动作的发生。

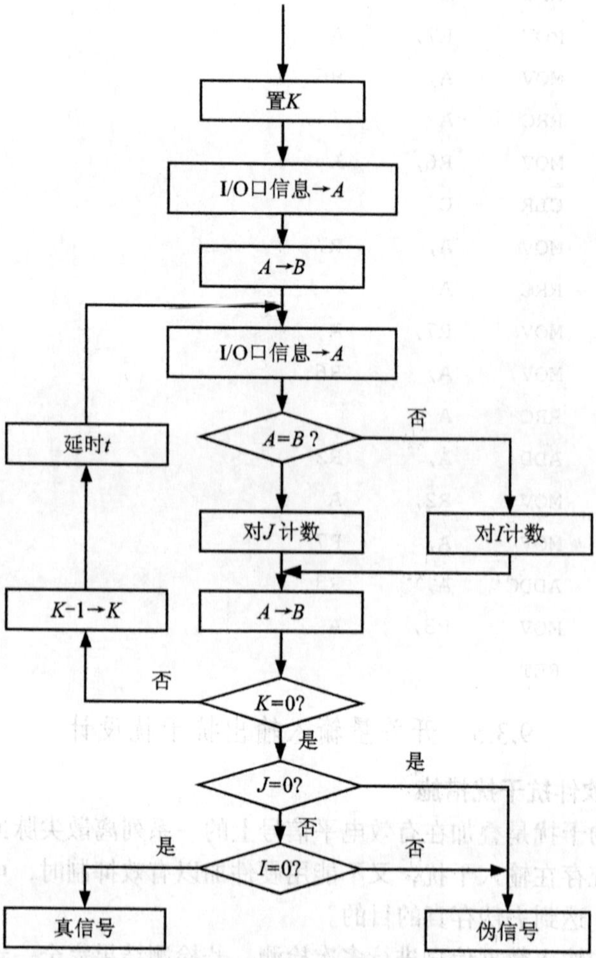

图 9.52 重复检测法流程图

对于可编程的接口芯片，工作方式控制字与输出状态字一并重复设置，可使输出模块可靠的工作。

习　题

9.1 什么是干扰？干扰的形式有哪些？耦合方式有哪些？

9.2 什么是共模干扰？如何抑制共模干扰？

9.3 单片机应用系统硬件抗干扰技术主要有哪些？各有什么特点？

9.4　简述尖峰电流的形成原理及其抑制方法。

9.5　简述系统接地的重要性及其实际应用中的注意事项。

9.6　为什么要进行总线的负载平衡设计？常用的总线驱动芯片有哪些？各有什么特点？

9.7　去耦电容器的作用是什么？如何为集成 IC 配置去耦电容器？

9.8　消除触点抖动的方法有哪几种？各有什么特点？

9.9　信号线间的串扰如何抑制？

9.10　开关电源噪声的抑制措施是什么？

9.11　简述压敏电阻器的工作原理及其抑制电源噪声措施。

9.12　什么是指令冗余技术？什么时候适合使用指令冗余技术？

9.13　什么是软件陷阱技术？如何设置与安排软件陷阱？

9.14　什么是中位值滤波法？什么情况下应用效果良好？

9.15　印制电路板抗干扰的措施有哪些？

9.16　试比较软件数字滤波与硬件电路滤波的异同点。

第 10 章　单片机应用系统设计实例

10.1　手持式抄表系统设计

10.1.1　背景意义

手持式抄表机(又称抄表器、掌上电脑、手持终端、数据采集器等)是用于移动数据采集的掌上型设备。它可以实现数据的采集、存储、传输和处理等基本功能，特别适用于信息流、物流集中点。抄表机目前在我国电力能源部门有相当高的普及率，作为电力营销管理现代化的重要工具之一，抄表机在电表抄读方面的应用非常普及，电表的抄读已经成为手持数据采集终端的一种经典应用。相比传统的纸卡式抄表方式，手持式抄表机具有得天独厚的优势：首先，用纸卡抄表需耗费大量人力和时间，将抄表卡数据一条条地录入计算机时出错情况难以避免。使用抄表机，几千条数据瞬间由抄表机传送到收费系统，大大降低营运成本和提高工作效率。其次，抄表机是将成千上万个抄表卡片的数据浓缩在一台轻盈小巧、携带方便的机器上，具有对抄表数据进行现场查询、统计分析、判断等功能，是卡片抄表所望尘莫及的。再则，可以使抄表机不显示上月读数的手段，使得抄表人员必须到现场才能获求；多级子目录功能使多个抄表程序管理更加便捷有序，使同一单位几个抄表工共用一台抄表机成为可能。

现阶段，手持式抄表机主要应用在电力行业。为了更好地利用抄表机的自身优势，将其推广到其他行业，本设计面向有色冶金部门。以抄表机为载体，通过键盘录入的形式将数据输入其中，再用 USB 接口将存储好的数据传入 PC 机进行编辑操作，从而达到简化过程和减少误差的作用是本设计的意义所在。

10.1.2　总体方案设计

按照设计需要，抄表机的系统总体框图如图 10.1 所示。下面结合系统框图对抄表机的设计思路作进一步阐述。

1. 人机交互界面的设计

(1) 通过小键盘输入车间数据。记录车间的出铝量、温度、湿度等数据时，使用小键盘代替传统意义的纸卡式记录数据的方法。

(2) 使用实时时钟记录数据录入时刻。将某一具体厂房工作槽的相关数据录入以后，通过实时时钟记下该时时刻。

(3) 使用存储器存储录入数据。将记录下的每一个工作槽的相关数据通过一定规则存入抄表机自带的存储器中。

(4) 通过液晶显示器显示操作界面。首先通过上位机将所需字符下载入抄表机中，然后由液晶显示器按设定好的界面显示出这些字符，从而方便工作人员记录数据。

2. 通过 USB 接口实现与上位机的通信

上位机与抄表机之间的数据传输通过 USB 接口实现。

3. 克服工业现场下的强电磁干扰

有色冶金部门如铝厂的工作车间具有很强的电磁干扰，应付这种情况可以考虑通过磁场屏蔽的手段，也就是使用一层屏蔽罩隔断抄表机电路与外界环境。

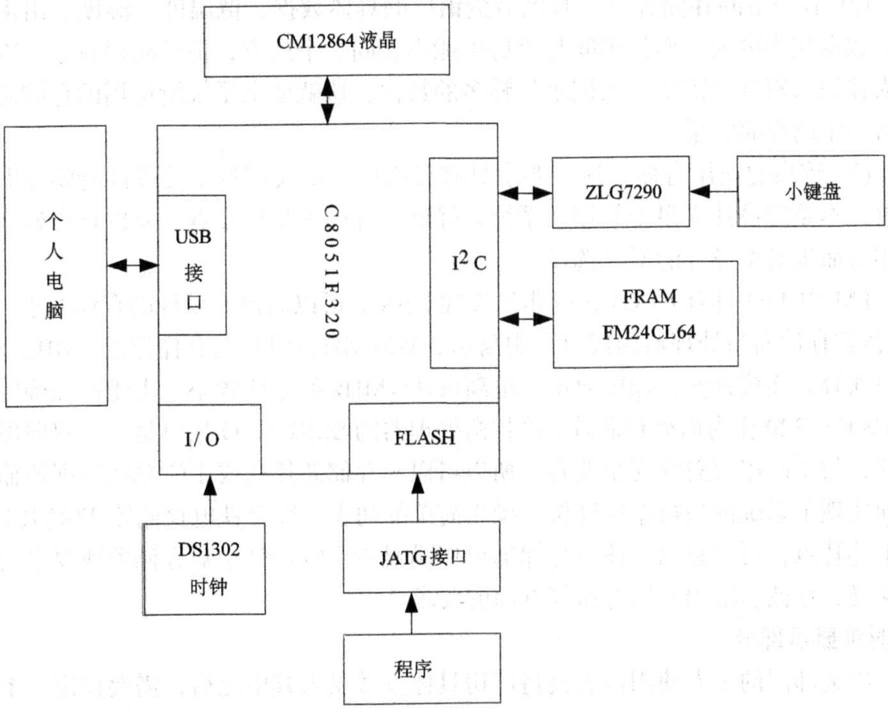

图 10.1　系统总体框图

10.1.3　系统硬件电路的设计

1. 控制部分

选择合适的微处理器作为嵌入式系统的核心芯片，可以使得系统具有设计简洁大方、应用全面、功能强大、易于扩展等优点。在选择微处理器时，需要考虑的因素主要有以下几个方面：微控制器的处理速度、技术指标、处理器的功耗、处理器的软件支持工具、处理器是否内置调试工具等。考虑到 C8051F320 具有高速、流水线结构的 8051 兼容的微控制器内核和全速、非侵入式的系统调试接口以及通用串行总线(USB)功能控制器等特点，本设计控制部分采用该款微处理器。

2. 数据存储部分

抄表器设计时在存储器选取方面需要考虑以下三个方面的系统要求：

(1) 读写速度快，操作简单。本抄表机系统属于有色冶金部门正在筹建的大型数据库中的一个中间环节，工人使用抄表机录入车间槽号中的具体参数，并将这些具体数据存入存储器当中以便于进一步在 PC 机当中进行处理。为了快速准确地处理数据，要求所选用的存储器必须具有读写速度快，操作简单这些特点。

(2) 有一定的存储容量。有色冶金铝厂的具体数据，像温度、湿度、出铝量等，数据相当庞大，而且车间与机房可能不在同一个地方，甚至离得较远。因此工人在记录数据时需要一次记录足够多的数据，这就要求系统所选用的存储芯片具备一定的存储容量。

(3) 较高的使用寿命。这一要求具有普遍性，是大多数系统设计所要考虑的因素。本系统设计立足于数据库系统，降低设计成本是出发点，所以具有较高的使用寿命也是本设计的不二选择。

FM24CL64 具有 64KB 铁电非易失性 RAM，可以满足本设计的存储要求。另外，该款存储器与处理器的接口采用高速 2-Wire 串行接口，与存储器的 SMBus/I^2C 接口兼容，连接方便，操作简单，最高可达 1MHz 的总线频率。由于已经确定采用 C8051F320 作为微处理芯片，该款微处理器的 SMBus I/O 接口是一个双向串行总线，与 I^2C 串行总线完全兼容，所以可以与存储芯片达成 I^2C 总线数据传输，从而实现了系统读写数据速度快、操作简单的初衷。综合铁电存储器 FM24CL64 的上述特点，可以看出，该款存储器可以满足本系统设计中对存储器所要求的读写速度、存储容量和使用寿命等方面的要求。

3. 时钟显示部分

冶金部门的工人使用抄表机将厂房具体参数录入其中之后，需要设定一个时间，以便于以后在 PC 机上进行数据处理。现在流行的串行时钟电路很多，如 DS1302、DS1307、PCF8485 等，这些电路的接口简单、价格低廉、使用方便。本系统采用的实时时钟电路 DS1302 是 DALLAS 公司的一种具有涓细电流充电能力的电路，主要特点是采用串行数据传输，可为掉电保护电源提供可编程的充电功能，并且可以关闭充电功能。采用普通 32.768kHz 晶振。

下面综合介绍该款芯片的性能指标，并结合这些性能指标说明选用该款芯片的原因。

(1) 实时时钟具有能计算 2100 年之前的秒、分、时、日、日期、星期、月、年的能力，还有闰年调整的能力。本设计中对实时时钟的精度要求并不高，只要精确到分这一级别就足够了，所以该芯片在时钟精度方面完全可以满足设计要求。

(2) 31*8 位暂存数据存储 RAM，说明该款芯片具有缓存功能；串行 I/O 口使得管脚数量最少，简单的三线接口有利于硬件电路的连接，达到了简化电路连线的目的；宽范围工作电压 2.0~5.5V，工作电压 2.0V 时，工作电流小于 300nA，这为设计方案提供了多种可能。

(3) 读/写时钟或 RAM 数据时，有两种传送方式：单字节传送和多字节传送字符组方式。两种不同的传送方式方便了软件编码；8 脚 DIP 封装或可选的 8 脚 SOIC 封装根据表面装配，满足设计中尽量选用贴片芯片的要求。

从上面对 DS1302 的介绍可以看出，该款芯片在时间显示方式、数据传输形式、温度范围以及使用寿命等方面都符合本设计的要求，所以选用 DS1302 作为系统的时钟显示芯片。

10.1.4　单元电路设计

1. 键盘输入电路

使用小键盘输入，是实现本系统便携性的一个组成部分。本系统采用的典型的行列式扫描键盘，是通过 ZLG7290 芯片控制实现的。键盘输入部分的电路图如图 10.2 所示。

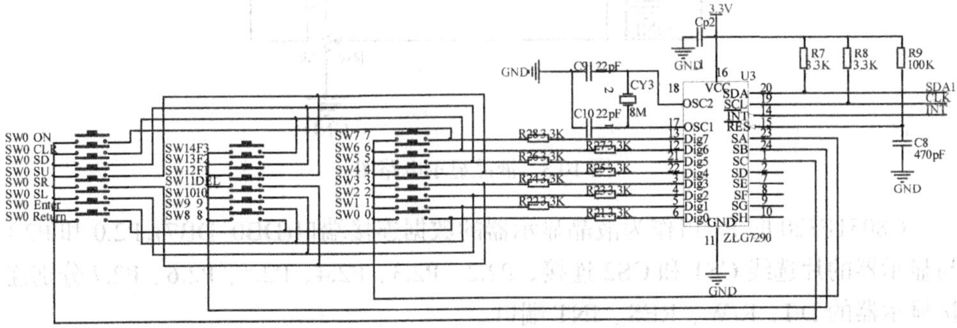

图 10.2　键盘输入电路图

在图 10.2 中，U3 就是 ZLG7290B。为了使电源更加稳定，一般要在 V_{CC} 到 GND 之间接入 47~470μF 的电解电容 Cp2。按照 I^2C 总线协议的要求，信号线 SCL 和 SDA 上必须要分别加上拉电阻，其典型值是 10kΩ，本设计采用 3.3kΩ 电路。晶振 CY3 通常取值 4MHz，本设计采用 8MHz。调节电容 C3 和 C4 通常取值在 10pF 左右。复位信号是低电平有效，一般只需外接简单的 RC 复位电路，也可以通过直接拉低 RST 引脚的方法进行复位。

31 个按键中，前 10 个按键是数字按键 K1~K10，后面 12 个为功能键 F0~F3、

ON、CLR，回车键 Return，确定键 Enter 以及方向控制键 SR、SU、SD、SL。键盘电阻 R9~R16 的典型值是 3.3kΩ。在多数应用当中可能不需要太多的按键，这时可以按行或按列裁减键盘。裁减后相应行的二极管或相应列的电阻可以省略。如果完全不使用数码管，则原来用到的所有限流电阻 R1~R8 也都可以省略，这时 ZLG7290 消耗的电流大大降低，典型值为 1mA。从上述对电路图的分析可以看出，通过 ZLG7290 实现按键输入，既有典型的硬件电路，又有成熟的软件程序，符合设计要求。

2. 液晶显示电路

液晶显示界面设计的好坏，直接影响工人录入数据的效果，因此，创建一个人性化的液晶显示界面，是产品操作简便性的体现。

液晶显示是本设计的一个重要环节，显示效果的好坏将直接影响工人操作的舒适度和数据的准确性。液晶显示部分的电路设计图如图 10.3 所示。

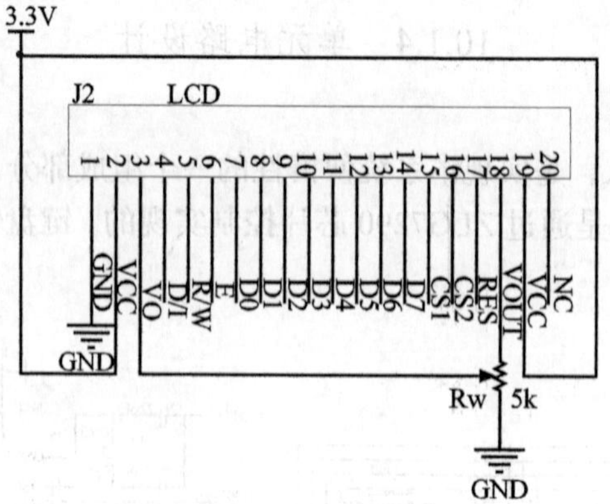

图 10.3　液晶显示电路图

C8051F320 的 P1 口作为液晶显示器的数据连接端口(DB0~DB7)，P2.0 和 P2.1 与显示器的片选线 CS1 和 CS2 连接，P2.2、P2.3、P2.4、P2.5、P2.6、P2.7 分别连接显示器的 D/I、R/W、RES、INT 端口。

本设计选用 CM12864 液晶显示器作为终端显示设备，该款液晶显示器的原理如下所述。

1) 显示开关控制(Display ON/OFF)

代码	R/W	D/I	DB7	DB6	DB5	DB4	DB3	DB2	DB1	DB0
形式	0	0	0	0	1	1	1	1	1	D

D=1:开显示(DISPLAY ON)意即显示器可以进行各种显示操作。

D=0:关显示(DISPLAY OFF)意即不能对显示器进行各种显示操作。

2) 设置显示起始行

代码	R/W	D/I	DB7	DB6	DB5	DB4	DB3	DB2	DB1	DB0
形式	0	0	1	1	A5	A4	A3	A2	A1	A0

显示起始行是由 Z 地址计数器控制的。A5~A0 的 6 位地址自动送入 Z 地址计数器，起始行的地址可以是 0~63 的任意一行。例如：

选择 A5~A0 是 62，则起始行与 DDRAM 行的对应关系如下：

DDRAM 行：62　63　0 1 2 3······················28 29。

屏幕显示行：1　2　3 4 5 6······················31 32。

3) 设置页地址

代码	R/W	D/I	DB7	DB6	DB5	DB4	DB3	DB2	DB1	DB0
形式	0	0	1	0	1	1	1	A2	A1	A0

所谓页地址就是 DDRAM 的行地址，8 行为一页,模块共 64 行即 8 页,A2~A0 表示 0~7 页。读写数据对地址没有影响，由本指令或 RST 信号改变复位后页地址为 0。页地址与 DDRAM 的对应关系见 DDRAM 地址表(表 10.1)。设置后，读写都在指定的页里执行。

表 10.1　DDRAM 地址表

	CS1=1					CS2=1					
Y=	0	1	···	62	63	0	1	···	62	63	行号
	DB0	DB0	DB0	DB0	DB0	DB0	DB0	DB0	DB0	DB0	0
	↓	↓	↓	↓	↓	↓	↓	↓	↓	↓	↓
X=0	DB7	DB7	DB7	DB7	DB7	DB7	DB7	DB7	DB7	DB7	7
	DB0	DB0	DB0	DB0	DB0	DB0	DB0	DB0	DB0	DB0	8
↓	↓	↓	↓	↓	↓	↓	↓	↓	↓	↓	↓
	DB7	DB7	DB7	DB7	DB7	DB7	DB7	DB7	DB7	DB7	55
X=7	DB0	DB0	DB0	DB0	DB0	DB0	DB0	DB0	DB0	DB0	56
	↓	↓	↓	↓	↓	↓	↓	↓	↓	↓	↓
	DB7	DB7	DB7	DB7	DB7	DB7	DB7	DB7	DB7	DB7	63

4) 设置 Y 地址(Set Y Address)

代码	R/W	D/I	DB7	DB6	DB5	DB4	DB3	DB2	DB1	DB0
形式	0	0	0	1	A5	A4	A3	A2	A1	A0

此指令的作用是将 A5~A0 送入 Y 地址计数器，作为 DDRAM 的 Y 地址指针。

在对 DDRAM 进行读写操作后，Y 地址指针自动加 1，指向下一个 DDRAM 单元。

5) 读状态(Status Read)

代码	R/W	D/I	DB7	DB6	DB5	DB4	DB3	DB2	DB1	DB0
形式	0	1	BUSY	0	ON/OFF	RET	0	0	0	0

当 R/W=1、D/I=0 时，在 E 信号为“H”的作用下，状态分别输出到数据总线(DB7~DB0)的相应位。

6) 写显示数据(Write Display Data)

代码	R/W	D/I	DB7	DB6	DB5	DB4	DB3	DB2	DB1	DB0
形式	0	1	D7	D6	D5	D4	D3	D2	D1	D0

D7~D0 为显示数据，此指令把 D7~D0 写入相应的 DDRAM 单元，Y 地指针自动加 1。

7) 读显示数据(Read Display Data)

代码	R/W	D/I	DB7	DB6	DB5	DB4	DB3	DB2	DB1	DB0
形式	1	1	D7	D6	D5	D4	D3	D2	D1	D0

此指令把 DDRAM 的内容 D7~D0 读到数据总线 DB7~DB0，Y 地址指针自动加 1。

3. 数据存储电路

数据存储中的数据包括两个方面：一类数据是抄表机从 PC 机下载得到的显示所用的点阵字符和汉字编码，另一类数据是工人通过键盘输入的工作槽具体参数。本系统的数据存储电路采用的是 I^2C 总线结构，存储芯片选用铁电存储器 FM24CL64，其管脚说明如表 10.2 所示，电路图如图 10.4 所示。

接下来我们从存储时序和读、写操作几个部分来说明本系统数据存储的实现步骤。

1) 存储时序

FM24CL64 采用双向两线总线协议，它使用极少的管脚，占用极小的板空间。图 10.5 所示为一个使用了 FM24CL64 的基于微控制器的典型系统配置。

按惯例，总线上任何发送数据的器件称为发送器，接收数据的目标器件称为接收器。控制总线的器件称为主机，主机负责为所有的操作产生时钟信号。总线上任何被控制的器件称为从机。FM24CL64 始终是从机器件。

总线协议由 SDA 和 SCL 信号的跳变状态控制，一共有四种条件，包括起始、停止、数据位和应答。图 10.6 所示为规定的四种状态的信号条件。

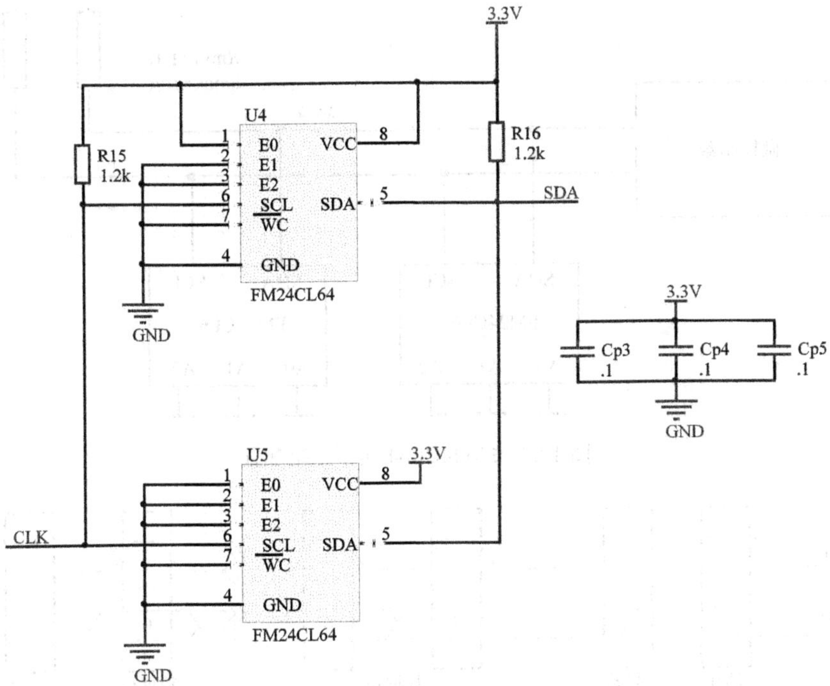

图 10.4　数据存储电路图

表 10.2　FM24CL64 管脚说明

引脚序号	类型	描述
A0~A2	输入	地址 0~2：这些管脚用于选择同一根两线总线上的同种类型的 8 个器件中的一个。为了选择器件，3 个管脚的地址值必须与器件地址含有的相应位匹配。地址管脚内部下拉
SDA	I/O	串行数据/地址：这是两线接口的双向传输线。它采用漏极输出且被用与两线总线上的其他器件进行“线或”操作。输入缓冲器结合施密特触发器以提高抗干扰性，输出驱动器含有下降沿的斜率控制。该管脚需要有一个上拉电阻
SCL	输入	串行时钟：两线接口的串行时钟。数据在时钟下降沿时从器件移出，在上升沿时移入。SCL 输入也和施密特触发器结合来提高抗干扰性
WP	输入	写保护：当该管脚接 VDD 时，不能对存储器进行写操作。当该管脚接地时，可以对存储器进行写操作。该管脚内部下拉
VDD	供电	供电电压：2.7~3.6V
VSS	供电	地

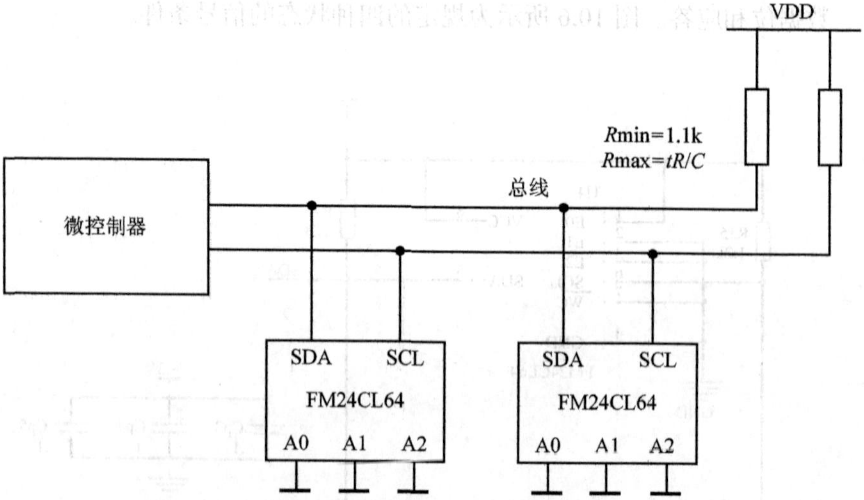

图 10.5　FM24CL64 典型系统配置

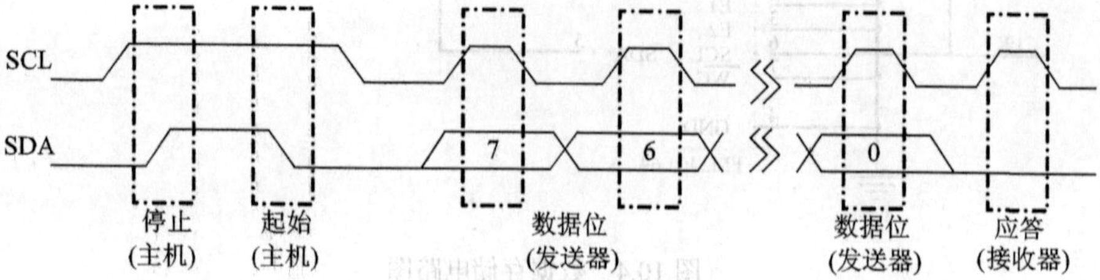

图 10.6　数据传输协议

2) 写操作

所有的写操作都是从器件地址开始的，然后是存储器地址。总线主控器将器件地址的 LSB 设置为 0 来指示一个写操作。寻址之后，总线主控器将每个字节数据发送到存储器，存储器收到后产生一个应答条件，可以将连续的字节写入整个地址空间。如果内部达到地址范围末端，地址计数器将从 1FFFH 跳转到 0000H。

与其他的非易失性存储器技术不同的是，FRAM 没有写入延迟。由于底层存储器读和写的访问时间是相同的，因此用户通过总线访问时可体验无时延操作。因为整个存储器周期的时间比单个总线时钟的时间还要短。所以，任何操作都能在写操作之后立即进行，包括读或者写操作。应答轮询——EEPROM 使用这个技术来判断写操作是否完成。FRAM 不需要使用这个技术，它将总是返回一个准备就绪状态。

实际上，真正的存储器写操作发生在第 8 个数据位被传输之后。它在应答发送之前完成。因此，如果用户希望在不改变存储器内容的情况下中止一个写操作，就必须在第 8 个数据位发送之前使用起始条件或者停止条件。FM24CL64 不需要使用页缓冲。WP 管脚拉至高电平(VDD)将对所有地址进行写保护，FM24CL64 将不会应答写入保护地址的数据字节。另外，如果试图对这些地址进行写操作，地址计数器将不会递增。WP 管脚拉至低电平(VSS)将使得这个特性失效(Deactivate)。WP 管脚内部下拉。图 10.7 和图 10.8 分别阐述了单字节和多字节的写操作。

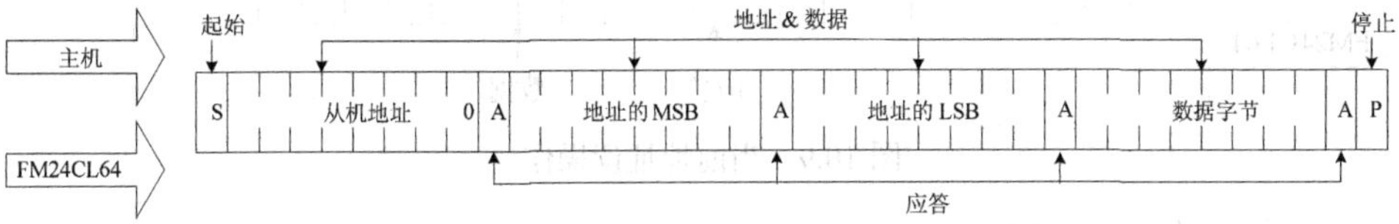

图 10.7　单字节写操作

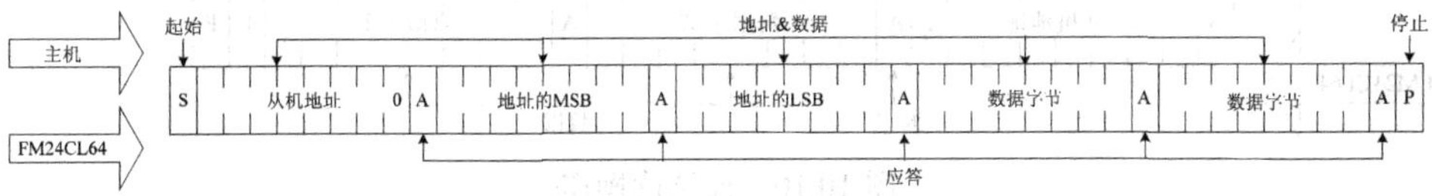

图 10.8　多字节写操作

3) 读操作

存储器读操作有两种基本类型：当前地址读操作和选择性地址读操作。在当前地址读操作中，FM24CL64 使用内部地址锁存器来提供低地址。在选择性的读操作中，用户首先执行一个操作将地址设置为一个特定值。

(1) 当前地址&连续地址读操作。像上面提到的那样，FM24CL64 使用内部锁存器来提供读操作的地址。当前地址读操作使用地址锁存器现有的值作为起始地址。系统从紧跟上一个操作的地址后开始读取。

为了执行当前地址读操作，总线主控器提供 LSB 设置为 1 的器件地址。这表示读操作被请求。接收到完整的器件地址之后，FM24CL64 在下个时钟时开始将数据从当前地址转移出来。当前地址是保持在内部地址锁存器的值。

从当前地址开始，总线主控器能够读取任意数目的字节。所以，连续读操作是一个简单的带有多个字节传输的当前地址读操作。每传送一个字节，内部地址计数器将会递增。总线主控器每应答一个字节就指示 FM24CL64 应读出下一个连续字节。

(2) 选择(随机)读操作。用户使用一个简单的方法就可以将随机地址存储单元作为读操作的起始点。这需要使用写操作的前 3 个字节来设置随后读操作的内部地址。

为了执行一个选择性的读操作，总线主控器发送 LSB 设置为 0 的器件地址。这指定了一个写操作。根据写操作协议，总线主控器发送装载到内部地址锁存器的地址字节。FM24CL64 应答地址之后，总线控制器发布起始条件。这可以同时中止写操作和发布 LSB 设置为 1 的从机地址的读命令。该操作是从当前地址开始的读操作。

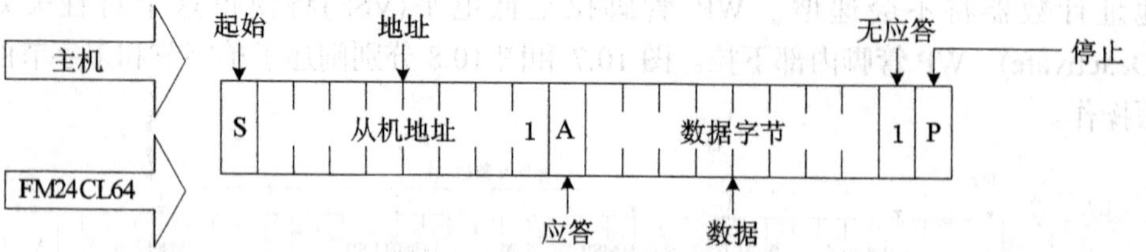

图 10.9 当前地址读操作

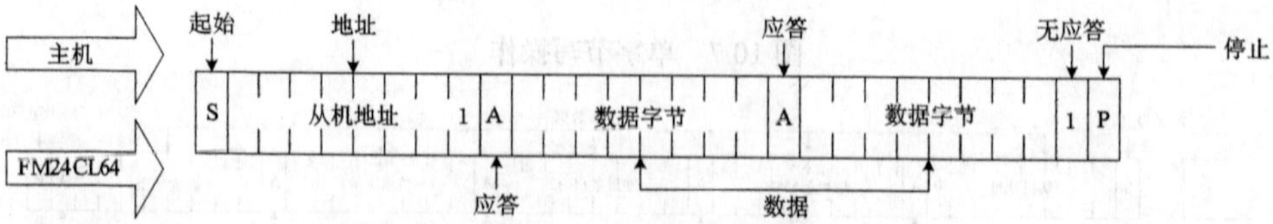

图 10.10 连续读操作

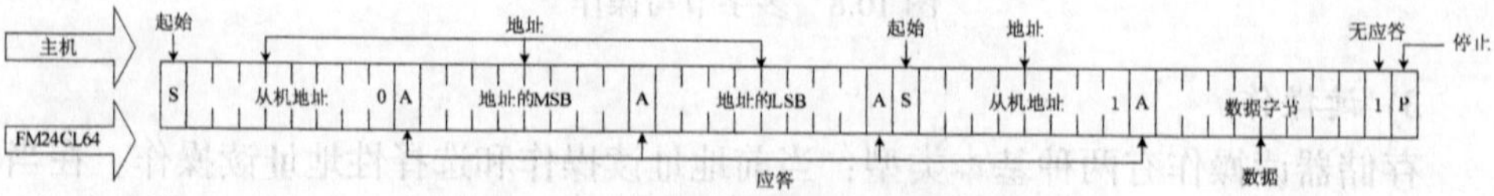

图 10.11 选择性(随机)读操作

如果内部地址达到 1FFFH，它在下个读周期时将跳转到 0000H。图 10.9、图10.10 以及图 10.11 显示了读取当前地址的正确操作。

4. 数据传输电路

由于 C8051F320 微控制器具有简单易用的特点，因此用 C8051F320 进行 USB 接口的硬件设计也显得十分简单，主要包括两部分的内容：一是接口转换模块供电方式的选择，二是 USB 引脚的连接。图 10.12 是该设计的 USB 接口电路图。

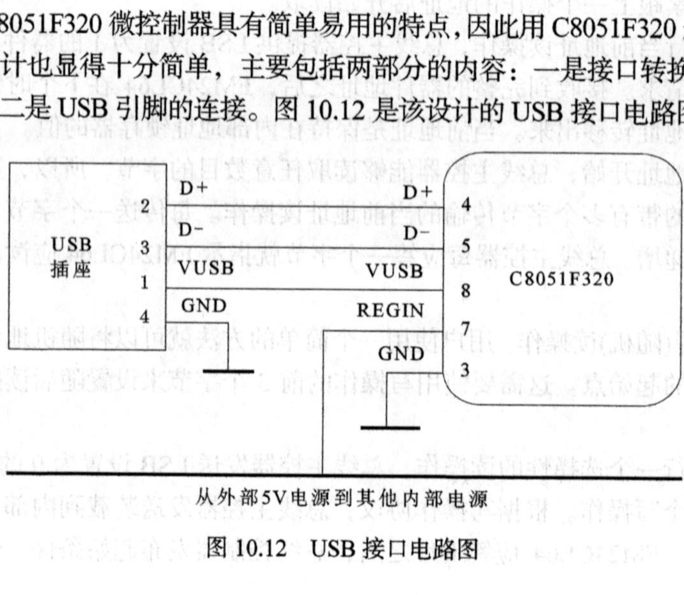

图 10.12 USB 接口电路图

由于整个模块的功率估计在 3W 左右，而 USB 总线的供电量只适合小功率模块的供电，最大也只有 500mA，因此不能满足整个模块的安全供电，所以模块选择自供电模式,图 10.12 所示的整个模块(包括 C8051F320 和模块中所有其他部分)的供电电源都来自外部 5V 电源。由于 C8051F320 中的 USB 收发器内部集成了上拉电阻，因而不需要任何外部器件便可直接与 USB 接口相连。

前面已经提到，本设计在实现 USB 传输的时候用到的是 C8051F320 微控制芯片。下面通过分析 USB 寄存器的访问电路来了解一下整个操作过程。对图 10.13 中列出的 USB0 控制器寄存器的访问是通过两个 SFR 来实现的。这两个 SFR 是 USB0 地址寄存器(USB0ADR)和 USB 数据寄存器(USB0DAT)。USB0ADR 寄存器是选择读/写 USB0DAT 寄存器时的目标 USB 寄存器。

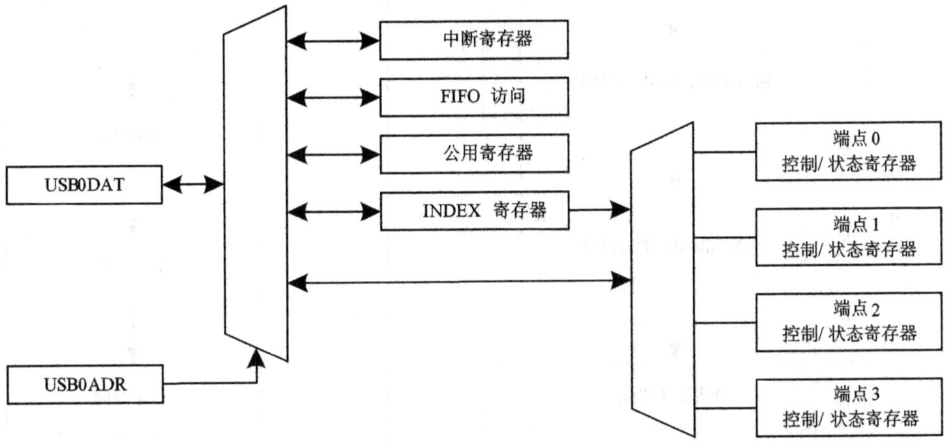

图 10.13 USB0 寄存器访问示意图

对端点控制/状态寄存器的访问是通过先写 USB 寄存器 INDEX(用目标端点号)实现的。目标端点号被写入 INDEX 寄存器后，就可以访问与目标端点对应的控制/状态寄存器。

10.1.5 系统程序的设计

软件设计从主程序流程图设计开始，依次编制出各子程序。

1. 主程序流程图

在系统的软件设计方面，实际上就是要考虑如何利用汇编语言编程达到从上位 PC 机下载铝厂相关参数以及将工人记录好的工作槽具体数值(温度、湿度、出铝量等)上传给上位 PC 机。下载数据时，上位机将下位机显示所需的数据传输给下位机；数据录入过程中，工人首先将工作槽的数据源输入抄表机中，用于数据显示和数据存储所用，这一过程都在时钟的控制之下；上传数据时，抄表机将存储器内存储好的数据上传给上位机，上位机将这些数据统一归入冶金部门大型数据库中，以便进行数据操作管理。

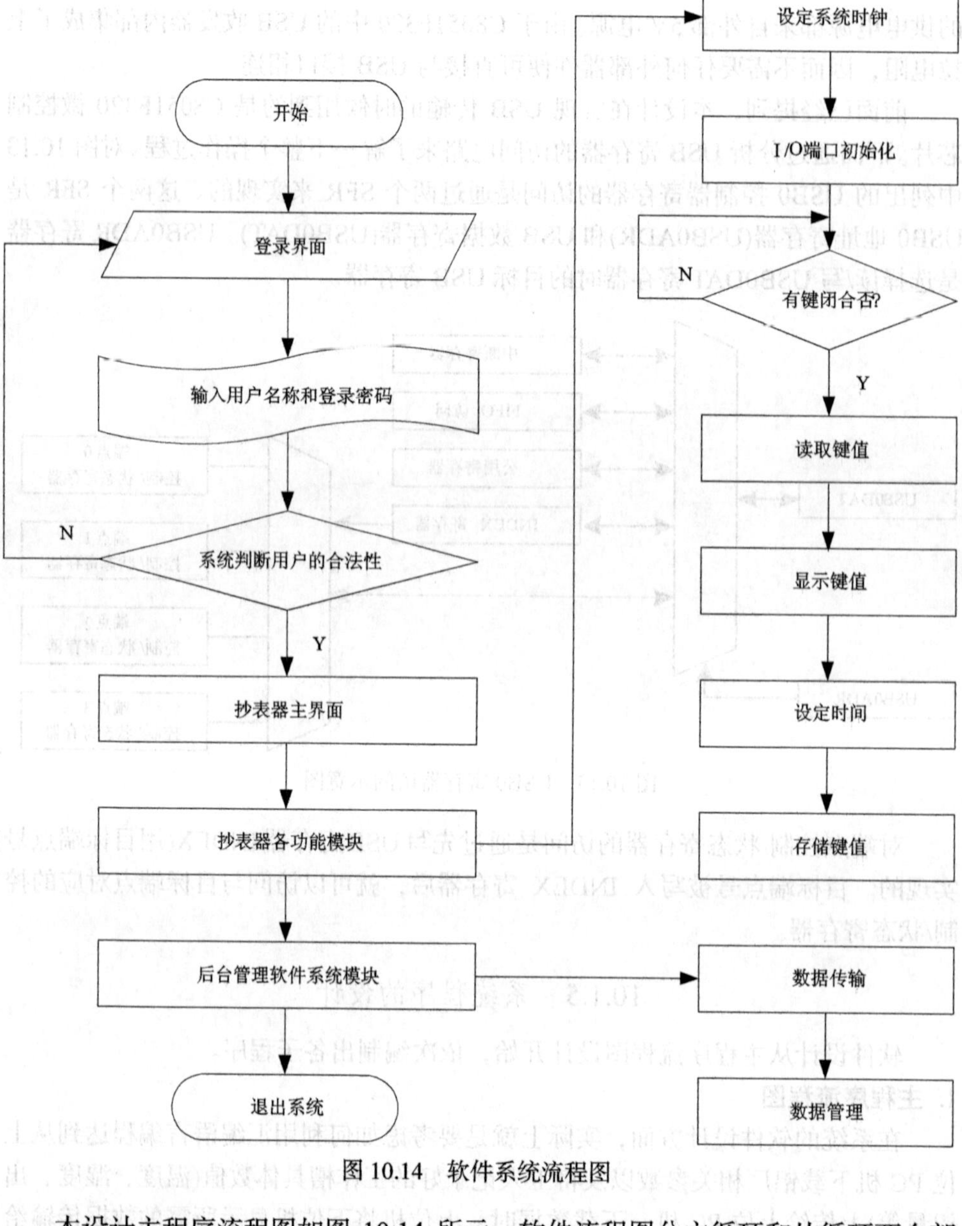

图 10.14　软件系统流程图

本设计主程序流程图如图 10.14 所示。软件流程图分主循环和从循环两个部分，主循环反映抄表机界面具体操作，从循环实现内部数据处理。以下是主循环初始化相应的代码段：

```
#include <c8051f320.h>
#include <intrins.h>
#include "VIIC_C51.h"
#include "ZLG7290.h"
#include "Define_IO.h"
#define uchar unsigned char
#define uint unsigned int
#define X_BasicAddress 0xb8       //X 基地址 X 的地址从 0xB8 到
                                    0xBF （共 8 页）
#define Y_BasicAddress 0x40       //Y 基地址 Y 的地址从 0x40 到
                                    0x7F （共 64 列）
#define zlg7290 0x70              //ZLG7290 的 IIC 地址
#define DB      P1                //数据总线
sbit    DI      =    P2^2;        //数据指令选择端口
sbit    RW      =    P2^3;        //读写选择端口
sbit    E       =    P2^4;        //数据锁存端口
sbit    CS1     =    P2^0;        //左半屏幕选择信号端口
sbit    CS2     =    P2^1;        //右半屏幕选择信号端口
sbit    RET     =    P2^5;        //复位信号端口
sbit    DB_7    =    DB^7;        //busy bit
sbit    KEY_INT =    P2^7;        /*zlg7290 按键有效信号端*/
sbit    SDA     =    P2^6;        /*模拟 I2C 数据传送位*/
sbit    SCL     =    P0^0;        /*模拟 I2C 时钟控制位*/
```

其中，VII_C51.h、ZLG7290.h 和 Define_IO.h 均为周立功公司所开发的芯片 ZLG7290 所带软件包中的头文件。

2. 键盘输入子程序

键盘输入子程序的流程图如图 10.15 所示。工人将厂房工作槽内的具体数据通过小键盘输入抄表机中，数据是否输入由 ZLG7290 的系统寄存器进行判断。系统寄存器的第 0 位(LSB)称作 KeyAvi，标志着按键是否有效，0 表示没有按键被按下，1 表示有某个按键被按下。SystemReg 寄存器的其他位暂时没有定义。当按下某个键时，ZLG7290B 的 $\overline{\text{INT}}$ 引脚会产生一个低电平的中断请求信号，此时单片机主芯片 C8051F320 开始处理中断请示。当单片机 C8051F320 读走键值后，中断信号就会自动撤销。而 KeyAvi 也同时予以反映。正常情况下，微控制器只需要判断 $\overline{\text{INT}}$ 引脚就可以了。通过不断查询 KeyAvi 位也能判断是否有键按下，这样就可以节省微控制器的一根 I/O 口线，但是代价是 I²C 总线处于频繁的活动状态，多消耗电流并且不利于抗干扰。

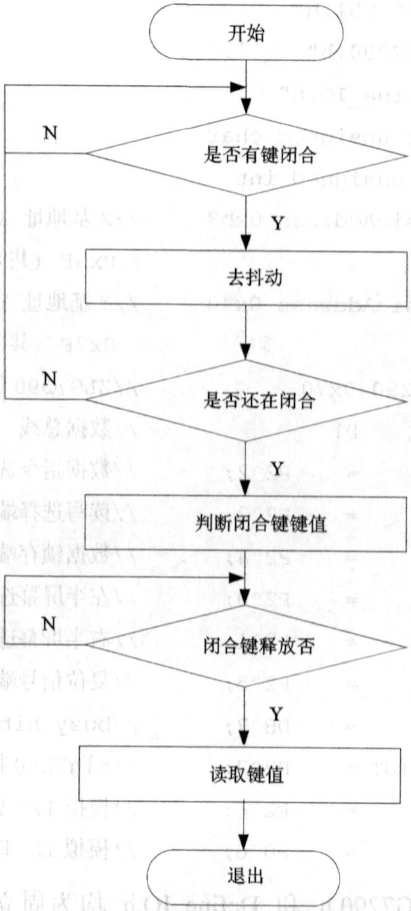

图 10.15　键盘输入子程序

ZLG7290 将键值锁存在键值寄存器中，如果某个普通键被按下，则微控制器可以从键值寄存器 Key 中读取相应的键值 1~56。如果微控制器发现 ZLG7290 的 $\overline{\text{INT}}$ 引脚产生了中断请求，而从 Key 中读到的键值是 0，则表示按下的可能是功能键。键值寄存器 Key 的值在被读走后自动变成 0。

按照上述编程思想，可写出相关代码，限于篇幅，此处代码略。

3. 数据传输子程序

前面已经提到，本设计通过 USB 接口进行数据传输。根据 USB 配置规则，可以得出如图 10.16 所示的软件主程序流程图。

数据传输应在使能 USB0 之前执行所有的 USB0 配置。建议的配置步骤如下：

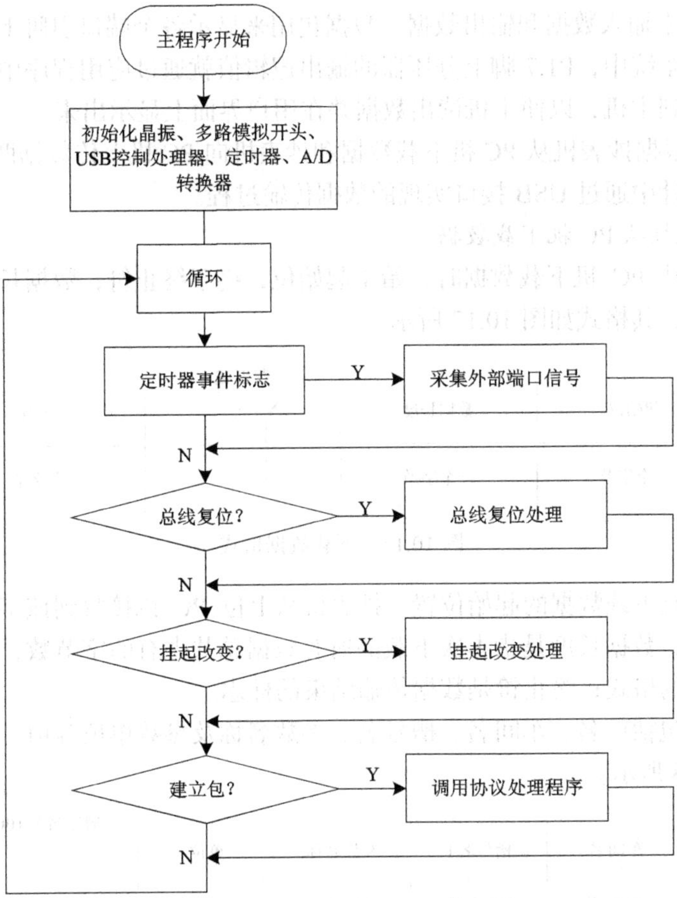

图 10.16　USB 传输软件主程序流程图

(1) 选择并使能 USB 时钟源。时钟恢复电路用输入 USB 数据流调节内部振荡器，这使内部振荡器(和 4 倍时钟乘法器)能满足 USB 时钟的精度要求。

(2) 通过向 USBRST 位写“1”来复位 USB0。

(3) 配置并使能 USB 收发器。

(4) 执行任何一种 USB0 功能配置(中断、挂起检测)。

(5) 通过向 USBINH 位写“0”来使能 USB0。

软件部分分为三大块：在 C8051F320 设备上运行的固件程序，在主机上运行的 USB 设备驱动程序，一个主机应用程序。主机应用程序通过 USB 接口与 C8051F320 通信，允许用户观察并改变 C8051F320 设备上的 I/O 外设的状态。在运行主机应用程序前，我们要先安装设备的 USB 驱动程序。当设备通过 USB 接口与主机连接好后，应用程序就开始枚举，并通过端点 0、1 和 2 来完成设备与主机之间的数据传输。在 USB 协议中，端点 0 数据包被定义为控制数据包，端点 1

和 2 分别用来输入数据和输出数据。数据包用来显示各个端口引脚上的逻辑值。在上述应用系统中，P1.7 脚上分压器的输出逻辑值就通过应用程序中的端点 1 数据包来传输到主机，以便主机读出数据并在用户界面上显示出来。

下面，根据抄表机从 PC 机下载数据和抄表机向 PC 机上传数据两个方面，具体分析本设计中通过 USB 接口实现的数据传输过程。

1) 抄表机从 PC 机下载数据

抄表仪从 PC 机下载数据时，始于起始位，终于终止符，数据长度指明了数据域的长度，其格式如图 10.17 所示。

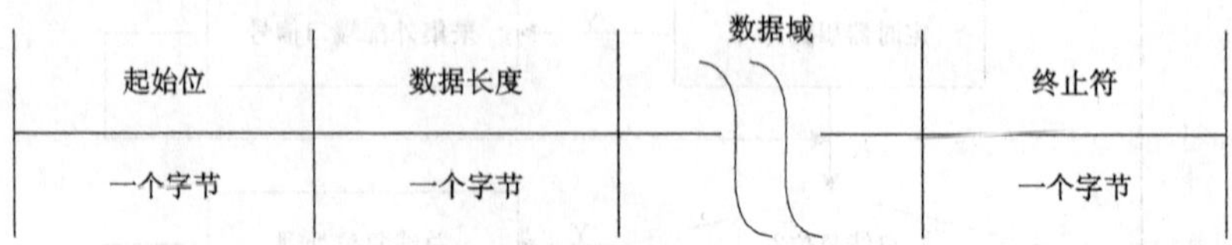

图 10.17　下载数据格式

起始位是下载数据的起始位置，抄表机从上位 PC 机接收到该字节后表明数据下载开始；数据长度是指本次下载的所有数据总共占有的字节数；数据域是指数据传输时的格式；终止符是数据传输结束的标志。

数据域包括厂名、车间名、槽号名、参数名称及参数单位等项。数据域的格式如图 10.18 所示。

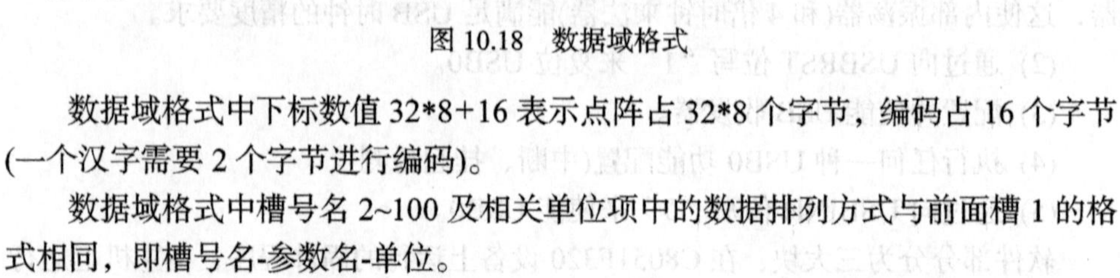

图 10.18　数据域格式

数据域格式中下标数值 32*8+16 表示点阵占 32*8 个字节，编码占 16 个字节(一个汉字需要 2 个字节进行编码)。

数据域格式中槽号名 2~100 及相关单位项中的数据排列方式与前面槽 1 的格式相同，即槽号名-参数名-单位。

为了简化代码，该模块可采用 C 语言与汇编语言混合编程的办法，部分写数据(抄表机从 PC 机下载数据)的代码如下：

```
void WriteMemory(uint Address,uchar * Datapt,uint DataNum)
{uchar AddressH,AddressL;
```

```
        EnableWriteOperation();     //发送写允许命令
        CS = 0;
        AddressL = Address;
        AddressH = Address>>8;
        SPI_Delay(1);
        SPISendByte(WRITE);         //发送写命令
        SPISendByte(AddressH);      //发送地址高字节
        SPISendByte(AddressL);      //发送地址低字节
        while(DataNum--)            //连续写入 DataNum 个字节的数据
            {SPISendByte(*Datapt);  //写入一个字节
            Datapt++;               //指针指向下一个字符
            }
        CS = 1;                     //写结束
    }
```

2) 抄表机向 PC 上传数据

抄表机上传给 PC 机的数据，也是始于起始位，终于终止符，如图 10.19 所示。

数据域包括厂名、车间名、槽号、相关参数值和时间设定等项。上传数据域的格式如图 10.20 所示。

抄表机向 PC 机上传数据的时候，只需传输汉字的相关编码，而不需要传输这些汉字的点阵。以一个 8 字厂名为例，这个厂名的 8 个汉字译成二进行编码后共占 16 个字节，这就是图 10.20 厂名下方 16 字节的由来。

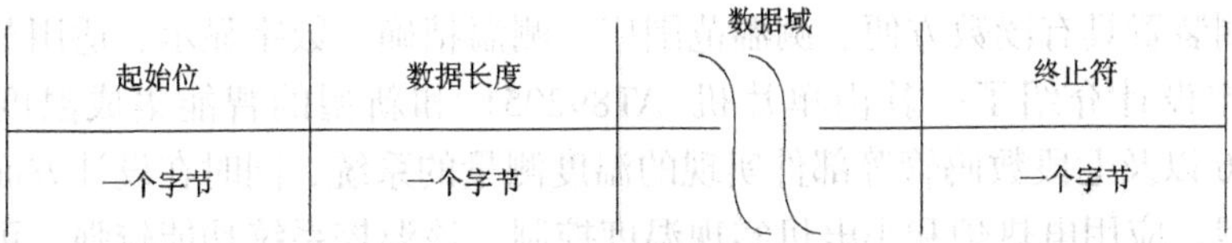

图 10.19　数据上传格式

图 10.20　上传数据域格式

读数据(抄表机向 PC 上传数据)程序的部分代码如下：

```
    void ReadMemory(uint Address,uchar * Savept,uint DataNum)
```

```
{uchar AddressH,AddressL;
    CS = 0;
    AddressL = Address;
    AddressH = Address>>8;
    SPISendByte(READ);                     //发送读命令
    SPISendByte(AddressH);                 //发送地址高字节
    SPISendByte(AddressL);                 //发送地址低字节
    while(DataNum--)                       //连续写入 DataNum
                                             个字节的数据
        {*Savept = SPIReceiveByte();       //读出并保存一个字节
        Savept++;                          //指针指向下一个字符
        }
            CS = 1;                        //读结束
}
```

10.2 温度控制系统的设计

10.2.1 背景意义

随着现代信息技术的飞速发展和传统工业改造的逐步实现，能够独立工作的温度检测和控制系统在诸多领域得到了广泛的应用。传统的温度检测以热敏电阻为温度敏感元件。热敏电阻的成本低，但需后续信号处理电路，而且可靠性相对较差，测温准确度低，检测系统也有一定的误差。与传统的温度计相比，数字式温度检测装置具有读数方便、测温范围广、测温精确、数字显示、适用范围宽等特点。本设计介绍了一款由单片机 AT892051 和新型的智能集成温度传感器 DS18B20 以及七段数码管等部件实现的温度测量的系统，同时在设计方面做了功能的扩展，应用电热炉和小电机实现温度控制。该温控系统功能较强，可以设置上下限控制温度，且测量准确、误差较小。单片机可以把由 DS18B20 读来的数据利用软件来进行处理，从而把数据传输到显示模块，实现温度显示。控制电路部分通过电热炉和小电机实现，即当温度超过设置的最高温度时继电器控制小电机转动，实现降温操作，当低于给定的最低温度时，控制电热炉加热升温。

10.2.2 总体方案设计

本设计选用 AT89C51 单片机为中央处理器，通过温度传感器采集被测物体温度，将采集到的温度信号传输给单片机，再由单片机控制显示器进行温度显示。

当环境温度超过 30℃时，单片机驱动电机转动降温，温度降到 30℃后电机停止转动；当环境温度低于 20℃时，单片机驱动电热炉加热，温度升至 20℃后电热炉停止加热。总体方案框图如图 10.21 所示。

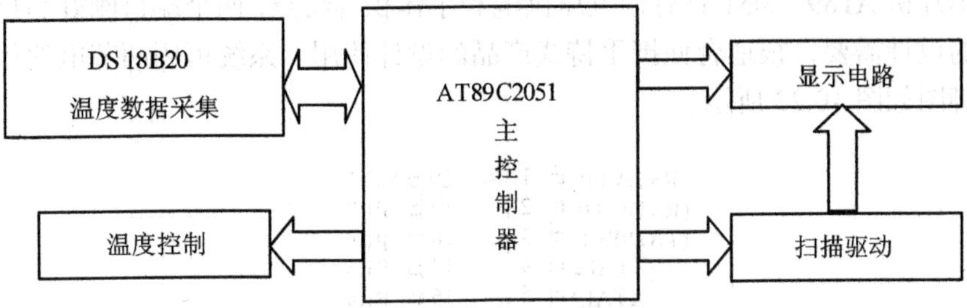

图 10.21　温度控制系统结构框图

实现方案的技术路线为：用 DS18B20 采集环境温度，用 LED 数码管显示温度，电机和电热炉实现对温度的控制，用 ISIS 软件对设计进行仿真，用汇编语言完成软件编程。

本温度控制系统的设计采用美国 DALLAS 半导体公司继 DS1820 之后推出的一种改进型智能温度传感器 DS18B20 作为温度采集元件，测温范围为−55~125℃，最高分辨率可达 0.0625℃，可以满足本次设计的需要。

10.2.3　系统硬件电路的设计

本温度控制系统的原理图如图 10.22 所示，控制器使用单片机 AT89C2051，

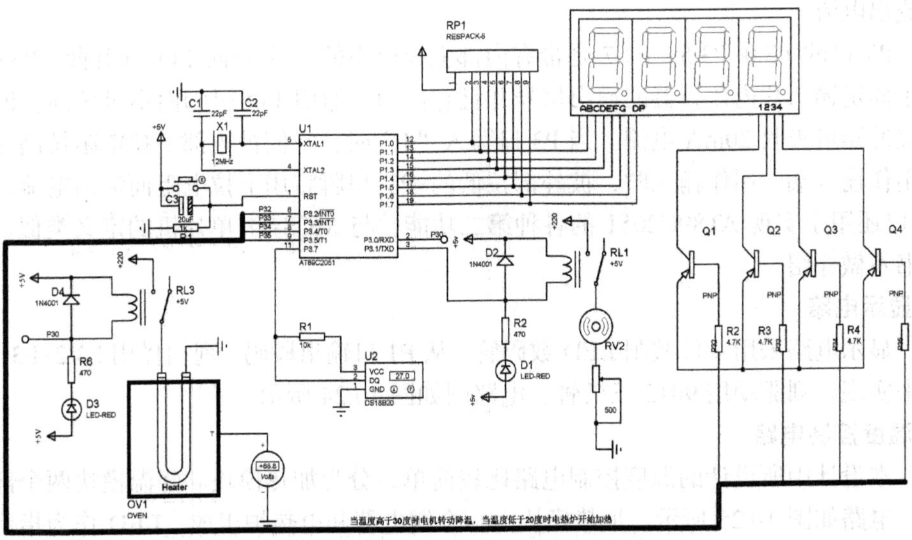

图 10.22　温度控制系统电路原理图

温度传感器使用 DS18B20，用 4 位共阳 LED 数码管以动态扫描法实现温度显示，P3.0 和 P3.1 引脚与温度控制电路连接进行信号的通信。

1. 主控制器

单片机 AT89C2051 具有低电压供电和小体积等特点，两个端口刚好满足电路系统的设计需要，很适合便携手持式产品的设计使用。系统可用两节电池供电，其管脚图如图 10.23 所示。

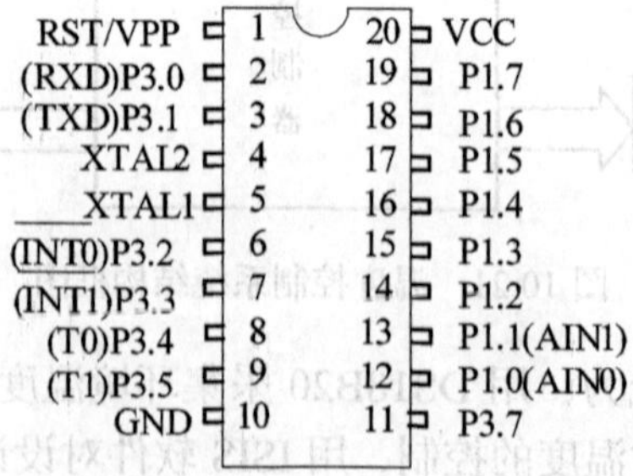

图 10.23　AT89C2051 外部引线图

P1 口是一个 8 位双向 I/O 口。引脚 P1.2~P1.7 提供内部上拉电阻，P1.0 和 P1.1 要求外部上拉电阻。P1.0 和 P1.1 还分别作为片内精密模拟比较器的同相输入(AIN0)和反相输入(AIN1)。P1 口输出缓冲器可吸收 20mA 电流并能直接驱动 LED 显示。对 P1 口引脚写入“1”时，通过内部的上拉电阻把端口拉到高电位，此时可用作输入端。当引脚 P1.2~P1.7 用作输入并被外部拉低时，它们将因内部的上拉电阻而流出电流。

P3 口的 P3.0~P3.5、P3.7 是带有内部上拉电阻的 7 个双向 I/O 口引脚。P3.6 用于固定输入片内比较器的输出信号并且它作为一通用 I/O 引脚而不可访问。P3 口缓冲器可吸收 20mA 电流。当 P3 口写入“1”时，它们被内部上拉电阻拉高并可用作输入端。用作输入时，被外部拉低的 P3 口脚将用上拉电阻而流出电流。P3 口还用于实现 AT89C2051 的各种第二功能，与 MCS-51 单片机的定义类似，本书不做介绍。

2. 显示电路

显示电路采用 4 位共阳 LED 数码管，从 P1 口输出段码，列扫描用 P3.2~P3.5 口来实现，列驱动用 9012 三极管，电路图如图 10.24 所示。

3. 温度控制电路

本设计中所设计的温度控制电路比较简单，分为加热模块和降温模块两个部分，电路如图 10.25 所示。加热模块由一个继电器和电热炉组成，LED 作为指示灯；降温模块由一个继电器和电机组成，同样也有 LED 起指示灯作用。

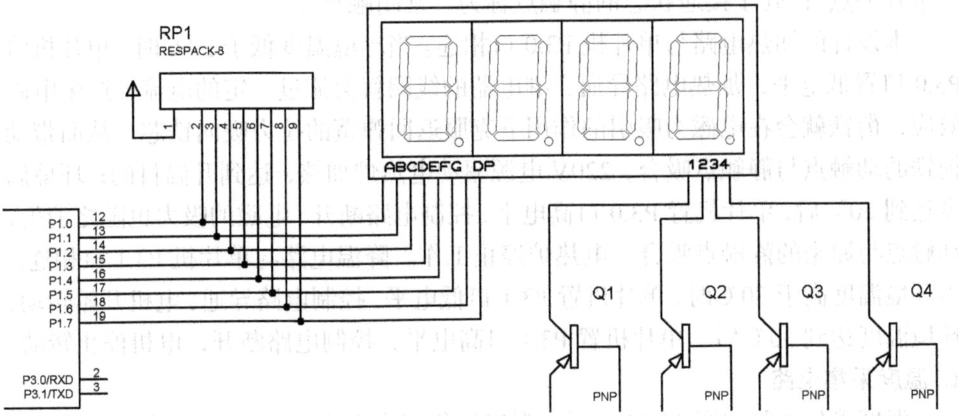

图 10.24　显示电路连线图

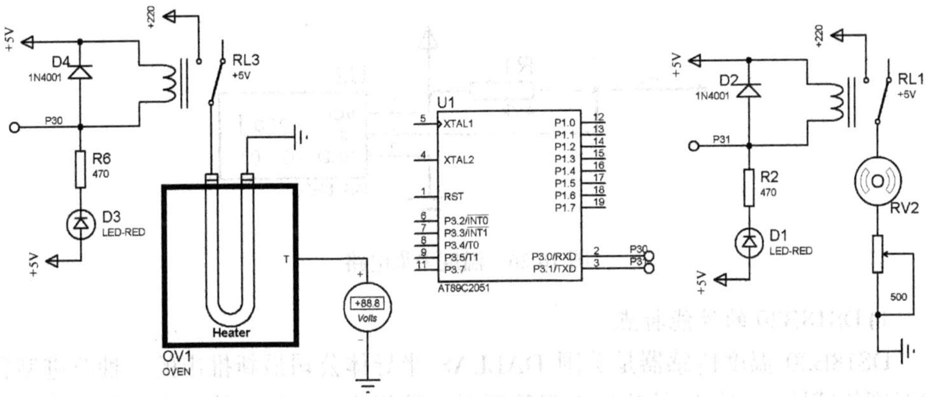

图 10.25　温度控制电路连线图

继电器是一种电子控制器件，它具有控制系统(又称输入回路)和被控制系统(又称输出回路)，通常应用于自动控制电路中，它实际上是用较小的电流去控制较大电流的一种“自动开关”。故在电路中起着自动调节、安全保护、转换电路等作用。本设计采用的是一种电磁继电器，下面对电磁继电器进行简单介绍。

电磁式继电器一般由铁芯、线圈、衔铁、触点簧片等组成。只要在线圈两端加上一定的电压，线圈中就会流过一定的电流，从而产生电磁效应，衔铁就会在电磁力吸引的作用下克服返回弹簧的拉力吸向铁芯，从而带动衔铁的动触点与静触点(常开触点)吸合。当线圈断电后，电磁的吸力也随之消失，衔铁就会因弹簧的反作用力返回原来的位置，使动触点与原来的静触点(常闭触点)吸合。这样吸合、释放，从而达到了在电路中的导通、切断的目的。对于继电器的“常开、常闭”触点，可以这样来区分：继电器线圈未通电时处于断开状态的静触点，称为

"常开触点"；处于接通状态的静触点称为"常闭触点"。

本设计的加热电路与单片机 P3.0 口相连。当环境温度低于 20℃时，单片机将 P3.0 口置低电平，加热电路导通，继电器的线圈就会流过一定的电流，产生电磁效应，衔铁就会在电磁力吸引的作用下克服返回弹簧的拉力吸向铁芯，从而带动衔铁的动触点与静触点吸合，220V 电源驱动电热炉加热，达到升温目的；环境温度达到 20℃后，单片机置 P3.0 口高电平，控制电路断开，电磁的吸力也随之消失，动触点与原来的静触点吸合，电热炉停止工作。降温电路与单片机 P3.1 口相连。当环境温度高于 30℃时，单片机置 P3.1 口低电平，控制电路导通，电机开始转动；环境温度达到 30℃后，单片机置 P3.1 口高电平，控制电路断开，电机停止转动。

4. 温度采集电路

温度采集电路如图 10.26 所示。温度采集工作主要由 DS18B20 完成，下面对该款芯片进行详细介绍。

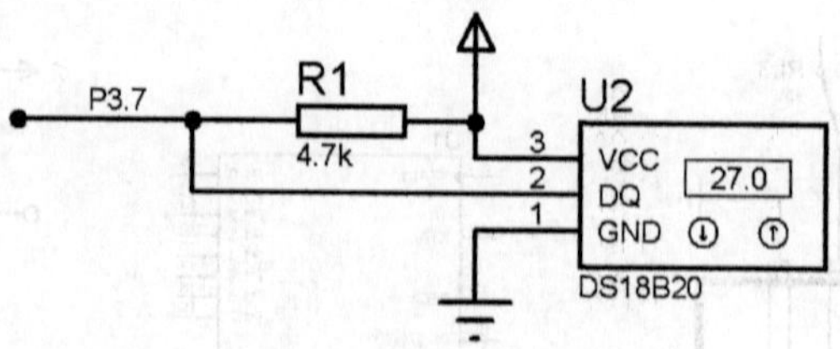

图 10.26　温度采集电路

1) DS18B20 的性能特点

DS18B20 温度传感器是美国 DALLAS 半导体公司最新推出的一种改进型智能温度传感器。与传统的热敏电阻等测温元件相比，它能直接读出实测温度，并且可根据实际要求通过简单的编程实现 9~12 位的数字值读数方式。

DS18B20 的性能特点如下：

(1) 独特的单线接口仅需要一个端口引脚进行通信。

(2) 多个 DS18B20 可以并联在唯一的三线上，实现多点组网功能。

(3) 不需要外部器件。

(4) 可通过数据线供电，电压范围为 3.0~5.5V。

(5) 零待机功耗。

(6) 温度以 9~12 位数字量读出。

(7) 用户可定义的非易失性温度报警设置。

(8) 报警搜索命令识别并标志超过程序限定温度(温度报警条件)的器件。

(9) 负电压特性，电源极性接反时，温度计不会因发热而烧毁，只是不能正常工作。

2) DS18B20 的内部结构

DS18B20 采用 3 脚 PR-35 封装或 8 脚 SOIC 封装，其内部结构框图如图 10.27 所示。

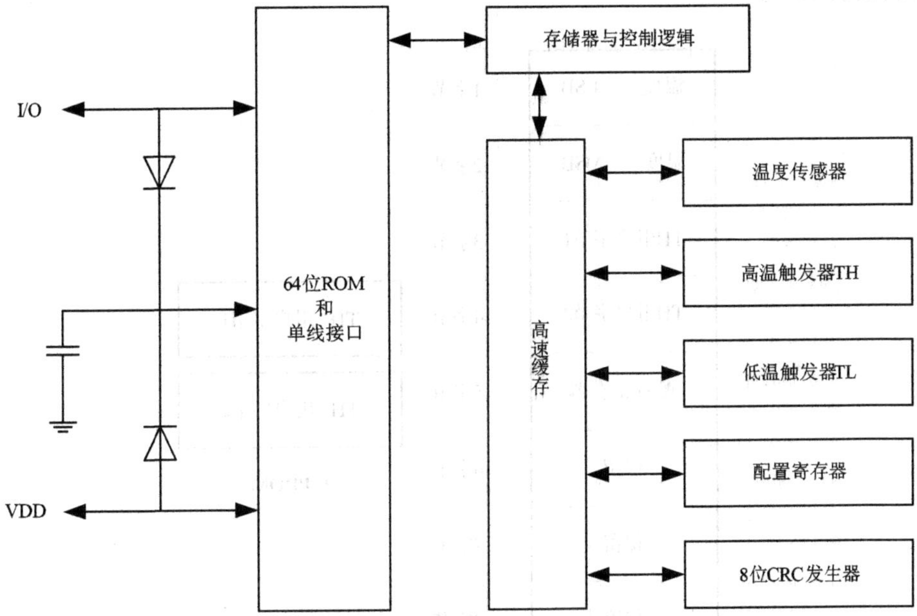

图 10.27　DS18B20 内部结构框图

64 位 ROM 的位结构如图 10.28 所示。开始 8 位是产品类型的编号；接着是每个器件的唯一的序号，共有 48 位；最后 8 位是前面 56 位的 CRC 检验码，这也是多个 DS18B20 可以采用单线进行通信的原因。非易失性温度报警触发器 TH 和 TL，可通过软件写入用户报警上下限数据。

图 10.28　64 位 ROM 结构框图

DS18B20 温度传感器的内部存储器还包括一个高速暂存 RAM 和一个非易性的可电擦除的 E^2PROM。

高速暂存 RAM 的结构为 9 字节的存储器，结构如图 10.29 所示。前 2 字节包含测得的温度信息。第 3、4 字节是 TH 和 TL 的拷贝，是易失的，每次上电复位时被刷新。第 5 字节为配置寄存器，其内容用于确定温度值的数字转换分辨率，DS18B20 工作时按此寄存器中的分辨率将温度转换为相应精度的数值。该字节各位的定义如图 10.30 所示，其中，低 5 位一直为 1；TM 是测试模式位，用于设置 DS18B20 在工作模式还是在测试模式，在 DS18B20 出厂时，该位被设置为 0，用户不要去改动；R1 和 R0 决定温度转换的精度位数，即用来设置分辨率，其定义方法见表 10.3。

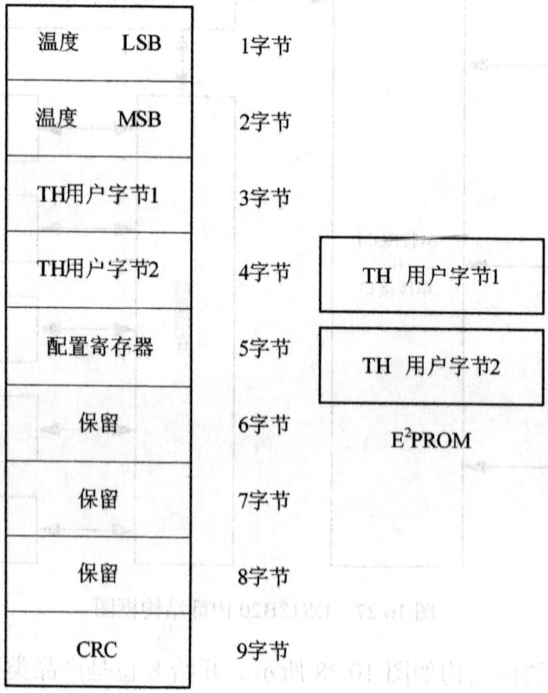

图 10.29　高速暂存 RAM 结构图

TM	R1	R0	1	1	1	1	1

图 10.30　配置寄存器位定义

表 10.3　DS18B20 分辨率的定义和规定

R1	R0	分辨率/位	温度最大转换时间/ms
0	0	9	93.75
0	1	10	187.5
1	0	11	375
1	1	12	750

由表 10.3 可见，DS18B20 温度转换的时间比较长，而且设定的分辨率越高，所需要的温度数据转换时间就越长。因此，在实际应用中要将分辨率和转换时间

权衡考虑。

高速暂存 RAM 的第 6、7、8 字节保留未用，表现为全逻辑 1。第 9 字节是前面所有 8 字节的 CRC 码，可用来检验数据，从而保证通信数据的正确性。

当 DS18B20 接收到温度转换命令后，开始启动转换。转换完成后的温度值就以 16 位带符号扩展的二进制补码形式存储在高速暂存 RAM 的第 1、2 字节中。

单片机可以通过单线接口读出该数据。读数据时，低位在先、高位在后，数据格式以 0.0625℃/LSB 形式表示。

温度值格式如图 10.31 所示。

低字节	2^3	2^2	2^1	2^0	2^{-1}	2^{-2}	2^{-3}	2^{-4}
高字节	S	S	S	S	S	2^6	2^5	2^4

图 10.31　温度数据值格式

图中，S 表示符号位。当 S=0 时，表示测得的温度值为正值，可以直接将二进制位转换为十进制；当 S=1 时，表示测得的温度值为负值，要先将补码变成原码，再计算十进制值。表 10.4 是部分温度值对应的二进制温度表示数据。

DS18B20 完成温度转换后，就把测得的温度值与 RAM 中的 TH、TL 字节内容作比较，若 T>TH 或 T<TL，则将该器件内的报警标志位置位，并对主机发出的报警搜索命令做出响应。因此，可用多只 DS18B20 同时测量温度并进行报警搜索。

表 10.4　DS18B20 温度与表示值对应表

温度/℃	二进制表示	十六进制表示	温度/℃	二进制表示	十六进制表示
+125	0000 0111 1101 0000	07D0H	0	0000 0000 0000 0000	0000H
+85	0000 0101 0101 0000	0550H	－0.5	1111 1111 1111 1000	FFF8H
+25.0625	0000 0001 1001 0001	0191H	－10.125	1111 1111 0101 1110	FF5EH
+10.125	0000 0000 1010 0010	00A2H	－25.0625	1111 1110 0110 1111	FE6FH
+0.5	0000 0000 0000 1000	0008H	－55	1111 1100 1001 0000	FC90H

在 64 位 ROM 的最高有效字节中存储有循环冗余检验码(CRC)。主机根据 ROM 的前 56 位来计算 CRC 值，并与存入 DS18B20 的 CRC 值作比较，以判断主机收到的 ROM 数据是否正确。

3) DS18B20 测温原理

如图 10.32 所示，图中低温度系数振荡器的振荡频率受温度的影响很小，用于产生定频率的脉冲信号送给减法计数器 1；高温度系统振荡器随温度变化其振荡频率明显改变，所产生的信号作为减法计数器 2 的脉冲输入。

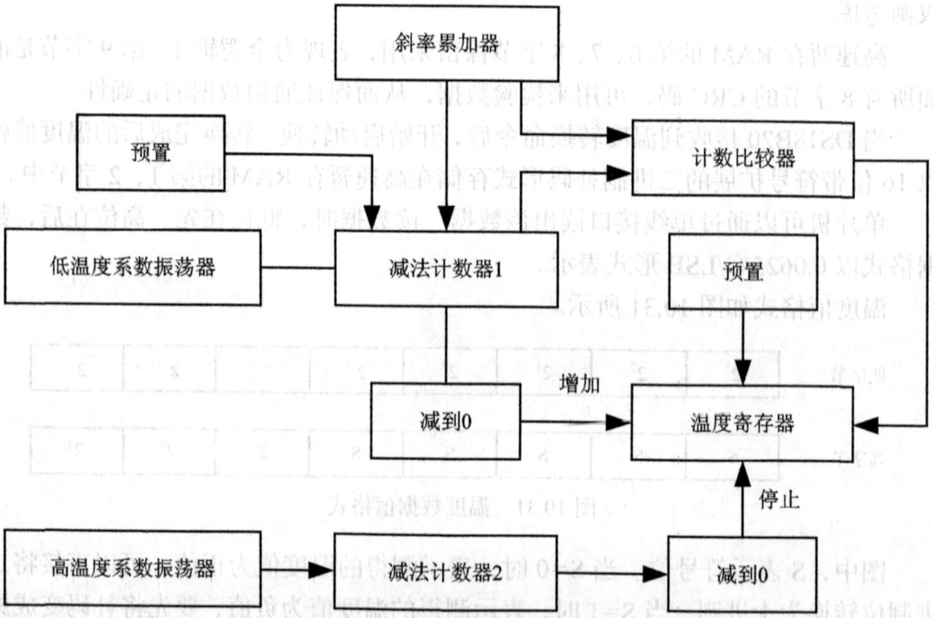

图 10.32 DS18B20 测温原理图

图中还隐含着计数门，当计数门打开时，DS18B20 就对低温度系数振荡器产生的时钟脉冲进行计数，进而完成温度测量。计数门的开启时间由高温度系数振荡器来决定，每次测量前，首先将−55℃所对应的一个基数分别置入减法计数器 1 和温度寄存器中，减法计数器 1 和温度寄存器被预置在−55℃所对应的一个基数值。

减法计数器 1 对低温度系数振荡器产生的脉冲信号进行减法计数，当减法计数器 1 的预置值减至 0 时，温度寄存器的值将加 1，减法计数器 1 的预置值将重新被装入，并重新开始对低温度系数振荡器产生的脉冲信号进行计数。如此循环，直到减法计数器 2 计数到 0 时，停止温度寄存器值的累加，此时温度寄存器中的数值就是所测温度值。图 10.32 中斜率累加器用于补偿和修正测温过程中的非线性，其输出用于修正减法计数器的预置值，只要计数门仍未关闭就重复上述过程，直到温度寄存器值达到被测温度值。

另外，由于 DS18B20 单线通信功能是分时完成的，有严格的时隙概念，因此读/写时序很重要。系统对 DS18B20 的各种操作必须按协议进行。操作协议为：初始化 DS18B20(发复位脉冲)→发 ROM 功能命令→发存储器操作命令→处理数据。

10.2.4 系统程序的设计

系统程序主要包括主程序、读出温度子程序、温度转换命令子程序、计算温度子程序和显示数据刷新子程序等。

1. 主程序

主程序的主要功能是负责温度的实时显示、读出并处理 DS18B20 的测量温度值和发送温度控制命令等。温度测量每 1s 进行一次。主程序流程图如图 10.33 所示。

按照上述设计思路，写出主程序代码如下：

```
MAIN:   LCALL   DISP1               ;调用显示子程序
        JNB     TIME1SOK,   MAIN
        CLR     TIME1SOK            ;测温每 1s 一次
        JNB     TEMPONEOK,  MAIN2   ;上电时先温度转换一次
        LCALL   READTMP1            ;读出温度值子程序
        LCALL   CONVTEMP            ;温度 BCD 码计算处理
                                     子程序
        LCALL   DISPBDC             ;显示区 BDC 码温度值
                                     子程序
        LCALL   DISP1               ;消闪烁，显示一次
MAIN2:  LCALL   READTEMP            ;温度转换开始
        LCALL   TEMPCOM             ;温度控制子程序
        SETB    TEMPONEOK
        LJMP    MAIN
```

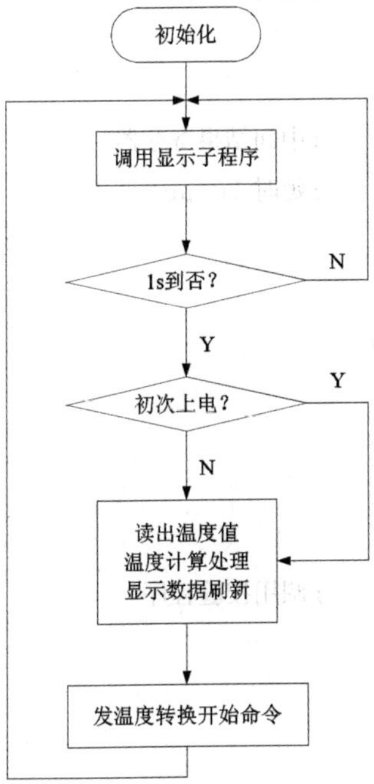

图 10.33　主程序流程图

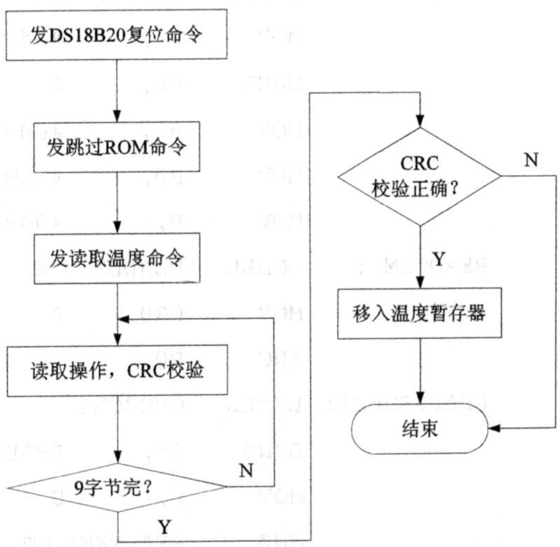

图 10.34　读出温度子程序流程图

2. 读出温度子程序

读出温度子程序的主要功能是读出 RAM 中的 9 字节。在读出时需进行 CRC 校验，校验有错时不进行温度数据的改写。读出温度子程序流程图如图 10.34 所示。程序代码如下：

```
READTEMP:    LCALL   INITDS1820
             MOV     A,      #0CCH
             LCALL   WRITEDS1820           ;skip ROM
             MOV     R6,     #34H          ;延时 104μs
             DJNZ    R6,     $
             MOV     A,      #44H
             LCALL   WRITEDS1820           ;开始转换
             MOV     R6,     #34H          ;延时 104μs
             DJNZ    R6,     $
             RET
READTEMP1:   LCALL   INITDS1820
             MOV     A,      #0CCH
             LCALL   WRITEDS1820           ;skip ROM
             MOV     R6,     #34H          ;延时 104μs
             DJNZ    R6,     $
             MOV     A,      #0BEH
             LCALL   WRITEDS1820           ;中间结果寄存器
             MOV     R6,     #34H          ;延时 104μs
             DJNZ    R6,     $
             MOV     R5,     #09H
             MOV     R0,     #TEMPHEAD
             MOV     B,      #00H
READTEM2:    LCALL   READDS1820
             MOV     @R0,    A
             INC     R0
READTEMP21:  LCALL   CRC8CAL               ;调用校验程序
             DJNZ    R5,     READTEMP2
             MOV     A,      B
             JNZ     READTEMPOUT
             MOV     A,      TEMPHEAD+0
```

```
        MOV     TEMPL,  A
        MOV     A,      TEMPHEAD+1
        MOV     TEMPH,  A
READTEMPOUT:RET
```

3. 温度转换命令子程序

温度转换命令子程序主要是发温度转换开始命令。当采用 12 位分辨率时，转换时间约为 750ms。在本程序设计中，采用 1s 显示程序延时法等待转换的完成。

温度转换命令子程序流程图如图 10.35 所示。相应程序代码略。

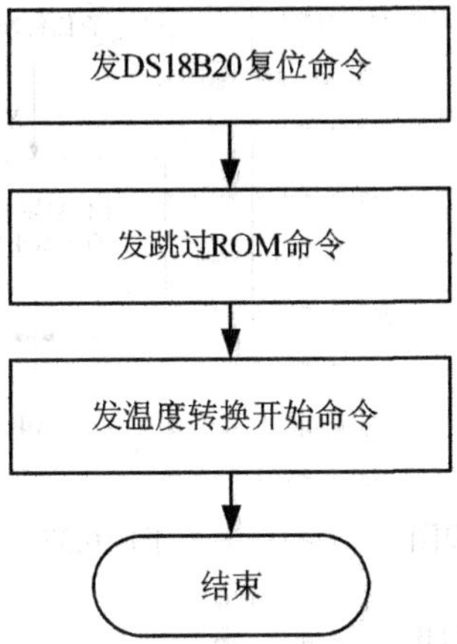

图 10.35　温度转换命令子程序流程图

4. 计算温度子程序

计算温度子程序将 RAM 中读取值进行 BCD 码的转换，并进行温度值正负的判定。计算温度子程序流程图如图 10.36 所示，相应程序代码略。

5. 显示数据刷新子程序

显示数据刷新子程序主要是对显示缓冲器中的显示数据进行刷新操作，当最高数据显示位为 0 时，将符号显示位移入下一位。

显示数据刷新子程序流程图如图 10.37 所示。

相关代码如下：

```
DISPBCD:    MOV     A    ,   TEMPLC
            ANL     A    ,   #0FH
            MOV 70H      ,   A
            MOV     A    ,   TEMPLC
            SWAP    A
            ANL     A    ,   #0FH
```

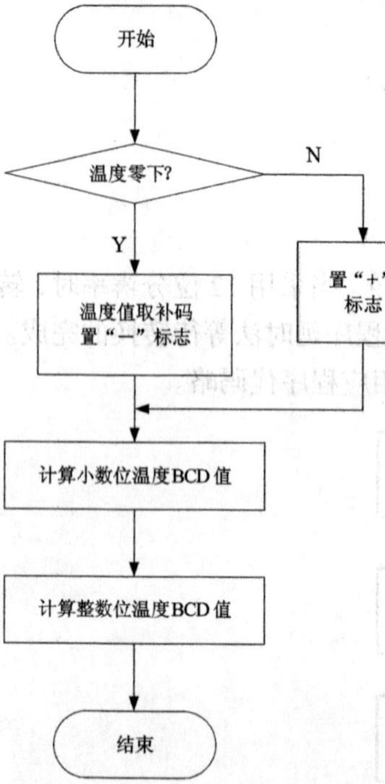

图 10.36　计算温度子程序流程图

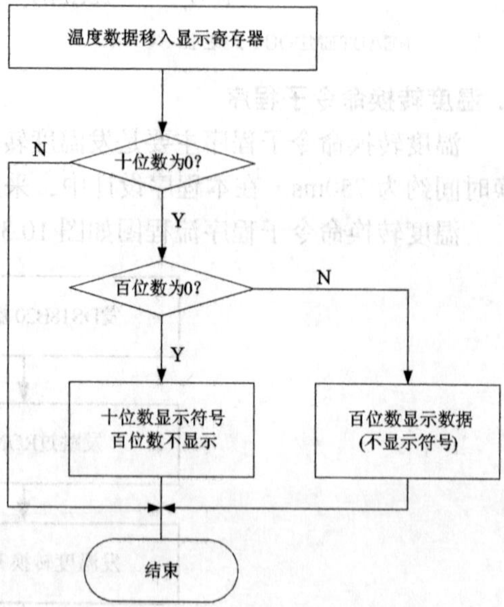

图 10.37　显示数据刷新子程序流程图

```
            MOV 71H     ,   A
            MOV     A   ,   TEMPHC
            ANL     A   ,   #0FH
            MOV 72H     ,   A
            MOV     A   ,   TEMPHC
            SWAP    A
            ANL     A   ,   #0FH
            MOV 73H     ,   A
            MOV     A   ,   TEMPHC
            ANL     A   ,   #0F0H
            CJNE    A   ,   #010H ,  DISPBCD0
            SJMP    DISPBCD2
DISPBCD0:   MOV     A   ,   TEMPHC
            ANL     A   ,   #0FH
            JNZ     DISPBCD2            ;十位数是零
            MOV     A   ,   TEMPHC
```

```
            SWAP    A
            ANL     A    ,   #0FH
            MOV 73H      ,   #0AH     ;符号位不显示
            MOV 72H      ,   A        ;十位数显示符号
DISPBCD2:   RET
```

10.3　基于 PTR8000 的无线数据传输

10.3.1　背 景 意 义

在农业温室中，温度、湿度和光照度是影响作物生长的重要环境因素。温室小气候的测控技术就是对温室内的温度、湿度和光照度等进行监测和控制，模拟作物的生长环境，促进作物快速生长。在测控系统中，数据通信可以采用有线和无线方式。有线方式可靠、稳定，如 RS232、I2C、1-wire、CAN 总线等，但在一些地理条件复杂、线路架设困难的场合。无线传输方式有其突出的优势。

目前，短距离无线通信方式主要有两种：IrDA 红外技术和工作于 ISM 频段的射频(RF)技术(包括普通 RF、蓝牙技术、HomeRF 等)，红外技术的缺点是方向性强，通信距离短，不能有遮挡物等。与普通 RF 技术比，蓝牙和 HomeRF 不仅技术复杂度高，软硬件设计及其协议编程复杂，而且传输距离相对较近。由于温室空间大、相对湿度大、环境复杂，需要进行多点测量，而基于 RF 技术的无线传输模块，具有硬件设计简单、成本低廉、开发周期短、系统升级容易等特点，能较好满足温室环境数据采集与传输的要求。

本设计以 PTR8000 为无线传输模块，以 AT89S52 单片机为主控芯片，可以实现多点多层次的温室小气候无线数据通信。

10.3.2　总体方案设计

本设计的任务是设计一个利用单片机控制的无线数据传输系统，要求传输距离大于 50m，上位机进行显示。系统可由主机和从机两部分组成，构成点对多点的半双工无线数据通信网络。从机包括温度数据采集、湿度数据采集、光照亮度数据采集和 A/D 转换、单片机数据处理、光照自动补偿模块和数据发送模块。从机工作为主动方式，自动采集温度、湿度和光照强度信息，将采集到的信息自动发送出去，由主机接收，并且当光照强度低于某一特定的值时，从机会自动补充光照。主机包括接收数据、将接收到的数据通过串口通信模块上传到上位机以及在上位机中实时显示采集到的数据，并且用曲线绘制出一天温度、湿度和光照强度的变化。在上位机中可以查看三天以内的数据。

总体方案结构分为下位机信号采集框图和上位机数据显示框图两个部分，如

图 10.38 和图 10.39 所示。

在从机系统中以 AT89S52 为控制芯片，通过 DS18B20、DTH11 还有光敏电阻采集温度、湿度和光照强度，采用 LCD1602 显示，再通过 PTR8000 将数据发送出去。在主机系统中以 AT89S52 为控制芯片，通过 PTR8000 接收数据，再将接收到的数据通过单片机处理,处理好的数据通过MAX232 传输到上位机并显示。

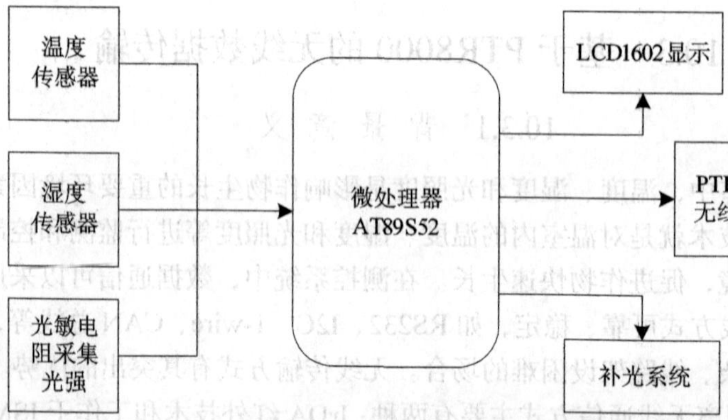

图 10.38　系统信号采集框图

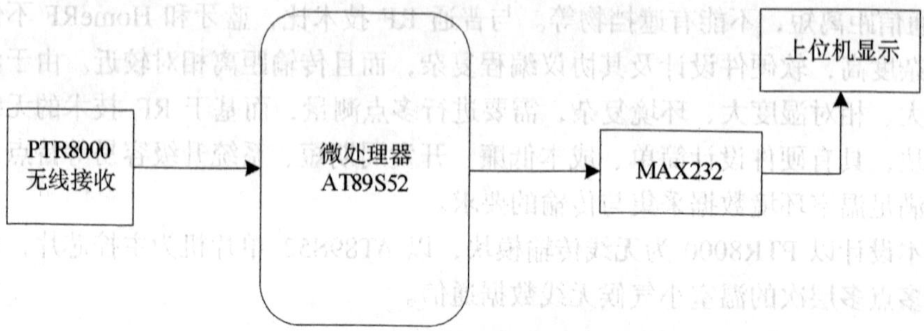

图 10.39　无线接收部分上位机显示框图

10.3.3　系统硬件电路设计

1. 数据收发模块

数据收发模块的电路如图 10.40 所示。该电路采用的PTR8000是以挪威Nordic公司的 nRF905 芯片为核心的无线收发模块。模块工作在 433/868/915MHz 无线频段，属于国际开放的 ISM 频段，无需向专业部门申请使用许可。PTR8000 内置环形天线，最大发射功率为+10dBm，采用高抗干扰的 GFSK 调制，数据传输速率为 50kbps，具备独特的载波检测输出 CD、地址匹配输出 AD、数据就绪输出 DR，自动产生前导码和 CRC，使用 SPI 接口与 MCU 通信。PTR8000 工作电压为 1.9~3.6V，功率很低，发射电流为 11mA，接收电流为 12.5mA，待机电流为 2.5μA。

PTR8000 传输数据时为非实时方式，即发送端发送数据，接收端将接收到的数据先暂存与 nRF905 芯片存储器内，需要时 MCU 再从芯片中读取。

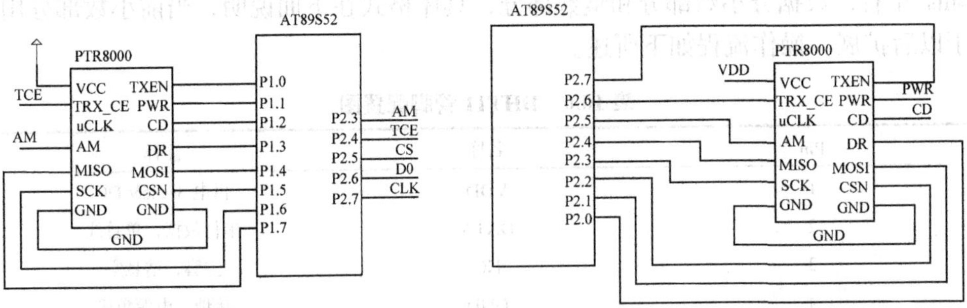

(a) 发送部分连线图　　(b) 接收部分连线图

图 10.40　数据收发模块电路图

表 10.5　PTR8000 工作模式控制

PWR(Pin4)	TRX_CE(Pin3)	TX_EN(Pin2)	工作模式
0	X	X	掉点和 SPI 编程模式
1	0	X	待机和 SPI 编程模式
1	1	0	接收
1	1	1	发射

如表 10.5 所示, PTR8000 有四种工作模式。在待机和掉电模式下 PTR8000 均不能接收、发送数据，只有 SPI 接口工作。发送数据时，在待机模式下，MCU 将接收机的地址和有效数据通过 SPI 接口传送给 PTR8000，MCU 设置 TRX_CE，TX_EN 为高，启动 PTR8000 发送，PTR8000 自动加载前导码和 CRC 校验码，将数据打包，以曼彻斯特编码方式完成数据包的发送。数据传输结束后 MCU 将 TRX_CE 设置为低，PTR8000 进入待机模式。接收数据时，MCU 设置 PTR8000 的 TRX_CE 为高,TX_EN 为低，选择接收模式，PTR8000 监测空中信息，当接收到一个有效数据包后，PTR8000 自动去掉前导码、地址和 CRC 位，并将 DR 引脚置高，通知 MCU 数据传输已经完成。MCU 设置 TRX_CE 为低，使 PTR8000 进入待机模式，MCU 以设置的速率通过 SPI 接口读出有效数据。

2. DS18B20 测温模块

DS18B20 可以直接读出被测温度值，采用三线制与单片机相连减少了外部的硬件电路，具有低成本和易使用的特点。有关 DS18B20 的工作原理和操作流程已经在 10.2 节作了详细说明，在此不再赘述。

3. DHT11 测量湿度模块

DHT11 引脚配置图如表 10.6 所示。

下面结合电路图 10.41 对该款芯片的工作原理作进一步阐述。图中 DATA 用于微处理器与 DHT11 之间的通信和同步，采用单总线数据格式，一次通信时间 4ms 左右，数据分小数部分和整数部分，具体格式在下面说明，当前小数部分用于以后扩展。操作流程如下所述。

表 10.6　DHT11 管脚配置图

Pin	名称	注释
1	VDD	供电 3~5.5V DC
2	DATA	串行数据，单总线
3	NC	空脚，请悬空
4	GND	接地，电源负极

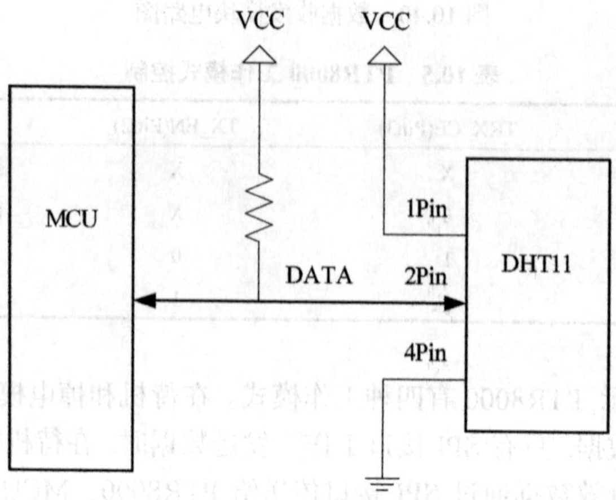

图 10.41　DTH11 驱动电路

一次完整的数据传输为 40bit,高位先出。数据格式：8bit 湿度整数数据+8bit 湿度小数数据+8bit 温度整数数据+8bit 温度小数数据+8bit 校验和。

数据传送正确时，校验和数据等于“8bit 湿度整数数据+8bit 湿度小数数据+8bit 温度整数数据+8bit 温度小数数据”所得结果的末 8 位。

用户 MCU 发送一次开始信号后，DHT11 从低功耗模式转换到高速模式，等待主机开始信号结束后，DHT11 发送响应信号，送出 40bit 的数据，并触发一次信号采集，用户可选择读取部分数据。从模式下，DHT11 接收到开始信号触发一次温湿度采集，如果没有接收到主机发送开始信号，DHT11 不会主动进行温湿度采集。采集数据后转换到低速模式。

4. LCD1602 液晶显示模块

LCD1602 驱动电路如图 10.42 所示。单片机 P0 口与 LCD1602 的数据管脚相连，需要外接上接电阻；P1 口连接液晶的控制管脚。下面结合 LCD1602 驱动电路图介绍该款液晶的引脚功能。1602LCD 采用标准的 14 脚(无背光)或 16 脚(带背光)接口，各引脚接口说明如表 10.7 所示。

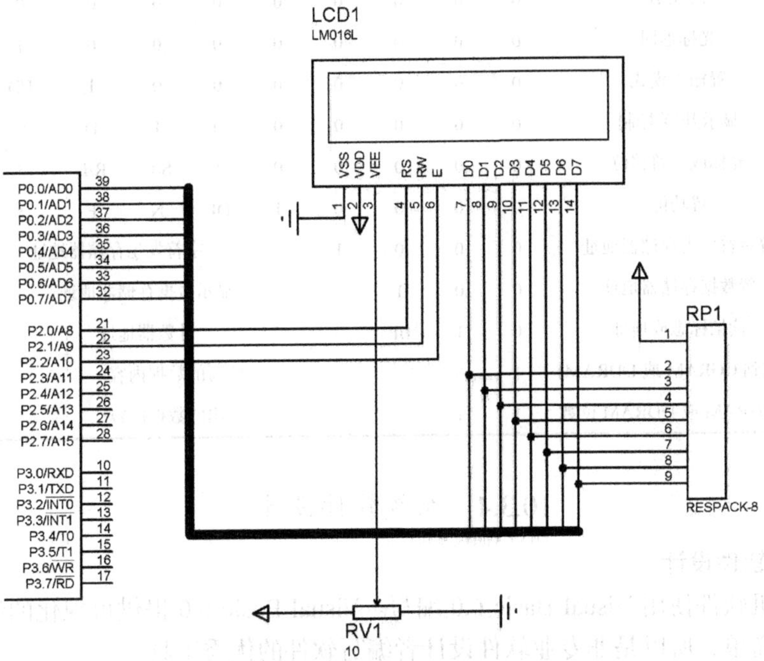

图 10.42　LCD1602 驱动电路图

表 10.7　LCD1602 引脚说明

编号	符号	引脚说明	编号	符号	引脚说明
1	VSS	电源地	9	D2	数据
2	VDD	电源正极	10	D3	数据
3	VL	液晶显示偏压	11	D4	数据
4	RS	数据/命令选择	12	D5	数据
5	R/W	读/写选择	13	D6	数据
6	E	使能信号	14	D7	数据
7	D0	数据	15	BLA	背光源正极
8	D1	数据	16	BLK	背光源负极

1602 液晶模块内部的控制器共有 11 条控制指令，如表 10.8 所示。1602 液晶模块的读写操作、屏幕和光标的操作都是通过指令编程来实现的。(说明：1 为高电平，0 为低电平)。

表 10.8 LCD1602 指令说明

序号	指令	RS	R/W	D7	D6	D5	D4	D3	D2	D1	D0
1	清显示	0	0	0	0	0	0	0	0	0	1
2	光标返回	0	0	0	0	0	0	0	0	1	*
3	置输入模式	0	0	0	0	0	0	0	1	I/D	S
4	显示开/关控制	0	0	0	0	0	0	1	D	C	B
5	光标或字符移位	0	0	0	0	0	1	S/C	R/L	*	*
6	置功能	0	0	0	0	1	DL	N	F	*	*
7	置字符发生存储器地址	0	0	0	1	字符发生存储器地址					
8	置数据存储器地址	0	0	1	显示数据存储器地址						
9	读忙标志或地址	0	1	BF	计数器地址						
10	写数到 CGRAM 或 DDRAM)	1	0	要写的数据内容							
11	从 CGRAM 或 DDRAM 读数	1	1	读出的数据内容							

10.3.4 系统软件设计

1. 上位机软件设计

上位机软件使用 Visual Basic 6.0 编写。Visual Basic 6.0 提供可视化的编辑界面，操作简单，所以是非专业软件设计者编写软件的优秀工具。

串口接收数据部分和发送数据部分的流程图分别如图 10.43 和图 10.44 所示。由于上位机软件是在 Visual Basic 6.0 环境下编写的，其中大部分代码是编译器自动形成的，只要写少部分与串口通信有关的代码即可，相应代码如下。

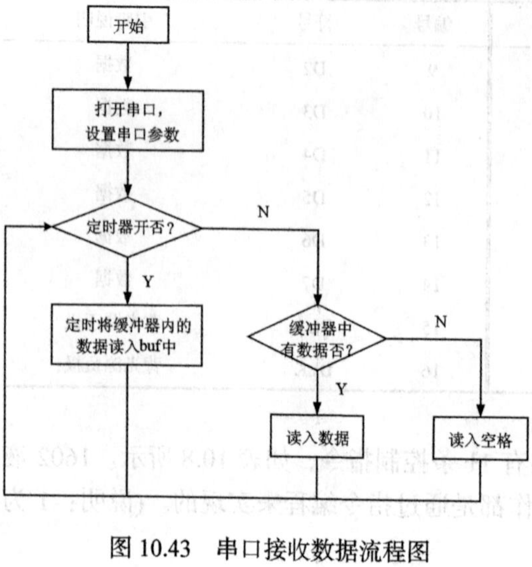

图 10.43 串口接收数据流程图

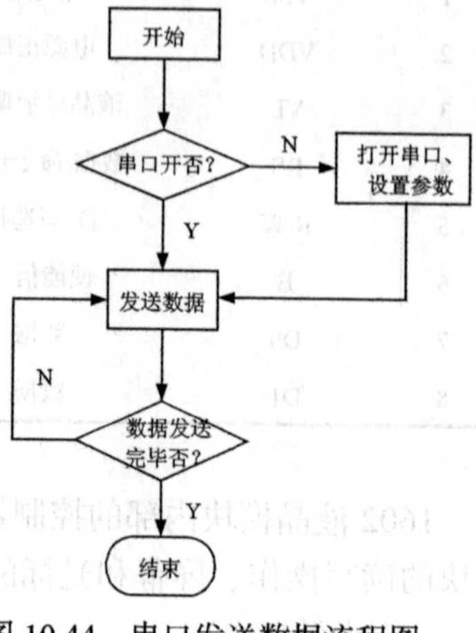

图 10.44 串口发送数据流程图

```
                        //*串口通信初始化*//
SCONSET:      MOV       SCON,    #050H      ;方式 1 异步接收
              MOV       TMOD,    #021H      ;初始化定时器
              MOV       TH0,     #03CH
              MOV       TL0,     #0B0H
              MOV       TH1,     #0FDH
              SETB      EA                  ;开串行口中断
              SETB      ET0
              SETB      TR0
              SETB      PT0
              SETB      PT1
              CLR       PS
              SETB      TR1
              SETB      ES
              SETB      TI
              RET
                        //*串口通信设置*//
STARTSCON:    MOV       TAB1,               R3
              MOV       TAB1+01H,           R2
              MOV       TAB1+02H,           R1
              MOV       R3, TAB1            ;字符块起始地址送 R3
              INC       TAB1+02H
              MOV       A,       TAB1+02H
              MOV       R2,      TAB1+01H
              JNZ       LOOP1
              INC       TAB1+01H
LOOP1:        DEC       A
              MOV       R1,      A
              LCALL     EXTDPTR
              MOV       SBUF,    A
LOOP2:        JNB       TI,      LOOP2
LOOP3:        CLR       TI
              MOV       R3,      TAB1
              MOV       R2, TAB1+01H
              MOV       R1, TAB1+02H
```

```
        LCALL       EXTDPTR
        JNZ         STARTSCON
        RET
```

2. 单片机程序设计

本部分主要介绍数据采集发送程序(流程图如图 10.45 所示)和数据上传上位机程序(流程图如图 10.46 所示)。

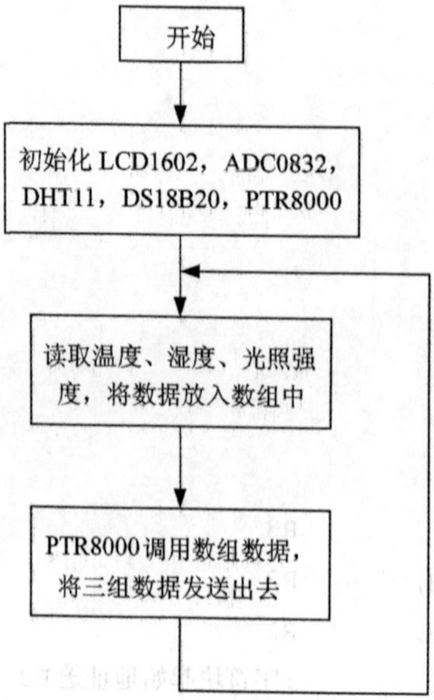

图 10.45　数据采集及其发送流程图

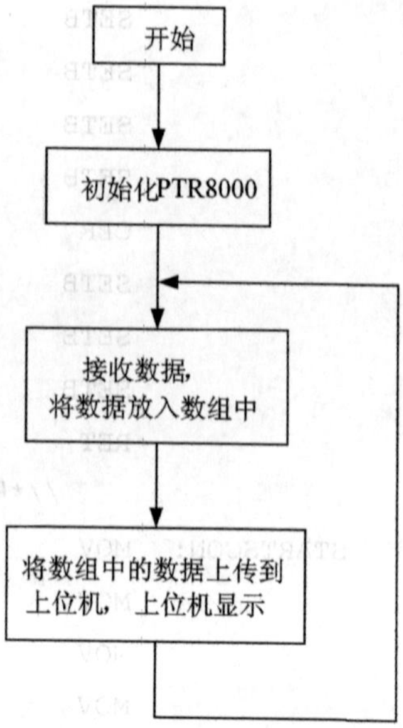

图 10.46　数据上传上位机流程图

1) 数据采集及发送程序

程序启动后，首先初始化芯片，清理系统内存，然后对温度、湿度及光照强度进行采集。采集芯片(DTH11、DS18B20)自动将采集到的模拟信号转换为二进制数字量，传输到单片机中。传输到单片机中的数据，一方面由单片机控制显示设备，显示当前的温度、湿度等信息；另一方面通过 D/A 转换后，通过 PTR8000 发送出去。部分程序代码略。

2) 数据上传上位机程序

程序启动后，首先初始化芯片 PTR8000，清理系统内存，然后通过单片机控制将采集好的数据存入芯片中。发送数据时，芯片 PTR8000 在待机模式下，MCU 将接收机的地址和有效数据通过 SPI 接口传送给 PTR8000，MCU 设置 TRX_CE, TX_EN 为高，启动 PTR8000 发送，PTR8000 自动加载前导码和 CRC 校验码将数据打包，以曼彻斯特编码方式完成数据包的发送。数据传输结束后 MCU 将

TRX_CE 设置为低，PTR8000 进入待机模式。

习　题

10.1　有色冶金行业采用抄表机代替传统的纸卡式抄表方式有哪些优势？

10.2　在抄表机设计当中，处理器采用 C8051F320 的原因是什么？

10.3　数据存储芯片在选择过程中有哪些参考因素？抄表机的设计为什么选用 FM24CL64?

10.4　USB 接口进行数据传输与传统的串、并口传输数据的各自特点是什么？

10.5　简述 DS18B20 的性能特点，并分析该款芯片为什么能满足数字温度计设计的要求。

10.6　比较数字温度设计当中采用热敏电阻与采用 DS18B20 进行温度采集的优缺点。

10.7　分析采用 PTR8000 进行无线数据传输与采用 USB 接口进行数据传输的优势。

10.8　结合本章的三个实例，综合出应用单片机进行系统设计过程中一般的设计流程。

参 考 文 献

陈志旺, 李亮. 2009. 51 单片机快速上手. 北京: 机械工业出版社
郭天祥. 2009. 新概念 51 单片机 C 语言教程——入门、提高、开发、拓展. 北京: 电子工业出版社
胡汉才. 2004. 单片机原理及其接口技术. 第 2 版. 北京: 清华大学出版社
雷思孝, 冯育长. 2005. 单片机系统设计及工程应用. 西安: 西安电子科技大学出版社
李广第, 等. 2001. 单片机基础. 北京: 北京航空航天大学出版社
李华, 等. 2003. MCS-51 系列单片机实用接口技术. 北京: 北京航空航天大学出版社
李建忠. 2002. 单片机原理及应用. 西安: 西安电子科技大学出版社
李林功, 等. 2008. 单片机原理与应用. 北京: 机械工业出版社
李全利. 2009. 单片机原理及接口技术. 第 2 版. 北京: 高等教育出版社
李学礼. 2008. 基于 Proteus 的 8051 单片机实例教程. 北京: 电子工业出版社
马忠梅. 2007. 单片机的 C 语言应用程序设计. 第 4 版. 北京: 北京航空航天大学出版社
沙占友, 等. 2003. 单片机外围电路设计. 北京: 电子工业出版社
王福瑞, 等. 2001. 单片微机测控系统设计大全. 北京: 北京航空航天大学出版社
王幸之, 等. 2004. 单片机应用系统抗干扰技术. 北京: 北京航空航天大学出版社
吴金戌, 沈庆阳, 郭庭吉. 2002. 8051 单片机实践与应用. 北京: 清华大学出版社
吴晓苏, 等. 2009. 单片机原理与接口技术. 北京: 人民邮电出版社
许志刚. 2009. 单片机技术与应用. 北京: 人民邮电出版社
喻宗泉, 喻晗, 李建民. 2006. 单片机原理与应用技术. 西安: 西安电子科技大学出版社
张淑清, 等. 2001. 单片微型计算机接口技术及其应用. 北京: 国防工业出版社
张毅刚, 彭喜元. 2008. 单片机原理及接口技术. 北京: 人民邮电出版社
周明德. 2008. 单片机原理与技术. 北京: 人民邮电出版社
Intel. MCS-51 Microcontroller Family User's Manual
Kenneth Ayala. 2005. The 8051 Microcontroller. Third Edition. Thomson Delmar Cengage Learning

附录　MCS-51 系列单片机指令表

数据传送指令							
序号	助记符	指令功能及说明	对标志位的影响				操作码
			Cy	AC	OV	P	
1	MOV　A，Rn	A←Rn； 1 字节、1 机器周期	×	×	×	√	E8~EFH
2	MOV　A，direct	A←(direct)； 2 字节、1 机器周期	×	×	×	√	E5H
3	MOV　A，@Ri	A←(Ri)； 1 字节、1 机器周期	×	×	×	√	E6H，E7H
4	MOV　A，#data	A←data； 2 字节、1 机器周期	×	×	×	√	74H
5	MOV　Rn，A	Rn←A； 1 字节、1 机器周期	×	×	×	×	F8~FFH
6	MOV　Rn，direct	Rn←(direct)； 2 字节、1 机器周期	×	×	×	×	A8~AFH
7	MOV　Rn，#data	Rn←data； 2 字节、1 机器周期	×	×	×	×	78~7FH
8	MOV　direct，　A	direct←A； 2 字节、1 机器周期	×	×	×	×	F5H
9	MOV　direct，Rn	direct←Rn； 2 字节、1 机器周期	×	×	×	×	88H~8FH
10	MOV　direct1，direct2	direct1←(direct2)； 3 字节、1 机器周期	×	×	×	×	85H
11	MOV　direct，@Ri	direct←(Ri)； 2 字节、2 机器周期	×	×	×	×	86H，87H
12	MOV　direct，　#data	direct←data； 3 字节、2 机器周期	×	×	×	×	75H
13	MOV　@Ri，A	(Ri)←A； 1 字节、1 机器周期	×	×	×	×	F6H，F7H
14	MOV　@Ri，direct	(Ri)←direct； 2 字节、2 机器周期	×	×	×	×	A6H~A7H
15	MOV　@Ri，#data	(Ri)←data； 2 字节、1 机器周期	×	×	×	×	76H ~77H
16	MOV　DPTR，#data16	DPTR←data16； 3 字节、2 机器周期	×	×	×	×	90H
17	MOVC　A，@A+DPTR	A←(A+DPTR)； 1 字节、2 机器周期	×	×	×	√	93H
18	MOVC　A，@A+PC	A←(A+PC)；	×	×	×	√	83H

续表

数据传送指令							
序号	助记符	指令功能及说明	对标志位的影响				操作码
			Cy	AC	OV	P	
		1 字节、2 机器周期					
19	MOVX A，@Ri	A←(Ri); 1 字节、2 机器周期	×	×	×	√	E2H，E3H
20	MOVX A，@DPTR	A←(DPTR); 1 字节、2 机器周期	×	×	×	√	E0H
21	MOVX @Ri，A	(Ri)←A; 1 字节、2 机器周期	×	×	×	×	F2H，F3H
22	MOVX @DPTR，A	(DPTR)←A; 1 字节、2 机器周期	×	×	×	×	F0H
23	PUSH direct	SP←SP+1,(SP)←(direct); 2 字节、2 机器周期	×	×	×	×	C0H
24	POP direct	direct←(SP), SP←SP-1; 2 字节、2 机器周期	×	×	×	×	D0H
25	XCH A，Rn	A ⇔ Rn; 1 字节、1 机器周期	×	×	×	√	C8H，CFH
26	XCH A，direct	A ⇔ direct; 2 字节、1 机器周期	×	×	×	√	C5H
27	XCH A，@Ri	A ⇔ (Ri); 1 字节、1 机器周期	×	×	×	√	C6H，C7H
28	XCHD A，@Ri	A3~A0 ⇔ (Ri)3~(Ri)0; 1 字节、1 机器周期	×	×	×	√	D6H，D7H

算术运算指令							
序号	助记符	指令功能及说明	对标志位的影响				操作码
			Cy	AC	OV	P	
1	ADD A，Rn	A←A+Rn; 1 字节、1 机器周期	√	√	√	√	28H~2FH
2	ADD A，direct	A←A+(direct); 2 字节、1 机器周期	√	√	√	√	25H
3	ADD A，@Ri	A←A+(Ri); 1 字节、1 机器周期	√	√	√	√	26H ,27H
4	ADD A，#data	A←A+data; 2 字节、1 机器周期	√	√	√	√	24H
5	ADDC A，Rn	A←A+Rn+Cy; 1 字节、1 机器周期	√	√	√	√	38H~3FH
6	ADDC A，direct	A←A+(direct) +Cy; 2 字节、1 机器周期	√	√	√	√	35H
7	ADDC A，@Ri	A←A+(Ri) +Cy; 1 字节、1 机器周期	√	√	√	√	36H ,37H
8	ADDC A，#data	A←A+data+Cy; 2 字节、1 机器周期	√	√	√	√	34H

续表

算术运算指令

序号	助记符	指令功能及说明	对标志位的影响				操作码
			Cy	AC	OV	P	
9	SUBB A，Rn	A←A-Rn-Cy； 1字节、1机器周期	√	√	√	√	98H~9FH
10	SUBB A，direct	A←A-(direct) –Cy； 2字节、1机器周期	√	√	√	√	95H
11	SUBB A，@Ri	A←A-(Ri) –Cy； 1字节、1机器周期	√	√	√	√	96H，97H
12	SUBB A，#data	A←A-data-Cy； 2字节、1机器周期	√	√	√	√	94H
13	INC A	A←A+1； 1字节、1机器周期	×	×	×	√	04H
14	INC Rn	Rn←Rn+1； 1字节、1机器周期	×	×	×	×	08~0FH
15	INC direct	direct←(direct)+1； 2字节、1机器周期	×	×	×	×	05H
16	INC @Ri	(Ri) ←(Ri)+1； 1字节、1机器周期	×	×	×	×	06H，07H
17	INC DPTR	DPTR←DPTR+1； 1字节、2机器周期	×	×	×	×	A3H
18	DEC A	A←A-1； 1字节、1机器周期	×	×	×	√	14H
19	DEC Rn	Rn←Rn-1； 1字节、1机器周期	×	×	×	×	18~1FH
20	DEC direct	direct←(direct)-1； 2字节、1机器周期	×	×	×	×	15H
21	DEC @Ri	(Ri) ←(Ri)-1； 1字节、1机器周期	×	×	×	×	16H，17H
22	MUL AB	BA←A*B； 1字节、4机器周期	0	×	√	√	A4H
23	DIV AB	A÷B=A…B； 1字节、4机器周期	0	×	√	√	84H
24	DA A	对A进行BCD调整； 1字节、1机器周期	√	√	√	√	D4H

逻辑运算与移位指令

序号	助记符	指令功能及说明	对标志位的影响				操作码
			Cy	AC	OV	P	
1	ANL A，Rn	A←A∧Rn； 1字节、1机器周期	×	×	×	√	58~5FH
2	ANL A，direct	A∧(direct)； 2字节、1机器周期	×	×	×	√	55H
3	ANL A，@Ri	A←A∧(Ri)； 1字节、1机器周期	×	×	×	√	56~57H

续表

逻辑运算与移位指令							
序号	助记符	指令功能及说明	对标志位的影响				操作码
			Cy	AC	OV	P	
4	ANL　A，#data	A←A ∧ data; 2 字节、1 机器周期	×	×	×	√	54H
5	ANL　direct，A	direct←(direct) ∧ A; 2 字节、1 机器周期	×	×	×	×	52H
6	ANL　direct，#data	direct←(direct) ∧ data; 3 字节、2 机器周期	×	×	×	×	53H
7	ORL　A，Rn	A←A ∨ Rn; 1 字节、1 机器周期	×	×	×	√	48~4FH
8	ORL　A，direct	A←A ∨ (direct); 2 字节、1 机器周期	×	×	×	√	45H
9	ORL　A，@Ri	A←A ∨ (Ri); 1 字节、1 机器周期	×	×	×	√	46H，47H
10	ORL　A，#data	A←A ∨ data; 2 字节、1 机器周期	×	×	×	√	44H
11	ORL　direct，A	direct←(direct) ∨ A; 2 字节、1 机器周期	×	×	×	×	42H
12	ORL　direct，#data	direct←(direct) ∨ data; 3 字节、2 机器周期	×	×	×	×	43H
13	XRL　A，Rn	A←A ⊕ Rn; 1 字节、1 机器周期	×	×	×	√	68~6FH
14	XRL　A，direct	A←A ⊕ (direct); 2 字节、1 机器周期	×	×	×	√	65H
15	XRL　A，@Ri	A←A ⊕ (Ri); 1 字节、1 机器周期	×	×	×	√	66H，67H
16	XRL　A，#data	A←A ⊕ data; 2 字节、1 机器周期	×	×	×	√	64H
17	XRL　direct，A	direct←(direct) ⊕ A; 2 字节、1 机器周期	×	×	×	×	62H
18	XRL　direct，#data	direct←(direct) ⊕ data; 3 字节、2 机器周期	×	×	×	×	63H
19	CLR　A	A←0; 1 字节、1 机器周期	×	×	×	√	E4H
20	CPL　A	$A \leftarrow \overline{A}$; 1 字节、1 机器周期	×	×	×	×	F4H
21	RL　A	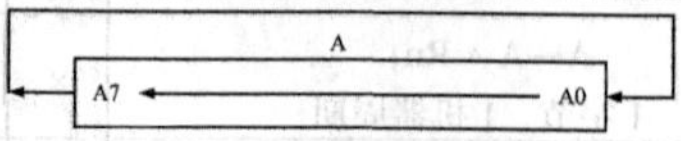 ; 1 字节、1 机器周期	×	×	×	×	23H
22	RR　A	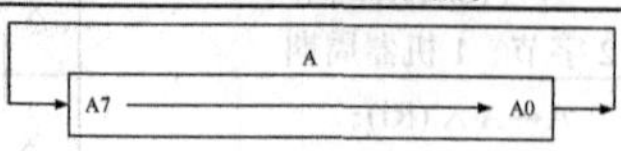 ; 1 字节、1 机器周期	×	×	×	×	03H

续表

逻辑运算与移位指令							
序号	助记符	指令功能及说明	对标志位的影响				操作码
			Cy	AC	OV	P	
23	RLC A	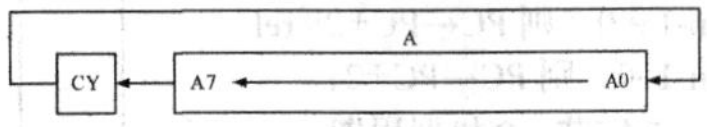；1 字节、1 机器周期	√	×	×	√	33H
24	RRC A	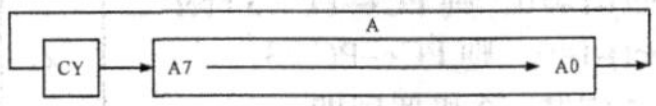；1 字节、1 机器周期	√	×	×	√	13H
25	SWAP A	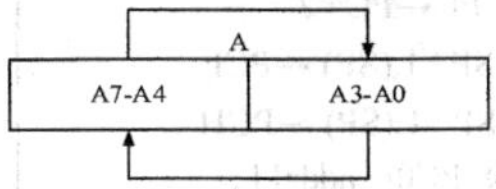；1 字节、1 机器周期	×	×	×	×	C4H

控制转移指令							
序号	助记符	指令功能及说明	对标志位的影响				操作码
			Cy	AC	OV	P	
1	AJMP addr11	PC10~PC0←addr11； 2 字节、2 机器周期	×	×	×	×	&0(1)
2	LJMP addr16	PC←addr16； 3 字节、2 机器周期	×	×	×	×	02H
3	SJMP rel	PC←PC+2+rel； 2 字节、2 机器周期	×	×	×	×	80H
4	JMP @A+DPTR	PC←A+DPTR； 1 字节、2 机器周期	×	×	×	×	73H
5	JZ rel	若 A=0，则 PC←PC+2+rel 若 A≠0，则 PC←PC+2； 2 字节、2 机器周期	×	×	×	×	60H
6	JNZ rel	若 A≠0，则 PC←PC+2+rel 若 A=0，则 PC←PC+2； 2 字节、2 机器周期	×	×	×	×	70H
7	CJNE A，direct，rel	若 A≠(direct)，则 PC←PC+3+rel 若 A=(direct)，则 PC←PC+3 若 A≥(direct)，则 Cy=0;否则 Cy=1； 3 字节、2 机器周期	√	×	×	×	B5H
8	CJNE A，#data，rel	若 A≠data，则 PC←PC+3+rel 若 A=data，则 PC←PC+3 若 A≥data，则 Cy←0;否则 Cy=1； 3 字节、2 机器周期	√	×	×	×	B4H
9	CJNE Rn，#data，rel	若 Rn≠data，则 PC←PC+3+rel 若 Rn=data，则 PC←PC+3 若 Rn≥data，则 Cy=0;否则 Cy=1； 3 字节、2 机器周期	√	×	×	×	B8~BFH
10	CJNE @Ri，#data，rel	若(Ri)≠data，则 PC←PC+3+rel 若(Ri)=data，则 PC←PC+3 若(Ri)≥data，则 Cy=0;否则 Cy=1； 3 字节、2 机器周期	√	×	×	×	B6H，B7H

续表

控制转移指令

序号	助记符	指令功能及说明	对标志位的影响				操作码
			Cy	AC	OV	P	
11	DJNZ Rn，rel	若 Rn-1≠0，则 PC←PC+2+rel 若 Rn-1=0，则 PC←PC+2； 2 字节、2 机器周期	×	×	×	×	D8~DFH
12	DJNZ direct，rel	若(direct)-1≠0，则 PC←PC+3+rel 若(direct)-1=0，则 PC←PC+3； 3 字节、2 机器周期	×	×	×	×	D5H
13	ACALL addr11	PC←PC+2 SP←SP+1,(SP) ←PCL SP←SP+1,(SP) ←PCH PC10~PC0←addr11； 2 字节、2 机器周期	×	×	×	×	&1(2)
14	LCALL addr16	SP←SP+1,(SP) ←PCL SP←SP+1,(SP) ←PCH PC15~PC0←addr16； 3 字节、2 机器周期	×	×	×	×	12H
15	RET	PCH←(SP)，SP← SP-1 PCL←(SP)，SP← SP-1； 1 字节、2 机器周期	×	×	×	×	22H
16	RETI	PCH←(SP)，SP← SP-1 PCL←(SP)，SP← SP-1； 1 字节、2 机器周期	×	×	×	×	32H
17	NOP	PC←PC+1 空操作； 1 字节、1 机器周期	×	×	×	×	00H

位操作指令

序号	助记符	指令功能及说明	对标志位的影响				操作码
			Cy	AC	OV	P	
1	CLR C	Cy←0； 1 字节、1 机器周期	0	×	×	×	C3H
2	CLR bit	bit←0； 2 字节、1 机器周期	×	×	×	×	C2H
3	SETB C	Cy←1； 1 字节、1 机器周期	1	×	×	×	D3H
4	SETB bit	bit←1； 2 字节、1 机器周期	×	×	×	×	D2H
5	CPL C	Cy ← $\overline{Cy}$； 1 字节、1 机器周期	√	×	×	×	B3H
6	CPL bit	bit ← $\overline{(bit)}$； 2 字节、1 机器周期	×	×	×	×	B2H
7	ANL C，bit	Cy←Cy ∧ (bit)； 2 字节、2 机器周期	√	×	×	×	82H
8	ANL C，/bit	Cy←Cy ∧ (bit)； 2 字节、2 机器周期	√	×	×	×	B0H

续表

位操作指令							
序号	助记符	指令功能及说明	对标志位的影响				操作码
			Cy	AC	OV	P	
9	ORL　C，bit	Cy←Cy∨(bit)； 2 字节、2 机器周期	√	×	×	×	72H
10	ORL　C，/bit	Cy←Cy∨$\overline{\text{(bit)}}$； 2 字节、2 机器周期	√	×	×	×	A0H
11	MOV　C，bit	Cy←(bit)； 2 字节、2 机器周期	√	×	×	×	A2H
12	MOV　bit，C	bit←Cy； 2 字节、2 机器周期	×	×	×	×	92H
13	JC　rel	若 Cy=1，则 PC←PC+2+rel 若 Cy=0，则 PC←PC+2； 2 字节、2 机器周期	×	×	×	×	40H
14	JNC　rel	若 Cy=0，则 PC←PC+2+rel 若 Cy=1，则 PC←PC+2； 2 字节、2 机器周期	×	×	×	×	50H
15	JB　bit，rel	若(bit)=1，则 PC←PC+3+rel 若(bit)=0，则 PC←PC+3； 3 字节、2 机器周期	×	×	×	×	20H
16	JNB　bit，rel	若(bit)=0，则 PC←PC+3+rel 若(bit)=1，则 PC←PC+3； 3 字节、2 机器周期	×	×	×	×	30H
17	JBC　bit，rel	若(bit)=1，则 PC←PC+3+rel 且 bit←0 若(bit)=0，则 PC←PC+3； 3 字节、2 机器周期	×	×	×	×	10H

注：1. &0=a10 a9 a8 0 0 0 0 1 B；2. &1=a10 a9 a8 1 0 0 0 1 B。